과거, 출세의 사다리 2

족보를 통해 본 조선 문과급제자의 신분이동

(광해군~영조 대)

한 영 우

· 서울대학교 문리과대학 사학과 졸업. 동 대학원 박사
· 서울대학교 한국문화연구소장 / 한국사연구회장 / 국사편찬위원회 위원 /
  서울대학교 규장각관장 / 서울대학교 인문대학장 / 한림대학교 특임교수 /
  문화재위원회 사적분과위원장 / 서울특별시사 편찬위원 /
  이화여대 이화학술원 석좌교수 겸 이화학술원장 역임
· 현재
  서울대학교 명예교수

광해군~영조 대

과거, 출세의 사다리 2

족보를 통해 본 조선 문과급제자의 신분이동

초판 제1쇄 인쇄 2013. 10. 17.
초판 제1쇄 발행 2013. 10. 24.

지은이   한영우
펴낸이   김경희
편 집   최윤정·임유진·김자경·김하나
펴낸곳   (주)지식산업사
         본사 ● 413-832, 경기도 파주시 교하읍 문발리 520-12
              전화 (031) 955-4226~7 팩스 (031)955-4228
         서울사무소 ● 110-040, 서울시 종로구 통의동 35-18
              전화 (02)734-1978 팩스 (02)720-7900
         한글문패   지식산업사
         영문문패   www.jisik.co.kr
         전자우편   jsp@jisik.co.kr
         등록번호   1-363
         등록날짜   1969. 5. 8.

책값은 뒤표지에 있습니다.

ⓒ 한영우, 2013
ISBN 978-89-423-1169-9 (94910)
ISBN 978-89-423-0068-6 (전4권)

이 책을 읽고 저자에게 문의하고자 하는 이는
지식산업사 전자우편으로 연락 바랍니다.

科擧

과거, 출세의 사다리 2

―족보를 통해 본 조선 문과급제자의 신분이동

(광해군~영조 대)

한영우

지식산업사

조선 중기 신분구조와
신분이동 개관

1) 지식인이 본 17~18세기 전반 신분구조와 신분이동

임진왜란 이후의 시기를 조선 후기로 부른다. 그러나 조선 후기도 3백 년의 긴 시간이므로 좀 더 세분화한 시기구분이 필요하다. 17세기 초에서 18세기 전반에 이르는 150년 동안은 신분구조가 상대적으로 폐쇄성이 높다는 점에서 조선 중기로 독립시켜 이해하는 것이 필요하다. 이 시기의 신분구조에 대해서는 당시 양심적인 지식인인 실학자들의 보고를 참고할 필요가 있으며,《실록》에 보이는 자료도 함께 주목할 필요가 있다. 아울러, 문과급제자의 신분을 실증적으로 검토해 본다면, 신분구조의 폐쇄성이 어느 정도인가를 통계적 수치로 설명할 수 있게 될 것이다.

결론부터 말하면, 우리가 흔히 조선시대 신분구조를 양반兩班, 중인中人, 상민常民(평민과 노비)으로 구분하는 관행은 바로 조선 중기에 생겨났다는 것이다. 따라서 조선시대 전체를 이런 구조로 이해하는 것은 삼가야 할 것이다. 또 이렇게 반상체제班常體制가 나타났다고 해

서 신분이동이 없었던 것은 아니라는 점도 간과해서는 안 된다. 다만
다른 시대에 견주어 조선 중기가 상대적으로 신분구조가 경색되었다
는 사실만은 인정해야 할 것이다. 이 점은 이 책에서 시도한 문과급
제자의 신분을 조사한 결과와도 일치한다.

여기서는 먼저 실학자들의 보고자료를 소개하고, 이어 문과급제자
의 신분에 관한 통계적 분석을 시도해 보고자 한다.

(1) 유형원이 본 신분구조

17세기 중엽의 실학자로서 자기 시대의 신분구조를 비판적으로 보
고한 인물은 반계 유형원磻溪 柳馨遠(1622~1673)이었다. 남인 출신의
양반가문에서 태어났지만, 일평생 벼슬을 버리고 전라도 부안扶安의
농촌에 내려가 살면서 자신이 체험한 17세기의 사회모순을 지적하고
그 개혁안을 제시한 인물이 바로 유형원이다.

유형원의 개혁안은 신분제의 모순을 지적한 데서 출발하고 있다.
그는 당시 신분구조를 양반兩班, 서족중인庶族中人, 서얼庶孼로 나누어
보았으며, 이들 상호 간에는 "품류品流가 엄격하게 나뉘어 서로 나란
히 하지 않는다"고 했다.[1] 그러니까 양반, 중인, 서얼 사이의 장벽이
매우 크다는 지적이다. 여기서 장벽이 크다는 주장은 단순히 사회생
활에서의 장벽만이 아니라 인재등용에서 능력을 존중하지 않고 문지
門地를 따지는 것을 문제로 지적했다. 아울러 노비세습제도 잘못된
것으로 보았다.

---

1) 《반계수록磻溪隨錄》 권9, 敎選之制(上) 鄕約事目.

그러면 서족중인에는 누가 속했는가? 유형원은 "본래 서족庶族(평민)으로서 관청에 참가하고 있는 사람[本庶人之族而得參官序者]"과 교생校生을 중인으로 해석했다.2) 여기서 "본래 서족으로서 벼슬하는 사람"은 구체적으로 서리書吏, 이교吏校, 약정約定, 권농勸農 등이 포함된다고 보았다. 다시 말해 관청의 아전衙前이나 향리鄕吏, 자치기관인 향약鄕約에 소속된 약정, 이里의 행정을 맡은 권농, 그리고 향교의 교생 등은 본래 평민이지만 관청에 들어가서 벼슬을 하여 중인으로 불렸다는 것이다. 그는 이들 서족중인을 '한산방외閑散方外'라고도 표현했다. 그리고 서얼은 중인과 다른 별개의 계층으로 이해했다.

유형원은 시골에서 살았기 때문에 서울에 있는 역관譯官이나 의관醫官 등 기술직 중인은 체험하지 못하였다. 그렇기에 양반 다음의 계층으로 지방의 서족만을 중인으로 본 것이다.

유형원이 바라본 17세기의 신분구조는 16세기 말기의 율곡 이이李珥가 인식한 신분구조와 매우 비슷하다. 율곡은 사족士族과 서족을 별개의 신분으로 구별하고 있는데, 유형원도 사족과 서족을 별개의 신분으로 구별하고 있다. 하지만 그러면서도 서족을 중인으로 부른 것이 율곡과 다르다.

그런데 순조 대 편찬된 《행하술杏下述》에는 교생, 향리, 서리, 이교(知印; 通引), 약정, 권농 등은 평민으로서 벼슬하는 사람인데, 중인으로 자처했다고 되어 있다.3) 따라서 유형원이 지적한 것과 거의 일치함을 볼 수 있다.

유형원은 사족과 서족중인이 엄격하게 구별되어 좋은 벼슬은 사족

---

2) 《반계수록》 권9, 敎選之制(上) 鄕約事目.
3) 《행하술杏下述》 輿誦.

만이 독점하고 있는 것을 비판적으로 바라보았다. 서족중인도 법적으로는 평민으로서 당당히 관직을 가질 수 있는 부류이고 실제로 낮은 관직을 가지고 있는 경우가 많은데, 이들을 사족과 차별하는 것을 부당하게 본 것이다.

사족과 서족중인의 차별을 없애려면 어떻게 해야 하는가. 그 대안이 바로 과거제도의 혁파와 공거제貢擧制의 실시이다. 공거제는 곧 천거제도로서, 능력 있는 자를 추천에 따라 관료로 등용해야 한다는 것이다. 과거제도가 능력 있는 서족중인의 출세를 막고 있기 때문에 서족이 출세하는 길은 추천제가 효과적이라는 뜻이다. 이는 과거제도가 사족에게 유리하게 운영되고 있음을 지적한 것이다.

유형원은 서북인, 곧 평안도 출신을 차별하고 있는 현실에 대해서도 깊은 우려를 보였으며, 벼슬길이 막힌 또 하나의 불행한 계층으로 서얼을 들었다. 요컨대 그가 바라본 당시 신분구조는 사족(양반), 서족중인, 서얼, 그리고 노비로 크게 나뉘어져 있는데, 그 원인은 사족의 권력독점에 있다고 파악하였다.

(2) 이보가 본 신분구조

유형원과 비슷한 17세기 중엽의 영남학자 이보李簠(1629~?)도 자기 시대의 신분구조를 크게 사족士族, 중인中人, 상인常人으로 나누어 보았다. 유형원의 인식과 근본적으로 동일하다. 이보는 당시 양반, 중인, 상인의 상호관계를 다음과 같이 설명했다.

　　　상인과 중인은 스스로 장벽이 있어서 길에서 중인을 만나면 먼저 절하

고, 길에서 만나면 말에서 내린다. 의복도 같은 옷을 입을 수가 없다. 그런
데 중인과 사족 사이에는 계급이 더욱 뚜렷하다. 감히 함께 앉지도 못하고,
서로 호칭도 다르며, 말할 때에는 반드시 자신을 소인小人이라 부르고, 잘
못이 있으면 매를 맞는 것도 피할 수 없다.[4]

여기서 이보는 상인, 중인, 사족 사이의 신분적 장벽 곧 의복과 칭
호, 좌석, 그리고 인권의 차이가 분명함을 지적하고 있다.

그러면 중인에 속하는 사람들은 누구인가? 이보는 중인에 속하는
부류로 공생貢生(향리), 허통許通(서얼), 교생을 들었다.[5] 이들은 법적
으로 문과와 무과에 응시할 수 있는 자격이 있어 중인으로 불렸다는
것이다. 이보 또한 지방에서 살았으므로 지방사회의 중인층만을 언
급했을 뿐 중앙의 기술직 중인, 예컨대 의관, 역관 등은 말하지 않았
는데, 이 점은 유형원의 시각과 똑같다. 교생과 향리가 중인으로 불
린다는 말은 영조 대 제정된《균역사목均役事目》(1752)이나 앞에서
언급한《행하술》에서도 보인다.

그런데 이렇게 신분장벽이 높기 때문에 아래 신분층의 사람들은
불법적인 신분상승운동을 벌이고 있다는 것이 이보의 판단이었다.
그의 말을 들어 보자.

백성들의 마음이 안정되지 않음이 지금처럼 심한 때가 없다. 사천私賤은
백성百姓이 되고자 하여 주인을 죽이는 변고가 수없이 일어나고, 공천公賤
은 천역賤役을 지는 것을 부끄럽게 여겨 은루隱漏하는 폐단이 잇달아 일어

---

4)《경옥선생유집景玉先生遺集》권2, 名分說.
5) 위와 같음.

난다. 심지어는 중인배中人輩들이 사족이 되기를 희망하여 호적과 정안正
案과 부거도목赴擧都目(과거응시자명단)에서 교생, 허통이라는 칭호를 버리
고 모두 유학幼學이라고 써도 관에서 막지를 않는다.

위 말은 신분장벽이 높은 가운데 이를 깨려는 불법적인 노력이 노
비와 중인층에서 활발하게 일어나고 있음을 보여 준다. 특히 과거시
험에 응시할 때 교생이나 서얼들이 유학幼學이라는 호칭을 쓰고 있어
도 관청이 이를 막지 않고 있다고 지적했다. 바로 이보의 이러한 지
적은 문과급제자 명단인 《방목榜目》에 '교생'이라는 칭호가 전혀 보
이지 않고, 모두 '유학'이라고 쓴 이유를 알게 한다. 따라서 '유학'이
라는 칭호는 양반, 중인, 서얼, 평민을 가리지 않고 누구나 쓰는 칭호
였음을 알 수 있다.

(3) 성호 이익이 본 문벌

17세기 말에서 18세기 전반을 살고 간 실학자 성호 이익星湖 李瀷
(1681~1763)도 자기 시대의 신분구조에 대해 심각한 우려를 표명했
다. 그는 무엇보다도 숙종 대의 당쟁에서 패배한 남인의 후손으로서,
승리한 서울과 그 인근지역인 경기도와 충청도 출신의 서인과 노론
세력이 문벌로 성장하고 있는 현실에 따가운 시선을 보내고 있었다.
그래서 양반, 중인, 평민의 차별을 지적하는 데 그치지 않고, 세습적
특권을 누리고 있는 양반을 '문벌門閥'이라고 표현하면서 문벌의 폐
단을 가장 심각한 사회문제로 지적했다.

이익은 같은 양반이라도 서울에 가까운 근기양반近畿兩班을 가장

나쁘게 보고, 영남양반을 좋게 보았다. 근기양반은 오직 관직과 이권에 매달리는 것과 달리 영남양반은 관직보다 학문을 세습하는 경향이 있다고 보았기 때문이다. 따라서 그가 비판하는 양반은 주로 근기양반을 대상으로 한 것이었다.

이익은 나라를 해치는 여섯 가지 좀[蠹]이 있다고 보았는데, ① 노비제도, ② 과거제도, ③ 문벌(양반), ④ 기교技巧, ⑤ 승니(승려), 그리고 ⑥ 유타遊惰(게으름)를 들었다. 그리하여 이를 제거하기 위해서는 사농합일士農合一을 통해 농민도 천거를 거쳐 벼슬길에 나가도록 하고, 천민도 과거에 응시할 수 있도록 해야 한다고 주장했다.

이익의 문벌비판은 앞에서 소개한 유형원이나 이보다도 한층 적극적인 것을 볼 수 있다. 이는 그가 17세기에 그치지 않고 문벌이 크게 대두했던 18세기 전반기를 살면서 경험한 까닭이었다.

(4) 이중환이 본 신분구조와 신분이동

성호 이익의 재종손으로 그의 영향을 크게 받은 이중환李重煥(1690~1756)도 당쟁에서 밀려나 유배생활을 보낸 몰락양반으로서, 17세기 말~18세기 전반기의 신분제의 모순을 심각하게 느끼고 있었다. 그의 대표 저술인 《택리지擇里志》(1751)에서 그가 이해하는 신분제의 모순은 크게 보아 양반兩班, 중인中人, 하인下人이 나뉘어 서로 교유交遊를 통하지 않고 있다는 것이었다.

이중환은 이렇게 모순된 신분구조의 원인을 양반층에서 찾았다. 그가 이해하는 당시의 신분구조는 매우 복잡한 것이었다. 우선 가장 윗자리에 양반 곧 사대부士大夫가 있는데, 이들 가운데는 진정한 사대부가 있고 사이비 사대부가 뒤섞여 있다고 보았다. 사이비 사대부는 이름은 사대부이지만 실체는 사대부가 아님을 뜻한다.

그에 따르면, 현재의 사이비 사대부는 벼슬하지 않으면서도 농공상에 종사하는 것을 부끄럽게 생각하여 사대부와 농공상이 신분적으로 나눠지게 되었다는 것이다.[6] 이중환은 《택리지》의 말미에 붙인 총론總論에서 당시 조선의 신분구조 모습을 다음과 같이 바라보고 있었다.

먼저, 제일 위에 종실宗室이 있고, 다음에 사대부로서 조정에 벼슬하는 진신층搢紳層이 있다. 진신층에도 또 대가大家와 명가名家 등 여러 계층이 있어서 서로 혼인하거나 교유하지 않는다는 것이다. 하지만, 신분적 장벽이 이렇게 높음에도 양반(사대부)과 평민이 고정적으로 세습되는 것은 아니라고 보았다. 양반과 평민은 성쇠盛衰와 존망存亡의 변화가 있어서, 사대부도 오래 되면 평민으로 떨어지고, 평민도 오래되면 신분이 상승하여 차츰 사대부가 된다고 했다.[7] 그러니까 양반과 평민의 차별이 심해도 그 주인공은 무궁하게 바뀌고 있어서 신분의 세습성이 높다고 보지는 않았다.

그러면 왜 우리나라에는 이러한 복잡한 사대부층이 나타나게 되었는가. 그 이유는 여러 가지가 있다. 조선왕조 건국 뒤 명분名分을 중요하게 여겨 학문과 예절을 지키는 사람을 사대부로 우대했는데, 최근에 와서는 그렇지 못하다는 것이다. 인재를 오직 문벌에서 등용하고, 편론偏論 곧 당론黨論이 일어나면서 진정한 사대부들이 버림을 받고 죽임을 당하면서 서로 원수처럼 대하게 되었다는 것이다. 그리고

---

6) 《택리지擇里志》 四民總論.
7) 《택리지》 總論.

인사권을 가진 이조전랑吏曹銓郎이 자신의 후임을 자천하는 권한을
가진 이른바 낭천권郎薦權이 문벌을 키우는 도구로 이용되고 있다고
지적했다.

그러면 사대부 다음에는 어떤 계층이 있는가. 이중환에 따르면, 사
대부 밑에는 시골의 품관品官(향청의 임원), 중정공조中正功曹(녹사) 등
이 있는데, 사대부와 품관을 합쳐 양반으로 부른다. 그 밑에 사서士庶,
장교將校, 역관譯官, 산원算員, 의관醫官, 지방의 한산인閑散人이 있다.
또 그 밑에 이서吏胥, 군호軍戶, 양민良民이 있고, 맨 밑에 공사천노비
公私賤奴婢가 있다. 이서에서 공사노비에 이르는 사람들을 하인으로
부른다. 이 밖에 서자庶子와 잡색인雜色人이 중인을 형성하고 있다.

이상 이중환이 이해하고 있는 당시의 신분구조는 크게 양반, 중인,
하인으로 나뉘고, 다시 그 사이에도 여러 계층이 있다고 본 것이다.
이를 표로 만들면 다음과 같다.

(가)	양반兩班	종실宗室	
		사대부士大夫＝진신층縉紳層	대가大家
			명가名家
		향곡鄕曲의 품관品官	
(나)	중인中人	시골의 중정공조中正功曹	
		사서士庶	
		장교將校	
		역관譯官	
		산원算員	
		의관醫官	
		방외한산인方外閑散人	
(다)	하인下人	경외 이서京外吏胥	
		군호軍戶	

양민良民
공사천 노비公私賤奴婢

이렇게 이중환은 신분구조가 여러 계층으로 나뉘어, 그 가운데 대가와 명가 등 서울의 문벌양반에서만 인재가 등용되고, 학문과 도덕을 연마하는 진정한 사대부는 버림을 받는 상황이 되었다고 보았다.

이중환의 대표작인 《택리지》는 자신처럼 당쟁에서 패배하여 몰락한 양반(선비)이 농공상農工商의 생업을 하면서 선비로서 살기 좋은 곳이 어디인가를 정리한 것이다. 여기서 그가 살기 좋은 땅으로 생각한 곳은 단순히 자연적인 조건이 좋은 곳만을 가리키는 것이 아니라, 인심과 풍속 등 인문적인 조건도 아울러 고려한 것이 특징이다. 그런데 인심과 풍속은 정치적 영향을 깊이 받고 있다고 믿었다. 특히 정치상황과 맞물려 나타난 신분구조에 대한 예리한 비판이 눈길을 끈다.

이중환은 이익보다도 한층 깊이 있게 신분구조의 모순을 파악하고, 그 연유를 정치적으로 이해하는 단계에까지 나왔다. 따라서 《택리지》는 당시 집권층 노론문벌의 관점에서 본다면 불온서적에 속한다고 볼 수 있다. 그래서 이 책은 오랫동안 출판되지 못하고 필사본으로만 읽혀지고 있었다.

(5) 유수원이 본 신분구조와 문벌의 폐단

18세기 전반기 양반문벌의 폐단을 가장 통렬하게 비판하고 나선 것은 농암 유수원聾岩 油壽垣(1694~1755)이었다. 그는 소론파 양반가문에서 출생했으나, 숙종-경종-영조시대의 치열한 당쟁 속에서 한때 하급관료생활을 하다가 노론에 의해 역적으로 몰려 처형당한 비운의 인물이다.8)

그는 자신의 개혁사상을 담은 《우서迂書》에서 당시 모든 사회부조리의 원천이 문벌양반門閥兩班에 있다는 것을 지적하고, 이를 극복하는 데서 개혁의 실마리를 찾았다. 단순히 양반문벌의 폐단을 지적하고 그 개혁방향을 제시하는 데 머물지 않고, 양반문벌이 왜 생겨나고, 언제부터 생겨났는지를 깊이 있게 파고들어 조선시대 신분사를 연구하는 데 귀중한 자료를 제공하고 있다.

유수원은 먼저 18세기 전반기의 신분구조에서 가장 문제가 되는 것을 문벌양반이 권력을 독점하는 것과, 놀고먹는 가짜양반과 가짜선비의 범람에서 찾았다. 그는 진짜선비와 진짜양반을 "학교에 적을 두고 공부하면서 수기치인修己治人의 법을 배우는 사람들"이라고 정의하고, 이런 사람들이 벼슬아치가 되어야 나라가 올바로 운영된다고 보았다. 그러나 당시 실정은 그렇지 않았다. 학문도 없고 도덕수양도 없는 사람들이 선비와 양반을 자처하고 권력을 독점하고 무위도식하고 있기 때문이다. 그는 이런 사람들을 가짜양반, 가짜선비로 보았는데, 여기에 속하는 부류와 그들의 행동양식을 다음과 같이 정리했다.

　가) 문벌자제門閥子弟를 무조건 선비, 양반, 사대부라고 부르고, 학교를 다
　　니지 않아도 선비라고 부른다. 아버지, 할아버지 또는 족당族黨이 선비
　　이면, 불학무식하면서도 스스로 유생儒生, 또는 유학幼學으로 칭한다.

---

8) 한영우, 《꿈과 반역의 실학자 유수원》(지식산업사, 2007) 참고.

　나) 〈청금록靑衿錄〉이라는 사족자제士族子弟 명단을 작성하여 여기에 오른
　　자는 선비 또는 양반이라 부른다. 〈청금록〉은 본래 학교에 적을 둔 학생
　　명부를 말하는 것인데, 아무나 〈청금록〉에 이름을 올리고 있다.

　다) 가짜양반, 가짜선비는 농공상 등 생업에 종사하지 않고 무위도식하면
　　서 살아간다. 선비나 양반이 농공상 등 생업에 종사하면 평민平民으로
　　간주되어 군역軍役을 지게 되고, 혼인길이나 벼슬길이 끊어진다.

　라) 내외 4대조 가운데 현관顯官(동서반의 정직)이 없으면 군역軍役에 충정
　　되고, 양반에서 떨어져 나가 중미中微(반쯤 한미한 집안)로 불리게 된다.

　마) 같은 할아버지의 자손이라도 명관名官의 아들은 높은 벼슬에 오르고,
　　아버지가 벼슬을 하지 못하면 그 아들은 벼슬길이 막힌다.

　바) 외가外家나 처가妻家의 집안에 따라 행세가 달라진다.

　　여기서 유수원이 지적한 내용 가운데, 귀담아들어야 할 것이 세 가
지가 있다. 첫째 '유학', '선비', '청금록' 등이 반드시 양반을 가리키는
칭호가 아니라는 것, 둘째 내외 4대조 가운데 현관이 없으면 군역에
충당되고 '양반'에서 '중미'로 떨어진다는 것이다. '중미'라는 것은 반
쯤 한미한 집안이라는 뜻이니 '평민'이라는 말과 같다. 셋째 같은 양
반집안이라도 아버지가 명관을 지내면 그 아들은 좋은 벼슬을 얻고,
아버지가 벼슬아치가 아니면 그 아들은 벼슬길이 막힌다는 것이다.
그러니까 양반집안에도 얼마든지 평민이 섞여 있다는 뜻이다.

　　그런데 유수원은 이러한 모순된 신분구조가 조선 초기부터 생긴
것이 아니라고 보았다. 국초에는 능력 있는 재상들이 시골에서도 나
오고, 오직 재주 있는 사람을 등용한다는 이른바 '유재시용惟才是用'
의 원칙이 비교적 잘 지켜졌으며,[9] 양반, 중인, 상민의 구별이 없었

고, 양인良人과 노비의 구별만이 있었다고 주장한다. 그는 양인의 본
래의 뜻을 다음과 같이 이해했다.

가) 양인이란 본래 공경公卿 이하의 자손과 평민을 함께 가리키는 말이
　다.10)

나) 양인은 아무런 구애를 받거나 흔구痕咎를 가진 사람들이 아니다.11)

다) 양인은 천민天民으로서 재덕才德만 있으면 누구나 크게는 경상卿相에
　서 작게는 백집사百執事에 이르기까지 모든 관직을 담당할 수 있는 신분
　이다.12)

라) 양인자제는 국가에서 본래 과거에 응시하는 것을 허용했다.13)

조선 초기의 양인에 대한 유수원의 이해는 놀랄 만큼 정확하다. 우
리가 앞 책에서 15세기의 양인을 설명한 내용과 일치한다.

그런데 유수원은 조선 초기의 양천신분제良賤身分制가 무너지고,
양반, 중인, 상민, 노비로 분화된 시기와 배경에 대해서도 놀랄 만큼
깊이 있게 관찰했다. 그는 16세기 후반의 명종-선조 연간 이후, 특히
17세기 초의 인조반정(1623)을 문벌이 형성되는 중요한 전환기로 보
았다. 그의 말을 직접 옮겨 보겠다.

　　우리나라에서 비록 문벌을 숭상한다고 하지만, 명선明宣(명종과 선조) 이

9) 《우서迂書》 권2, 論門閥之弊.
10) 《우서》 권9, 論士庶名分.
11) 위와 같음.
12) 위와 같음.
13) 위와 같음.

전에는 인재등용의 길이 그다지 비뚤어지고 좁게 막히지 않았다. 그래서 보상輔相과 경재卿宰들이 시골에서 대부분 배출되었으며, 정치체제와 정치 규범도 요즘과는 매우 달랐다.……사대부들도 대대로 경성京城에만 살지도 않았다. 관직을 얻으면 부름을 받아 서울로 올라오고, 직책이 없으면 시골로 돌아갔다. 그리고 거실세족巨室世族이 나라를 옹호하고 반란을 진압한다는 말도 없었다.

그런데 계해년(인조반정; 1623)에 나라를 중흥한 이후로 갑작스런 반란이 자주 일어나고, 위험스런 의심이 매우 심해지면서 여러 공신功臣들이 나라를 옹호하는 직책을 맡았다. 그 뒤로 사람들은 이를 듣고 보는 데 익숙해져서 "세가거족世家巨族이 나라를 옹호하고 반란을 진압시켰다"고 말하게 되었다. 그러나 갑자년(인조 2년, 1624) 이후로 변란이 계속해서 일어났으나 "세가거족이 반란을 진압시켰다"는 말이 실제로는 효험을 보지 못했다.……14)

그러면 명종-선조 연간을 양반문벌이 형성되는 전환기로 보는 이유는 또 무엇인가? 그 이유는 대략 다음과 같다.

가) 이 무렵부터 양반이 군역을 회피하는 경향이 나타났다.

나) 과전科田이 폐지되면서 양반의 토지겸병이 심해졌다.

다) 사화士禍와 당쟁黨爭이 심해지면서 승리한 양반과 몰락한 양분이 갈라졌다.

라) 농공상 등 생업을 천시하는 경향이 심해졌다.

마) 서얼에 대한 금고가 심해졌다.

---

14) 《우서》 권9, 論士庶名分.

바)〈청금록〉을 임의로 작성하는 경향이 심해졌다.

사) 교생의 군역회피가 심해졌다.

아) 비변사가 등장했다.

물론 유수원의 위와 같은 분석이 문벌형성의 모든 원인을 파헤쳤다고는 할 수 없다. 그러나 자신의 경험을 바탕으로 문벌을 이해하고 있는 점은 경청할 가치가 있다.

유수원은 양반문벌만을 비판하는 데서 머물지 않고, 중인과 서얼, 그리고 노비의 처지에 대해서도 언급하고 그 대안을 제시하고 있지만, 여기서는 논외로 해 둔다. 다만, 당시의 신분구조를 크게 양반문벌, 중인과 서얼, 그리고 상한常漢으로 구별하고 있는 것은 앞서 살펴본 이중환이나 이익 등과 기본적으로 일치한다.

지금까지 소개한 것은 개인이 기록한 문서에 보이는 신분자료이다. 그러면《실록》등 관찬자료에는 어떻게 17~18세기의 신분구조를 이해하고 있었을까?

(6)《실록》에 보이는 신분구조

조선 후기《실록實錄》이나 그 밖의 관찬기록에서는 당시의 신분구조를 어떻게 설명하고 있을까? 먼저 정조 15년(1791)의《실록》을 보면 정조가 내린 하교 가운데 "대저 중인배中人輩는 양반도 아니고, 상인도 아니며, 그 사이에 위치하고 있다"[15]고 지적하고 있는데, 이는

---

15)《정조실록》권33, 정조 15년 11월 11일 임오.

정조가 중인의 위상을 정확하게 지적한 것이다. 정조는 또 재위 23년
(1799)에도 중인의 지위에 관해 언급하면서 "이른바 중인은 조정에
나아가 사부士夫도 될 수 없고, 물러나서 상한常漢과 천민賤民도 될 수
없다. 스스로 낙척落拓하여 실지實地에 뜻을 두고 있지 못하다"[16]고
언급했는데, 이 또한 중인의 딱한 처지를 정확하게 지적한 것이다.

2) 조선 후기의 중인

(1) 중인층의 형성 시기

중인은 양반과 상민의 중간에 위치하고 있었기 때문에 중인으로
불렸음은 앞에서 이미 설명했다. 그러면 중인층은 언제 형성되었는
가? 중인이라는 용어가 처음 보이는 것은 17세기 중엽부터다. 대체
로 인조 대부터 중인이라는 용어가 《실록》이나 기타 자료에 등장하
고 있으며, 중인들 스스로도 이때부터 중인층이 형성되었다고 주장
하고 있다. 앞서 소개한 17세기 중엽의 유형원이나 이보가 중인이라
는 용어를 쓰게 된 것도 이 까닭이다.

조선 후기에는 중인들 스스로 중인층의 역사를 정리한 기록이 매
우 많아 중인연구에 도움을 주고 있다. 먼저, 순조 23년(1823)에 편찬
된 《행하술》이 있다. 이 책은 서얼통청운동에 대한 성균관 유생들의
반대논의 참고자료로 편찬한 것인데, 내용은 적서嫡庶의 차이에 대한
문제, 법전의 서얼관계 규정, 서얼허통을 둘러싼 순조 23년 조정에서

---

16) 《정조실록》 권55, 정조 23년 5월 5일 임술.

의 논의, 그리고 작자 불명의 《여송興誦》을 수록하고 있다. 특히 《여송》은 중인에 관한 정보가 담겨 있다.

그 다음 정조 원년(1777)에 경상도 상주 향리 이진흥李震興은 향리의 역사를 정리하여 《연조귀감椽曹龜鑑》을 냈다. 철종 9년(1858)에 편찬된 《규사葵史》는 대구지방의 서얼유생들이 중인의 한 부류인 서얼의 역사를 정리한 것이다. 철종 2년(1851)에는 의관醫官, 역관譯官, 천문관, 율관律官, 화원畫員 등 기술직 중인들이 집단적으로 통청운동通清運動을 일으키면서 올린 상소문이 있는데, 이 자료는 역과급제자의 명단을 수록한 《상원과방象院科榜》에 수록되어 있다.17) 그 밖에 대한제국기 중인 인사 현은玄檃이 중인의 내력을 역사적으로 고찰한 《중인내력약고中人來歷略考》가 있다.

이 밖에도 19세기에는 중인들이 중인층 명사들의 전기傳記를 모은 책을 편찬했는데 조희룡趙熙龍의 《호산외기壺山外記》(1844), 유재건劉在健의 《이향견문록里鄉見聞錄》(1962), 이경민의 《희조일사熙朝軼史》(1866), 장지연張志淵의 《일사유사逸士遺事》 등이 그것이다.

먼저, 순조 대 편찬된 《행하술》 안에 들어 있는 《여송》부터 검토해 보자. 《여송》은 작자를 알 수 없는 글로 시중에 떠도는 중인과 서얼에 대한 이야기들을 정리한 것이다. 여기서는 중인의 기원을 다음과 같이 이해하고 있다.

(인조 조에) 임금이 통의절목通擬節目을 내려 서얼들이 문과에 응시하는

---

17) 《상원과방》은 현재 하버드-엔칭 도서관에 소장되어 있는데, 필자가 그 안에 들어 있는 중인통청운동 자료를 조사하여 소개한 바 있다. 한영우, 《조선시대 신분사연구》(집문당, 1997).

것을 허용했는데, 유학을 공부하는 이는 업유業儒라고 부르고, 무학을 공부
하는 이는 업무業武라고 부르게 하고, 거짓으로 유학을 칭하는 자는 군보軍
保로 만들고, 사역司譯 이하는 중인에 속하게 했다.

위 글을 다시 정리하면, 인조 대 서얼이 문과나 무과에 응시하는
것을 허용하되, 문과응시자는 업유業儒, 무과응시자는 업무業武라는
칭호를 주어 일반사족 응시자와 칭호를 구별하게 했으며, 역관 이하
의 기술관들을 중인에 속하게 했다는 것이다. 여기서 기술관을 중인
으로 부르게 하는 국가의 조치가 인조 대 처음 내려진 것을 확인할
수 있다.

다음에 대한제국기 현은이 쓴 《중인내력약고》에서는 중인의 성립
시기를 다음과 같이 서술하고 있다.

중인의 연원은 사부士夫의 유족遺族임이 명확하다.……대체로 중인세가
中人世家의 족보를 보면 대대로 (중인)관직을 계승한 것이 10대 내외에 지
나지 않는다. 그 연대를 따져보면 당론黨論이 처음으로 일어나던 시기이
다.……3백 년 동안은 청족淸族(사족)의 호칭을 얻고 있었다.

위 글은 중인족보를 바탕으로 중인의 성립시기를 추정하고 있다.
이를 다시 풀이하면, 중인족보를 통해 볼 때 대대로 중인직中人職이
계승된 것은 10세대 안팎이고, 이때는 당론이 일어나던 시기와 일치
한다는 것이다. 그 이전 3백 년 동안은 중인이 아니라 청족淸族으로
불렸다고 한다.

한 세대를 30년으로 계산하면 10대는 약 3백 년이 된다. 그러니까

대한제국기부터 3백 년을 거슬러 올라가면 17세기가 된다. 그리고 이
시기가 바로 당론 곧 당쟁이 일어난 시기이기도 하다. 그러니까 조선
후기 3백 년 동안 중인으로 세습되었고, 그 이전의 2백 년은 청족 곧
사족이었다는 말이다. 다시 말해 조선 전기 2백 년은 양반으로 내려
오다가 조선 후기 3백 년 동안 중인으로 전락했다고 할 수 있다. 따
라서 앞에서 소개한 두 자료에서 인조 대를 중인성립시기로 본 것과
거의 일치한다.

그런데 중인의 역사를 가장 상세하고 정확하게 정리한 것으로 보
이는 자료는 철종 2년(1851)에 서울 중인들이 임금에게 집단적으로
통청운동을 벌이면서 올린 글들이다. 이 자료는 역과급제자를 기록
한 《상원과방象院科榜》[18]이라는 책에 수록되어 있는데, 이 자료는 1
천 8백여 명의 중인들의 집단적으로 의견을 모아 정리한 것이기 때
문에 객관성이 가장 높다고 할 수 있다. 이 자료에 따르면, "인조 대
부터 의역醫譯(의관과 역관)들이 대대로 업業을 계승하여 중인이라는
칭호가 생겨났다"는 것이다.[19] 원문을 소개하면 가음과 같다.

　　신들이 생각건대 중인이라는 것은 국초부터 정해진 이름이 아니었습니
　　다. 옛날에는 조정에서 인재를 등용할 때 각각 그 사람의 재주를 보아서
　　썼습니다. 이때는 명문과 청족의 박학한 선비들이 의醫, 역譯, 율律, 역曆
　　등 여러 학문에 정통한 이가 있으면 그 장점을 살려 그에 합당한 직책을

---

18) 《상원과방》은 필자가 1983년에 미국 하버드대학 하버드-엔칭도서관에서 취득한 자료이다.
　　이 자료에 대한 자세한 소개는 다음 논고를 참고할 것. 한영우, 〈조선 후기 中人에 대하여〉
　　《한국학보》 45집(1986). 이 잡지의 말미에 〈철종조 중인통청운동자료〉를 부록으로 수록했
　　다. 한영우, 《조선시대 신분사연구》(집문당, 1997)의 제3장 〈조선시대 中人의 신분계급적
　　성격〉.
19) 한영우, 위의 책, 75쪽 참고.

주었습니다.

　중고中古 이후로 벼슬하는 지름길만 생각하여 빈궁한 선비들이 한 가지 재주만 익혀 녹祿을 구하는 방법으로 삼았고, 그 후손들은 가정에서 아버지 직업을 익히고 배워 학문을 대물림하여 관리로 나아가 녹봉을 이어가게 된 것입니다. 정학正學(성리학)에는 힘쓰지 아니하니 사람들이 천하게 여기고, 사대부 밑에 두었습니다. 그래서 드디어 중인이라는 칭호를 얻게 되었습니다. 대체로 인조 이후로 그런 명칭이 생겨났습니다.……또 신들의 족보를 살펴보면 10대 아래로는 청현淸顯의 자리를 거친 이가 많은데, 이를 통해서 본다면 신들은 본래 사족士族의 후예라고 할 수 있습니다.

위 인용문에는 중인이 생겨난 시기와 원인, 중인이 받는 차별대우의 내용 등이 고스란히 기록되어 있다. 특히 중인의 성립시기를 인조 대로 보고 있다. 그런데 앞에서 유수원이 양반문벌의 형성시기를 인조 대로 이해한 것을 기억할 필요가 있다. 여기서 중인의 형성시기와 양반문벌의 형성시기가 일치하고 있음을 알 수 있다. 그리하여 이 무렵부터 신분구조가 양반兩班, 중인中人, 상한常漢으로 대별되는 시대가 열린 것이다.

(2) 중인층의 두 부류

그러면 중인은 구체적으로 어떤 사람들을 말하는가? 결론부터 말하면 크게 보아 서울중인과 시골중인의 두 부류가 있다. 서울중인은 잡과雜科나 취재取才를 거쳐 기술관청에서 일하는 기술관원들이다. 예를 들면 의관, 역관, 음양관(천문관, 지리관, 명과관) 등 잡과 출신자를

비롯하여 취재로 선발된 율관律官, 도화서의 화원畵員과 호조의 산원
算員도 포함된다. 화원은 본래 유외잡직流外雜職으로서 잡과 출신자보
다도 더 하층으로 취급되고 있었으나 조선 후기에는 잡과 출신자들
과 함께 어울릴 정도로 성장했다.

이들 기술직 중인은 정3품 당하관 이상은 승진할 수 없도록 되어
있었다. 다시 말해 당상관에 오르지는 못하게 했다. 이는 그들이 배
운 지식의 한계 때문이었다. 예를 들면 의관은 전의감典醫監에 속하여
정正(정3품 당하관)에서 그치고, 역관은 사역원司譯院의 정正에서 그치
며, 천문관은 관상감觀象監의 정正에서 그쳤다. 이를 한품거관限品去官
이라 한다.

그러나 이들이 다시 유학을 공부하여 문과에 응시하는 것을 막은
것은 아니었다. 그래서 실제로 조선 초기에는 기술관으로서 문과에
급제한 사례가 적지 않게 나타나고 있는 것이다. 그 급제자 명단은
이미 앞 책에서 소개한 바 있다. 바로 이 점이 한품서용限品敍用의 제
한을 받는 서얼과 다른 점이었다.

《경국대전》에는 기술관이 동반東班에 함께 참열參列하여 임금을
만나는 조회에 참여할 수도 있었으며, 문과에 급제했을 때 벼슬에 차
별을 두는 조항이 없었다. 그러므로 법적으로는 청요직淸要職이나 수
령으로 나갈 수 있는 자격이 있었다. 영조 대 편찬된 《대전통편》에도
아무런 차별규정이 없었다.

기술직을 천시하지 않고 오히려 장려했던 조선 초기에는 기술관이
문과를 통하지 않고도 당상관으로 임명되는 사례가 많았음은 이미
앞에서 설명한 바 있다. 물론 이 경우 일부 신하들의 반대가 있었지
만, 역대 임금은 신하들의 반대를 물리치고 뜻을 관철했다.

그런데 16세기 이후로 기술관에 대한 천시관념이 높아지고, 다른 한편으로 서얼들이 잡과를 통해 기술관으로 나가면서 기술관의 지위가 차츰 내려가서, 조선 후기에는 중인을 서얼과 같은 부류로 보는 인식이 생겨났다. '중서中庶'라는 말이 그래서 유행한 것이다.

'중서'라는 호칭에 대하여 중인이나 서얼은 모두 마땅치 않게 보았다. 중인은 자신들이 서얼처럼 혈통에 하자가 있지도 않을 뿐 아니라 조선 전기에는 당당한 사족士族이었다는 자부심이 있어서 서얼과 동류로 취급되는 것이 불만이었다. 서얼은 자신들이 비록 서자이지만, 아버지는 당당한 사족인 경우가 있다는 자부심이 있어서 중인과는 다르다고 자부했다. 그렇지만 기술관으로 일한다는 점에서는 서로 비슷한 점이 많았던 것이다.

중인의 또 다른 부류, 즉 시골 중인은 수령의 행정을 보좌하는 향리, 향교 학생인 교생, 지방관청의 아전인 이교(통인, 지인 등)와 서리, 이里의 행정을 맡은 권농과 향약의 책임자인 약정約正 등을 말한다. 그리고 서얼도 때에 따라서는 중인으로 불리고 있었다.

순조 23년(1823) 경에 편찬된 작자불명의 《여송》에는 이들 지방 중인층에 대하여 다음과 같이 설명하고 있다.

> 향읍鄕邑의 교생은 스스로 중인이라고 칭하지만, 서울에 뽑혀 올라가면 서리가 되고, 본읍에서 역役을 지면 이교가 된다. 아니면 본리本里에서 약정이나 권농이 된다. 이들은 실상 하인下人이다.
>
> 영읍營邑의 지인知印은 속칭 통인通引인데 곧 이교다. 혹 평민의 아들로서 관부官府에 입역立役하는 자들이기도 하다. 그들이 과거에 응시할 때에는 또한 공생貢生이라고 부른다. 교생과 공생의 족벌은 매우 한미寒微하지

만……벼슬길에 장애가 없어서 아들이나 손자가 과거에 급제하면 성균관
에 분방分榜되기도 하고, 장령掌令으로 통청되기도 하고, 승정원의 주서注
書에 의망되기도 한다.

그러니까 교생이 서리도 되고, 이교가 되기도 하고, 약정과 권농이
되기도 하고, 공생으로서 문과에 합격하여 성균관이나, 사헌부 장령
이나, 승정원의 주서 등 청요직에도 나간다는 것이다.

그러나 두 종류의 중인 가운데 불만이 가장 큰 것은 서울의 기술관
중인들이었다. 이들은 자신들의 신분이 양반에서 중인으로 내려앉은
데 대한 불만이 있고, 법적으로 차별을 받을 이유가 없음에도 현실적
으로 차별을 받고 있는 데서 오는 불만이 있었다. 하지만 평민으로서
중인으로 상승하는 부류는 오히려 중인으로 자처하는 것을 자랑스럽
게 생각하고 있었으며, 법적으로도 하등의 차별대우를 받지 않고 있
었다.

(3) 중인에 대한 차별대우

그러면 현실적으로 조선 후기의 기술직 중인은 어떤 차별대우를
받고 있었는가? 그 답은 간단하다. 기술직 중인이 문과에 합격하더
라도 외교문서를 작성하는 승문원承文院 등 청요직에 임명되지 못하
고, 겨우 책을 제작하는 교서관校書館에 임명되는 것에 대한 불만이
하나요, 또 무과에 합격했을 경우에도 임금을 수행하는 선전청宣傳廳
과 같은 요직에는 임명되지 못하고 성문을 지키는 수문청守門廳에 임
명되는 관행에 대한 불만이었다.[20]

조선 후기에 문과나 무과 합격자를 출신신분에 따라 분관分館(보직 임명)에 차별을 둔다는 사실은 18세기 말~19세기 초 실학자 다산 정약용茶山 丁若鏞도 《경세유표經世遺表》에서 밝히고 있다. 그의 말을 직접 옮겨 보자.

> 지금 신급제자新及第者를 분관하는 법은 승문원을 으뜸으로 삼고, 성균관을 그 다음으로 치며, 교서관을 가장 낮게 본다. 승문원으로써 귀족을 우대하고, 성균관으로써 서북 사람을 대접하며, 교서관으로써 서류庶流와 천족賤族을 대접한다. 법의 아름답지 못함이 이보다 심한 것이 없다.[21]

여기서 정약용은 귀족들이 문과에 급제하면 외교문사를 담당하는 승문원에 분관하고, 서북지방(평안도) 사람은 성균관에 분관하며, 서류와 천족은 교서관에 분관하고 있는 현실을 개탄하고 있다.

그런데 정약용의 《경세유표》와 비슷한 내용은 《실록》에도 보인다. 이를 옮기면 다음과 같다.

> 선정先正 이이李珥와 옛 재상 이원익李元翼은 모두 교서관에서 몸을 일으킨 분들인데, 요즘에는 중인이나 서얼이 아니면 교서관으로 나가는 것을 좋아하지 않는다. 심지어는 성균관에 나가는 것조차도 피하려고 한다. 모두가 승문원으로만 가려고 하니 내 마음이 항상 언짢다.[22]

---

20) 《상원과방象院科榜》 자료.
21) 《경세유표經世遺表》 春官禮曹 校書監條.
22) 《영조실록》 권116, 영조 47년 3월 25일 병인.

위 언급은 신분에 따라 급제자를 차별대우하는 처사에 대해 영조
자신이 불만을 토로한 말이다. 영조는 문과에 급제한 자들이 승문원
으로 가기만을 원하고, 교서관이나 심지어 성균관까지도 피하고 있
는 풍조를 개탄하고 있는 것이다.

그런데《경국대전》의 규정을 보면, 기술관 중인에 대한 뚜렷한 차
별이 없었다. 그들이 현직顯職(동서반의 정직)으로 나가는 길은 두 종
류가 있었다. 하나는 기술관으로서 소업에 능통한 자는 현관에 임명
할 수 있다는 것이다.《경국대전》예전禮典 장권조奬勸條를 보면, "의
학습독관醫學習讀官, 한학습독관漢學習讀官으로서 소업에 능통한 자는
현관에 임명하고, 율원律員이나 산원算員으로서 소업에 정통하는 자
는 경외의 이직吏職(수령)에 제수한다"는 규정이 있다. 이 규정은《대
전통편》과《대전회통》에도 그대로 계승되었다.

기술관이 현직으로 나가는 두 번째 길은 문과를 거쳐 청요직에 나
가는 길이다. 그래서 실제로 기술관원으로서 문과에 급제한 사람은
조선 초기에 적지 않게 있었던 것이고, 조선 후기에도 마찬가지였다.
그러나 기술관의 법적 지위는 이와 같았지만 현실은 그렇지 않았다.
조선 후기 중인들이 집단적인 통청운동을 벌인 이유가 여기에 있었
다. 통청운동의 핵심은 법을 고쳐 달라는 것이 아니고 법대로 청요직
으로 나가는 길을 열어달라는 것이었다.

(4) 중인가문

조선 후기 기술직 중인의 직업이 세습되면서 이른바 중인가문으로
불릴 만한 특별한 씨족집단이 형성되었다. 중인가문을 이해하는 자

료는 《잡과방목雜科榜目》과 《족보》가 있다. 먼저 《잡과방목》을 통해서 파악할 수 있는 특이한 현상의 하나는 시대가 내려갈수록 급제자성씨姓氏의 종류가 축소되어 간다는 점이다. 예컨대, 《역과방목譯科榜目》을 검토해 보면,23) 연산군-광해군 대에 이르는 시기에는 119개 성관姓貫에서 191명의 급제자가 나오고 있다. 성관마다 평균 1.6명의 급제자가 나온 셈이다.

그러나 그 다음 인조에서 숙종 대에 이르는 기간에는 142개 성관에서 역과급제자 835명이 배출되었다. 성관마다 평균 5.88명의 급제자를 낸 셈이다. 또 그다음 경종에서 정조 대에 이르는 기간에는 104개 성관에서 751명의 역과급제자가 배출되었다. 따라서 성관마다 평균 7.2명의 급제자를 냈다.

이렇게 시대가 내려가면서 성관의 평균 급제자 수가 늘어나는 것은 신분세습성이 그만큼 높아지고 있다는 증거이다. 더욱이 17세기에 해당하는 인조에서 숙종 대에 이르는 기간에 급속한 증가세가 보이는 것은 이 시기에 중인이라는 호칭이 생겨난 사실과 깊은 관련이 있다고 볼 수 있다. 16세기에 역관을 배출한 성관 가운데 약 절반 정도가 17세기 이후에는 역관을 배출하지 않고 있다.24)

17세기 이후로 역관이 세습되는 경향은 《역과방목》에 기재된 급제자의 아버지의 직업을 통해서도 확인된다. 연산군에서 중종 대에 이르는 역과급제자의 아버지 직업은 무반직武班職이 가장 많고, 역관의 직업을 가진 이는 거의 없다. 그러나 선조 33년(1600)의 《역과방

---

23) 현재 남아 있는 《역과방목》은 연산군 이전의 급제자는 기록이 없다.
24) 이남희, 〈조선 중기 역과입격자의 신분에 관한 연구〉, 《청계사학》 4집(1987). 한편, 와그너도 1973년에 발표한 〈中人論〉에서 17세기에 등장한 대성大姓들이 19세기 말까지 계속하여 다수의 역관급제자를 집중적으로 배출하고 있다는 사실을 발견했다.

목》에는 14명의 급제자 가운데 4명의 부친이 역관이고, 의관이 2명, 율려律呂가 2명으로 나타난다. 그러니까 전체 급제자의 57퍼센트가 기술학을 하는 아버지를 두고 있는 셈이다. 이 같은 현상은 인조 대 이후에는 더욱 확대되는 모습을 보인다.

다음에는 의과급제자의 경우를 보자. 사정은 역관과 비슷하다. 연산군에서 광해군 대에 이르는 기간, 성관 당 급제자는 평균 1.4명이다가, 인조에서 숙종 대에 이르는 기간에는 3.7명, 경종에서 정조 대에 이르는 기간에는 4.2명으로 늘어난다.[25] 이는 인조 대 이후로 의관의 세습화가 급속히 높아진 것을 뜻한다.

17세기 이후 의관의 세습화 경향은 의과급제자의 아버지의 직업을 통해서도 확인된다. 현존하는 연산군 4년이나, 중종 2년의 《의과방목》에는 의과급제자의 아버지 직업이 의관으로 되어 있는 사례가 없다. 중종 20년(1525)에는 급제자 9명 가운데 1명만이 아버지가 의관이다. 그러나 선조 33년(1600)에는 의과급제자 9명 가운데 2명의 아버지가 의관이고, 17세기 이후에는 의과급제자의 아버지는 의관, 역관, 기타 기술관이 과반수를 차지하고 있다. 다시 말해 조선 후기의 기술관은 기술직 상호 간의 이동이 매우 활발해지고 있으나, 기술직에서 문반직文班職으로 이동하는 경우는 매우 드물다는 것을 알 수 있다.

다음에 조선 후기 기술직 중인의 성관姓貫을 알아보기로 한다. 결론부터 말하면 양반성씨로 알려진 대성大姓에서 잡과급제자가 집중적으로 배출되고 있다. 예를 들면, 전주이씨全州李氏, 경주김씨慶州金

---

25) 이 통계는 현존하는 《의과방목》(연산군-고종)과 중종 2년, 중종 20년, 선조 9년, 선조 34년의 《의과방목》을 통해서 얻은 수치다.

氏, 밀양변씨密陽卞氏, 청주한씨淸州韓氏, 경주최씨慶州崔氏, 밀양박씨密陽朴氏, 하동정씨河東鄭氏, 인동장씨仁同張氏, 김해김씨金海金氏, 고성김씨固城金氏, 해주오씨海州吳氏, 남양홍씨南陽洪氏, 온양정씨溫陽鄭氏, 광산김씨光山金氏, 파평윤씨坡平尹氏, 고령신씨高靈申氏 등이 가장 많은 급제자를 내고 있는 대성인데, 대체로 20여 개 성관이 전체 급제자의 반 정도를 차지하고 있다.[26]

중인의 성관은 대략 2백여 개에 이른다고 할 때, 그 가운데 약 10 퍼센트에 해당하는 20여 개 성관에서 급제자의 50퍼센트 정도를 배출하고 있다는 것은 대성의 집중도가 매우 높다는 것을 보여 준다.

그러나 대성일수록 인구가 많고, 씨족의 분파分派도 많기 때문에 이들 대성이 곧 전형적 중인가문이라고 말하는 것은 곤란하다. 왜냐하면 이들 대성은 문과급제자도 많이 배출한 성씨이기 때문이다. 따라서 중인가문의 성씨가 따로 있고, 양반가문의 성씨가 따로 있다는 말은 성립하지 않는다. 다만, 대성일수록 분파에 따라 양반가문이 있는가 하면, 중인가문도 있다고 말하는 것이 옳을 것이다. 그래서 성씨를 가지고 양반인가 중인인가를 판단하지 못하고, 어느 계파인가를 따져야 신분의 고하를 알 수 있었던 것이다.

그러면 조선 후기 중인가문에 속하는 전형적 성씨는 없었던가? 있다. 오히려 대성이 아닌 희성稀姓에서 전형적인 중인가문을 찾을 수 있다. 비록 급제자 수는 적더라도 세습성이 높은 성씨가 있다. 예를 들면, 천녕현씨川寧玄氏, 삼척김씨三陟金氏, 신평한씨新平韓氏, 영해박씨寧海朴氏, 직산최씨稷山崔氏, 보령김씨保寧金氏, 낙안오씨樂安吳氏, 해주

---

26) 에드워드 와그너, *The Development and Modern Fate of Chapkwa-Chungin Lineages*, 《제1회 한국학 국제학술회의 논문집》(인하대학교 한국학연구소, 1987).

김씨海州金氏, 하음이씨河陰李氏, 원주변씨原州邊氏, 우봉김씨牛峰金氏, 강음이씨江陰李氏, 해주이씨海州李氏, 태안이씨泰安李氏, 온양방씨溫陽方氏, 풍주진씨豊州秦氏, 한양유씨漢陽劉氏, 개성고씨開城高氏, 삭령박씨朔寧朴氏, 파평조씨坡平趙氏, 우기김씨牛基金氏, 주계최씨朱溪崔氏, 배천장씨白川張氏, 홍천피씨洪川皮氏 등이 이에 속한다.

중인족보인 《성원록姓源錄》에는 《만성대동보》에 보이지 않는 67개 성관이 나타나 있는데,[27] 이들은 양반성이라고 여기기 어려운 가문이다. 따라서 조선 후기 중인을 구성하고 있는 2백여 개 성관 가운데 3분의 1에 해당하는 67개 성관은 비양반에 속하는 한미한 가문이다. 이들은 기술직을 통해서 중인가문으로 상승해 가고 있던 부류라고 할 수 있을 것이다.

3) 향족의 성장과 향전[28]

이중환은 《택리지》에서 양반의 하층에 품관品官이 있다고 언급한 바 있다. 그러면 품관이란 무엇인가? 원래 지방에는 수령을 보좌하고, 향리의 잘못을 규찰하며, 풍속을 바로잡는 자치기구로 향청鄕廳(유향소의 후신)이 있었는데, 여기에는 좌수座首와 별감別監 등으로 불리는 책임자들이 있었다. 이들을 향임鄕任으로 부르고, 이들의 모임을 향회鄕會라고 한다.

---

27) 김양수, 〈성원록 해제〉(고려대학교 중앙도서관, 1985).
28) 조선 후기 향전에 관해서는 다음 논고를 참고할 것.
　　고석규, 《19세기 조선의 향촌사회연구》(서울대 출판부, 1998).
　　김인걸, 〈조선 후기 향권의 추이와 지배층 동향〉, 《한국문화》 2(1981).
　　김인걸, 〈17, 18세기 향촌사회 신분구조 변동과 유향儒鄕〉, 《한국문화》 11(1990).

조선 초기에는 중앙에서 벼슬하다 그만두고 지방으로 내려갔거나 아니면, 실직實職이 아닌 산직散職을 가진 이른바 유향품관留鄕品官을 향임에 임명했다. 그런데 조선 후기에는 지방 사족이 향임을 갖는 경우가 많이 생기고, 수령을 보좌만 하는 것이 아니라 오히려 능멸하고 견제하는 기능도 갖기에 이르렀다.

그런데 조선 후기에는 평민 가운데 재산이 많은 부민富民들이 성장하면서 향임과 향족鄕族으로 상승하려는 욕구가 커지고, 향리나 서얼들도 향족으로 상승하려고 시도하는 일이 많아지면서 신흥 향족이 나타나게 되었다. 이들을 신향新鄕이라고도 한다. 또 기성 향족을 밀어내고 향권鄕權을 잡으려는 도전도 함께 일어났다. 이렇게 향권을 둘러싼 향족과 사족 간의 싸움, 또는 옛 사족과 신흥 사족 간의 싸움을 당시 향전鄕戰이라 불렀다.

향전은 향청에서만 일어난 것이 아니라 향교의 책임을 맡은 전교典校, 장의掌議, 도유사都有司, 유사有司 등의 자리를 둘러싸고도 일어났다. 향교에서는 유생들이 모여 향회鄕會를 열었는데 이들이 지방사회의 여론을 형성하는 데 큰 영향력을 미치고 있었기 때문이다.

정부는 당쟁과 연결되어 있는 지방 사족 곧 유림儒林을 억제하기 위해 지방 사족들이 향청이나 향교를 통해 향권을 장악하는 것을 막으려고 했다. 그래서 영조-정조 연간에는 수령의 권한을 강화하여 향족과 이서吏胥(호방, 이방)들과 손을 잡고 사족이 향권을 장악하려는 시도를 막았다. 향회도 수령의 부세자문기구로 성격을 변화시키고, 향전 자체를 봉쇄하는 데 힘을 쏟았다. 영조 32년(1762)에 영조는 향전을 금지하는 조치를 취하고, 이어 향전율鄕戰律을 만들어 감사와 수령으로 하여금 향전을 적극적으로 막게 했다. 이는 중앙집권체제의 강화를 통해 지방 양반의 횡포를 막으려는 데 목적이 있었던 것이다.

이렇게 영조-정조 연간에 크게 억제되었던 향전은 국가기강이 무너지고 중앙집권체제가 흔들리던 19세기 이후에는 더욱 치열한 양상을 띠게 되었다. 특히 신흥 세력의 성장이 향전을 더욱 격화시키는 요인이 되었다. 그러나 보수층의 저항으로 향권장악에 실패한 신흥 세력은 그 탈출구를 민란民亂으로 표출시키게 되었다. 19세기 초의 홍경래난이나 19세기 중엽의 진주민란 등으로 대표되는 민란들이 일어난 것은 여러 가지 요인이 있었으나, 합법적인 향권 장악이 실패로 돌아간 신흥 세력의 집단적 무력항쟁의 성격도 띠고 있었다.

4) 서얼층의 단계적 신분상승

서얼은 중인과 동류로 취급되어 '중인'으로 불리기도 하고, 때로는 기술관 중인과 서얼을 합쳐서 '중서'로 불리기도 했다. 그런데 서얼은 기술관 중인과 비슷한 점도 있고 다른 점도 있었다. 잡과를 거쳐 기술관의 벼슬을 받는 점은 서로 비슷했지만, 기술관 중인은 문과응시가 법적으로 금지된 신분층이 아니고 서얼은 법적으로 문과응시가 금지되어 있다는 것이 서로 달랐다. 말하자면 혈통이 다르고 뿌리가 다른 것이다.

그런데 기술관 중인과 서얼은 또 다른 점이 있었다. 인구를 보면 서얼이 압도적으로 많아 집단적인 통청운동을 일으키는 일이 끊임없이 일어나고 있었으며, 아버지가 명문집안의 벼슬아치인 경우도 적지 않아 모계母系는 천민이고 부계父系는 양반이라는 두 얼굴을 가지고 있는 부류였다. 이런 특수성 때문에 국가의 서얼에 대한 정책도 두 얼굴을 지니고 있었다. 서얼의 문과응시와 청요직 진출을 부분적으로 허용하여 서얼의 불만을 어느 정도 무마하는 정책을 쓰기도 하고, 다른 한편으로는 서얼의 청요직 진출을 억제하는 정책을 쓰기도 했다. 서얼의 통청을 완전히 허용하게 되면, 가족질서가 무너질 뿐 아니라, 적손嫡孫들의 벼슬길이 그만큼 어려워지기 때문이었다.

서얼의 부분적 허통은 서얼차대를 법적으로 가장 엄격하게 규정한 16세기 중엽의 명종 대부터 이루어졌음은 이미 앞 책에서 설명한 바 있다. 서로 상반되는 두 정책을 동시에 시행한 것은 매우 아이로니컬한 일이지만, 그 내막을 살펴보면 법적으로는 규제하면서 때에 따라 절목節目을 만들어 일부 서자에게는 문과응시를 허용하여 숨통을 터주는 일을 병행한 것이다.

조선 후기에도 기본적으로 억압과 개방이라는 두 얼굴의 정책이 계속 이어져 갔다. 그러면서도 허통의 범위는 조금씩 넓어지는 추세를 보이다가 철종 2년(1851)에 승문원(문과)과 선전관(무과)으로 나가는 길이 열리고, 고종 즉위년(1863)에는 서얼에 관한 모든 규정이 철폐되었다. 이로써 서얼차대는 적어도 법적으로는 사라졌다. 다만, 가족제도 속에서의 서얼차대는 일제강점기까지도 그대로 이어지고 있었다.

그러면 조선 후기에 구체적으로 어떤 형태의 서얼허통이 이루어지고 있었는가? 이 점에 대해서 개략적인 추세를 설명하면 다음과 같다.

(1) 광해군 대 서얼층의 무력항거: 칠서지옥

서얼들이 집단적으로 허통을 청원하는 상소를 올린 것은 선조 대부터 일어나기 시작했다. 그러나 합법적인 상소운동이 별다른 효과를 보지 못하자 무력武力으로 항거하여 뜻을 관철하려는 반역운동이 일어났다. 광해군 5년(1613)에 일어난 이른바 '칠서지옥七庶之獄'이 그것이다. 이는 서얼 일곱 명이 결속하여 난을 일으키려 한 데서 붙여진 이름이다.

일곱 사람은 모두가 높은 벼슬아치들의 서자였는데, 광해군 즉위년(1608) 허통을 요청하는 상소를 올렸으나 뜻을 이루지 못하자 인목대비를 폐위시킨 이른바 계축옥사癸丑獄事가 일어난 광해군 5년 인목대비의 아버지 김제남金悌男과 연결하여 광해군을 폐하고 영창대군永昌大君을 옹립할 계획을 세우고, 거사자금을 얻기 위해 조령鳥嶺에서 은상銀商을 털다가 박응서가 붙잡히게 되었다.

이 사건은 실패로 끝나고 말았지만, 양첩良妾 서자의 문과응시는 여전히 실행되고 있었다. 《방목》을 보면 허통 유계柳稽의 이름이 보이는데, 아버지는 관찰사 유영립柳永立으로 양첩 서자이며 벼슬은 군수(종4품)에 이르렀다.

(2) 인조 대 서얼허통: 3조 허통

인조 대에는 최명길崔鳴吉, 김상용金尙容, 이원익李元翼 등이 서얼허통을 찬성하고 나서 인조 3년(1625)에 서얼차대를 완화하는 새로운 〈허통사목許通事目〉을 만들었다. 양첩 서자는 손자 대부터 과거응시를 허용하고, 천첩 얼자는 증손 대부터 허용하기로 했다. 다만, 과거에 합격하더라도 요직要職은 주되 청직淸職은 주지 않기로 했다.29) 여기서 요직은 6조 낭관郎官(5~6품)을 가리키고, 청직은 홍문관, 사헌부, 사간원, 예문관, 승문원 등을 말한다.

인조 3년의 〈허통사목〉은 명종 11년(1556)에 만든 〈서얼허통절목〉과 비교하여 한 발 나아간 것이었다. 천첩 서얼을 영구히 금고하던 것을 바꾸어 증손 대부터 허통하기로 한 것이 그 하나이고, 양첩 서자가 문과에 합격했을 경우 문반 요직인 3조三曹에 임용할 수 있도록 한 것도 새로운 변화이다. 여기서 3조라 함은 인사권을 가진 이조, 병조, 그리고 격이 높은 예조를 제외한 호조, 형조, 공조 등을 말한다.

인조 대《방목》을 보면 서얼로서 문과에 급제한 인물로서 신희계辛喜季30)가 군수(종4품)에 오르고, 박홍호朴弘護가 현감(종6품)에 이르렀으며, 유명증兪名曾, 김굉金宏,31) 우경석禹敬錫32) 등이 있다.

(3) 효종-현종 대 납속허통과 허견반역사건

인조 다음 효종 대에는 북벌北伐에 필요한 각 군영의 곡식을 비축하기 위해 서얼에 대한 납속허통納粟許通을 다시 시행했다.33) 이런 분위기 속에서 효종 8년(1657)에는 서얼 유시번柳時蕃이 급제하여 부사

---

29)《인조실록》권28, 인조 11년 10월 15일 갑술.
30)《인조실록》권33, 인조 14년 12월 12일 임오.
31)《규사》권1.
32)《숙종실록》권30, 숙종 22년 7월 12일 을해. 이조판서 최석정의 차자 가운데 우경석이 서얼로 기록되어 있다.
33)《현종실록》권3, 현종 1년 11월 25일 병자; 권23, 현종 12년 2월 3일 을유.

(종3품)에 이르렀다.34)

효종 다음 현종 대에는 우의정 송시열宋時烈이 서얼허통을 주장하고 나섰으나 큰 실효를 보지 못했다. 그래도 서얼 가운데 문과에 합격한 이가 나왔는데, 영의정 허적許積의 서자 허견許堅이 문과에 급제하여 교서관 정자(정9품)에 이르렀다.

(4) 숙종 대 서얼허통: 업유와 업무, 군역 부과

숙종 대에는 즉위 초부터 돈녕 김수홍金壽弘, 예조참판 홍우원洪宇遠 등이 서얼허통을 주장하고 나섰으며,35) 숙종 9년(1683)에는 노론대신 김수항金壽恒이 서얼등용을 요청했으나 반대논의가 많아 이루어지지 못하고 있었다.

숙종 21년(1695)에는 영남 생원 남극정南極井 등 988명이 연명으로 임금에게 장소章疏를 올려 서얼허통을 강력하게 요청하고,36) 이에 자극을 받아 다음 해 소론대신 이조판서 최석정崔錫鼎이 차자箚子를 올려,37) 서얼로서 문文을 하는 자는 '업유業儒'로 부르고, 무武를 하는 자를 '업무業武'로 부르도록 하고, 그들에게도 청요직을 줄 것을 요청하여 임금의 허락을 받았다.38) 그는 이조판서로서 호조좌랑(정6품)을 추천하면서 세 사람의 후보자를 모두 서얼로 올려 그 가운데 이현李

---

34) 《숙종실록》 권30, 숙종 22년 7월 21일 을해. 이조판서 최석정의 차자 가운데 유시번이 서얼임을 밝히고 있다.
35) 《숙종실록》 권4, 숙종 1년 7월 9일 을미.
36) 《규사》 권1.
37) 《숙종실록》 권30, 숙종 22년 7월 21일 을해.
38) 《숙종실록》 권30, 숙종 22년 9월 27일 경진.

欑이 낙점되었다.[39] 인조 대 서얼을 3조에 허통한다고 결정한 것이 인사행정에 반영된 것이다.

이해 영의정 유상운柳尙運은 중인이나 서얼로서 벼슬길에 오른 자는 찰방(종6품)을 거친 뒤에 수령(4~5품)으로 임명하자고 건의하여 허락을 받았다.[40]

그 뒤 숙종 28년(1702)부터는 《방목》의 기록이 달라지고 있다. 서얼로서 문과에 합격한 자는 '업유', 무과에 합격한 자는 '업무'로 기록하기 시작했는데, 《방목》을 보면 '업유'로 기록된 자가 4명이나 등장하고 있다.[41]

그 다음 경종 대에도 《방목》에 업유 이식명李植命의 이름이 보이는 것으로 보아 서얼의 문과응시는 계속되었음을 알 수 있다.

(5) 영조 대 서얼허통: 청직 허용, 향안 입록

영조 대에도 서얼의 문과응시는 그대로 허용되어 서자 성대중成大中이 급제하여 뒤에 정조의 각별한 사랑을 받아 군수(종4품)를 거쳐 규장각 검서관檢書官이 되었다. 그러나 서얼의 문과응시는 여전히 허용되었지만 요직 임명은 제대로 시행되지 않아 서얼들의 집단적 허통운동이 벌어졌다. 영조 즉위년(1724)에는 서얼 정진교鄭震僑 등 260명이 한 달 동안 궐문 앞에 엎드려 13차에 걸쳐 상소를 올렸는데,[42]

---

39) 《숙종실록》 권31, 숙종 23년 1월 28일 경진.
40) 《숙종실록》 권31, 숙종 23년 8월 3일 경술.
41) 숙종 28년 을과로 합격한 지흠池欽과 병과로 합격한 손경익孫景翼, 숙종 36년 병과로 합격한 강필중姜必中, 숙종 45년 병과로 합격한 홍계상洪啓相이다. 이 가운데 강필중은 판결사 강여호姜汝㦿의 서자이다.
42) 《영조실록》 권2, 영조 즉위년 12월 17일 병술.

인조 대 정한 〈허통사목〉에 서얼 출신을 3조의 요직에 서용하기로
했음에도 실제로 3조의 낭청(5~6품)에 임명된 사람은 인조 대 신희
계, 심일운, 김굉, 이경희 등과 숙종 대에 이현 한 사람만이 겨우 호
조 낭청에 제수되었음을 지적했다.

영조는 서얼들의 상소를 보고 나서 "인조 조의 수교受敎에 따라 3
조의 낭청에 의망擬望하라"고 말했으며, 이어 영조 20년(1744)에는 한
성부 오부五部의 봉사奉事(종8품)에 중인과 서얼도 승진할 수 있도록
조치하였다.[43) 또 영조 22년(1746)에는 예빈시禮賓寺와 전옥서典獄署
의 참봉(종9품) 자리에 사대부, 중인, 서얼을 융통하여 제수할 것을
명했다.[44)

영조는 서얼의 문과급제 기회를 넓히는 한 방법으로 생원과 진사
시의 복시에 반드시 중인과 서얼을 각각 3명과 6명으로 채우라고 명
했으며, 재위 47년(1771)에는 예문관과 승문원의 관원을 추천할 때
중인과 서얼을 똑같이 후보에 넣을 것을 명했다.[45) 이는 서얼의 청직
진출을 정식으로 허용한 것이다. 영조 48년(1772)에는 서얼을 청직의
하나인 대직臺職(사헌부와 사간원)에 임명하는 것도 허용했다.[46)

이해 경상도 서얼유생 김성천金聖天 등 3천여 명이 상소를 올리
고,[47) 이어 재위 49년 경상도 업유 황경헌黃景憲 등이 서얼들의 향학
鄕學(향교와 서원) 입학을 요청하자 이를 받아들였다.[48) 이로써 서얼

---

43) 《영조실록》 권59, 영조 20년 2월 27일 을해.
44) 《영조실록》 권64, 영조 22년 10월 4일 병인.
45) 《영조실록》 권116, 영조 47년 3월 25일 병인.
46) 《영조실록》 권119, 영조 48년 8월 15일 정축.
47) 《영조실록》 권119, 영조 48년 12월 28일 무자.
48) 《영조실록》 권120. 영조 49년 1월 25일 을묘.

이 문관청직과 학교(향교와 서원) 입학이 모두 허용되었는데, 이를 법
제적으로 정착시키지 않고 일시적인 조치로 끝났다는 점이 한계라고
할 수 있다.

영조 다음의 정조와 순조, 철종 대에도 잇달아 서얼허통이 이루어
졌는데, 이 점에 대해서는 다음 책에서 설명하기로 한다.

5) 조선 후기 평안도 인구와 성관의 증가

17~18세기 신분구조를 이해하면서 평안도 지역의 변화는 중요한
의미를 지닌다. 무엇보다 평안도 지역 문과급제자가 급상승하고 있
는 사실을 주목할 필요가 있다. 여기에는 평안도 지역을 포용하려는
국가의 정책도 한몫을 하고 있지만, 평안도 지역의 자체적인 역량증
대가 더 큰 요인으로 작용하고 있다.

조선 후기 평안도 지역의 역량증대는 기본적으로 경제적인 성장이
바탕이 되고 있다. 의주義州의 만상灣商과 평양의 유상柳商은 국제무
역으로 부富를 모았으며, 정주定州의 납청納靑은 경기도 안성安城의 놋
그릇산업과 쌍벽을 이루는 북방 지역 놋그릇산업의 중심지로 명성을
떨쳤다. 평안도 지역의 은광銀鑛을 비롯한 광업의 발달도 잘 알려진
사실이다. 이러한 경제성장이 바탕이 되어 인구가 증가하고, 교육문
화의 성장도 자연스레 뒤따랐는데, 이런 요인들이 어울려 문과급제
자의 급증을 가져온 것으로 보인다.

여기서는 특히 평안도 지역의 인구증가와 그에 따른 성관의 증대,
변화에 대해 알아보기로 한다.

평안도는 세종 대 4군이 설치되고, 남방의 부호富戶들과 향리들을

강제로 대거 이주시키면서 발전의 토대가 이루어지기 시작했는데, 이때 이주한 주민들의 성씨들이 《세종실록》〈지리지〉를 보면 대부분 입진성入鎭姓으로 기록되어 있다. 그런데 중종 대 편찬된 《동국여지승람》에 수록된 각 군현의 성씨를 조사해 보면 평안도의 경우, 큰 변화가 보이지 않는다. 《세종실록》〈지리지〉에 보이는 성관들이 약간 늘어난 수준에 머물고 있는 것이다.

그런데 영조 대 편찬된 《여지도서輿地圖書》49)에 실린 평안도 군현의 성관을 보면 아주 큰 변화가 보인다. 먼저 평안도 43개 군현의 성관이 《세종실록》〈지리지〉에는 385개였다가 《동국여지승람》에는 435개로 약간 늘어나고, 《여지도서》에는 714개 성관으로 대폭 증가하고 있다. 이렇게 성관이 증가하고 있다는 것은 그만큼 인구가 늘어났다는 증좌로 볼 수 있다.

실제로 인구통계를 보면,50) 17세기 중엽의 인조 대에는 평안도 인구가 8도 가운데 4위를 차지하고 있다. 경상도가 1위, 전라도가 2위, 충청도가 3위이다. 그런데 17세기 후반의 현종 대에 이르면 평안도 인구가 충청도를 누르고 3위로 올라서고 있다. 그러다가 18세기 후반기의 영조와 정조 대에 이르면 평안도는 다시 전라도를 누르고 2위로 올라선다. 이렇게 인구가 급속하게 증가한 것은 다른 지역에 견주어 출산율이 높아서가 아니라, 다른 지역에서 이주해 온 인구가 늘어난 데 원인이 있다. 새로운 성관이 대폭 늘어난 것이 이를 증명한다.

그런데 새롭게 늘어난 성관 가운데 명문대족으로 알려진 성관들이 많다는 것이 눈길을 끈다. 예를 들면, 연안김씨延安金氏, 김해김씨金海

---

49) 《여지도서》는 영조 33년(1757)에서 영조 41년(1765) 사이에 편찬된 것으로 알려져 있다.
50) 조선 후기 인구통계는 정조 대 편찬된 《호구총수戶口總數》를 참고했다.

金氏, 순흥안씨順興安氏, 남양홍씨南陽洪氏, 밀양박씨密陽朴氏, 배천조씨白川趙氏, 수원백씨水原白氏, 광주이씨廣州李氏, 경주김씨慶州金氏, 파평윤씨坡平尹氏, 진주강씨晋州姜氏, 하동정씨河東鄭氏, 연안차씨延安車氏, 풍천임씨豊川任氏, 청주한씨淸州韓氏, 해주최씨海州崔氏, 남평문씨南平文氏 등이다. 이들 성관은 대부분 영조 대 이후에 문과급제자 수십 명을 배출하여 평안도의 신흥 명문으로 등장했다. 예를 들면, 연안김씨는 54명(전체 급제자 163명, 정주에서만 43명), 수원백씨는 41명(전체 급제자 63명, 정주에서만 22명), 배천조씨는 38명(전체 급제자 68명, 정주에서만 26명), 순흥안씨 40명(전체 급제자 123명, 안주에서만 30명), 남양홍씨 24명(정주에서만 11명), 남평문씨 11명(전체 급제자 38명, 정주에서만 8명), 하동정씨 14명(전체 급제자 65명, 철산에서만 10명) 등이다.

한편, 남방 지역에서는 거의 존재가 미미했던 성관들이 평안도에서는 명문으로 등장한 경우도 있다. 예를 들면, 광산탁씨光山卓氏는 전체 급제자 7명 가운데 평안도에서 6명, 정주에서만 5명이 배출되고, 해주노씨海州盧氏는 전체 급제자 17명 가운데 정주에서만 15명, 온양방씨溫陽方氏는 전체 급제자 9명 가운데 7명, 정주에서만 6명, 양주김씨楊州金氏는 전체 급제자 8명 가운데 6명, 개천价川에서만 5명, 연안차씨延安車氏는 전체 급제자 28명 가운데 15명, 진주김씨晋州金氏는 전체 급제자 10명 가운데 7명, 수안이씨遂安李氏는 전체 급제자 26명 가운데 11명, 수원김씨水原金氏는 전체 급제자 8명 가운데 안주安州에서만 6명, 전주김씨全州金氏는 전체 급제자 21명 가운데 15명, 풍천김씨豊川金氏는 전체 급제자 7명 가운데 영유永柔에서만 5명, 수안계씨遂安桂氏는 전체 급제자 3명 가운데 선천宣川에서만 3명, 단양이씨丹陽李氏는 전체 급제자 21명 가운데 11명, 공주김씨公州金氏는 전체

급제자 11명 가운데 9명, 영유에서만 4명, 충주김씨忠州金氏는 전체
급제자 5명 가운데 4명 등이다.

그런데 위에 소개한 명문 성관 가운데는 성관을 바꾼 것으로 보이
는 성관도 있다. 예를 들면, 정주의 김씨는 《여지도서》 이전에는 신
주김씨信州金氏와 용강김씨龍岡金氏만 보이다가 《여지도서》에는 두
김씨가 모두 사라지고 연안김씨延安金氏만 등장하는데, 아무래도 이
상하다. 정주의 수원백씨水原白氏도 이상하다. 《여지도서》 이전에는
황주백씨黃州白氏만 보이다가 《여지도서》에 갑자기 황주백씨가 사라
지고 수원백씨가 등장하는 것으로 보아 황주백씨가 본관을 바꾼 것
으로 보인다.

안주의 김씨는 《여지도서》 이전에는 해주, 풍주, 교하, 안산, 장사,
광양, 온수, 수주(수원) 등 8개 성관이 보이다가 《여지도서》에는 수원
김씨와 경주김씨만 등장하고 나머지 김씨들은 모두 사라진다. 아마
도 해주, 교하, 풍주, 광양, 안산, 온수, 장사 등의 김씨가 경주김씨로
통합된 듯하다. 안주의 광주이씨廣州李氏도 철야이씨鐵冶李氏가 바뀐
듯하다. 영변의 김씨는 김포김씨金浦金氏와 경주김씨慶州金氏만 보이
다가 《여지도서》에는 김포김씨가 사라지고 김해김씨金海金氏가 등장
한다.

평안도 43개 군현 가운데 문과급제자가 압도적으로 많은 군현은
정주이다. 구체적인 수치는 뒤에 설명하겠지만, 정주에서 문과급제자
를 특히 많이 배출한 성관은 다음의 성관들이다. 연안김씨 43명, 배
천조씨 26명, 수원백씨 22명, 해주노씨 15명, 남양홍씨 11명, 남평문
씨 8명, 온양방씨 6명, 밀양박씨 6명, 경주김씨 6명 등이다.

조선 후기 평안도 인구는, 앞에서 설명한 것처럼, 영조와 정조 대

에는 경상도 다음의 2위를 기록하고 있다. 그런데 문과급제자 인원은 영조 대에 충청도 다음의 2위를 기록하고, 정조 대에는 8도 가운데 1위를 기록하고 있어 놀라지 않을 수 없다. 하지만 급제자가 벼슬을 받는 비율은 전국에서 가장 뒤지고 있다는 사실도 놀랍다. 이는 평안도에 대한 차별대우를 뜻하는 것이다. 그런데 그 차별이 생긴 이유를 따져보면 어느 지방보다도 본관을 바꾼 급제자들이 많아 신분을 확인할 길이 없고, 따라서 신분에 대한 불신을 가져온 것이 중요한 이유의 하나로 보인다.

2
광해군 대
신분이 낮은 급제자와 벼슬

1) 광해군 대 서얼층의 무력항거: 칠서지옥

《경국대전》에서 서얼의 문과응시를 금지한 이후 서얼층의 반발이
일어나면서 명종 11년(1556)에 처음으로 서얼의 문과응시를 허용하
는 이른바 〈허통절목〉이 만들어졌음은 이미 앞 책에서 설명한 바 있
다. 그러나 그것은 명종 대 권력자인 윤원형尹元衡의 개인적인 이해관
계에서 만들어진 일시적인 조치일 뿐이었지 법제적으로 규정된 것은
아니었다. 서얼층의 불만은 그 다음 선조 초에 이르러 집단적인 상소
운동으로 분출되었다. 그러나 허통청원 상소가 별다른 효과를 보지
못하자 무력武力으로 항거하여 뜻을 관철하려는 반역운동이 광해군
대에 일어났다. 광해군 5년(1613)에 일어난 이른바 '칠서지옥七庶之獄'
이 그것이다. 서얼 일곱 명이 결속하여 난을 일으키려 한 데서 붙여
진 이름이다. '칠서지옥'에 대해서는 앞에서도 잠깐 말했지만 이를 좀
더 자세히 설명하면 다음과 같다.

이 일곱 명은 선조 대 의주목사를 지낸 서익徐益(1542~1587)의 서

자 서양갑徐羊甲을 비롯하여, 선조 대 영의정을 지낸 박순朴淳
(1523~1589)의 서자 박응서朴應犀, 관찰사를 지낸 심전沈銓의 서자 심
우영沈友英, 병마절도사를 지낸 이제신李濟臣(1536~1583)의 서자 이경
준李耕俊, 선공감제조를 지낸 박충간朴忠侃(?~1601)의 서자 박치인朴
致仁과 박치의朴致義 형제 등을 말한다.

위 일곱의 서얼은 광해군 즉위년에 허통을 요청하는 상소를 올렸
으나 뜻을 이루지 못하자 스스로 '강변칠우江邊七友', 또는 '죽림칠현
竹林七賢'라 부르면서 술을 마시고, 시도 짓고, 무예도 연마하고, 슬픈
노래도 부르고, 노래가 끝나면 통곡을 하면서 지냈다. 이들은 허균許
筠과도 가까이 교유했는데, 이것이 소설《홍길동전》의 배경이 된 것
이다.

이들은 인목대비를 폐위한 이른바 계축옥사癸丑獄事가 일어난 광해
군 5년(1613)에 인목대비의 아버지 김제남金悌男과 연결하여 광해군
을 폐하고 영창대군永昌大君을 옹립할 계획을 세우고 거사자금을 얻
기 위해 조령鳥嶺에서 은상銀商을 털다가 박응서가 붙잡혀 탄로가 나
게 되었다.

이 사건으로 서얼에 대한 금고는 더욱 강화되었다. 하지만 서얼의
문과응시는 여전히 실행되고 있었다.《방목》을 보면 광해군 13년
(1621)에 시행된 정시문과 합격자 가운데 허통許通 유계柳稽의 이름이
보이는 것으로 보아 허통된 서얼의 문과응시가 여전히 가능했던 것
을 알 수 있다. 아버지는 관찰사 유영립柳永立으로 양첩良妾의 서자로
보인다. 본관은 전주全州이고, 벼슬은 군수(종4품)에 이르렀다.

그런데 광해군 대 실제 문과에 급제한 인물의 신분을 조사해 보면
위에 소개한 유계 말고도 여러 명의 서출 급제자가 발견되고 있으며,

그 밖에 신분이 낮은 급제자가 가운데는 훨씬 더 많은 서출이 있을 것으로 추측된다. 이로 보아 서얼금고는 실제로 큰 효력을 보지 못하고 있었음을 알 수 있다.

2) 시험종류별 급제자 인원

광해군(1608~1623) 재위 15년 동안 문과급제자는 모두 451명이다. 그런데 그동안 두 차례에 걸친 시험이 무효화했는데, 광해군 10년(1618)의 식년시급제자 33명과 광해군 13년(1621)의 별시급제자 40명이 그것이다. 이 밖에 개인적으로 삭과削科된 인물이 2명[51]에 이르러 이들을 합치면 무효화한 급제자는 모두 75명에 달한다. 이 수치를 뺀 급제자가 위에 소개한 451명이다.[52]

문과급제자가 이렇게 무더기로 취소된 경우는 역사에서 처음이다. 그 이유는 광해군의 왕권을 강력하게 지지하던 대북파의 실세인 이이첨李爾瞻이 광해군 10년 이후로 권력을 장악하고 시험을 주관하면서 사정私情에 따라 급제자를 선발한 까닭이었다. 이이첨은 영창대군의 친모인 인목대비의 정치적 도전을 막아내기 위해 광해군을 추종하고, 인목대비의 폐위를 주장한 유생들과 대북파 요인의 자제들에게 시험문제를 미리 알려 주거나 또는 채점을 유리하게 하는 등의 방법으로 부정을 저질렀는데, 이것이 물의를 일으켜 마침내 시험의 무효화를 가져오게 된 것이다.

---

51) 급제 뒤 삭과된 두 명은 허균의 친구인 변헌卞獻과 허균의 종자從子이자 허성許筬의 아들인 허부許宷를 말한다. 변헌은 원래 중이었다가 환속한 인물이다.

52) 《방목》에는 광해군 대 문과급제자로서 삭과된 인물이 42명, 급제자가 461명이라고 되어 있는데, 이는 계산 착오다.

이이첨에 의한 시험부정은 뇌물을 받고 저지른 것이 아니고, 광해군과 대북파의 정치세력을 다지기 위한 정치적 필요에서 저지른 것이었다. 다만, 이렇게 부정으로 급제한 인물들은 대체로 신분이 낮은 부류라는 것이 눈길을 끈다. 말하자면 보수층과 대결하기 위한 비상수단으로 과거제도를 이용했다고 볼 수도 있다.

문과급제자 451명을 시험종류별로 알아보면 다음과 같다.

식년시式年試	3회	99명
증광시增廣試	5회	189명
별시別試	6회	80명
알성시謁聖試	7회	48명
정시庭試	4회	35명
합 계		451명

3년마다 시행되는 정기시험인 식년시는 원칙대로 한다면 5회를 시행했어야 하는데 3회밖에 시행되지 않은 것은, 광해군 10년에 거행된 네 번째 식년시가 무효화되고, 광해군 13년에 치러야 할 다섯 번째 식년시가 정치적 불안으로 거행되지 않았기 때문이다. 어쨌든 3회에 걸친 식년시급제자는 모두 99명으로 회마다 33명을 선발했는데, 이는 《경국대전》에 규정된 선발인원을 그대로 따른 것이다. 식년시급제자 99명은 전체 급제자의 21.95퍼센트에 해당한다.

식년시를 보충하기 위해 시행한 증광시는 5회에 걸쳐 시행되어 급제자 189명을 선발했다. 매회 평균 37.8명을 선발한 셈이다. 이 수치를 앞에 소개한 식년시급제자와 합하면 288명으로 전체 급제자의 63.85퍼센트를 차지한다. 식년시와 증광시는 8도의 인구비율로 7배수의 초시初試급제자를 선발하는 까닭에, 다른 시험에 견주어 상대적으로 지방민들에게 유리한 시험이고, 이렇게 선발된 인원이 63.85퍼센트를 차지했다는 것은 나름대로 지방민을 포용하려는 의지로 볼 수 있다.

다음에 별시는 왕실의 경사가 있을 때 거행되는데, 6회에 걸쳐 80명이 선발되었으며, 성균관 문묘文廟에 배향한 뒤 시행된 알성시는 7회에 걸쳐 48명을 선발하고, 광해군 10년 이후로는 정시가 4회 실행되어 35명을 선발했다. 더욱이 정시는 명나라가 후금을 치기 위해 조선에 지원병을 요청하게 되자 무사武士를 대거 선발했는데, 이에 대응하여 문과를 치른 것이었다.

광해군 대 문과급제자 451명을 재위 15년으로 나누어 보면 매년 평균 30.06명을 선발한 셈이다. 이는 앞 시기인 선조 대의 27.12명에 견주어 늘어난 수치이며, 뒤 시기인 인조 대의 27.74명에 견주어도 높은 것이다.

3) 신분이 낮은 급제자의 인원과 유형

광해군 대 문과급제자 451명 가운데 신분이 낮은 급제자로 판명된 급제자는 모두 66명에 이른다. 이는 전체 급제자의 14.63퍼센트를 차지한다. 이 수치를 앞 시기와 비교하면 다음과 같다.

여기서 태조-태종 대에 40~50퍼센트에서 출발한 신분이 낮은 급제자의 비율이 세종-세조 대에는 30퍼센트대로, 다시 예종-명종 대에는 20퍼센트대로 내려가고 16세기 말 선조 대에는 16퍼센트대로 내려갔는데, 왜란이 끝난 직후의 광해군 대에는 14퍼센트대로 더 떨어지고 있는 것을 볼 수가 있다. 이런 수치의 변화는, 바꿔 말하면 문과를 통한 신분이동이 갈수록 후퇴하고 있다는 뜻으로도 볼 수 있지만, 부정급제로 뒤에 취소당한 급제자 75명의 신분이 낮은 것을 고

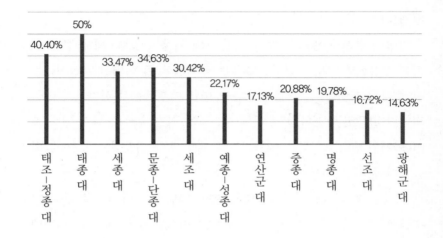

려하면, 그 수치는 이보다 높아질 수 있을 것이다.

　그런데 광해군 대의 수치를 최하점으로 하여 그 뒤부터는 급제율이 다시 서서히 반등하는 추세를 보여 주고 있다. 이에 대해서는 뒤에 다시 설명하게 될 것이다.

　그러면 광해군 대 신분이 낮은 급제자는 구체적으로 어떤 사람들인가? 여기에는 다음과 같은 몇 개의 부류가 있다. ① 본관이 기록되지 않은 급제자가 15명인데, 다른 방법으로 본관이 확인된다. 다만, 그 가운데 7명은 《족보》에 가계가 보이지 않는다. ② 《족보》 자체가 《청구》와 《만성》에 없는 급제자가 3명이다. ③ 《족보》는 있으나 《족보》에 가계가 보이지 않는 급제자가 50명이다. ④ 《족보》에 가계가 단절된 급제자가 3명이다. ⑤ 내외 4대조 또는 가까운 윗대에 벼슬아치가 보이지 않는 급제자가 4명이다. ⑥ 서얼로 판명된 급제자가 4명이다. ⑦ 신원을 알 수 없는 급제자가 3명이다.

　여기서 ①에서 ④까지에 해당하는 급제자들은 조상 가운데 벼슬

아치가 없는 평민이거나, 향리거나, 중인이거나, 서얼이거나, 후사가
단절된 사람들이거나, 그 밖에 어떤 사유로《족보》에 오르기 어려운
사정이 있는 급제자들로 보인다. 노비였다가 양인으로 올라가서 문
과에 급제한 인물도 있을 수 있을 것이다. 이제 차례로 이들을 다시
검토하면 다음과 같다.

(1)《방목》에 본관이 없고《족보》에도 오르지 못한 급제자

광해군 대《방목》에 본관이 보이지 않는 급제자는 모두 15명인데,
다른 방법으로 본관을 알 수 있다. 이들은 본래 본관을 모르는 인물
이 아니고《방목》을 기록할 때 누락된 것으로 보인다. 하지만 이들
가운데는《족보》에 가계가 보이지 않는 인물이 7명 보인다. 이들은
신분이 매우 낮은 것으로 보이는데 그 명단을 소개하면 다음과 같다.

한후韓昫 벼슬이 현감(종6품)에 이르렀는데, 본관이 없으나 청주淸
州일 가능성이 크다. 하지만《청구》와《만성》의 어느 한씨보에도 가
계가 보이지 않는다.

안숙安璹 벼슬이 군수(종4품)에 이르렀는데,《방목》에 본관이 없으
나 광주廣州로 알려져 있다.《광주안씨보》에는 가계가 보이지 않으
며, 대간은 안숙이 어리석고 세상일에 어둡다고 하면서 서경署經을
반대했다.

김광욱金光郁 벼슬이 감찰(정6품)에 이르렀는데, 본관이 없으나 광
주光州로 알려져 있다. 그러나《광주김씨보》에는 가계가 보이지 않는
다. 대간은 김광욱이 용렬하여 세상에 버림받은 지 오래다고 하면서

서경을 거부하기도 했다.

김성갑金誠甲 벼슬이 강계판관(종5품)에 이르렀는데, 대간은 김성갑이 한미寒微하고 명망이 없다고 하면서 서경을 거부했다. 본관이 순천順天으로 알려져 있으나, 《순천김씨보》에는 가계가 보이지 않는다. 순천김씨는 평안도에 많으며 강계판관을 지낸 것으로 보아 평안도 출신으로 보인다.

박문명朴文溟 벼슬이 성균관 전적(정6품)에 이르렀는데, 본관이 반남潘南으로 알려져 있지만, 《반남박씨보》에 가계가 보이지 않는다. 《실록》에는 박문명의 신분이 미천微賤하다고 한다.

강취무姜就武 벼슬이 성균관 전적(정6품)에 이르렀는데, 본관이 없으나 진주晉州일 가능성이 크다. 그러나 어느 강씨보에도 가계가 보이지 않는다.

김경표金景杓 벼슬이 찰방(종6품)에 이르렀는데, 본관이 양주楊州로 알려져 있지만, 《양주김씨보》에 가계가 보이지 않는다. 조선시대 양주김씨 문과급제자는 모두 8명인데 그 가운데 6명이 평안도 출신으로 알려져 있어 김경표도 평안도 출신으로 보인다. 그가 조선시대 첫 문과급제자이다.

(2) 《족보》 자체가 없는 급제자

광해군 대 문과급제자 가운데 본관은 알 수 있으나, 그 본관의 《족보》 자체가 《청구》와 《만성》에 보이지 않는 급제자는 모두 3명이다. 이들은 인구가 극히 적은 희성稀姓 출신으로, 조선시대 유일급제자가 2명이다. 3명의 명단은 다음과 같다.

강시진康時進 벼슬이 성균관 학정(정8품)에 이르렀는데, 본관이 충주忠州로 되어 있다. 그런데 《청구》와 《만성》에는 《충주강씨보》자체가 없다. 2000년 현재 충주강씨 인구는 372가구 1,192명의 희성으로, 조선시대 문과급제자는 강시진이 유일하다.

박신朴愼 벼슬이 시강원 설서(정7품)에 이르렀는데, 본관이 나주羅州이다. 그런데 《청구》와 《만성》에는 《나주박씨보》자체가 없다. 2000년 현재 나주박씨 인구는 1,010가구 3,374명의 희성으로 조선시대 문과급제자는 박신이 유일하다.

옥진휘玉晉輝 벼슬을 알 수 없는데, 《방목》을 보면 아버지 이름만 보이고, 본관이 반성班城(晉州)으로 되어 있다. 그런데 《청구》와 《만성》에는 《반성옥씨보》자체가 없다. 2000년 현재 반성옥씨 인구는 28가구 108명으로 거의 멸족상태에 있는데, 조선시대에 문과급제자 2명을 배출했다. 단종 대 첫 급제자가 나온 뒤 옥진휘가 두 번째이자 마지막이다.

(3) 《족보》에 가계가 보이지 않는 급제자

광해군 대 급제자 451명 가운데 《족보》는 있으나 가계가 보이지 않는 급제자는 모두 50명이다. 문과에 급제했음에도 《청구》와 《만성》의 두 《족보》에 가계가 보이지 않는 급제자는 조상 가운데 벼슬아치가 거의 없는 평민이거나 향리거나 서출이거나, 아니면 후사後嗣가 끊어졌거나, 그것도 아니면 어떤 까닭으로 《족보》에 오르지 못한 인물로 볼 수 있다.

(가) 3품 이상 고관에 오른 급제자

《족보》에 가계가 보이지 않는 급제자 50명 가운데 3품 이상 고관에 오른 급제자는 모두 5명에 이른다. 그 명단을 소개하면 다음과 같다.

김종진金宗振 본관이 울산蔚山으로, 벼슬이 부사(종3품)에 올랐다.

황상겸黃尙謙 본관이 평해平海로, 벼슬이 원정院正(정3품 당하관)에 올랐다.

이상겸李尙謙 본관이 영해寧海로, 벼슬이 병조참의(정3품 당상관)에 올랐다.

최호崔濩 본관이 강화江華로, 벼슬이 사헌부 집의(종3품)에 올랐다.

양유인梁有仁 본관이 남원南原으로, 벼슬이 부사(종3품)에 올랐다.

(나) 서얼 출신

《족보》에 가계가 보이지 않는 급제자 50명 가운데 서얼로 확인된 인물이 2명, 서얼로 추정되는 인물이 2명이다. 그 명단은 다음과 같다.

정신남鄭信男 벼슬이 현감(종6품)에 이르렀는데, 사헌부는 정신남이 본래 비천한 서얼 후손[卑賤蘖裔]이라고 하면서 파직을 요청했는데, 임금은 받아들이지 않았다. 본관은 경주慶州이지만, 《경주정씨보》에는 가계가 보이지 않는다.

유계柳稽 서얼로서 허통되어 벼슬이 군수(종4품)에 이르렀는데, 영의정 박승종朴承宗은 유계가 "고한孤寒한 사람"이라고 평했다. 본관이 전주全州로 되어 있는데, 《전주유씨보》에는 유계의 이름이 보이지 않는다.

이승의李承義 벼슬이 성균관 박사(정7품)에 이르렀는데, 본관이 연안延安으로 되어 있지만, 《연안이씨보》에는 이승의의 이름이 보이지 않는다. 서출이기 때문에 빠진 것으로 추정된다.

고진민高進民 벼슬이 교서관 정자(정9품)에 이르렀는데, 고진민의 신분이 비미卑微하다고 한다. 본관이 제주濟州로 되어 있는데, 《제주고씨보》에는 그의 가계가 보이지 않는다. 신분이 비미하다는 것으로 보아 서출인 듯하다.

(다) 첫 급제자

《족보》에 가계가 보이지 않는 급제자 50명 가운데 자기 성관에서 최초로 급제한 인물은 3명이다. 그 명단은 다음과 같다.

최업崔嶪 벼슬이 교서관 저작(정8품)에 이르렀는데, 본관이 영암靈巖이다. 그러나 《영암최씨보》에는 최업의 가계가 보이지 않는다. 2000년 현재 영암최씨 인구는 503가구 1,524명의 희성으로 그가 첫 급제자이다.

노대민盧大敏 평안도 사람으로 벼슬이 교수(종6품)에 이르렀는데, 본관이 장연長淵이다. 그런데 《장연노씨보》에는 노대민의 가계가 보이지 않는다. 그가 첫 급제자이다.

김경표金景杓 벼슬이 찰방(종6품)에 이르렀는데, 본관이 양주楊州이다. 그런데 《양주김씨보》에는 김경표의 가계가 보이지 않는다. 2000년 현재 양주김씨 인구는 1,109가구 3,510명의 희성으로, 조선시대 문과급제자 8명을 배출했는데, 그가 첫 급제자이다. 평안도 개천 출신으로 보인다.

(라) 신분 문제로 비판을 받은 급제자

《족보》에 가계가 보이지 않는 급제자 50명 가운데 대간臺諫으로부터 집안이 한미하다, 미천하다는 등의 비판을 받은 급제자는 모두 6명인데, 그 가운데 3명은 바로 앞에서 소개했고, 나머지 3명의 명단은 다음과 같다.

이일장李日章 본관이 벽진碧珍으로 벼슬이 좌랑(정6품)을 거쳐 함경도 경차관敬差官에 이르렀는데, 사헌부는 이일장이 명망도 없고, 경력도 없다는 이유로 체차를 요구했다.53) 《벽진이씨보》에는 그의 가계가 보이지 않는다.

김경후金慶厚 본관이 강릉江陵으로 벼슬이 형조정랑(정5품)에 이르렀는데, 김경후가 승정원 가주서假注書(정7품)에 임명되자 사간원은 그의 인물이 옹졸甕拙하다고 하면서 체차를 요청했다.54)

홍경정洪景艇 본관이 남양南陽으로 벼슬이 예문관 봉교奉敎(정7품)에 이르렀는데, 사간원은 홍경정이 "향곡鄕曲의 한천寒賤한 사람으로 흉도凶徒에 빌붙었다"고 평했다.55)

(4) 《족보》에 가계가 단절된 급제자

《족보》에 이름이 보이지만, 아버지 위로 가계가 끊어진 급제자는 3명이다. 그 가운데 시조始祖가 된 인물은 1명이다. 3명의 명단은 다음과 같다.

---

53) 《광해군일기》 권180, 광해군 14년 8월 5일 무진.
54) 《광해군일기》 권120, 광해군 9년 10월 7일 무술.
55) 《인조실록》 권1, 인조 원년 3월 22일 임자.

형효갑刑孝甲 본관이 진주晉州로 벼슬이 군수(종4품)에 이르렀는데, 《청구》의 《진주형씨보》에는 형효갑과 아버지 이름만 보이고 선계先系가 끊어져 있으며, 아버지는 벼슬이 없다. 진주형씨는 조선시대 문과급제자 2명을 배출했는데, 그가 두 번째이다.

지성해池成海 본관이 충주忠州로 벼슬이 군수(종4품)에 이르렀는데, 《청구》의 《충주지씨보》에는 지성해와 아버지 이름만 외따로 기록되어 있어 선계를 알 수 없으며, 아버지는 벼슬이 없다. 충주지씨는 조선시대 문과급제자 10명을 배출했는데, 그가 두 번째이다. 충주지씨는 잡과급제자 20명을 배출했다.

김우진金遇辰 평안도 의주義州 사람이고 본관이 진주晉州로 벼슬이 성균관 전적(정6품)에 이르렀는데, 이이첨이 의주부윤을 하고 있을 때 김우진을 제자로 삼고 미리 표사表辭를 지어 주어 장원급제시켰다고 한다.56) 《만성》의 《진주김씨보》에는 오직 그의 이름만 보인다. 진주김씨는 조선시대 문과급제자 10명을 배출했는데, 그가 첫 급제자로서 시조가 되었으며, 나머지 급제자 가운데 7명이 평안도 출신임이 밝혀지고 있다.

(5) 내외 4대조 또는 가까운 윗대에 벼슬아치가 없는 급제자

《족보》에 가계가 보이지만, 내외 4대조 또는 가까운 윗대의 여러 대에 벼슬아치가 없는 급제자는 모두 4명이다. 그 가운데 1명은 벼슬이 이조참의(정3품 당상관)에 올랐다. 4명의 명단은 다음과 같다.

---

56) 《광해군일기》 권154, 광해군 12년 7월 13일 무자.

이종언李宗彦 본관이 경주慶州로 벼슬이 도사(종5품)에 이르렀는데,
직계 5대조와 외조 가운데 벼슬아치가 없다.

김적金適 본관이 안동安東으로 벼슬이 호조정랑(정5품)에 이르렀는
데, 직계 4대조와 외조 가운데 벼슬아치가 없다.

김감金鑑 본관이 금산錦山으로 벼슬이 이조참의(정3품 당상관)에 이
르렀는데, 《금산김씨보》를 보면 직계 8대조와 외조 가운데 벼슬아치
가 없다. 조선시대 금산김씨는 문과급제자 3명을 배출했는데, 김감이
첫 급제자이다.

이기李耆 본관이 전의全義로 벼슬이 형조정랑(정5품)에 이르렀는데,
직계 5대조와 외조 가운데 벼슬아치가 없다.

(6) 서얼 출신 급제자

신분이 낮은 급제자 66명 가운데는 《족보》에 가계가 보이지만, 신
분이 서얼로 판명된 급제자가 4명이 더 있다. 앞에 소개한 서얼 출신
급제자 2명과 합하여 모두 6명에 이르고 있다. 4명의 명단은 다음과
같은데, 그 가운데 3명은 3품 이상에 올랐다.

양만고楊萬古 본관이 청주淸州로서 벼슬이 군자감정軍資監正(정3품 당
하관)에 이르렀다. 아버지 양사언楊士彦은 명종 대 문과에 급제하여
벼슬이 부사(종3품)에 이르고 서예가로 이름을 떨친 인물이지만 서
출[57]로 알려져 있으므로, 양만고도 당연히 서얼의 후예이다.[58]

---

57) 양사언은 조선 후기 서얼허통을 논의할 때 언제나 서얼로서 재주를 다 펴지 못한 대표적 인
물 가운데 하나로 거론되었다. 《영조실록》 권62, 영조 21년 7월 4일 갑술;《정조실록》 권6,

박희현朴希賢 본관이 밀양密陽으로 벼슬이 첨지중추부사僉知中樞府事 (정3품 당상관)에 이르렀는데,《속고사촬요續攷事撮要》를 편찬한 바 있다.《방목》의 하단에 박충원朴忠元(이조판서)의 서질庶侄이라고 써서 박희현이 서출임을 알려주고 있다.[59]《밀양박씨보》에는 그의 가계 가 보인다.

이재영李再榮 본관이 영천永川으로 벼슬이 군수(종4품)를 거쳐 통정 대부(정3품 당상관)에 이르렀다가 인조반정 뒤 이이첨 일파라는 이유 로 곤장을 맞고 죽었는데, 판서 이선李選의 서자라고 한다.[60]《청구》 의《영천이씨보》에 이재영의 가계가 보인다.

양형우梁亨遇 본관이 남원南原으로 벼슬이 봉상시 주부(종6품)에 이 르렀는데, 아버지 양대박梁大樸은 서얼로서 임진왜란 때 의병을 일으 킨 인물로 유명하다.

(7) 신원을 알 수 없는 급제자

광해군 대 문과급제자로서 신분이 낮은 급제자 66명 가운데《족 보》와《방목》의 기록이 서로 달라 신원을 알 수 없는 급제자는 3명 이다. 그 명단은 다음과 같다.

손탁孫晫 수원 사람이고 본관이 밀양密陽으로 벼슬이 성균관 박사

정조 2년 8월 1일 무오 참고.

58) 양만고는 조선 후기 서얼허통을 논의할 때 서얼로서 벼슬을 얻은 인물의 하나로 거론되었 다. 위의《정조실록》참고.

59) 박희현도 조선 후기 서얼허통을 논의할 때 서얼로서 벼슬을 가진 인물의 하나로 거론되었 다.《정조실록》권6, 정조 2년 8월 1일 무오 참고.

60)《인조실록》권1, 인조 원년 3월 18일 무신.

(정7품)에 이르렀다. 《방목》에는 아버지 이름이 경덕敬德(생부 敬明)으로 되어 있는데, 《만성》의 《밀양손씨보》에는 수령壽齡으로 되어 있어 《방목》과 다르다. 신원을 알 수 없는 인물이다.

최영문崔榮門 본관이 양천陽川으로 벼슬이 공조좌랑(정6품)에 이르렀다. 《방목》에는 아버지[舜民], 할아버지[世才], 증조[光潤] 이름이 보이는데, 《만성》(속편)의 《양천최씨보》를 보면 증조의 이름은 같으나 할아버지가 세구世求, 아버지가 기종起宗으로 되어 있어 《방목》과 다르다. 《족보》의 기록을 사실로 믿는다면 《방목》은 거짓이다.

왕보신王輔臣 본관이 개성開城으로 벼슬이 좌랑(정6품)에 이르렀다. 《방목》에는 아버지[洪], 할아버지[希周], 증조[憲] 이름이 보이는데, 《청구》의 《개성왕씨보》에는 왕보신의 할아버지와 증조의 이름이 전혀 다르다. 《족보》의 기록을 사실로 믿는다면 《방목》은 거짓이다. 신원을 알 수 없는 인물이다.

4) 신분이 낮은 급제자의 벼슬

광해군 대 신분이 낮은 급제자 66명 가운데 벼슬을 받지 못한 급제자는 2명이고, 나머지 64명은 모두 벼슬을 받았는데, 취직률은 96.96퍼센트이다. 벼슬을 받지 못한 급제자는 《족보》 자체가 없는 급제자와 《족보》에 가계가 보이지 않는 급제자이다. 이들이 받은 벼슬을 가장 높은 품계순으로 인원을 정리하면 다음과 같다.

병조참의兵曹參議(정3품 당상관)	1명
이조참의吏曹參議(정3품 당상관)	1명
첨지중추부사僉知中樞府事(정3품 당상관)	1명

통정대부通政大夫(정3품 당상관)	1명
군자감정軍資監正(정3품 당하관)	1명
원정院正(정3품 당하관)	1명
부사府使(종3품)	2명
사헌부 집의執義(종3품)	1명
1~3품	9명
성균관 사예司藝(정4품)	1명
군수郡守(종4품)	7명
서윤庶尹(종4품)	1명
정랑正郎(정5품)	7명
판관判官(종5품)	2명
도사都事(종5품)	4명
사헌부 감찰監察(정6품)	2명
좌랑佐郎(정6품)	4명
사간원 정언正言(정6품)	1명
성균관 전적典籍(정6품)	7명
찰방察訪(종6품)	1명
현감縣監(종6품)	6명
주부主簿(종6품)	1명
벼슬 미상(6품)	1명
4~6품	45명
예문관 봉교奉敎(정7품)	1명
시강원 설서說書(정7품)	2명
성균관 박사博士(정7품)	2명
승문원 저작著作(정8품)	1명
성균관 학정學正(정8품)	1명
승문원 정자正字(정9품)	2명
성균관 학유學諭(종9품)	1명
7~9품	10명
벼슬을 받지 못한 급제자	2명
합 계	66명

위 표를 다시 정리하면 3품 이상 고관에 오른 급제자는 모두 9명이다. 그 가운데 2품 이상 벼슬을 받은 이는 한 사람도 없고, 정3품 당상관이 최상의 벼슬이다. 그래도 당상관이 4명이나 있다. 그런데 이 가운데 서얼 출신이 2명이나 되고, 3품 이상 고관들이 대부분 이이첨이 끌어들인 인물이라는 점은 매우 눈여겨볼 만한 현상이다.

4품에서 6품에 이르는 참상관參上官에 오른 급제자는 모두 45명인데, 6조 낭관(5~6품)이 11명이나 된다. 다만 인사권을 가진 이조와 병조의 낭관은 보이지 않는다. 청직에 해당하는 사헌부, 사간원, 홍문관 가운데 홍문관에는 단 1명도 없고, 사헌부에는 2명, 사간원에는 1명으로, 청요직 진출자가 매우 드물고, 성균관 벼슬을 받은 이가 8명으로 가장 많다. 이들을 뺀 참상관의 대부분은 지방 수령守令으로 나가고 있음을 알 수 있다.

7품에서 9품에 이르는 참외관參外官은 모두 10명인데, 그 가운데는 시강원 설서와 같은 요직에도 나가고 있으나, 나머지는 성균관, 예문관의 사관史官, 그리고 승문원으로 나가고 있다.

이상 광해군 대 신분이 낮은 급제자 66명의 신원과 그들이 받은 벼슬의 실태를 알아보았다. 《족보》에 가계가 보이지 않는 급제자들이 52명으로 압도적으로 많으며, 특히 서얼 출신으로 확인된 인물만 6명에 이르고 있는데, 이는 매우 눈길을 끄는 현상이다. 그 가운데 1명만이 합법적으로 허통된 인물이고 나머지는 불법적으로 문과에 응시하여 급제했고, 높은 벼슬에까지 올랐던 것이다. 서얼에 대한 배려는 광해군 정권의 핵심인물인 이이첨 일파의 정책과 깊은 관계가 있어 보인다.

5) 광해군 대 신분이 낮은 급제자 명단

광해군 대 문과급제자 451명 가운데 신분이 낮은 것으로 판명된 66명의 명단을 급제시기순으로 소개하면 다음과 같다.

1 한후韓昫(1576~?) 생원을 거쳐 광해군 즉위년(1608) 33세로 별시에 급제하여 벼슬이 현감(종6품)에 이르렀다.《방목》에는 벼슬과 아버지[廷彦] 이름이 보이나 본관이 없다. 본관은 청주淸州로 알려져 있는데,《청구》와《만성》의《청주한씨보》를 비롯하여 어느 한씨보에도 한후의 가계가 보이지 않는다.

2 이종언李宗彦(1562~?) 생원을 거쳐 광해군 원년(1609) 48세로 증광시에 급제하여 벼슬이 형조좌랑(정6품)과 도사(종5품)에 이르렀다.《방목》에는 벼슬과 아버지[寅], 할아버지[成瑚], 증조[玳] 이름이 보이고, 본관이 경주慶州로 되어 있다. 그런데《청구》의《경주이씨보》에는 이종언의 가계가 보이지 않으며,《만성》의《경주이씨보》를 보면 직계 5대조와 외조 가운데 벼슬아치가 없다.

3 이일장李日章(1572~?) 진사를 거쳐 광해군 원년 38세로 증광시에 급제하여 벼슬이 좌랑(정6품)을 거쳐 대간臺諫으로서 함경도 경차관敬差官에 이르렀는데, 이일장이 경차관에 임명되었을 때 사헌부는 그가 명망도 없고, 경력도 없으니 체차하라고 임금에게 요청하여 그대로 따랐다.61)《방목》에는 벼슬과 아버지[信吉], 할아버지[成達], 증조[膺] 이름이 보이고, 본관이 벽진碧珍으로 되어 있다. 그런데《청구》와

---

61)《광해군일기》권180, 광해군 14년 8월 5일 무진.

《만성》의 《벽진이씨보》나 《성주이씨보》에는 그의 가계가 보이지 않는다.

4 이승의李承義(1573~?) 진사와 참봉(종9품)을 거쳐 광해군 원년 37세로 증광시에 급제하여 벼슬이 성균관 박사(정7품)에 이르렀는데, 광해군 4년 소북파小北派로 몰려 유배되었으며, 숙부 이홍로李弘老는 능지처참되었다. 《방목》에는 벼슬과 아버지[大老], 할아버지[侃], 증조[公升] 이름이 보이고, 본관이 연안延安으로 되어 있다. 그런데 《청구》와 《만성》의 《연안이씨보》에는 아버지까지의 가계는 보이나 이승의의 이름은 보이지 않는다.

5 조응서曺應瑞(개명 惠休, 1566~?) 생원을 거쳐 광해군 원년 44세로 증광시에 급제하여 벼슬이 현감(종6품)에 이르렀다. 《방목》에는 벼슬과 아버지[漢彦], 할아버지[尚儉], 증조[禧], 처부의 이름이 보이고, 본관이 창녕昌寧으로 되어 있다. 그런데 《청구》와 《만성》의 《창녕조씨보》에는 조응서의 가계가 보이지 않는다.

6 홍신민洪信民(1561~?) 진사를 거쳐 광해군 원년 49세로 증광시에 급제하여 벼슬이 성균관 학유(종9품)에 이르렀다. 《방목》에는 벼슬과 아버지[渾] 이름이 보이고, 본관이 남양南陽으로 되어 있다. 그런데 《청구》와 《만성》의 《남양홍씨보》에는 홍신민의 가계가 보이지 않는다. 《실록》에도 아무런 기록이 없다.

7 최전崔㴌(1570~?) 선교랑宣敎郞(종6품)을 거쳐 광해군 원년 40세로 증광시에 급제하여 벼슬이 6품에 이르렀다. 《방목》에는 6품이라는 벼슬과 아버지[鎭邦], 할아버지[士俊] 이름이 보이고, 본관이 충주忠州로 되어 있다. 그런데 《청구》와 《만성》의 《충주최씨보》에는 최전의 가계가 보이지 않는다.

8 **안숙**安璹(1572~1624) 진사를 거쳐 광해군 원년 38세로 증광시에 급제하여 벼슬이 초계군수(종4품)에 이르렀는데, 광해군 13년 안숙이 군수에 임명되자 사간원은 그가 본래 어리석고 세상일에 밝지 못하다고 하면서 파직할 것을 요청했다.[62] 《방목》에는 벼슬 이름만 보이고 그 밖에 아무런 기록이 없다. 하지만 뒤에 《낙원집樂園集》이라는 문집을 남겨 이를 통해 아버지가 광소光紹요 본관이 광주廣州임을 알 수 있다. 그런데 《청구》와 《만성》의 《광주안씨보》에는 그의 가계가 보이지 않는다.

9 **김광욱**金光郁(1564~?) 생원을 거쳐 광해군 원년 46세로 증광시에 급제하여 벼슬이 사헌부 감찰(정6품)에 이르렀다. 《방목》에는 벼슬과 아버지[成弼] 이름이 보일 뿐, 본관이 없지만 광주光州로 알려져 있다. 그런데 광해군 12년 김광욱이 감찰에 임명되자 사간원은 그의 인물이 본래 용렬庸劣하여 세상에서 버림받은 지 오래인데, 본직을 제수받고서 추한 짓을 많이 하여 사람들이 침을 뱉고 욕한다고 하면서 파직을 요청했다.[63] 《청구》와 《만성》의 《광산김씨보》에는 그의 가계가 보이지 않는다. 인물이 용렬하여 세상 사람들의 버림을 받았다는 말은 그가 서출임을 뜻하는 듯하다.

10 **손탁**孫晫(1587~?) 진사를 거쳐 광해군 2년(1610) 24세로 식년시에 급제하여 벼슬이 의정부 사록司錄(정8품)을 거쳐 성균관 박사(정7품)에 이르렀는데, 광해군 3년 사록으로 있으면서 왕명을 거역한 죄로 삭탈관직되어 불우하게 살다가 죽었다.[64] 《방목》에는 벼슬과 아

---

62) 《광해군일기》 권160, 광해군 13년 1월 27일 기해.
63) 《광해군일기》 권156, 광해군 12년 9월 1일 을해.
64) 《광해군일기》 권48, 광해군 3년 12월 16일 신사.

버지[敬德, 생부 敬明] 이름이 보이고, 본관이 밀양密陽으로 되어 있다. 그런데 《청구》의 《밀양손씨보》에는 손탁의 가계가 보이지 않으며, 《만성》의 《밀양손씨보》에는 아버지가 수령(무직)으로 되어 있어 《방목》의 기록과 다르다. 그는 신원이 확인되지 않는 인물이다.

11 **강문익**康文翼(1581~?) 유학을 거쳐 광해군 2년 30세로 식년시에 급제하여 벼슬이 판관(종5품), 찰방(종6품), 현감(종6품)에 이르렀는데, 인목대비의 폐비론을 찬성한 인물로 인조반정 뒤 유배되었다가 고향인 평양부의 교양관教養官으로 복무했다. 《방목》에는 벼슬과 아버지[德立] 이름이 보이고, 본관이 곡산谷山으로 되어 있다. 그러나 《청구》에는 《곡산강씨보》가 없으며, 《만성》의 《곡산강씨보》에는 강문익과 그의 가계가 보이지 않는다.

12 **강시진**康時進(1569~?) 진사를 거쳐 광해군 2년 42세로 식년시에 급제하여 벼슬이 성균관 학정(정8품)에 이르렀다. 《방목》에는 벼슬과 아버지[儼], 할아버지[世雲] 이름이 보이고, 본관이 충주忠州로 되어 있다. 그러나 《청구》와 《만성》에는 《충주강씨보》가 없다. 2000년 현재 충주강씨 인구는 372가구 1,192명으로 극희성에 속하는데, 강시진이 조선시대 유일한 문과급제자이다.

13 **김종진**金宗振(1574~?) 유학을 거쳐 광해군 2년 27세로 식년시에 급제하여 벼슬이 부사(종3품)에 이르렀다. 《방목》에는 벼슬과 아버지[天馹] 이름이 보이고, 본관이 울산蔚山으로 되어 있다. 그런데 《청구》와 《만성》의 《울산김씨보》에는 김종진의 가계가 보이지 않는다.

14 **최경일**崔敬一(1585~?) 유학을 거쳐 광해군 2년 26세로 식년시에 급제하여 벼슬이 예조정랑(정5품)에 이르렀다. 《방목》에는 벼슬과 아버지[山斗] 이름이 보이고, 본관이 충주忠州로 되어 있다. 그런데 《청

구》와 《만성》의 《충주최씨보》에는 최경일의 가계가 보이지 않는다.

　15 **김성갑**金誠甲(1564~?) 생원을 거쳐 광해군 2년 47세로 식년시에 급제하여 벼슬이 강계판관(종5품), 평안도 도사(종5품), 사헌부 감찰(정6품)에 이르렀는데, 광해군 9년 김성갑이 강계판관에 제수되자 사간원은 그가 한미寒微하고 명망名望이 가벼워 결단코 직임을 감당하기 어려우니 명망있는 사람으로 체차하라고 요청했으며,[65] 광해군 14년 평안도 도사에 제수되자 사헌부는 그의 지위가 낮고 사람됨이 용렬庸劣하므로 다른 사람으로 체차하라고 다시 요청했다.[66] 《방목》에는 벼슬과 아버지[光博] 이름이 보일 뿐, 본관이 없지만 순천順天으로 알려져 있다. 그런데 《청구》와 《만성》의 《순천김씨보》에는 그의 가계가 보이지 않는다. 그가 평안도에서 판관과 도사의 벼슬을 한 것을 보면 출신지가 평안도로 보인다.

　16 **양만고**楊萬古(1574~?) 생원을 거쳐 광해군 2년 37세로 알성시에 급제하여 벼슬이 인조 대 군자감정(정3품 당하관)에 이르렀다. 《방목》에는 벼슬과 아버지[士彦], 할아버지[希洙], 증조[悌達] 이름이 보이고, 본관이 청주淸州로 되어 있다. 아버지 양사언은 유명한 서예가로서 서얼임은 앞에서 이미 설명한 바 있다. 따라서 양만고는 서얼의 아들인 셈이다. 그러나 《청주양씨보》에는 그의 가계가 보인다.

　17 **박희현**朴希賢(1566~?) 호군護軍을 거쳐 광해군 2년 45세로 알성시에 급제하여 광해군 대 《속고사촬요續攷事撮要》를 편찬한 바 있으며, 벼슬이 인조 대 마전현감(종6품)을 거쳐 첨지중추부사(정3품 당상관)에 이르렀다. 《방목》에는 벼슬과 아버지[孝元], 할아버지[藻], 증조

---

65) 《광해군일기》 권114, 광해군 9년 4월 16일 경술.
66) 《광해군일기》 권178, 광해군 14년 6월 2일 병인.

[光榮] 이름이 보이고, 본관이 밀양密陽으로 되어 있다.《방목》의 하단에 충원忠元(이조판서)의 서질이라고 써서 박희현이 서출임을 알려 주고 있다. 그러나《청구》와《만성》의《밀양박씨보》에는 그가 수록되어 있는데, 이는 그의 명성을 감안한 듯하다.

18 **김적**金適(1564~?) 유학幼學을 거쳐 광해군 2년 47세로 별시에 급제하여 벼슬이 성균관 학유(종9품)를 거쳐 호조정랑(정5품)에 이르렀다.《방목》에는 벼슬과 아버지[孝騫] 이름이 보이고, 본관이 안동安東으로 되어 있다.《청구》와《만성》의《안동김씨보》를 보면 김적의 직계 4대조와 외조 가운데 벼슬아치가 없다.

19 **박신**朴愼(1576~?) 진사를 거쳐 광해군 3년(1611) 36세로 별시에 급제하여 벼슬이 교서관 정자(정9품)를 거쳐 시강원 설서(정7품)에 이르렀다.《방목》에는 벼슬과 아버지[簾], 할아버지[誼], 증조[塤], 외조[元孝良], 처부의 이름이 보이고, 본관이 나주羅州로 되어 있다. 그런데《청구》와《만성》에는《나주박씨보》자체가 없다. 2000년 현재 나주박씨 인구는 1,010가구 3,374명의 희성으로, 문과급제자는 박신이 유일하다.

20 **권두남**權斗南(1573~?) 생원을 거쳐 광해군 4년(1612) 40세로 식년시에 급제하여 벼슬이 교서관 박사(정7품)를 거쳐 정랑(정5품)에 이르렀다.《방목》에는 벼슬과 아버지[用仲] 이름이 보이고, 본관이 안동安東으로 되어 있다. 그러나《청구》와《만성》의《안동권씨보》에는 권두남의 가계가 보이지 않는다.

21 **이계**李啓(1585~?) 생원을 거쳐 광해군 4년 28세로 식년시에 급제하여 벼슬이 사간원 정언(정6품)에 이르렀다.《방목》에는 벼슬과 아버지[廷秀], 할아버지[百根], 처부의 이름이 보이고, 본관이 양성陽城

으로 되어 있다. 그런데 《청구》와 《만성》의 《양성이씨보》에는 이계의 가계가 보이지 않는다.

   22 **최업**崔嶪(1573~?) 진사를 거쳐 광해군 4년 40세로 식년시에 급제하여 벼슬이 교서관 저작(정8품)에 이르렀다. 《방목》에는 벼슬이 없이 아버지[漢貞] 이름이 보이고, 본관이 영암靈巖으로 되어 있다. 그런데 《만성》에는 《영암최씨보》 자체가 없으며, 《청구》의 《영암최씨보》에는 고려시대 인물인 최홍의崔洪儀 한 사람만 기록되어 있다. 2000년 현재 영암최씨 인구는 503가구 1,524명의 희성으로, 조선시대 문과급제자 2명을 배출했는데, 최업이 첫 급제자이다.

   23 **노대민**盧大敏(1565~?) 평안도 사람으로 교수敎授(종6품)를 거쳐 광해군 4년 48세로 식년시에 급제했다. 《방목》에는 벼슬이 없이 아버지[澐] 이름이 보이고, 본관이 장연長淵으로 되어 있다. 그런데 《청구》와 《만성》의 《장연노씨보》에는 노대민의 가계가 보이지 않는다. 《광해군일기》를 보면 그가 평안도에서 실시한 초시에서 장원하자 평안도 유생을 격려하기 위해 바로 전시에 응시하도록 했다고 한다. 2000년 현재 장연노씨 인구는 2,672가구 8,394명의 희성으로, 조선시대 문과급제자 7명을 배출했는데, 그가 처음이다. 그 가운데 2명이 평양 출신으로 알려져 있어 그도 평양 출신으로 보인다.

   24 **김광백**金光白(1562~?) 생원을 거쳐 광해군 4년 51세로 식년시에 급제하여 벼슬이 비인현감(종6품)에 이르렀는데, 광해군 6년 질병으로 파직되었다. 《방목》에는 벼슬과 아버지[土己] 이름이 보이고, 본관이 강릉江陵으로 되어 있다. 그런데 《청구》와 《만성》의 《강릉김씨보》에는 김광백의 가계가 보이지 않는다.

   25 **정신남**鄭信男(1572~?) 교수(종6품)를 거쳐 광해군 4년 41세로 식

년시에 급제하여 벼슬이 보령현감(종6품)에 이르렀는데, 정신남이 현
감에 제수되자 사헌부는 "그가 본래 비천한 서얼 후손으로서 외람되
이 고을 원으로 제수되어 부임한 뒤로……품관에게 통제를 받아 마치
노예처럼 행동한다"고 하면서 파직하라고 요청했다.[67] 《방목》에는
벼슬과 아버지[敬元] 이름이 보이고, 본관이 경주慶州로 되어 있다. 그
런데 《청구》와 《만성》의 《경주정씨보》에는 그의 가계가 보이지 않
는다. 서출이기 때문에 《족보》에 넣지 않은 듯하다.

　　26 **박진**朴瑨(1579~?) 유학을 거쳐 광해군 4년 34세로 식년시에 급
제하여 벼슬이 현감(종6품)에 이르렀다. 《방목》에는 벼슬과 아버지
[永齡], 외조의 이름이 보이고, 본관이 함양咸陽으로 되어 있다. 그런
데 《청구》와 《만성》의 《함양박씨보》에는 박진의 가계가 보이지 않
는다.

　　27 **황상겸**黃尙謙(1553~?) 생원을 거쳐 광해군 4년 60세로 식년시에
급제하여 벼슬이 성균관 박사(정7품)와 평안도 도사(종5품)를 거쳐 원
정(정3품 당하관)에 이르렀다. 《방목》에는 벼슬과 아버지[怡], 할아버
지[俊良], 증조[觶] 이름이 보이고, 본관이 평해平海로 되어 있다. 그러
나 《청구》와 《만성》의 《평해황씨보》를 보면 증조와 할아버지의 이
름은 보이나, 아버지와 황상겸의 이름은 보이지 않는다. 다시 말해
《평해황씨보》에는 할아버지 준량의 아들이 지환之瑍과 지장之璋으로
되어 있어 《방목》과 전혀 다르다. 따라서 그는 신원을 알 수 없는 인
물이다.

　　28 **정전**鄭洤(1585~?) 생원을 거쳐 광해군 4년 28세로 식년시에 급

제하여 벼슬이 강원도 도사(종5품)에 이르렀다. 《방목》에는 벼슬과 아버지[輔臣] 이름이 보이고, 본관이 연일延日(迎日)로 되어 있다. 그런데 《청구》와 《만성》의 《연일정씨보》에는 정전의 가계가 보이지 않는다.

29 **양시헌**梁時獻(1577~?) 진사를 거쳐 광해군 4년 36세로 식년시에 급제하여 벼슬이 성균관 전적(정6품)에 이르렀다. 《방목》에는 벼슬이 없이 아버지[應祿] 이름이 보이고, 본관이 남원南原으로 되어 있다. 그런데 《청구》와 《만성》의 《남원양씨보》에는 양시헌의 가계가 보이지 않는다.

30 **김녕**金寧(1567~1650) 장현광張顯光의 문인으로서 진사를 거쳐 광해군 4년 46세로 증광시에 급제했으나, 인목대비의 폐비에 반대하여 고향으로 내려갔다가 인조반정 뒤 임실현감(종6품), 성균관 전적(정6품), 성균관 사예(정4품), 사헌부 감찰(정6품) 등을 역임했다. 《방목》에는 벼슬과 아버지[崇烈] 이름이 보이고, 본관이 선산善山으로 되어 있다. 그런데 《청구》와 《만성》의 《선산김씨보》에는 김녕의 가계가 보이지 않는다. 문집으로 《둔봉집遯峰集》이 전한다.

31 **신홍립**辛弘立(1588~?) 참봉(종9품)을 거쳐 광해군 4년 25세로 증광시에 급제하여 벼슬이 현감(종6품)에 이르렀다. 《방목》에는 벼슬과 아버지[乃沃] 이름이 보이고, 본관이 영월寧越로 되어 있다. 그런데 《청구》와 《만성》의 《영월신씨보》에는 신홍립의 가계가 보이지 않는다. 《실록》에도 아무런 기록이 없다.

32 **유시위**柳時偉(1565~?) 진사를 거쳐 광해군 4년 48세로 증광시에 급제하여 벼슬이 공조정랑(정5품)에 이르렀다. 《방목》에는 벼슬과 아버지[湛] 이름이 보이고, 본관이 진주晉州로 되어 있다. 그런데 《청

구》와 《만성》의 《진주유씨보》에는 유시위의 가계가 보이지 않는다. 《실록》에도 아무런 기록이 없다.

33 최영문崔榮門(1563~?) 생원을 거쳐 광해군 5년(1613) 51세로 알성시에 급제하여 벼슬이 비인현감(종6품)을 거쳐 공조좌랑(정6품)에 이르렀다. 《방목》에는 벼슬과 아버지[舜民], 할아버지[世才], 증조[光潤], 외조의 이름이 보이고, 본관이 양천陽川으로 되어 있다. 그런데 《청구》의 《양천최씨보》에는 증조 이하는 가계가 끊어져 있고, 《만성》의 《양천최씨보》에도 증조 이후의 가계가 세구世求와 기종起宗으로 이어져 《방목》과 다르다. 신원을 알 수 없다.

34 박문명朴文溟 훈도訓導(종9품)를 거쳐 광해군 5년 알성시에 급제하여 벼슬이 교서관 박사(정7품)를 거쳐 성균관 전적(정6품)에 이르렀는데, 광해군 9년 차비관差備官으로 과거시험장에 들어가 응시자의 시험지를 몰래 바꾸어 놓아 급제할 자가 떨어지고, 떨어질 자가 급제하는 사건이 일어났다. 이 사건을 계기로 사간원은 박문명이 본래 미천微賤한 사람으로 행실이 나쁜 점을 들어 벼슬을 삭탈하라고 요구했다.68) 《방목》에는 벼슬이 없이 아버지[永壽] 이름만 보이고, 본관이 없으나 반남潘南으로 알려져 있다. 그런데 《청구》와 《만성》의 《반남박씨보》에는 그의 가계가 보이지 않는다.

35 김감金鑑(1566~?) 진사를 거쳐 광해군 5년 48세로 증광시에 급제하여 벼슬이 평안도 어사御史, 전라도 도사(종5품), 인조 대 김해 부사(종3품)를 거쳐 이조참의(정3품 당상관)에 이르렀다. 《방목》에는 벼슬과 아버지[聲遠] 이름이 보이고, 본관이 금산錦山으로 되어 있다. 그

---

68) 《광해군일기》 권117, 광해군 9년 7월 25일 정해; 권145, 광해군 11년 10월 9일 무오.

런데 《청구》의 《금산김씨보》에는 김감의 가계가 보이지 않으며, 《만성》의 《금산김씨보》에는 아버지 성원聲遠을 비롯하여 직계 8대 조와 외조 가운데 벼슬아치가 없다. 《금산김씨보》에는 그가 이소재 이중호履素齋 李仲虎의 문인이라고 적었다. 2000년 현재 금산김씨 인구는 4,377가구 1만 4,052명의 희성으로, 조선시대 문과급제자 3명을 배출했는데, 그가 첫 급제자이다.

36 **남유신**南有身(1567~?) 유학을 거쳐 광해군 5년 47세로 증광시에 급제하여 벼슬이 시강원 겸설서兼說書(정7품)와 성균관 전적(정6품)에 이르렀다. 《방목》에는 벼슬과 아버지[獜壽], 할아버지[舜庭], 증조[孝元] 이름이 보이고, 본관이 의령宜寧으로 되어 있다. 그런데 《청구》의 《의령남씨보》에는 남유신의 가계가 보이지 않으며, 《만성》의 《의령남씨보》를 보면 증조까지의 가계는 보이나 그 이후의 가계는 보이지 않는다.

37 **왕보신**王輔臣(1568~?) 진사와 사과司果(정6품)를 거쳐 광해군 5년 46세로 증광시에 급제하여 벼슬이 좌랑(정6품)에 이르고, 인조 대 추숭도감 낭청에 임명되었다. 《방목》에는 벼슬과 아버지[洪], 할아버지[希周], 증조[憲] 이름이 보이고, 본관이 개성開城으로 되어 있다. 그런데 《청구》의 《개성왕씨보》를 보면 왕보신의 할아버지는 희주가 아니라 경우景祐이고, 증조는 헌이 아니라 빈濱이다. 그리고 헌과 희주는 후사가 끊어지고 없다. 한편, 《만성》의 《개성왕씨보》에는 헌-희주-홍-보신으로 이어지는 가계 자체가 없어 《청구》와도 다르다. 가계가 명확하지 않은 인물이다.

38 **김수**金邃(1571~?) 진사를 거쳐 광해군 5년 41세로 증광시에 급제하여 벼슬이 도사(종5품)에 이르렀다. 《방목》에는 벼슬과 아버지

〔彭佑〕이름이 보이고, 본관이 김해金海로 되어 있다. 그런데《청구》와《만성》의《김해김씨보》에는 김수의 가계가 보이지 않는다.

39 옥진휘玉晉輝(1572~?) 진사를 거쳐 광해군 5년 42세로 증광시에 급제했다.《방목》에는 벼슬이 없이 아버지〔光浩〕이름이 보이고, 본관이 반성班城(晉州)으로 되어 있다. 그런데,《청구》와《만성》에는 《반성옥씨보》자체가 없어 가계를 알 수 없다. 옥씨는 진주의 속현屬縣 반성의 일반성─般姓 가운데 하나이며, 2000년 현재 반성옥씨 인구는 28가구 108명의 희성으로, 조선시대 문과급제자 2명을 배출했는데, 단종 대 첫 급제자가 나온 뒤 옥진휘가 두 번째이자 마지막이다.

40 양곡梁穀 유학을 거쳐 광해군 6년(1614) 전주全州에서 시행한 별시에 장원급제하여 벼슬이 성균관 전적(정6품)에 이르렀다.《방목》에는 출생연도가 없이 벼슬과 아버지〔夢說〕이름이 보이고, 본관이 남원南原으로 되어 있다. 그런데《청구》와《만성》의《남원양씨보》에는 양곡의 가계가 보이지 않는다.

41 이상빈李尚馪(1584~?) 진사를 거쳐 광해군 7년(1615) 32세로 식년시에 장원급제하여 벼슬이 한성부 서윤(종4품)에 이르렀는데,《실록》에는 이해에 급제한 급제자 32명은 대부분 흉당凶黨(대북파)의 자제와 시론時論을 쫓은 자들이라고 한다.[69]《방목》에는 벼슬과 아버지〔璥〕, 할아버지〔崔〕, 증조〔彦臣〕, 외조, 처부의 이름이 보이고, 본관이 영해寧海로 되어 있다. 그런데《청구》와《만성》의《영해이씨보》에는 이상빈의 가계가 보이지 않는다. 2000년 현재 영해이씨 인구는 664가구 2,101명의 희성으로, 조선시대 문과급제자 5명을 배출했다.

---

69)《광해군일기》권89, 광해군 7년 4월 19일 을미.

42 이상겸李尙謙(1581~?) 진사를 거쳐 광해군 7년 35세로 식년시에 급제하여 벼슬이 병조참의(정3품 당상관)에 이르렀다. 《방목》에는 벼슬과 아버지[璥], 할아버지[崔], 증조[彦臣], 외조, 처부의 이름이 보이고, 본관이 영해寧海로 되어 있다. 앞에 소개한 이상빈과 조상의 이름이 똑같은 것으로 보아 두 사람이 형제임을 알 수 있다. 또한 이상빈과 마찬가지로 《영해이씨보》에 이름이 보이지 않는다.

43 김경후金慶厚(1582~?) 생원을 거쳐 광해군 7년 34세로 식년시에 급제하여 벼슬이 성균관 학유(종9품), 승정원 가주서(정7품), 봉상시 봉사(종8품)를 거쳐 형조정랑(정5품)에 이르렀다. 광해군 9년 김경후가 가주서에 임명되자 사간원은 그의 인물이 용렬庸劣하고 글쓰기가 옹졸하다는 것을 이유로 체차를 요구했다.[70] 《방목》에는 벼슬과 아버지[夢禎] 이름이 보이고, 본관이 강릉江陵으로 되어 있다. 그러나 《청구》와 《만성》의 《강릉김씨보》에는 그의 가계가 보이지 않는다.

44 이재영李再榮 학관學官을 거쳐 광해군 7년 알성시에 급제하여 벼슬이 승문원 교검(정6품)과 봉상시 주부(종6품), 면천군수(종4품)를 거쳐 통정대부(정3품 당상관)에 이르렀다가 인조반정 뒤 이이첨 일파라는 죄목으로 곤장을 맞고 죽었다. 《방목》에는 벼슬과 아버지[選], 할아버지[順曾], 증조[龜孫] 이름이 보이고, 본관이 영천永川으로 되어 있다. 《실록》을 보면 이재영에 관해 다음과 같은 기록이 보인다.

이재영은 판서 이선李選의 서자인데, 혹은 시인 이달李達이 간통하여 낳았다고도 한다. 문재文才가 있었으며, 변려문에 더욱 능했다. 사람됨이 교활하여 적사嫡嗣를 모해하였으며, 번번이 정거停擧를 당하여 과거에 응시

---

70) 《광해군일기》 권120, 광해군 9년 10월 7일 무술.

하지 못하게 되자 홍도(이이첨)에게 빌붙어 과거에 오르고, 허균과 이이첨의 아들들과 그 족당들의 심복이 되어 전후의 흉소凶疏를 모두 그가 지었다. 과장에 가서 차술借述해 준 것이 부지기수인데, 이이첨의 아들들과 그 족당들의 과작科作이 모두 그의 손에서 나왔으므로 온 나라 사람들이 모두 분개하여 이를 갈았다. 이에 이르러 하옥되어 국문을 받다가 장하杖下에서 죽었다.[71]

이 기록을 따르면 그는 판서 이선의 서자인 것이다. 그러나 《청구》의 《영천이씨보》에는 그의 이름이 보인다.

45 곽천구郭天衢(1589~?) 선교랑(종6품)을 거쳐 광해군 8년(1616) 28세로 증광시에 급제하여 벼슬이 승정원 가주서(정7품), 봉상시 봉사(종8품)를 거쳐 금교찰방(종6품)과 군수(종4품)에 이르렀다. 《방목》에는 벼슬과 아버지[玹] 이름이 보이고, 본관이 현풍玄風으로 되어 있다. 그런데 《청구》와 《만성》의 《현풍곽씨보》에는 곽천구의 가계가 보이지 않는다.

46 최호崔濩(1575~?) 통선랑(정5품)을 거쳐 광해군 8년 42세로 증광시에 급제하고, 중시에도 급제하여 벼슬이 사헌부 집의(종3품)에 이르렀는데, 《실록》에는 이이첨의 문객이라고 한다.[72] 《방목》에는 벼슬과 아버지[善繼] 이름이 보이고, 본관이 강화江華로 되어 있다. 그런데 《청구》와 《만성》의 《강화최씨보》에는 최호의 가계가 보이지 않는다.

47 조훈趙塤(1583~?) 생원을 거쳐 광해군 8년 34세로 증광시에 급

---

71) 《인조실록》 권1, 인조 원년 3월 18일 무신.
72) 《광해군일기》 권109, 광해군 8년 11월 2일 기사.

제하여 벼슬이 사간원 정언(정6품), 정랑(정5품), 시강원 사서司書(정6품)에 이르렀는데, 인조반정 뒤 대북파로 몰려 방출되었다.《방목》에는 벼슬과 아버지[德容], 할아버지[服], 증조[世球], 외조, 처부의 이름이 보이고, 본관이 순창淳昌으로 되어 있다. 그런데《청구》와《만성》의《순창조씨보》에는 조훈의 가계가 보이지 않는다.

48 강취무姜就武 유학을 거쳐 광해군 8년 알성시에 급제하여 벼슬이 성균관 전적(정6품)에 이르렀다.《방목》에는 벼슬과 아버지[希傑] 이름이 보이나 본관이 없다.《청구》와《만성》의 어느 강씨보에도 강취무의 가계는 보이지 않는다.

49 정흔鄭昕(1566~?) 생원과 참봉(종9품)을 거쳐 광해군 8년 51세로 별시에 장원급제하여 벼슬이 사헌부 감찰(정6품)에 이르렀는데, 광해군 10년 허균許筠의 역모사건에 관여한 죄로 유배되었다.《방목》에는 벼슬과 아버지[守一] 이름이 보이고, 본관이 진주晉州로 되어 있다. 그런데《청구》와《만성》의《진주정씨보》에는 정흔의 가계가 보이지 않는다.

50 양형우梁亨遇(1570~?) 주부(종6품)를 거쳐 광해군 8년 47세로 별시에 급제하여 벼슬이 봉상시 주부(종6품)에 이르렀다.《방목》에는 벼슬이 없이 아버지[大樸], 할아버지[艤], 증조[自潤] 이름이 보이고, 본관이 남원南原으로 되어 있다. 아버지 양대박梁大樸은 서얼로서 왜란 때 의병을 일으킨 인물로 유명하다. 따라서 양형우도 서얼의 후손이다. 그런데《남원양씨보》에는 그의 가계가 보이지 않으며,《만성》의《남양양씨보南陽梁氏譜》에 가계가 보인다. 아마도 뒤에 남원양씨에서 분적한 것으로 보인다.

51 홍경정洪景艇(1571~?) 참봉(종9품)을 거쳐 광해군 8년 46세로 별

시에 급제하여 벼슬이 예문관 봉교(정7품)에 이르렀다. 《방목》에는
벼슬과 아버지[洽], 처부의 이름이 보이고, 본관이 남양南陽으로 되어
있다. 그런데 《청구》와 《만성》의 《남양홍씨보》에는 홍경정의 가계
가 보이지 않는다. 인조반정 뒤 그는 이이첨 일파로 몰려 관직을 삭
탈당했는데, 당시 사간원은 그의 인물을 "본래 향곡鄕曲의 한천寒賤한
사람으로 흉도에 빌붙었다"고 평했다.73) 여기서 한천하다는 말은 한
미하고 천하다는 뜻인데, 아마도 서출인 듯하다.

　　52 **형효갑**邢孝甲(1571~?) 선교랑(종6품)을 거쳐 광해군 8년 46세로
별시에 급제하여 군수(종4품)에 이르렀다. 《방목》에는 벼슬이 없이
아버지[鐸] 이름이 보이고, 본관이 진주晋州로 되어 있다. 《청구》의
《진주형씨보》를 보면 형효갑과 그 아버지가 외따로 기록되어 있는
데, 아버지는 벼슬이 없다. 선계先系를 알 수 없다. 2000년 현재 진주
형씨 인구는 1,820가구 5,822명의 희성으로 조선시대 문과급제자 2명
을 배출했는데, 중종 대 첫 급제자가 나온 뒤로 그가 두 번째이자 마
지막이다.

　　53 **정성**鄭晟(1579~?) 진사를 거쳐 광해군 10년(1618) 40세로 정시에
급제하여 벼슬이 시강원 설서(정7품)에 이르렀다. 《방목》에는 벼슬과
아버지[邦一], 처부의 이름이 보이고, 본관이 진주晋州로 되어 있다.
그런데 《청구》와 《만성》의 《진주정씨보》에는 정성의 가계가 보이
지 않는다.

　　54 **양유인**梁有仁(1596~?) 생원을 거쳐 광해군 10년 23세로 증광시
에 급제하여 벼슬이 통정대부(정3품 당상관)로서 부사(종3품)에 이르렀

---

73) 《인조실록》 권1, 인조 원년 3월 22일 임자.

다. 《방목》에는 벼슬과 아버지〔貴生〕, 할아버지〔訥〕, 증조〔應箕〕 이름
이 보이고, 본관이 남원南原으로 되어 있다. 그런데 《청구》와 《만성》
의 《남원양씨보》에는 양유인의 가계가 보이지 않는다.

　　55 정사명鄭四溟(1591~?) 생원을 거쳐 광해군 10년 28세로 증광시
에 급제하여 벼슬이 군수(종4품)에 이르렀다. 《방목》에는 벼슬과 아
버지〔三顧〕 이름이 보이고, 본관이 연일延日(迎日)로 되어 있다. 그런
데 《청구》와 《만성》의 《연일정씨보》에는 정사명의 가계가 보이지
않는다.

　　56 지성해池成海(1565~?) 생원을 거쳐 광해군 10년 54세로 증광시
에 급제하여 벼슬이 군수(종4품)에 이르렀다. 《방목》에는 벼슬이 없
이 아버지〔以貞〕 이름이 보이고, 본관이 없으나 지씨의 본관은 충주忠
州뿐이다. 《청구》의 《충주지씨보》를 보면 지성해와 아버지는 조상의
계보가 끊어진 형태로 외따로 기록되어 있어 선대의 가계를 알 수 없
으며, 아버지는 벼슬이 없다. 한편, 《만성》의 《충주지씨보》에는 그
의 가계가 보이지 않는다. 충주지씨는 조선시대 문과급제자 10명을
배출했는데, 세조 대 첫 급제자가 나온 뒤 그가 두 번째이다.

　　57 이기李耆(1589~?) 진사를 거쳐 광해군 10년 30세로 증광시에 급
제하여 벼슬이 도사(종5품)와 형조정랑(정5품)에 이르렀다. 《방목》에
는 벼슬과 아버지〔英吉〕, 할아버지〔熙德〕, 증조〔應畢〕 이름이 보이고,
본관이 전의全義로 되어 있다. 《청구》와 《만성》의 《전의이씨보》를
보면 이기의 직계 5대조와 외조 가운데 벼슬아치가 없다.

　　58 김이일金以一(1571~?) 진사를 거쳐 광해군 10년 48세로 증광시
에 급제하여 벼슬이 교서관 정자(정9품)에 이르렀는데, 인조반정 뒤
대북파로 몰려 유배되었다. 《방목》에는 벼슬과 아버지〔鐵壽〕 이름이

보이고, 본관이 상주尙州로 되어 있다. 그런데 《청구》와 《만성》의
《상주김씨보》에는 김이일의 가계가 보이지 않는다.

59 김우진金遇辰(1591~?) 평안도 의주義州 사람으로 진사를 거쳐 광
해군 12년(1620) 30세로 정시에 장원급제하여 벼슬이 성균관 전적(정
6품)에 이르렀다. 《방목》에는 벼슬과 아버지[弘祿] 이름이 보이고, 본
관이 진주晉州로 되어 있다. 그런데 《청구》의 《진주김씨보》에는 김
우진의 가계가 보이지 않으며, 《만성》의 《진주김씨보》에는 오직 그
한 사람만이 시조로 기록되어 있다. 《광해군일기》에는 그의 출신에
대해 다음과 같은 기록이 보인다.

> 김우진은 의주 사람이다. 이이첨이 그곳에서 부윤으로 있었는데, 뒤에
> 그 고을 사람들이 잘 보이기 위해 쌍비雙碑를 세웠다. 이이첨이 평안도 지
> 역의 민심을 얻고자 우진을 관사館舍에 두고 제자라고 일컬었다. 미리 표
> 사表辭를 지어 주어 마침내 장원으로 뽑히게 된 것이다.[74]

이 글을 믿으면, 그는 이이첨이 미리 시험문제를 주고 장원으로 뽑
았다는 것이다. 조선시대 진주김씨는 문과급제자 10명을 배출했는데,
그가 첫 문과급제자이다. 급제자 10명 가운데 7명이 평안도 출신임이
확인되어, 진주김씨는 그가 급제한 뒤 주로 평안도 지역에서 급제자
를 배출했음을 알 수 있다.

60 박천기朴天祺(1572~?) 경상도 합천 사람으로 진사와 별좌別坐를
거쳐 광해군 12년 49세로 정시에 급제하여 벼슬이 형조좌랑(정6품)을
거쳐 군수(종4품)에 이르렀는데, 역모죄로 처벌을 받았다. 《방목》에

---

74) 《광해군일기》 권154, 광해군 12년 7월 13일 무자.

는 벼슬과 아버지[振國], 할아버지[元亮], 증조[義岭], 외조[李璘] 이름
이 보이고, 본관이 밀양密陽으로 되어 있다. 그런데 《청구》와 《만성》
의 《밀양박씨보》에는 박천기의 가계가 보이지 않는다.

　　61 **이옥**李玉(1565~?) 찰방(종6품)을 거쳐 광해군 12년 56세로 정시
에 급제하여 벼슬이 경기도 도사(종5품)에 이르렀다. 《방목》에는 벼
슬과 아버지[震賢] 이름이 보이고, 본관이 광주廣州로 되어 있다. 그런
데 《청구》와 《만성》의 《광주이씨보》에는 이옥의 가계가 보이지 않
는다.

　　62 **김경표**金景杓 사과司果(정6품)를 거쳐 광해군 12년 정시에 급제하
여 벼슬이 찰방(종6품)에 이르렀다. 《방목》에는 벼슬과 아버지[守潛]
이름이 보이고, 본관이 없지만 양주楊州로 알려져 있다. 그런데 《청
구》에는 《양주김씨보》 자체가 없으며, 《만성》의 《양주김씨보》에는
숙종 대 문과에 급제한 김운승金運乘 한 사람만 기록되어 있을 뿐 김
경표의 이름은 보이지 않는다. 2000년 현재 양주김씨 인구는 1,109가
구 3,510명의 희성으로, 조선시대 문과급제자 8명을 배출했는데, 그
가 첫 급제자이다. 이들 가운데 평안도 출신이 6명이고, 이 6명 가운
데 5명이 개천 출신이다. 따라서 그도 개천 출신일 가능성이 크다.

　　63 **이정명**李廷明(1591~?) 생원과 사정(정7품)을 거쳐 광해군 12년 30
세로 정시에 급제하여 벼슬이 성균관 전적(정6품)을 거쳐 승문원 교
검(정6품)에 이르렀는데, 광해군 14년 역모죄로 형제들과 함께 처벌
받았다. 《방목》에는 벼슬과 아버지[嶷男], 할아버지[以觀], 증조[守誡],
외조[金之璞], 처부의 이름이 보이고, 본관이 광주廣州로 되어 있다. 그
런데 《청구》와 《만성》의 《광주이씨보》에는 아버지까지의 가계는
보이나 이정명의 이름은 보이지 않는다.

64 유계柳稽 서얼로서 허통되어 광해군 13년(1621) 정시에 급제하여 벼슬이 군수(종4품)에 이르렀다. 《방목》에는 전력을 허통으로 적어 신분이 본래 서얼이었음을 분명하게 밝히며, 아버지[永立], 할아버지[塏], 증조[世龜] 이름이 보이고, 본관이 전주全州로 되어 있다. 유계가 문과에 급제하자 영의정 박승종朴承宗은 임금에게 올린 글 가운데 그를 평가하여 "고한孤寒한 사람"이라고 말했다.75) 풀이하면 '외롭고 쓸쓸한 사람'이라는 뜻이다. 《청구》와 《만성》의 《전주유씨보》에는 아버지까지의 가계만 보이고, 그의 이름은 보이지 않는다.

65 고진민高進民(1570~?) 진사를 거쳐 광해군 13년 52세에 정시에 급제하여 벼슬이 교서관 정자(정9품)에 이르렀는데, 고진민이 문과에 급제한 뒤 영의정 박승종이 임금에게 올린 글에는 그의 신분이 비미卑微함에도 급제했으므로 시험에 부정이 있을 수 없다고 말했다.76) 여기서 신분이 '비미하다'는 말은 서얼임을 가리키는 것으로 보인다. 《방목》에는 벼슬과 아버지[瑞龍] 이름이 보이고, 본관이 제주濟州로 되어 있다. 그런데 《청구》와 《만성》의 《제주고씨보》에는 그의 가계가 보이지 않는다.

66 선세휘宣世徽(1582~?) 진사를 거쳐 광해군 13년 40세로 알성시에 장원급제하여 벼슬이 예조좌랑(정6품)에 이르렀는데, 성균관 유생으로 있을 때 인목대비의 폐위를 주장하는 상소를 올리기도 했다. 《실록》의 사신史臣은 "선세휘가 전라도 장흥長興 사람으로 원흉(이이첨 일파)에게 아부하여 미리 글을 써 가지고 갔다가 첫째로 뽑혔다"고 평했다.77) 그러니까 부정으로 장원급제했다는 뜻이다. 그러나 사신

---

75) 《광해군일기》 권169, 광해군 13년 9월 28일 병인.
76) 위와 같음.

의 평이 사실인지는 확단할 수 없다. 《방목》에는 벼슬과 아버지[鳳章] 이름이 보이고, 본관이 보성寶城으로 되어 있다. 그런데 《청구》와 《만성》의 《보성선씨보》에는 그의 가계가 보이지 않는다.

77)《광해군일기》 권170, 광해군 13년 10월 9일 병자.

3

인조 대
신분이 낮은 급제자와 벼슬

1) 인조 대 서얼허통: 3조 허통·

인조 대(1623~1649)에는 명종 대에 이어 두 번째로 서얼의 문과응시를 허용하는 허통許通이 이루어졌다. 홍문관 부제학 최명길崔鳴吉과 심지원沈之源, 김남중金南重, 이성신李省身, 이경용李景容 등의 발의로 서얼허통문제를 2품 이상 대신들이 논의하도록 했는데, 이때 이조판서 김상용金尙容, 영의정 이원익李元翼, 좌의정 윤방尹昉, 도승지 정온鄭蘊 등이 서얼허통을 찬성하고 나섰다. 서얼차대는 입현무방立賢無方의 인사원칙에 맞지 않는다는 것이 그 까닭이었다. 다른 신하들의 반대로 전면적인 허통은 이루어지지 않았으나, 그 대신 인조 3년(1625) 서얼차대를 완화하는 새로운 〈허통사목許通事目〉을 만들었다. 곧 양첩 서자의 경우는 손자 대부터 문과응시를 허용하고, 천첩 얼자의 경우는 증손 대부터 허용하기로 했다. 다만, 과거에 급제하더라도 6조의 요직要職은 주되 청직淸職은 주지 않기로 했다.[78] 다시 말해 6조 가운데 3조 낭관(5~6품)은 주지만, 홍문관, 사헌부, 사간원 등에는 나가지 못하도록 한 것이다.

이 조치는 명종 11년(1556)에 만든 〈서얼허통절목〉과 비교하여 한 발 더 나아간 것이었다. 천첩 서얼의 경우는 영구히 금고하던 것을 바꾸어 증손 대부터 허통하기로 한 것이 그 하나이고, 양첩 서자가 문과에 합격했을 경우 문반 요직인 3조에 임용할 수 있도록 한 것도 새로운 변화이다.

이 조치에서 요직이라 한 것은 6조 가운데 인사권을 가진 이조와 병조, 그리고 격이 높은 예조를 제외한 호조戶曹, 형조刑曹, 공조工曹 등 3조를 말한다. 청직은 홍문관, 예문관, 승문원, 사헌부, 사간원 등 을 말하는데, 재상이 되려면 청직을 거치는 것이 관례였으므로, 서얼 의 재상 진출을 막기 위해 청직은 허용하지 않았다.

그러면 인조 대 문과에 합격하여 3조에 벼슬한 서얼이 있었던가? 《방목》을 보면 인조 11년(1633) 증광시급제자 가운데 호군護軍 신희 계辛喜季의 이름이 보인다. 그는 인조 14년(1636) 시행된 중시에서도 장원급제하여 세상을 놀라게 했다. 《방목》에는 그의 본관이 영월寧越 로 되어 있고, 직계 3대조의 이름이 보인다. 아버지는 동지의금부사 신경진辛慶晉이다. 《방목》에는 서얼이라는 표시가 없고 전직이 호군 으로 기록되어 있지만, 《실록》에는 "신희계가 서얼로서 장원을 차지 한 것은 국조國朝 이래 없었던 일이다"79)라고 기록하여 그가 서얼 출 신임을 알 수 있다. 그러나 장원급제한 영재임에도 벼슬은 군수(종4 품)에 그치고 있다.

인조 대에 문과에 합격한 서얼은 신희계 말고도 여러 명이 더 있었

---

78) 《인조실록》 권28, 인조 11년 10월 15일 갑술.
79) 《인조실록》 권33, 인조 14년 12월 12일 임오.

다. 인조 13년(1635) 알성시급제자 가운데 허통 박홍호朴弘護의 이름
이 보인다. 전직을 허통으로 기록한 것으로 그가 서얼임을 알 수 있
다. 본관은 죽산竹山으로 벼슬이 현감(종6품)에 이르렀는데 아버지는
관찰사 박경신朴慶新이다.

인조 13년 실시된 증광시에서도 허통 유명증兪名曾의 이름이 보인
다. 벼슬은 교서관 정자(정9품)에 이르고, 본관은 기계杞溪요, 아버지
는 유대기兪大椵다. 벼슬이 요직에는 나가지 못한 것을 알 수 있다.

유명증과 같은 해 증광시에 급제한 서얼 김굉金宏이 있다. 《방목》
에는 전직이 유학幼學으로 되어 있어 서얼인지를 알 수 없다. 그러나
《규사葵史》에는 그가 서얼이라고 기록해 놓았다.[80] 《방목》을 보면
그의 아버지는 김의정金義貞이다. 그러나 벼슬은 알 수 없다.

인조 22년(1644) 정시에 병과로 급제한 진사 우경석禹敬錫은 광해
군 대 부사를 지낸 우복룡禹伏龍의 아들로 벼슬이 교서관 교리(종5품)
에 이르렀다. 《방목》에는 전직이 진사進士로 기록되어 있어 서얼임을
알 수 없으나, 《실록》에는 그가 서얼 출신이라 한다.[81]

이상, 인조 대에는 비교적 서얼로서 문과에 합격한 자가 많았으나,
벼슬은 지방 수령과 교서관의 하급관 또는 봉상시 관리에 지나지 않
았다. 3조에 임용된 서얼은 아직 없었다.

---

80) 《규사》 권1.
81) 《숙종실록》 권30, 숙종 22년 7월 12일 을해. 이조판서 최석정의 차자 가운데 우경석이 서얼
　　로 기록되어 있다.

2) 시험종류별 급제자 인원

인조 재위 27년 동안 문과급제자는 모두 749명으로 매년 평균 27.74명을 선발한 셈이다. 그런데 급제자 749명을 시험종류별로 알아보면 다음과 같다.

식년시式年試	8회	268명
증광시增廣試	3회	114명
정시庭試	17회	127명 (공주·전주·강도 정시 포함)
별시別試	14회	177명 (관서 별시 4명 포함)
알성시謁聖試	6회	39명
개시改試	1회	24명
합 계		749명

먼저 3년마다 시행되는 정기시험인 식년시는 8회에 걸쳐 급제자 268명을 선발했는데, 매회 평균 33.5명을 선발한 셈이다. 회마다 33명을 선발하도록 한 《경국대전》의 규정보다는 약간 높은 수치다. 또, 원칙대로 한다면 9회를 치러야 했으나 병자호란으로 1회를 생략한 것이다. 식년시급제자는 전체 급제자 749명의 35.78퍼센트를 차지한다.

다음에 식년시와 비슷한 성격을 지닌 증광시는 3회에 걸쳐 114명을 선발했다. 매회 평균 38명을 선발한 셈이다. 식년시와 증광시는 7배수를 선발하는 초시급제자를 8도의 인구비율로 강제배분하므로 지방민들에게 상대적으로 유리한 시험이다. 그런데 식년시와 증광시급제자를 합치면 382명으로 전체 급제자의 51퍼센트를 차지한다.

정시는 17회 시행되어 127명을 선발했는데, 특기할 것은 이괄란李适亂으로 피난지인 공주행재소公州行在所에서 1회, 정묘호란으로 전주

행재소全州行在所에서 1회, 병자호란으로 강도행재소江都行在所에서 1
회를 치른 것이 포함되어 있다.

경과慶科와 비슷한 성격을 지닌 별시는 14회에 걸쳐 시행되어 177
명을 선발했는데, 그 가운데는 평양에서 실시한 관서關西 별시급제자
4명이 포함되어 있다. 관서 별시는 두 차례 호란胡亂을 치르고 나서
국방요새 지역인 평안도의 중요성을 인식한 결과로 볼 수 있다.

3) 신분이 낮은 급제자의 인원과 유형

인조 대 문과급제자 749명 가운데 신분이 낮은 것으로 판명된 급
제자는 모두 157명으로 전체 급제자의 20.96퍼센트를 차지하고 있다.
이를 조선왕조 초기 이후의 앞 시기와 비교하면 다음과 같다.

조선 초기에 40~50퍼센트로 시작된 신분이 낮은 급제자의 비율이
시대가 내려오면서 차츰 내려가다가 광해군 대 14.63퍼센트를 보이

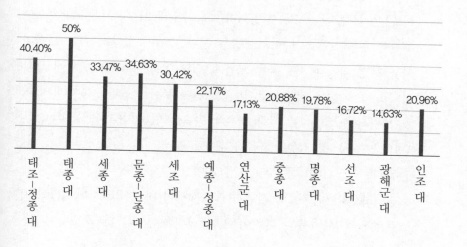

면서 최저점을 찍었다가 인조 대 다시 20.96퍼센트로 올라서면서 반등하기 시작한 것을 볼 수 있다. 이런 상승추세는 계속 이어져 18세기 초의 숙종 대에는 30퍼센트대로 올라선다.

그러면 인조 대 신분이 낮은 급제자 157명은 구체적으로 어떤 부류인가? 여기에는 크게 다음과 같은 여러 부류가 있다. ① 본관을 모르는 급제자는 3명, ② 본관은 있으나 《족보》 자체가 없는 급제자 4명, ③ 《족보》에 가계가 보이지 않는 급제자 111명, ④ 《족보》에 가계가 단절된 급제자 13명, ⑤ 내외 4대조 가운데 벼슬아치가 없는 급제자 21명, ⑥ 《방목》과 《족보》의 기록이 달라 신원이 불분명한 급제자 2명, ⑦ 《족보》에는 올라 있으나 서얼 출신으로 확인된 급제자 3명 등이다.

(1) 본관을 알 수 없는 급제자

인조 대 신분이 낮은 급제자 157명 가운데 《방목》에 본관이 보이지 않은 급제자는 모두 24명이다. 그 가운데 21명은 다른 방법으로 본관을 알 수 있고, 나머지 3명은 본관을 전혀 알 수 없다. 그런데 이들 24명 가운데 3품 이상 고관에 오른 인물은 부사(종3품)에 오른 김익희金益禧 한 사람뿐이고, 벼슬을 받지 못한 인물은 3명이다. 나머지 20명은 모두가 4품 이하 낮은 벼슬을 받았다. 본관을 알 수 없는 3명의 명단을 소개하면 다음과 같다.

김익희金益禧 인조 2년 식년시에 급제하여 벼슬이 부사(종3품)에 이르렀는데, 《방목》에는 본관이 없어 신원을 알 수 없다.

김종도金宗道 참봉(종9품)을 거쳐 인조 20년 식년시에 급제했는데, 《방목》에는 벼슬이 없고 본관도 없어 신원을 알 수 없다.

김여원金汝源 봉사(종8품)를 거쳐 인조 26년 식년시에 급제하여 벼슬이 도사(종5품)에 이르렀는데, 《방목》에 본관이 없어 신원을 알 수 없다.

(2) 《족보》 자체가 없는 급제자

인조 대 신분이 낮은 급제자 157명 가운데 본관은 알 수 있으나, 그 본관의 《족보》 자체가 《청구》와 《만성》에 보이지 않는 급제자는 4명이다. 이들은 모두 인구가 극히 적은 희성稀姓이며, 모두 4품 이하 낮은 벼슬을 얻었으며, 그 가운데 3명은 조선시대 첫 문과급제자들이다. 4명의 명단은 다음과 같다.

강몽룡姜夢龍 본관이 광주光州로 벼슬이 판관(종5품)에 이르렀으나, 《광주강씨보》 자체가 없다. 2000년 현재 광주강씨 인구는 464가구 1,459명의 희성으로, 조선시대 문과급제자는 2명인데, 강몽룡이 첫 급제자이다. 아우 강세정에 대해 "멀고 궁벽진 곳의 사람"이라고 한 것으로 보아 강몽룡도 같은 신분이다. 《세종실록》〈지리지〉와 《동국여지승람》에는 광주(光山)에 강씨가 없어 그가 벼슬아치가 된 뒤에 처음으로 본관을 정한 듯하다.

이경승李慶承 본관이 간성杆城으로 벼슬이 판관(종5품)에 올랐는데, 《간성이씨보》 자체가 없다. 2000년 현재 간성이씨 인구는 319가구 965명의 희성으로, 조선시대 문과급제자 5명을 배출했는데 이경승이 세 번째이다.

전흡田翕 본관이 남원南原으로 벼슬이 성균관 학유(종9품)에 이르렀
는데, 《남원전씨보》 자체가 없다. 2000년 현재 남원전씨 인구는 319
가구 1,009명의 희성으로, 조선시대 문과급제자 2명을 배출했는데,
전흡이 처음이다. 《세종실록》〈지리지〉에는 남원에 전씨가 없다가
《동국여지승람》에는 전씨가 등장한다. 이로 보아 세종 대 이후에 남
원으로 전씨가 이주하여 살다가 그가 벼슬하면서 본관을 이곳으로
정한 듯하다.

강세정姜世楨 본관이 광주光州로 앞에 소개한 강몽룡과 형제이다.
벼슬이 찰방(종6품)을 거쳐 성균관 전적(정6품)에 이르렀는데, 《실록》
에 강세정이 "멀고 궁벽진 곳의 사람〔遐荒之人〕"이라고 적은 것으로
보아,82) 그의 신분이 매우 낮음을 알 수 있다. 《청구》와 《만성》에는
《광주강씨보》 자체가 없다. 신분은 앞에 소개한 강몽룡과 같다.

(3) 《족보》에 가계가 보이지 않는 급제자

인조 대 신분이 낮은 급제자 157명 가운데 《청구》와 《만성》에 자
기 본관의 《족보》가 있지만, 가계가 보이지 않는 급제자는 111명으
로 전체 급제자의 14.81퍼센트, 신분이 낮은 급제자의 70.7퍼센트를
차지하고 있다. 그런데 이 부류 가운데는 서얼 출신으로 확인된 급제
자가 6명이고, 자기 성관의 첫 문과급제자가 6명이다.

---

82) 《현종실록》 권6, 현종 2년 4월 4일 계미.

(가) 서출로 확인된 급제자

인조 대에는 서얼에 대한 제한적인 허통이 이루어지면서 모두 9명의 서얼이 문과에 급제하여 벼슬을 얻게 되었는데, 그 가운데《족보》에 보이지 않은 급제자는 6명이다. 그 명단은 다음과 같다.

박홍호朴弘護 본관이 죽산竹山이며 관찰사 박경신朴慶信의 서자로서 정식으로 허통되어 벼슬이 현감(종6품)에 이르렀는데,《청구》와《만성》의《죽산박씨보》에는 박홍호의 가계가 보이지 않는다.

유명증兪名曾 본관이 기계杞溪인데, 서얼로서 허통되어 벼슬이 교서관 정자(정9품)에 이르렀는데,《청구》와《만성》의《기계유씨보》에는 유명증의 가계가 보이지 않는다.

김굉金宏 황해도 사람으로 본관이 청풍淸風인데, 유학을 거쳐 증광시에 급제하여 벼슬이 정랑(정5품)에 이르렀는데,《규사葵史》를 보면 김굉은 서얼 출신이라고 한다. 그래서인지《청구》와《만성》의《청풍김씨보》에는 그의 가계가 보이지 않는다. 그런데《방목》에 전력을 허통이라 하지 않고, 유학이라고 한 것을 보면 그는 정식으로 허통된 것은 아니다.

권칙權伏 서부참봉(종9품)과 호군을 거쳐 인조 19년 급제하여 벼슬이 군수(종4품)에 이르렀는데, 본관이 안동이다. 그런데《규사》를 보면 권칙은 권벌權橃의 서질庶侄이라고 한다. 인조 8년 권칙이 서부참봉에 임명되자 사간원은 그가 "서얼로서 성품도 망령되니 사퇴시키라"고 임금에게 진언하기도 했다.《청구》의《안동권씨보》에는 그의 이름 대신 권숙權俶이 보이고,《만성》의《안동권씨보》에는 이름이 보이지 않는다. 하지만 그는 명신 이항복李恒福의 사위다.

우경석禹敬錫 본관이 단양丹陽으로 진사를 거쳐 문과에 급제하여 벼슬이 교서관 교리(종5품)에 이르렀는데, 관찰사 우복룡禹伏龍의 서자로 알려져 있다. 뒷날 숙종 대 이조판서 최석정崔錫鼎은 재주가 있으면서도 재능을 펴지 못한 서얼 출신으로 우경석을 들었다.[83] 그런데 《청구》와 《만성》의 《단양우씨보》에는 그의 가계가 보이지 않는다.

박안기朴安期 본관이 밀양密陽으로 진사를 거쳐 정시에 급제하여 벼슬이 현감(종6품)에 이르렀는데, 서얼 박희현朴希賢의 아들이다. 당시 사간원은 박안기가 "비천卑賤하고 우람愚濫하다"는 이유로 파직을 요청했다.[84] 《청구》와 《만성》의 《밀양박씨보》에는 그의 가계가 보이지 않는다.

(나) 첫 급제자, 유일급제자

《족보》에 가계가 보이지 않는 급제자 111명 가운데는 자기 성관에서 처음으로 문과급제자가 된 인물이 5명이고, 유일급제자가 1명이다. 이들은 대부분 인구가 적은 희성에 속하는데, 첫 급제자 가운데 시조가 된 인물이 1명이다. 6명의 명단을 소개하면 다음과 같다.

김극항金克恒 본관이 옥천沃川으로 벼슬이 병조정랑(정5품)에 이르렀는데, 《옥천김씨보》에는 김극항의 가계가 보이지 않는다. 2000년 현재 옥천김씨 인구는 215가구 723명의 희성으로, 조선시대 문과급제자 3명을 배출했는데, 그가 첫 급제자이다.

장희재張熙載 《방목》에 본관이 없지만 구례求禮로 알려져 있다. 벼슬이 성균관 전적(정6품)에 이르렀는데 《구례장씨보》에 가계가 보이지 않는다. 장씨는 구례의 토성土姓으로, 2000년 현재 구례장씨 인구

---

83) 《숙종실록》 권30, 숙종 22년 7월 21일 을해.
84) 《효종실록》 권10, 효종 4년 3월 25일 신묘.

는 3,327가구 1만 570명의 희성으로, 조선시대 문과급제자 2명을 배출했는데, 장희재가 처음이고, 영조 대 장서한이 두 번째이다.

박경원朴慶元 본관이 영암靈岩으로 벼슬이 군수(종4품)에 이르렀는데, 《영암박씨보》에는 박경원의 가계가 보이지 않는다. 박씨는 영암의 토성土姓으로, 2000년 현재 영암박씨 인구는 1,954가구 6,120명의 희성으로, 조선시대 문과급제자 2명을 배출했는데, 그가 처음이고, 영조 대 두 번째 급제자가 배출되었다.

서정연徐挺然 본관이 남양南陽으로 벼슬이 사헌부 장령(정4품)에 이르렀는데, 서정연이 승정원 주서(정7품)에 임명되자 사간원은 "용잡冗雜한 자"라면서 파직을 요청했으나 임금이 듣지 않았다.85) 《남양서씨보》에 그의 가계는 보이지 않는다. 서씨는 남양의 토성土姓으로, 2000년 현재 남양서씨 인구는 724가구 2,246명의 희성이다. 조선시대 문과급제자 2명을 배출했는데, 그가 첫 번째이고, 영조 대 두 번째 급제자가 배출되었다.

전호민田皥民 《방목》에 본관이 없지만 과천果川으로 알려져 있다. 벼슬이 군수(종4품)에 이르렀는데, 《과천전씨보》에는 가계가 보이지 않는다. 전씨는 과천의 토성土姓으로, 2000년 현재 과천전씨 인구는 168가구 493명의 희성이다. 조선시대 문과급제자 2명을 배출했는데, 전호민이 첫 번째로서 과천전씨의 시조가 되었다.

박형구朴亨遘 본관이 완산完山(全州)으로 벼슬이 좌랑(정6품)에 이르렀는데, 《완산박씨보》에는 가계가 보이지 않는다. 박씨는 전주의 토성土姓으로, 2000년 현재 전주박씨 인구는 765가구 2,440명의 희성인

---

85) 《인조실록》 권19, 인조 6년 11월 26일 계미.

데, 조선시대 문과급제자는 박형구가 유일하다.

(다) 3품 이상 고관에 오른 급제자

인조 대《족보》에 가계가 보이지 않는 급제자 111명 가운데 3품 이상 고관에 오른 급제자는 12명에 이른다. 그런데 대부분은 시정(정3품 당하관), 목사(정3품 당상관)와 부사(종3품) 등 3품에 그치고 있으며, 종2품에 오른 인물이 2명이다. 정승이나 판서에 오른 인물은 한 사람도 없다. 그 명단을 소개하면 다음과 같다.

송두문宋斗文 본관이 홍주洪州로 벼슬이 부사(종3품)에 올랐는데,《홍주송씨보》에 가계가 보이지 않는다. 2000년 현재 홍주송씨 인구는 2,340가구 7,718명의 희성으로, 조선시대 문과급제자 9명을 배출했는데, 송두문이 네 번째이다.

손필대孫必大 본관이 평해平海로 벼슬이 시정(정3품 당하관)에 올랐는데,《평해손씨보》에 가계가 보이지 않는다. 2000년 현재 평해손씨 인구는 4,104가구 1만 2,831명의 희성으로, 조선시대 문과급제자 7명을 배출했는데, 손필대가 마지막이다.

이영발李英發 본관이 청주淸州로 벼슬이 부사(종3품)에 올랐는데,《청주이씨보》에 가계가 없다.

홍남립洪南立 본관이 남양南陽으로 벼슬이 승문원 판교(정3품 당하관)에 올랐는데,《남양홍씨보》에 가계가 없다.《실록》에는 용렬한 인물이라고 한다.

이지온李之韞 본관이 공주公州로 벼슬이 형조참판(종2품)에 올랐는데,《공주이씨보》에 가계가 보이지 않는다.

김선영金善英 본관이 선산善山으로 벼슬이 부사(종3품)에 올랐는데,

《선산김씨보》에 가계가 없다.

　노협盧協 본관이 경주慶州(安康)로 벼슬이 목사(정3품 당상관)에 올랐는데,《경주노씨보》에 가계가 없다. 2000년 현재 경주노씨 인구는 82가구 280명의 희성으로, 조선시대 문과급제자 6명을 배출했는데, 노협이 마지막이다.

　김삼락金三樂 본관이 청도淸道로 벼슬이 부사(종3품)에 올랐는데,《청도김씨보》에 가계가 없다.

　이극성李克誠 본관이 원주原州로 벼슬이 목사(정3품 당상관)에 올랐는데,《원주이씨보》에 가계가 보이지 않는다.

　정서鄭曙 본관이 온양溫陽으로 벼슬이 동지중추부사(종2품)에 올랐는데,《온양정씨보》에 가계가 없다.

　이지형李之馨 본관이 공주公州로 벼슬이 통례원 통례(정3품 당하관)에 올랐는데,《공주이씨보》에 가계가 보이지 않는다.

　도거원都擧元 본관이 성주星州로 벼슬이 시정(정3품 당하관)에 올랐는데,《성주도씨보》에 가계가 보이지 않는다.

　(4) 가계가 단절된 급제자

　인조 대 신분이 낮은 급제자 157명 가운데《족보》에 이름이 보이지만, 본인 또는 아버지까지의 가계만 보이고, 그 윗대의 가계가 단절된 급제자는 모두 13명이다. 이들은 조상 가운데 벼슬아치가 없는 희성의 평민이 대부분이다. 그 가운데 3품 이상 고관에 오른 급제자 3명, 시조가 된 급제자 3명, 유일급제자가 4명, 첫 급제자가 1명이다. 이들의 명단을 차례로 소개하면 다음과 같다.

(가) 3품 이상에 오른 급제자

김성구金成九 본관이 교하交河로서 벼슬이 동지중추부사(종2품)에 올랐는데,《교하김씨보》에는 아버지 윗대의 가계가 단절되어 있다. 김씨는 교하의 토성土姓으로, 2000년 현재 교하김씨 인구는 612가구 946명의 희성이다. 조선시대 문과급제자는 모두 3명인데, 김성구가 두 번째이다.

윤여징尹汝徵 본관이 덕풍德豊(德山)으로 벼슬이 부사(종3품)에 올랐는데,《덕풍윤씨보》에는 윤여징 한 사람만 보이고, 그가 시조로 되어 있다. 2000년 현재 인구는 261명의 희성으로, 그가 조선시대 유일한 문과급제자이다.

홍찬서洪纘緒 본관이 홍주洪州로 벼슬이 부사(종3품)에 올랐는데,《홍주홍씨보》에는 홍찬서 한 사람만 보인다. 2000년 현재 홍주홍씨 인구는 302가구 935명의 희성으로, 조선시대 문과급제자 4명을 배출했다.

(나) 시조가 된 급제자

전호민田皞民 본관이 과천果川으로 벼슬이 군수(종4품)에 이르렀다. 2000년 현재 과천전씨 인구는 168가구 493명의 희성으로, 전호민이 첫 문과급제자로 시조가 되었다.

이경룡李慶龍 본관이 안악安岳으로 벼슬이 판관(종5품)에 올랐는데, 뒤에 이경룡이 시조로 추앙되었다. 이씨는 안악의 토성으로, 2000년 현재 안악이씨 인구는 2,961가구 9,507명의 희성인데, 조선시대 문과급제자 4명을 배출했다.

윤여징尹汝徵 앞에서 이미 소개한 바와 같이 덕풍윤씨의 시조이다.

(다) 유일급제자, 첫 급제자

염우혁廉友赫 평안도 단천端川 사람으로 본관이 순창淳昌인데, 벼슬이 사헌부 장령(정4품)에 올랐다. 현재 순창염씨의 인구는 파악되지 않고 있는데, 염우혁이 유일한 문과급제자이다.

조후趙邱 본관이 홍양洪陽으로 벼슬이 성균관 박사(정7품)에 올랐다. 2000년 현재 홍양조씨 인구는 174가구 532명의 희성으로, 조선시대 문과급제자는 조후가 유일하다.

김호익金虎翼 본관이 유주儒州(문화)로 벼슬이 사헌부 감찰(정6품)에 이르렀는데, 2000년 현재 유주김씨 인구는 485가구 1,701명으로 희성에 속하며, 김호익이 조선시대 유일한 문과급제자이다.

윤여징尹汝徵 앞에서 소개한 바와 같이, 덕풍윤씨 유일급제자이다.

전내훈全彌勳 함경도 영흥永興 사람으로 본관이 기장機張인데, 벼슬이 찰방(종6품)에 이르렀다. 2000년 현재 기장전씨 인구는 68가구 223명의 희성으로, 전내훈이 조선시대 첫 문과급제자이다.

(5) 내외 4대조 또는 가까운 윗대에 벼슬아치가 없는 급제자

인조 대 신분이 낮은 급제자 157명 가운데 《족보》에 가계가 보이지만, 내외 4대조 가운데 벼슬아치가 없거나, 그 윗대에도 여러 대에 걸쳐 벼슬아치가 없는 급제자가 21명이다. 이들은 성관은 비교적 좋은 집안이지만 직계가 한미寒微한 부류이다. 그 가운데 3품 이상 고관에 오른 인물은 1명이다. 21명 가운데 직계 4대조 이상과 외조 가운데 벼슬아치가 없는 급제자가 5명이다. 5명의 명단을 소개하면 다음과 같다.

신응망辛應望 본관이 영월寧越로 벼슬이 목사(정3품 당상관)에 올랐는데, 직계 5대조와 외조 가운데 벼슬아치가 없다.

박금朴嶔 본관이 충주忠州로 벼슬이 예조정랑(정5품)에 이르렀는데, 직계 5대조와 외조 가운데 벼슬아치가 없다.

이휴李休 본관이 성주星州로 벼슬이 성균관 전적(정6품)에 이르렀는데, 직계 4대조와 외조 가운데 벼슬아치가 없다.

강교년康喬年 본관이 신천信川으로 벼슬이 교서관 정자(정9품)에 이르렀는데, 직계 5대조와 외조 가운데 벼슬아치가 없다.

이유석李惟碩 본관이 성주星州로 벼슬이 사헌부 지평(정5품)에 올랐는데, 직계 4대조와 외조 가운데 벼슬아치가 없다.

(6) 《족보》에 가계가 보이나 서출로 판명된 급제자

인조 대 신분이 낮은 급제자 157명 가운데 서얼 출신은 9명인데, 그 가운데 6명은 《족보》에 가계가 보이지 않으며, 나머지 3명은 《족보》에 가계가 보이지만 신분이 서출인 급제자이다. 3명의 명단을 소개하면 다음과 같다.

신희계辛喜季 본관이 영월寧越로 벼슬이 군수(종4품)에 올랐는데, 《영월신씨보》에 가계가 보이지만, 《규사》를 보면 이조참의 신경진辛慶晉의 서자라고 한다.

심일운沈日運과 **심일준**沈日遵 두 사람은 본관이 풍산豊山으로 벼슬이 각각 현감(종6품)과 좌랑(정6품)에 이르렀고, 《풍산심씨보》에도 가계가 보이는데, 우의정 심수경沈守慶의 서자 형제이다.

4) 신분이 낮은 급제자의 벼슬

인조 대 신분이 낮은 급제자 157명 가운데 벼슬을 받지 못한 급제자는 13명이고, 나머지 144명은 벼슬을 얻었다. 취직률이 91.71퍼센트에 다다르고 있다. 이들이 받은 벼슬의 가장 높은 품계순으로 인원을 알아보면 다음과 같다.

동지중추부사同知中樞府事(종2품)	2명
형조참판刑曹參判(종2품)	1명
부윤府尹(종2품)	1명
목사牧使(정3품 당상관)	3명
통례원 통례通禮(정3품 당하관)	1명
승문원 판교判校(정3품 당하관)	1명
시정寺正(정3품 당하관)	1명
부사府使(종3품)	7명
사헌부 집의執義(종3품)	1명
1~3품	18명
성균관 사예司藝(정4품)	2명
사헌부 장령掌令(정4품)	4명
서윤庶尹(종4품)	1명
군수郡守(종4품)	16명
정랑正郎(정5품)	12명
사헌부 지평持平(정5품)	1명
성균관 직강直講(정5품)	4명
교서관 교리校理(종5품)	5명
현령縣令(종5품)	3명
판관判官(종5품)	5명
도사都事(종5품)	6명
좌랑佐郎(정6품)	13명

사헌부 감찰監察(정6품)	8명
성균관 전적典籍(정6품)	16명
현감縣監(종6품)	13명
주부主簿(종6품)	3명
찰방察訪(종6품)	4명
4~6품	116명
성균관 박사博士(정7품)	3명
교서관 저작著作(정8품)	1명
성균관 학정學正(정8품)	1명
성균관 학록學錄(정9품)	1명
교서관 정자正字(정9품)	2명
성균관 학유學諭(종9품)	2명
7~9품	10명
벼슬을 받지 못한 급제자	13명
합 계	157명

위 표를 다시 정리하면 3품 이상 벼슬을 받은 이는 18명으로 신분
이 낮은 급제자 157명 가운데 11.46퍼센트를 차지하고 있다. 18명 가
운데 당상관이 8명이지만 의정부 정승政丞이나 판서判書는 한 명도
없고, 종2품이 3명인데 실권을 가진 벼슬은 형조참판과 부윤뿐이다.
목사와 부사 등 지방관이 10명으로 가장 많다.

다음에 4품에서 6품에 이르는 참상관參上官은 116명으로 157명의
73.88퍼센트를 차지하고 있다. 이들이 받은 벼슬은 외직인 수령守令
이 48명으로 가장 많고, 중앙직으로는 6조 낭관郎官이 25명, 성균관이
21명, 사헌부 12명, 교서관 5명으로 되어 있다. 여기서 눈에 띠는 것
은 청직인 홍문관이 전혀 없고, 사간원 진출도 보이지 않는다는 점이
다. 이는 바꿔 말하면, 청직이 주로 문벌 출신 급제자들에게 돌아가

고 있었음을 뜻한다.

이상 인조 대 신분이 낮은 급제자의 출신과 벼슬을 알아보았는데, 특징적으로 지적할 것은 다음과 같다. 첫째, 서얼 출신의 급제자가 10명에 이른다는 사실이다. 이는 인조 3년에 〈서얼허통절목〉이 만들어져 문과응시가 가능해진 데서 온 결과이다. 둘째, 자기 성관의 시조가 된 급제자는 모두 4명이다. 셋째, 자기 성관에서 유일한 급제자는 5명이고, 첫 급제자는 9명이다.

5) 인조 대 신분이 낮은 급제자 명단

인조 대 신분이 낮은 급제자로 판명된 157명의 명단을 급제한 시기순으로 소개하면 다음과 같다.

1 **김후기**金后夔(1592~?) 생원을 거쳐 인조 원년(1623) 32세로 알성시에 급제하여 벼슬이 고성현감(종6품)과 사헌부 감찰(정6품)에 이르렀다. 《방목》에는 벼슬과 아버지[鶴玲] 이름이 보이고, 본관이 광주光州(光山)로 되어 있다. 그러나 《청구》와 《만성》의 《광산김씨보》에는 김후기의 가계가 보이지 않는다.

2 **홍석우**洪錫禹(1585~?) 유학을 거쳐 인조 원년 39세로 개시改試에 급제하여 벼슬이 사헌부 감찰(정6품)에 이르렀다. 개시는 광해군 대 시험부정으로 파방된 사람들을 다시 시험한 것을 말하는데 여기서 급제한 사람이다. 《방목》에는 벼슬과 아버지[有楨] 이름이 보이고, 본관이 남양南陽으로 되어 있다. 그런데 《청구》와 《만성》의 《남양홍

씨보》에는 홍석우의 가계가 보이지 않는다.

3 강몽룡姜夢龍(1566~?)[86] 유학을 거쳐 인조 원년 58세로 개시에 급제하여 벼슬이 판관(종5품)에 이르렀다. 《방목》에는 벼슬과 아버지〔文佐〕이름이 보이고, 본관이 없지만 광주光州이다. 그런데 《청구》와 《만성》에는 《광주강씨보》자체가 없어 신원을 알 수 없다. 2000년 현재 광주강씨 인구는 464가구 1,459명의 희성으로, 조선시대 문과급제자 2명을 배출했는데, 강몽룡이 처음이고, 인조 26년 강세정姜世楨이 두 번째로 급제한 것이 전부다. 이로 보아 가문이 한미寒微한 것을 짐작할 수 있다. 《세종실록》〈지리지〉와 《동국여지승람》을 보면 광산光山에 강씨가 없다. 그가 벼슬아치가 된 뒤에 비로소 광주를 본관으로 정한 듯하다.

4 김극항金克恒(1591~?) 진사를 거쳐 인조 2년(1624) 공주행재소에서 거행한 정시에 34세로 급제하여 벼슬이 병조정랑(정5품)에 이르렀다. 《방목》에는 벼슬과 아버지〔湜〕, 할아버지〔汝霖〕, 증조〔爌〕, 외조의 이름이 보이고, 본관이 옥천沃川으로 되어 있다. 그런데 《청구》의 《옥천김씨보》에는 김극항의 가계가 보이지 않으며, 《만성》에는 《옥천김씨보》자체가 없다. 2000년 현재 옥천김씨 인구는 215가구 723명의 희성으로, 조선시대 문과급제자 3명을 배출했는데, 그가 처음이고, 순조 대 김연金輦, 고종 대 김우현金禹鉉이 배출되었다. 《세종실록》〈지리지〉에는 김씨가 옥천의 속성續姓으로 나와 있어 향리집안인 듯하다.

5 이후양李後陽(1596~1661) 유학을 거쳐 인조 2년 29세로 정시에 급

---

86) 《방목》에는 강몽룡의 이름이 이몽룡李夢龍으로 되어 있으나, 광해군 10년의 무오파방자戊午罷榜者 명단을 보면 이름이 강몽룡이고 본관이 광주光州로 되어 있다.

제하여 벼슬이 사헌부 장령(정4품)에 이르렀다. 《방목》에는 벼슬과 아버지[元忠], 할아버지[福祿], 증조[義武], 외조[趙守元], 처부의 이름이 보이고, 본관이 전주全州로 되어 있다. 《전주이씨과거급제자총람》을 보면 이후양은 태종의 아들 성령대군誠寧大君의 8세손으로, 직계 3대 조와 외조 가운데 벼슬아치가 없다.

6 이호李暭(개명 李煦. 1596~?) 생원을 거쳐 인조 2년 29세로 증광별시에 급제하여 벼슬이 사헌부 감찰(정6품)에 이르렀다. 《방목》에는 벼슬과 아버지[廷白], 할아버지[從龍], 증조[暹] 이름이 보이고, 본관이 신평新平으로 되어 있다. 그러나 《청구》와 《만성》의 《신평이씨보》에는 이호의 가계가 보이지 않는다.

7 신응망辛應望(1595~?) 진사를 거쳐 인조 2년 30세로 증광별시에 급제하여 벼슬이 목사(정3품 당상관)에 이르렀다. 《방목》에는 벼슬과 아버지[長吉] 이름이 보이나 본관이 없다. 그런데 《청구》의 《영월신씨보寧越辛氏譜》에 신응망의 가계가 보이는데 직계 5대조까지 모두 벼슬이 없으며, 《만성》의 《영월신씨보》에는 가계가 보이지 않는다.

8 권극명權克明(1567~?) 진사를 거쳐 인조 2년 58세로 증광별시에 급제하여 벼슬이 성균관 전적(정6품)에 이르렀다. 《방목》에는 벼슬과 아버지[士恭] 이름이 보이고, 본관이 안동安東으로 되어 있다. 그러나 《청구》와 《만성》의 《안동권씨보》에는 권극명의 가계가 보이지 않는다.

9 이대순李大純(1602~?) 서울 사람으로 진사를 거쳐 인조 2년 23세로 증광시에 급제하여 벼슬이 부윤(종2품)에 이르렀다. 《방목》에는 벼슬과 아버지[戣], 할아버지[德潤], 증조[克誠], 외조[黃建中], 처부의 이름이 보이고, 본관이 전주全州로 되어 있다. 《전주이씨과거급제자

총람》을 보면 이대순은 세종의 후궁 소생 밀성군密城君의 8세손으로, 직계 3대조와 외조 가운데 벼슬아치가 없다.

10 장희재張熙載(1588~?) 생원을 거쳐 인조 2년 37세로 증광별시에 급제하여 벼슬이 성균관 전적(정6품)에 이르렀다. 《방목》에는 벼슬과 아버지[洪] 이름이 보이나 본관이 없어 신원을 알 수 없다. 본관은 구례求禮로 알려져 있는데, 《청구》와 《만성》의 《구례장씨보》에는 장희재의 가계가 보이지 않는다. 2000년 현재 구례장씨 인구는 3,327가구 1만 570명의 희성으로, 조선시대 문과급제자 2명을 배출했는데, 그가 처음이고 영조 대 장서한張瑞翰이 두 번째로 급제했다.

11 박이립朴而立(1577~?) 진사를 거쳐 인조 2년 48세로 증광별시에 급제하여 벼슬이 서윤(종4품)에 이르렀다. 《방목》에는 벼슬과 아버지[大鳳], 할아버지[昌臣] 이름이 보이고, 본관이 고령高靈으로 되어 있다. 그런데 《청구》와 《만성》의 《고령박씨보》에는 박이립의 가계가 보이지 않는다.

12 박경원朴慶元(1575~?) 생원을 거쳐 인조 2년 50세로 식년시에 급제하여 벼슬이 군수(종4품)에 이르렀다. 《방목》에는 벼슬과 아버지[龜瑞] 이름이 보이고, 본관이 영암靈岩으로 되어 있다. 그러나 《청구》의 《영암박씨보》에는 박경원의 가계가 보이지 않으며, 《만성》에는 《영암박씨보》 자체가 없다. 2000년 현재 영암박씨 인구는 1,954가구 6,120명의 희성으로, 조선시대 문과급제자 2명을 배출했는데, 그가 처음이고 영조 대 박필진朴必珎이 두 번째로 급제했다.

13 김알金斡(1593~?) 진사를 거쳐 인조 2년 32세로 식년시에 급제하여 벼슬이 성균관 전적(정6품)에 이르렀다. 《방목》에는 벼슬과 아버지[應軫] 이름이 보이고, 본관이 예안禮安으로 되어 있다. 그런데 《청구》

와 《만성》의 《예안김씨보》에는 김알의 가계가 보이지 않는다.

14 서희조徐希祚(1592~?) 진사를 거쳐 인조 2년 33세로 식년시에 급제하여 벼슬이 성균관 박사(정7품)에 이르렀다. 《방목》에는 벼슬과 아버지[諿] 이름이 보이고, 본관이 달성達城(大丘)으로 되어 있다. 그러나 《청구》와 《만성》의 《대구서씨보》 또는 《달성서씨보》에는 서희조의 가계가 보이지 않는다.

15 송두문宋斗文(1601~?) 생원을 거쳐 인조 2년 24세로 식년시에 급제하여 벼슬이 사헌부 감찰(정6품)을 거쳐 부사(종3품)에 이르렀다. 《방목》에는 벼슬과 아버지[首益] 이름이 보이고, 본관이 홍주洪州로 되어 있다. 그런데 《청구》에는 《홍주송씨보》가 없으며, 《만성》의 《홍주송씨보》에는 송두문의 가계가 보이지 않는다. 2000년 현재 홍주송씨 인구는 2,340가구 7,718명으로 희성에 속하는데, 조선시대 문과급제자 4명을 배출했다.

16 김광우金光宇(1600~?) 유학을 거쳐 인조 2년 25세로 식년시에 급제하여 벼슬이 군수(종4품)에 이르렀다. 《방목》에는 벼슬과 아버지 [希信] 이름이 보이나 본관이 없다. 그런데 《청구》와 《만성》의 《순천김씨보順天金氏譜》에 김광우의 이름이 보이는데, 직계 3대조와 외조 가운데 벼슬아치가 없다.

17 김익희金益禧(1598~?) 유학을 거쳐 인조 2년 27세로 식년시에 급제하여 벼슬이 부사(종3품)에 이르렀다. 《방목》에는 벼슬과 아버지 [磊] 이름이 보이나 본관이 없어 신원을 알 수 없다.

18 조후趙郈(1591~?) 유학을 거쳐 인조 2년 34세로 식년시에 급제하여 벼슬이 성균관 박사(정7품)에 이르렀다. 《방목》에는 벼슬과 아버지[夢翼] 이름이 보이나 본관이 없다. 그런데 《청구》의 《홍양조씨

보洪陽趙氏譜》를 보면 조후와 아버지 두 사람만 기록되어 있는데, 아버지는 벼슬이 없어 조후가 첫 벼슬아치다. 한편, 《만성》에는 《홍양조씨보》 자체가 없다. 2000년 현재 홍양조씨 인구는 174가구 532명의 극희성으로, 조선시대 문과급제자는 그가 유일하다.

19 최신헌崔身獻(1590~?) 유학을 거쳐 인조 2년 35세로 식년시에 급제하여 벼슬이 성균관 전적(정6품)에 이르렀다. 《방목》에는 벼슬과 아버지[見龍] 이름이 보이고, 본관이 강화江華로 되어 있다. 그런데 《청구》와 《만성》의 《강화최씨보》에는 최신헌의 가계가 보이지 않는다.

20 이급李級(1604~?) 유학을 거쳐 인조 2년 31세로 식년시에 급제하여 벼슬이 현령(종5품)에 이르렀다. 《방목》에는 벼슬과 아버지[德仁] 이름이 보이고, 본관이 광주光州로 되어 있다. 그런데 《청구》와 《만성》의 《광주이씨보》에는 이급의 가계가 보이지 않는다.

21 임의민林懿敏(1564~?) 유학을 거쳐 인조 2년 61세로 식년시에 급제했다. 《방목》에는 벼슬이 없이 아버지[景祿] 이름이 보이고, 본관이 없다. 본관은 나주羅州로 알려져 있는데, 《청구》와 《만성》의 어느 임씨보에도 임의민의 가계는 보이지 않는다.

22 손필대孫必大(1579~?) 생원을 거쳐 인조 2년 46세로 식년시에 급제하여 벼슬이 도사(종5품)를 거쳐 시정(정3품 당하관)에 이르렀다. 《방목》에는 벼슬과 아버지[夢說], 할아버지[輚], 처부의 이름이 보이고, 본관이 평해平海로 되어 있다. 그러나 《청구》와 《만성》의 《평해손씨보》에는 손필대의 가계가 보이지 않는다. 2000년 현재 평해손씨 인구는 4,104가구 1만 2,831명의 희성으로 조선시대 문과급제자는 모두 8명이다.

23 **노인진**盧仁瑱(1579~?) 통사랑(정8품)을 거쳐 인조 2년 46세로 식년시에 급제하여 벼슬이 교서관 저작(정8품)에 이르렀다. 《방목》에는 벼슬과 아버지[浚彦] 이름이 보이고, 본관이 장연長淵으로 되어 있다. 그러나 《청구》와 《만성》의 《장연노씨보》에는 노인진의 가계가 보이지 않는다.

24 **김수남**金秀南(1576~1636) 김장생의 문인으로 진사를 거쳐 인조 2년 49세로 식년시에 급제하여 벼슬이 사헌부 감찰(정6품)을 거쳐 사헌부 장령(정4품)에 이르렀는데, 병자호란 때 강화도로 피난했다가 적군이 들어오자 김상용金尙容과 더불어 분신자살했으며, 뒤에 공조 좌랑(정6품)과 승지(정3품 당상관)로 추증되었다. 《방목》에는 벼슬과 아버지[燨] 이름이 보일 뿐, 본관이 없어 자세한 신원을 알 수 없다. 광산김씨光山金氏로 알려져 있으나, 《청구》와 《만성》의 《광산김씨보》에는 김수남의 가계가 보이지 않는다.

25 **이지병**李之屛(1597~?) 생원을 거쳐 인조 2년 28세로 식년시에 급제하여 벼슬이 교서관 교리(종5품)에 이르렀다. 《방목》에는 벼슬과 아버지[成立] 이름이 보이고, 본관이 평창平昌으로 되어 있다. 그러나 《청구》와 《만성》의 《평창이씨보》에는 이지병의 가계가 보이지 않는다.

26 **서정연**徐挺然(1588~?) 생원을 거쳐 인조 3년(1625) 38세로 별시에 급제하여 벼슬이 사헌부 장령(정4품)에 이르렀는데, 인조 6년 서정연이 승정원 주서(정7품)에 임명되자 사간원은 용잡冗雜한 자를 임명했다고 하면서 파직하라고 요청했으나, 임금은 이를 듣지 않았다.[87]

---

87) 《인조실록》 권19, 인조 6년 11월 26일 계미.

《방목》에는 벼슬과 아버지[忠佐] 이름이 보이고, 본관이 남양南陽으로 되어 있다. 그런데 《청구》의 《남양서씨보》에는 서무徐茂 한 사람만 기록되어 있을 뿐 그의 이름은 보이지 않는다. 한편, 《만성》에는 《남양서씨보》 자체가 없다. 서씨는 남양의 토성土姓으로, 2000년 현재 남양서씨 인구는 724가구 2,246명의 희성이며, 조선시대 문과급제자 2명을 배출했는데, 그가 첫 번째이고, 영조 대 두 번째 급제자가 나왔다. 집안이 한미한 것을 알 수 있다.

27 김선金鐥(1596~?) 유학을 거쳐 인조 3년 29세로 별시에 급제하여 벼슬이 군수(종4품)에 이르렀다. 《방목》에는 벼슬이 없이 아버지[首善], 할아버지[勗], 증조[士明] 이름이 보이고, 본관이 예안禮安으로 되어 있다. 《청구》와 《만성》의 《예안김씨보》를 보면 김선의 직계 5대조와 외조 가운데 벼슬아치가 없다.

28 최진명崔振溟(1589~?) 생원을 거쳐 인조 3년 37세로 별시에 급제하여 벼슬이 보령현감(종6품), 경상도 도사(종5품)를 거쳐 군수(종4품)에 이르렀다. 《방목》에는 벼슬과 아버지[興門], 할아버지[舜民], 증조[世才], 외조, 처부의 이름이 보이고, 본관이 양천陽川으로 되어 있다. 그런데 《청구》와 《만성》의 《양천최씨보》에는 최진명의 가계가 보이지 않는다. 최씨는 양천의 토성土姓으로, 2000년 현재 양천최씨 인구는 2,205가구 6,914명의 희성이며, 조선시대 문과급제자 10명을 배출했다.

29 오권吳權(1576~?) 진사를 거쳐 인조 5년(1627) 정묘호란으로 피난한 전주에서 시행한 정시에 52세로 급제하여 벼슬이 성균관 전적(정6품)에 이르렀다. 《방목》에는 벼슬과 아버지[葦時] 이름이 보이나 본관이 없는데 낭산朗山(礪山)으로 알려져 있다. 그런데 《만성》에는

《낭산오씨보》가 없고, 《청구》의 《낭산오씨보》에는 선조 대 문과에 급제하여 현감이 된 오응운吳應運 한 사람만 기록되어 있을 뿐 오권의 가계는 보이지 않는다. 오씨는 낭산의 토성土姓으로, 2000년 현재 낭산오씨 인구는 74가구 232명으로 극희성에 속하는데, 조선시대 문과급제자 2명을 배출했다. 그 첫 번째가 오응운이고, 두 번째가 오권이다.

30 남진명南振溟 유학을 거쳐 인조 5년 정묘호란으로 피난한 강화도에서 시행한 정시에 급제하여 벼슬이 병조좌랑(정6품)에 이르렀다. 《방목》에는 벼슬과 아버지[我], 할아버지[復圭], 증조[舜弼] 이름이 보이고, 본관이 의령宜寧으로 되어 있다. 《청구》의 《의령남씨보》를 보면 남진명의 직계 3대조는 아무런 벼슬이 없고, 《만성》의 《의령남씨보》에는 가계가 보이지 않는다.

31 박금朴嶔(1583~?) 진사를 거쳐 인조 5년 45세로 정시에 급제하여 벼슬이 예조정랑(정5품)에 이르렀다. 《방목》에는 벼슬과 아버지[大述] 이름이 보이고, 본관이 충주忠州로 되어 있다. 그런데 《청구》의 《충주박씨보》에는 박금의 가계가 보이지 않고, 《만성》의 《충주박씨보》를 보면 직계 5대조와 외조 가운데 벼슬아치가 없다.

32 이장李樟(1601~?) 생원을 거쳐 인조 5년 27세로 식년시에 급제하여 벼슬이 성균관 학록(정9품)에 이르렀다. 《방목》에는 벼슬과 아버지[瑞生] 이름이 보이고, 본관이 성주星州로 되어 있다. 그러나 《청구》와 《만성》의 《성주이씨보》에는 이장의 가계가 보이지 않는다.

33 원급元汲(1583~?) 생원을 거쳐 인조 5년 45세로 식년시에 급제하여 벼슬이 주부(종6품)에 이르렀다. 《방목》에는 벼슬과 아버지[佑商]와 외조의 이름이 보이고, 본관이 원주原州로 되어 있다. 《청구》의

《원주원씨보》를 보면 원급의 직계 3대조 가운데 벼슬아치가 없고, 《만성》의 《원주원씨보》에는 가계가 보이지 않는다.

34 이기영李奇英(1585~?) 유학을 거쳐 인조 5년 43세로 식년시에 급제하여 벼슬이 정랑(정5품)에 이르렀다. 《방목》에는 벼슬과 아버지〔毅〕이름이 보이고, 본관이 경주慶州로 되어 있다. 그러나 《청구》와 《만성》의 《경주이씨보》에는 이기영의 가계가 보이지 않는다.

35 박사함朴思諴(1596~?) 생원을 거쳐 인조 5년 32세로 식년시에 급제하여 벼슬이 형조좌랑(정6품)에 이르렀다. 《방목》에는 벼슬과 아버지〔湜〕이름이 보이고, 본관이 함양咸陽으로 되어 있다. 그러나 《청구》와 《만성》의 《함양박씨보》에는 박사함의 가계가 보이지 않는다.

36 이유李愈(1577~?) 생원을 거쳐 인조 5년 51세로 식년시에 급제하여 벼슬이 군수(종4품)에 이르렀다. 《방목》에는 벼슬과 아버지〔德崙〕이름이 보이고, 본관이 평창平昌으로 되어 있다. 그런데 《청구》와 《만성》의 《평창이씨보》에는 이유의 가계가 보이지 않는다.

37 여상규余尙珪(1595~?) 생원을 거쳐 인조 5년 33세로 식년시에 급제하여 벼슬이 성균관 직강(정5품)에 이르렀다. 《방목》에는 벼슬과 아버지〔友靖〕, 할아버지〔寅〕이름이 보이고, 본관이 의령宜寧으로 되어 있다. 그러나 《청구》와 《만성》의 《의령여씨보》에는 여상규의 가계가 보이지 않는다.

38 이경승李慶承(1591~?) 생원을 거쳐 인조 5년 37세로 식년시에 급제하여 벼슬이 판관(종5품)에 이르렀다. 《방목》에는 벼슬과 아버지〔吉元〕, 할아버지〔隣〕이름이 보이고, 본관이 간성杆城으로 되어 있다. 그러나 《청구》와 《만성》에는 《간성이씨보》자체가 없어 집안이 매우 한미하다는 것을 알 수 있다. 2000년 현재 간성이씨 인구는 319가

구 965명의 희성으로, 조선시대 문과급제자 5명을 배출했다.

39 염우혁廉友赫(1594~?) 함경도 단천端川 사람으로 유학을 거쳐 인조 5년 34세로 식년시에 급제하여 벼슬이 사헌부 지평(정5품)과 장령(정4품), 사간원 정언(정6품)에 이르렀다. 《방목》에는 벼슬과 아버지〔好鵬〕 이름이 보이고, 본관이 순창淳昌으로 되어 있다. 《실록》을 보면 염우혁은 단천 사람으로, 관북지방 인재를 우대하기 위해 사헌부 지평에 임명했다고 한다.88) 그런데 《만성》에는 《순창염씨보》 자체가 없고, 《청구》의 《순창염씨보》에는 아버지와 할아버지만이 기록되어 있는데, 아버지는 벼슬이 없어 염우혁이 최초의 벼슬아치임을 알 수 있다. 염씨는 순창의 토성土姓으로, 현재 인구는 알 수 없으며, 그가 유일한 문과급제자이다.

40 윤여징尹汝徵(1584~?) 생원을 거쳐 인조 5년 44세로 식년시에 급제하여 벼슬이 부사(종3품)에 이르렀다. 《방목》에는 벼슬과 아버지〔鍊〕, 할아버지〔春齡〕, 증조〔景福〕, 외조, 처부의 이름이 보이고, 본관이 덕풍德豊(경기도)으로 되어 있다. 그런데 《만성》에는 《덕풍윤씨보》 자체가 없고, 《청구》의 《풍덕윤씨보》에는 윤여징 한 사람만 기록되어 있다. 2000년 현재 덕풍윤씨는 87가구 261명의 극희성으로, 그가 유일한 문과급제자이자 시조이다.

41 차달원車達遠(1602~?) 진사를 거쳐 인조 5년 26세로 식년시에 급제하여 벼슬이 형조정랑(정5품)을 거쳐 군수(종4품)에 이르렀다. 《방목》에는 벼슬과 아버지〔仲立〕 이름이 보이고, 본관이 용성龍城(水原)으로 되어 있다. 그런데 《청구》의 《용성차씨보》를 보면 차달원이 시

---

88) 《인조실록》 권28, 인조 11년 12월 14일 임신.

조로 되어 있고, 그 아들이 기록되어 있을 뿐이며,《만성》의《용성차
씨보》에는 아버지가 시조로 되어 있으나 벼슬이 없고, 그 아들 차달
원이 기록되어 있을 뿐이다. 2000년 현재 용성차씨 인구는 109가구
359명으로 극희성에 속하는데, 조선시대 문과급제자 2명을 배출했다.
그 가운데 그가 처음이며 시조이기도 하다.

42 박진필朴震弼(1597~?) 진사를 거쳐 인조 5년 31세로 식년시에 급
제하여 벼슬이 현감(종6품)에 이르렀다.《방목》에는 벼슬과 아버지
[起宗] 이름이 보이고, 본관이 은풍殷豊으로 되어 있다. 그런데《만
성》에는《은풍박씨보》자체가 없으며,《청구》의《은풍박씨보》를 보
면 증조만이 참봉을 한 것으로 되어 있다. 2000년 현재 은풍박씨 인
구는 18가구 58명으로 거의 멸족상태에 있는데, 조선시대에 박진필
이 유일한 문과급제자이다.

43 김희일金僖一(1593~?) 유학을 거쳐 인조 6년(1628) 36세로 별시
에 급제하여 벼슬이 찰방(종6품)에 이르렀다.《방목》에는 벼슬과 아
버지[應龍] 이름이 보이나 본관이 없다. 그런데 아버지 김응룡은 일명
정룡廷龍으로 본관이 의성義城이며, 선조 대 문과에 급제한 인물이다.
그런데《청구》와《만성》의《의성김씨보》에는 아버지까지의 가계만
보이고 김희일의 이름은 보이지 않는다.

44 민희안閔希顔(1578~?) 생원을 거쳐 인조 7년(1629) 52세로 별시
에 급제하여 벼슬이 찰방(종6품)을 거쳐 성균관 직강(정5품)에 이르렀
다.《방목》에는 벼슬과 아버지[世謙] 이름이 보이고, 본관이 여흥呂興
으로 되어 있다. 그러나《청구》와《만성》의《여흥민씨보》에는 민희
안의 가계가 보이지 않는다.

45 홍찬서洪纘緒(1593~?) 강화부 사람으로 인조 5년 특별히 사옹원

참봉(종9품)으로 제수되었으며,89) 이어 봉사(종8품)를 거쳐 인조 7년 37세로 별시에 급제하여 벼슬이 부사(종3품)에 이르렀다. 《방목》에는 벼슬과 아버지[珞] 이름이 보이고, 본관이 홍주洪州로 되어 있다. 《청구》의 《홍주홍씨보》에는 홍찬서가 가계가 끊어진 형태로 홀로 기록되어 있어 선대의 가계를 알 수 없다. 한편, 《만성》에는 《홍주홍씨보》 자체가 없다. 홍씨는 홍주의 토성土姓으로, 2000년 현재 인구는 302가구 935명의 희성이며, 조선시대 문과급제자 4명을 배출했다.

46 최우직崔友稷(1600~?) 생원을 거쳐 인조 7년 30세로 별시에 급제하여 벼슬이 호조좌랑(정6품)에 이르렀다. 《방목》에는 벼슬과 아버지[汝崑] 이름이 보이고, 본관이 영천永川으로 되어 있다. 그런데 《청구》와 《만성》의 《영천최씨보》에는 최우직의 가계가 보이지 않는다. 영천최씨는 조선시대 문과급제자 3명을 배출했는데, 태종 대 첫 급제자가 나온 뒤로 그가 두 번째이다.

47 허관許灌(1600~?) 평안도 출신으로 진사와 생원이 되었는데 이 지방 선비를 우대하기 위해 특별히 인조 4년 전시殿試에 직부直赴하도록 하여,90) 인조 7년 30세로 별시에 급제하여 벼슬이 성균관 학유(종9품), 찰방(종6품)을 거쳐 황해도 도사(종5품)에 이르렀다. 《방목》에는 벼슬과 아버지[以珪] 이름이 보이고, 본관이 김해金海로 되어 있다. 그러나 《청구》와 《만성》의 《김해허씨보》에는 허관의 가계가 보이지 않으며, 다른 본관의 허씨보에도 두 사람의 이름이 없다.

48 한여호韓汝虎(1600~?) 함경도 영흥永興 사람으로 진사를 거쳐 인조 7년 3월 준원전濬源殿을 중수한 것을 기념하여 영흥에서 과거를

---

89) 《인조실록》 권15, 인조 5년 2월 2일 기해.
90) 《인조실록》 권14, 인조 4년 8월 29일 기미.

치렀는데, 여기에 급제한 한여호 등 3명을 전시에 직부하도록 허락했
다.91) 그리하여 이해 10월 시행된 별시에 30세로 급제하여 벼슬이 성
균관 전적(정6품)에 이르렀다. 《방목》에는 벼슬과 아버지[舜孝] 이름
이 보이나 본관이 없다. 당시 한씨의 본관은 청주淸州로 거의 일원화
하여 있었는데, 《청구》와 《만성》의 《청주한씨보》에는 그의 가계가
보이지 않는다.

　49 전내훈全乃勳(1610~?) 함경도 영흥 사람으로 앞에 소개한 한여호
와 마찬가지로 생원으로서 인조 7년 별시에 직부하여 약관 20세에
급제하여 벼슬이 찰방(종6품)에 이르렀다. 《방목》에는 벼슬과 아버지
[天德] 이름이 보이고, 본관이 기장機張으로 되어 있다. 그러나 《청
구》의 《기장전씨보》에는 오직 전내훈 한 사람만 기록되어 있고, 《만
성》에는 《기장전씨보》 자체가 없다. 2000년 현재 기장전씨 인구는
68가구 223명의 극희성으로, 조선시대 문과급제자 3명을 배출했는데,
그가 처음이다. 《세종실록》〈지리지〉와 《동국여지승람》에는 기장과
영흥 어디에도 전씨가 없고, 영조 대 편찬된 《여지도서》에만 전씨가
보인다. 따라서 기장전씨는 《동국여지승람》과 《여지도서》가 편찬된
중간시기에 영흥으로 이주한 것으로 보인다.

　50 진상립陳尙立(1585~?) 함경도 영흥 사람으로 앞에 소개한 한여
호, 전내훈과 마찬가지로 인조 7년 별시에 직부하여 45세에 급제했는
데, 벼슬은 찰방(종6품)에 이르렀다. 《방목》에는 벼슬과 아버지[詢]
이름이 보이나 본관이 없다. 《청구》와 《만성》의 어느 진씨보에도 두
사람의 이름은 보이지 않는다.

---

91) 《인조실록》 권20, 인조 7년 3월 18일 갑술.

51 **윤지임**尹之任(1608~?) 유학을 거쳐 인조 7년 22세로 정시에 급제하여 벼슬이 성균관 학유(종9품)에 이르렀다. 《방목》에는 벼슬이 없이 아버지[挺賢] 이름이 보이나 본관이 없어 신원을 알 수 없다. 《청구》와 《만성》의 어느 윤씨보에도 두 사람의 이름은 보이지 않는다.

52 **오희윤**吳熙胤(1592~?) 생원을 거쳐 인조 8년(1630) 39세로 식년시에 급제하여 벼슬이 형조좌랑(정6품)에 이르렀다. 《방목》에는 벼슬과 아버지[信民] 이름이 보이고, 본관이 해주海州로 되어 있다. 그런데 《청구》와 《만성》의 《해주오씨보》에는 오희윤의 가계가 보이지 않는다.

53 **황익청**黃益淸(1589~?) 생원을 거쳐 인조 8년 42세로 식년시에 급제하여 벼슬이 성균관 사예(정4품)에 이르렀다. 《방목》에는 벼슬과 아버지[彦柱] 이름이 보이고, 본관이 창녕昌寧(昌原의 오기)으로 되어 있다. 그런데 《청구》와 《만성》의 《창원황씨보》에는 황익청의 가계가 보이지 않는다.

54 **이영발**李英發(1598~?) 유학을 거쳐 인조 8년 33세로 식년시에 급제하여 벼슬이 호조정랑(정5품)을 거쳐 효종 대 영변부사(종3품)에 이르렀다. 《방목》에는 벼슬과 아버지[忠達] 이름이 보이고, 본관이 청주淸州로 되어 있다. 그런데 《청구》와 《만성》의 《청주이씨보》에는 이영발의 가계가 보이지 않는다. 2000년 현재 청주이씨 인구는 1만 951가구 3만 4,756명으로 세종 대 첫 문과급제자가 나온 뒤로 그가 두 번째이다.

55 **김취장**金就章(1594~?) 생원을 거쳐 인조 8년 37세로 식년시에 급제하여 벼슬이 형조정랑(정5품)에 이르렀다. 《방목》에는 벼슬과 아버지[克禮] 이름이 보이고, 본관이 삼척三陟으로 되어 있다. 그런데 《청

구》와 《만성》의 《삼척김씨보》에는 김취장의 가계가 보이지 않는다.

56 노상의盧尙義(1610~?) 유학을 거쳐 인조 8년 21세로 식년시에 급제하여 벼슬이 정랑(정5품)에 이르렀다. 《방목》에는 벼슬과 아버지〔瑠〕이름이 보이고, 본관이 장연長淵으로 되어 있다. 그러나 《청구》와 《만성》의 《장연노씨보》에는 노상의의 가계가 보이지 않는다.

57 노후설盧后卨(1600~?) 생원을 거쳐 인조 8년 31세로 식년시에 급제하여 벼슬이 경상도 도사(종5품)에 이르렀다. 《방목》에는 벼슬과 아버지〔仁瑱〕, 할아버지〔俊彦〕이름이 보이고, 본관이 장연長淵으로 되어 있다. 그러나 《청구》와 《만성》의 《장연노씨보》에는 노후설의 가계가 보이지 않는다.

58 하계도河啓圖(1587~?) 진사를 거쳐 인조 8년 44세로 식년시에 급제하여 벼슬이 사헌부 감찰(정6품)에 이르렀다. 《방목》에는 벼슬과 아버지〔得淸〕이름이 보이고, 본관이 진주晉州로 되어 있다. 그런데 《청구》와 《만성》의 《진주하씨보》에는 하계도의 가계가 보이지 않는다.

59 김여기金汝器(1608~?) 생원을 거쳐 인조 8년 29세로 식년시에 급제했다. 《방목》에는 벼슬이 없이 아버지〔以元〕이름이 보이고, 본관이 안동安東으로 되어 있다. 그러나 《청구》와 《만성》의 《안동김씨보》에는 김여기의 가계가 보이지 않는다.

60 최몽욱崔夢旭(1590~?) 선무랑(종6품)을 거쳐 인조 8년 41세로 식년시에 급제하여 벼슬이 병조정랑(정5품)에 이르렀다. 《방목》에는 벼슬과 아버지〔秀門〕이름이 보이고, 본관이 양천陽川으로 되어 있다. 그런데 《청구》와 《만성》의 《양천최씨보》에는 최몽욱의 가계가 보이지 않는다.

61 김성구金成九(1605~?) 진사를 거쳐 인조 8년 26세로 식년시에 급제하여 벼슬이 동지중추부사(종2품)에 이르렀다. 《방목》에는 벼슬과 아버지[景行] 이름이 보이고, 본관이 교하交河로 되어 있다. 그런데 《청구》의 《교하김씨보》를 보면 계동季同(벼슬없음)과 아들 정석廷碩 (문과급제)이 독립된 가구를 이루고 있으며, 그 옆에 성구와 아들 희신喜臣(문과급제)이 별도의 가계를 구성하고 있어서 두 가계가 서로 연관이 없다. 한편, 《만성》의 《교하김씨보》에는 성구의 이버지 경행 (벼슬없음)이 시조로 되어 있고, 그 뒤에 성구와 아들 희신 등 3명만이 기록되어 있다. 이 두 《교하김씨보》를 합쳐서 생각해 보면 그의 가계는 아버지 위로는 가계가 단절되어 있다는 말이다. 2000년 현재 교하 김씨 인구는 612가구 946명의 희성으로, 조선시대 문과급제자 3명을 배출했다. 명종 대 김정석이 첫 급제자이고, 김성구가 두 번째이며, 아들 김희신이 세 번째이자 마지막이다.

62 최신일崔愼—(1602~?) 선무랑(종6품)을 거쳐 인조 8년 29세로 식년시에 급제했다. 《방목》에는 벼슬이 없이 아버지[山斗] 이름이 보이고, 본관이 충주忠州로 되어 있다. 그런데 《청구》와 《만성》의 《충주최씨보》에는 최신일의 가계가 보이지 않는다.

63 한극韓諴(1599~?) 유학을 거쳐 인조 8년 32세로 식년시에 급제하여 벼슬이 현령(종5품)에 이르렀다. 《방목》에는 벼슬과 아버지[應張] 이름이 보이고, 본관이 평산平山으로 되어 있다. 그러나 《청구》에는 《평산한씨보》 자체가 없으며, 《만성》의 《평산한씨보》에는 한극의 가계가 보이지 않는다.

64 구현具玹 봉사(종8품)를 거쳐 인조 8년 별시에 급제하여 벼슬이 사헌부 감찰(정6품)에 이르렀다. 《방목》에는 벼슬이 없이 아버지[喜

益] 이름이 보이고, 본관이 없다. 구씨의 본관은 능성綾城과 회산檜山 뿐이나, 《청구》와 《만성》의 어느 구씨보에도 구현의 가계는 보이지 않는다.

65 신휘申徽(1595~?) 진사를 거쳐 인조 9년(1631) 37세로 별시에 급제하여 벼슬이 형조정랑(정5품)에 이르렀다. 《방목》에는 벼슬과 아버지[休用; 用休의 오기] 이름이 보이고, 본관이 평산平山으로 되어 있다. 그런데 《청구》와 《만성》의 《평산신씨보》에는 신휘의 가계가 보이지 않는다.

66 신희계辛喜季(1606~?) 호군(정4품)을 거쳐 인조 11년(1633) 28세로 증광시에 급제하여 승문원 교검校檢(정6품)을 거쳐 군수(종4품)에 이르렀다. 《방목》에는 벼슬과 아버지[慶晋, 이조참의], 할아버지[應時, 부제학], 증조[輔商, 부사] 이름이 보이고, 본관이 영월寧越로 되어 있다. 《청구》의 《영월신씨보》에 신희계의 이름이 보인다. 그런데 《규사葵史》를 보면 그는 서얼 출신으로 알려져 있다. 인조 14년 중시重試에 장원급제하자 《실록》의 찬자는 "서얼로서 중시에 장원을 차지한 것은 국조 이래 없던 일"이라고 기록했다.92)

67 홍남립洪南立(1606~?) 유학을 거쳐 인조 11년 28세로 증광시에 급제하여 벼슬이 현종 대 성균관 사예(정4품)와 군수(종4품), 승문원 판교(정3품 당하관)에 이르렀다. 현종 4년 홍남립이 성균관 사예에 임명되자 사헌부는 그의 인물이 용렬庸劣하여 사유師儒의 직책에 맞지 않는다는 이유로 체차를 요청했으며,93) 현종 12년 단청군수로 있을 때에는 사헌부가 그의 인물이 용렬한 데다 나이도 늙어 수령의 직책

---

92) 《인조실록》 권33, 인조 14년 12월 12일 임오.
93) 《현종실록》 권6, 현종 4년 5월 18일 을유.

을 다하지 못한다는 이유로 파직을 요청하여 임금이 이를 따랐다.94) 《방목》에는 벼슬과 아버지〔澤〕이름이 보이고, 본관이 남양南陽으로 되어 있다. 그러나 《청구》와 《만성》의 《남양홍씨보》에는 그의 가계 가 보이지 않는다.

68 심일운沈日運(1596~?) 우의정 심수경沈守慶의 서자로서 청요직을 제외한 벼슬길을 열어주자는 이원익李元翼의 건의로 문과응시가 허용 되어, 생원을 거쳐 인조 11년 38세로 증광시에 급제하여 벼슬이 현감 (종6품)에 이르렀다. 《방목》에는 아버지, 할아버지, 증조의 이름이 보 이고, 본관이 풍산豊山으로 되어 있다. 《청구》의 《풍산심씨보》에는 심일운의 가계가 보이지만, 《만성》의 《풍산심씨보》에는 이름이 보 이지 않는다.

69 김경여金慶餘(1577~?) 생원을 거쳐 인조 11년 57세로 식년시에 급제하여 벼슬이 판관(종5품)에 이르렀다. 《방목》에는 벼슬과 아버지 〔夢禎〕이름이 보이고, 본관이 강릉江陵으로 되어 있다. 그러나 《청 구》와 《만성》의 《강릉김씨보》에는 김경여의 가계가 보이지 않는다.

70 손회종孫會宗(1602~?) 장사랑(종9품)을 거쳐 인조 11년 32세로 식년시에 급제하여 벼슬이 현감(종6품)을 거쳐 정랑(정5품)에 이르렀 다. 《방목》에는 벼슬이 없이 아버지〔禬〕와 처부의 이름이 보이고, 본 관이 경주慶州로 되어 있다. 《청구》와 《만성》의 《경주손씨보》를 보 면 손회종의 직계 4대조와 외조 가운데 벼슬아치가 없다.

71 하윤구河潤九(1599~1646) 전라도 화순和順 사람으로 진사를 거쳐 인조 11년 35세로 식년시에 급제하여 벼슬이 성균관 전적(정6품)에

---

94) 《현종실록》 권19, 현종 12년 6월 14일 계사.

이르렀는데, 병자호란 뒤 향리에 돌아와 은거하면서 《금사유집錦沙遺集》이라는 문집을 남겼다. 《방목》에는 벼슬이 없이 아버지[大豹] 이름이 보이고, 본관도 없다. 하씨의 본관은 진주晉州와 진양晉陽뿐인데, 《청구》와 《만성》의 두 하씨보에는 하윤구의 가계가 보이지 않는다.

72 유형길兪亨吉(1589~?) 생원을 거쳐 인조 11년 45세로 식년시에 급제하여 벼슬이 현감(종6품)에 이르렀다. 《방목》에는 벼슬과 아버지[譜], 할아버지[宗伯], 외조의 이름이 보이고, 본관이 강진康津으로 되어 있다. 그런데 《만성》의 《강진유씨보》에는 유형길의 가계가 보이지 않는다. 한편, 《청구》의 《강진유씨보》에는 조상의 가계가 끊어진 형태로 그가 외따로 기록되어 있어 선대의 가계를 알 수 없다. 2000년 현재 강진유씨 인구는 1,589명의 희성으로, 조선시대 문과급제자 2명을 배출했는데, 그가 두 번째 급제자이다.

73 이지온李之醞(1603~1671) 생원을 거쳐 인조 11년 31세로 식년시에 급제하여 벼슬이 성균관 학유(종9품), 찰방(종6품), 병조좌랑(정6품), 사헌부 장령(정4품) 등을 거쳐 현종 대 형조참판(종2품)에 이르렀다. 《방목》에는 벼슬과 아버지[瑀] 이름이 보이고, 본관이 공주公州로 되어 있다. 그러나 《청구》와 《만성》의 《공주이씨보》에는 이지온의 가계가 보이지 않는다.

74 마계변馬繼卞(1574~?) 생원을 거쳐 인조 11년 60세로 식년시에 급제하여 벼슬이 성균관 전적(정6품)에 이르렀다. 《방목》에는 벼슬이 없이 아버지[希祚] 이름이 보이나 본관이 없다. 본관은 장흥長興으로 알려져 있는데, 《청구》와 《만성》의 《장흥마씨보》는 말할 것 없고 《목천마씨보》, 《강진마씨보》 어디에도 마계변의 가계는 보이지 않는다.

75 김여량金汝亮(1603~1683) 김집金集의 문인으로 유학을 거쳐 인조 11년 31세로 식년시에 급제하여 벼슬이 현종 대 만경현령(종5품)과 군수(종4품)에 이르렀는데, 선정을 베풀어 칭송을 받았다. 《방목》에는 벼슬과 아버지〔絡〕이름이 보이고, 본관이 개성開城으로 되어 있다. 그러나 《청구》와 《만성》의 《개성김씨보》에는 김여량의 가계가 보이지 않는다.

76 전호민田暤民(1610~?) 유학을 거쳐 인조 11년 24세로 식년시에 급제하여 벼슬이 군수(종4품)에 이르렀다. 《방목》에는 벼슬과 아버지〔應秬〕이름이 보이나 본관이 없다. 본관은 과천果川으로 알려져 있는데, 《만성》에는 《과천전씨보》 자체가 없으며, 《청구》의 《과천전씨보》를 비롯하여 어느 전씨보에도 전호민의 가계는 보이지 않는다. 다만, 현재 과천전씨는 그를 자신의 조상으로 기록하고 있다. 2000년 현재 과천전씨 인구는 168가구 493명의 극희성으로, 조선시대 문과 급제자 2명을 배출했는데, 그가 첫 번째이고, 숙종 대 두 번째 급제자가 나왔다.

77 노상현盧尙賢(1610~?) 유학을 거쳐 인조 11년 24세로 식년시에 급제하여 벼슬이 군수(종4품)에 이르렀다. 《방목》에는 벼슬과 아버지〔瑈〕이름이 보이고, 본관이 장연長淵으로 되어 있다. 그런데 《청구》와 《만성》의 《장연노씨보》에는 노상현의 가계가 보이지 않는다.

78 이휴李休(1593~?) 생원을 거쳐 인조 12년(1634) 42세로 별시에 급제하여 벼슬이 성균관 전적(정6품)에 이르렀다. 《방목》에는 벼슬과 아버지〔國楨〕, 할아버지〔華〕, 증조〔崇蕃〕이름이 보이고, 본관이 성주星州로 되어 있다. 《청구》의 《성주이씨보》를 보면 이휴의 직계 4대조 가운데 벼슬아치가 없고, 《만성》의 《성주이씨보》에는 가계가 보이

지 않는다.

79 박홍호朴弘護(1612~?) 관찰사 박경신의 서자였으나 정식으로 허통許通되어, 인조 13년(1635) 24세로 알성시에 급제하여 벼슬이 현감(종6품)에 이르렀다.《방목》에는 전직을 허통으로 적으며, 벼슬과 아버지[慶新], 할아버지[思恭], 증조[煥], 외조의 이름이 보이고, 본관이 죽산竹山으로 되어 있다. 그런데《청구》와《만성》의《죽산박씨보》에는 모두 박홍호의 가계가 보이지 않는다. 서출이기 때문인 듯하다.

80 최상륜崔尙崙(1606~?) 유학을 거쳐 인조 13년 30세로 알성시에 급제하여 벼슬이 정랑(정5품)에 이르렀다.《방목》에는 벼슬과 아버지[振河] 이름이 보이나 본관이 없어 신원을 알 수 없다. 본관은 전주全州로 알려져 있는데,《청구》와《만성》의《전주최씨보》에는 최상륜의 가계가 보이지 않는다.

81 원궤元簋(1599~?) 진사를 거쳐 인조 13년 37세로 증광시에 급제하여 벼슬이 현감(종6품)을 거쳐 현종 대 금산군수(종4품)에 이르렀는데, 형벌을 남용하여 사람을 죽인 죄로 처벌을 받았다.《방목》에는 벼슬과 아버지[擇民] 이름이 보이고, 본관이 원주原州로 되어 있다. 그러나《청구》의《원주원씨보》에는 원궤의 가계가 보이지 않으며,《만성》의《원주원씨보》에는 가계가 보이는데, 아버지 이름이 성민聖民으로 되어 있어《방목》과 다르다. 따라서 그는 신원이 애매한 인물이다.

82 유명증兪名曾(1605~?) 서얼로서 허통許通되어 인조 13년 31세로 증광시에 급제하여 벼슬이 교서관 정자(정9품)에 이르렀다.《방목》에는 전력을 허통으로 적으며, 벼슬과 아버지[大祺], 할아버지[灝], 증조[縮], 처부의 이름이 보이고, 본관이 기계杞溪로 되어 있다. 그러나

《청구》와 《만성》의 《기계유씨보》에는 유명증의 이름이 보이지 않는다.

83 김굉金宏(1591~?) 유학을 거쳐 인조 12년 해주海州에서 실시한 향시에 급제하여, 인조 13년 45세로 전시에 직부하는 혜택을 받아 급제하여 벼슬이 정랑(정5품)에 이르렀다. 《방목》에는 벼슬이 없이 아버지[義貞], 할아버지[波], 증조[玉堅], 외조의 이름이 보이고, 본관이 청풍淸風으로 되어 있다. 그런데 《규사葵史》를 보면 김굉은 서얼로 급제하여 정랑에 오른 인물로 나온다. 그래서인지 《청구》와 《만성》의 《청풍김씨보》에는 그의 이름이 빠져 있다.

84 윤영尹瑛(1595~?) 유학을 거쳐 인조 13년 41세로 증광시에 급제하여 벼슬이 교리(종5품)에 이르렀다. 《방목》에는 벼슬과 아버지[興鳴] 이름이 보이고, 본관이 파평坡平으로 되어 있다. 그러나 《청구》와 《만성》의 《파평윤씨보》에는 윤영의 가계가 보이지 않는다.

85 장여간張汝衎(1604~?) 생원을 거쳐 인조 13년 32세로 증광시에 급제하여 벼슬이 판관(종5품)에 이르렀다. 《방목》에는 벼슬과 아버지[輔漢] 이름이 보이고, 본관이 인동仁同으로 되어 있다. 그러나 《청구》와 《만성》의 《인동장씨보》에는 장여간의 가계가 보이지 않는다.

86 강교년康喬年(1607~?) 생원을 거쳐 인조 13년 29세로 증광시에 급제하여 벼슬이 교서관 정자(정9품)에 이르렀다. 《방목》에는 벼슬과 아버지[伏龍] 이름이 보이고, 본관이 신천信川으로 되어 있다. 《청구》의 《신천강씨보》를 보면 강교년의 직계 5대조는 모두 벼슬이 없으며, 《만성》의 《신천강씨보》에는 가계가 보이지 않는다.

87 박형구朴亨遘(일명 亨達, 1585~?) 유학을 거쳐 인조 13년 51세로 증광시에 급제하여 벼슬이 좌랑(정6품)에 이르렀다. 《방목》에는 벼슬

이 없이 아버지[玠] 이름이 보이고, 본관이 완산完山(全州)으로 되어 있다. 그런데 《청구》와 《만성》의 《완산박씨보》 또는 《전주박씨보》 에는 박형구의 가계가 보이지 않는다. 2000년 현재 전주박씨 인구는 765가구 2,440명의 희성으로, 조선시대 문과급제자는 그가 유일하다.

88 **윤지남**尹芝男(1587~?) 생원을 거쳐 병자호란이 일어난 인조 14년 (1636) 50세로 별시에 급제하여 벼슬이 교서관 교리(종5품)에 이르렀 다. 《방목》에는 벼슬과 아버지[勉, 부사], 할아버지[安民], 증조[瑊], 외 조의 이름이 보이고, 본관이 파평坡平으로 되어 있다. 그러나 《청구》 와 《만성》의 《파평윤씨보》에는 윤지남의 이름이 보이지 않는다.

89 **김선영**金善英(1605~?) 유학을 거쳐 인조 14년 32세로 별시에 급 제하여 벼슬이 부사(종3품)에 이르렀다. 《방목》에는 벼슬과 아버지 [軼] 이름이 보이고, 본관이 선산善山으로 되어 있다. 그러나 《청구》 와 《만성》의 《선산김씨보》에는 김선영의 가계가 보이지 않는다.

90 **노협**盧協(1587~?) 참봉(종9품)을 거쳐 인조 15년(1637) 51세로 정 시에 급제하여 벼슬이 동래부사(종3품)를 거쳐 효종 대 정주목사(정3 품 당상관)에 이르렀다. 《방목》에는 벼슬과 아버지[八元], 할아버지 [銓], 외조의 이름이 보이고, 본관이 경주慶州(安康)로 되어 있다. 그러 나 《청구》의 《경주노씨보》에는 고려 초기 인물 노강한盧江漢 한 사 람만 기록되어 있을 뿐이고, 《만성》의 《안강노씨보》에도 노협의 가 계는 보이지 않는다. 2000년 현재 경주노씨 인구는 1,065가구 3,399 명의 희성으로, 조선시대 문과급제자 4명을 배출했다.

91 **김기명**金起溟(1596~?) 경상도 금산金山 사람으로 봉사(종8품)를 거쳐 인조 15년 42세로 별시에 급제하여 벼슬이 성균관 전적(정6품) 에 이르렀다. 《방목》에는 벼슬과 아버지[成一] 이름이 보이고, 본관

이 경주慶州로 되어 있다. 그러나《청구》와《만성》의《경주김씨보》
에는 김기명의 가계가 보이지 않는다.

92 박환朴瑍(1599~?) 생원을 거쳐 인조 16년(1638) 40세로 정시에
급제하여 벼슬이 경상도 도사(종5품)에 이르렀다.《방목》에는 벼슬
과 아버지〔惟儉〕이름이 보이고, 본관이 고령高靈으로 되어 있다. 그
러나《청구》와《만성》의《고령박씨보》에는 박환의 가계가 보이지
않는다.

93 최수崔琇(1589~?) 참봉(종9품)을 거쳐 인조 17년(1639) 51세로 별
시에 급제하여 벼슬이 현감(종6품)과 형조좌랑(정6품)에 이르렀다.
《방목》에는 벼슬과 아버지〔震榮〕이름이 보이고, 본관이 강릉江陵으
로 되어 있다. 그런데《청구》의《강릉최씨보》에는 최수의 가계가 보
이지 않으며,《만성》의《강릉최씨보》를 보면 아버지, 할아버지〔重
崙〕, 증조〔公佑〕등 직계 3대조와 외조 가운데 벼슬아치가 없다.

94 김삼락金三樂(1610~?) 진사를 거쳐 인조 17년 30세로 별시에 급
제하여 벼슬이 부사(종3품)에 이르렀다.《방목》에는 벼슬과 아버지
〔百鎰〕이름이 보이고, 본관이 청도淸道로 되어 있다. 그러나《청구》
와《만성》의《청도김씨보》에는 김삼락의 가계가 보이지 않는다.

95 최근후崔根厚(1587~?) 참봉(종9품)을 거쳐 인조 17년 53세로 식
년시에 급제하여 벼슬이 형조좌랑(정6품)에 이르렀다.《방목》에는 벼
슬과 아버지〔鎭〕이름이 보이고, 본관이 전주全州로 되어 있다. 그러나
《청구》와《만성》의《전주최씨보》에는 최근후의 가계가 보이지 않
는다.

96 홍경우洪儆禹(1606~?) 유학을 거쳐 인조 17년 34세로 식년시에
급제하여 벼슬이 현령(종5품)에 이르렀다.《방목》에는 벼슬이 없이

아버지[天錫] 이름이 보이고, 본관이 없다. 본관은 남양南陽으로 알려
져 있는데,《청구》와《만성》의《남양홍씨보》에는 홍경우의 가계가
보이지 않는다.

97 박정朴靖(1609~?) 유학을 거쳐 인조 17년 31세로 식년시에 급제
하여 벼슬이 군수(종4품)에 이르렀다.《방목》에는 벼슬과 아버지[信
立] 이름이 보이고, 본관이 밀양密陽으로 되어 있다. 그런데《청구》와
《만성》의《밀양박씨보》에는 박정의 가계가 보이지 않는다.

98 이유석李惟碩(1604~?) 진사를 거쳐 인조 17년 식년시에 급제하여
벼슬이 사헌부 지평(정5품), 사간원 정언(정6품)을 거쳐 현감(종6품)에
이르렀다.《방목》에는 벼슬과 아버지[文龍] 이름이 보이고, 본관이
성주星州(星山)로 되어 있다.《청구》와《만성》의《성산이씨보》를 보
면 이유석의 직계 4대조와 외조 가운데 벼슬아치가 없다.

99 한희설韓希卨(1612~?) 함경도 함흥 사람으로[95] 유학을 거쳐 인
조 17년 28세로 식년시에 급제하여 벼슬이 교서관 박사(정7품)를 거
쳐 현종 대 군수(종4품)에 이르렀다.《방목》에는 벼슬과 아버지[應角]
이름이 보이나 본관이 없다. 함흥지방의 한씨는 모두 청주淸州를 본
관으로 삼고 있는데,《청구》와《만성》의《청주한씨보》에는 한희설
의 가계가 보이지 않는다.

100 최천주崔天柱(1607~?) 생원을 거쳐 인조 17년 33세로 식년시에
급제했다.《방목》에는 벼슬이 없이 아버지[敬一], 할아버지[山斗] 이
름이 보이고, 본관이 충주忠州로 되어 있다. 그러나《청구》와《만성》
의《충주최씨보》에는 최천주의 가계가 보이지 않는다. 벼슬도 알 수

---

95)《인조실록》권43, 인조 20년 3월 27일 갑오.

없다.

101 **최동주**崔東柱(1610~?) 앞에서 설명한 최천주의 아우로, 생원을 거쳐 인조 17년 30세로 식년시에 급제했다. 《방목》에는 벼슬이 없이 아버지[敬一], 할아버지[山斗] 이름이 보이고, 본관이 충주忠州로 되어 있다. 그러나 《청구》와 《만성》의 《충주최씨보》에는 최동주의 가계가 보이지 않는다. 벼슬도 알 수 없다.

102 **이형**李泂(1609~?) 생원을 거쳐 인조 17년 31세로 식년시에 급제하여 벼슬이 현감(종6품)에 이르렀다. 《방목》에는 벼슬과 아버지[成簡] 이름이 보이고, 본관이 성주星州로 되어 있다. 그러나 《청구》와 《만성》의 《성주이씨보》에는 이형의 가계가 보이지 않는다.

103 **이유원**李惟源(1600~?) 유학을 거쳐 인조 17년 40세로 식년시에 급제하여 벼슬이 강진현감(종6품)과 군수(종4품)에 이르렀다. 《방목》에는 벼슬과 아버지[暹], 처부의 이름이 보이고, 본관이 원주原州로 되어 있다. 그러나 《청구》와 《만성》의 《원주이씨보》에는 이유원의 가계가 보이지 않는다.

104 **신술**辛述(1578~?) 유학을 거쳐 인조 17년 62세로 식년시에 급제하여 벼슬이 성균관 전적(정6품)에 이르렀다. 《방목》에는 벼슬과 아버지[友顔] 이름이 보이나 본관이 없어 신원을 알 수 없다. 본관은 영산靈山으로 알려져 있는데, 《청구》와 《만성》의 《영산신씨보》에는 신술의 가계가 보이지 않는다.

105 **김기수**金起洙(1612~?) 유학을 거쳐 인조 17년 28세로 식년시에 급제하여 벼슬이 감찰(정6품)에 이르렀다. 《방목》에는 벼슬이 없이 아버지[義精] 이름이 보이나 본관이 없다. 그런데 《청구》의 《연안김씨보延安金氏譜》에 김기수의 가계가 보인다. 이에 따르면, 아버지 의

정은 말할 것 없고 할아버지[呂中], 증조[彦鵬], 고조[彭老], 현조[珪] 등 6대가 모두 벼슬이 없다. 한편, 《만성》의 《연안김씨보》에는 가계가 보이지 않는다.

106 현상백玄尙白(1609~?) 유학을 거쳐 인조 17년 31세로 식년시에 급제했다. 《방목》에는 벼슬이 없이 아버지[應國] 이름이 보이나 본관이 없다. 본관은 창원昌原으로 알려져 있으나, 《청구》와 《만성》의 《창원현씨보》를 비롯하여 어느 현씨보에도 두 사람의 이름은 보이지 않는다. 《실록》에도 아무런 기록이 없다.

107 전흡田翕(1595~?) 생원과 통덕랑(정5품)을 거쳐 인조 17년 45세로 식년시에 급제하여 벼슬이 성균관 학유(종9품)에 이르렀다. 《방목》에는 벼슬이 없이 아버지[大祿] 이름이 보이고, 본관이 남원南原으로 되어 있다. 그런데 《청구》와 《만성》에는 《남원전씨보》자체가 없다. 그 밖에 다른 본관을 가진 여러 전씨보에도 전흡과 아버지의 이름은 보이지 않아 신원을 확인할 수 없다. 2000년 현재 남원전씨 인구는 319가구 1,009명의 희성으로, 조선시대 문과급제자 3명을 배출했는데, 그가 처음이고, 고종 대 2명이 더 급제하였다.

108 권칙權伏(1599~?) 서부참봉(종9품)과 호군護軍을 거쳐 인조 19년(1641) 43세로 정시에 급제하여 벼슬이 영평현령(종5품)을 거쳐 통정대부(정3품 당상관)로서 군수(종4품)에 이르렀다. 《방목》에는 벼슬과 아버지[韜], 할아버지[擎], 증조[祺], 처부[李恒福] 이름이 보이고, 본관이 안동安東으로 되어 있다. 그런데 《규사》를 보면 권칙은 권필權韠의 서질庶侄이라고 한다. 권필은 바로 권온權韞의 형이다. 한편, 인조 8년 그가 서부참봉(종9품)에 임명되자 사간원은 "서얼로서 성품도 망령되니 사태시키라"고 임금에게 진언했으며,[96] 인조 24년에도

임금이 그에게 호피를 하사하자 《실록》의 찬자는 "권칙은 서얼의 신분으로 과거에 급제하여 영평현령을 지냈는데, 지금 임금이 지켜야 할 여덟 가지 잠언箴言을 지어 바쳤다"고 기록했다.97) 그가 서얼 때문이라 그런지 《청구》의 《안동권씨보》에는 이름을 권숙權俶으로 바꾸어 기록했고, 《만성》의 《안동권씨보》에는 이름이 보이지 않는다. 명신 이항복이 권칙의 처부라는 사실도 눈여겨볼 만하다.

109 이극성李克誠(1599~?) 진사를 거쳐 인조 19년 43세로 정시에 급제하여 벼슬이 찰방(종6품)을 거쳐 목사(정3품 당상관)에 이르렀다. 《방목》에는 벼슬과 아버지[順俊], 처부의 이름이 보이고, 본관이 원주原州로 되어 있다. 그런데 《청구》와 《만성》의 《원주이씨보》에는 이극성의 가계가 보이지 않는다.

110 심일준沈日遵(1590~?) 진사를 거쳐 인조 19년 52세로 정시에 급제하여 벼슬이 좌랑(정6품)에 이르렀다. 《방목》에는 벼슬과 아버지[守慶], 할아버지[思遜], 증조[貞] 이름이 보이고, 본관이 풍산豊山으로 되어 있다. 그런데 《만성》의 《풍산심씨보》에는 심수경沈守慶의 아들로 일장日將만을 기록하고, 일준과 그 아우 일운日運(1596~?)의 이름이 보이지 않는다. 아우 심일운이 서얼로서 인조 11년 증광시에 급제한 인물임은 앞에서 이미 설명한 바 있다. 한편, 《청구》의 《풍산심씨보》에는 심일준과 그 아우의 이름이 보이는데, 두 사람의 문과급제 사실만 밝히고 벼슬을 적지 않았으며, 후손의 이름도 기록하지 않아 서출임을 간접적으로 시사하고 있다.

111 이하李河(1596~?) 생원을 거쳐 인조 20년(1642) 47세로 식년시

---

96) 《인조실록》 권23, 인조 8년 8월 4일 신해.
97) 《인조실록》 권47, 인조 24년 7월 21일 을축.

에 급제하여 벼슬이 현감(종6품)에 이르렀다. 《방목》에는 벼슬과 아버지[彦讓], 할아버지[琳] 이름이 보이고, 본관이 양성陽城으로 되어 있다. 그러나 《청구》와 《만성》의 《양성이씨보》에는 이하와 조상의 이름이 보이지 않는다.

112 한창원韓昌遠(1595~?) 유학을 거쳐 인조 20년 48세로 식년시에 급제했다. 《방목》에는 벼슬이 없이 아버지[鋆] 이름이 보이나 본관이 없다. 한씨의 본관은 모두 청주인데, 《청구》와 《만성》의 《청주한씨보》에는 한창원의 가계가 보이지 않는다.

113 한득량韓得良(1612~?) 통덕랑(정5품)을 거쳐 인조 20년 31세로 식년시에 급제하여 벼슬이 현감(종6품)과 교서관 교리(종5품)에 이르렀다. 《방목》에는 벼슬과 아버지[慶祐], 증조[輯] 이름이 보이고, 본관이 청주淸州로 되어 있다. 그러나 《청구》와 《만성》의 《청주한씨보》에는 한득량의 가계가 보이지 않는다.

114 정유지鄭維地(1601~?) 생원을 거쳐 인조 20년 42세로 식년시에 급제하여 벼슬이 현감(종6품)에 이르렀다. 《방목》에는 벼슬과 아버지[恕] 이름이 보이고, 본관이 동래東萊로 되어 있다. 그러나 《청구》와 《만성》의 《동래정씨보》에는 정유지의 가계가 보이지 않는다.

115 박흥종朴興宗(1600~?) 진사를 거쳐 인조 20년 43세로 식년시에 급제하여 벼슬이 성균관 직강(정5품)에 이르렀다. 《방목》에는 벼슬과 아버지[夢弼] 이름이 보이고, 본관이 영암靈巖으로 되어 있다. 그러나 《청구》의 《영암박씨보》에는 박흥종의 가계가 보이지 않으며, 《만성》에는 《영암박씨보》 자체가 없다. 2000년 현재 영암박씨 인구는 1,954가구 6,120명의 희성으로, 조선시대 문과급제자 3명을 배출했는데, 모두 인조 대 이후 급제했다.

116 이경롱李慶龍(1608~?) 진사를 거쳐 인조 20년 35세로 식년시에 급제하여 벼슬이 판관(종5품)에 이르렀다. 《방목》에는 벼슬과 아버지〔德民〕 이름이 보이고, 본관이 안악安岳으로 되어 있다. 《청구》의 《안악이씨보》를 보면 이경롱은 가계가 끊어진 형태로 홀로 기록되어 있으며, 《만성》의 《안악이씨보》에는 그와 아들 현礥만이 기록되어 있는데, 이경롱이 시조로 되어 있다. 2000년 현재 안악이씨 인구는 2,961가구 9,507명의 희성으로, 조선시대 문과급제자 5명을 배출했는데, 그는 세 번째 급제자이다.

117 이은李⿰昌耳(1604~?) 유학을 거쳐 인조 20년 39세로 식년시에 급제했다. 《방목》에는 벼슬이 없이 아버지〔成簡〕 이름이 보이고, 본관이 성주星州로 되어 있다. 그러나 《청구》와 《만성》의 《성주이씨보》에는 이은의 가계가 보이지 않는다.

118 김종도金宗道(1609~?) 참봉(종9품)을 거쳐 인조 20년 34세로 식년시에 급제했다. 《방목》에는 벼슬이 없이 아버지〔起南〕 이름이 보이나 본관이 없어 신원을 알 수 없다. 《실록》에도 아무런 기록이 없다.

119 하진선河晉善(1609~?) 선교랑(종6품)을 거쳐 인조 20년 34세로 식년시에 급제하여 벼슬이 성균관 전적(정6품)에 이르렀다. 《방목》에는 벼슬과 아버지〔宗海〕 이름이 보이나 본관이 없다. 하씨의 본관은 진주晉州뿐인데, 《청구》와 《만성》의 《진주하씨보》에는 하진선의 가계가 보이지 않는다.

120 권간權旰(1598~?) 생원을 거쳐 인조 20년 45세로 식년시에 급제하여 벼슬이 현감(종6품)에 이르렀다. 《방목》에는 벼슬과 아버지〔抱〕 이름이 보이고, 본관이 안동安東으로 되어 있다. 그런데 《청구》와 《만성》의 《안동권씨보》에는 권간의 가계가 보이지 않는다.

121 **양진행**楊震行(1607~?) 생원을 거쳐 인조 20년 36세로 식년시에 급제하여 벼슬이 공조정랑(정5품)에 이르렀다. 《방목》에는 벼슬과 아버지[稷], 할아버지[春茂], 증조[麟] 이름이 보이고, 본관이 청주淸州로 되어 있다. 그러나 《청구》와 《만성》의 《청주양씨보》에는 양진행의 가계가 보이지 않는다.

122 **이익신**李益新(1602~?) 진사를 거쳐 인조 20년 41세로 식년시에 급제하여 벼슬이 성균관 박사(정7품)에 이르렀다. 《방목》에는 벼슬과 아버지[文英]와 처부의 이름이 보이고, 본관이 함평咸平으로 되어 있다. 그런데 《청구》의 《함평이씨보》를 보면 아버지의 이름이 대영大英으로 되어 있어 《방목》과 다르고, 직계 5대조 가운데 벼슬아치는 증조 이방주李邦柱 한 사람뿐이다. 그런데 이방주는 선조 3년 문과에 급제한 인물로서, 할아버지의 이름이 《방목》의 기록[釜]과 《함평이씨보》의 기록[庭全]이 달라 신원이 의심된다. 한편, 《만성》의 《함평이씨보》에는 이익신의 가계가 보이지 않는다. 조상의 가계가 모호한 인물이다.

123 **김여욱**金汝旭(1600~?) 진사와 참봉(종9품)을 거쳐 인조 21년 (1643) 44세로 평양에서 실시한 관서關西 별시에 장원급제하여 벼슬이 현감(종6품)에 이르렀다. 《방목》에는 벼슬과 아버지[仁老] 이름이 보이고, 본관이 당악唐岳으로 되어 있다. 《청구》의 《당악김씨보》에는 김여욱과 아버지만 기록되어 있는데, 아버지는 벼슬이 없다. 한편, 《만성》의 《당악김씨보》에는 그 한 사람만 기록하고 있다. 당악김씨는 당악김씨棠岳金氏(해남김씨) 인구와 합쳐져 파악되고 있어 정확한 인구를 알 수 없는데, 조선시대 문과급제자 2명을 배출했으며, 그가 첫 급제자이다.

124 김시현金時鉉 유학을 거쳐 인조 21년 관서 별시에 급제하여 벼슬이 현감(종6품)에 이르렀다. 《방목》에는 벼슬과 아버지[碩男] 이름이 보이고, 본관이 청주淸州로 되어 있다. 그러나 《청구》와 《만성》의 《청주김씨보》에는 김시현의 가계가 보이지 않는다. 2000년 현재 청주김씨 인구는 9,161가구 2만 9,198명의 희성으로, 조선시대 문과급제자 8명을 배출했는데, 세조 대 첫 문과급제자가 평안도에서 나온 뒤 그가 두 번째이고, 세 번째도 영조 대 평안도에서 배출되었다.

125 김호익金虎翼(1600~?) 생원을 거쳐 인조 21년 44세로 관서 별시에 급제하여 벼슬이 감찰(정6품)에 이르렀다. 《방목》에는 벼슬이 없이 아버지[蓋] 이름이 보이고, 본관이 유주儒州(文化)로 되어 있다. 그런데 《청구》와 《만성》의 《유주김씨보》에는 오직 김호익 한 사람만 기록되어 있어 그가 시조임을 알 수 있다. 2000년 현재 유주김씨 인구는 485가구 1,701명의 희성으로, 그가 유일한 문과급제자이다.

126 안헌민安獻民(1597~?) 진사를 거쳐 인조 21년 47세로 관서 별시에 급제하여 벼슬이 찰방(종6품)에 이르렀다. 《방목》에는 벼슬과 아버지[德倫] 이름이 보이고, 본관이 순흥順興으로 되어 있다. 그러나 《청구》와 《만성》의 《순흥안씨보》에는 안헌민의 가계가 보이지 않는다. 평안도의 순흥안씨는 영조 대 이후 40명 이상의 급제자를 배출하여 이 지역의 명문으로 등장했는데, 특히 안주安州에서 24명의 급제자가 배출되었다.

127 우경석禹敬錫(1602~1677) 진사를 거쳐 인조 22년(1644) 43세로 정시에 급제하여 벼슬이 찰방(종6품)과 성균관 전적(정6품)을 거쳐 각 지방의 수령과 교서관 교리(종5품)를 역임했는데, 관찰사 우복룡禹伏龍의 서자로 알려져 있다. 숙종 대 이조판서 최석정은 재주가 뛰어나

면서도 재능을 펴지 못한 서얼 출신 인물 가운데 우경석을 들었다.[98]
《방목》에는 벼슬과 아버지[伏龍], 할아버지[崇善], 증조[舜佐] 이름이
보이고, 본관이 단양丹陽으로 되어 있다. 그러나 《청구》와 《만성》의
《단양우씨보》에는 그의 이름이 보이지 않는다. 《방목》에는 그가 서
출이라는 표현이 없다.

   128 정필달鄭必達(1611~?) 생원을 거쳐 인조 23년(1645) 35세로 별
시에 급제하여 벼슬이 성균관 사예(정4품)에 이르렀다. 《방목》에는
벼슬과 아버지[浚] 이름이 보이고, 본관이 진주晉州로 되어 있다. 그러
나 《청구》와 《만성》의 《진주정씨보》에는 정필달의 가계가 보이지
않는다.

   129 하정도河呈圖(1603~?) 생원을 거쳐 인조 24년(1646) 44세로 식
년시에 급제하여 벼슬이 공조좌랑(정6품)에 이르렀다. 《방목》에는 벼
슬이 없이 아버지[衛國] 이름이 보이고, 본관이 진주晉州로 되어 있다.
그런데 《청구》와 《만성》의 《진주하씨보》에는 하정도의 가계가 보
이지 않는다.

   130 이성시李聖時(1612~1689) 서원西原(청주) 사람으로 유학을 거쳐
인조 24년 35세로 식년시에 급제하여 벼슬이 군수(종4품)에 이르렀
다. 《방목》에는 벼슬과 아버지, 할아버지, 증조, 외조의 이름이 보이
고, 본관이 전주全州로 되어 있다. 《전주이씨과거급제자총람》을 보면
이성시는 정종의 후궁 소생 수도군守道君의 10세손으로, 내외 4대조
가운데 벼슬아치가 없다.

   131 정서鄭曙(1598~?) 생원과 참봉(종9품)을 거쳐 인조 24년 49세로

---

98) 《숙종실록》 권30, 숙종 22년 7월 21일 을해.

식년시에 급제하여 벼슬이 동지중추부사(종2품)에 이르렀다.《방목》
에는 벼슬과 아버지[應德] 이름이 보이고, 본관이 온양溫陽으로 되어
있다. 그런데《청구》와《만성》의《온양정씨보》에는 정서의 가계가
보이지 않는다.

  132 이지형李之馨(1608~?) 진사를 거쳐 인조 24년 39세로 식년시에
급제하여 벼슬이 효종 대 호조정랑과 병조정랑(정5품)을 거쳐 통례원
통례(정3품 당하관)에 이르렀다.《방목》에는 벼슬과 아버지[瑀] 이름
이 보이고, 본관이 공주公州로 되어 있다. 그런데《청구》와《만성》의
《공주이씨보》에는 이지형의 가계가 보이지 않는다.

  133 전흡全洽(1610~?) 유학을 거쳐 인조 24년 37세로 식년시에 급
제하여 벼슬이 찰방(종6품)에 이르렀다.《방목》에는 벼슬이 없이 아
버지[一誠] 이름이 보이고, 본관이 경주慶州로 되어 있다. 그런데《청
구》와《만성》의《경주전씨보》에는 전흡의 가계가 보이지 않는다.
2000년 현재 경주전씨 인구는 1,892가구 6,005명의 희성으로, 조선시
대 문과급제자는 그가 유일하다.

  134 우유일禹惟一(1614~?) 전라도 창평昌平 사람으로 통덕랑(정5
품)99)을 거쳐 인조 24년 33세로 식년시에 급제하여 벼슬이 찰방(종6
품)을 거쳐 성균관 전적(정6품)에 이르렀다.《방목》에는 벼슬과 아버
지[寔] 이름이 보이고, 본관이 단양丹陽으로 되어 있다. 그런데《청
구》와《만성》의《단양우씨보》에는 우유일의 가계가 보이지 않는다.

  135 방원정房元井(1593~?) 진사를 거쳐 인조 24년 54세로 식년시에

---

99)《방목》에는 우유일의 전력이 통례通禮로 되어 있으나, 통례는 정3품의 높은 직책으로서 문
  과에 급제하여 6품직을 받았다는 것은 이해할 수 없다. 따라서 통례는 통덕랑通德郞의 오기
  로 보인다.

급제하여 벼슬이 성균관 직강(정5품)에 이르렀다. 《방목》에는 벼슬과 아버지[德驊], 할아버지[漢傑], 증조[貴和], 외조의 이름이 보이고, 본관이 남양南陽으로 되어 있다. 그런데 《청구》의 《남양방씨보》에는 방원정의 가계가 보이지 않으며, 《만성》의 《남양방씨보》에는 가계가 보이는데, 할아버지는 응현應賢이고, 한걸漢傑은 증조이며, 귀화貴和는 고조로서 《방목》과 다르다. 어쨌든 아버지, 할아버지, 증조는 모두 벼슬이 없고, 고조만이 좌랑(정6품)을 지냈다. 아마 직계 3대조 가운데 벼슬아치가 있음을 보이기 위해 고조를 일부러 증조로 바꾸어 《방목》에 기록한 것 같다.

136 김한조金翰朝(1600~?) 생원을 거쳐 인조 24년 47세로 식년시에 급제하여 벼슬이 성균관 전적(정6품)에 이르렀는데, 사간원은 김한조가 용렬庸劣한 인물이라고 비판했다.[100] 여기서 용렬하다는 말은 신분이 낮다는 뜻이다. 《방목》에는 벼슬과 아버지[協] 이름만 보이고, 본관이 청풍淸風으로 되어 있다. 그런데 《만성》의 《청풍김씨보》를 보면 증조[僖卿]가 아무 벼슬이 없으면서 별도의 가계를 형성하고 시조라고 기록되어 있으며, 할아버지[應時]와 아버지도 아무 벼슬이 없다. 신분이 용렬하다는 비판이 그래서 나온 것으로 보인다. 그런데 《청구》의 《청풍김씨보》를 보면 조금 다르다. 곧 증조가 참봉(종9품)으로 되어 있고, 그 위로는 2대에 걸쳐 별좌別坐(정5품)의 벼슬을 가진 것으로 되어 있다. 한편, 《씨족원류》의 《청풍김씨보》를 보면 5대조 오림吾琳가 후실后室을 얻어 흔손欣孫을 낳고, 흔손의 후손이 희경僖卿—응시應時—협協—한조翰朝로 이어지고 있는데, 흔손 뒤로 벼슬이 없다.

---

100) 《효종실록》 권10, 효종 4년 3월 25일 신묘.

따라서 김한조는 서얼의 4대손이 된다. 《청구》와 《씨족원류》의 기록을 믿으면 그를 용렬하다고 본 이유를 알 수 있다.

137 도거원都擧元(1605~?) 진사를 거쳐 인조 24년 42세로 식년시에 급제하여 벼슬이 현종 대 승문원 판교(정3품 당하관)와 예빈시정(정3품 당하관)에 이르렀다. 《방목》에는 벼슬과 아버지〔景曼〕 이름이 보이고, 본관이 성주星州로 되어 있다. 그런데 《청구》와 《만성》의 《성주도씨보》에는 도거원의 가계가 보이지 않는다.

138 송협宋協(1599~?) 생원을 거쳐 인조 24년 48세로 식년시에 급제하여 벼슬이 현감(종6품)에 이르렀다. 《방목》에는 벼슬과 아버지〔勖〕 이름이 보이고, 본관이 여산礪山으로 되어 있다. 그런데 《청구》와 《만성》의 《여산송씨보》에는 송협의 가계가 보이지 않는다.

139 곽연郭硏(1609~?) 유학을 거쳐 인조 24년 38세로 식년시에 급제하여 벼슬이 성균관 전적(정6품)에 이르렀다. 《방목》에는 벼슬이 없이 아버지〔有道〕 이름이 보이고, 본관이 현풍玄風으로 되어 있다. 그런데 《만성》의 《현풍곽씨보》에는 곽연의 가계가 보이지 않으며, 《청구》의 《현풍곽씨보》를 보면 직계 3대조 가운데 벼슬아치가 없어 집안이 한미한 것을 알 수 있다.

140 송명규宋明奎(1604~?) 생원을 거쳐 인조 24년 43세로 정시에 급제하여 벼슬이 판관(종5품)에 이르렀다. 《방목》에는 벼슬과 아버지〔耆〕, 증조〔鎌〕 이름이 보이고, 본관이 진천鎭川으로 되어 있다. 그런데 《청구》와 《만성》의 《진천송씨보》에는 조상의 이름은 보이나 송명규의 이름은 빠져 있다. 《방목》에 할아버지〔齊臣, 무과 출신〕 이름을 기록하지 않은 것도 이상하다.

141 박안기朴安期(1617~?) 진사를 거쳐 인조 26년(1648) 32세로 정

시에 급제하여 벼슬이 현감(종6품)에 이르렀다.《방목》에는 벼슬과
아버지[希賢], 할아버지[孝元], 증조[藻] 이름이 보이고, 본관이 밀양密
陽으로 되어 있다. 효종 4년 박안기가 현감에 임명되자 사간원은 그
가 비천卑賤하고 우람愚濫하다는 이유로 파직을 요청했다.101) 신분이
비천하다는 것은 아버지 희현希賢이 서얼이기 때문이었다. 아버지 박
희현이 광해군 2년 문과에 급제한 인물임은 앞에서 이미 설명한 바
있다. 그래서인지《청구》와《만성》의《밀양박씨보》에는 박안기의
이름이 보이지 않는다.

　142 **조정**曺挺(1610~?) 유학을 거쳐 인조 26년 39세로 식년시에 장
원급제하여 벼슬이 주부(종6품)에 이르렀다.《방목》에는 벼슬과 아버
지[守天], 할아버지[閭中], 증조[世明] 이름이 보이고, 본관이 창녕昌寧
으로 되어 있다. 그런데《청구》의《창녕조씨보》에는 조정의 가계가
보이지 않으며,《만성》의《창녕조씨보》를 보면 증조의 이름은 보이
나 그 아래는 보이지 않는다.

　143 **황중연**黃中衍(1611~?) 진사를 거쳐 인조 26년 38세로 식년시에
급제하여 벼슬이 좌랑(정6품)에 이르렀다.《방목》에는 벼슬과 아버지
[尙訒] 이름이 보이나 본관이 없다. 그런데 황상겸黃尙謙의 조카라고
적어 황중연이 평해황씨平海黃氏임을 알 수 있다. 황상겸은 광해군 4
년 문과에 급제한 인물임은 앞에서 설명한 바 있는데,《청구》와《만
성》의《평해황씨보》에는 이름이 보이지 않는다. 마찬가지로, 황중연
의 이름도 두《평해황씨보》에 보이지 않아 신원을 알 수 없다.

　144 **최경원**崔景瑗(1609~?) 생원을 거쳐 인조 26년 40세로 식년시에

---

101)《효종실록》권10, 효종 4년 3월 25일 신묘.

급제했다. 《방목》에는 벼슬이 없이 아버지[玭] 이름이 보이고, 본관이 강화江華로 되어 있다. 그런데 《청구》와 《만성》의 《강화최씨보》에는 최경원의 가계가 보이지 않는다.

145 이영온李英韞(1620~?) 생원을 거쳐 인조 26년 29세로 식년시에 급제하여 벼슬이 도사(종5품)에 이르렀다. 《방목》에는 벼슬이 없이 아버지[好信] 이름만 보이고, 본관이 예안禮安으로 되어 있다. 그런데 《청구》와 《만성》의 《예안이씨보》에는 이영온의 가계가 보이지 않는다.

146 반윤기潘潤沂(1617~?) 진사를 거쳐 인조 26년 32세로 식년시에 급제하여 벼슬이 형조정랑(정5품)과 현감(종6품)에 이르렀다. 《방목》에는 벼슬과 아버지[溟翼] 이름이 보이고, 본관이 광주光州로 되어 있다. 《청구》의 《광주반씨보》에는 반윤기 한 사람이 가계가 끊어진 형태로 단독으로 기록되어 있어 선대의 가계를 알 수 없다. 한편, 《만성》에는 《광주반씨보》 자체가 없다. 2000년 현재 광주반씨 인구는 451가구 1,492명의 희성으로, 조선시대 문과급제자 3명을 배출했는데, 중종 대 급제한 반석평潘碩枰이 처음이고, 반윤기가 두 번째이다.

147 곽급郭岌(1603~?) 생원을 거쳐 인조 26년 46세로 식년시에 급제하여 벼슬이 병조좌랑(정6품)에 이르렀다. 《방목》에는 벼슬이 없이 아버지[之維] 이름이 보이고, 본관이 없다. 《청구》와 《만성》의 《현풍곽씨보》를 비롯한 어느 곽씨보에도 곽급의 가계는 보이지 않는다.

148 고진문高進問(1606~?) 유학을 거쳐 인조 26년 43세로 식년시에 급제했다. 《방목》에는 벼슬이 없이 아버지[守虛] 이름이 보이나 본관이 없다. 《청구》와 《만성》의 《제주고씨보》를 비롯한 어느 고씨보에도 고진문의 가계는 보이지 않는다.

149 조우신趙又新(1583~?) 정경세鄭經世의 문인으로 진사와 봉사(종8품)를 거쳐 인조 26년 66세로 식년시에 급제하여 벼슬이 성균관 학정(정8품)에 이르렀다. 《방목》에는 벼슬과 아버지[相] 이름이 보이고, 본관이 한양漢陽으로 되어 있다. 《청구》의 《한양조씨보》를 보면 조우신은 개국공신 조인옥趙仁沃의 8대손인데, 그에 이르기까지 벼슬아치가 한 사람도 없다. 한편, 《만성》의 《한양조씨보》에는 증조와 고조가 첨지중추부사(僉中)의 벼슬을 가진 것으로 나오는데, 이는 실직으로 보기 어렵다. 저서로 《백담집白潭集》이 있다.

150 김여원金汝源(1594~?) 생원과 봉사(종8품)를 거쳐 인조 26년 55세로 식년시에 급제하여 벼슬이 경상도 도사(종5품)에 이르렀다. 《방목》에는 벼슬과 아버지[帖] 이름이 보이나 본관이 없어 신원을 알 수 없다.

151 강시성康時省(1607~?) 무공랑(정7품)을 거쳐 인조 26년 42세로 식년시에 급제하여 벼슬이 현감(종6품)에 이르렀다. 《방목》에는 벼슬과 아버지[今稷] 이름이 보이고, 본관이 곡산谷山으로 되어 있다. 그런데 《청구》에는 《곡산강씨보》가 없으며, 《만성》의 《곡산강씨보》에는 강시성의 가계가 보이지 않는다.

152 손해영孫海英(1602~?) 진사를 거쳐 인조 26년 47세로 식년시에 급제하여 벼슬이 사헌부 감찰(정6품)에 이르렀다. 《방목》에는 벼슬과 아버지[善胤] 이름이 보이고, 본관이 밀양密陽으로 되어 있다. 그런데 《청구》와 《만성》의 《밀양손씨보》에는 손해영의 가계가 보이지 않는다.

153 김정金鋌(1619~?) 생원을 거쳐 인조 26년 30세로 식년시에 급제했는데, 김자점金自點의 역모사건에 연루되어 효종 2년에 처형되었

다.《방목》에는 벼슬이 없이 아버지[呂綏] 이름만 보이고, 본관이 연안延安으로 되어 있다.《청구》의《연안김씨보》를 보면 김정의 직계 4대조는 아무런 벼슬이 없다. 한편,《만성》의《연안김씨보》에는 가계가 보이지 않는다.

154 강세정姜世楨(1611~?) 유학을 거쳐 인조 26년 38세로 식년시에 급제하여 벼슬이 찰방(종6품)을 거쳐 현종 대 성균관 전적(정6품)에 이르렀는데,《실록》을 보면 강세정은 "궁벽진 먼 곳에 사는 사람[退荒之人]"102)이라 하여 그의 신분이 매우 낮은 것으로 보고 있다.《방목》에는 벼슬이 없이 아버지[敏行] 이름이 보이고, 본관이 없지만 광주光州로 알려져 있다. 그러나《청구》와《만성》에는《광주강씨보》자체가 없다. 2000년 현재 광주강씨 인구는 464가구 1,459명의 희성으로, 조선시대 문과급제자 2명을 배출했는데, 인조 원년 급제한 강몽룡姜夢龍이 처음이고, 그가 두 번째이자 마지막이다.

155 김구정金九鼎(1626~?) 유학을 거쳐 인조 26년 23세로 식년시에 급제하여 벼슬이 주부(종6품)에 이르렀다.《방목》에는 벼슬과 아버지[后魯] 이름이 보이나 본관이 없다.《방목》에 김구정은 석강錫剛의 아버지라고 되어 있는데, 김석강은 숙종 25년 문과에 급제한 인물로서 본관이 경주慶州로 되어 있다. 따라서 김구정의 본관도 경주임을 알 수 있다. 그런데《청구》와《만성》의《경주김씨보》에는 그의 가계가 보이지 않는다.

156 손흥열孫興烈(1598~?) 유학을 거쳐 인조 26년 51세로 식년시에 급제하여 벼슬이 좌랑(정6품)에 이르렀다.《방목》에는 아버지[大邦]

---

102)《현종개수실록》권5, 현종 2년 4월 4일 계미.

이름만 보이고 그 밖에 아무런 기록이 없어 신원을 알 수 없다. 《청구》와 《만성》의 어느 손씨보에도 손흥열의 가계는 보이지 않는다.

157 장준남張俊南(1606~?) 무산직인 현신교위(종5품)를 거쳐 인조 26년 43세로 식년시에 급제하여 벼슬이 찰방(종6품)을 거쳐 좌랑(정6품)에 이르렀다. 《방목》에는 벼슬과 아버지[世勳] 이름이 보이나 본관이 없다. 그런데 《청구》의 《인동장씨보》를 보면 장준남이 장세훈張世勳의 아들로 기록되어 있어 본관이 인동仁同임을 알 수 있는데, 《만성》의 《인동장씨보》에는 그의 가계가 보이지 않는다. 그런데 《청구》의 기록을 보면 장준남의 아버지 장세훈의 벼슬이 첨지중추부사(정3품 당상관)으로 되어 있으나 이는 실직實職이 아닌 것으로 보이고, 할아버지, 증조, 고조는 벼슬이 없다.

4

효종 대
신분이 낮은 급제자와 벼슬

1) 효종–현종 대 납속허통

인조 다음의 효종 대(1649~1659)에는 호란胡亂으로 당한 치욕을 복수하려는 북벌운동北伐運動이 일어나면서, 군사력 증강의 필요에서 각 군영의 곡식을 비축하기 위해 서얼에 대한 납속허통納粟許通을 시행했다.103) 곡식을 바치는 서얼에게 문과응시를 허용한 것이다. 이런 분위기에서 효종 8년(1657)에는 유찬柳燦의 서자 유시번柳時蕃이 알성시에 을과로 합격했는데, 벼슬은 부사府使(종3품)에 이르렀다. 《방목》에는 그의 전직이 부사과副司果(종6품)로 되어 있어 서얼인지를 알 수 없으나, 《실록》에는 그가 서얼이라고 기록되어 있다.104)

---

103) 《현종실록》 권3, 현종 1년 11월 25일 병자; 권23, 현종 12년 2월 3일 을유.
104) 《숙종실록》 권30, 숙종 22년 7월 21일 을해. 이조판서 최석정의 차자 가운데 유시번이 서얼임을 밝히고 있다.

2) 시험종류별 급제자 인원

효종 대 10년 동안 문과급제자의 총 인원은 245명이다. 매년 평균 24.5명을 선발한 셈이다. 이 수치는 시대가 내려갈수록 늘어나는 추세를 보인다. 급제자 245명을 시험종류별로 살펴보면 다음과 같다.

식년시式年試	3회	101명
증광시增廣試	2회	66명
정시庭試	1회	4명
알성시謁聖試	3회	19명
별시別試	3회	42명
춘당대시春塘臺試	2회	13명
합 계		245명

먼저, 3년마다 시행되는 정기시험인 식년시는 3회에 걸쳐 101명을 선발하여 매회 평균 33.66명을 선발했다. 이 수치는 33명을 선발하도록 되어 있는 《경국대전》의 규정을 거의 그대로 준수한 것이다. 식년시와 거의 같은 성격을 가진 증광시는 2회에 걸쳐 66명을 선발했으므로 매회 평균 33명을 정확하게 선발했다. 식년시와 증광시급제자를 합치면 167명이 되어 전체 급제자의 68.16퍼센트를 차지한다. 식년시와 증광시는 7배수를 선발하는 초시初試에서 8도의 인구비율로 강제배분하기 때문에 다른 시험에 견주어 지방민들에게 유리한 시험이기도 하다.

그런데 앞 시기인 인조 대와 뒤 시기인 현종 대에는 함경도나 평안도 등 국방요새 지역을 대상으로 한 지방 별시가 따로 시행되었으나 효종 대에는 지방 별시가 없었다.

3) 신분이 낮은 급제자의 인원과 유형

효종 대 신분이 낮은 것으로 조사된 급제자는 모두 48명이다. 이는

전체 급제자 245명의 19.59퍼센트를 차지한다. 이 수치를 앞 시기와
비교하면 다음과 같다.

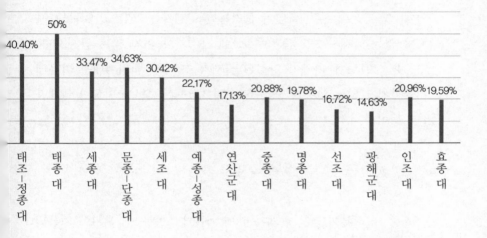

조선 초기에는 신분이 낮은 급제자의 비율이 40~50퍼센트에서 출
발하여 세종-세조 대에는 30퍼센트대로 내려가고, 성종 대 이후로는
20퍼센트 안팎을 오르내리다가 선조 대에 16퍼센트대로 떨어진 것을
볼 수 있다. 왜란이 끝난 직후인 광해군 대에는 선조 대보다 더 내려
가 14퍼센트대를 기록하여 최하점을 이루었는데, 인조 대 이후부터
20퍼센트대로 올라가고, 효종 대에는 19.59퍼센트를 기록하여 비슷
한 수치를 보이고 있다. 그 다음 현종 대는, 뒤에 살피게 되겠지만,
효종 대와 거의 비슷한 수치를 보이고 있어 17세기 1백 년 동안은
문과를 통한 신분이동이 가장 침체된 시기를 나타내고 있다.

17세기는 바로 유형원柳馨遠 등 실학자들이 등장하여 양반문벌兩班
門閥의 폐단을 지적하기 시작하던 시기로서 그 배경에 문과급제자의

신분이 높아지고 있다는 사실을 확인할 수 있다.

효종 대 신분이 낮은 급제자 48명 가운데는 다음과 같은 여러 부류가 들어 있다. ① 《방목》에 본관이 기록되지 않은 급제자가 17명인데, 그 가운데 본관 확인이 불가능한 급제자는 2명, ② 《족보》 자체가 없는 급제자 3명, ③ 《족보》에 가계가 보이지 않는 급제자 36명, ④ 《족보》에 가계가 단절된 급제자 3명, ⑤ 내외 4대조 가운데 벼슬아치가 없는 급제자 3명, ⑥ 서얼 1명, ⑦ 신원이 미상한 급제자 1명 등이다.

(1) 본관을 알 수 없는 급제자

효종 대 신분이 낮은 급제자 48명 가운데 《방목》에 본관이 기록되지 않은 급제자가 17명이다. 하지만 이들 가운데 다른 자료를 통해 본관을 확인할 수 있는 자는 15명이고, 확인이 불가능한 자는 2명이다. 그런데 어느 경우이든 이들은 대부분 내외 4대조 가운데 아버지 이름만 보이고, 벼슬이 보이지 않는 경우가 많아 집안이 한미寒微한 부류라는 것을 알 수 있다. 본관 확인이 불가능한 급제자 2명의 명단은 다음과 같다.

김탁金鐸 유학을 거쳐 식년시에 급제했는데, 《방목》에는 벼슬과 본관이 없고, 아버지[世達] 이름만 보여 신원을 알 수 없다.

김시희金時熙 유학을 거쳐 식년시에 급제하여 벼슬이 성균관 전적 (정6품)에 이르렀는데, 《방목》에는 벼슬과 본관이 없고, 아버지[聲達] 이름만 보여 신원을 알 수 없다.

(2) 《족보》 자체가 없는 급제자

신분이 낮은 급제자 48명 가운데 본관을 알 수 있으나, 그 본관의 《족보》 자체가 《청구》와 《만성》에 보이지 않는 급제자는 3명이다. 이들은 인구가 극히 적은 희성으로, 그 가운데 2명은 조선시대 유일한 문과급제자이다. 그 명단을 소개하면 다음과 같다.

안여지安汝止 벼슬이 승문원 권지(임시직)에 오르고, 본관이 창평昌平인데, 《창평안씨보》 자체가 없어 신원을 알 수 없다. 2000년 현재 인구도 알 수 없으며, 조선시대 문과급제자는 안여지가 유일하다.

양정신楊廷藎 벼슬이 성균관 직강(정5품)에 이르렀는데, 본관이 안악安岳으로 알려져 있으나, 《안악양씨보》 자체가 없다. 2000년 현재 안악양씨 인구는 355명의 희성으로, 조선시대 문과급제자는 양정신이 유일하다.

조홍벽趙弘璧 벼슬이 군수(종4품)에 올랐는데, 본관이 함열咸悅로 알려지고 있으나, 《함열조씨보》 자체가 없다. 2000년 현재 함열조씨 인구는 11가구 39명으로, 조선시대 문과급제자 2명을 배출했다.

(3) 《족보》에 가계가 보이지 않는 급제자

효종 대 신분이 낮은 급제자 48명 가운데 《족보》는 있으나 가계가 보이지 않는 급제자는 모두 36명으로 전체 급제자의 14.69퍼센트, 신분이 낮은 급제자의 75퍼센트를 차지한다. 이들 가운데는 인구가 극히 적은 희성 출신과 평안도 출신으로 보이는 급제자들이 있다. 또

서얼로 확인된 급제자가 1명, 부인이 서녀庶女인 급제자가 1명, 인물
이 용렬하다고 비판받은 급제자 1명이 포함되어 있다. 하지만 이들
36명 가운데도 3품 이상 고관에 오른 급제자 6명이 있다. 다음에 서
얼 출신과 3품 이상 고관에 오른 급제자의 명단을 차례로 소개하면
다음과 같다.

(가) 3품 이상 고관에 오른 급제자

김정하金鼎夏 본관이 김해金海로 벼슬이 부사(종3품)에 올랐는데,
《김해김씨보》에 가계가 보이지 않는다.

이관해李觀海 본관이 충주忠州로 벼슬이 목사(정3품 당상관)에 올랐는
데, 《충주이씨보》에 가계가 보이지 않는다.

최완崔浣 본관이 강릉江陵으로 벼슬이 통례원 통례(정3품 당하관)와
첨지중추부사(정3품 당상관)에 올랐는데, 《강릉최씨보》에 가계가 보
이지 않는다.

김명열金命說 본관이 부안扶安으로 벼슬이 승문원 판교(정3품 당하
관)와 예빈시정禮賓寺正(정3품 당하관)에 올랐는데, 《부안김씨보》에 가
계가 보이지 않는다.

오득천吳得天 본관이 해주海州로 벼슬이 부사(종3품)에 이르렀는데,
《해주오씨보》에 가계가 보이지 않는다.

이시담李時橝 본관이 평창平昌으로 벼슬이 부사(종3품)에 올랐는데,
《평창이씨보》에 가계가 없다.

(나) 서자 출신, 부인이 서녀인 급제자

유시번柳時蕃 벼슬이 부사(종3품)에 이르렀는데, 숙종과 정조 대 서

얼로서 재주를 다 펴지 못한 대표적인 인물로 자주 거론되었다.105) 본관이 진주晋州인데,《진주유씨보》에는 유시번의 가계가 보이지 않는다.

김광진金光瑨 벼슬이 부사(종3품)에 이르렀는데, 명신 오도일吳道一의 서매부庶妹夫라고 한다.《방목》에는 본관이 없으나, 광산光山으로 알려져 있다. 하지만《청구》와《만성》의《광산김씨보》에는 김광진의 가계가 보이지 않는다.

(다) 용렬한 급제자, 극희성 출신 급제자

민침閔忱 본관이 여흥驪興으로 벼슬이 성균관 전적(정6품)에 이르렀는데, 사간원은 민침이 용렬한 인물이라고 비판하면서 수령직 제수를 반대했다.《여흥민씨보》에는 그의 가계가 보이지 않는다.

김정金珽 본관이 연주燕州(燕岐)로 벼슬이 성균관 전적(정6품)에 이르렀다. 2000년 현재 연주김씨 인구는 170가구 584명의 극희성으로, 조선시대 문과급제자 2명을 배출했는데, 김정이 두 번째이다.《세종실록》〈지리지〉에는 김씨가 연기의 속성續姓으로 되어 있어 향리일 가능성이 크다.

전홍일全弘一 본관이 기장機張으로 벼슬이 성균관 전적(정6품)에 이르렀다. 2000년 현재 기장전씨 인구는 68가구 223명의 극희성으로, 조선시대 문과급제자 3명을 배출했는데, 전홍일이 두 번째이다.

---

105)《숙종실록》권30, 숙종 22년 7월 21일 을해;《정조실록》권6, 정조 2년 8월 1일 무오.

(4) 《족보》에 가계가 단절된 급제자

효종 대 신분이 낮은 급제자 48명 가운데 《족보》에 이름이 보이지
만, 아버지 위로 가계가 단절된 급제자는 3명이다. 이들은 인구가 극
히 적은 희성으로 직계 조상 가운데 벼슬아치가 없는 사람들이다. 3
명의 명단을 소개하면 다음과 같다.

이일삼李日三 본관이 서천舒川으로 벼슬이 승문원 판교(정3품 당하
관)와 예빈시정(정3품 당하관)에 올랐는데, 《서천이씨보》를 보면 이일
삼 위의 가계가 끊어져 있다. 2000년 현재 서천이씨 인구는 602가구
1,968명의 희성으로, 조선시대 문과급제자 2명을 배출했는데, 그가
처음이다.

손지孫志 본관이 구례求禮로 벼슬이 군수(종4품)에 이르렀는데, 《구
례손씨보》에는 손지 한 사람만 외따로 기록되어 있다. 2000년 현재
구례손씨 인구는 472가구 1,526명의 희성으로, 조선시대 문과급제자
4명을 배출했는데, 그가 두 번째이다.

봉윤奉綸 본관이 하음河陰(江華)으로 벼슬이 봉사(종8품)에 이르렀는
데, 《하음봉씨보》에는 아버지와 봉윤이 외따로 기록되어 있다. 2000
년 현재 하음봉씨 인구는 2,500가구 8,087명의 희성으로, 조선시대
문과급제자 3명을 배출했다.

(5) 내외 4대조 또는 가까운 윗대에 벼슬아치가 없는 급제자와 서출

효종 대 신분이 낮은 급제자 48명 가운데 내외 4대조 가운데 벼슬

아치가 없는 급제자가 3명이고, 《족보》에 가계가 올라 있으나 서출
로 확인된 급제자가 1명이다. 그 명단을 소개하면 다음과 같다.

홍성귀洪聖龜 본관이 당성唐城(南陽)으로 벼슬이 부사(종3품)에 이르
렀는데, 직계 3대조와 외조 가운데 벼슬아치가 없다.

홍석귀洪錫龜 앞에 소개한 홍성귀의 친형으로, 벼슬이 목사(정3품 당
상관)에 올랐다.

곽후창郭後昌 본관이 현풍玄風으로 벼슬이 없는데, 직계 3대조와 외
조 가운데 벼슬아치가 없다.

이지백李知白 본관이 전주全州로 벼슬이 부사(종3품)에 올랐는데, 정
종의 후궁 소생 선성군의 8대손으로 직계 3대조는 모두 벼슬아치이
지만 서출이다. 《방목》에는 진사와 상호군을 거쳐 문과에 급제한 것
으로 기록되어 있어 서출임이 드러나지 않지만, 정조 대 3천여 명이
서얼허통을 요청한 상소를 보면 이지백은 서얼로서 고관에 오른 인
물로 지목되고 있다.

4) 신분이 낮은 급제자의 벼슬

효종 대 신분이 낮은 급제자 48명이 받은 벼슬에 대해 알아보기로
한다. 이들이 받은 벼슬은 《방목》에 보이는 경우도 있고, 《방목》에
는 보이지 않지만 《실록》에 보이는 경우가 있다. 이런 자료를 바탕으
로 이들이 받은 벼슬을 알아본다.

우선 벼슬을 받지 못한 급제자가 6명이고, 벼슬을 받은 자는 42명
으로 취직률은 87.5퍼센트를 차지한다. 이 비율을 앞 시기와 비교하

면 광해군 대 96.96퍼센트, 인조 대 91.71퍼센트로서 시대가 내려갈
수록 취직률이 낮아지고 있음을 볼 수 있다.

벼슬을 받지 못한 6명은 본관이 기록되어 있지 않은 자가 3명, 《족
보》에 가계가 보이지 않는 자가 2명, 내외 4대조 가운데 벼슬아치가
없는 자가 1명이다.

다음에 42명이 받은 최고 벼슬의 품계순으로 인원을 정리해 보면
다음과 같다.

목사牧使(정3품 당상관)	2명
통례원 통례通禮(정3품 당하관)	1명
승문원 판교判校(정3품 당하관)	1명
부사府使(종3품)	8명
1~3품	12명
성균관 사예司藝(정4품)	2명
군수郡守(종4품)	5명
성균관 직강直講(정5품)	1명
6조 정랑正郞(정5품)	2명
현령縣令(종5품)	1명
판관判官(종5품)	1명
성균관 전적典籍(정6품)	6명
6조 좌랑佐郞(정6품)	4명
현감縣監(종6품)	1명
찰방察訪(종6품)	4명
4~6품	27명
봉사奉事(종8품)	1명
승문원 권지權知(임시직)	2명
7~9품	3명
벼슬을 받지 못한 급제자	6명
합 계	48명

여기서 효종 대 신분이 낮은 급제자 48명 가운데 벼슬을 받은 42명의 벼슬을 살펴보면 3품 이상 고관에 오른 인물이 12명에 이르고 있지만, 의정부 정승政丞이나 판서判書, 참판參判 등 1~2품의 고위직은 한 명도 없고, 최고직은 목사(정3품 당상관)이며 지방관인 부사(종3품)가 8명으로 가장 많은 것을 알 수 있다.

4품에서 6품직인 참상관에 나간 인물은 27명인데, 중앙관직은 성균관이 9명으로 가장 많고, 그 다음이 6조 낭관이 6명이고, 그 나머지는 수령守令이 12명으로 가장 많은 수를 차지하고 있다. 청직淸職으로 알려진 홍문관, 사헌부, 사간원으로 나간 급제자는 보이지 않는다. 앞시기인 인조 대에 견주어 한층 악화된 모습이 보인다. 문벌사회의 특성이 여기서도 나타난다.

5) 효종 대 신분이 낮은 급제자 명단

효종 대 신분이 낮은 급제자 48명의 명단을 급제한 시기순으로 소개하면 다음과 같다.

1 **이운근**李雲根(1620~?) 생원을 거쳐 효종 원년(1650) 31세로 증광시에 장원급제하여 벼슬이 성균관 사예(정4품)에 이르렀다. 《방목》에는 벼슬과 아버지[崇益, 생부 時益] 이름이 보이고, 본관이 전의全義로 되어 있다. 그러나 《청구》와 《만성》의 《전의이씨보》에는 이운근의 가계가 보이지 않는다.

2 **김정하**金鼎夏(1608~?) 진사를 거쳐 효종 원년 43세로 증광시에 급제하여 벼슬이 사헌부 감찰(정6품)을 거쳐 현종 대 청송부사(종3품)에

이르렀다. 《방목》에는 벼슬과 아버지[信] 이름이 보이고, 본관이 김해金海로 되어 있다. 그런데 《청구》와 《만성》의 《김해김씨보》에는 김정하의 가계가 보이지 않는다.

3 홍성귀洪聖龜(1626~?) 진사를 거쳐 효종 원년 25세로 증광시에 급제하여 벼슬이 현령(종5품)을 거쳐 부사(종3품)에 이르렀는데, 현종 9년 홍성귀가 담양부사로 있을 때 행실이 나쁘다는 이유로 사간원이 파직을 요청하면서 "홍성귀는 자신의 몸에 세루世累가 있는 데도 근신할 생각을 하지 않고 있다"고 비판했다.106) 여기서 세루가 있다는 말은, 아버지 홍준이 광해군 대 진사로서 폐모론에 가담한 것을 지적한 것이었다.107) 《방목》에는 벼슬과 아버지[浚], 외조, 처부의 이름이 보이고, 본관이 남양南陽으로 되어 있다. 그런데 《청구》의 《남양홍씨보》가 아닌 《당성홍씨보唐城洪氏譜》에 홍성귀의 이름이 보이는데 직계 3대조 가운데 벼슬아치가 없다. 한편, 《만성》의 《남양홍씨보》에는 가계가 보이지 않는다.

4 홍석귀洪錫龜(1621~1679) 생원을 거쳐 효종 원년 30세로 증광시에 급제하여 벼슬이 목사(정3품 당상관)에 이르렀는데, 바로 앞에서 소개한 홍성귀洪聖龜의 형이다. 따라서 홍석귀의 신분은 홍성귀와 같다.

5 이관해李觀海(1598~?) 진사를 거쳐 효종 원년 53세로 증광시에 급제하여 벼슬이 목사(정3품 당상관)에 이르렀다. 《방목》에는 벼슬과 아버지[德勇, 생부 土壁] 이름이 보이고, 본관이 충주忠州로 되어 있다. 그러나 《청구》와 《만성》의 《충주이씨보》에는 이관해의 가계가 보이지 않는다. 2000년 현재 충주이씨 인구는 1,306가구 4,022명의 희성

---

106) 《현종개수실록》 권18, 현종 9년 1월 28일 정묘.
107) 《현종실록》 권16, 현종 10년 5월 13일 을사.

으로, 조선시대 문과급제자 4명을 배출했다.

6 **강호석**姜好奭(1605~?) 진사와 통덕랑(정5품)을 거쳐 효종 2년 (1651) 47세로 식년시에 급제하여 벼슬이 군수(종4품)에 이르렀다. 《방목》에는 벼슬이 없이 아버지[伏] 이름이 보이고, 본관이 진주晋州로 되어 있다. 그런데 《청구》와 《만성》의 《진주강씨보》에는 강호석의 가계가 보이지 않는다.

7 **이제**李濟(1616~?) 진사를 거쳐 효종 2년 36세로 식년시에 급제하여 벼슬이 현감(종6품)에 이르렀다. 《방목》에는 벼슬과 아버지[應聖] 이름이 보이고, 본관이 함안咸安으로 되어 있다. 그런데 《청구》와 《만성》의 《함안이씨보》에는 이제의 가계가 보이지 않는다.

8 **이곡**李穀 진사를 거쳐 효종 2년 식년시에 급제하여 벼슬이 찰방 (종6품)에 이르렀다. 《방목》에는 벼슬과 아버지[知新], 할아버지[大防], 증조[永福], 외조의 이름이 보이고, 본관이 청주淸州로 되어 있다. 출생연도는 알 수 없다. 그런데 《청구》와 《만성》의 《청주이씨보》에는 이곡의 가계가 보이지 않는다.

9 **신찬**申纘(1613~?) 진사를 거쳐 효종 2년 39세로 식년시에 급제하여 벼슬이 찰방(종6품)에 이르렀다. 《방목》에는 벼슬과 아버지[甲龍] 이름이 보이고, 본관이 평산平山으로 되어 있다. 그러나 《청구》와 《만성》의 《평산신씨보》에는 신찬의 가계가 보이지 않는다.

10 **김정**金琔(1611~?) 유학을 거쳐 효종 2년 41세로 식년시에 급제하여 벼슬이 성균관 전적(정6품)에 이르렀다. 《방목》에는 벼슬이 없이 아버지[忠幹] 이름이 보이나 본관이 없다. 본관은 연기燕岐(燕州)로 알려져 있는데, 《만성》에는 《연기김씨보》 자체가 없고, 《청구》의 《연주김씨보》에는 김정의 가계가 보이지 않는다. 2000년 현재 연기

김씨는 170가구 584명의 극희성으로, 조선시대 문과급제자 2명을 배출했는데, 첫 번째는 성종 대이고, 그가 두 번째이자 마지막이다.

11 전홍일全弘一(1589~?) 생원을 거쳐 효종 2년 63세로 식년시에 급제하여 벼슬이 성균관 전적(정6품)에 이르렀다. 《방목》에는 벼슬과 아버지[應坤] 이름이 보이고, 본관이 기장機張으로 되어 있다. 그런데 《청구》의 《기장전씨보》에는 단 한 사람만이 기록되어 있고, 전홍일의 가계는 보이지 않는다. 한편, 《만성》에는 《기장전씨보》 자체가 없다. 2000년 현재 기장전씨 인구는 68가구 223명의 극희성으로, 조선시대 문과급제자 3명을 배출했는데, 그가 두 번째이다.

12 김봉서金鳳瑞(1613~?) 유학을 거쳐 현종 2년 39세로 식년시에 급제하여 벼슬이 성균관 전적(정6품)에 이르렀다. 《방목》에는 벼슬과 아버지[礪用] 이름이 보이나 본관이 없다. 본관은 경주慶州로 알려져 있는데, 《청구》와 《만성》의 《경주김씨보》에는 김봉서의 가계가 보이지 않는다.

13 민침閔忱(1600~?) 무산직인 어모장군(정3품 당하관)을 거쳐 효종 2년 52세로 식년시에 급제하여 벼슬이 성균관 전적(정6품)에 이르렀다. 《방목》에는 벼슬이 없이 아버지[忠吉] 이름이 보이나 본관이 없다. 민씨의 본관은 여흥驪興뿐인데, 《청구》와 《만성》의 《여흥민씨보》에는 민침의 가계가 보이지 않는다. 효종 4년 그를 수령으로 임명하자 사간원은 그의 인물이 용렬庸劣하다는 이유로 파직을 요청했다.[108] 여기서 용렬하다는 말은 신분이 낮다는 뜻이다.

14 장세량張世良(1627~?) 평양의 성리학자 선우협鮮于浹의 문인으

로, 생원을 거쳐 효종 2년 25세로 식년시에 급제하여 벼슬이 공조좌
랑(정6품)에 이르렀는데, 숙종 22년 이조판서 최석정崔錫鼎은 장세량
이 《역경易經》에 조예가 깊다는 점을 들어 수령에 천거하여109) 여러
고을의 수령을 역임했다. 《방목》에는 벼슬이 없이 아버지[雲翔] 이름
이 보이나 본관이 없어 신원을 알 수 없다. 본관은 안동安東으로 알려
져 있는데, 《청구》와 《만성》의 《안동장씨보》에는 그의 가계가 보이
지 않는다. 안동장씨는 조선시대 문과급제자 4명을 배출했는데, 그는
인조 대 이어 두 번째이다.

　　15 유이후柳以厚(1604~?) 생원을 거쳐 효종 2년 48세로 식년시에 급
제하여 벼슬이 예조정랑(정5품)에 이르렀다. 《방목》에는 벼슬과 아버
지[鼎新] 이름이 보이고, 본관이 문화文化로 되어 있다. 그런데 《청
구》와 《만성》의 《문화유씨보》에는 유이후의 가계가 보이지 않는다.

　　16 최완崔浣(1609~?) 생원을 거쳐 효종 2년 43세로 식년시에 급제
하여 벼슬이 통례원 통례(정3품 당하관)와 첨지중추부사(정3품 당상관)
에 이르렀다. 《방목》에는 벼슬과 아버지[具瞻] 이름이 보이고, 본관
이 강릉江陵으로 되어 있다. 그러나 《청구》와 《만성》의 《강릉최씨
보》에는 최완의 가계가 보이지 않는다.

　　17 김지연金之沇(1629~?) 유학을 거쳐 효종 2년 23세로 식년시에 급
제하여 벼슬이 좌랑(정6품)에 이르렀다. 《방목》에는 벼슬과 아버지
[亨震] 이름이 보이고, 본관이 강릉江陵으로 되어 있다. 그런데 《청
구》와 《만성》의 《강릉김씨보》에는 김지연의 가계가 보이지 않는다.

　　18 주진정朱震楨(1620~?) 유학을 거쳐 효종 2년 32세로 식년시에 급

---

109) 《숙종실록》 권30, 숙종 22년 6월 16일 경자.

제하여 벼슬이 형조좌랑(정6품)에 이르렀다.《방목》에는 벼슬과 아버지[申晟] 이름이 보이고, 본관이 없으나 전주全州로 알려져 있다. 그러나《청구》와《만성》의《전주주씨보》에는 주진정의 가계가 보이지 않는다. 전주주씨는 조선시대 문과급제자 22명을 배출했는데, 그 가운데 함흥에서만 14명이 나왔다. 그도 함흥지방의 전주주씨일 가능성이 있다.

　19 **이일삼**李日三(1626~1700) 생원을 거쳐 효종 2년 26세로 식년시에 급제하여 벼슬이 성균관 전적(정6품), 사헌부 감찰(정6품), 예조정랑(정5품), 군수(종4품) 등을 역임하고 승문원 판교(정3품 당하관)와 예빈시정(정3품 당하관)에 이르렀다.《방목》에는 벼슬과 아버지[復亨] 이름이 보이고, 본관이 서천舒川으로 되어 있다. 그런데《청구》의《서천이씨보》를 보면 단 두 사람이 기록되어 있는데, 한 사람은 고려시대 인물이고, 다른 하나는 이일삼으로 가계가 끊어져 기록되어 있어 가계를 알 수 없다. 한편,《만성》에는《서천이씨보》자체가 없다. 2000년 현재 서천이씨 인구는 602가구 1,969명의 희성으로, 조선시대 문과급제자 2명을 배출했는데, 그가 첫 급제자이다.

　20 **신중보**申重寶(1629~?) 유학을 거쳐 효종 2년 23세로 별시에 급제하여 벼슬이 찰방(종6품)에 이르렀다.《방목》에는 벼슬과 아버지[尙曾] 이름이 보이고, 본관이 평산平山으로 되어 있다. 그런데《청구》와《만성》의《평산신씨보》에는 신중보의 가계가 보이지 않는다.

　21 **기침**奇琛(1592~?) 유학을 거쳐 효종 2년 60세로 별시에 급제하여 벼슬이 승문원 권지(임시직)에 이르렀다.《방목》에는 벼슬과 아버지[義獻], 할아버지[孝愼], 증조[大順] 이름이 보이고, 본관이 행주幸州로 되어 있다. 그러나《청구》와《만성》의《행주기씨보》에는 기침의

가계가 보이지 않는다.

22 김명열金命說(1613~?) 유학을 거쳐 효종 2년 39세로 별시에 급제하여 벼슬이 남원부사(종3품)에 이르렀는데, 현종 7년과 11년 사헌부는 김명열의 재간과 도량이 직책에 걸맞지 않고 집이 또한 가까이 있어 수령의 직책을 수행하기 어려우니 체차하라고 요청하여 임금이 이를 따랐다.110) 《방목》에는 벼슬이 없이 아버지[弘遠], 할아버지[景順] 이름이 보이고, 본관이 없다. 본관은 부안扶安으로 알려져 있는데, 《청구》와 《만성》의 《부안김씨보》에는 그의 가계가 보이지 않는다.

23 이지백李知白(1605~?) 진사와 상호군(정3품)을 거쳐 효종 3년(1652) 증광시에 급제하여 벼슬이 현령(종5품)을 거쳐 부사(종3품)에 이르렀는데, 정조 2년 황경현 등 3,272명의 서얼들이 올린 서얼허통 요청 상소에서 서얼로서 부사에 오른 인물로 언급하고 있다.111) 따라서 이지백은 서출임이 확실하다. 《방목》에는 벼슬과 아버지[憲邦], 할아버지[弘胄], 증조[克仁], 처부의 이름이 보이고, 본관이 전주全州로 되어 있다. 《전주이씨과거급제자총람》을 보면 그는 정종의 후궁 소생 선성군宣城君의 8세손으로, 아버지와 할아버지, 증조는 모두 벼슬아치다.

24 이소번李昭蕃(1611~?) 생원을 거쳐 효종 3년 42세로 증광시에 급제하여 벼슬이 현령(종5품)에 이르렀다. 《방목》에는 벼슬과 아버지[啓遜] 이름이 보이고, 본관이 수안遂安으로 되어 있다. 그런데 《청구》와 《만성》의 《수안이씨보》에는 이소번의 가계가 보이지 않는다. 2000년 현재 수안이씨 인구는 5,539가구 1만 7,677명의 희성으로 조

---

110) 《현종실록》 권12, 현종 7년 8월 4일 임자; 권18, 현종 11년 7월 17일 신미.
111) 《정조실록》 권6, 정조 2년 8월 1일 무오.

선시대 문과급제자 26명을 배출했는데, 그 가운데 18명이 조선 후기
에 급제하였으며, 평안도에서 11명, 황해도에서 6명, 함경도에서 1명
이 나왔다.

　　25 손지孫志(1591~?) 유학을 거쳐 효종 3년 62세로 증광시에 급제
하여 벼슬이 봉상시 주부(종6품)와 화순현감(종6품)을 거쳐 군수(종4
품)에 이르렀다. 《방목》에는 벼슬과 아버지〔裕〕이름이 보이고, 본관
이 구례求禮로 되어 있다. 그런데 《청구》의 《구례손씨보》에는 가계
가 끊어진 형태로 손지 한 사람이 외따로 기록되어 있어 가계를 알
수 없으며, 《만성》에는 《구례손씨보》 자체가 없다. 2000년 현재 구
례손씨 인구는 472가구 1,526명의 희성으로, 조선시대 문과급제자 4
명을 배출했는데, 성종 대 첫 급제자가 나온 뒤 그가 두 번째이다.

　　26 우규禹紏(1619~?) 생원을 거쳐 효종 4년(1653) 35세로 별시에 급
제하여 벼슬이 찰방(종6품)에 이르렀다. 《방목》에는 벼슬과 아버지
〔弼亮〕이름이 보이고, 본관이 단양丹陽으로 되어 있다. 그런데 《청
구》와 《만성》의 《단양우씨보》에는 우규의 가계가 보이지 않는다.

　　27 김천일金千鎰(1622~?) 진사를 거쳐 효종 4년 32세로 별시에 급제
하여 벼슬이 성균관 사예(정4품)에 이르렀다. 《방목》에는 벼슬과 아
버지〔重器〕이름이 보이나 본관이 없다. 본관은 선산善山으로 알려져
있는데, 《청구》와 《만성》의 《선산김씨보》에는 김천일의 가계가 보
이지 않는다.

　　28 오득천吳得天(1623~?) 진사를 거쳐 효종 4년 31세로 별시에 급제
하여 벼슬이 부사(종3품)에 이르렀다. 《실록》을 보면 오득천은 북도
北道에서 시험으로 뽑아 복시를 거치지 않고 전시殿試에 직부直赴하여
급제했다고 하므로,112) 북방 지역의 유생으로서 특채된 것이다. 《방

목》에는 벼슬과 아버지[士元] 이름이 보이고, 본관이 해주海州로 되어 있다. 그런데 《청구》와 《만성》의 《해주오씨보》에는 그의 가계가 보이지 않는다.

29 도여원都汝垣(1597~?) 생원을 거쳐 효종 5년(1654) 58세로 식년시에 급제하여 벼슬이 군수(종4품)에 이르렀다. 《방목》에는 벼슬이 없이 아버지[賢凱] 이름이 보이고, 본관이 팔거八莒(星州)로 되어 있다. 그런데 《청구》와 《만성》의 《팔거도씨보》에는 도여원의 가계가 보이지 않는다.

30 이형천李亨千(1621~?) 생원을 거쳐 효종 5년 34세로 식년시에 급제하여 벼슬이 예조좌랑(정6품)에 이르렀다. 《방목》에는 벼슬과 아버지[繢] 이름이 보이고, 본관이 벽진碧珍으로 되어 있다. 그런데 《청구》와 《만성》의 《벽진이씨보》에는 이형천의 가계가 보이지 않는다.

31 이시담李時檀(1626~?) 통덕랑(정5품)을 거쳐 효종 5년 29세로 식년시에 급제하여 벼슬이 부사(종3품)에 이르렀다. 《방목》에는 벼슬과 아버지[愈], 할아버지[德强] 이름이 보이고, 본관이 평창平昌으로 되어 있다. 그런데 《청구》와 《만성》의 《평창이씨보》에는 이시담의 가계가 보이지 않는다.

32 정익鄭瀷(1607~?) 생원을 거쳐 현종 5년 48세로 식년시에 급제했다. 《방목》에는 벼슬이 없이 아버지[之經], 할아버지[謹], 증조[希登], 외조[姜紳] 이름이 보이고, 본관이 동래東萊로 되어 있다. 《청구》와 《만성》의 《동래정씨보》를 보면 정익은 기묘명현의 한 사람인 정구鄭球의 4세손으로, 아버지까지의 가계는 보이고 조상 대대로 벼슬

---

112) 《효종실록》 권11, 효종 4년 11월 19일 신해.

아치이지만 그의 이름은 보이지 않는다.

33 안여지安汝止(1628~?) 유학을 거쳐 효종 5년 27세로 식년시에 급제하여 벼슬이 승문원 권지(임시직)에 이르렀다. 《방목》에는 벼슬과 아버지〔國衡〕 이름이 보이고, 본관이 창평昌平으로 되어 있다. 그러나 《청구》와 《만성》에는 《창평안씨보》 자체가 없어 신원을 알 수 없다. 안씨는 창평의 토성土姓이지만, 현재 인구도 알 수 없으며, 조선시대 문과급제자는 안여지가 유일하다. 본관은 죽산竹山으로 알려져 있으나, 《방목》과 달라 그대로 믿기 어렵다. 아마도 창평안씨가 죽산안씨로 본관을 바꾸었는지도 모른다.

34 김탁金鐸(1630~?) 유학을 거쳐 효종 5년 25세로 식년시에 급제했다. 《방목》에는 아버지〔世達〕 이름만 보이고, 본관이 없어서 신원을 알 수 없다.

35 박거화朴居華(1614~?) 생원을 거쳐 효종 5년 41세로 식년시에 급제했다. 《방목》에는 벼슬이 없이 아버지〔玭〕, 할아버지〔守謙〕, 증조〔蘲〕 이름이 보이고, 본관이 함양咸陽(速含)으로 되어 있다. 그런데 《만성》의 《함양박씨보》에는 할아버지까지의 가계만 보이고 그 뒤는 단절되어 있으며, 《청구》의 《속함박씨보》를 보면 증조까지의 가계만 보이고 그 뒤가 끊어져 있다.

36 김광진金光璡(1625~1698) 유학을 거쳐 효종 5년 30세로 식년시에 급제하여 벼슬이 찰방(종6품), 현감(종6품), 예조정랑(정5품)을 거쳐 부사(종3품)에 이르렀는데, 《실록》을 보면 김광진은 오도일吳道一의 서매부庶妹夫로 그의 사당私黨이었다고 한다.[113] 《방목》에는 벼슬과 아

---

113) 《숙종실록》 권14, 숙종 9년 윤6월 26일 병인.

버지[好謙] 이름이 보이고, 본관이 없어 신원을 알 수 없으나 부인이
서얼임은 분명하다. 함경도 길주吉州 출신으로 본관은 광산光山으로
알려져 있으나, 《청구》와 《만성》의 《광산김씨보》에는 그의 가계가
보이지 않는다.

37 마현겸馬玄謙(1631~?) 유학을 거쳐 효종 5년 24세로 식년시에 급
제하여 벼슬이 성균관 전적(정6품)에 이르렀다. 《방목》에는 벼슬과
아버지[挺獜], 할아버지[尙遠] 이름이 보이고, 본관이 목천木川으로 되
어 있다. 그런데 《청구》의 《목천마씨보》에는 마현겸의 가계가 보이
지 않고, 《만성》에는 《목천마씨보》 자체가 없다. 마씨는 목천의 토
성土姓이며, 조선시대 문과급제자 7명을 배출했다.

38 윤필은尹弼殷(1615~?) 생원을 거쳐 효종 7년(1656) 42세로 별시
에 급제하여 벼슬이 판관(종5품)에 이르렀다. 《방목》에는 벼슬과 아
버지[聖任], 처부의 이름이 보이고, 본관이 파평坡平으로 되어 있다.
그런데 《청구》와 《만성》의 《파평윤씨보》에는 윤필은의 가계가 보
이지 않는다.

39 김진원金振元(1613~?) 생원을 거쳐 효종 8년(1657) 45세로 식년
시에 급제하여 벼슬이 함안군수(종4품)에 이르렀다. 《방목》에는 벼슬
과 아버지[時輔] 이름이 보이고, 본관이 광주光州(光山)로 되어 있다.
그러나 《청구》와 《만성》의 《광산김씨보》에는 김진원의 가계가 보
이지 않는다.

40 곽후창郭後昌(1608~?) 진사를 거쳐 효종 8년 50세로 식년시에 급
제했다. 《방목》에는 벼슬이 없이 아버지[涌], 할아버지[再謙], 증조
[超] 이름이 보이고, 본관이 현풍玄風으로 되어 있다. 《청구》와 《만
성》의 《현풍곽씨보》를 보면 곽후창의 직계 3대조와 외조 가운데 벼

슬아치가 없다.

41 홍인량洪仁量(1599~?) 진사를 거쳐 효종 8년 59세로 식년시에 급제했다. 《방목》에는 벼슬이 없이 아버지[文海], 할아버지[鳳祚], 증조[以乾], 외조[許漑] 이름이 보이고, 본관이 남양南陽으로 되어 있다. 그런데 《청구》와 《만성》의 《남양홍씨보》에는 홍인량의 가계가 보이지 않는다.

42 노상흠盧尚欽(1607~?) 생원을 거쳐 효종 8년 51세로 식년시에 급제하여 벼슬이 성균관 전적(정6품)에 이르렀다. 《방목》에는 벼슬과 아버지[忠秀] 이름이 보이고, 본관이 장연長淵으로 되어 있다. 그러나 《청구》와 《만성》의 《장연노씨보》에는 노상흠의 가계가 보이지 않는다. 노씨는 장연의 토성土姓으로 광해군 대 이후 문과급제자 7명을 배출했는데, 그 가운데 4명이 평양 출신으로 밝혀져 있어 그도 평양 출신일 가능성이 크다. 2000년 현재 인구는 2,672가구 8,394명의 희성이다.

43 봉윤奉綸(1632~?) 유학을 거쳐 효종 8년 26세로 식년시에 급제하여 벼슬이 봉사(종8품)에 이르렀다. 《방목》에는 벼슬과 아버지[春南] 이름이 보이나 본관이 없다. 그런데 《청구》의 《하음봉씨보河陰奉氏譜》에 가계가 끊어진 형태로 아버지 춘남과 봉윤이 외따로 기록되어 있는데, 아버지는 벼슬이 없다. 한편, 《만성》의 《하음(강화)봉씨보》에는 그의 가계가 보이지 않는다. 2000년 현재 하음봉씨 인구는 8,087명의 희성으로, 조선시대 문과급제자 3명을 배출했다.

44 양정신楊廷藎(1627~?) 유학을 거쳐 효종 8년 31세로 식년시에 급제하여 벼슬이 현감(종6품)을 거쳐 성균관 직강(정5품)에 이르렀다. 《방목》에는 벼슬과 아버지[有時] 이름이 보이나 본관이 없다. 본관은

안악安岳으로 알려져 있는데, 《청구》와 《만성》에는 《안악양씨보》 자체가 없다. 2000년 현재 안악양씨 인구는 355명의 극희성으로, 조선시대 문과급제자는 양정신이 유일하다.

45 김석지金錫之(1632~1688) 유학을 거쳐 효종 8년 26세로 식년시에 급제하여 벼슬이 승정원 주서(정7품)를 거쳐 예조정랑(정5품)에 이르렀다. 《방목》에는 벼슬과 아버지[三俊] 이름이 보이고, 본관이 연안延安으로 되어 있다. 그런데 《청구》와 《만성》의 《연안김씨보》에는 김석지의 가계가 보이지 않는다.

46 김시희金時熙(1626~?) 유학을 거쳐 효종 8년 32세로 식년시에 급제했다. 《방목》에는 벼슬이 없이 아버지[聲達] 이름이 보이나 본관이 없어 신원을 알 수 없다.

47 조홍벽趙弘璧(1634~?) 평안도 자산慈山 사람으로,[114] 유학을 거쳐 효종 8년 24세로 식년시에 급제하여 벼슬이 예조정랑(정5품)과 군수(종4품)에 이르렀다. 《방목》에는 벼슬과 아버지[克謙] 이름이 보이나 본관이 없어 신원을 알 수 없다. 본관은 함열咸悅로 알려져 있는데, 《청구》와 《만성》에는 《함열조씨보》 자체가 없다. 조씨는 함열의 토성土姓에도 있고 속성續姓에도 있다. 2000년 현재 함열조씨 인구는 11가구 39명의 극희성으로, 조선시대 문과급제자 2명을 배출했는데, 첫 번째는 성종 대 나왔고, 조홍벽이 두 번째이자 마지막이다.

48 유시번柳時蕃(1616~1692) 부사과(종6품)를 거쳐 효종 8년 42세로 알성시에 급제하여 벼슬이 판관(종5품), 전적(정6품), 교서관 교리(정5품), 찰방(종6품), 군수(종4품) 등을 거쳐 부사(종3품)에 이르렀는데, 유

---

114) 《숙종실록》 권35, 숙종 27년 2월 29일 정해.

시번은 숙종 대와 정조 대 서얼로서 재주를 다 펴지 못한 대표적 인물로 자주 거론되었다.[115] 《방목》에는 벼슬과 아버지[燦], 할아버지[重光], 증조[浚], 처부의 이름이 보이고, 본관이 진주晉州로 되어 있다. 그런데 《청구》와 《만성》의 《진주유씨보》에는 그의 이름이 보이지 않는다.

---

115) 《숙종실록》 권30, 숙종 22년 7월 21일 을해; 《정조실록》 권6, 정조 2년 8월 1일 무오.

1) 시험종류별 급제자 인원

현종 재위(1659~1674) 15년 동안 문과급제자는 모두 391명으로,[116] 매년 평균 26.2명을 선발한 셈이다. 급제자 391명을 시험종류별로 살펴보면 다음과 같다.

여기서 정기시험인 식년시는 초시初試급제자를 8도의 인구비율로 강제 배분하므로 다른 시험에 견주어 지방민에게 상대적으로 유리한데, 현종 대에는 5회에 걸쳐 173명을 선발했으므로 매회 평균 34.6명을 선발한 셈이다. 이는 매회 평균 33명을 선발

식년시式年試	5회	173명
증광시增廣試	2회	75명
정시庭試	5회	48명
별시別試	5회	67명
춘당대시春塘臺試	2회	18명
함경도 별시	1회	3명
온양 별시	1회	3명
평안도 별시	1회	4명
합 계		391명

---

116) 《방목》에는 현종 대 문과급제자를 모두 390명이라고 기록하고 있으나 이는 계산 착오이다.

한다는 《경국대전》의 규정보다 약간 웃도는 수치다. 그런데 이 수치는 시대가 내려갈수록 커져서 숙종 대 37.46명, 경종 대 34.5명, 영조 대 44.7명, 정조 대 45.37명, 순조 대 40.4명, 헌종 대 41명, 철종 대 41.75명, 고종 대 42.3명으로 늘어났다. 지방민에 대한 배려가 컸던 영조, 정조, 고종 대의 수치가 높다는 것이 흥미롭다.

식년시와 비슷한 성격을 지닌 증광시는 2회에 걸쳐 75명을 선발했는데, 식년시급제자를 합치면 248명으로 전체 급제자의 63.42퍼센트를 차지한다. 이 밖에 지방민을 위한 별시가 함경도, 평안도, 온양에서 실시되어 모두 10명의 급제자를 선발한 것도 의미 있는 조치였다. 특히 함경도 별시는 처음 있는 일로, 숙종 대 이후에도 그대로 이어지고 있다.

2) 신분이 낮은 급제자의 인원과 유형

현종 대 문과급제자 391명 가운데 신분이 낮은 급제자로 판명된 인원은 모두 93명으로, 전체 급제자의 23.78퍼센트를 차지하고 있다. 이 수치를 앞 시기와 비교하면 다음과 같다.

여기서 조선 후기인 광해군 대 이후의 수치만 가지고 비교해 보면, 광해군 대 14.63퍼센트로 최하점을 찍은 뒤에 인조-효종 대에 20퍼센트 안팎을 유지하고 있다가 현종 대 이후로 23.78퍼센트로 상승하고 있음을 볼 수 있다. 조선왕조 5백 년 전 시기를 놓고 볼 때에는 이 시기 곧 17세기 전후한 시기가 신분이동이 상대적으로 저조한 시기임을 보여 준다. 그리고 바로 이 시기가 사회개혁을 주장하는 실학자들이 등장하여 양반문벌兩班門閥의 독점적 폐단을 지적하던 시기와

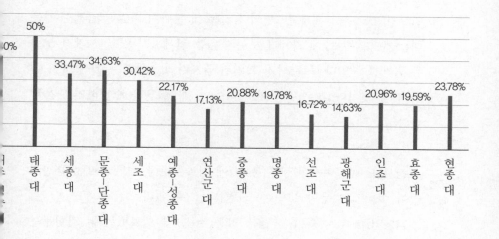

도 일치함을 볼 수 있다.

현종 대 신분이 낮은 급제자 93명은 다음과 같은 여러 유형이 있다. ①《방목》에 본관이 보이지 않는 급제자가 34명인데, 본관 확인이 안 되는 급제자 2명, ② 본관은 알 수 있지만《족보》자체가 없는 급제자 3명, ③《족보》는 있으나《족보》에 가계가 보이지 않는 급제자 58명, ④《족보》에 가계가 단절된 급제자 11명, ⑤ 내외 4대조 가운데 버슬아치가 없는 급제자는 16명, ⑥《족보》에는 올라 있으나 서얼로 확인된 급제자는 1명, 문지門地가 비미卑微하다고 알려진 급제자는 2명이다.

(1) 본관을 알 수 없는 급제자

《방목》에 본관이 기록되어 있지 않은 급제자는 모두 34명인데, 그 가운데 다른 방법으로 본관이 확인된 급제자는 32명이고, 본관을 확인하기 어려운 급제자는 2명이다. 그런데 본관이 확인된 급제자 가운데는 해당 《족보》에 가계가 보이지 않는 급제자가 있고, 가계가 보이는 급제자가 있다. 《족보》가 확인된 급제자에 대해서는 뒤에 다시 살피게 될 것이다. 본관 확인이 어려운 급제자 2명을 소개하면 다음과 같다.

김시현金是鉉 벼슬이 군수(종4품)에 이르렀는데, 《방목》에는 본관이 없이 아버지 이름만 보인다. 신원을 알 수 없다.

남붕익南鵬翼 벼슬이 선원전 참봉(종9품)에 이르렀는데, 사헌부는 남붕익의 가계와 유래를 알 수 없으며 향곡에서 버림받은 인물이라는 이유로 내쫓아야 한다고 주장하여 임금이 이를 따랐다. 《방목》에는 본관이 없어 신원을 알 수 없다.

(2) 《족보》 자체가 없는 급제자

현종 대 신분이 낮은 급제자 93명 가운데 본관은 알 수 있으나 그 본관의 《족보》 자체가 《청구》와 《만성》에 보이지 않는 급제자는 3명이다. 이들은 모두 인구가 적은 희성 출신이며, 2명은 조선시대 유일한 문과급제자이다. 그 명단을 소개하면 다음과 같다.

장두칠張斗七 벼슬이 현령(종5품)에 오르고 본관이 전주全州로 알려져 있는데, 《청구》와 《만성》에는 《전주장씨보》 자체가 없다. 《세종실록》〈지리지〉를 보면 장씨는 전주의 속성續姓으로 향리를 하고 있다고 되어 있어 향리 후예임을 알 수 있다. 2000년 현재 전주장씨 인

구는 260가구 809명의 희성으로, 장두칠이 조선시대 유일한 문과급
제자이다.

변사달邊四達 벼슬이 현감(종6품)에 이르고 본관이 의성義城으로 되
어 있는데, 《청구》와 《만성》에는 《의성변씨보》 자체가 없다. 2000
년 현재 의성변씨 인구는 2,109가구 6,848명의 희성으로, 조선시대
문과급제자는 변사달이 유일하다. 영조 대 편찬된 《여지도서》에는
의성에 변씨가 보이지 않아 그가 벼슬아치가 된 뒤에 본관을 이곳으
로 정한 듯하다.

박수검朴守儉 벼슬이 호조정랑(정5품)에 오르고 본관이 의흥義興으
로 되어 있는데, 《청구》와 《만성》에는 《의흥박씨보》가 없다. 2000
년 현재 인구는 1,242가구 3,911명의 희성으로 조선시대 문과급제자
3명을 배출했다.

(3) 《족보》에 가계가 보이지 않는 급제자

현종 대 신분이 낮은 급제자 93명 가운데 《청구》와 《만성》에 《족
보》는 있으나 《족보》에 가계가 보이지 않는 급제자는 58명에 이른
다. 이는 전체 급제자의 14.83퍼센트, 신분이 낮은 급제자의 62.36퍼
센트를 차지한다.

《족보》에 오르지 못한 급제자는 인구가 적고 조상 가운데 벼슬아
치가 드문 희성 출신의 평민이거나, 향리거나 서얼이거나, 중인이거
나, 그 밖에 다른 이유로 《족보》에 오르지 못한 것으로 보인다.

(가) 서얼로 판명된 급제자

《족보》에 가계가 보이지 않는 급제자 58명 가운데 서얼로 판명된 급제자는 1명이다. 그 명단은 다음과 같다.

박문정朴文精 서얼로서 허통許通되어 급제했는데, 벼슬은 알 수 없다. 《방목》에는 아버지〔興宗〕 이름이 보이고, 본관이 없지만 아버지의 본관은 영암靈岩이요, 거주지는 함경도 경성鏡城이다. 그런데 《만성》에는 《영암박씨보》 자체가 없고, 《청구》의 《영암박씨보》에는 박문정의 가계가 보이지 않는다.

(나) 희성 출신 급제자

《족보》에 가계가 보이지 않는 급제자 58명 가운데 인구가 적은 희성 출신으로 판명된 급제자는 4명인데, 그 가운데 유일급제자가 1명이고, 첫 급제자가 1명이다. 그 명단은 다음과 같다.

송상주宋相周 벼슬이 부사(종3품)에 이르렀는데, 본관이 없지만 태인泰仁으로 알려져 있다. 그런데 《만성》에는 《태인송씨보》 자체가 없고, 《청구》의 《태인송씨보》에는 송상주의 가계가 보이지 않는다. 《실록》을 보면 그는 전라도 향곡鄕曲의 비천卑賤한 사람이라고 한다.[117] 2000년 현재 태인송씨 인구는 29가구 92명의 극희성으로, 조선시대 문과급제자 2명을 배출했는데, 태조 대 첫 급제자가 나온 뒤로 그가 두 번째이다.

노삼석盧三錫 벼슬이 예조좌랑(정6품)에 이르렀는데, 본관이 없지만 함평咸平(咸豊)으로 알려져 있다. 그러나 《청구》와 《만성》의 어느 노

---

117) 《숙종실록》 권21, 숙종 15년 7월 3일 정유.

씨보에도 노삼석의 가계는 보이지 않는다. 2000년 현재 함평노씨 인구는 1,604가구 5,131명의 희성으로, 조선시대 문과급제자 4명을 배출했다.

박내경朴來慶 벼슬이 현감(종6품)에 이르렀는데, 본관이 고성固城으로 되어 있다. 그런데 《만성》에는 《고성박씨보》 자체가 없으며, 《청구》의 《고성박씨보》에는 박내경의 가계가 보이지 않는다. 2000년 현재 인구는 1,242가구 3,911명의 희성으로, 조선시대 문과급제자 3명을 배출했는데, 그가 처음이다.

송덕주宋悳周 벼슬이 찰방(종6품)에 이르렀는데, 본관이 서산瑞山으로 되어 있다. 그런데 《만성》에는 《서산송씨보》 자체가 없고, 《청구》의 《서산송씨보》에는 송덕주의 가계가 보이지 않는다. 2000년 현재 서산송씨 인구는 835가구 2,713명의 희성으로, 조선시대 문과급제자는 그가 유일하다.

(다) 신분이 나쁘다고 공격받은 급제자

《족보》에 오르지 못한 급제자 58명 가운데는 벼슬을 받을 때 신분이 나쁘다고 대간의 비판을 받은 급제자가 9명이다. 9명의 명단을 소개하면 다음과 같다.

김시욱金時郁 벼슬이 통례원 상례相禮(종3품)에 올랐는데, 숙종 대 김시욱이 병조좌랑(정6품)에 임명되자 사간원은 그의 지망地望이 가볍다는 이유로 반대했다. 본관이 김해金海로 되어 있으나 《김해김씨보》에는 그의 가계가 보이지 않는다.

김시휘金時輝 벼슬이 판관(종5품)에 이르렀는데, 판관에 임명될 때 사간원은 김시휘가 직임에 합당치 않다는 이유로 체차를 요구했

다.118) 본관이 광주光州(光山)로 되어 있으나《청구》와《만성》의《광
산김씨보》에는 그의 가계가 보이지 않는다.

조세휘調世彙 벼슬이 정正(정3품 당하관)에 이르렀는데, 조세휘가 성
균관 전적(정6품)에 임명되자 사간원은 행동이 거칠어 향당鄕黨에서
버림받은 사람이라고 하면서 체차를 요구한 일이 있었다.119) 본관이
한양漢陽인데,《청구》와《만성》의《한양조씨보》에는 그의 가계가
보이지 않는다.

송상주宋相周 앞에서 이미 소개했다.

김익화金益華 벼슬이 예조정랑(정5품)과 사헌부 감찰(정6품)에 이르
렀는데, 김익화가 예조정랑에 임명되자 사간원은 그가 "문지門地가
한미寒微하다"는 이유로 파직을 요청했으나120) 임금은 이를 듣지 않
았다. 본관은 광주光州(光山)로 알려져 있는데,《청구》와《만성》의
《광산김씨보》에는 그의 가계가 보이지 않는다.

양현망楊顯望 평양 사람으로 평안도 별시에 급제하여 벼슬이 사헌
부 장령(정4품)에 이르렀는데, 양현망이 형조정랑(정5품)에 임명되자
사헌부는 그가 본디 미천微賤한 사람이라는 이유로 파직을 요청했으
나 숙종은 문벌숭상을 개탄하면서 사헌부의 말을 듣지 않았다.121) 본
관이 중화中和로 되어 있는데,《청구》와《만성》의《중화양씨보》에
는 그의 가계가 보이지 않는다. 2000년 현재 중화양씨 인구는 1,682
가구 5,468명의 희성으로, 조선시대 문과급제자 5명을 배출했는데 그
가 세 번째이다.

---

118)《현종실록》권10, 현종 6년 2월 10일 정묘.
119)《현종실록》권7, 현종 4년 7월 2일 정묘.
120)《숙종실록》권9, 숙종 6년 5월 13일 신축.
121)《숙종실록》권16, 숙종 11년 6월 25일 갑인.

안여기安汝器 벼슬이 성균관 직강(정5품)과 현령(종5품)에 이르렀는데, 신하들은 안여기가 사람이 오잔汚殘(더럽고 보잘것없다)하다는 이유로 파직을 요청하기도 했다.[122] 본관이 창락昌樂(順興)으로 되어 있는데, 《청구》와 《만성》의 어느 안씨보에도 그의 가계는 보이지 않는다. 현재 죽산안씨竹山安氏로 알려져 있으나 믿기 어렵다.

윤방헌尹邦憲 벼슬이 성균관 전적(정6품)에 이르렀는데, 윤방헌이 급제하자 사관四館에서는 그의 아버지의 외고조가 백정白丁이라고 하면서 급제를 취소하자는 의론이 일어났으나,[123] 임금이 이를 듣지 않았다. 본관은 칠원柒原으로 되어 있는데, 《청구》와 《만성》의 《칠원윤씨보》에는 그의 가계가 보이지 않는다.

홍우적洪禹績 벼슬이 통정대부(정3품 당상관)로서 부사(종3품)에 올랐는데, 《실록》을 보면 홍우적은 서북인(평안도 출신)으로 신분이 천례賤隸였다고 한다. 본관은 남양南陽인데, 《남양홍씨보》에 가계가 보이지 않는다.

(라) 3품 이상 고관에 오른 급제자

《족보》에 오르지 못한 급제자 58명 가운데 3품 이상 고관에 오른 급제자는 모두 4명이다. 다만, 2품 이상에 오른 인물은 한 사람도 없다. 그 명단을 소개하면 다음과 같다.

김시욱金時郁 벼슬이 통례원 상례(종3품)에 이르렀는데, 앞에서 이미 소개했다.

조세휘趙世彙 벼슬이 정正(정3품 당하관)에 올랐는데, 앞에서 이미 소

---

122) 《숙종실록》 권14, 숙종 9년 7월 14일 계미.
123) 《현종실록》 권27, 현종 14년 5월 11일 경진.

개했다.

송상주宋相周 벼슬이 부사(종3품)에 올랐는데, 앞에서 이미 소개했다.

홍우적洪禹績 벼슬이 통정대부(정3품 당상관)로 부사(종3품)에 올랐는데, 앞에서 이미 소개했다.

(4) 《족보》에 가계가 단절된 급제자

《족보》에 가계가 보이지만 본인 또는 아버지 윗대의 가계가 끊어진 급제자는 모두 11명이다. 이들은 인구가 적은 희성의 평민이거나 서얼이거나, 향리거나, 그 밖에 어떤 까닭으로 가계가 끊어진 것으로 보인다. 이들의 벼슬은 모두가 4품 이하 낮은 벼슬에 머물고 있는데, 자기 성관의 유일한 급제자가 2명으로, 그 가운데 1명은 시조이다. 11명의 명단을 소개하면 다음과 같다.

김소하金韶夏 본관이 나주羅州로서 벼슬이 현감(종6품)에 이르렀는데, 《나주김씨보》에는 가계가 끊어진 채 본인만 기록되어 있다. 나주김씨는 조선 중종 대 이후 문과급제자 8명을 배출했다.

진상점陳尙漸 본관이 강양江陽(驪陽)으로 벼슬이 성균관 직강(정5품)에 이르렀는데, 《여양진씨보》에 가계가 끊어진 채 홀로 기록되어 있다.

국민鞠旼 본관이 담양潭陽으로 벼슬이 현감(종6품)에 이르렀는데, 《청구》의 《담양국씨보》에는 가계가 끊어진 형태로 아버지와 본인만 기록되어 있으며, 아버지는 벼슬이 없다. 2000년 현재 담양국씨 인구는 4,892가구 1만 5,774명이며, 조선시대 문과급제자 2명을 배출했는데, 국민이 두 번째이다.

이영李渶 본관이 청안淸安으로 벼슬이 교서관 교리校理(종5품)에 이르렀는데, 《청안이씨보》에는 아버지가 시조로 되어 있으나 벼슬이 없다. 2000년 현재 인구는 4,264가구 1만 3,549명의 희성으로, 조선시대 문과급제자는 이영이 유일하다.

손유孫愈 본관이 구례求禮로 벼슬이 주부(종6품)에 이르렀는데, 《구례손씨보》에는 본인만 외따로 기록되어 있다. 2000년 현재 인구는 472가구 1,526명의 희성으로, 조선시대 문과급제자 4명을 배출했다.

손우孫愚 본관이 구례로 벼슬이 현감(종6품)에 이르렀는데, 《청구》의 《구례손씨보》에는 가계가 끊어진 채 본인만 기록되어 있다.

고홍진高弘進 제주 사람이고 본관이 제주濟州로 벼슬이 성균관 전적(정6품)에 이르렀는데, 《청구》의 《제주고씨보》에는 본인만 외따로 기록되어 있다.

모세번牟世蕃 본관이 함평咸平으로 벼슬이 현감(종6품)에 이르렀는데, 《함평모씨보》에는 아버지와 모세번이 가계가 단절된 모습으로 보인다. 조선시대 문과급제자 4명을 배출했는데, 그가 처음이다.

김상환金尙煥 본관이 적성積城으로 벼슬이 사헌부 감찰(정6품)에 이르렀는데, 《청구》의 《적성김씨보》에는 아버지와 김상환만 기록되어 있으며, 아버지는 벼슬이 없고 김상환이 시조다. 2000년 현재 인구는 208가구 669명의 희성으로, 조선시대 문과급제자는 그가 유일하다.

김초중金楚重 본관이 고령高靈으로 벼슬이 현감(종6품)에 이르렀는데, 《만성》의 《고령김씨보》에는 아버지 윗대의 가계가 단절되어 있어 신원을 알 수 없다. 조선시대 문과급제자 5명을 배출했다.

유성두柳星斗 본관이 선산善山으로 벼슬이 현감(종6품)에 이르렀는데, 《청구》의 《선산유씨보》를 보면 중종 대 명신인 유희춘柳希春의 형 유성춘柳成春의 후손이지만 아버지 윗대의 가계가 끊어져 있다.

(5) 내외 4대조 또는 가까운 윗대에 벼슬아치가 없는 급제자

현종 대 신분이 낮은 급제자 93명 가운데 《족보》에 가계가 보이지만 내외 4대조 또는 가까운 윗대에도 벼슬아치가 보이지 않는 급제자는 모두 16명이다. 이 수치는 전체 급제자의 4.09퍼센트, 신분이 낮은 급제자의 17.2퍼센트를 차지한다. 그 가운데 3품 이상 고관에 오른 급제자는 4명이고, 직계 6대조 이상 가운데 벼슬아치가 없는 급제자가 4명이다. 그 명단을 소개하면 다음과 같다.

(가) 3품 이상 고관에 오른 급제자

장우일張遇— 본관이 인동仁同으로 벼슬이 봉상시정奉常寺正(정3품 당하관)과 동지중추부사(종2품)에 올랐는데, 《인동장씨보》를 보면 직계 3대조와 외조 가운데 벼슬아치가 없다.

송광벽宋光璧 본관이 야성冶城으로 벼슬이 부사(종3품)에 올랐는데, 《야성송씨보》를 보면 직계 4대조와 외조 가운데 벼슬아치가 없다.

이순악李舜岳 본관이 전주全州로 벼슬이 통례원 상례(종3품)에 이르렀는데, 《전주이씨과거급제자총람》을 보면 직계 4대조와 외조 가운데 벼슬아치가 없다.

김속金涑 본관이 강릉江陵으로 벼슬이 시정寺正(정3품 당하관)에 이르렀는데, 《강릉김씨보》를 보면 직계 4대조와 외조 가운데 벼슬아치가 없다.

(나) 직계 6대조 이상 가운데 벼슬아치가 없는 급제자

이암李馣 본관이 성주星州로 벼슬이 현령(종5품)에 이르렀는데,《성주이씨보》를 보면 직계 6대조와 외조 가운데 고조가 훈도(종9품)를 한 것 말고는 벼슬이 없다.

이석번李碩蕃 본관이 영천永川으로 벼슬이 정랑(정5품)에 이르렀는데,《영천이씨보》를 보면 직계 6대조 가운데 벼슬아치가 없다.

김계지金啓址 평안도 용강龍岡 사람으로 벼슬이 없고 본관이 의성義城인데,《의성김씨보》를 보면 직계 7대조와 외조 가운데 벼슬아치가 없다.

김세진金世燻 본관이 연안延安으로 벼슬이 현령(종5품)에 이르렀는데,《연안김씨보》를 보면 직계 8대조 가운데 벼슬아치가 보이지 않는다.

(6) 서얼 또는 서얼로 의심되는 급제자

현종 대 신분이 낮은 급제자 93명 가운데《족보》에는 올라 있으나 서얼로 확인된 급제자는 1명이고, 서얼로 의심되는 급제자는 2명이다. 앞에서 소개한 대로《족보》에 오르지 못한 서얼 1명을 합치면 모두 4명이다. 그 명단을 소개하면 다음과 같다.

박문정朴文精 서얼로 허통되어 급제했는데, 벼슬은 알 수 없다. 앞에서 이미 소개했다.

허견許堅 남인 영수 허적許積의 서자로 별시에 급제하여 벼슬이 교서관 정자(정9품)에 이르렀는데, 경신환국으로 남인이 몰락할 때 반역죄로 목숨을 잃었다. 《방목》에는 벼슬과 직계 3대조 이름이 보이고, 본관이 양천陽川으로 되어 있으며, 《청구》와 《만성》의 《양천허씨보》에 허견의 가계가 보인다.

이태기李泰祺 본관이 성주星州로서 벼슬이 현감(종6품)에 이르렀는데, 《성주이씨보》를 보면 직계 6대조 가운데 아버지가 전적(정6품)에 오른 것 말고는 벼슬아치가 없다. 대간은 이태기의 문지門地가 비미卑微하다는 이유로 성균관 분관分館에 대한 서경署經을 거부하기도 했다. 아버지가 벼슬아치인데 문지가 비미하다는 것으로 보아 아마도 서출인 듯하다.

이익화李益華 본관이 용인龍仁으로 벼슬이 현감을 거쳐 통정대부(정3품 당상관)에 올랐는데, 처음 이익화를 성균관에 분관分館하려 하자 유생들은 그의 문지門地가 낮은 것을 이유로 거부하고 나섰으며 당시 정승인 최석항崔錫恒 등도 그는 문지가 낮아 사대부가 아니라고 말했다. 《용인이씨보》를 보면 아버지 이름이 《방목》과 달라 혼란을 주는데, 성균관 유생까지 거부하고 나선 것을 보면 서출인 듯하다.

이상 현종 대 신분이 낮은 급제자의 특성을 정리하면, 서얼 출신으로 확인된 인물이 2명, 서얼로 의심되는 인물이 3명, 시조가 된 급제자가 1명, 자기 성관의 유일한 급제자가 4명, 첫 급제자가 1명, 신분이 낮다고 대간의 비판을 받은 급제자가 12명에 이르고 있다.

3) 신분이 낮은 급제자의 벼슬

현종 대 신분이 낮은 급제자 93명은 어떤 벼슬을 받았을까? 우선,

이들 가운데 벼슬을 받지 못한 급제자는 모두 3명이고 나머지 90명
은 벼슬을 받았다. 취직률은 96.77퍼센트이다. 다음에 이들이 받은 벼
슬의 최고품계순으로 그 인원을 조사해 보면 다음과 같다.

동지중추부사同知中樞府事(종2품)	1명
통정대부通政大夫(정3품 당상관)	1명
시정寺正(정3품 당하관)	3명
통례원 상례相禮(종3품)	2명
부사府使(종3품)	3명
1~3품	10명
사헌부 장령掌令(정4품)	2명
군수郡守(종4품)	4명
성균관 직강直講(정5품)	6명
현령縣令(종5품)	3명
정랑正郞(정5품)	4명
도사都事(종5품)	1명
판관判官(종5품)	1명
교서관 교리校理(종5품)	1명
좌랑佐郞(정6품)	6명
성균관 전적典籍(정6품)	3명
승문원 교검校檢(정6품)	1명
사헌부 감찰監察(정6품)	5명
현감縣監(종6품)	21명
찰방察訪(종6품)	13명
주부主簿(종6품)	1명
교수敎授(종6품)	1명
4~6품	73명
성균관 박사博士(정7품)	1명
교서관 저작著作(정8품)	1명
교서관 정자正字(정9품)	2명

참봉參奉(종9품)	1명
성균관 학유學諭(종9품)	1명
성균관 권지權知(임시직)	1명
7~9품	7명
벼슬을 받지 못한 급제자	3명
합 계	93명

　여기서 현종 대 신분이 낮은 급제자 90명이 받은 벼슬 가운데 3품 이상 고관에 오른 인물은 10명으로 전체 급제자 391명 가운데 2.55퍼센트, 신분이 낮은 급제자 93명 가운데 10.75퍼센트를 차지한다. 그러나 벼슬의 성격을 가지고 본다면, 앞 시기와 마찬가지로, 정승政丞이나 판서判書, 참판參判 등 1~2품의 요직에 오른 인물은 한 명도 없고 정3품 당하관이 8명으로 가장 많은데, 모두가 실권이 없는 자리다.

　다음 4품에서 6품에 이르는 참상관參上官은 모두 73명인데, 청직淸職인 홍문관에는 1명도 없고, 사헌부司憲府와 사간원司諫院 등 대간臺諫으로의 진출도 매우 저조하다. 사헌부에만 장령(정4품) 2명과 감찰(정6품) 5명이 있을 뿐이고, 사간원에는 한 명도 없다. 중앙직으로는 성균관이 10명, 6조 낭관郎官이 10명인데, 인사권을 가진 이조나 병조에는 낭관이 없다. 특히 사간원 진출이 거의 없는 것은 광해군 이후 일관된 추세를 보여 준다.

　참상관이 가장 많이 진출한 벼슬은 군수(종4품), 현령(종5품), 도사(종5품), 판관(종5품), 현감(종6품), 찰방(종6품) 등 지방 수령守令으로 모두 44명에 이르고 있는데, 특히 현감과 찰방으로 나간 급제자가 34명으로 참상관 전체 73명 가운데 거의 절반을 차지하고 있다. 참상관이 수령으로 나간 수치는 73명 가운데 60.27퍼센트를 차지하고 있는데, 이는 광해군 대 46.66퍼센트, 인조 대 41.59퍼센트, 효종 대 44.44퍼센트와 비교하여 크게 늘어난 것으로 중앙직보다는 외직으로 나가는 추세가 커지고 있음을 말해 준다.

7품에서 9품에 이르는 참외관參外官으로 나간 급제자는 모두 7명인데, 대부분 한직으로 알려진 성균관과 교서관으로 나가고 있을 뿐이다.

현종 대 신분이 낮은 급제자의 벼슬을 총괄하면, 문벌양반의 성장으로 신분이 낮은 급제자의 고관 진출과 청요직 진출이 한층 어려워지고 있다는 것을 말해 준다.

4) 현종 대 신분이 낮은 급제자 명단

현종 대 신분이 낮은 급제자 93명의 명단을 급제한 시기순으로 소개하면 다음과 같다.

1 **김윤장**金潤璋(1631~?) 진사를 거쳐 현종 원년(1660) 30세로 식년시에 급제하여 벼슬이 찰방(종6품)에 이르렀다. 《방목》에는 벼슬과 아버지[弘俊] 이름이 보이고, 본관이 상주尙州로 되어 있다. 그런데 《청구》와 《만성》의 《상주김씨보》에는 김윤장의 가계가 보이지 않는다.

2 **이영혐**李英馦(1613~?) 진사를 거쳐 현종 원년 48세로 식년시에 급제하여 벼슬이 사헌부 감찰(정6품)에 이르렀다. 《방목》에는 벼슬과 아버지[好信] 이름이 보이고, 본관이 예안禮安으로 되어 있다. 그런데

《청구》와 《만성》의 《예안이씨보》에는 이영혐의 가계가 보이지 않는다.

3 김시욱金時郁(1634~?) 유학을 거쳐 현종 원년 27세로 식년시에 급제하여 숙종 대 벼슬이 병조좌랑(종6품)을 거쳐 통례원 상례(종3품)에 이르렀다. 숙종 4년 김시욱이 병조좌랑에 임명되자 사간원은 "김시욱은 지망地望이 본래 가벼워 6조 낭관에 적합하지 않다"는 이유로 체직을 요청하여 임금이 따랐다.[124] 여기서 지망이 가볍다는 말은 집안이 한미하다는 뜻이다. 《방목》에는 벼슬과 아버지[俊一] 이름이 보이고, 본관이 김해金海로 되어 있다. 그러나 《청구》와 《만성》의 《김해김씨보》에는 그의 가계가 보이지 않는다.

4 김응형金應亨(1627~?) 유학을 거쳐 현종 원년 34세로 식년시에 급제하여 벼슬이 도사(종5품)에 이르렀다. 《방목》에는 벼슬이 없이 아버지[禹錫], 할아버지[汝章], 증조[海鵬] 이름이 보이고, 본관이 풍주豊州(豊川)로 되어 있다. 그런데 《청구》의 《풍천김씨보》에는 김응형의 가계가 보이지 않으며, 《만성》에는 《풍천김씨보》 자체가 없다.

5 김소하金韶夏(1633~?) 유학을 거쳐 현종 원년 28세로 식년시에 급제하여 벼슬이 현감(종6품)에 이르렀다. 《방목》에는 벼슬과 아버지[國鏞] 이름이 보이고, 본관이 나주羅州로 되어 있다. 《청구》의 《나주김씨보》에는 가계가 끊어진 형태로 김소하의 이름이 보이며, 《만성》의 《나주김씨보》에는 가계가 보이지 않는다. 김씨는 나주의 토성土姓으로, 2000년 현재 나주김씨 인구는 1만 4,387가구 4만 6,420명으로 희성에 속하는데, 조선 중종 대 이후 문과급제자 8명을 배출했다.

---

124) 《숙종실록》 권7, 숙종 4년 12월 19일 임자.

6 **이계**李棨(1623~?) 통덕랑(정5품)을 거쳐 현종 원년 38세로 식년시에 급제하여 벼슬이 예조좌랑(정6품)에 이르렀다.《방목》에는 벼슬이 없이 아버지[允馨], 할아버지[邦憲], 증조[希英], 외조[崔應夏], 처부[金起海] 이름이 보이고, 본관이 전주全州로 되어 있다. 그런데《전주이씨과거급제자총람》에는 이계의 이름이 보이지 않는다. 신원을 알 수 없는 인물이다.

7 **윤보은**尹輔殷(1618~?) 진사를 거쳐 현종 원년 43세로 식년시에 급제하여 벼슬이 성균관 박사(정7품)에 이르렀다.《방목》에는 벼슬과 아버지[聖任] 이름이 보이고, 본관이 파평坡平으로 되어 있다. 그러나《청구》와《만성》의《파평윤씨보》에는 윤보은의 가계가 보이지 않는다.

8 **김원정**金元鼎(1638~?) 유학을 거쳐 현종 원년 23세로 식년시에 급제하여 벼슬이 현감(종6품)에 이르렀다.《방목》에는 벼슬이 없이 아버지[后魯], 형[九鼎] 이름이 보이고, 본관이 경주慶州로 되어 있다. 그런데《청구》와《만성》의《경주김씨보》에는 김원정의 가계가 보이지 않는다. 형 김구정이 인조 26년 문과에 급제했음은 앞에서 설명한 바 있다.

9 **박인정**朴仁楨(1631~?) 유학을 거쳐 현종 원년 30세로 식년시에 급제했다.《방목》에는 벼슬이 없이 아버지[垈] 이름이 보이고, 본관이 밀양密陽으로 되어 있다. 그런데《청구》와《만성》의《밀양박씨보》에는 박인정의 가계가 보이지 않는다.

10 **이만영**李萬英(1610~?) 진사를 거쳐 현종 원년 51세로 증광시에 급제하여 벼슬이 찰방(종6품)에 이르렀다.《방목》에는 벼슬과 아버지[儀鴻] 이름이 보이고, 본관이 성주星州로 되어 있다. 그런데《청구》

와 《만성》의 《성주이씨보》에는 이만영의 가계가 보이지 않는다.

11 **장우일**張遇一(1617~?) 생원을 거쳐 현종 원년 44세로 증광시에 급제하여 벼슬이 숙종 대 봉상시정(정3품 당하관)과 동지중추부사(종2품)에 이르렀다. 《방목》에는 벼슬과 아버지[顯道] 이름이 보이고, 장응일張應一(1599~1676, 참판)의 아우라고 적으며, 본관이 인동仁同으로 되어 있다. 그런데 《청구》와 《만성》의 《인동장씨보》를 보면 가계가 서로 다르게 나온다. 다시 말해 《만성》의 《인동장씨보》에는 계증繼 曾-열烈-현광顯光-응일應一의 가계가 보이고, 계증-수일壽一-현도顯 道-응일의 가계가 따로 있는데, 응일은 장현광의 양자로 들어갔다. 그런데 어쩐 일인지 현도의 또 다른 아들 우일遇一의 이름은 보이지 않는다. 한편, 《청구》의 《인동장씨보》에도 계증-열烈-현광顯光-응일로 이어지는 가계가 있고, 계증-희熙-현도顯道-우일로 이어지는 가계가 따로 있다. 여기서 할아버지의 이름이 서로 다른 것을 볼 수 있는데, 어떤 《인동장씨보》를 따르든지 직계 3대조와 외조 가운데 벼슬아치가 없다.

12 **유문우**柳文佑(1602~?) 유학을 거쳐 현종 원년 59세로 증광시에 급제하여 벼슬이 현감(종6품)에 이르렀다. 《방목》에는 벼슬과 아버지 [正立] 이름이 보이고, 본관이 문화文化로 되어 있다. 그런데 《청구》와 《만성》의 《문화유씨보》에는 유문우의 가계가 보이지 않는다.

13 **전향속**田香束(1620~?) 생원을 거쳐 현종 3년(1662) 43세로 증광시에 급제하여 벼슬이 예조정랑(정5품)에 이르렀다. 《방목》에는 벼슬과 아버지[擢英] 이름이 보이고, 본관이 담양潭陽으로 되어 있다. 그런데 《청구》와 《만성》의 《담양전씨보》에는 전향속의 가계가 보이지 않는다.

14 **이암**李馣(1623~?) 유학을 거쳐 현종 3년 40세로 증광시에 급제하여 벼슬이 현령(종5품)에 이르렀다. 《방목》에는 벼슬이 없이 아버지[尙規] 이름이 보이고, 본관이 성주星州로 되어 있다. 《청구》와 《만성》의 《성주이씨보》를 보면 이암의 고조가 훈도(종9품)를 한 것 말고는 직계 6대조와 외조 가운데 벼슬아치가 없다.

15 **이상제**李尙悌(1621~?) 옥천沃川 사람으로 현종 3년 42세로 증광시에 급제하여 벼슬이 사헌부 감찰(정6품)을 거쳐 성균관 직강(정5품)에 이르렀다. 《방목》에는 벼슬과 아버지[翊邦], 할아버지[世胄], 증조[克謙] 이름이 보이고, 본관이 전주全州로 되어 있다. 《전주이씨과거급제자총람》을 보면 이상제는 정종의 후궁 소생 선성군宣城君의 8세손으로, 직계 3대조와 외조 가운데 벼슬아치가 없다.

16 **김시휘**金時輝(1618~?) 생원을 거쳐 현종 3년 45세로 증광시에 급제하여 벼슬이 판관(종5품)과 현감(종6품)을 거쳐 예조좌랑(정6품)에 이르렀는데, 현종 6년 김시휘가 황주판관에 임명되자 사간원은 그가 직임에 합당치 않으니 체차하라고 요청했다.[125] 이는 그의 신분을 문제 삼은 것이다. 《방목》에는 벼슬과 아버지[欄] 이름이 보이고, 본관이 광주光州(光山)로 되어 있다. 그런데 《청구》와 《만성》의 《광산김씨보》에는 그의 가계가 보이지 않는다.

17 **정동망**鄭東望(1632~?) 생원을 거쳐 현종 3년 31세로 증광시에 급제하여 벼슬이 찰방(종6품)에 이르렀다. 《방목》에는 벼슬이 없이 아버지[以虎], 외조의 이름이 보이고, 본관이 진주晉州로 되어 있다. 그런데 《청구》와 《만성》의 《진주정씨보》에는 정동망의 가계가 보이

---

125) 《현종실록》 권10, 현종 6년 2월 10일 정묘.

지 않는다.

18 정민헌鄭民獻(1626~?) 유학을 거쳐 현종 3년 37세로 증광시에 급
제하여 벼슬이 성균관 박사(정7품)를 거쳐 직강(정5품)에 이르렀다.
《방목》에는 벼슬과 아버지[以濟], 증조[思顯], 외조[黃敏中] 이름이 보
이고, 본관이 없지만 진주晉州로 알려져 있다. 그런데《청구》와《만
성》의《진주정씨보》에는 정민헌의 가계가 보이지 않는다.

19 조세휘趙世彙(1623~?) 후릉참봉厚陵參奉(종9품)을 거쳐 현종 3년
40세로 증광시에 급제하여 벼슬이 성균관 전적(정6품), 군수(종4품)를
거쳐 정正(정3품 당하관)에 이르렀는데, 현종 4년 조세휘가 전적에 임
명되자 사간원은 그의 행동이 거칠어 향당鄕黨에서 버림받은 사람이
라는 점을 들어 체차를 요구했다.126)《방목》에는 벼슬과 아버지[英
賢] 이름이 보이고, 본관이 한양漢陽으로 되어 있다. 그런데《청구》와
《만성》의《한양조씨보》에는 그의 가계가 보이지 않는다.

20 이석번李碩蕃(1617~?) 통덕랑通德郎(정5품)을 거쳐 현종 4년(1664)
46세로 식년시에 급제하여 벼슬이 교서관 박사(정7품)와 현감(종6품)
을 거쳐 정랑(정5품)에 이르렀다.《방목》에는 벼슬과 아버지[尙晉] 이
름만 보이고, 본관이 없다. 그런데《청구》의《영천이씨보永川李氏譜》
에 이석번의 가계가 보이는데, 직계 6대조가 외따로 기록되어 있어
선대의 가계를 알 수 없으며 6대조 가운데 벼슬아치가 없다. 한편,
《만성》의《영천이씨보》에는 가계가 보이지 않는다.

21 송광벽宋光璧(1628~1701) 통덕랑(정5품)을 거쳐 현종 4년 36세로
식년시에 급제하여 벼슬이 부사(종3품)와 사헌부 장령(정4품)에 이르

---

126)《현종실록》권7, 현종 4년 7월 2일 정묘.

렀다. 《방목》에는 벼슬과 아버지[尙憲] 이름만 보이고, 본관이 야성冶城으로 되어 있다. 《청구》의 《야성송씨보》를 보면 직계 4대조에는 진사 이상의 벼슬이 없으며, 《만성》의 《야성송씨보》에는 송광벽의 이름이 보이지 않는다.

22 **이태기**李泰祺(1636~?) 통덕랑(정5품)을 거쳐 현종 4년 28세로 식년시에 급제하여 벼슬이 현감(종6품)에 이르렀는데, 현종 6년 이태기를 성균관에 분관하려 할 때 문지門地가 비미卑微하다는 이유로 서경署經을 얻지 못했다.[127] 《방목》에는 벼슬과 아버지[休], 할아버지[國楨], 증조[華] 이름이 보이고, 본관이 성주星州로 되어 있다. 《청구》의 《성주이씨보》를 보면 직계 6대조가 내리 벼슬이 전혀 없다가, 아버지 이휴가 인조 12년 문과에 급제하여 성균관 전적(정6품)에 올랐다. 한편, 《만성》의 《성주이씨보》에는 그의 가계가 보이지 않는다. 아버지가 벼슬아치인데도 문지가 비미하다고 한 것이 이상하다.

23 **진상점**陳尙漸(1622~?) 생원을 거쳐 현종 4년 41세로 식년시에 급제하여 벼슬이 성균관 직강(정5품)에 이르렀다. 《방목》에는 벼슬이 없이 아버지[珩] 이름이 보이고, 본관이 강양江陽(驪陽)으로 되어 있다. 그런데 《청구》의 《여양진씨보》를 보면 진상점의 가계가 끊어진 형태로 외따로 기록되어 있어 선대의 가계를 알 수 없으며, 《만성》의 《여양진씨보》에는 이름이 보이지 않는다.

24 **송상주**宋相周(1630~?) 생원을 거쳐 현종 4년 34세로 식년시에 급제하여 벼슬이 성균관 사예(정4품), 현감(종6품), 정랑(정5품)을 거쳐 부사(종3품)에 이르렀는데, 숙종 대 인현왕후를 비난한 일로 귀양가

---

127) 《현종실록》 권11, 현종 6년 9월 4일 정해.

서 죽었다. 《실록》을 보면 송상주는 전라도 향곡鄕曲의 비천卑賤한 무리라고 한다.128) 《방목》에는 벼슬과 아버지[世英] 이름이 보이고, 본관이 없지만 태인泰仁으로 알려져 있다. 그런데 《청구》의 《태인송씨보》에는 그의 가계가 보이지 않으며, 《만성》에는 《태인송씨보》 자체가 없다. 2000년 현재 태인송씨 인구는 29가구 92명의 극희성으로, 조선시대 문과급제자 2명을 배출했는데, 태조 대 첫 급제자가 나온 뒤 그가 두 번째이자 마지막이다.

　　25 노열지盧說之(1633~?) 승의랑(정6품)을 거쳐 현종 4년 31세로 식년시에 급제하여 벼슬이 공조좌랑(정6품)에 이르렀다. 《방목》에는 벼슬과 아버지[繼宗] 이름이 보이나 본관이 없다. 그런데 《청구》의 《해주노씨보海州盧氏譜》에 아버지 이름이 보이는데, 노열지의 이름은 보이지 않는다. 한편, 《만성》에는 《해주노씨보》 자체가 없다. 해주노씨는 조선시대 문과급제자 17명을 배출했는데, 그 가운데 15명이 평안도 정주定州 출신으로 확인되고 있다. 따라서 그도 이곳 출신일 가능성이 있다.

　　26 정유제鄭維悌(1624~?) 진사를 거쳐 현종 4년 40세로 식년시에 급제하여 벼슬이 찰방(종6품), 승문원 교검(정6품)을 거쳐 군직軍職인 부사과副司果(종6품)에 이르렀다. 《방목》에는 벼슬과 아버지[文彬] 이름이 보이고, 본관이 봉화奉化로 되어 있다. 그러나 《청구》에는 《봉화정씨보》가 없으며, 《만성》의 《봉화정씨보》에는 정유제의 가계가 보이지 않는다. 봉화정씨는 개국공신 정도전鄭道傳을 배출한 가문이기도 하다.

---

128) 《숙종실록》 권21, 숙종 15년 7월 3일 정유.

27 **배영성**裵榮成(1639~?) 유학을 거쳐 현종 4년 25세로 식년시에 급제하여 벼슬이 현감(종6품)에 이르렀다. 《방목》에는 벼슬과 아버지〔時尙〕 이름이 보이고, 본관이 곤양昆陽으로 되어 있다. 그런데 《청구》에는 《곤양배씨보》 자체가 없고, 《만성》의 《곤양배씨보》에는 배영성의 아버지, 할아버지〔俊男〕, 증조〔紀國〕가 모두 벼슬이 없으며, 증조 이상은 가계가 없다. 2000년 현재 곤양배씨 인구는 7,328명으로 희성에 속하며, 조선시대 문과급제자 3명을 배출했는데, 그가 첫 번째이다.

28 **국민**鞠旻(1611~?) 봉사(종8품)를 거쳐 현종 4년 53세로 식년시에 급제하여 벼슬이 현감(종6품)에 이르렀다. 《방목》에는 벼슬과 아버지〔士雄〕 이름이 보이고, 본관이 담양潭陽으로 되어 있다. 그런데 《청구》의 《담양국씨보》에는 조상의 가계가 끊어진 형태로 국민이 태유太惟(벼슬없음)의 아들로 기록되어 있어 《방목》과 달라 신원을 알 수 없으며, 《만성》의 《담양국씨보》에는 그의 가계가 보이지 않는다. 담양국씨는 고려 중기 중국에서 귀화한 성씨로서, 2000년 현재 인구는 4,892가구 1만 5,774명으로 희성에 속하는데, 조선시대 문과급제자 2명을 배출했으며, 문종 대 1명에 이어 그가 두 번째이자 마지막이다.

29 **김진한**金振漢(1629~?) 생원을 거쳐 현종 4년 35세로 식년시에 급제했다. 《방목》에는 벼슬이 없이 아버지〔錡〕 이름이 보이고, 본관이 강릉江陵으로 되어 있다. 그런데 《청구》와 《만성》의 《강릉김씨보》에는 김진한의 가계가 보이지 않는다.

30 **이익화**李益華(1646~?) 유학을 거쳐 현종 4년 18세로 식년시에 급제하여 벼슬이 숙종 대 군수(종4품)에 이르렀는데, 현종 6년 이익화를 성균관에 분관할 때 유생들은 그의 문지門地가 낮은 것을 이유로 거

부한 일이 있었다.[129] 그러나 그는 숙종 9년 흥해현감(종6품)으로 나
아가 구휼사업을 잘 한 공으로 통정대부(정3품 당상관)로 승진하기도
했는데, 숙종 20년 갑술환국 때 연좌되어 유배당했다. 이때 아들 유
학 이현명李顯命이 아비의 억울함을 변호하는 상소를 올렸는데, 임금
이 어떤 사람이냐고 묻자 최석항 등은 "문벌이 낮아서 사대부士大夫
가 아니라 합니다"라고 답했다.[130] 《방목》에는 벼슬과 아버지[沈] 이
름이 보이고, 본관이 용인龍仁으로 되어 있다. 그런데 《청구》의 《용
인이씨보》에는 그의 가계가 보이지 않으며, 《만성》의 《용인이씨보》
에는 아버지가 흔昕(첨중)으로 되어 있어 혼란을 준다. 신원을 알 수
없지만 사대부가 아닌 것은 분명하다.

31 **우배창**禹拜昌(1631~?) 유학을 거쳐 현종 4년 33세로 식년시에 급
제하여 벼슬이 찰방(종6품)에 이르렀다. 《방목》에는 벼슬과 아버지
[東奎] 이름이 보이고, 본관이 단양丹陽으로 되어 있다. 그런데 《청
구》와 《만성》의 《단양우씨보》에는 우배창의 가계가 보이지 않는다.

32 **이영**李渶(1624~?) 유학을 거쳐 현종 5년(1664) 41세로 춘당대시
에 급제하여 벼슬이 교서관 교리(종5품)에 이르렀다. 《방목》에는 벼
슬과 아버지[翰龍] 이름이 보이고, 본관이 청안淸安으로 되어 있다. 그
런데 《청구》의 《청안이씨보》에는 이영의 가계가 보이지 않으며,
《만성》의 《청안이씨보》에는 아버지 이한룡이 청안이씨 시조로 되어
있으나 벼슬이 없다. 현재 청안이씨는 시조를 달리하는 두 파로 나뉘
어져 있어 더욱 갈피를 잡기 어렵다. 2000년 현재 청안이씨 인구는
4,264가구 1만 3,549명으로 희성에 속하는데, 조선시대 문과급제자는

---

129) 《현종실록》 권11, 현종 6년 9월 4일 정해.
130) 《숙종실록》 권30, 숙종 22년 8월 19일 임인.

그가 유일하다.

33 손유孫愈(1635~?) 선교랑(종6품)을 거쳐 현종 6년(1665) 31세로 온양에서 실시한 정시에 급제하여 벼슬이 주부(종6품)에 이르렀다. 《방목》에는 벼슬과 아버지[榮] 이름이 보이고, 본관이 없다. 그런데 《청구》의 《구례손씨보求禮孫氏譜》를 보면 손유가 조상의 가계와 끊어진 형태로 외따로 기록되어 있어 선대를 알 수 없으며, 《만성》에는 《구례손씨보》 자체가 없다. 2000년 현재 구례손씨 인구는 472가구 1,526명의 희성으로, 조선시대 문과급제자 4명을 배출했다.

34 선약봉宣若奉(1596~?) 온양 사람으로 생원을 거쳐 현종 6년 70세로 온양 정시에 급제하여 벼슬이 공조좌랑(정6품)에 이르렀다. 《방목》에는 벼슬과 아버지[起龍] 이름이 보이고, 본관이 보성寶城으로 되어 있다. 그런데 《청구》의 《보성선씨보》에는 시조 선윤지宣允祉 한 사람만 기록되어 있을 뿐이며, 《만성》의 《보성선씨보》에도 선약봉의 가계가 보이지 않는다. 보성선씨는 고려 말 명나라에서 귀화한 선윤지의 후손으로, 조선시대 문과급제자 7명을 배출했다.

35 장진張瑨(1635~?) 유학을 거쳐 현종 6년 31세로 별시에 급제하여 벼슬이 사간원 정언(정6품), 사헌부 장령(정4품)에 이르렀다. 《방목》에는 벼슬과 아버지[元慶] 이름이 보이고, 본관이 없다. 그런데 《청구》의 《인동장씨보仁同張氏譜》를 보면 장진의 이름이 보이는데, 아버지가 용경龍慶으로 되어 있어 《방목》과 다르며 직계 4대조가 모두 벼슬이 없다. 한편, 《만성》의 《인동장씨보》에는 가계가 보이지 않는다.

36 안영석安永錫(1638~?) 유학을 거쳐 현종 6년 28세로 별시에 급제하여 벼슬이 찰방(종6품)에 이르렀다. 《방목》에는 벼슬과 아버지[俊

卿] 이름이 보이나 본관이 없다. 본관은 죽산竹山으로 알려져 있는데, 《청구》와 《만성》의 《죽산안씨보》에는 안영석의 가계가 보이지 않는다.

37 **박문도**朴文道(1624~?) 통덕랑(정5품)을 거쳐 현종 7년(1666) 식년시에 급제하여 벼슬이 성균관 직강(정5품)과 현감(종6품)에 이르렀는데, 한때 과거시험 감독관으로 부정을 저질러 충군充軍되기도 했다. 《방목》에는 벼슬과 아버지[泰儉], 처부의 이름이 보이나 본관이 없다. 본관은 춘천春川(春城)으로 알려져 있는데, 《청구》의 《춘성박씨보》에는 박문도의 가계가 보이지 않으며, 《만성》에는 《춘성박씨보》 자체가 없다. 2000년 현재 춘천박씨 인구는 5,274가구 1만 6,860명의 희성으로, 조선시대 문과급제자 6명을 배출했다.

38 **손우**孫愚(1627~?) 생원을 거쳐 현종 7년 40세로 식년시에 급제하여 벼슬이 현감(종6품)에 이르렀다. 《방목》에는 벼슬과 아버지[裕] 이름이 보이고, 본관이 구례求禮로 되어 있다. 《청구》의 《구례손씨보》를 보면 조상의 가계가 끊어진 형태로 외따로 기록되어 있어 선대의 가계를 알 수 없으며, 《만성》에는 《구례손씨보》 자체가 없다. 구례손씨의 인구나 가세는 앞에서 소개한 손유와 같다.

39 **신번**辛蕃(1626~?) 진사를 거쳐 현종 7년 41세로 식년시에 급제하여 벼슬이 현감(종6품)에 이르렀다. 《방목》에는 벼슬과 아버지[纘先] 이름이 보이고, 본관이 영월寧越로 되어 있다. 그런데 《청구》와 《만성》의 《영월신씨보》에는 신번의 가계가 보이지 않는다.

40 **문영후**文榮後(1629~?) 제주 사람으로 사과(정6품)를 거쳐 현종 7년 38세로 식년시에 급제하여 벼슬이 찰방(종6품)과 현감(종6품)에 이르렀다. 《방목》에는 벼슬과 아버지[在樸] 이름이 보이나 본관이 없다.

《청구》와 《만성》의 《남평문씨보南平文氏譜》를 비롯한 어느 문씨보에도 문영후의 가계는 보이지 않는다.

41 문징후文徵後(1632~?) 제주 사람으로 사과(정6품)를 거쳐 현종 7년 35세로 식년시에 급제하여 벼슬이 찰방(종6품)에 이르렀다. 《방목》에는 벼슬이 없이 아버지[啓樸] 이름이 보이나 본관이 없다. 《청구》와 《만성》의 《남평문씨보南平文氏譜》를 비롯한 어느 문씨보에도 두 사람의 이름은 보이지 않는다. 다만, 위에 소개한 문영후와는 가까운 친족인 듯하다.

42 이윤림李潤霖(1635~1669) 경상도 풍기 사람으로 현종 7년 32세로 식년시에 급제하여 벼슬이 교서관 저작(정8품)에 이르렀다. 《방목》에는 벼슬이 없이 아버지[挺], 할아버지[啓陽], 증조[紇], 처부[金廷] 이름이 보이고, 본관이 전주全州로 되어 있다. 《전주이씨과거급제자총람》을 보면 이윤림은 태종의 아들 효령대군의 후손으로, 직계 4대조와 외조 가운데 벼슬아치가 없다.

43 오억吳嶷(1534~?) 생원을 거쳐 현종 7년 33세로 식년시에 급제하여 벼슬이 성균관 권지(임시직)에 이르렀다. 《방목》에는 벼슬과 아버지[錫胤] 이름이 보이나 본관이 없다. 본관은 해주海州로 알려져 있으나, 《청구》와 《만성》의 어느 오씨보에도 오억의 가계는 보이지 않는다.

44 이심전李心傳(1634~?) 생원을 거쳐 현종 7년 33세로 식년시에 급제하여 벼슬이 현감(종6품)에 이르렀다. 《방목》에는 벼슬과 아버지[椅] 이름이 보이고, 본관이 전의全義로 되어 있다. 그런데 《청구》와 《만성》의 《전의이씨보》에는 이심전의 가계가 보이지 않는다.

45 조관국趙觀國(1636~?) 유학을 거쳐 현종 7년 31세로 식년시에 급

제하여 벼슬이 현감(종6품)에 이르렀다. 《방목》에는 벼슬과 아버지 〔之望〕 이름이 보이나 본관이 없다. 본관은 배천白川으로 알려져 있는데, 《청구》와 《만성》의 《배천조씨보》에는 조관국의 가계가 보이지 않는다. 배천조씨는 조선시대 문과급제자 68명을 배출했는데, 영조대 이후 급제자만을 보더라도 평안도 출신이 37명으로 절반이 넘고, 특히 정주定州에서 26명이 나왔다.

46 장두칠張斗七(1600~?) 유학을 거쳐 현종 7년 67세로 식년시에 급제하여 벼슬이 옹진현령(종5품)에 이르렀다. 《방목》에는 벼슬과 아버지〔胤宗〕 이름이 보이나 본관이 없다. 본관은 전주全州로 알려져 있는데, 《청구》와 《만성》에는 《전주장씨보》 자체가 없다. 2000년 현재 전주장씨 인구는 260가구 809명의 극희성으로, 조선시대 문과급제자는 장두칠이 유일하다.

47 김광국金光國(1628~?) 유학을 거쳐 현종 7년 39세로 식년시에 급제했다. 《방목》에는 벼슬이 없이 아버지〔聲逵〕 이름이 보이고, 본관이 없다. 본관은 청풍淸風으로 알려져 있는데, 《청구》와 《만성》의 《청풍김씨보》에는 김광국의 가계가 보이지 않는다.

48 허제許穧(1642~?) 유학을 거쳐 현종 7년 25세로 식년시에 급제하여 벼슬이 현감(종6품)에 이르렀다. 《방목》에는 벼슬과 아버지〔暹〕 이름이 보이고, 본관이 양천陽川으로 되어 있다. 그런데 《청구》와 《만성》의 《양천허씨보》에는 허제의 가계가 보이지 않는다.

49 김익화金益華(1640~?) 유학을 거쳐 현종 7년 27세로 식년시에 급제하여 벼슬이 예조정랑(정5품)과 사헌부 감찰(정6품)에 이르렀는데, 숙종 6년 김익화가 예조정랑에 임명되자 사간원은 그의 "문지門地가 한미寒微하다"는 점을 들어 파직을 요청했다.131) 《방목》에는 벼슬과

아버지[錡] 이름이 보이나 본관이 없다. 본관은 광산光山으로 알려져 있는데, 《청구》와 《만성》의 《광산김씨보》에는 그의 가계가 보이지 않는다.

50 노삼석盧三錫(1640~?) 유학을 거쳐 현종 7년 27세로 식년시에 급제하여 벼슬이 예조좌랑(정6품)에 이르렀다. 《방목》에는 벼슬과 아버지[得聖] 이름이 보이고, 본관이 없다. 본관은 함평咸平(咸豊)으로 알려져 있으나, 《청구》와 《만성》의 어느 노씨보에도 노삼석의 가계는 보이지 않는다. 본관이 광주光州, 복성福城 등 여러 지역이 거론되고 있어 신원을 알 수 없다.

51 고홍진高弘進(1602~?) 제주 사람으로 유학을 거쳐 현종 5년 제주에서 시행한 향시에 급제한 뒤 전시에 직부하여,132) 현종 7년 65세로 식년시에 급제하여 벼슬이 성균관 전적(정6품)에 이르렀다. 《방목》에는 벼슬과 아버지[定舜] 이름이 보이고, 본관이 없다. 《청구》의 《제주고씨보濟州高氏譜》를 보면 아버지 이름은 보이지 않고 고홍진만이 외따로 기록되어 있어 선대 가계를 알 수 없다.

52 이최李㝡(1640~?) 유학을 거쳐 현종 7년 27세로 식년시에 급제하여 벼슬이 사헌부 감찰(정6품)과 현감(종6품)에 이르렀다. 《방목》에는 벼슬과 아버지[必昌] 이름이 보이나 본관이 없다. 본관은 하음河陰으로 알려져 있는데, 《만성》의 《하음이씨보》에는 이최의 가계가 보이지 않으며, 《청구》의 《하음이씨보》에는 가계가 보이지만 직계 3대조 가운데 벼슬아치가 없다.

53 양현망楊顯望(1633~?) 평양 사람으로133) 참봉(종9품)을 거쳐 현

---

131) 《숙종실록》 권9, 숙종 6년 5월 13일 신축.
132) 《현종실록》 권9, 현종 5년 11월 10일 정유.

종 10년(1669) 37세로 평안도 별시에 장원급제하여 벼슬이 형조정랑
(정5품), 서천군수(종4품)를 거쳐 사헌부 장령(정4품)에 이르렀는데, 현
종 11년 양현망이 형조정랑에 임명되자 사헌부는 본디 미천微賤한 사
람이라는 이유로 파직하기를 요청했다.134) 신하들은 그가 서북인이
라는 점을 들어 반대했으나 숙종은 문벌숭상을 개탄하면서 그를 장
령으로 임명했던 것이다.135) 《방목》에는 벼슬과 아버지[景億] 이름이
보이고, 본관이 중화中和로 되어 있다. 그러나 《청구》와 《만성》의
《중화양씨보》에는 그의 가계가 보이지 않는다. 양씨는 중화의 토성
土姓으로, 2000년 현재 중화양씨 인구는 1,682가구 5,468명의 희성인
데, 조선시대 문과급제자 5명을 배출했다.

54 변사달邊四達(1631~?) 진사를 거쳐 현종 10년 39세로 평안도 별
시에 급제하여 벼슬이 현감(종6품)에 이르렀다. 《방목》에는 벼슬과
아버지[克明] 이름이 보이고, 본관이 의성義城으로 되어 있다. 그러나
《청구》와 《만성》에는 《의성변씨보》 자체가 없다. 《황주변씨보》나
《원주변씨보》에도 변사달의 가계는 보이지 않는다. 신원을 알 수 없
는 인물이다. 2000년 현재 의성변씨 인구는 2,109가구 6,848명의 희
성으로, 그가 유일한 문과급제자이다.

55 김계지金啓址(1614~?) 평안도 용강龍岡 사람으로136) 진사를 거쳐
현종 10년에 평안도 별시에 59세로 급제하여 벼슬이 찰방(종6품)에
이르렀다. 《방목》에는 벼슬과 아버지[宗一] 이름이 보이고, 본관이
없다. 그런데 《만성》의 《의성김씨보義城金氏譜》에 김계지의 가계가

133) 《숙종실록》 권16, 숙종 11년 6월 25일 갑인.
134) 《현종실록》 권18, 현종 11년 7월 11일 을축.
135) 《숙종실록》 권16, 숙종 11년 6월 25일 갑인.
136) 《현종실록》 권15, 현종 9년 10월 28일 계사.

보이는데, 직계 7대조와 외조 가운데 벼슬아치가 없다.

56 안여기安汝器(1637~?) 진사를 거쳐 현종 10년 33세로 식년시에 급제하여 벼슬이 성균관 직강(정5품)과 창평현령(종5품)에 이르렀는데, 사람이 오잔汚殘하다 하여 탄핵을 받기도 했다.[137] 여기서 오잔하다는 말은 더럽고 보잘것없다는 뜻으로 집안이 한미하다는 말과 같다. 《방목》에는 벼슬과 아버지[國相], 할아버지[希勳] 이름이 보이고, 본관이 창락昌樂으로 되어 있다. 창락은 순흥順興의 한 지역이므로, 순흥안씨라는 뜻으로 이해된다. 그런데 《청구》와 《만성》의 《순흥안씨보》에는 그의 가계가 보이지 않는다. 현재 본관이 죽산으로 알려져 있으나 믿기 어렵다.

57 이순악李舜岳(1632~?) 청주淸州 사람으로 진사를 거쳐 현종 10년 38세로 식년시에 급제하여 벼슬이 군수(종4품)와 통례원 상례(종3품)에 이르렀다. 《방목》에는 벼슬과 아버지[陽進], 할아버지[三變], 증조[好益], 외조[李天民] 이름이 보이고, 본관이 전주全州로 되어 있다. 《전주이씨과거급제자총람》을 보면 이순악은 정종의 후궁 소생 수도군守道君의 후손으로, 직계 4대조와 외조 가운데 벼슬아치가 없다.

58 이상익李尙翼(1629~?) 생원과 참군參軍을 거쳐 현종 10년 41세로 식년시에 급제하여 벼슬이 현감(종6품)에 이르렀다. 《방목》에는 벼슬과 아버지[惟泂] 이름이 보이고, 본관이 원주原州로 되어 있다. 그런데 《청구》와 《만성》의 《원주이씨보》에는 이상익의 가계가 보이지 않는다.

59 이입중李立中(1615~1683) 풍덕 사람으로 진사를 거쳐 현종 10년

---

137) 《숙종실록》 권14, 숙종 9년 7월 14일 계미.

58세로 식년시에 급제하여 벼슬이 예조정랑(정5품)을 거쳐 군수(종4품)에 이르렀다. 《방목》에는 벼슬과 아버지[省身] 이름이 보이고, 본관이 전주全州로 되어 있다. 《전주이씨과거급제자총람》을 보면 이입중은 도조度祖의 아들 완원대군完原大君의 10세손으로, 직계 4대조와 외조 가운데 벼슬아치가 없다.

  60 정상헌鄭尙獻(1635~?) 유학을 거쳐 현종 10년 35세로 식년시에 급제하여 벼슬이 형조좌랑(정6품)에 이르렀다. 《방목》에는 벼슬과 아버지[莆] 이름이 보이고, 본관이 경주慶州로 되어 있다. 그런데 《청구》와 《만성》의 《경주정씨보》에는 정상헌의 가계가 보이지 않는다.

  61 모세번牟世蕃(1640~?) 유학을 거쳐 현종 10년 30세로 식년시에 급제하여 벼슬이 현감(종6품)에 이르렀다. 《방목》에는 벼슬과 아버지[謙] 이름이 보이고, 본관이 함평咸平으로 되어 있다. 《청구》의 《함평모씨보》를 보면 아버지와 아들 모세번의 가계가 끊어진 형태로 독립되어 기록되어 있어 선대를 알 수 없다. 한편, 《만성》에는 《함평모씨보》 자체가 없다. 2000년 현재 함평모씨 인구는 5,546가구 1만 7,939명의 희성으로, 조선시대 문과급제자 4명을 배출했는데, 그가 처음이고, 형 모세무牟世茂(1637~?)는 숙종 원년 문과에 급제하여 군수(종4품)에 이르렀다. 함평모씨는 고려 인종 대 사신으로 온 송나라 사람 모경牟慶의 후손이다.

  62 박내경朴來慶(1642~?) 유학을 거쳐 현종 10년 28세로 식년시에 급제하여 벼슬이 현감(종6품)에 이르렀다. 《방목》에는 벼슬과 아버지[夢賢] 이름이 보이나 본관이 없다. 본관은 고성固城으로 알려져 있는데, 《만성》에는 《고성박씨보》 자체가 없으며, 《청구》의 《고성박씨보》에는 박내경의 가계가 보이지 않는다. 2000년 현재 고성박씨 인

구는 1,242가구 3,911명의 희성으로, 조선시대 문과급제자 3명을 배출했는데, 그가 처음이다.

63 강서황姜瑞璜(1634~?) 참봉(종9품)을 거쳐 현종 10년 36세로 식년시에 급제하여 벼슬이 현감(종6품)에 이르렀다. 《방목》에는 벼슬이 없이 아버지[公達] 이름이 보이고, 본관이 진주晉州로 되어 있다. 그런데 《청구》와 《만성》의 《진주강씨보》에는 강서황의 가계가 보이지 않는다.

64 김상환金尙煥(1636~?) 유학을 거쳐 현종 10년 34세로 식년시에 급제하여 벼슬이 사헌부 감찰(정6품)에 이르렀다. 《방목》에는 벼슬이 없이 아버지[夢立] 이름이 보이고, 본관이 적성積城으로 되어 있다. 《청구》의 《적성김씨보》를 보면 김몽립과 김상환 부자만 기록되어 있는데, 아버지는 벼슬이 없으며 김상환이 시조로 되어 있다. 한편, 《만성》에는 《적성김씨보》 자체가 없다. 김씨는 적성의 토성土姓으로, 2000년 현재 적성김씨 인구는 208가구 669명의 극희성인데, 조선시대 문과급제자는 그가 유일하다.

65 허척許滌(1634~?) 유학을 거쳐 현종 10년 36세로 식년시에 급제하여 벼슬이 사헌부 감찰(정6품)에 이르렀다. 《방목》에는 벼슬이 없이 아버지[諝] 이름이 보이고, 본관이 양천陽川으로 되어 있다. 그런데 《청구》와 《만성》의 《양천허씨보》에는 허척의 가계가 보이지 않는다.

66 이장李璋(개명 琨. 1641~?) 유학을 거쳐 현종 10년 29세로 식년시에 급제하여 벼슬이 현감(종6품)에 이르렀다. 《방목》에는 벼슬과 아버지[應漢] 이름이 보이고, 본관이 원주原州로 되어 있다. 그런데 《청구》와 《만성》의 《원주이씨보》에는 이장의 가계가 보이지 않는다.

67 송덕주宋惪周(1632~?) 유학을 거쳐 현종 10년 38세로 식년시에 급제하여 벼슬이 찰방(종6품)에 이르렀다.《방목》에는 벼슬과 아버지〔黯〕이름이 보이고, 본관이 서산瑞山으로 되어 있다. 그런데《청구》의《서산송씨보》에는 송이석宋而碩(교위) 단 한 사람의 이름만 보이고, 송덕주와 아버지의 이름은 보이지 않는다. 한편,《만성》에는《서산송씨보》자체가 없다. 송씨는 서산의 토성土姓으로, 2000년 현재 서산송씨 인구는 835가구 2,713명의 희성인데, 조선시대 문과급제자는 그가 유일하다.

68 박규일朴揆―(1636~?)[138] 유학을 거쳐 현종 10년 34세로 식년시에 급제하여 벼슬이 교서관 정자(정9품)에 이르렀다.《방목》에는 벼슬이 없이 아버지〔昇朝〕이름이 보이고, 본관이 상주尙州로 되어 있다. 그런데《청구》와《만성》의《상주박씨보》에는 박규일의 가계가 보이지 않는다.

69 김세진金世熷(1641~?) 선교랑(종6품)을 거쳐 현종 10년 29세로 식년시에 급제하여 벼슬이 숙종 대 영유현령(종5품)에 이르렀는데, 읍기邑妓에 미혹하여 창가娼家를 드나들다가 본부本夫에게 맞아서 팔이 부러졌으며 이 일로 파직되었다.[139]《방목》에는 벼슬과 아버지〔起泗〕이름이 보이고, 본관이 연안延安으로 되어 있다. 그런데《만성》의《연안김씨보》에는 김세진의 가계가 보이지 않으며,《청구》의《연안김씨보》를 보면 직계 8대조 가운데 벼슬아치가 없다.

70 허견許堅(1646~1680) 남인 영수인 허적許積의 서자로 21세에 진사에 급제하고, 현종 11년(1670) 25세로 별시에 급제하여 벼슬이 교

---

138)《방목》에는 박규일의 이름이 계일啓一로 되어 있으나 이는 오기이다.
139)《숙종실록》권9, 숙종 5년 11월 10일 정유.

서관 정자(정9품)에 이르렀으나, 숙종 6년 경신환국이 일어났을 때 반
역죄로 몰려 복주되었다. 《방목》에는 벼슬과 아버지, 할아버지[偶],
증조[潛] 이름이 보이고, 본관이 양천陽川으로 되어 있다. 서얼은 《족
보》에 올리지 않는 것이 관례임에도, 《청구》와 《만성》의 《양천허씨
보》에는 허견의 이름을 수록하고 있다. 하지만 《방목》에는 그가 서
자라는 사실을 밝히지 않았다.

  71 박수검朴守儉(1629~?) 진사를 거쳐 현종 13년(1672) 44세로 별시
에 급제하여 벼슬이 예조좌랑(정6품), 호조정랑(정5품)을 거쳐 찰방
(종6품)에 이르렀다. 《방목》에는 벼슬과 아버지[景謹] 이름이 보이고,
본관이 의흥義興으로 되어 있다. 그런데 《청구》와 《만성》에는 《의
흥박씨보》자체가 없다. 그러나 박수검은 성리학에 밝아 여러 저술
을 남겼다. 박씨는 의흥의 토성土姓으로, 2000년 현재 의흥박씨 인구
는 1,242가구 3,911명의 희성인데, 조선시대 문과급제자 3명을 배출
했다.

  72 이여주李汝柱(1649~?) 유학을 거쳐 현종 13년 24세로 별시에 급
제하여 벼슬이 찰방(종6품)과 주부(종6품)에 이르렀다. 《방목》에는 벼
슬과 아버지[珉] 이름이 보이고, 본관이 전의全義로 되어 있다. 그런데
《청구》와 《만성》의 《전의이씨보》에는 이여주의 가계가 보이지 않
는다.

  73 김계륭金繼隆(1633~?) 제주 사람으로 사과(정6품)를 거쳐 아우 김
계창金繼敞과 함께 현종 13년 40세로 별시에 급제하여 벼슬이 찰방
(종6품)에 이르렀다. 《방목》에는 벼슬이 없이 아버지[晉鐺] 이름이 보
이고, 본관이 광주光州(光山)로 되어 있다. 그러나 《청구》의 《광산김
씨보》에는 김계륭의 가계가 보이지 않으며, 《만성》의 《광산김씨보》

를 보면 아버지와 할아버지는 벼슬이 없고, 증조, 고조와 현조는 모두 어모장군(정3품 당하관)으로 되어 있는데, 이는 믿을 수 없다.

74 김계창金繼敞(1636~?) 제주 사람이고 앞에 소개한 김계룡의 아우로, 사과(정6품)를 거쳐 형과 함께 현종 13년 37세로 별시에 급제하여 벼슬이 성균관 전적(정6품)에 이르렀는데, 숙종 3년 과거시험의 차비관으로 부정을 저질러 파직되었다. 《방목》의 기록이나 《족보》의 기록은 형과 같다.

75 이익李檍(1631~?) 생원을 거쳐 현종 14년(1673) 42세로 식년시에 급제하여 벼슬이 현감(종6품)에 이르렀다. 《방목》에는 벼슬과 아버지 〔克馨〕 이름이 보이고, 본관이 전주全州로 되어 있다. 그런데 《전주이씨과거급제자총람》에는 이익의 가계가 보이지 않는다. 신원을 알 수 없는 인물이다.

76 김초중金楚重(1638~?) 진사를 거쳐 현종 14년 36세로 식년시에 급제하여 벼슬이 현감(종6품)에 이르렀다. 《방목》에는 벼슬과 아버지 〔昊成〕 이름이 보이고, 본관이 고령高靈으로 되어 있다. 그런데 《청구》의 《고령김씨보》에는 김초중의 가계가 보이지 않으며, 《만성》의 《고령김씨보》에는 가계가 보이나 아버지를 성종 대 문과에 급제한 형생荊生의 후손이라고 적어 가계가 분명치 않다. 김씨는 고령의 토성土姓으로, 2000년 현재 고령김씨 인구는 4,279가구 1만 3,693명의 희성인데, 조선시대 문과급제자 5명을 배출했다.

77 강산두姜山斗(1631~?) 생원을 거쳐 현종 14년 43세로 식년시에 급제하여 벼슬이 현감(종6품)에 이르렀다. 《방목》에는 벼슬과 아버지 〔珅〕 이름이 보이고, 본관이 진주晉州로 되어 있다. 그러나 《청구》와 《만성》의 《진주강씨보》에는 강산두의 가계가 보이지 않는다.

78 **윤방헌**尹邦憲(1628~?) 유학을 거쳐 현종 14년 46세로 식년시에 급제하여 벼슬이 성균관 전적(정6품)에 이르렀다.《방목》에는 벼슬과 아버지[滋], 외조의 이름이 보이고, 본관이 칠원柒原으로 되어 있다. 그런데 윤방헌이 과거에 급제하자 이만봉李萬封이라는 자가 사관四館들이 모인 자리에서 그의 아버지의 외고조外高祖는 백정白丁을 업으로 삼았고, 윤방헌은 서모庶母를 때려죽인 일이 있으므로 급제를 취소해야 한다고 말하여 이를 조사하는 사건이 일어났다.140) 이 말이 진실이라면 그의 집안은 사대부가가 아니며, 서출도 아닌 것으로 보인다.《청구》와《만성》의《칠원윤씨보》에는 그의 가계가 보이지 않는다.

79 **박문정**朴文精(1645~?) 현종 14년 29세로 식년시에 급제했다.《방목》에는 전력을 허통으로 적어 서출임을 밝히고 있는데, 벼슬이 없이 아버지[興宗] 이름만 보이고, 본관이 없다. 아버지 박흥종은 인조 20년 문과에 급제하여 벼슬이 성균관 직강(정5품)에 올랐는데, 본관이 영암靈岩이요, 거주지가 함경도 경성鏡城으로 되어 있다. 그러나《만성》에는《영암박씨보》자체가 없고,《청구》의《영암박씨보》에는 박문정의 가계가 보이지 않는다. 어쨌든 그는 박흥종의 서출이다. 박씨는 영암의 토성土姓으로 2000년 현재 인구는 1,954가구 6,120명의 희성인데, 조선시대 문과급제자 4명을 배출했다.

80 **홍우적**洪禹績(1653~?) 유학을 거쳐 현종 14년 21세로 식년시에 병과로 급제하여 벼슬이 숙종 대 병조좌랑(정6품)을 거쳐 통정대부 (정3품 당상관)로서 부사(종3품)에 이르렀는데,《실록》을 보면 홍우적

---

140)《현종실록》권27, 현종 14년 5월 11일 경진.

은 서북인西北人으로 신분이 천례賤隸였다고 한다.141) 《방목》에는 벼
슬과 아버지[處興] 이름이 보이고, 본관이 남양南陽으로 되어 있다. 그
런데 《청구》와 《만성》의 《남양홍씨보》에는 그의 가계가 보이지 않
는다.

81 진명한陳溟翰(1649~?) 진사를 거쳐 현종 14년 25세로 식년시에
급제하여 벼슬이 성환찰방(종6품)에 이르렀다. 《방목》에는 벼슬과 아
버지[後謹] 이름이 보이나 본관이 없다. 《청구》와 《만성》의 《여양진
씨보》를 비롯한 여러 진씨보에도 진명한의 가계는 보이지 않는다.

82 김시현金是鉉(1648~?) 참봉(종9품)을 거쳐 현종 14년 26세로 식
년시에 급제하여 벼슬이 군수(종4품)에 이르렀다. 《방목》에는 벼슬이
없이 아버지[尙天] 이름이 보이나 본관이 없어 신원을 알 수 없다.

83 정유설鄭維卨(1649~?) 진사를 거쳐 현종 14년 25세로 식년시에
급제하여 벼슬이 제주교수(종6품)에 이르렀는데, 숙종 9년 제주에서
시행한 과거시험 때 대리답안을 써준 죄로 처벌받았다.142) 《방목》에
는 벼슬이 없이 아버지[杓] 이름이 보이고, 본관이 봉화奉化로 되어
있다. 그런데 《청구》와 《만성》의 《봉화정씨보》에는 정유설의 가계
가 보이지 않는다.

84 김상하金尙夏(1625~?) 유학을 거쳐 현종 14년 49세로 식년시에
급제하여 벼슬이 성균관 직강(정5품)에 이르렀다. 《방목》에는 벼슬과
아버지[璡] 이름이 보이나 본관이 없어 신원을 알 수 없다. 본관은 광
산光山으로 알려져 있는데, 《청구》와 《만성》의 《광산김씨보》에는
김상하의 가계가 보이지 않는다.

---

141) 《숙종실록》 권17, 숙종 12년 윤4월 23일 병자.
142) 《숙종실록》 권14, 숙종 9년 5월 7일 무신.

85 김속金涑(1629~?) 생원을 거쳐 현종 14년 45세로 식년시에 급제하여 벼슬이 시정(정3품 당하관)에 이르렀다.《방목》에는 벼슬과 아버지[尙鍈] 이름이 보이고, 본관이 강릉江陵으로 되어 있다. 그런데《청구》의《강릉김씨보》에는 김속의 가계가 보이지 않으며,《만성》의《강릉김씨보》에는 가계가 보이는데 직계 4대조와 외조 가운데 벼슬아치가 없다.

86 우정구禹鼎九(1627~?) 유학을 거쳐 현종 14년 47세로 식년시에 급제하여 벼슬이 군수(종4품)에 이르렀다.《방목》에는 벼슬과 아버지[繼] 이름이 보이나 본관이 없다. 우씨의 본관은 오직 단양丹陽밖에 없는데,《청구》와《만성》의《단양우씨보》에는 우정구의 가계가 보이지 않는다.

87 유성두柳星斗(1618~?) 유학을 거쳐 현종 14년 56세로 식년시에 급제하여 벼슬이 현감(종6품)에 이르렀다.《방목》에는 벼슬과 아버지[一新] 이름이 보이고, 본관이 선산善山으로 되어 있다. 그런데《만성》의《선산유씨보》에는 유성두의 가계가 보이지 않으며,《청구》의《선산유씨보》에는 가계가 보이는데, 그의 이름이 성년星年으로 되어 있고, 아버지는 벼슬이 없고, 중종 대 문과에 급제한 성춘成春의 후后라고 적었다. 성춘은《미암일기眉巖日記》의 저자인 유희춘柳希春의 형이다. 그런데 성춘의 아들 일신一新의 이름 앞에 후后라고 적은 것이 이상하다. 유씨는 선산의 사성賜姓으로, 2000년 현재 선산유씨 인구는 1,035가구 3,374명으로 희성에 속하는데, 조선시대 문과급제자 3명을 배출했다.

88 남붕익南鵬翼(1641~?) 유학을 거쳐 현종 14년 33세로 식년시에 급제하여 벼슬이 선원전 참봉(종9품)에 이르렀는데, 숙종 39년 남붕

익이 참봉에 임명되자 사헌부는 "남봉익은 집안의 유래와 가계를 알 수 없으며, 행검行檢이 없어 이미 향곡에서 버림받은 인물로 성균관을 더럽힌 사람인데, 외람되게 전랑殿郎의 자리에 임명되어 물의物議가 시끄러우니 내쫓아 버리라"라고 상소하자 임금이 이를 따랐다.143) 《방목》에는 벼슬이 없이 아버지[斗遠] 이름이 보이고, 본관도 없다. 따라서 그의 신원은 《족보》를 통해 확인할 수 없는데, 설사 본관을 알더라도 《족보》에 이름이 오르지 못했을 것이다. 아마도 서출인 듯하다.

89 이만림李萬林(1627~?) 통덕랑(정5품)을 거쳐 현종 14년 47세로 식년시에 급제하여 벼슬이 성균관 학유(종9품)에 이르렀다. 《방목》에는 벼슬이 없이 아버지[克惇]와 외조의 이름이 보이고, 본관이 원주原州로 되어 있다. 그런데 《청구》와 《만성》의 《원주이씨보》에는 이만림의 가계가 보이지 않는다.

90 조정선曹廷善(1647~?) 유학을 거쳐 현종 14년 27세로 식년시에 급제하여 벼슬이 군수(종4품)에 이르렀다. 《방목》에는 벼슬과 아버지[忠亮], 할아버지[楠秀], 증조[胤景] 이름이 보이고, 본관이 창녕昌寧으로 되어 있다. 그런데 《청구》와 《만성》의 《창녕조씨보》에는 조정선의 가계가 보이지 않는다.

91 최기崔紀(1649~?) 생원을 거쳐 현종 14년 25세로 식년시에 급제하여 벼슬이 예조좌랑(정6품)에 이르렀다. 《방목》에는 벼슬과 아버지[天柱], 할아버지[望之] 이름이 보이고, 본관이 전주全州로 되어 있다. 그런데 《청구》와 《만성》의 《전주최씨보》에는 최기의 가계가 보이

---

143) 《숙종실록》 권53, 숙종 39년 3월 19일 병신.

지 않는다.

92 한식韓識(1651~?) 유학을 거쳐 현종 14년 23세로 식년시에 급제하여 벼슬이 찰방(종6품)에 이르렀다. 《방목》에는 벼슬과 아버지〔義行〕이름이 보이나 본관이 없어 신원을 알 수 없다. 한씨의 본관은 청주淸州인데, 《청구》와 《만성》의 어느 한씨보에도 한식의 가계는 보이지 않는다.

93 김옥현金玉鉉(1643~?) 유학을 거쳐 현종 14년 31세로 식년시에 급제하여 벼슬이 사헌부 감찰(정6품)에 이르렀다. 《방목》에는 벼슬과 아버지〔夢參〕이름이 보이나 본관이 없다. 본관은 광산光山으로 알려져 있는데, 《청구》와 《만성》의 《광산김씨보》에는 김옥현의 가계가 보이지 않는다.

6
숙종 대
신분이 낮은 급제자와 벼슬

1) 서얼 통청운동: 업유와 업무, 군역 부과

숙종 대(1674~1720)에도 서얼허통과 서얼에 대한 군역軍役 충정 문제를 둘러싸고 논란이 계속 일어났다. 서얼허통을 먼저 주장하고 나선 것은 돈녕 김수홍金壽弘, 예조참판 홍우원洪宇遠, 대사헌 이무李袤, 윤휴尹鑴 등이었는데,[144] 《실록》에는 남인 영수인 허적許積이 서자인 허견許堅에게 현관顯官을 주고 싶어 하자 그의 환심을 사기 위해 서얼허통을 주장했다고 썼다.[145] 그러나 이러한 해석은 당색이 다른 인사들에 의한 자의적 해석으로 보인다.

서얼허통에 대한 주장은 남인이 몰락한 뒤 노론과 소론 쪽에서도 제기되었다. 숙종 9년(1683)에는 노론의 대신 영의정 김수항金壽恒이 서얼등용을 임금에게 잇달아 요청했고, 숙종 21년(1695)에는 영남 생원 남극정南極井 등 988명이 연명으로 임금에게 장소章疏를 올려 서얼

---

144) 《숙종실록》 권4, 숙종 1년 7월 9일 을미.
145) 위와 같음.

허통을 강력하게 요청한 일도 있었는데,146) 이런 요청이 조정에 자극
을 주었다.

드디어 숙종 22년(1696)에 소론의 대신 이조판서 최석정崔錫鼎은
서얼의 청요직 진출을 요청하는 차자箚子를 올렸으며,147) 이어 서얼
로서 문文을 하는 자는 '업유業儒'로 부르고, 무武를 하는 자를 '업무業
武'로 부르기를 요청하여 임금의 허락을 받았다.148)

'업유'와 '업무'는 이미 중종 대부터 지방의 호강자豪强者들이 군역
을 피하기 위해 스스로 붙인 이름이었는데,149) 이들은 대개 서얼 출
신들이었다. 그래서 인조 3년에 군역을 강화하기 위해 호패법號牌法
을 시행할 때 '업유'와 '업무'의 재주를 시험하여 시험에 떨어지면 군
역을 지우도록 조처하기도 했다.150)

최석정은 인조 대 서얼허통을 주장한 최명길崔鳴吉의 손자이기도
하다. 그는 할아버지 최명길이 인조 대 임금에게 요청하여 서얼 몇
사람에게 낭관郎官(5~6품)을 제수한 일이 있으나 그 뒤로는 실행되지
못하고 있다면서, 이를 실행할 것을 촉구했다.

최석정은 실제로 이조판서로서 호조좌랑(정6품)을 추천하면서 세
사람의 후보자를 모두 서얼로 올려 그 가운데 이현李儇이 낙점되었
다.151) 앞서 인조 대 서얼을 3조三曹(공조, 형조, 호조)에 허통한다고 결
정한 것이 이제야 인사행정에 반영된 것이다. 《방목》을 보면 이현은

---

146) 《규사》 권1.
147) 《숙종실록》 권30, 숙종 22년 7월 21일 을해.
148) 《숙종실록》 권30, 숙종 22년 9월 27일 경진.
149) 《중종실록》 권26, 중종 11년 8월 27일 병자.
150) 《인조실록》 권10, 인조 3년 12월 15일 기축.
151) 《숙종실록》 권31, 숙종 23년 1월 28일 경진.

숙종 20년(1694) 별시에 병과로 합격했는데 전직은 통덕랑通德郎(정5
품)으로 기록되어 있어 그가 서얼임을 알 수 없다. 당시 사헌부에서
는 그의 좌랑 임명을 취소하기를 요청했으나 임금은 따르지 않았다.
그는 숙종 23년의 중시重試에도 합격하여 벼슬이 호조정랑(정5품)에
까지 이르렀다.

이어 숙종 23년(1697)에는 영의정 유상운柳尙運이 중인이나 서얼로
서 벼슬길에 오른 자는 찰방察訪(종6품)을 거친 뒤에 수령守令으로 임
명하자고 건의하여 허락을 받았다.[152]

최석정 등의 노력의 결과로, 숙종 28년(1702)부터는《방목》의 기
록이 달라지고 있다. 서얼로서 문과에 합격한 자는 '업유', 무과에 합
격한 자는 '업무'로 기록하기 시작했는데,《방목》을 보면 '업유'로 기
록된 자가 4명이나 등장하고 있다.[153] 이들의 벼슬은 각각 성균관 전
적典籍(정6품), 현감(종6품), 알 수 없음, 그리고 찰방(종6품)이다. 이 가
운데 숙종 36년의 증광시에 급제한 업유 강필중姜必中은 판결사 강여
호의 서자이다.[154] 그러나 그의 벼슬은 기록이 없어서 알 수 없다.
이를 보면 서얼이 문과에 합격해도 3조 낭청으로 임명되는 것은 여
전히 쉽지 않았음을 알 수 있다.

그 다음 경종 대에도《방목》에 업유 이식명李植命의 이름이 보이
는 것으로 보아 서얼의 문과응시는 계속되었음을 알 수 있다. 그러나
벼슬은 울진현감(종6품)에 그치고 말았다.[155]《방목》에는 아버지가

---

152)《숙종실록》권31, 숙종 23년 8월 3일 경술.
153) 숙종 28년 을과로 합격한 지흡池欽과 병과로 합격한 손경익孫景翼, 숙종 36년 병과로 합격
    한 강필중姜必中, 숙종 45년 병과로 합격한 홍계상洪啓相이다. 이 가운데 강필중은 판결사
    강여호姜汝㦕의 서자이다.
154)《숙종실록》권46, 숙종 34년 윤3월 25일 임인.
155)《영조실록》권29, 영조 7년 5월 16일 무인.

이원지李元祉로 기록되어 있는데, 벼슬 이름은 적혀 있지 않다. 아마 그가 뒷날 죄인으로 죽은 까닭인 듯하다.

한편, 숙종 대에는 청나라를 의식한 국방강화정책이 추진되면서 만과萬科가 설행되어 무인을 무더기로 선발했으며, 이와 아울러 양역인구良役人口를 늘이기 위해 서얼에게도 군역을 지우는 정책이 추진되었다. 물론 서얼의 군역은 현역이 아니라 군포軍布를 내는 것을 말한다. 이는 서얼인구가 늘어나면서 국가의 군포수입이 줄어든 데 대한 대책이 시급하여 서얼에게도 군포를 받기에 이른 것이다.

2) 시험종류별 급제자 인원

숙종 대 46년 동안 각종 문과에 급제한 인물은 모두 1,427명으로, 매년 평균 약 31명의 급제자를 선발한 셈이다. 이 수치를 앞 시기 광해군 대 30명, 인조 대 27.74명, 효종 대 24.5명, 현종 대 26명과 비교하면 가장 높다. 그만큼 관직 수요가 늘었다고도 볼 수 있지만, 수요보다 공급이 늘어났다는 것을 뜻하기도 한다. 1,427명의 급제자를 시험종류별로 알아보면 다음과 같다.

위 표를 다시 정리하면, 3년마다 시행되는 정기시험인 식년시는 15회를 치러 모두 562명의 급제자를 선발했는

식년시式年試	15회	562명
증광시增廣試	11회	431명
별시別試	7회	110명
정시庭試	14회	155명
알성시謁聖試	9회	61명
춘당대시春塘臺試	9회	55명
함경도 별시	3회	11명
평안도 별시	2회	8명
개성부 정시	1회	3명
온양 별시	1회	9명
복과復科	1회	22명
합 계		1,427명

데, 이는 전체 급제자의 39.38퍼센트를 차지하며, 매회 평균 37.46명을 선발한 셈이다. 33명을 선발하는 것을 원칙으로 하는《경국대전》의 규정보다 많아진 것이다.

그 다음 식년시와 비슷한 성격을 갖는 증광시도 11회에 걸쳐 431명을 선발했으므로 매회 평균 39.18명을 선발한 셈이다. 식년시와 증광시는 8도의 인구비율로 초시급제자를 선발하므로 지방민들에게 상대적으로 유리한 시험인데, 식년시와 증광시급제자를 모두 합하면 993명으로 전체 급제자의 69.58퍼센트를 차지하고 있다. 이는 광해군 대 63.95퍼센트 인조 대 51퍼센트, 효종 대 68.16퍼센트, 현종 대 63.42퍼센트와 비교하여 가장 높은 수치다. 이는 그만큼 지방민 또는 하층민의 급제율이 높아졌다는 것을 뜻한다.

지방민에 대한 배려는 함경도, 평안도, 개성부, 온양 등에서 실시된 별시에서도 보인다. 특히 함경도는 3회, 평안도는 2회에 걸쳐 별시가 시행되어 국방상 요지인 북방에 대한 배려가 컸음을 보여 준다. 북방 지역을 위한 별시는 인조 대 한 차례 평안도에서 있었고, 현종 대 함경도 별시, 평안도 별시, 온양 별시가 시행된 바 있었는데, 숙종 대 그 전통이 이어지고 있는 것이다.

3) 신분이 낮은 급제자의 인원과 유형

숙종 대 문과급제자 1,427명 가운데 신분이 낮은 것으로 조사된 급제자는 모두 431명으로, 전체 급제자의 30.2퍼센트를 차지한다. 이를 앞 시기와 비교하면 다음과 같다.

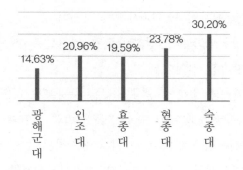

여기서 17세기 초 광해군 대에 14.63퍼센트로 출발한 수치가 인조 대 이후로 20퍼센트대 안팎을 오르내리다가 17세기 후반에서 18세기 초 숙종 대에는 30퍼센트대로 오른 것을 볼 수 있다. 이런 상승추세는 그 다음 왕대에도 이어지고 있는데, 이 점에 대해서는 뒤에 살피게 될 것이다.

신분이 낮은 급제자 431명의 신분은 다음과 같은 여러 부류를 포함하고 있다. ① 《방목》에 본관이 기록되어 있지 않은 급제자가 159명인데, 그 가운데 155명은 본관을 알 수 있고 4명은 본관을 알 수 없다. ② 《족보》 자체가 《청구》와 《만성》에 보이지 않는 급제자가 5명. ③ 《족보》는 있으나 《족보》에 가계가 보이지 않는 급제자가 265명. ④ 《족보》에 가계가 끊어져 있는 급제자가 32명. ⑤ 내외 4대조 또는 가까운 윗대 가운데 벼슬아치가 없는 급제자가 112명. ⑥ 《족보》에는 올라 있으나 서얼 출신 급제자가 6명. ⑦ 기록이 애매하여 신원을 알 수 없는 급제자가 6명. ⑧ 《족보》에 올라 있으나 계급이 미치지 못하거나 기술관인 급제자가 2명이다.

(1) 본관을 알 수 없는 급제자

숙종 대 문과급제자 1,427명 가운데 《방목》에 본관이 기록되어 있지 않은 급제자는 모두 159명이다. 그런데 그 가운데 155명은 다른 방법으로 본관을 알 수 있고, 나머지 4명만이 본관을 알 수 없다. 본관을 알 수 있는 급제자는 일단 《족보》를 통한 신원조사가 가능하므로 이들에 대한 신분은 다음 항목에서 다루기로 한다. 여기서는 본관 확인이 어려운 4명만을 소개하기로 한다.

김연金礪 제주 사람으로 시험부정 때문에 뒤에 급제가 취소되었는데, 본관이 없어 신원을 알 수 없다.

전이공田以功 평안도 사람으로 벼슬이 없고, 《방목》에 벼슬과 조상 이름, 본관이 모두 보이지 않아 신원을 알 수 없다.

김후金垕 벼슬이 현감(종6품)에 이르렀는데, 《방목》에 본관이 없어 신원을 알 수 없다.

오식吳湜 제주 사람으로 문과에 급제했으나 시험부정이 발각되어 군인으로 충정되었는데, 본관이 없어 신원을 알 수 없다.

(2) 《족보》 자체가 없는 급제자

숙종 대 신분이 낮은 급제자 431명 가운데 《청구》와 《만성》에 《족보》 자체가 보이지 않는 급제자는 4명으로 인구가 극히 적은 희성 출신일 뿐 아니라 대부분 북방 지역 출신이다. 자기 성관에서 유일한 문과급제자가 1명, 첫 급제자가 3명이다. 그 명단은 다음과 같다.

임여순林汝恂 벼슬이 성균관 전적(정6품)에 이르렀는데, 본관이 옥야沃野(全州)이지만 《청구》와 《만성》에는 《옥야임씨보》 자체가 보이지 않는다. 2000년 현재 옥야임씨 인구는 422가구 1,285명의 희성으로, 조선시대 문과급제자 3명을 배출했는데, 임여순이 처음이다. 후대의 급제자가 평안도 가산嘉山 사람인 것으로 보아 평안도 출신으로 보인다.

임익빈林益彬 벼슬이 북청부사(종3품)에 이르렀는데, 본관이 울진蔚珍이지만 《청구》와 《만성》에는 《울진임씨보》 자체가 없다. 2000년 현재 인구는 40가구 97명의 희성으로, 조선시대 급제자 6명을 배출했는데, 임익빈이 처음인 동시에 시조이다. 후대의 급제자들이 평안도나 울진 출신인 점으로 보아 그도 북방 출신으로 보인다.

장두주張斗周 평안도 사람으로 벼슬이 박천군수(종4품)에 이르렀는데, 본관이 진주晉州이지만 《청구》와 《만성》에는 《진주장씨보》 자체가 없다. 2000년 현재 진주장씨 인구는 1,371명의 희성으로, 조선시대 문과급제자 2명을 배출했는데, 장두주가 처음이다. 《실록》에는 그의 신분이 미천微賤하고 역졸驛卒들을 동배로 여기면서 친하게 지냈다고 한 것으로 보아 역졸 출신으로 보인다.

김우추金遇秋 본관이 고성固城으로 알려져 있지만 벼슬이 찰방(종6품)에 이르렀는데, 《청구》와 《만성》에 《고성김씨보》 자체가 없다. 2000년 현재 고성김씨 인구는 3,709가구 1만 1,888명의 희성으로, 조선시대 문과급제자는 그가 유일하다.

(3) 《족보》에 가계가 보이지 않는 급제자

숙종 대 신분이 낮은 급제자 431명 가운데 《족보》는 있으나 《족보》에 가계가 보이지 않는 급제자는 모두 265명으로, 전체 급제자의 18.57퍼센트를 차지하고 신분이 낮은 급제자의 61.48퍼센트를 차지한다. 이들은 직계 조상 가운데 벼슬아치가 없는 평민 출신이거나 서출이거나 향리거나 중인이거나 후사가 끊어졌거나, 또는 노비가 양인으로 올라온 신분이거나, 그 밖에 어떤 까닭으로 《족보》에 오르지 못한 것으로 보인다.

(가) 3품 이상 고관에 오른 급제자

《족보》에 가계가 보이지 않는 급제자 267명 가운데 3품 이상 고관에 오른 인물은 16명이다. 그들의 명단을 소개하면 다음과 같다. 그 가운데 신분이 낮다고 대간의 비판을 받은 급제자는 4명이다.

박신지朴身之 본관이 함양咸陽으로 벼슬이 통례원 상례(종3품)에 올랐는데, 《함양박씨보》에 가계가 보이지 않는다.

안세징安世徵 본관이 광주廣州로 벼슬이 형조참의(정3품 당상관)에 올랐는데, 《광주안씨보》에 가계가 보이지 않는다.

최정룡崔廷龍 본관이 강릉江陵으로 벼슬이 부사(종3품)에 올랐으나 《강릉최씨보》에 가계가 보이지 않는다.

홍경선洪慶先 본관이 남양南陽으로 벼슬이 교서관 판교(정3품 당하관)에 올랐는데, 《남양홍씨보》에 가계가 보이지 않는다. 그런데 《실록》에는 그의 지망地望이 가볍다고 한다.

이회원李會元 본관이 경주慶州로 벼슬이 인동부사(종3품)에 올랐는데,《경주이씨보》에 가계가 보이지 않는다.《실록》을 보면 그의 문지門地가 비미卑微하다고 한다.

김수익金壽益 본관이 연안延安으로 벼슬이 통례원 상례(종3품)에 올랐으나,《연안김씨보》에 가계가 보이지 않는다.

홍대유洪大猷 본관이 풍산豊山으로 벼슬이 부사(종3품)에 올랐는데,《풍산홍씨보》에 가계가 보이지 않는다.《실록》을 보면 홍대유의 인물이 용렬하고 보잘것없다는 이유로 사간원이 서경을 거부하기도 했다.

강우량康諒 본관이 신천信川으로 벼슬이 교서관 판교(정3품 당하관)에 올랐는데,《신천강씨보》에 가계가 보이지 않는다.

오명희吳命禧 본관이 보성寶城으로 벼슬이 진주목사(정3품 당상관)에 올랐는데,《보성오씨보》에 가계가 보이지 않는다.

여위량呂渭良 본관이 함양咸陽으로 벼슬이 부사(종3품)에 올랐는데,《함양여씨보》에 가계가 보이지 않는다. 사헌부는 여위량의 신분이 한미寒微하다는 이유로 사헌부 장령 임명을 거부하기도 했다.

민치룡閔致龍 본관이 여흥驪興으로 벼슬이 목사(정3품 당상관)에 이르렀는데,《여흥민씨보》에는 가계가 보이지 않는다.

윤식尹植 본관이 파평坡平으로 벼슬이 부사(종3품)에 올랐는데,《파평윤씨보》에 가계가 보이지 않는다.

정운형鄭運亨 본관이 나주羅州로 벼슬이 첨지중추부사(정3품 당상관)에 올랐는데,《나주정씨보》에 가계가 보이지 않는다.

신세웅申世雄 본관이 평산平山으로 벼슬이 시정寺正(정3품 당하관)에 올랐는데,《평산신씨보》에 가계가 보이지 않는다.

박필정朴弼正 본관이 밀양密陽으로 벼슬이 우윤右尹(종2품)에 올랐는데,《밀양박씨보》에 가계가 보이지 않는다.

한두일韓斗— 본관이 청주淸州로 벼슬이 교서관 판교判校(정3품 당하관)에 올랐는데,《청주한씨보》에 가계가 보이지 않는다.

(나) 신분이 낮다고 비판받은 급제자

숙종 대《족보》에 가계가 보이지 않는 급제자 265명 가운데는 청요직의 벼슬을 받을 때 신분이 한미寒微하다, 미천微賤하다, 용렬庸劣하다는 등의 이유로 대간臺諫이 서경署經을 거부한 인물이 11명에 이른다. 위에 소개한 3품 이상 고관에 오른 인물 가운데도 그런 비판을 받은 인물이 4명이나 있음은 앞에서 이미 설명한 바 있다. 위에 소개한 인물 말고 비판받은 7명을 소개하면 다음과 같다.

송만宋璊 본관이 신평新平으로 벼슬이 사헌부 장령(정4품)에 올랐는데, 사간원은 송만이 신분이 한미寒微하고, 지망地望이 가볍다는 이유로 서경을 반대했지만 임금이 따르지 않았다. 송씨는 신평의 일반성一般姓으로, 신평송씨는 조선시대 문과급제자 7명을 배출했다.

송우룡宋遇龍 본관이 여산礪山으로 벼슬이 현감(종6품)에 올랐는데, 숙부 송상주宋相周가 향곡의 비천한 무리라고 알려져 있어 송우룡도 집안이 한미한 것으로 보인다.

이경열李景說 본관이 수안遂安으로 벼슬이 사헌부 장령(정4품)에 올랐는데, 이경열이 처음 승문원承文院에 분관되자 사헌부는 그의 명망名望이 없다는 이유로 체직을 요청하기도 했다. 수안이씨의 대부분은 평안도나 황해도 출신이다.

박지희朴志熹 본관이 나주羅州로 벼슬이 성균관 전적(정6품)에 이르렀는데, 처음 승문원에 분관分館하려 하자 사헌부는 박지희의 지망地

몰이 맞지 않고, 명칭名稱이 없다는 이유로 반대하고 나섰으나 임금이 듣지 않았다.

진익한陳翼漢 본관이 여양驪陽으로 벼슬이 예조좌랑(정6품)과 현령 (종5품)에 이르렀는데, 사간원은 진익한이 출처出處를 알 수 없는 인물이라는 이유로 6조 낭관을 주어서는 안 된다고 반대했으나 임금이 듣지 않았다.

박진량朴震亮 본관이 밀양密陽으로 벼슬이 예조좌랑(정6품)과 성균관 직강(정5품)에 이르렀는데, 사헌부는 박진량의 신분이 미천微賤하다는 이유로 좌랑과 직강 임명을 반대하고 나섰으나 임금이 듣지 않았다.

이하연李夏演 본관이 함평咸平으로 벼슬이 현령(종5품)과 성균관 사예(정4품)에 이르렀는데, 이하연이 현령에 임명되자 홍문관은 그의 인물이 잔열孱劣하다는 이유로 체차를 요구했다.

(다) 서얼, 향리, 역리 출신

숙종 대 신분이 낮은 급제자 431명 가운데 《족보》에 가계가 보이지 않는 급제자는 265명인데, 그 가운데는 서얼 출신으로 확인된 급제자가 4명이고, 서얼로 의심되는 급제자가 2명이다. 또, 향리의 후손이 1명, 역리 출신이 1명이다. 8명의 명단을 소개하면 다음과 같다.

지흠池欽 업유業儒로서 벼슬이 성균관 전적(정6품)에 이르렀는데, 본관이 충주忠州이지만 《충주지씨보》에 가계가 보이지 않는다. 업유란 서자로서 정식으로 허통許通된 자를 가리킨다.

손경익孫景翼 업유로서 벼슬이 현감(종6품)에 이르렀는데, 본관이 경주慶州이지만 《경주손씨보》에 가계가 보이지 않는다.

홍계상洪啓相 업유로서 벼슬이 찰방(종6품)에 이르렀는데, 본관이 남양南陽이지만 《남양홍씨보》에 가계가 보이지 않는다.

정유석鄭維錫 정항鄭杭의 서자로서 벼슬이 교서관 정자(정9품)에 이르렀는데, 본관이 봉화奉化이지만 《봉화정씨보》에 가계가 보이지 않는다.

이수영李秀英 벼슬이 예조정랑(정5품)에 올랐는데, 본관이 전주全州이지만 《전주이씨과거급제자총람》을 보면 《족보》에 오르지 못한 파미분류자派未分類者로 되어 있다. 아마도 서출인 듯하다.

이상림李商霖 벼슬이 예조좌랑(정6품)에 올랐는데, 본관이 전주全州이지만 《전주이씨과거급제자총람》을 보면 이상림은 파미분류자로 되어 있다. 아마도 서출인 듯하다.

전성신全聖臣 본관이 나주羅州로서 벼슬이 현감(종6품)에 이르렀는데, 《세종실록》〈지리지〉에는 전씨가 나주의 향리성鄕吏姓으로 나오므로 전성신도 향리의 후예일 가능성이 크다. 나주전씨는 숙종 대 이후 문과급제자 6명이 배출되었는데, 그가 세 번째이다.

장진문張振文 현직 역리驛吏로서 문과에 급제하여 벼슬이 군수(종4품)에 이르렀는데, 본관이 울진蔚珍이지만 《울진장씨보》에 가계가 보이지 않는다.

(4) 《족보》에 가계가 단절된 급제자

숙종 대 신분이 낮은 급제자 431명 가운데 《족보》에 이름이 보이지만, 본인이나 아버지 윗대의 가계가 끊어진 급제자는 32명이다. 이들은 대부분 인구가 적고 벼슬아치가 적은 희성 출신이 많으며, 신분이 평민이거나 향리거나 서얼인 경우로 볼 수 있다. 또 자기 본관에서 최초로 급제한 인물이 7명, 유일한 급제자가 10명이며, 그 가운데 4명이 시조로 추앙되고 있다. 또 향리 출신으로 보이는 자가 3명, 평안도 출신이 6명이다.

이들의 벼슬은 모두 4품 이하에 머물고 있으며, 벼슬은 지방의 수령이나 성균관에 나가고 있을 뿐 6조 낭관이나 3사三司 등 청요직에 나간 인물은 한 사람도 없다. 이것이 앞 시대와 다른 점이다. 이들 32명의 명단을 소개하면 다음과 같다.

모세무牟世茂 본관이 함평咸平으로 벼슬이 현감(종6품)에 이르렀다. 함평모씨는 원래 고려 중기 송나라에서 귀화한 성씨로, 2000년 현재 인구는 5,546가구 1만 7,939명의 희성인데, 조선시대 문과급제자 4명을 배출했다. 그 가운데 아우 모세번이 현종 대 급제하고, 이어 모세무가 두 번째로 급제했다. 《함평모씨보》에는 조상의 가계가 단절되어 있다.

김익구金益九 본관이 화순和順으로 벼슬이 현감(종6품)에 이르렀는데, 《세종실록》〈지리지〉를 보면 화순김씨는 향리성鄕吏姓으로 되어 있다. 2000년 현재 인구는 504가구 1,570명의 희성으로, 조선시대 문과급제자 2명을 배출했는데 김익구가 처음이다.

승이도承以道 본관이 연일延日로 벼슬이 현감(종6품)에 이르렀다. 2000년 현재 연일승씨 인구는 568가구 1,828명의 희성으로, 조선시대 문과급제자 8명을 배출했는데, 그 가운데 5명이 평안도 정주 출신이며 나머지 3명도 평안도 출신일 가능성이 크다. 승이도가 첫 급제자이다.

승득운承得運 본관이 연일로 벼슬이 찰방(종6품)에 이르렀다. 연일 승씨 가운데 6명이 평안도 정주 출신이다.

김운승金運乘 본관이 양주楊州로서 벼슬이 예조정랑(정5품)에 이르렀다. 2000년 현재 양주김씨 인구는 1,100가구 3,510명의 희성으로, 조선시대 문과급제자 8명을 배출했는데, 대부분 평안도 개천价川 사람이며, 김운승이 두 번째 문과급제자이다. 하지만 《만성》의 《양주김씨보》에는 김운승 한 사람만 보인다.

노광협盧光協 본관이 해주海州로서 벼슬이 예조정랑(정5품)에 올랐다. 2000년 현재 해주노씨 인구는 633가구 1,940명의 희성으로, 조선시대 문과급제자 17명을 배출했는데, 노광협이 처음이다. 그런데 이들 가운데 15명이 평안도 정주定州 출신으로 밝혀져 있어, 그도 정주 출신으로 보인다.

전세록全世祿 본관이 강릉江陵으로 벼슬이 군수(종4품)에 이르렀는데, 2000년 현재 강릉전씨 인구는 2,044가구 6,384명의 희성으로, 조선시대 문과급제자는 전세록뿐이다. 《세종실록》〈지리지〉를 보면 전씨는 강릉의 속성續姓으로 향리를 하고 있다고 되어 그도 향리 출신으로 보인다. 《강릉전씨보》에는 그의 이름만 보인다.

고위규高緯奎 본관이 강화江華로 벼슬이 현감(종6품)에 이르렀는데, 《강화고씨보》에는 본인만 기록되어 있다. 2000년 현재 인구는 357가구 1,130명의 희성으로, 조선시대 문과급제자는 고위규뿐이다.

유서정劉瑞井 본관이 설성雪城으로 벼슬이 성균관 전적(정6품)에 이르렀는데, 《설성유씨보》에는 유서정 한 사람만 기록되어 있다. 현재 설성유씨는 인구도 파악되지 않고 있는데, 유서정이 유일한 문과급제자이다.

오적吳勣 본관이 장흥長興으로 벼슬이 군수(종4품)에 이르렀는데, 《장흥오씨보》에는 오적 한 사람만 보인다. 2000년 현재 장흥오씨 인구는 1,092가구 3,564명의 희성으로, 문과급제자는 그가 유일하다.

주항도朱恒道 본관이 능성綾城으로 벼슬이 현감(종6품)에 이르렀는데, 《능성주씨보》에는 주항도가 외따로 기록되어 있다. 2000년 현재 능성주씨 인구는 977가구 3,300명의 희성으로, 조선시대 문과급제자 3명을 배출했는데, 그가 처음이다.

지천석池天錫 본관이 충주忠州로 벼슬이 예조정랑(정5품)에 이르렀는데, 《충주지씨보》에는 아버지와 지천석만 기록되어 있으며, 아버지는 벼슬이 없다. 《세종실록》〈지리지〉를 보면 지씨는 충주의 외촌성外村姓으로도 나오고 속성續姓으로도 나오는데, 조선시대 문과급제자 10명을 배출하고, 그 밖에 음양과陰陽科 14명, 율과律科 5명, 역과譯科 1명을 배출하여 중인가문으로 불리기도 했다.

김명은金鳴殷 평안도 안주安州 사람이고 본관이 능성綾城으로 벼슬이 동지중추부사(종2품)에 올랐는데, 《능성김씨보》에는 아버지와 김명은만 보이며 아버지는 벼슬이 없다. 2000년 현재 인구는 168가구 557명의 희성으로, 조선시대 김명은 형제만이 문과에 급제했는데, 그가 시조로 되어 있다. 《세종실록》〈지리지〉를 보면 김씨는 능성의 향리성鄕吏姓으로 나오고 있어 그도 향리 출신일 가능성이 크다.

반윤형潘尹衡 본관이 광주光州로 벼슬이 찰방(종6품)에 이르렀는데, 《광주반씨보》에는 반윤형의 이름이 외따로 기록되어 있어 가계를 알 수 없다. 2000년 현재 광주반씨 인구는 2,031가구 6,660명의 희성으로, 조선시대 문과급제자 3명을 배출했는데, 그가 마지막이다.

김중태金重泰 본관이 영광靈光으로 벼슬이 현감(종6품)에 이르렀으나, 《청구》의 《영광김씨보》에는 김중태가 외따로 기록되어 가계를 알 수 없다.

전여초全與初 본관이 경주慶州로 벼슬이 교수(종6품)에 이르렀으나, 《청구》의 《경주전씨보》에는 전여초가 혼자 기록되어 있어 가계를 알 수 없다. 2000년 현재 경주전씨 인구는 6,005명으로, 조선시대 문과급제자는 모두 2명이다.

전처경田處坰 본관이 과천果川으로 벼슬이 성균관 전적(정6품)에 이르렀는데, 《과천전씨보》에는 오직 전처경만 기록되어 있다. 2000년 현재 과천전씨 인구는 168가구 493명의 희성으로, 조선시대 문과급제자 2명을 배출했다.

김명하金鳴夏 본관이 능주綾州로 벼슬이 군수(종4품)에 이르렀는데, 앞에 소개한 김명은의 형이다.

마격馬格 본관이 목천木川으로 벼슬이 찰방(종6품)에 이르렀는데, 《목천마씨보》에는 아버지와 마격만 기록되어 있으며 아버지는 벼슬이 없다. 2000년 현재 목천마씨 인구는 941가구 2,982명의 희성으로, 조선시대 문과급제자 7명을 배출했다.

김윤해金潤海 본관이 강동江東으로 벼슬이 단천군수(종4품)에 이르렀는데, 《강동김씨보》에는 아버지와 김윤해만 기록되어 있다. 2000년 현재 강동김씨 인구는 413가구 1,236명의 희성으로, 조선시대 문과급제자 2명을 배출했는데, 그가 첫 급제자이자 시조로 되어 있다. 정조 대 급제한 인물은 평안도 강동江東 출신이므로 그도 평안도 사람으로 보인다.

양성준梁聖駿 본관이 청주淸州로 벼슬이 교서관 정자(정9품)에 이르렀는데, 《청주양씨보》에는 본인만 기록되어 있다. 2000년 현재 청주양씨 인구는 2,649가구 8,499명의 희성으로, 조선시대 문과급제자는 양성준이 유일하다.

김남신金南賮 본관이 남양南陽으로 벼슬이 현감(종6품)에 이르렀는데,《남양김씨보》에는 본인 한 사람만 보인다. 2000년 현재 남양김씨 인구는 745가구 2,408명의 희성으로, 조선시대 문과급제자는 2명이며 김남신이 첫 급제자이다.

방즙方濈 본관이 무안務安으로 벼슬이 주부(종6품)에 이르렀는데,《무안방씨보》에는 본인 한 사람만 보인다. 2000년 현재 무안방씨 인구는 233가구 736명의 희성으로, 조선시대 문과급제자는 2명이다.

전유경全惟慶 본관이 통진通津으로 벼슬이 성균관 전적(정6품)에 이르렀는데,《통진전씨보》에는 오직 전유경 한 사람만 기록되어 있다. 현재 인구는 파악되지 않고 있을 만큼 희성이며, 조선시대 문과급제자는 그가 유일하다.

이진형李震亨 본관이 교하交河로 벼슬이 예조정랑(정5품)과 군수(종4품)에 이르렀는데,《교하이씨보》에는 이진형 한 사람만 보인다. 2000년 현재 교하김씨 인구는 464명의 희성으로, 조선시대 문과급제자 3명을 배출했는데, 그가 처음이다.

정중호鄭重虎 본관이 옹진甕津으로 벼슬이 현감(종6품)에 이르렀는데,《청구》의《옹진정씨보》에는 정중호 한 사람만 보인다. 2000년 현재 옹진정씨 인구는 48가구 151명으로, 조선시대 문과급제자는 그가 유일하다.

이만욱李萬郁 본관이 평안도 강동江東으로 벼슬이 예조좌랑(정6품)과 군수(종4품)에 이르렀는데,《청구》의《강동이씨보》를 보면 이만욱 한 사람만 보여 그가 시조임을 알 수 있다. 2000년 현재 강동이씨 인구는 218가구 720명의 희성으로, 조선시대 문과급제자는 그가 유일하다.

서봉익徐鳳翼 본관이 이천利川으로 벼슬이 군수(종4품)에 이르렀는데,《청구》의《이천서씨보》를 보면 서봉익의 가계가 단절된 모습으로 외따로 기록되어 있다. 신원을 알 수 없다.

장세량張世良 본관이 목천木川으로 벼슬이 성균관 직강(정5품)에 이르렀는데,《만성》의《목천장씨보》를 보면 장세량 한 사람만을 시조로 기록하고 있다. 2000년 현재 목천장씨 인구는 3,456가구 1만 1,160명의 희성으로, 조선시대 문과급제자는 그가 유일하다.

오여창吳與昌 본관이 함양咸陽으로 벼슬이 봉상시 첨정(종4품)에 이르렀는데,《만성》의《함양오씨보》에는 아버지와 더불어 별개의 가계를 구성하고 있다.

방만규方萬規 본관이 남양南陽으로 벼슬이 성균관 전적(정6품)에 이르렀는데,《청구》의《남양방씨보》를 보면 아버지와 방만규만 보이며 아버지는 벼슬이 없다. 2000년 현재 남양방씨 인구는 1명으로, 조선시대 문과급제자는 2명인데, 그가 처음이다.

서침徐琛 본관이 군위軍威로 벼슬이 군수(종4품)에 이르렀는데,《청구》의《군위서씨보》를 보면 아버지와 서침만이 기록되어 있으며 아버지는 벼슬이 없다. 2000년 현재 군위서씨 인구는 145가구 407명의 희성으로, 조선시대 문과급제자는 그가 유일하며 시조로 되어 있다.

(5) 내외 4대조 또는 가까운 윗대에 벼슬아치가 없는 급제자

숙종 대 신분이 낮은 급제자가 431명 가운데 직계 4대조 또는 가

까운 윗대에도 벼슬아치가 없는 급제자는 모두 112명으로, 전체 급제자 1,427명의 7.84퍼센트, 신분이 낮은 급제자 431명의 25.98퍼센트에 이른다. 이들의 성관 자체는 명문인 경우가 대부분으로 성관은 좋지만 직계가 한미한 부류들이다. 이들 가운데는 직계 8대조 또는 11대조 가운데도 벼슬아치가 없는 급제자들이 있다. 112명 가운데 3품 이상 고관에 오른 인물이 19명이고, 나머지 86명은 4품 이하 벼슬을 얻었다.

(가) 3품 이상 고관에 오른 급제자

안건지安健之 본관이 순흥順興으로 벼슬이 시정寺正(정3품 당하관)에 이르렀는데,《만성》의《순흥안씨보》를 보면 직계 8대조 가운데 벼슬아치가 없다.

이세무李世茂 본관이 전주全州로 벼슬이 참의(정3품 당상관)에 올랐는데,《전주이씨과거급제자총람》을 보면 직계 3대조와 외조 가운데 벼슬아치가 없다.

강세보姜世輔 본관이 진주晉州로 벼슬이 부사(종3품)에 올랐는데,《진주강씨보》를 보면 직계 7대조와 외조 가운데 벼슬아치가 없다.

원성유元聖兪 본관이 원주原州로 벼슬이 승지(정3품 당상관)에 올랐는데,《청구》의《원주원씨보》를 보면 직계 3대조와 외조 가운데 벼슬아치가 없다.

최경중崔敬中 본관이 전주全州로 벼슬이 좌윤(종2품)에 올랐는데,《청구》의《전주최씨보》를 보면 직계 3대조와 외조 가운데 벼슬아치가 없다.

한옥韓沃 본관이 청주淸州로 벼슬이 통례원 통례(정3품 당하관)에 올랐는데,《청구》의《청주한씨보》를 보면 직계 3대조와 외조 가운데 벼슬아치가 없다.

도영하都永夏 본관이 팔거八莒(星州)로 벼슬이 교서관 판교(정3품 당하관)에 올랐는데,《팔거도씨보》를 보면 직계 5대조와 외조 가운데 벼슬아치가 없다.

권귀로權龜老 본관이 안동安東으로 벼슬이 승지(정3품 당상관)에 올랐는데,《만성》의《안동권씨보》를 보면 직계 4대조와 외조 가운데 벼슬아치가 없다.

신유익慎惟益 본관이 거창居昌으로 벼슬이 통정대부(정3품 당상관)로 부사(종3품)에 이르렀는데, 신유익이 처음 병조정랑에 임명되자 사헌부는 신분이 낮다는 이유로 반대하고 나섰다.《거창신씨보》를 보면 직계 5대조와 외조 가운데 벼슬아치가 없다.

김우화金遇華 본관이 광산光山으로 벼슬이 봉상시정奉常寺正(정3품 당하관)에 올랐는데,《광산김씨보》를 보면 직계 9대조 가운데 4대조와 6대조만이 무관武官일 뿐 나머지는 모두 벼슬아치가 아니다.

김시빈金始鑌 본관이 함창咸昌으로 벼슬이 부사(종3품)에 올랐는데,《함창김씨보》를 보면 직계 7대조 가운데 4대조만이 참봉(종9품)을 지냈을 뿐이다.

이교악李喬岳 본관이 용인龍仁으로 벼슬이 대사헌(종2품)과 관찰사(종2품)에 이르렀는데,《용인이씨보》를 보면 직계 3대조와 외조 가운데 벼슬아치가 없다.

권엽權熀 본관이 안동安東으로 벼슬이 승지(정3품 당상관)에 이르렀는데,《안동권씨보》를 보면 직계 4대조와 외조 가운데 벼슬아치가 없다.

박치원朴致遠 본관이 밀양密陽으로 벼슬이 판윤(정2품)에 이르렀는데, 노론의 핵심인물 가운데 한 사람이다.《밀양박씨보》를 보면 박치원은 기묘명현 박훈朴薰의 7대손이지만 내외 4대조 가운데 아버지만 감역監役(종9품)으로 되어 있다.

권상일權相— 본관이 안동安東으로 벼슬이 병조참판(종2품)과 지중추부사(정2품)에 이르렀는데,《안동권씨보》를 보면 직계 6대조 가운데 벼슬아치가 없다.

유만중柳萬重 본관이 진주晉州로 벼슬이 우윤右尹(종2품)과 승지(정3품 당상관)에 올랐는데,《진주유씨보》를 보면 직계 6대조와 외조 가운데 벼슬아치가 없다.

이태원李太元 본관이 부평富平으로 벼슬이 부사(종3품)에 올랐는데,《부평이씨보》를 보면 직계 3대조와 외조 가운데 벼슬아치가 없다.

조창래趙昌來 평안도 정주定州 사람이고 본관이 배천白川으로 벼슬이 공조참의(정3품 당상관)를 거쳐 우윤(종2품)에 이르렀는데,《배천조씨보》를 보면 조창래는 개국공신 조반趙胖의 11대손으로 조반 이후로 벼슬아치가 한 사람도 없다. 그가 처음 도사(종5품)에 임명되자 사헌부는 그의 명칭名稱이 없다는 이유로 반대하기도 했다.

이광세李匡世 본관이 전주全州로 벼슬이 판윤(정2품)에 올랐는데,《전주이씨과거급제자총람》을 보면 직계 3대조와 외조 가운데 벼슬아치가 없다.

(나) 신분이 낮다고 비판받은 급제자, 유일급제자

숙종 대 내외 4대조 또는 그 가까운 윗대에 벼슬아치가 없는 급제자 112명 가운데 신분이 낮다고 대간臺諫의 비판을 받은 급제자는,

위에 소개한 고관에 오른 인물 가운데도 있지만, 그 밖에 4품 이하 낮은 관직을 받은 인물 가운데 3명이 있고, 자기 본관에서 유일한 문과급제자가 2명이다. 5명의 명단을 소개하면 다음과 같다.

조지중趙之重 본관이 배천白川으로 벼슬이 병조정랑(정5품)에 이르렀는데, 이보다 앞서 조지중이 병조좌랑(정6품)에 임명되자 대간은 그의 문지門地와 사람됨이 적합지 않다고 반대하고 나섰으나 임금이 이를 따르지 않았다. 《배천조씨보》를 보면 직계 4대조 가운데 벼슬아치가 없다. 그런데 배천조씨 급제자는 대부분 평안도 사람으로 그도 평안도 출신으로 보인다.

이정상李鼎相 본관이 함평咸平으로 벼슬이 도사(종5품)와 병조좌랑(정6품)에 이르렀는데, 이보다 앞서 이정상을 대간직臺諫職에 임명하려 하자 사간원은 그의 신분이 낮다는 이유로 반대하고 나섰으나 임금이 따르지 않았다. 《함평이씨보》를 보면 직계 4대조와 외조 가운데 벼슬아치가 없다.

유원상柳爰相 본관이 문화文化로 벼슬이 승문원 정자(정9품)에 이르렀는데, 사헌부는 유원상의 지망地望이 맞지 않는다는 이유로 반대했으나 임금이 따르지 않았다. 《문화유씨보》를 보면 직계 3대조와 외조 가운데 벼슬아치가 없다.

김만형金萬亨 본관이 부평富平으로 벼슬이 성균관 사예(정4품)에 올랐는데, 《부평김씨보》를 보면 직계 3대조와 외조 가운데 벼슬아치가 없다. 2000년 현재 부평김씨 인구는 668가구 2,203명인데, 김만형은 유일한 문과급제자이다.

유봉명柳鳳鳴 본관이 인동仁同으로 벼슬이 군수(종4품)에 이르렀는데, 《인동유씨보》를 보면 직계 4대조 가운데 벼슬아치가 없으며, 유봉명이 유일한 문과급제자이다. 2000년 현재 인동유씨 인구는 387가구 1,262명이다.

(6) 서얼로 확인된 급제자

숙종 대 신분이 낮은 급제자 431명 가운데《족보》에 가계가 보이지만 서얼 출신으로 확인된 급제자는 모두 6명이다. 그 명단을 소개하면 다음과 같다.

허후許垕 남인의 영수 허적許積의 서자로서 벼슬이 교서관 교리(종5품)에 이르렀으며, 《양천허씨보》에 가계가 보인다.

어서룡魚瑞龍 벼슬이 찰방(종6품)에 이르렀으며 서자 출신 어숙권魚叔權의 고손자인데, 본관이 함종咸從으로《함종어씨보》에 가계가 보인다.

김원호金園皓 서얼로서 정식으로 허통되어 벼슬이 현감(종6품)에 이르렀으며, 본관이 청풍淸風으로《청풍김씨보》에 가계가 보인다.

이현李礥 판관 이경룡李慶龍의 서자로 벼슬이 호조정랑(정5품)에 이르고 통신사로 일본에 다녀오기도 했으며, 본관이 안악安岳으로《안악이씨보》에 가계가 보인다.

강필중姜必中 판결사 강여호姜汝㦿의 서자로 업유業儒의 자격으로 증광시에 급제하여 벼슬이 성균관 전적(정6품)에 이르렀으며, 《진주강씨보》에 강필중의 가계가 보인다.

신유한申維翰 벼슬이 봉상시 첨정(종4품)에 오르고, 일본에 통신사 제술관으로 다녀와《해유록海遊錄》을 남기기도 했다. 경상도 고령高

靈 사람이고 본관이 영해寧海인데,《영해신씨보》에 가계가 보이지만 신유한은 서자로 알려져 있다.

4) 신분이 낮은 급제자의 벼슬

숙종 대 신분이 낮은 급제자 431명 가운데 벼슬을 받지 못한 급제자는 모두 15명이고, 416명이 벼슬을 받아 취직률은 96.51퍼센트에 이른다. 이 수치를 앞 시기와 비교하면 광해군 대 96.96퍼센트, 인조 대 91.71퍼센트, 효종 대 87.5퍼센트, 현종 대 96.77퍼센트로, 앞 시기인 현종 대와 비슷하다. 벼슬을 받지 못한 15명 가운데 본관이 없는 급제자가 2명,《족보》에 가계가 보이지 않는 급제자가 10명, 내외 4대조 가운데 벼슬아치가 없는 급제자가 3명이다. 그러니까 신분이 낮을수록 취직률이 낮은 것을 알 수 있다.

그러면 416명이 받은 벼슬은 무엇인가? 이들이 받은 벼슬의 최고 품계순으로 인원을 조사해 보면 다음과 같다.

지중추부사知中樞府事(정2품)	1명
판윤判尹(정2품)	2명
동지중추부사同知中樞府事(종2품)	1명
우윤右尹(종2품)	3명
좌윤左尹(종2품)	1명
대사헌大司憲(종2품)	1명
승지承旨(정3품 당상관)	3명
참의參議(정3품 당상관)	2명
첨지중추부사僉知中樞府事(정3품 당상관)	1명
목사牧使(정3품 당상관)	2명
통례원 통례通禮(정3품 당하관)	1명

시정寺正(정3품 당하관)	3명
교서관 판교判校(정3품 당하관)	4명
통례원 상례相禮(종3품)	2명
부사府使(종3품)	14명
1~3품	41명
성균관 사예司藝(정4품)	16명
사헌부 장령掌令(정4품)	9명
통례원 봉례奉禮(정4품)	1명
군수郡守(종4품)	34명
봉상시 첨정僉正(종4품)	3명
성균관 직강直講(정5품)	17명
6조 정랑正郎(정5품)	34명
사헌부 지평持平(정5품)	3명
현령縣令(종5품)	7명
교서관 교리校理(종5품)	5명
도사都事(종5품)	6명
봉상시 판관判官(종5품)	3명
성균관 전적典籍(정6품)	48명
사헌부 감찰監察(정6품)	8명
승문원 교검校檢(정6품)	1명
6조 좌랑佐郎(정6품)	40명
현감縣監(종6품)	81명
찰방察訪(종6품)	31명
주부主簿(종6품)	2명
교수教授(종6품)	1명
4~6품	350명
성균관 박사博士(정7품)	2명
승정원 주서注書(정7품)	1명
직장直長(종7품)	1명
교서관 저작著作(정8품)	1명
성균관 학정學正(정8품)	2명

교서관/승문원 정자正字(정9품)	8명
성균관 학유學諭(종9품)	6명
권지權知(임시직)	3명
교서관 검교檢校(?품)	1명
7~9품	25명
벼슬을 받지 못한 급제자	15명
합 계	431명

위 표를 다시 정리하면, 3품 이상 고관에 오른 급제자가 41명으로, 전체 급제자 1,427명의 2.87퍼센트를 차지하고, 신분이 낮은 급제자 431명의 9.51퍼센트를 차지하고 있다. 그 가운데 부사(종3품)가 14명으로 가장 많고, 중앙직으로는 대부분 교서관이나, 통례원, 시정 등 실권이 없는 한직閑職에 지나지 않는다.

3품 이상 벼슬 가운데 2품 이상 벼슬을 받은 급제자가 9명에 이르고 있지만, 의정부 정승政丞이나 6조 판서判書 또는 참판參判은 한 명도 없다. 이런 자리는 문벌양반들에게 돌아가고 있었다는 것을 말해준다. 하지만 그렇더라도 우리가 상상하는 것보다는 높은 벼슬에 오르고 있음을 알 수 있다.

다음 4품에서 6품에 이르는 참상관參上官에 오른 급제자는 350명에 이르러 신분이 낮은 급제자의 81.2퍼센트를 차지하고 있는데, 그 가운데 가장 많이 받은 벼슬은 군수, 현령, 도사, 현감, 찰방 등 지방관으로 모두 159명에 이르고 있다. 특히 현감과 찰방이 112명을 차지하고 있다.

참상관이 받은 중앙직 가운데는 사예, 직강, 전적 등 성균관으로 나간 급제자가 81명으로 가장 많은데, 특히 성균관 전적이 48명으로 압도적으로 많아 신분이 낮은 사람이 나아가는 대표적인 벼슬로 굳어지고 있음을 볼 수 있다. 성균관 다음으로는 6조 정랑과 좌랑 등 낭관郎官으로 나간 급제자가 74명으로 뒤를 잇고 있다. 그런데 인사권을 가진 이조 낭관에 나간 인물은 단 1명에 지나지 않고, 대부분 예조, 병조, 형조, 공조의 낭관에 머물고 있다. 특히 예조 낭관이 압도적으로 많다.

여기서 이른바 청요직으로 알려진 홍문관이나 예문관 등에 나간 사람이 없고, 감찰직인 사헌부와 언관직인 사간원의 경우를 보면, 사헌부에는 20명이 진출하고 있으나, 사간원에는 단 한 명도 없는 것이 눈길을 끈다. 가장 대표적인 언관직에는 나가지 못하고 있음을 볼 수 있다. 이렇게 언관직 진출이 부진하다는 것은 반대로 문벌양반 출신이 언관직을 차지하고 있으면서 신분이 낮은 급제자의 청요직 진출을 억제하는 결과를 가져왔다. 신분이 낮다는 이유로 대간이 신분이 낮은 급제자의 청요직 임명을 반대하는 상소가 많아진 이유가 여기에 있다. 이 시기 실학자 유수원柳壽垣이 말하기를, 문벌양반 출신의 언관들이 하층민의 청요직 진출을 막고 있다고 비판한 이유도 이것임을 알 수 있다.

7품에서 9품에 이르는 참외관參外官은 25명에 지나지 않는데, 역시 한직에 속하는 성균관과 교서관이 가장 많고, 요직으로 나가는 지름길로 알려진 승문원에는 거의 나가지 못하고 있는 것을 볼 수 있다. 따라서 신분이 낮은 급제자들은 대부분 중앙직으로는 한직인 성균관과 교서관, 외직으로 수령으로 나가는 것이 일반적인 관례가 되고 있었다는 것을 말해 준다.

이상 숙종 대 신분이 낮은 급제자 431명의 신원을 소개했는데, 특이사항을 총괄하여 정리하면 다음과 같다. 먼저 서얼로 확인된 급제자는 모두 10명이고, 서얼로 의심되는 급제자는 2명이고, 향리의 후예로 의심되는 급제자는 4명, 역리 출신이 1명, 자기 본관의 최초 급제자가 10명, 자기 본관의 유일한 급제자가 13명이다. 그 가운데 시조로 추앙된 급제자가 10명이지만, 첫 급제자나 유일급제자는 실질적인 시조라고 보아도 무방하다. 그 밖에도 서얼 출신과 향리 출신이 더 많을 것으로 추측되지만 확인이 불가능하다.

5) 숙종 대 신분이 낮은 급제자 명단

숙종 대 신분이 낮은 급제자 431명의 명단을 급제한 시기순으로 소개하면 다음과 같다.

1 **남천상**南天祥(1631~?) 진사를 거쳐 숙종 원년(1675) 45세로 식년시에 급제하여 벼슬이 성균관 전적(정6품)에 이르렀다. 《방목》에는 벼슬과 아버지[磁], 할아버지[隆達], 증조[應元] 이름이 보이고, 본관이 영양英陽으로 되어 있다. 그런데 《청구》와 《만성》의 《영양남씨보》를 보면 직계 3대조와 외조 가운데 벼슬아치가 없다.

2 **김덕제**金德濟(1640~?) 유학을 거쳐 숙종 원년 36세로 식년시에 급제하여 벼슬이 현령(종5품)에 이르렀다. 《방목》에는 벼슬이 없이 아버지[鐥] 이름이 보이고, 본관이 의성義城으로 되어 있다. 그런데 《청구》와 《만성》의 《의성김씨보》에는 김덕제의 가계가 보이지 않는다.

3 **모세무**牟世茂(1637~?) 유학을 거쳐 숙종 원년 39세로 식년시에 급

제하여 벼슬이 현감(종6품)에 이르렀다. 《방목》에는 벼슬과 아버지〔謙〕 이름이 보이고, 세번世蕃의 형이라고 적으며, 본관이 함평咸平으로 되어 있다. 아우 모세번이 현종 10년 문과에 급제하여 첫 문과급제자가 되었음은 앞에서 이미 설명했다. 그런데 《만성》에는 《함평모씨보》 자체가 없으며, 《청구》의 《함평모씨보》를 보면 아버지 모겸은 벼슬이 없을 뿐 아니라 조상의 가계도 끊어져 있어 가계를 알 수 없다. 함평모씨는 고려 때 송나라에서 귀화해 온 성씨로서 2000년 현재 인구는 5,546가구 1만 7,939명의 희성이며, 조선시대 문과급제자 4명을 배출했는데, 모세무가 아우에 이어 두 번째이다.

4 박신지朴身之(1629~?) 진사를 거쳐 숙종 원년 식년시에 급제하여 벼슬이 통례원 상례(종3품)에 이르렀다. 《방목》에는 벼슬과 아버지〔希孟〕 이름이 보이고, 본관이 함양咸陽으로 되어 있다. 그런데 《청구》와 《만성》의 《함양박씨보》에는 박신지의 가계가 보이지 않는다.

5 신필형辛必馨(1645~?) 유학을 거쳐 숙종 원년 31세로 식년시에 급제하여 벼슬이 현감(종6품)에 이르렀다. 《방목》에는 벼슬이 없이 아버지〔芳〕 이름이 보이고, 본관이 영월寧越로 되어 있다. 그런데 《청구》와 《만성》의 《영월신씨보》에는 신필형의 가계가 보이지 않는다.

6 김익구金益九(1645~?) 관서지방 사람으로 유학을 거쳐 숙종 원년 31세로 식년시에 급제하여 벼슬이 정의현감(종6품)에 이르렀다.156) 《방목》에는 벼슬과 아버지〔斗文〕 이름이 보이고, 본관이 화순和順으로 되어 있다. 그런데 《만성》에는 《화순김씨보》 자체가 없고, 《청구》의 《화순김씨보》에는 오직 김두문과 김익구 부자의 이름만 보이

---

156) 《숙종실록》 권38, 숙종 29년 12월 1일 임신.

는데, 김두문은 벼슬이 없어 김익구가 실질적인 시조로 되어 있다. 《세종실록》〈지리지〉에는 김씨가 화순의 향리성鄕吏姓으로 되어 있어 화순김씨는 원래 향리집안으로 보인다. 2000년 현재 화순김씨 인구는 504가구 1,570명의 희성으로, 조선시대 문과급제자 2명을 배출했는데, 그가 첫 급제자이다.

   7 **안세징**安世徵(1639~?) 송준길宋浚吉의 문인으로 진사를 거쳐 숙종 원년 37세로 식년시에 급제하여 벼슬이 사헌부 장령(정4품), 종성부사(종3품)를 거쳐 형조참의(정3품 당상관)에 이르렀는데, 종성부사로 있을 때 첩을 가마에 태우고 다니다가 파직되기도 했으며 장희빈의 남인세력과 갈등을 빚었다. 《방목》에는 벼슬과 아버지[汝信] 이름이 보이고, 본관이 광주廣州로 되어 있다. 그런데 《청구》와 《만성》의 《광주안씨보》에는 안세징의 가계가 보이지 않는다.

   8 **김세형**金世衡(1642~?) 승의랑(정6품)을 거쳐 숙종 원년 34세로 식년시에 급제하여 벼슬이 사헌부 감찰(정6품)과 현령(종5품)에 이르렀다. 《방목》에는 벼슬이 없이 아버지[起湅] 이름이 보이고, 본관이 연안延安으로 되어 있다. 《청구》의 《연안김씨보》를 보면 김세형의 직계 8대조 가운데 벼슬아치가 없다. 한편, 《만성》의 《연안김씨보》에는 가계가 보이지 않는다.

   9 **승이도**承以道(1651~?) 유학을 거쳐 숙종 원년 25세로 식년시에 급제하여 벼슬이 현감(종6품)에 이르렀다. 《방목》에는 벼슬과 아버지 [汝霖] 이름이 보이고 본관이 연일延日로 되어 있다. 그런데 《만성》에는 《연일승씨보》 자체가 없으며, 《청구》의 《연일승씨보》를 보면, 승여림과 승이도 부자가 독립된 형태로 외따로 기록되어 조상의 가계가 끊어져 있으며 아버지는 벼슬이 없다. 따라서 그의 선대先代에

대해서는 알 수 없다. 2000년 현재 연일승씨 인구는 568가구 1,828명의 희성으로, 조선시대 문과급제자 8명을 배출했는데 정조 대 이후 급제한 5명이 모두 평안도 정주 출신이다. 나머지 3명도 정주 출신일 가능성이 크다. 다만 그가 첫 급제자이다.

10 강상주姜相周(1651~?) 유학을 거쳐 숙종 원년 25세로 식년시에 급제하여 벼슬이 병조좌랑(정6품)에 이르렀다. 《방목》에는 벼슬과 아버지[樞] 이름이 보이고, 본관이 진주晉州로 되어 있다. 《청구》의 《진주강씨보》를 보면 강상주의 직계 3대조는 아무런 벼슬이 없고 4대조는 습독관習讀官으로 잡직기술관, 5대조는 충순위忠順衛, 6대, 7대, 8대조는 아무런 벼슬이 없다.

11 한선韓瑄(1651~?) 함흥咸興 사람으로 참봉(종9품)을 거쳐 숙종 원년 25세로 식년시에 급제하여 벼슬이 군수(종4품)에 이르렀다. 《방목》에는 벼슬과 아버지[駿興] 이름이 보이고, 본관이 청주淸州로 되어 있다. 그런데 《청구》와 《만성》의 《청주한씨보》에는 한선의 가계가 보이지 않는다. 다만, 한씨는 함흥 지역의 최고 명문으로 숙종 대 이후 문과급제자 12명이 확인되고 있는데, 실제로는 그보다 더 많을 것으로 추측된다.

12 도처형都處亨(1646~?) 진사를 거쳐 숙종 원년 30세로 식년시에 급제하여 벼슬이 예조정랑(정5품)과 군수(종4품)에 이르렀다. 《방목》에는 벼슬이 없이 아버지[大遼] 이름이 보이고, 본관이 팔거八莒(星州)로 되어 있다. 《청구》의 《성주도씨보》를 보면 도처형의 직계 4대조 가운데 벼슬아치가 없고, 《만성》의 《팔거도씨보》를 보면 고조의 이름이 《청구》와 달라 혼란을 준다. 다시 말해 《청구》에서는 고조의 이름이 희윤熙胤으로 되어 있고, 5대조가 형형衡으로 되어 있는데, 《만

성》에는 고조가 형衡(문과급제)으로 되어 있다. 아마도 전자의 기록이 옳은 듯하다.

13 김한로金漢老(1646~?) 충의교위忠毅校尉를 거쳐 숙종 원년 30세로 식년시에 급제하여 벼슬이 성균관 직강(정5품)에 이르렀다.《방목》에는 벼슬과 아버지[應精] 이름이 보이고, 본관이 영광靈光으로 되어 있다. 그런데《청구》와《만성》의《영광김씨보》에는 김한로의 가계가 보이지 않는다.

14 승득운承得運(1618~?) 유학을 거쳐 숙종 원년 58세로 식년시에 급제하여 벼슬이 찰방(종6품)에 이르렀다.《방목》에는 벼슬과 아버지[大基] 이름이 보이고, 본관이 연일延日로 되어 있다. 그런데《만성》에는《연일승씨보》자체가 없고,《청구》의《연일승씨보》를 보면 아버지 대기大基가 시조로 되어 있는데 벼슬이 없다. 연일승씨에 대해서는 앞에서 이미 설명했다.

15 박응경朴凝慶(1634~?) 유학을 거쳐 숙종 원년 42세로 식년시에 급제하여 벼슬이 성균관 전적(정6품)에 이르렀다.《방목》에는 벼슬과 아버지[昌善, 생부 文郁] 이름이 보이고, 본관이 밀양密陽으로 되어 있다. 그런데《청구》와《만성》의《밀양박씨보》에는 박응경의 가계가 보이지 않는다.

16 우정禹鐳(1649~?) 유학을 거쳐 숙종 원년 27세로 식년시에 급제하여 벼슬이 현감(종6품)에 이르렀다.《방목》에는 벼슬과 아버지[振緒] 이름이 보이고, 본관이 단양丹陽으로 되어 있다. 그런데《청구》와《만성》의《단양우씨보》에는 우정의 가계가 보이지 않는다.

17 강헌지姜獻之(1624~?) 생원을 거쳐 숙종 원년 52세로 증광시에 갑과로 급제하여 벼슬이 공조좌랑(정6품), 개령현감(종6품)에 이르렀

다. 만년에는 고향으로 내려가 퇴휴당退休堂을 짓고 후학을 가르쳤으며, 문집으로 《퇴휴당집退休堂集》이 있다. 《방목》에는 벼슬과 아버지〔顯承〕 이름이 보이고, 본관이 진주晋州로 되어 있다. 그런데 《청구》와 《만성》의 《진주강씨보》에는 강헌지의 가계가 보이지 않는다.

18 **허후**許垕(1648~?) 남인의 영수 허적許積의 서자로 진사를 거쳐 숙종 원년 28세로 증광시에 급제하여 벼슬이 교서관 교리(종5품)에 이르렀는데, 형 허견許堅이 일으킨 역모에 연좌되어 유배를 가기도 했다. 허견이 허적의 서자이므로 허후도 서자이다. 《방목》에는 벼슬과 아버지〔積〕, 할아버지〔僩〕, 증조〔潛〕, 처부의 이름이 보이고, 견의 아우라고 밝히며, 본관이 양천陽川으로 되어 있다. 그런데 《청구》의 《양천허씨보》에는 그의 이름이 보이지 않으며, 《만성》의 《양천허씨보》에는 이름이 보인다.

19 **홍유귀**洪有龜(1632~?) 통덕랑(정5품)을 거쳐 숙종 원년 44세로 증광시에 급제하여 벼슬이 부사(종3품)에 이르렀다. 《방목》에는 벼슬과 아버지〔浚〕 이름이 보이고, 본관이 남양南陽으로 되어 있다. 《청구》와 《만성》의 《남양홍씨보》를 보면 홍유귀의 직계 3대조와 외조 가운데 벼슬아치가 없다.

20 **한기천**韓紀千(1645~?) 함흥咸興 사람으로 도조度祖의 능인 의릉참봉義陵參奉(종9품)을 거쳐 숙종 원년 30세로 증광시에 급제하여 벼슬이 사헌부 감찰(정6품)에 이르렀다. 《방목》에는 벼슬과 아버지〔廓〕 이름이 보이고, 재후在垕(숙종 16년 문과급제)의 아버지라고 적으며, 본관이 청주淸州로 되어 있다. 그런데 《청구》와 《만성》의 《청주한씨보》에는 한기천의 가계가 보이지 않는다.

21 **장진문**張振文(1639~?) 역리驛吏로서 숙종 원년 37세로 증광시에

급제하여 벼슬이 교서관 교리(종5품)와 군수(종4품)에 이르렀다. 《방목》에는 전직을 역리라고 밝히며, 벼슬과 아버지[大仲] 이름이 보이고, 본관이 울진蔚珍으로 되어 있다. 그런데 《청구》에는 《울진장씨보》 자체가 없고, 《만성》에는 《울진장씨보》가 있으나 장진문의 가계는 보이지 않는다. 2000년 현재 울진장씨 인구는 6,664가구 2만 791명의 희성으로, 조선시대 문과급제자 5명을 배출했다.

22 **김계흥**金繼興(1647~?) 제주 사람으로 유학을 거쳐 숙종 2년 (1676) 30세로 정시에 급제하여 벼슬이 사헌부 감찰(정6품)에 이르렀으나, 숙종 7년 벼슬을 얻기 위해 뇌물을 바친 죄로 파면되었다. 《방목》에는 아버지[致鏴] 이름만 보이고, 본관이 광주光州(光山)로 되어 있다. 그런데 《청구》와 《만성》의 《광산김씨보》에는 김계흥의 가계가 보이지 않는다.

23 **고기종**高起宗(1632~?) 제주 사람으로 유학을 거쳐 숙종 2년 45세로 정시에 급제하여 벼슬이 교서관 정자(정9품)에 이르렀다. 《방목》에는 아버지[壽亨] 이름만 보이고, 본관이 없으나 제주濟州로 보인다. 그런데 《청구》와 《만성》의 어느 고씨보에도 두 사람의 이름은 보이지 않는다.

24 **성진창**成震昌(1651~?) 진사를 거쳐 숙종 3년(1677) 27세로 알성시에 급제하여 벼슬이 성균관 권지(임시직)에 이르렀다. 《방목》에는 벼슬과 아버지[時望, 생부 時彌], 할아버지[稷吉], 증조[協], 외조, 처부의 이름이 보이고, 본관이 창녕昌寧으로 되어 있다. 그런데 《청구》와 《만성》의 《창녕성씨보》에는 성진창의 가계가 보이지 않는다.

25 **정상박**鄭尙樸(1650~?) 봉직랑奉直郎(종5품)을 거쳐 숙종 4년(1678) 29세로 증광시에 급제하여 벼슬이 병조좌랑(정6품)을 거쳐 안산군수

(종4품)에 이르렀다. 숙종 21년 정상박이 병조좌랑에 임명되자 사헌
부는 그의 문벌이 한미寒微하고 여러 가지 누累가 있다는 이유로 파
직을 요청했으나 임금은 이를 듣지 않았다.157) 《방목》에는 벼슬과
아버지[麻] 이름이 보이고, 본관이 없다. 그런데 《청구》의 《경주정씨
보慶州鄭氏譜》에 그의 가계가 보이는데, 증조와 할아버지는 아무런 벼
슬이 없으나 아버지 정휴는 인조 대 문과에 급제하여 벼슬이 찰방(종
6품)에 이르렀으므로 집안이 그렇게 한미한 것은 아니다. 그럼에도
사헌부가 집안을 문제 삼은 것은 신분에 어떤 문제가 있는 듯하다.

26 고익형高益亨(1645~?) 진사를 거쳐 숙종 4년 34세로 증광시에 급
제하여 벼슬이 병조좌랑(정6품)에 이르렀다. 《방목》에는 벼슬과 아버
지[景參] 이름이 보이고, 본관이 개성開城으로 되어 있다. 그런데 《청
구》와 《만성》의 《개성고씨보》에는 고익형의 가계가 보이지 않는다.

27 임세헌任世憲(1630~?) 유학을 거쳐 숙종 4년 49세로 증광시에 급
제하여 벼슬이 성균관 전적(정6품)에 이르렀다. 《방목》에는 벼슬과
아버지[景尹] 이름이 보이고, 본관이 풍천豊川으로 되어 있다. 그런데
《청구》와 《만성》의 《풍천임씨보》에는 임세헌의 가계가 보이지 않
는다.

28 나만성羅晩成(1646~?) 유학을 거쳐 숙종 4년 33세로 증광시에 급
제하여 벼슬이 사헌부 지평(정5품)에 이르렀다. 《방목》에는 벼슬과
아버지[斗宇] 이름이 보이고, 본관이 나주羅州로 되어 있다. 《청구》와
《만성》의 《나주나씨보》를 보면 나만성의 직계 3대조와 외조 가운데
벼슬이 없다.

---

157) 《숙종실록》 권29, 숙종 21년 9월 29일 무자.

29 금성규琴聖奎(1636~?) 진사를 거쳐 숙종 4년 43세로 정시에 급제하여 벼슬이 성균관 전적(정6품)에 이르렀다. 《방목》에는 벼슬과 아버지〔是律〕이름이 보이고, 본관이 봉화奉化로 되어 있다. 그런데 《만성》의 《봉화금씨보》에는 금성규의 가계가 보이지 않으며, 《청구》의 《봉화금씨보》를 보면 직계 3대조 가운데 벼슬아치가 없다.

30 윤세초尹世礎(1638~?) 유학을 거쳐 숙종 4년 41세로 정시에 급제하여 벼슬이 예조좌랑(정6품)에 이르렀다. 《방목》에는 벼슬과 아버지〔榮國〕이름이 보이고, 본관이 양주楊州로 되어 있다. 그런데 《청구》와 《만성》의 《양주윤씨보》에는 윤세초의 가계가 보이지 않는다. 2000년 현재 양주윤씨 인구는 253가구 836명의 극희성으로, 조선시대 문과급제자 7명을 배출했다.

31 김유金瑜(1638~?) 진사를 거쳐 숙종 5년(1679) 42세로 정시에 급제하여 벼슬이 병조좌랑(정6품)에 이르렀다. 《방목》에는 벼슬과 아버지〔廷鋒〕, 외조, 처부의 이름이 보이고, 본관이 광주光州(光山)로 되어 있다. 그런데 《청구》와 《만성》의 《광산김씨보》에는 김유의 가계가 보이지 않는다.

32 하세원河世元(1647~?) 생원을 거쳐 숙종 5년 33세로 식년시에 급제하여 벼슬이 현감(종6품)에 이르렀다. 《방목》에는 벼슬과 아버지〔頠〕이름이 보이고, 본관이 진주晉州로 되어 있다. 그런데 《청구》와 《만성》의 《진주하씨보》에는 하세원의 가계가 보이지 않는다.

33 위수징韋壽徵(1653~?) 유학을 거쳐 숙종 5년 27세로 식년시에 급제하여 벼슬이 교서관 정자(정9품)를 거쳐 찰방(종6품)에 이르렀다. 《방목》에는 벼슬과 아버지〔明立〕이름이 보이고, 본관이 강화江華로 되어 있다. 그런데 《만성》에는 《강화위씨보》자체가 없고, 《청구》

의 《강화위씨보》에는 위유韋柔(得柔) 한 사람만 기록되어 있을 뿐 위수징과 그 아버지의 이름은 보이지 않는다. 위씨는 강화의 토성土姓 가운데 하나이며, 2000년 현재 강화위씨 인구는 597가구 1,805명의 희성으로, 그가 유일한 급제자이다. 강화위씨는 고려 광종 대 귀화한 중국인의 후손이다.

34 김항金沆(1646~?) 진사를 거쳐 숙종 5년 34세로 식년시에 급제하여 벼슬이 성균관 사예(정4품)에 이르렀다. 《방목》에는 벼슬과 아버지[光績] 이름이 보이고, 본관이 안산安山158)으로 되어 있다. 《청구》와 《만성》의 《안산김씨보》를 보면 김항의 직계 3대조와 외조 가운데 벼슬아치가 없다.

35 유정교柳廷喬(1637~?) 통덕랑(정5품)을 거쳐 숙종 5년 43세로 식년시에 급제하여 벼슬이 교서관 교리(종5품)에 이르렀다. 《방목》에는 벼슬과 아버지[堤] 이름이 보이나 본관이 없어 신원을 알 수 없다. 본관은 진주晉州로 알려져 있는데, 《진주유씨보》에는 유정교의 가계가 보이지 않는다.

36 주택정朱宅正(1651~?) 함흥 사람으로 순릉참봉純陵參奉(종9품)을 거쳐 숙종 5년 29세로 식년시에 급제하여 벼슬이 정랑(정5품)에 이르렀다. 숙종 11년 도목정都目政을 할 때 이조는 주택정이 "계급이 미치지 못한다"는 이유로 제외시켰는데, 숙종은 문벌숭상의 폐단을 질책하고 서북인의 등용을 강조했다.159) 《방목》을 보면 벼슬이 없이 아버지[㮆] 이름이 보이고, 본관이 전주全州로 되어 있다. 그런데 《청구》와 《만성》의 《전주주씨보》를 보면 아버지 주목이 문과에 급제하

---

158) 《방목》에는 본관이 안동安東으로 되어 있는데, 이는 안산安山의 오기이다.
159) 《숙종실록》 권16, 숙종 11년 6월 25일 갑인.

여 벼슬이 군수(종4품)에 이르렀다. 그렇다면 주택정은 신분에서 하등 하자가 없음에도, 함흥 사람이라는 이유로 계급이 미치지 못한다고 했는지 아니면 서출이기 때문에 도목정에서 뺀 것인지 알 수 없다. 2000년 현재 전주주씨 인구는 251가구 861명의 희성으로, 조선시대 문과급제자는 22명에 이르는데, 그 가운데 함흥 출신이 14명을 차지하여 이 지역의 대표적인 토착세력의 하나로 보인다.

37 주격朱格(1652~?) 유학을 거쳐 숙종 5년 28세로 식년시에 급제하여 벼슬이 성균관 사예(정4품)에 이르렀다. 《방목》에는 벼슬이 없이 아버지[汝翼]와 외조의 이름이 보이나 본관이 없다. 그런데 《만성》의 《전주주씨보全州朱氏譜》에 주격의 가계가 보이는데, 직계 5대조와 외조 가운데 벼슬아치가 없다. 전주주씨에 대해서는 앞에서 이미 설명했다.

38 최호崔琥(1643~?) 진사를 거쳐 숙종 5년 37세로 식년시에 급제하여 벼슬이 성균관 직강(정6품)에 이르렀다. 《방목》에는 벼슬과 아버지[挺宇] 이름이 보이고, 본관이 화순和順으로 되어 있다. 그런데 《청구》와 《만성》의 《화순최씨보》에는 최호의 가계가 보이지 않는다.

39 배무화裵舞和 유학을 거쳐 숙종 5년 식년시에 급제하여 벼슬이 찰방(종6품)에 이르렀다. 《방목》에는 벼슬 이름만 보이고, 본관이 성주星州로 되어 있다. 그런데 《청구》와 《만성》의 《성주배씨보》에는 배무화의 가계가 보이지 않는다.

40 박세화朴世華(1653~?) 유학을 거쳐 숙종 5년 27세로 식년시에 급제하여 벼슬이 현감(종6품)에 이르렀다. 《방목》에는 벼슬과 아버지[文昌] 이름이 보이고, 본관이 충주忠州로 되어 있다. 그런데 《만성》의 《충주박씨보》에는 박세화의 가계가 보이지 않으며, 《청구》의

《충주박씨보》에는 직계 3대조 가운데 벼슬아치가 없다.

41 **박재시**朴載時(1656~?) 유학을 거쳐 숙종 5년 24세로 식년시에 급제하여 벼슬이 금교찰방(종6품)에 이르렀는데, 숙종 12년 친척을 과거시험에 합격시켜 줄 것을 시관試官에게 부탁한 죄로 충군充軍되었다.[160] 《방목》에는 벼슬과 아버지[煥] 이름이 보이고, 본관이 나주羅州로 되어 있다. 그런데 《만성》에는 《나주박씨보》 자체가 없고, 《청구》의 《나주박씨보》에는 박재시의 가계가 보이지 않는다.

42 **김운승**金運乘(1657~?) 유학을 거쳐 숙종 5년 23세로 식년시에 급제하여 벼슬이 예조정랑(정5품)에 이르렀다. 《방목》에는 벼슬과 아버지[益熺] 이름이 보이고, 본관이 양주楊州로 되어 있다. 그런데 《청구》에는 《양주김씨보》 자체가 없으며, 《만성》의 《양주김씨보》에는 오직 김운승 한 사람만이 기록되어 있어 가계를 알 수 없다. 2000년 현재 양주김씨 인구는 1,100가구 3,510명의 희성으로, 조선시대 문과 급제자 8명을 배출했는데, 그 가운데 5명이 평안도 개천价川 사람으로 확인되고 있으나 《족보》에는 오르지 못했다.

43 **안건지**安健之(1646~?) 유학을 거쳐 숙종 5년 34세로 식년시에 급제하여 벼슬이 시정(정3품 당하관)에 이르렀다. 《방목》에는 벼슬과 아버지[逵] 이름이 보이고, 성晟의 아버지라고 밝히며, 본관이 순흥順興으로 되어 있다. 《만성》의 《순흥안씨보》를 보면 직계 8대조 가운데 벼슬아치가 없으며, 《청구》의 《순흥안씨보》에는 안건지의 이름이 보이지 않는다.

44 **김성진**金聲振(1641~?) 유학을 거쳐 숙종 5년 39세로 식년시에 급

160) 《숙종실록》 권17, 숙종 12년 10월 11일 임술.

제하여 벼슬이 성균관 전적(정6품)에 이르렀다. 《방목》에는 벼슬이 없이 아버지[兼] 이름이 보이고, 본관이 전주全州로 되어 있다. 그런데 《청구》의 《전주김씨보》에는 김성진의 가계가 보이지 않으며, 《만성》에는 《전주김씨보》 자체가 없다. 전주김씨는 조선시대 문과급제자 21명을 배출했는데, 그 가운데 16명이 평안도와 함경도 출신으로 확인되고 있어 나머지도 북방 출신일 가능성이 크다. 그러나 이들은 《족보》에 오르지 못했다.

45 김국현金國鉉(1652~?) 유학을 거쳐 숙종 5년 28세로 식년시에 급제하여 벼슬이 사헌부 감찰(정6품)에 이르렀다. 《방목》에는 벼슬과 아버지[夢脩] 이름이 보이고, 본관이 광주光州(光山)로 되어 있다. 그런데 《청구》와 《만성》의 《광산김씨보》에는 김국현의 가계가 보이지 않는다.

46 노광협盧光協(1654~?) 유학을 거쳐 숙종 5년 26세로 식년시에 급제하여 벼슬이 예조정랑(정5품)에 이르렀다. 《방목》에는 벼슬과 아버지[挺之] 이름이 보이고, 본관이 해주海州로 되어 있다. 그런데 《만성》에는 《해주노씨보》가 없으며, 《청구》의 《해주노씨보》에는 노광협의 가계가 보이는데, 증조 이상은 가계가 단절되어 있으며 할아버지 계종繼宗은 벼슬이 동지중추부사(종2품), 아버지는 문과를 거쳐 부사(종3품)를 지낸 것으로 되어 있으나 이는 모두 거짓이다. 2000년 현재 해주노씨 인구는 633가구 1,940명의 희성으로, 조선 후기에 문과급제자 17명을 배출했는데, 그가 처음이다. 17명 가운데 15명이 평안도 정주定州 출신으로 밝혀져 있어 그도 정주 출신으로 보인다.

47 김상은金相殷(1652~?) 유학을 거쳐 숙종 5년 28세로 식년시에 급제하여 벼슬이 현감(종6품)에 이르렀다. 《방목》에는 벼슬과 아버지

[世欽] 이름이 보이나 본관이 없어 신원을 알 수 없다. 본관은 영광靈光으로 알려져 있으나, 《청구》와 《만성》의 《영광김씨보》에는 김상은의 가계가 보이지 않는다. 2000년 현재 영광김씨 인구는 633가구 1,940명으로 희성에 속한다.

48 최홍전崔弘甸(1636~1702) 보성寶城 사람으로 유학을 거쳐 숙종 5년 44세로 식년시에 급제하여 벼슬이 공조좌랑(정6품)에 이르렀는데, 숙종 15년 기사환국으로 남인이 집권하자 화를 당하고 향리에 은거하여 학문에 전념했다. 《방목》에는 벼슬과 아버지[南振] 이름이 보이고, 본관이 탐진耽津으로 되어 있다. 그런데 《청구》와 《만성》의 《탐진최씨보》에는 최홍전의 가계가 보이지 않는다.

49 윤적尹樀(1654~?) 유학을 거쳐 숙종 5년 26세로 식년시에 급제하여 벼슬이 현감(종6품)에 이르렀다. 《방목》에는 벼슬과 아버지[衡泰] 이름이 보이고, 본관이 남원南原으로 되어 있다. 그런데 《청구》의 《남원윤씨보》에는 아버지 이름만 보일 뿐 윤적의 이름이 보이지 않으며, 《만성》의 《남원윤씨보》에는 가계가 보이지 않는다.

50 윤훈갑尹訓甲(1641~?) 유학을 거쳐 숙종 5년 39세로 식년시에 급제하여 벼슬이 군수(종4품)에 이르렀다. 《방목》에는 벼슬과 아버지[自薪] 이름이 보이고, 본관이 파평坡平으로 되어 있다. 그런데 《청구》와 《만성》의 《파평윤씨보》에는 윤훈갑의 가계가 보이지 않는다.

51 전세록全世祿(1640~?)[161] 유학을 거쳐 숙종 5년 40세로 식년시에 급제하여 벼슬이 성균관 전적(정6품)에 이르렀다. 《방목》에는 벼슬이 없이 아버지[文昌] 이름이 보이고, 본관이 강릉江陵으로 되어 있다. 그

---

161) 《방목》에는 김세록으로 되어 있으나 이는 전세록을 잘못 기록한 것이다.

런데《만성》에는《강릉전씨보》자체가 없으며,《청구》의《강릉전씨
보》에는 오직 전세록 한 사람만 기록되어 있다.《세종실록》〈지리지〉
를 보면 전씨는 강릉의 속성續姓으로 향리를 하고 있다고 되어 있어
그는 향리의 후손으로 보인다. 2000년 현재 강릉전씨 인구는 2,044가
구 6,384명의 희성으로, 조선시대 문과급제자는 그가 유일하다.

  52 조석주趙錫周(1641~?) 생원을 거쳐 숙종 6년(1680) 40세로 정시
에 을과로 급제하여 벼슬이 사헌부 장령(정4품)에 이르렀다.《방목》
에는 벼슬과 아버지[謙行], 외조의 이름이 보이고, 본관이 배천白川으
로 되어 있다.《청구》와《만성》의《배천조씨보》를 보면 조석주의
직계 3대조와 외조 가운데 벼슬아치가 없다.

  53 고위규高緯奎(1646~?) 생원을 거쳐 숙종 6년 35세로 별시에 급제
하여 벼슬이 현감(종6품)에 이르렀다.《방목》에는 벼슬과 아버지[岱
宗] 이름이 보이고, 본관이 강화江華로 되어 있다.《청구》의《강화고
씨보》에는 오직 고위규 한 사람만 기록되어 있고,《만성》에는《강화
고씨보》자체가 없다. 2000년 현재 강화고씨 인구는 357가구 1,130명
의 희성으로, 조선시대 문과급제자는 그가 유일하다.

  54 신명원申命元(1650~?) 유학을 거쳐 숙종 6년 31세로 별시에 급제
하여 벼슬이 현령(종5품)에 이르렀다.《방목》에는 벼슬이 없이 아버
지[守道] 이름이 보이나 본관이 없다. 그러나《청구》의《평산신씨보
平山申氏譜》에 신명원의 가계가 보이는데, 직계 4대조 가운데 벼슬아
치가 없다.

  55 오식吳湜(1652~?) 제주 사람으로 유학을 거쳐 숙종 6년 29세로
별시에 급제했는데, 숙종 5년 제주에서 치른 시험에서 부정이 발각되
어 숙종 9년 급제가 취소되고 변방의 군대로 보내졌다.[162]《방목》에

는 벼슬이 없이 아버지[尙賢] 이름이 보이나 본관이 없어 신원을 알
수 없다.

56 정희량鄭希良(1662~?) 제주 사람으로 유학을 거쳐 숙종 6년 19세
로 별시에 급제했다. 《방목》에는 벼슬이 없이 아버지[宗智], 할아버
지[弘文] 이름이 보이고, 본관이 동래東萊로 되어 있다. 그런데 《청
구》와 《만성》의 《동래정씨보》에는 정희량의 가계가 보이지 않는다.

57 김연金碄(1646~?) 제주 사람으로 유학을 거쳐 숙종 6년 35세로
별시에 급제했는데, 숙종 5년 제주에서 치른 시험에서 부정이 발각되
어 숙종 9년 급제가 취소되고 변방에 충군充軍되었다.[162] 《방목》에는 벼
슬이 없이 아버지[千鎰] 이름이 보이나 본관이 없어 신원을 알 수 없
다. 아버지 김천일은 왜란 때 의병장 김천일(1537~1593)과는 다른 인
물이다.

58 이태동李泰東(1638~1706) 전주全州 사람으로 충의위忠義衛를 거쳐
숙종 7년(1681) 44세로 식년시에 장원급제하여 벼슬이 무안현감(종6
품)에 이르렀다. 《방목》에는 벼슬과 아버지[塾], 할아버지[益善], 증조
[涵], 외조[南洵] 이름이 보이고 본관이 전주全州로 되어 있다. 그런데
《전주이씨과거급제자총람》을 보면 이태동의 가계가 《방목》과 달리
아버지[塾], 할아버지[自榮], 증조[楷], 외조[宋湜]으로 되어 있어 혼란
스럽다. 어쨌든 이를 따르면 직계 6대조와 외조 가운데 벼슬아치가
없다.

59 이세무李世茂(1637~1698) 현감(종6품)을 거쳐 숙종 7년 45세로
식년시에 갑과로 급제하여 벼슬이 목사(정3품 당상관)와 참의(정3품 당

---

162) 《숙종실록》 권14, 숙종 9년 5월 7일 무신.

상관)에 이르렀다. 《방목》에는 벼슬과 아버지[敏達], 할아버지[德興], 증조[申祿], 외조[鄭律], 처부의 이름이 보이고, 본관이 전주全州로 되어 있다. 《전주이씨과거급제자총람》을 보면 이세무는 세종의 후궁 소생 밀성군密城君의 9세손으로, 직계 3대조와 외조 가운데 벼슬아치가 없다.

　60 **강세보**姜世輔(1647~?) 생원을 거쳐 숙종 7년 35세로 식년시에 급제하여 벼슬이 부사(종3품)에 이르렀다. 《방목》에는 벼슬과 아버지[汝尙] 이름이 보이고, 본관이 진주晉州로 되어 있다. 《청구》와 《만성》의 《진주강씨보》를 보면 강세보의 직계 7대조와 외조 가운데 벼슬아치가 없다.

　61 **최정룡**崔廷龍(1653~?) 유학을 거쳐 숙종 7년 29세로 식년시에 급제하여 벼슬이 현감(종6품)을 거쳐 부사(종3품)에 이르렀다. 《방목》에는 벼슬과 아버지[大建] 이름이 보이고, 본관이 강릉江陵으로 되어 있다. 그런데 《청구》와 《만성》의 《강릉최씨보》에는 최정룡의 가계가 보이지 않는다. 《실록》을 보면 그는 숙부에게 입양되었다고 하므로 아버지 최대건은 친부親父가 아니라 양부養父이다.

　62 **진만재**陳晚宰(1650~?) 유학을 거쳐 숙종 7년 32세로 식년시에 급제하여 벼슬이 성균관 전적(정6품)에 이르렀다. 《방목》에는 벼슬과 아버지[元道] 이름이 보이고, 본관이 여양驪陽으로 되어 있다. 그런데 《청구》와 《만성》의 《여양진씨보》에는 진만재의 가계가 보이지 않는다.

　63 **어서룡**魚瑞龍(1656~?) 유학을 거쳐 숙종 7년 26세로 식년시에 급제하여 벼슬이 찰방(종6품)에 이르렀다. 《방목》에는 벼슬과 아버지[益海] 이름이 보이고, 본관이 함종咸從으로 되어 있다. 《청구》의 《함

종어씨보》를 보면 어서룡은 어숙권魚叔權의 고손자로 아버지, 할아버지는 벼슬이 없고 증조는 훈도(종9품)를 지냈다. 한편,《만성》의《함종어씨보》에는 그의 이름이 보이지 않는다. 고조 어숙권은 어세겸의 서손庶孫으로, 유명한《패관잡기》의 저자이기도 하다. 따라서 어서룡은 서얼의 후예이다.

64 유서정劉瑞井(1631~?) 유학을 거쳐 숙종 7년 51세로 식년시에 급제하여 벼슬이 성균관 전적(정6품)에 이르렀다.《방목》에는 벼슬이 없이 아버지[義立] 이름이 보이고, 본관이 설성雪城으로 되어 있다. 그런데《만성》에는《설성유씨보》자체가 없고,《청구》의《설성유씨보》에는 오직 유서정 한 사람만 기록하고 있는데, 그가 유일한 문과 급제자이다. 현재 설성유씨 인구를 알 수 없어, 아마 다른 유씨로 통합된 듯하다.

65 이신전李信傳(1644~?) 통덕랑(정5품)을 거쳐 숙종 7년 38세로 식년시에 급제하여 벼슬이 승문원 교검(정6품)에 이르렀다.《방목》에는 벼슬이 없이 아버지[椅] 이름이 보이고, 본관이 전의全義로 되어 있다. 그런데《청구》와《만성》의《전의이씨보》에는 이신전의 가계가 보이지 않는다.

66 이수영李秀英(1654~?) 충의위忠義衛를 거쳐 숙종 7년 28세로 식년시에 급제하여 벼슬이 예조정랑(정5품)에 이르렀다.《방목》에는 벼슬과 아버지[備] 이름이 보이고, 본관이 전주全州로 되어 있다.《전주이씨과거급제자총람》을 보면 이수영은《족보》에 오르지 못한 파미분류자派未分類者로 되어 있다. 평민이거나 서출로 보인다.

67 오석하吳碩夏 유학을 거쳐 숙종 7년 식년시에 급제하여 벼슬이 성균관 직강(정5품)에 이르렀는데, 숙종 25년 과거시험의 등록관謄錄

官으로 일하면서 부정을 저질러 파직되었다. 《방목》에는 생년도 없고 아버지 이름도 없으며, 오직 벼슬과 본관만 나주羅州로 적고 있다. 그런데 《청구》와 《만성》의 《나주오씨보》에는 오석하의 가계가 보이지 않는다.

68 오적吳勣(1656~?) 유학을 거쳐 숙종 7년 26세로 식년시에 급제하여 벼슬이 군수(종4품)에 이르렀다. 《방목》에는 벼슬과 아버지[伯興] 이름이 보이고, 본관이 장흥長興으로 되어 있다. 《청구》의 《장흥오씨보》에는 오직 오적 한 사람만 기록되어 있는데, 《만성》에는 《장흥오씨보》 자체가 없다. 오씨는 장흥의 토성土姓으로, 2000년 현재 장흥오씨 인구는 1,092가구 3,564명의 희성인데, 조선시대 문과급제자는 그가 유일하다.

69 김만익金萬益(1652~?) 유학을 거쳐 숙종 7년 30세로 식년시에 급제하여 벼슬이 예조정랑(정5품)에 이르렀다. 《방목》에는 벼슬이 없이 아버지[汝玉] 이름이 보이고, 본관이 경주慶州로 되어 있다. 그런데 《청구》와 《만성》의 《경주김씨보》에는 김만익의 가계가 보이지 않는다.

70 이상우李商雨(1648~?) 유학을 거쳐 숙종 7년 34세로 식년시에 급제하여 벼슬이 찰방(종6품)에 이르렀다. 《방목》에는 벼슬과 아버지[英久] 이름이 보이고, 본관이 우계羽溪로 되어 있다. 그런데 《청구》와 《만성》의 《우계이씨보》에는 이상우의 가계가 보이지 않는다.

71 이희창李喜昌(1644~?) 천문교수天文敎授를 거쳐 숙종 7년 38세로 식년시에 급제하여 벼슬이 현감(종6품)에 이르렀다. 《방목》에는 벼슬과 아버지, 할아버지, 증조의 이름이 보이고, 본관이 전주全州로 되어 있다. 《전주이씨과거급제자총람》을 보면 할아버지와 증조가 벼슬아

치지만 잡직기술관이 문과에 급제한 사례이다.

72 김영金坽(1647~?) 생원을 거쳐 숙종 8년(1682) 36세로 증광시에 급제하여 벼슬이 현감(종6품)에 이르렀다. 《방목》에는 벼슬과 아버지〔斗燦〕이름이 보이고, 본관이 삼척三陟으로 되어 있다. 그런데 《청구》와 《만성》의 《삼척김씨보》에는 김영의 가계가 보이지 않는다. 삼척김씨는 조선시대 문과급제자 8명을 배출했는데, 대부분 평안도와 함경도 출신이다.

73 박익무朴益茂(1638~?) 생원을 거쳐 숙종 8년 45세로 증광시에 급제하여 벼슬이 성균관 학유(종9품), 박사(정7품)를 거쳐 좌랑(정6품)에 이르렀다. 《방목》에는 벼슬과 아버지〔一桂〕이름이 보이고, 본관이 밀양密陽으로 되어 있다. 그런데 《청구》와 《만성》의 《밀양박씨보》에는 박익무의 가계가 보이지 않는다.

74 이세기李世機(1653~?) 주부(종6품)를 거쳐 숙종 8년 30세로 증광시에 급제하여 벼슬이 현감(종6품)에 이르렀다. 《방목》에는 벼슬과 아버지〔伸〕이름이 보이고, 본관이 여흥呂興(驪州)으로 되어 있다. 그런데 《청구》와 《만성》의 《여주이씨보》에는 이세기의 가계가 보이지 않는다.

75 주항도朱恒道(1650~?) 유학을 거쳐 숙종 8년 33세로 증광시에 급제하여 벼슬이 현감(종6품)에 이르렀는데, 원래 숙종 7년 식년시에도 우수한 성적을 올렸으나 시험지의 피봉에 이름을 적지 않아 낙방되었다가 숙종 8년 재시험을 치른 것이었다.163) 《방목》에는 벼슬과 아버지〔得一〕이름이 보이고, 본관이 능성綾城으로 되어 있다. 《청구》의

---

163) 《숙종실록》 권12, 숙종 7년 11월 14일 계해.

《능성주씨보》에는 주항도가 외따로 독립된 형태로 기록되어 있어 조
상의 가계를 알 수 없으며,《만성》의《능성주씨보》에는 가계가 보이
지 않는다. 2000년 현재 능성주씨 인구는 977가구 3,300명의 희성으
로, 조선시대 문과급제자 3명을 배출했는데, 그가 첫 급제자이다.

　76 이선李瑄(1640~1687) 안동安東 사람으로 부봉사副奉事를 거쳐 숙
종 9년(1683) 44세로 증광시에 을과로 급제하여 벼슬이 좌랑(정6품)에
이르렀다.《방목》에는 벼슬과 아버지[時恒], 할아버지[榮基], 증조[成
立], 외조[李煥], 처부의 이름이 보이고, 본관이 전주全州로 되어 있다.
《전주이씨과거급제자총람》을 보면 이선은 태종의 후궁 소생 온령군
溫寧君의 9세손으로, 직계 4대조와 외조 가운데 벼슬아치가 없다.

　77 박준번朴俊蕃(1643~?) 생원을 거쳐 숙종 9년 41세로 증광시에 급
제하여 벼슬이 군수(종4품)에 이르렀다.《방목》에는 벼슬과 아버지
[珢] 이름이 보이고, 본관이 충주忠州로 되어 있다. 그런데《청구》와
《만성》의《충주박씨보》에는 박준번의 가계가 보이지 않는다.

　78 원성유元聖兪(1640~?) 진사를 거쳐 숙종 9년 44세로 증광시에 급
제하여 벼슬이 승지(정3품 당상관)에 이르렀다.《방목》에는 벼슬과 아
버지[行義] 이름이 보이고, 본관이 원주原州로 되어 있다. 그런데《만
성》의《원주원씨보》에는 원성유의 가계가 보이지 않으며,《청구》의
《원주원씨보》를 보면 직계 3대조 가운데 벼슬아치가 없다.

　79 최경중崔敬中(1646~?) 통덕랑通德郎(정5품)을 거쳐 숙종 9년 38세
로 증광시에 급제하여 벼슬이 좌윤(종2품)에 이르렀다.《방목》에는
벼슬과 아버지[侃] 이름이 보이고, 본관이 전주全州로 되어 있다.《청
구》의《전주최씨보》를 보면 최경중의 직계 3대조 가운데 벼슬아치
가 없고,《만성》의《전주최씨보》에는 가계가 보이지 않는다.

80 김석래金錫來(1648~?) 진사를 거쳐 숙종 10년(1684) 37세로 정시에 급제하여 벼슬이 형조정랑(정5품)에 이르렀다. 《방목》에는 벼슬과 아버지〔汝鍵〕 이름이 보이고, 본관이 경주慶州로 되어 있다. 그런데 《청구》와 《만성》의 《경주김씨보》에는 김석래의 가계가 보이지 않는다.

81 한필성韓弼聖(1630~?) 생원을 거쳐 숙종 10년 55세로 식년시에 갑과로 급제하여 벼슬이 찰방(종6품)에 이르렀다. 《방목》에는 벼슬과 아버지〔悌〕 이름이 보이고, 본관이 없으나 청주淸州로 되어 있다. 그런데 《청구》와 《만성》의 《청주한씨보》에는 한필성의 가계가 보이지 않는다.

82 유상진柳尙軫(1647~?) 생원을 거쳐 숙종 10년 38세로 식년시에 급제하여 벼슬이 찰방(종6품)에 이르렀다. 《방목》에는 벼슬과 아버지〔箕〕 이름이 보이고, 본관이 없으나 문화文化로 알려져 있다. 그런데 《청구》와 《만성》의 《문화유씨보》에는 유상진의 가계가 보이지 않는다.

83 홍경선洪慶先(1648~?) 생원을 거쳐 숙종 10년 37세로 식년시에 급제하여 벼슬이 교서관 판교(정3품 당하관)에 이르렀다. 《방목》에는 벼슬과 아버지〔信敏〕 이름이 보이고, 본관이 남양南陽으로 되어 있다. 그런데 《청구》와 《만성》의 《남양홍씨보》에는 홍경선의 가계가 보이지 않는다. 《실록》을 보면 지망地望이 본래 가벼운 인물이라고 하는데,164) 이는 신분이 한미寒微함을 말한다.

84 권성대權聖大(1632~?) 유학을 거쳐 숙종 10년 53세로 식년시에

---

164) 《숙종실록》 권53, 숙종 39년 5월 30일 병오.

급제하여 벼슬이 성균관 사예(정4품)에 이르렀다. 《방목》에는 벼슬과 아버지[克中] 이름이 보이고, 본관이 안동安東으로 되어 있다. 그런데 《청구》와 《만성》의 《안동권씨보》에는 권성대의 가계가 보이지 않는다.

85 **남노명**南老明(1642~1721) 생원과 진사를 거쳐 숙종 10년 43세로 식년시에 급제하여 벼슬이 좌랑(정6품)과 현감(종6품)에 이르렀다. 《방목》에는 벼슬이 없이 아버지[尙周] 이름이 보이고, 본관이 영양英陽으로 되어 있다. 그런데 《청구》의 《영양남씨보》에 기록된 할아버지와 증조의 이름이 《만성》의 《영양남씨보》와 달라 어느 것이 진실인지 알 수 없다. 후자를 따르면, 남노명의 직계 4대조 가운데 벼슬아치가 없다.

86 **차만리**車萬里(1660~?) 유학을 거쳐 숙종 10년 25세로 식년시에 급제하여 벼슬이 찰방(종6품)과 현감(종6품)에 이르렀다. 《방목》에는 벼슬과 아버지[遇尙] 이름이 보이나 본관이 없다. 그런데 《청구》의 《용성차씨보龍城車氏譜》에 차만리의 이름이 보이는데, 아버지는 차우상이 아니라 인조 5년 문과에 급제한 차달원車達遠으로 되어 있고, 그가 용성차씨의 시조로 기록되어 있다. 한편, 《만성》의 《용성차씨보》에는 그와 아버지의 이름이 보이지 않는다. 따라서 그는 신원이 불확실한 인물로서 한미한 집안에 속한다. 2000년 현재 용성차씨 인구는 109가구 359명의 극희성으로, 조선시대 문과급제자 2명을 배출했다.

87 **신희명**申羲命(1654~?) 유학을 거쳐 숙종 10년 31세로 식년시에 급제하여 벼슬이 현감(종6품)에 이르렀다. 《방목》에는 벼슬이 없이 아버지[楊世] 이름이 보이고, 본관이 없어 신원을 알 수 없다. 《청구》와 《만성》의 어느 신씨보에도 신희명의 가계는 보이지 않는다.

88 한순겸韓順謙(1653~?) 유학을 거쳐 숙종 10년 32세로 식년시에 급제하여 벼슬이 현감(종6품)에 이르렀다. 《방목》에는 벼슬과 아버지 〔鍊〕 이름이 보이나 본관이 없다. 《청구》와 《만성》의 《청주한씨보》를 비롯한 어느 한씨보에도 한순겸의 가계는 보이지 않는다.

89 문유장文有章(1625~?) 유학을 거쳐 숙종 10년 60세로 식년시에 급제하여 벼슬이 현감(종6품)에 이르렀다. 《방목》에는 벼슬이 없이 아버지〔應獻〕 이름이 보이나 본관이 없어 신원을 알 수 없다. 《청구》와 《만성》의 어느 문씨보에도 문유장의 가계는 보이지 않는다.

90 이행도李行道(1650~?) 유학을 거쳐 숙종 10년 35세로 식년시에 급제하여 벼슬이 현감(종6품)에 이르렀다. 《방목》에는 벼슬과 아버지 〔萬裁〕 이름이 보이나 본관이 없다. 본관은 홍주洪州로 알려져 있는데, 《청구》와 《만성》의 《홍주이씨보》에는 이행도의 가계가 보이지 않는다. 2000년 현재 홍주이씨 인구는 4,733가구 1만 4,897명의 희성으로, 조선시대 문과급제자 9명을 배출했는데, 순조 대 이후 평안도에서만 6명이 나왔다.

91 김이태金履泰(1636~?) 유학을 거쳐 숙종 10년 49세로 식년시에 급제하여 벼슬이 예조좌랑(정6품)에 이르렀다. 《방목》에는 벼슬과 아버지〔南翮〕 이름이 보이나 본관이 없어 신원을 알 수 없다. 본관은 광주光州(光山)로 알려져 있으나, 《청구》와 《만성》의 《광산김씨보》에는 김이태의 가계가 보이지 않는다.

92 홍우도洪禹道(1656~?) 유학을 거쳐 숙종 10년 29세로 식년시에 급제하여 벼슬이 현령(종5품)에 이르렀다. 《방목》에는 벼슬과 아버지 〔處寬〕 이름이 보이나 본관이 없어 신원을 알 수 없다. 본관은 남양南陽으로 알려져 있으나, 《청구》와 《만성》의 《남양홍씨보》에는 홍우

도의 가계가 보이지 않는다.

93 오석해吳錫海(1649~?) 통덕랑(정5품)을 거쳐 숙종 10년 36세로 식년시에 급제하여 벼슬이 도사(종5품)에 이르렀다.《방목》에는 벼슬이 없이 아버지[命尙] 이름이 보이나 본관이 없어 신원을 알 수 없다. 그런데《청구》와《만성》의《해주오씨보海州吳氏譜》에 오석해의 가계가 보이는데, 직계 3대조와 외조 가운데 벼슬아치가 없다.

94 강세구姜世耈(1646~?) 장사랑(종9품)을 거쳐 숙종 10년 39세로 식년시에 급제하여 벼슬이 성균관 사예(정4품)에 이르렀다.《방목》에는 벼슬이 없이 아버지[敏敎] 이름이 보이나 본관이 없어 신원을 알 수 없다.《청구》와《만성》의《진주강씨보晉州姜氏譜》와《금천강씨보衿川姜氏譜》 어디에도 강세구의 가계는 보이지 않는다.

95 김이수金以壽(1639~?) 생원을 거쳐 숙종 10년 46세로 식년시에 급제하여 벼슬이 성균관 전적(정6품)에 이르렀다.《방목》에는 벼슬이 없이 아버지[遠聲] 이름이 보이고, 본관이 광주光州(光山)로 되어 있다. 그런데《청구》와《만성》의《광산김씨보》에는 김이수의 가계가 보이지 않는다.

96 이문백李文白(1651~?) 유학을 거쳐 숙종 10년 34세로 식년시에 급제하여 벼슬이 찰방(종6품)에 이르렀다.《방목》에는 벼슬과 아버지[善成] 이름이 보이나 본관이 없다. 본관은 태안泰安으로 알려져 있는데,《만성》에는《태안이씨보》 자체가 없고,《청구》의《태안이씨보》에는 이문백의 가계가 보이지 않는다. 태안이씨는 고려 광종 대 중국에서 들어온 귀화인의 후손으로 조선시대 문과급제자 6명을 내기도 했으나, 조선 후기에는 의과醫科 45명, 주학籌學 103명, 음양과陰陽科 3명, 율과律科 2명의 급제자를 배출한 전형적인 기술직 중인가문이

되었다.

97 이경창李慶昌(1645~?) 평안도 사람으로 유학을 거쳐 숙종 10년 40세로 식년시에 급제하여 벼슬이 숙종 37년 사헌부 장령(정4품)에 이르렀는데,《실록》을 보면 이경창은 서로西路 사람을 청요직淸要職에 등용하라는 임금의 전교로 임명되었다 한다.165)《방목》에는 벼슬과 아버지[揚立] 이름이 보이고, 본관이 광주廣州로 되어 있다. 그런데《청구》와《만성》의《광주이씨보》에는 그의 가계가 보이지 않는다.

98 박성해朴聖楷(1662~?) 유학을 거쳐 숙종 10년 23세로 식년시에 급제하여 벼슬이 공조정랑(정5품)에 이르렀다.《방목》에는 벼슬과 아버지[泰素] 이름이 보이고, 본관이 밀양密陽으로 되어 있다. 그런데《청구》와《만성》의《밀양박씨보》에는 박성해의 가계가 보이지 않는다.

99 송만宋璊(1643~?) 유학을 거쳐 숙종 10년 42세로 식년시에 급제하여 벼슬이 사헌부 장령(정4품)에 이르렀는데, 숙종 44년 송만이 76세로 장령에 임명되자 사신史臣은 그가 나이가 들어 정신이 혼미할 뿐 아니라 지망地望이 가벼움에도 사헌부에 들어간 것을 사람들이 해괴하게 여긴다고 하면서 반대했다.166) 임금이 이를 듣지 않자 사간원은 다시 "대각臺閣의 직무는 지위가 깨끗하고 책임이 무거운데, 장령 송만은 한미寒微한 신분에서 기용되어 전혀 명망이 없으면서도 외람되게 대간臺諫의 직책을 갖게 되어 물정이 놀라고 있다"고 하면서 그의 체직을 요청했다.167) 사간원의 잇단 요청을 못 이겨 당시 대리청

---

165)《숙종실록》권50, 숙종 37년 5월 28일 병진.
166)《숙종실록》권62, 숙종 44년 12월 26일 기사.
167)《숙종실록》권63, 숙종 45년 2월 5일 무신.

정하고 있던 세자는 마침내 그의 체직을 허용했다.《방목》에는 벼슬
과 아버지[瀜], 증조[濟民] 이름이 보이고, 본관이 신평新平으로 되어
있다. 그런데《청구》와《만성》의《신평송씨보》에는 그의 가계가 보
이지 않는다. 사간원이 체직을 요청한 이유가 그의 신분에 있었음을
알 수 있다. 2000년 현재 신평송씨 인구는 3,478가구 1만 1,185명의
희성으로, 조선시대 문과급제자 6명을 배출했다.

　　100 송도함宋道涵(1647~?) 생원을 거쳐 숙종 12년(1686) 40세로 별
시에 급제하여 벼슬이 사헌부 장령(정4품)에 이르렀다.《방목》에는
벼슬과 아버지[錫後] 이름이 보이고, 본관이 진천鎭川으로 되어 있다.
《청구》와《만성》의《진천송씨보》를 보면 송도함의 직계 3대조와 외
조 가운데 벼슬아치가 없다.

　　101 한항韓沆(1650~?) 함흥 사람으로 생원을 거쳐 숙종 12년 37세
로 함경도 별시에 갑과로 급제하여 벼슬이 예조좌랑(정6품)에 이르렀
다.《방목》에는 벼슬과 아버지[明遠] 이름이 보이고, 광洸의 아우라고
밝히며, 본관이 청주淸州로 되어 있다. 형 한광이 현종 5년 함경도 별
시에 급제했음은 앞에서 설명한 바 있다. 한항도 형과 마찬가지로
《청구》와《만성》의《청주한씨보》에는 가계가 보이지 않는다. 함흥
지방의 청주한씨는 조선 후기에 12명이 넘는 문과급제자를 배출했으
나《족보》에 오르지 못했다.

　　102 지천석池天錫(1620~?) 함경도 사람으로 참봉(종9품)을 거쳐 숙
종 12년 67세로 함경도 별시에 을과로 급제하여 벼슬이 예조정랑(정5
품)에 이르렀다.《방목》에는 벼슬과 아버지[朝海] 이름이 보이나 본
관이 없다. 지씨의 본관은 충주忠州밖에 없는데,《만성》의《충주지씨
보》에는 지천석의 가계가 보이지 않고,《청구》의《충주지씨보》에는

그와 아버지의 이름이 보이지만 아버지는 벼슬이 없고 선조의 가계가 끊어진 형태로 독립되어 있어 계보를 알 수 없다. 충주지씨는 고려 광종 대 송나라에서 들어온 귀화인의 후손으로, 조선시대 문과급제자 10명을 배출했는데, 조선 후기에는 음양과 14명, 율과 5명, 역과 1명의 급제자를 배출하여 중인가문으로 불렸다.

103 **오우진**吳羽進(1659~?) 함경도 안변安邊 사람으로168) 진사를 거쳐 숙종 12년 28세로 함경도 별시에 급제하여 벼슬이 사헌부 장령(정4품)에 이르렀다. 오우진을 장령에 임명한 것은 서북지방의 문신文臣도 통청通淸하라는 임금의 특명에 따른 것이었다.169) 《방목》에는 벼슬과 아버지[得天] 이름이 보이고, 본관이 해주海州로 되어 있다. 그런데 《청구》와 《만성》의 《해주오씨보》에는 그의 가계가 보이지 않는다.

104 **이극형**李克亨(1646~?) 진사를 거쳐 숙종 13년(1687) 42세로 식년시에 장원급제하여 벼슬이 현감(종6품)에 이르렀다. 《방목》에는 벼슬과 아버지[蕡], 할아버지[濚], 증조[彦誠] 이름이 보이고, 본관이 양성陽城으로 되어 있다. 그러나 《청구》와 《만성》의 《양성이씨보》에는 이극형의 가계가 보이지 않는다.

105 **오명희**吳命羲(1659~?) 생원을 거쳐 숙종 13년 29세로 식년시에 갑과로 급제하여 벼슬이 현감(종6품)을 거쳐 예조정랑(정5품)에 이르렀다. 《방목》에는 벼슬과 아버지[瑞雨], 할아버지[汝譜], 증조[洵] 이름이 보이나 본관이 없다. 그런데 《만성》의 《고창오씨보高敞吳氏譜》에 오명희의 가계가 보이는데, 직계 4대조와 외조 가운데 벼슬아치가

---

168) 《숙종실록》 권38, 숙종 29년 12월 19일 경인.
169) 위와 같음.

없다. 한편, 《청구》의 《고창오씨보》에는 가계가 보이지 않는다.

106 윤시명尹時鳴(1634~?) 진사를 거쳐 숙종 13년 54세로 식년시에 을과로 급제했다. 《방목》에는 벼슬이 없이 아버지[珽] 이름이 보이고, 본관이 남원南原으로 되어 있다. 그런데 《청구》와 《만성》의 《남원윤씨보》에는 윤시명의 가계가 보이지 않는다.

107 박진하朴振夏(1653~?) 유학을 거쳐 숙종 13년 35세로 식년시에 급제하여 벼슬이 현감(종6품)에 이르렀다. 《방목》에는 벼슬이 없이 아버지[慶弘] 이름이 보이고, 본관이 없다. 본관은 밀양密陽으로 알려져 있으나, 《청구》와 《만성》의 《밀양박씨보》에는 박진하의 가계가 보이지 않는다.

108 송도석宋道錫(1652~?) 유학을 거쳐 숙종 13년 36세로 식년시에 급제하여 벼슬이 군수(종4품)에 이르렀다. 《방목》에는 벼슬이 없이 아버지[文明] 이름이 보이나 본관이 없다. 《청구》와 《만성》의 어느 송씨보에도 송도석의 가계는 보이지 않는다.

109 이회원李會元(1659~?) 유학을 거쳐 숙종 13년 29세로 식년시에 급제하여 벼슬이 인동부사(종3품)에 이르렀는데, 숙종 42년 사헌부는 이회원의 문지門地가 비미卑微하고 사람됨이 거친 데다 탐학을 일삼았다는 이유로 파직을 요청하여 임금이 이를 따랐다.[170] 《방목》에는 벼슬과 아버지[緖胤] 이름이 보이나 본관이 없어 신원을 알 수 없다. 본관은 경주慶州로 알려져 있으나, 《청구》와 《만성》의 《경주이씨보》에는 그의 가계가 보이지 않는다.

110 김수억金壽億(1662~?) 평안도 사람으로 유학을 거쳐 숙종 13년

---

170) 《숙종실록》 권58, 숙종 42년 8월 27일 갑인.

26세로 식년시에 급제하여 벼슬이 예조정랑(정5품)에 이르렀다. 《방목》에는 벼슬과 아버지[益彰] 이름이 보이고, 국항國恒의 아버지라고 밝히고 있으나 본관이 없다. 아들 김국항은 숙종 43년 평안도 별시에서 급제했는데, 본관이 연안延安으로 되어 있다. 하지만 《청구》와 《만성》의 《연안김씨보》에는 김수억의 가계가 보이지 않는다. 연안 김씨는 영조 대 이후 평안도 정주定州에서만 문과급제자 43명을 배출하여 이 지역의 명문으로 등장했다.

111 이태현李泰顯(1660~?) 유학을 거쳐 숙종 13년 28세로 식년시에 급제하여 벼슬이 통례원 봉례(정4품)를 거쳐 고성현령(종5품)에 이르렀는데, 태상시 관원으로 있을 때 동적전東籍田의 재물을 빼돌린 것이 발각되어 파직되었다.171) 《방목》에는 벼슬과 아버지[是柱] 이름이 보이나 본관이 없다. 본관은 인천仁川으로 알려져 있는데, 《청구》와 《만성》의 《인천이씨보》에는 이태현의 가계가 보이지 않는다.

112 한옥韓沃(1649~?) 통덕랑(정5품)을 거쳐 숙종 13년 39세로 식년시에 급제하여 벼슬이 통례원 통례(정3품 당하관)와 군수(종4품)에 이르렀다. 《방목》에는 벼슬과 아버지[夔相] 이름이 보이고, 본관이 청주淸州로 되어 있다. 그런데 《만성》의 《청주한씨보》에는 한옥의 가계가 보이지 않으며, 《청구》의 《청주한씨보》를 보면 직계 3대조 가운데 벼슬아치가 없다.

113 김수담金壽聃(1646~1712) 진사를 거쳐 숙종 13년 42세로 식년시에 급제하여 벼슬이 병조와 예조좌랑(정6품)을 거쳐 고향인 고령의 현감(종6품)에 이르렀는데, 갑술환국으로 남인이 몰락하자 벼슬을 버

---

171) 《숙종실록》 권46, 숙종 33년 8월 5일 갑신.

리고 낙향하여 학문에 전념했다. 《방목》에는 벼슬과 아버지[順挺] 이름이 보이고, 본관이 순천順天으로 되어 있다. 《청구》와 《만성》의 《순천김씨보》를 보면 김수담의 직계 5대조와 외조 가운데 벼슬아치가 없다.

114 **이석의**李碩意(1650~?) 충의위忠義衛를 거쳐 숙종 13년 38세로 식년시에 급제하여 벼슬이 예조좌랑(정6품)에 이르렀다. 《방목》에는 벼슬과 아버지[繼彦] 이름이 보이고, 본관이 경주慶州로 되어 있다. 《청구》와 《만성》의 《경주이씨보》를 보면 이석의의 직계 5대조와 외조 가운데 벼슬아치가 없다.

115 **이덕전**李德全(1664~?) 유학을 거쳐 숙종 13년 24세로 식년시에 급제했다. 《방목》에는 벼슬이 없이 아버지[彌聖] 이름이 보이나 본관이 없어 신원을 알 수 없다. 《실록》에도 아무런 기록이 없다. 덕산이씨德山李氏로 알려져 있으나, 《청구》와 《만성》의 《덕산이씨보》에는 이덕전의 가계가 보이지 않는다. 2000년 현재 덕산이씨 인구는 2,215가구 7,198명의 희성으로, 조선시대 문과급제자 8명을 배출했다.

116 **김명은**金鳴殷(1660~?) 평안도 안주安州 사람으로 유학을 거쳐 숙종 13년 28세로 식년시에 급제하여 벼슬이 동지중추부사(종2품)에 이르렀는데, 김명은이 88세 되던 영조 23년 임금은 과거급제 60주년을 기념하여 그에게 꽃과 음식을 내렸다.[172] 《방목》에는 벼슬과 아버지[繼元] 이름이 보이나 본관이 없다. 그런데 《청구》의 《능주김씨보綾州金氏譜》를 보면 아버지 계원과 김명은 단 두 사람만이 기록되어 있는데, 아버지는 벼슬이 없어서 김명은이 시조나 다름없다. 한편,

---

172) 《영조실록》 권65, 영조 23년 6월 12일 신미.

《만성》에는 《능주김씨보》 자체가 없다. 《세종실록》〈지리지〉를 보면 김씨는 전라도 능주(화순)의 향리성鄕吏姓 가운데 하나로 고려시대에는 백성百姓으로 판정되었다고 한다. 아버지 김계원은 평안도 안주에서 살았다고 하므로 능주에서 어느 시기에 안주로 이주한 것으로 보이는데, 《세종실록》〈지리지〉와 《동국여지승람》, 《여지도서》 어디에도 안주에 능주김씨가 없어 정체를 알 수 없다. 2000년 현재 능주김씨 인구는 168가구 557명의 희성으로, 김명하와 김명은 형제만이 문과에 급제했다.

117 도영하都永夏(1655~?) 유학을 거쳐 숙종 13년 33세로 식년시에 급제하여 벼슬이 교서관 판교(정3품 당하관)에 이르렀다. 《방목》에는 벼슬과 아버지[處元] 이름이 보이고, 본관이 없지만 도씨의 본관은 팔거八莒(星州)밖에 없다. 《청구》와 《만성》의 《팔거도씨보》를 보면 도영하의 직계 5대조와 외조 가운데 벼슬아치가 없다.

118 박사일朴思─(1664~?) 유학을 거쳐 숙종 13년 24세로 식년시에 급제하여 벼슬이 교서관 교리(종5품)에 이르렀다. 《방목》에는 벼슬과 아버지[處吉] 이름이 보이고, 본관이 반남潘南으로 되어 있다. 그런데 《청구》와 《만성》의 《반남박씨보》에는 박사일의 가계가 보이지 않는다.

119 김화중金華重(1656~?) 유학을 거쳐 숙종 13년 32세로 식년시에 급제하여 벼슬이 현감(종6품)에 이르렀다. 《방목》에는 벼슬이 없이 아버지[英震], 할아버지[以道] 이름이 보이고, 본관이 김해金海로 되어 있으며, 아우 태중泰重도 문과에 급제한 것으로 되어 있다. 그런데 《청구》와 《만성》의 《김해김씨보》에는 김화중의 가계가 보이지 않는다.

120 홍수우洪受禹(1654~?) 유학을 거쳐 숙종 13년 34세로 식년시에 급제하여 벼슬이 성균관 직강(정5품)에 이르렀는데, 숙종 25년 과거 시험의 봉미관封彌官으로 참여했을 때 부정을 저질러 숙종 29년 거제도로 유배된 뒤 관노官奴가 되었다.[173] 《방목》에는 벼슬과 아버지〔光義〕 이름이 보이고, 본관이 없지만 남양南陽으로 알려져 있다. 그러나 《청구》와 《만성》의 《남양홍씨보》에는 홍수우의 가계가 보이지 않는다.

121 김원호金園皓(1665~?) 서얼로서 정식으로 허통되어 숙종 13년 23세로 식년시에 급제하여 벼슬이 현감(종6품)에 이르렀다. 《방목》에는 전직이 허통이라고 밝히며, 벼슬과 아버지〔翰朝〕 이름이 보이고, 본관이 청풍淸風으로 되어 있다. 《청구》와 《만성》의 《청풍김씨보》를 보면 아버지 김한조는 문과급제자로 벼슬이 전적(정6품)에 이르렀는데, 아버지 이전의 직계 4대조는 벼슬이 없다.

122 이만재李萬材(1641~1706) 서울 사람으로 진사를 거쳐 숙종 13년 47세로 식년시에 급제하여 벼슬이 예조좌랑(정6품)에 이르렀다. 《방목》에는 벼슬과 아버지〔奎明〕, 할아버지〔挺然〕, 증조〔應林〕, 외조〔田穉〕 이름이 보이고, 본관이 전주全州로 되어 있다. 《전주이씨과거급제자총람》을 보면 이만재는 세종의 아들 영응대군永膺大君의 후손으로, 직계 3대조와 외조 가운데 벼슬아치가 없다.

123 조세규趙世珪(1542~?) 유학을 거쳐 숙종 13년 46세로 식년시에 급제하여 벼슬이 성균관 전적(정6품)에 이르렀다. 《방목》에는 벼슬이 없이 아버지〔有廉〕 이름이 보이고, 본관이 없으나 배천白川이다. 그런

---

173) 《숙종실록》 권38, 숙종 29년 10월 12일 갑진.

데 《만성》의 《배천조씨보》에는 조세규의 가계가 보이지 않으며, 《청구》의 《배천조씨보》에는 가계가 보이는데, 직계 4대조 가운데 벼슬아치가 없다.

124 은몽상殷夢相(1653~?) 유학을 거쳐 숙종 13년 35세로 식년시에 급제하여 벼슬이 성균관 전적(정6품)에 이르렀다. 《방목》에는 벼슬과 아버지[有三] 이름이 보이고, 본관이 없지만 은씨의 본관은 행주幸州 뿐이다. 그런데 《만성》에는 《행주은씨보》가 없으며, 《청구》의 《행주은씨보》를 보면 은몽상의 직계 3대조 가운데 벼슬아치가 없다. 2000년 현재 행주은씨 인구는 3,891가구 1만 2,241명의 희성으로, 조선시대 문과급제자 2명을 배출했는데, 그가 처음이다.

125 전이공田以功 평안도 사람으로 유학을 거쳐 숙종 13년 식년시에 급제했으나 원편圓篇이 아니라는 이유로 취소되고 다음번에 응시하기로 하였지만 시험 전에 죽었는데, 숙종 15년 증직贈職했다.[174] 《방목》에는 이름 말고 아무런 기록이 없다. 《청구》와 《만성》의 어느 전씨보에도 전이공의 이름은 보이지 않는다.

126 조운趙橒(1621~?) 생원을 거쳐 숙종 15년(1689) 69세로 증광시에 급제하여 벼슬이 성균관 사예(정4품)에 이르렀다. 《방목》에는 벼슬과 아버지[濟仁], 할아버지[鋼], 증조[繼興], 외조의 이름이 보이고, 본관이 평양平壤으로 되어 있다. 그런데 《청구》와 《만성》의 《평양조씨보》에는 조운의 가계가 보이지 않는다.

127 송우룡宋遇龍(1659~?) 전주全州 사람으로, 숙종 6년 경신환국으로 남인이 몰락하자 전라도 유생들이 유벌儒罰을 내려 과거응시가 막

---

174) 《숙종실록》 권21, 숙종 15년 9월 25일 무오.

혔다가 선교랑(종6품)을 거쳐 숙종 15년 31세로 증광시에 급제하여
벼슬이 현감(종6품)에 이르렀다. 《방목》에는 벼슬과 아버지[尙魯] 이
름이 보이고, 상주尙周의 조카라고 기록했는데, 본관이 보이지 않지만
여산礪山으로 알려져 있다. 그런데 《청구》와 《만성》의 《여산송씨
보》에는 송우룡의 가계가 보이지 않는다. 한편, 아저씨 송상주는 현
종 4년 문과에 급한 인물로 인현왕후 민씨를 비난하다가 유배갔는데,
전라도 향곡의 비천卑賤한 무리라고 한다. 따라서 송우룡도 비슷한
신분으로 보인다.

128 조세항趙世恒(1626~?) 생원을 거쳐 숙종 15년 64세로 증광시에
급제하여 벼슬이 예조정랑(정5품)에 이르렀다. 《방목》에는 벼슬과 아
버지[尙賢] 이름이 보이나 본관이 없다. 본관은 한양漢陽으로 알려져
있는데, 《청구》와 《만성》의 《한양조씨보》에는 조세항의 가계가 보
이지 않는다.

129 이석삼李錫三(1632~?) 생원을 거쳐 숙종 15년 58세로 증광시에
급제하여 벼슬이 병조좌랑(정6품)과 황해도 도사(종5품)에 이르렀다.
《방목》에는 벼슬과 아버지[冑] 이름이 보이고, 본관이 양성陽城으로
되어 있다. 그런데 《청구》와 《만성》의 《양성이씨보》에는 이석삼의
가계가 보이지 않는다.

130 최선崔煊(1665~?) 유학을 거쳐 숙종 15년 25세로 증광시에 급
제하여 벼슬이 승문원 정자(정9품)와 병조좌랑(정6품)에 이르렀다.
《방목》에는 벼슬과 아버지[來華] 이름이 보이고, 본관이 강화江華로
되어 있다. 《청구》의 《강화최씨보》를 보면 최선의 직계 5대조 가운
데 벼슬아치가 없다. 한편, 《만성》의 《강화최씨보》에는 4대조가 현
감으로 되어 있어 약간 내용이 다르다. 어쨌든 직계 3대조와 외조 가

운데 벼슬아치가 없는 것은 두《족보》가 서로 같다.

131 **김전**金戩(1658~?) 유학을 거쳐 숙종 15년 32세로 증광시에 급제하여 벼슬이 성균관 사예(정4품)에 이르렀는데, 숙종 25년 과거시험의 수권관收券官을 하면서 부정을 저질러 삭탈관직되어 변방에 충군充軍되었다.《방목》에는 벼슬과 아버지[匡輝] 이름이 보이고, 본관이 안동安東으로 되어 있다. 그런데《청구》와《만성》의《안동김씨보》에는 김전의 가계가 보이지 않는다.

132 **조덕순**趙德純(1652~1693) 생원을 거쳐 숙종 16년(1690) 49세로 식년시에 장원급제하여 벼슬이 사헌부 지평(정5품)에 이르렀다.《방목》에는 벼슬과 아버지[頵] 이름이 보이고, 본관이 한양漢陽으로 되어 있다. 그런데《청구》와《만성》의《한양조씨보》에는 조덕순의 가계가 보이지 않는다.

133 **김남갑**金南甲(1652~?) 유학을 거쳐 숙종 16년 49세로 식년시에 급제하여 벼슬이 성균관 전적(정6품)에 이르렀다.《방목》에는 벼슬과 아버지[英傑] 이름이 보이나 본관이 없다. 본관은 김해金海로 알려져 있으나,《청구》와《만성》의《김해김씨보》에는 김남갑의 가계가 보이지 않는다.

134 **박안도**朴安道(1651~?) 통덕랑(정5품)을 거쳐 숙종 16년 40세로 식년시에 급제하여 벼슬이 횡성현감(종6품)에 이르렀다.《방목》에는 벼슬과 아버지[孝元] 이름이 보이고, 본관이 반남潘南으로 되어 있다. 그런데《청구》와《만성》의《반남박씨보》에는 박안도의 가계가 보이지 않는다.

135 **김태정**金泰鼎(1652~?) 생원을 거쳐 숙종 16년 39세로 식년시에 급제하여 벼슬이 주부(종6품)에 이르렀다.《방목》에는 벼슬과 아버지

[智立] 이름이 보이고, 본관이 김해金海로 되어 있다. 그런데 《청구》와 《만성》의 《김해김씨보》에는 김태정의 가계가 보이지 않는다.

136 유행삼柳行三(1651~?) 생원을 거쳐 숙종 16년 40세로 식년시에 급제하여 벼슬이 정랑(정5품)에 이르렀다. 《방목》에는 벼슬과 아버지 [興門] 이름이 보이고, 본관이 진주晉州로 되어 있다. 《청구》와 《만성》의 《진주유씨보》를 보면 유행삼의 직계 5대조와 외조 가운데 벼슬아치가 없다.

137 권희열權希說(1649~?) 진사를 거쳐 숙종 16년 42세로 식년시에 급제하여 벼슬이 예조좌랑(정6품)에 이르렀다. 《방목》에는 벼슬과 아버지[昇] 이름이 보이고, 본관이 예천醴泉으로 되어 있다. 《청구》와 《만성》의 《예천권씨보》를 보면 권희열의 직계 3대조와 외조 가운데 벼슬아치가 없다. 《세종실록》〈지리지〉를 보면 예천권씨는 본래 성이 흔씨昕氏였으나, 고려 신종神宗의 이름을 피하여 권씨로 바꾸었다고 한다. 2000년 현재 인구는 1,512가구 4,876명의 희성으로, 조선시대 문과급제자 10명을 배출했다.

138 조하영曺夏榮(1652~?) 통덕랑(정5품)을 거쳐 숙종 16년 39세로 식년시에 급제하여 벼슬이 성균관 전적(정6품)에 이르렀다. 《방목》에는 벼슬이 없이 아버지[時進] 이름이 보이고, 본관이 없다. 조씨의 본관은 창녕昌寧밖에 없는데, 《청구》와 《만성》의 《창녕조씨보》에는 조하영의 가계가 보이지 않는다.

139 박성세朴聖世(1652~?) 생원을 거쳐 숙종 16년 39세로 식년시에 급제했다. 《방목》에는 벼슬이 없이 아버지[惠] 이름이 보이고, 본관이 밀양密陽으로 되어 있다. 그런데 《청구》와 《만성》의 《밀양박씨보》에는 박성세의 가계가 보이지 않는다.

140 금섬琴暹(1659~?) 진사를 거쳐 숙종 16년 32세로 식년시에 급제하여 벼슬이 성균관 학유(종9품)와 학정(정8품)에 이르렀다. 《방목》에는 벼슬과 아버지[以譜] 이름이 보이고, 본관이 봉화奉化로 되어 있다. 그런데 《만성》의 《봉화금씨보》에는 금섬의 가계가 보이지 않으며, 《청구》의 《봉화금씨보》에는 가계가 보이나 직계 3대조 가운데 벼슬아치가 없다.

141 최태후崔泰厚(1656~?) 진사를 거쳐 숙종 16년 37세로 식년시에 급제하여 벼슬이 성균관 전적(정6품)과 하양현감(종6품)에 이르렀다. 《방목》에는 벼슬과 아버지[娃] 이름이 보이고, 본관이 수원水原으로 되어 있다. 그런데 《청구》의 《수원최씨보》에는 최태후의 가계가 보이지 않으며, 《만성》의 《수원최씨보》에는 가계가 보이는데 직계 3대조와 외조 가운데 벼슬아치가 없다.

142 노세남盧世南(1660~?) 유학을 거쳐 숙종 16년 31세로 식년시에 급제하여 벼슬이 성균관 권지(임시직)를 거쳐 교서관 정자(정9품)에 이르렀다. 《방목》에는 벼슬과 아버지[浣] 이름이 보이고, 본관이 풍천豊川으로 되어 있다. 그런데 《만성》의 《풍천노씨보》에는 노세남의 가계가 보이지 않으며, 《청구》의 《풍천노씨보》에는 가계가 보이나 직계 3대조 가운데 벼슬아치가 없다.

143 김수익金壽盆(1650~?) 유학을 거쳐 숙종 16년 41세로 식년시에 급제하여 벼슬이 통례원 상례(종3품)에 이르렀다. 《방목》에는 벼슬과 아버지[重寶] 이름이 보이고, 본관이 연안延安으로 되어 있다. 그런데 《청구》와 《만성》의 《연안김씨보》에는 김수익의 가계가 보이지 않는다.

144 한재후韓在垕(1665~?) 유학을 거쳐 숙종 16년 26세로 식년시에

급제하여 벼슬이 성균관 사예(정4품)를 거쳐 이산군수(종4품)에 이르렀다가 부정을 저질러 파직되었다.175)《방목》에는 벼슬과 아버지[紀千], 할아버지[廓] 이름이 보이고, 본관이 청주淸州로 되어 있다.176) 그런데《청구》와《만성》의《청주한씨보》에는 한재후의 가계가 보이지 않는다.

145 이유李瀏(1663~?) 유학을 거쳐 숙종 16년 28세로 식년시에 급제하여 벼슬이 예조좌랑(정6품)에 이르렀다.《방목》에는 벼슬과 아버지[逢舜] 이름이 보이고, 본관이 청주淸州로 되어 있으나 아마도 앞에 기록한 한재후의 본관을 이곳에 잘못 적은 것으로 보인다. 본관은 원주原州로 알려져 있으나,《청구》와《만성》의《원주이씨보》에는 이유의 가계가 보이지 않는다. 2000년 현재 원주이씨 인구는 1,061가구 3,538명의 희성으로, 조선시대 문과급제자 24명을 배출했다.

146 김만형金萬衡(1661~?) 유학을 거쳐 숙종 16년 30세로 식년시에 급제하여 벼슬이 현감(종6품)에 이르렀다.《방목》에는 벼슬과 아버지[輝挺], 할아버지[繼宗] 이름이 보이고, 본관이 공백으로 되어 있으나 그 다음 인물인 반윤위에 적은 도강道康(康津)이라는 본관이 실은 김만형의 본관으로 보인다. 실제로《청구》의《강진김씨보》에 그의 가계가 보이는데, 직계 3대조 안에 벼슬아치가 없다.

147 반윤위潘尹衛(1629~?) 유학을 거쳐 숙종 16년 62세로 식년시에 급제하여 벼슬이 찰방(종6품)에 이르렀다.《방목》에는 벼슬과 아버지[進洙] 이름이 보이고, 본관이 도강道康으로 되어 있는데 이는 앞 사람

---

175)《숙종실록》권55, 숙종 40년 8월 15일 갑신.
176)《방목》에는 한재후의 본관이 공백으로 되어 있고 그 다음 인물인 이유李瀏의 본관을 청주淸州로 적었는데, 이는 기록자의 착오로 보인다.

의 본관을 잘못 적은 것이다. 그러나 《청구》의 《광주반씨보光州潘氏譜》에 반윤위의 이름이 보이는데, 조상의 가계가 끊어진 형태로 외따로 기록되어 있어 가계를 알 수 없다. 한편, 《만성》에는 《광주반씨보》 자체가 없다. 2000년 현재 광주반씨 인구는 2,031가구 6,660명의 희성으로, 조선시대 문과급제자 3명을 배출했다.

148 송태기宋泰基(1655~?) 유학을 거쳐 숙종 16년 36세로 식년시에 급제하여 벼슬이 성균관 직강(정5품)을 거쳐 사예(정4품)에 이르렀다. 《방목》에는 벼슬과 아버지[熤] 이름이 보이고, 본관이 야로冶爐로 되어 있다. 《만성》의 《야로송씨보》를 보면 송태기의 직계 8대조 가운데 벼슬아치가 없으며, 《청구》의 《야로송씨보》에는 가계가 보이지 않는다.

149 이성좌李聖佐(1654~?) 유학을 거쳐 숙종 16년 37세로 식년시에 급제하여 벼슬이 찰방(종6품)과 현감(종6품)에 이르렀다. 《방목》에는 벼슬과 아버지[天相] 이름이 보이고, 본관이 전의全義로 되어 있다. 그런데 《청구》의 《전의이씨보》를 보면 아버지와 조상의 가계는 보이나 이성좌의 이름은 보이지 않으며, 《만성》의 《전의이씨보》에는 그의 가계가 보이지 않는다.

150 김후金垕(1652~?) 유학을 거쳐 숙종 16년 39세로 식년시에 급제하여 벼슬이 현감(종6품)에 이르렀다. 《방목》에는 벼슬과 아버지[有善] 이름이 보이나 본관이 없어 신원을 알 수 없다.

151 김중태金重泰(1663~?) 유학을 거쳐 숙종 16년 28세로 식년시에 급제하여 벼슬이 찰방(종6품)과 흥덕현감(종6품)에 이르렀는데, 숙종 39년 죄를 지어 심문을 받았다. 《방목》에는 벼슬과 아버지[昌老] 이름이 보이나 본관이 없다. 《청구》의 《영광김씨보靈光金氏譜》를 보면 김

중태는 가계가 끊어진 형태로 외따로 기록되어 있어 가계를 알 수 없다. 한편, 《만성》의 《영광김씨보》에는 그의 가계가 보이지 않는다.

152 이지원李枝遠(1660~?) 유학을 거쳐 숙종 16년 31세로 식년시에 급제하여 벼슬이 찰방(종6품)에 이르렀다. 《방목》에는 벼슬과 아버지 〔汝愚〕 이름이 보이고, 본관이 없으나 고성固城으로 알려져 있다. 그러나 《청구》와 《만성》의 《고성이씨보》에는 이지원의 가계가 보이지 않는다.

153 최진하崔鎭廈(1652~?) 유학을 거쳐 숙종 16년 39세로 식년시에 급제하여 벼슬이 성균관 전적(정6품)에 이르렀다. 《방목》에는 벼슬이 없이 아버지〔俊吉〕 이름이 보이고, 본관이 없지만 수원水原으로 알려져 있다. 하지만 《청구》와 《만성》의 《수원최씨보》에는 최진하의 가계가 보이지 않는다.

154 맹양호孟養浩(1658~?) 유학을 거쳐 숙종 16년 33세로 식년시에 급제하여 벼슬이 주부(종6품)를 거쳐 운봉현감(종6품)에 이르렀다. 《방목》에는 벼슬과 아버지〔之興〕 이름이 보이고, 본관이 없다. 맹씨의 본관은 신창新昌뿐인데, 《청구》와 《만성》의 《신창맹씨보》에는 맹양호의 가계가 보이지 않는다.

155 주정朱椗(1667~?) 진사를 거쳐 숙종 17년(1691) 25세로 증광시에 급제하여 벼슬이 예조좌랑(정6품)에 이르렀다. 《방목》에는 벼슬과 아버지〔汝斗〕 이름이 보이고, 본관이 전주全州로 되어 있다. 《청구》와 《만성》의 《전주주씨보》를 보면 주정의 직계 5대조와 외조 가운데 벼슬아치가 없다. 2000년 현재 전주주씨 인구는 251가구 861명의 희성으로, 조선시대 문과급제자 22명을 배출했는데, 그 가운데 14명이 조선 후기 함흥에서 배출되었다.

156 **이세현**李世賢(1656~?) 생원을 거쳐 숙종 17년 36세로 증광시에 급제하여 벼슬이 예조좌랑(정6품)에 이르렀다. 《방목》에는 벼슬과 아버지[文彬] 이름이 보이고, 본관이 없으나 경주慶州로 알려져 있다. 그런데 《청구》와 《만성》의 《경주이씨보》에는 이세현의 가계가 보이지 않는다.

157 **정유석**鄭維錫(1646~?) 정항鄭杭의 서자로서 진사를 거쳐 숙종 17년 46세로 증광시에 급제하여 벼슬이 교서관 정자(정9품)에 이르렀는데,[177] 그 뒤 두 차례나 과거시험을 대필하여 변방으로 유배되었다. 《방목》에는 벼슬이 없이 아버지[杭] 이름이 보이고, 본관이 봉화奉化로 되어 있다. 그런데 《청구》와 《만성》의 《봉화정씨보》에는 정유석의 가계가 보이지 않는다. 서출이기 때문에 《족보》에 오르지 못한 것으로 보인다.

158 **정두평**鄭斗平 평안도 상원祥原 사람으로[178] 생원을 거쳐 숙종 17년 증광시에 급제하여 벼슬이 현감(종6품)에 이르렀다. 《방목》에는 벼슬과 아버지[弘義] 이름이 보이나 본관이 없다. 본관은 동래東萊로 알려져 있는데, 《청구》와 《만성》의 《동래정씨보》에는 정두평의 가계가 보이지 않는다.

159 **전명삼**全命三(1663~?) 생원을 거쳐 숙종 17년 29세로 증광시에 급제하여 벼슬이 현감(종6품)에 이르렀다. 《방목》에는 벼슬과 아버지[五敎] 이름이 보이고, 본관이 용궁龍宮(竺山)으로 되어 있다. 그런데 《만성》에는 《축산전씨보》가 없으며, 《청구》의 《축산전씨보》를 보면 전명삼의 직계 4대조 가운데 벼슬아치가 없다. 2000년 현재 용궁

---

177) 《숙종실록》 권23, 숙종 17년 10월 23일 갑진.
178) 《숙종실록》 권19, 숙종 14년 10월 12일 신해.

전씨 인구는 8,693가구 2만 7,706명의 희성으로, 조선시대 문과급제
자 8명을 배출했다.

160 **이용징**李龍徵(1648~?) 전주 사람으로 생원을 거쳐 숙종 17년 44
세로 증광시에 급제하여 벼슬이 교서관 교리(종5품)를 거쳐 현감(종6
품)에 이르렀다. 《방목》에는 벼슬과 아버지[承敏] 이름이 보이고, 본
관이 한산韓山으로 되어 있다. 그런데 《청구》와 《만성》의 《한산이씨
보》에는 이용징의 가계가 보이지 않는다.

161 **정동호**鄭東虎 유학을 거쳐 숙종 17년 증광시에 급제하여 벼슬
이 형조좌랑(정6품)과 현감(종6품)에 이르렀다. 《방목》에는 이름 말고
아무런 기록이 없다. 그런데 《청구》의 《초계정씨보草溪鄭氏譜》에 정
동호의 가계가 보이는데, 직계 3대조 가운데 벼슬아치가 없다.

162 **나만영**羅萬榮(1652~?) 생원을 거쳐 숙종 19년(1693) 42세로 식
년시에 급제하여 벼슬이 사헌부 지평(정5품)에 이르렀다. 《방목》에는
벼슬과 아버지[斗贍] 이름이 보이고, 본관이 나주羅州로 되어 있다.
《청구》와 《만성》의 《나주나씨보》를 보면 나만영의 직계 3대조와 외
조 가운데 벼슬아치가 없다.

163 **김일좌**金日佐(1664~?) 생원을 거쳐 숙종 19년 30세로 식년시에
급제하여 벼슬이 예조좌랑(정6품)과 운봉현감(종6품)에 이르렀다. 《방
목》에는 벼슬과 아버지[理] 이름이 보이고, 본관이 부안扶安으로 되어
있다. 그런데 《청구》와 《만성》의 《부안김씨보》에는 김일좌의 가계
가 보이지 않는다.

164 **정요천**鄭堯天(1639~?) 진사를 거쳐 숙종 19년 55세로 식년시에
급제하여 벼슬이 성균관 전적(정6품)에 이르렀다. 《방목》에는 벼슬과
아버지[悌], 할아버지[仁壽] 이름이 보이고, 본관이 동래東萊로 되어

있다.《청구》와《만성》의《동래정씨보》를 보면 아버지는 벼슬이 없고, 할아버지는 인수가 아니라 영방榮邦으로 또한 벼슬이 없으며, 증조 조澡, 고조 원건元健, 현조 윤기允奇 등 직계 5대조가 모두 벼슬이 없다. 두 개의《족보》가 일치하므로 그 기록을 신빙한다면《방목》에 기록된 할아버지 인수는 거짓이 된다. 인수는 계보가 다른 먼 친척으로 문과에 급제한 벼슬아치인데, 혹시 신분을 감추기 위해 먼 친척의 이름을 거짓으로 빌려왔는지도 모른다.

165 **남하명**南夏明(1658~?) 생원과 통덕랑(정5품)을 거쳐 숙종 19년 36세로 식년시에 급제하여 벼슬이 찰방(종6품)에 이르렀다.《방목》에는 벼슬과 아버지[尙召], 할아버지[佶], 처부의 이름이 보이고, 본관이 영양英陽으로 되어 있다. 그런데《청구》의《영양남씨보》를 보면 할아버지의 이름은 보이나 아버지와 남하명의 이름은 보이지 않는다. 한편,《만성》의《영양남씨보》를 보면 가계가 보이는데, 직계 4대조 안에 벼슬아치가 없을 뿐 아니라 증조 이상의 이름이《청구》와 다르다.《청구》를 따르면 그는《족보》에 오르지 못한 인물이며,《만성》을 따르면 직계 4대조와 외조 가운데 벼슬아치가 없는 한미한 출신이다.

166 **박양검**朴良儉(1663~?) 통덕랑(정5품)을 거쳐 숙종 19년 31세로 식년시에 급제하여 벼슬이 찰방(종6품)에 이르렀다.《방목》에는 벼슬과 아버지[秀門], 할아버지[而立], 증조[大鳳] 이름이 보이고, 본관이 고령高靈으로 되어 있다. 그런데《청구》와《만성》의《고령박씨보》에는 박양검의 가계가 보이지 않는다.

167 **권귀로**權龜老(1657~?) 통덕랑(정5품)을 거쳐 숙종 19년 37세로 식년시에 급제하여 벼슬이 성균관 사예(정4품)를 거쳐 승지(정3품 당

상관)에 이르렀다. 《방목》에는 벼슬과 아버지〔慶業〕 이름이 보이고, 본관이 안동安東으로 되어 있다. 그런데 《청구》의 《안동권씨보》에는 권귀로의 가계가 보이지 않으며, 《만성》의 《안동권씨보》에는 가계가 보이는데, 직계 4대조와 외조 가운데 벼슬아치가 없다.

168 박내붕朴來朋(1656~?) 생원을 거쳐 숙종 19년 38세로 식년시에 급제하여 벼슬이 성균관 박사(정7품)에 이르렀다. 《방목》에는 벼슬과 아버지〔尙直〕 이름이 보이고, 본관이 순천順天으로 되어 있다. 《청구》의 《순천박씨보》를 보면 박내붕의 직계 3대조 가운데 벼슬아치가 없으며, 《만성》의 《순천박씨보》에는 가계가 보이지 않는다.

169 도영성都永成(1658~?) 생원을 거쳐 숙종 19년 36세로 식년시에 급제하여 벼슬이 군수(종4품)에 이르렀다. 《방목》에는 벼슬과 아버지〔處順〕 이름이 보이나 본관이 없다. 도씨의 본관은 팔거八莒(星州)뿐인데, 《청구》의 《성주도씨보》를 보면 도영성의 직계 3대조 가운데 벼슬아치가 없으며, 《만성》의 《팔거도씨보》에는 가계가 보이지 않는다. 성주도씨는 조선시대 문과급제자 16명을 배출했다.

170 조봉징趙鳳徵(1657~?) 진사를 거쳐 숙종 19년 37세로 식년시에 급제하여 벼슬이 현령(종5품)에 이르렀다. 《방목》에는 벼슬과 아버지〔鳴漢〕 이름이 보이고, 본관이 한양漢陽으로 되어 있다. 《청구》와 《만성》의 《한양조씨보》를 보면 조봉징의 직계 5대조 가운데 벼슬아치가 없다.

171 이상림李商霖(1641~?) 유학을 거쳐 숙종 19년 식년시에 급제하여 벼슬이 예조좌랑(정6품)에 이르렀다. 《방목》에는 벼슬과 아버지〔樟〕 이름이 보이나 본관이 없다. 그런데 《전주이씨과거급제자총람》을 보면 이상림은 전주이씨로, 《족보》에 오르지 못한 파미분류자派未

分類者로 되어 있다. 평민이거나 서출인 듯하다.

172 **정헌장**鄭憲章(1653~?) 유학을 거쳐 숙종 19년 41세로 식년시에 급제하여 벼슬이 현감(종6품)에 이르렀다. 《방목》에는 벼슬과 아버지 [搏] 이름이 보이고, 본관이 초계草溪로 되어 있다. 《청구》의 《초계정 씨보》를 보면 정헌장의 직계 3대조 가운데 벼슬아치가 없으며, 《만성》의 《초계정씨보》에는 가계가 보이지 않는다.

173 **황수억**黃壽嶷(1666~?) 유학을 거쳐 숙종 19년 식년시에 급제하여 벼슬이 찰방(종6품)에 이르렀다. 《방목》에는 벼슬과 아버지[廷炫] 이름이 보이고, 본관이 없으나 창원昌原으로 알려져 있다. 그런데 《청구》와 《만성》의 《창원황씨보》에는 황수억의 가계가 보이지 않는다.

174 **권희설**權希卨(1654~?) 유학을 거쳐 숙종 19년 40세로 식년시에 급제하여 벼슬이 예조좌랑(정6품)에 이르렀다. 《방목》에는 벼슬과 아버지[昇], 할아버지[國柱], 외조[李尙彦] 이름이 보이고, 본관이 예천醴泉으로 되어 있다. 《청구》와 《만성》의 《예천권씨보》를 보면 권희설의 직계 3대조와 외조 가운데 벼슬아치가 없다. 예천권씨에 대해서는 앞에서 이미 설명했다.

175 **김경뢰**金慶賚(1668~?) 유학을 거쳐 숙종 19년 26세로 식년시에 급제하여 벼슬이 현감(종6품)에 이르렀다. 《방목》에는 벼슬이 없이 아버지[準紀] 이름이 보이고, 본관이 상산商山으로 되어 있다. 《청구》의 《상산김씨보》를 보면 김경뢰의 직계 3대조 가운데 벼슬아치가 없으며, 《만성》의 《상산김씨보》에는 가계가 보이지 않는다.

176 **김태중**金泰重(1659~?) 유학을 거쳐 숙종 19년 35세로 식년시에 급제하여 벼슬이 현감(종6품)에 이르렀다. 《방목》에는 벼슬과 아버지 [英震] 이름이 보이고, 본관이 김해金海로 되어 있다. 그런데 《청구》

와 《만성》의 《김해김씨보》에는 김태중의 가계가 보이지 않는다.

177 **조선휘**曺善徽(1647~?) 유학을 거쳐 숙종 19년 47세로 식년시에 급제하여 벼슬이 현감(종6품)에 이르렀다. 《방목》에는 벼슬과 아버지 〔廷祜〕, 할아버지〔煜〕, 증조〔守誠〕, 외조의 이름이 보이고, 본관이 창녕 昌寧으로 되어 있다. 그런데 《청구》와 《만성》의 《창녕조씨보》에는 조선휘의 가계가 보이지 않는다.

178 **손만중**孫萬重(1664~?) 유학을 거쳐 숙종 19년 30세로 식년시에 급제하여 벼슬이 성균관 전적(정6품)에 이르렀다. 《방목》에는 벼슬이 없이 아버지〔碩佐, 생부 碩輔〕, 할아버지〔昌祖〕 이름이 보이고, 본관이 밀양密陽으로 되어 있다. 《청구》와 《만성》의 《밀양손씨보》를 보면 손만중의 직계 3대조와 외조 가운데 벼슬아치가 없다.

179 **명정구**明廷耉(1651~?) 유학을 거쳐 숙종 19년 43세로 식년시에 급제하여 벼슬이 형조정랑(정5품)에 이르렀다. 《방목》에는 벼슬과 아버지〔貴日〕 이름이 보이고, 본관이 서촉西蜀으로 되어 있다. 《청구》의 《서촉명씨보》를 보면 명정구의 직계 10대조 가운데 벼슬아치는 오직 증조〔大熙〕가 참봉(종9품)을 한 것뿐이다. 명씨는 고려 말 중국에서 귀화한 성씨로, 2000년 현재 서촉명씨 인구는 1,809가구 5,861명의 희성인데, 조선시대 문과급제자 4명을 배출했다.

180 **김하윤**金夏鈗(1663~?) 유학을 거쳐 숙종 19년 31세로 식년시에 급제하여 벼슬이 찰방(종6품)에 이르렀다. 《방목》에는 벼슬과 아버지 〔如萬〕 이름이 보이고, 본관이 없으나 안동安東으로 알려져 있다. 그런데 《청구》와 《만성》의 《안동김씨보》에는 김하윤의 가계가 보이지 않는다.

181 **정익시**鄭翊時(1651~?) 유학을 거쳐 숙종 19년 43세로 식년시에

급제하여 벼슬이 사헌부 감찰(정6품)과 병조정랑(정5품)에 이르렀다. 《방목》에는 벼슬과 아버지[來卿], 할아버지[曙] 이름이 보이고, 본관이 없으나 온양溫陽으로 알려져 있다. 그런데 《청구》와 《만성》의 《온양정씨보》에는 정익시의 가계가 보이지 않는다.

182 정건주鄭建周(1652~?) 유학을 거쳐 숙종 19년 42세로 식년시에 급제하여 벼슬이 성균관 사예(정4품)에 이르렀다. 《방목》에는 벼슬과 아버지[枰] 이름이 보이고, 본관이 진주晉州로 되어 있다. 그런데 《청구》와 《만성》의 《진주정씨보》에는 정건주의 가계가 보이지 않는다.

183 원시인元始寅(1654~?) 유학을 거쳐 숙종 19년 40세로 식년시에 급제했다. 《방목》에는 벼슬이 없이 아버지[中健] 이름이 보이고, 본관이 없다. 원씨의 본관은 원주原州 하나뿐인데, 《청구》와 《만성》의 《원주원씨보》에는 원시인의 가계가 보이지 않는다.

184 김극지金克之(1663~?) 유학을 거쳐 숙종 19년 31세로 식년시에 급제하여 벼슬이 성균관 사예(정4품)에 이르렀다. 《방목》에는 벼슬과 아버지[震聲] 이름이 보이고, 기지器之의 형이라고 적었으나 본관이 없다. 형 김기지는 숙종 36년 문과에 급제하여 본관이 김해金海로 되어 있는데, 《청구》와 《만성》의 《김해김씨보》에는 김극지의 가계가 보이지 않는다.

185 허부許溥(1663~?) 유학을 거쳐 숙종 19년 31세로 개성 만월대에서 실시한 정시에 장원급제하여 벼슬이 교수(종6품)와 예조좌랑(정6품)에 이르렀다. 《방목》에는 벼슬과 아버지[誡] 이름이 보이고, 본관이 하양河陽으로 되어 있다. 그런데 《청구》와 《만성》의 《하양허씨보》에는 허부의 가계가 보이지 않는다.

186 임여순林汝恂(1646~?) 생원을 거쳐 숙종 19년 48세로 개성 정시

에 을과로 급제하여 벼슬이 성균관 전적(정6품)에 이르렀다. 《방목》
에는 벼슬과 아버지[遇泰] 이름이 보이고, 본관이 옥야沃野(全州)로 되
어 있다. 그런데 《청구》와 《만성》에는 《옥야임씨보》 자체가 없다.
2000년 현재 옥야임씨 인구는 422가구 1,285명의 희성으로, 조선시대
문과급제자 3명을 배출했는데, 임여순이 첫 급제자이다.

187 **전여초**全與初(1632~?) 유학을 거쳐 숙종 19년 62세로 개성 정시
에 병과로 급제하여 벼슬이 교수(종6품)에 이르렀다. 《방목》에는 벼
슬과 아버지[曍] 이름이 보이고, 본관이 경주慶州로 되어 있다. 《청
구》의 《경주전씨보》를 보면 오직 전여초 한 사람만 기록되어 있으
며, 《만성》에는 《경주전씨보》 자체가 없다. 2000년 현재 경주전씨
인구는 1,892가구 6,005명의 희성으로, 조선시대 문과급제자는 2명이
고, 그가 두 번째이자 마지막이다.

188 **신유익**愼惟益(1671~?) 진사를 거쳐 숙종 20년(1694) 24세로 별
시에 급제하여 벼슬이 병조좌랑(정6품)을 거쳐 통정대부(정3품 당상관)
로서 부사(종3품)에 이르렀다. 숙종 24년 신유익이 병조정랑(정5품)에
임명되자 사헌부는 그의 신분이 낮고 인품이 걸맞지 않으므로 태거
시키라고 요청했으나, 임금은 신분을 따지는 것은 병통病痛이라고 하
면서 그대로 유임시켰다.179) 《방목》에는 벼슬과 아버지[爾明] 이름이
보이고, 본관이 거창居昌으로 되어 있다. 《청구》와 《만성》의 《거창
신씨보》를 보면 그의 직계 5대조와 외조 가운데 벼슬아치가 없다.

189 **이현**李礥(1654~?) 판관 이경룡李慶龍의 서자로 통덕랑(정5품)을
거쳐 숙종 20년 41세로 별시에 급제하여 벼슬이 호조정랑(정5품)에

179) 《숙종실록》 권32, 숙종 24년 10월 18일 기미.

이르렀는데, 서얼허통을 주장한 최석정崔錫鼎의 건의로 이루어진 것이었다.[180] 이현은 통신사로 일본에 가서 문명文名을 떨치기도 했다. 《방목》에는 서얼이라는 것을 밝히지 않으며 벼슬과 아버지[慶龍], 할아버지[德民] 이름이 보이고, 본관이 안악安岳으로 되어 있다. 《청구》와 《만성》의 《안악이씨보》에 그의 이름이 보인다. 2000년 현재 안악이씨 인구는 2,961가구 9,507명의 희성으로, 조선시대 문과급제자는 모두 4명인데 그가 마지막이다.

190 **전처경**田處坰(1642~?) 생원을 거쳐 숙종 20년 53세로 평안도 별시에 갑과로 급제하여 벼슬이 성균관 전적(정6품)에 이르렀다. 《방목》에는 벼슬이 없이 아버지[命祿] 이름이 보이고, 본관이 과천果川으로 되어 있다. 《청구》의 《과천전씨보》에는 오직 전처경 한 사람만 기록되어 있다. 2000년 현재 과천전씨 인구는 168가구 493명의 극희성으로, 조선시대 문과급제자 2명을 배출했는데, 그가 두 번째이다.

191 **홍기제**洪飢濟(1655~?) 생원과 진사를 거쳐 숙종 20년 40세로 평안도 별시에 을과로 급제하여 벼슬이 예조좌랑(정6품)에 이르렀다. 《방목》에는 벼슬이 없이 아버지[臨] 이름이 보이고, 본관이 남양南陽으로 되어 있다. 그런데 《청구》와 《만성》의 《남양홍씨보》에는 홍기제의 가계가 보이지 않는다.

192 **김명하**金鳴夏(1657~?) 진사를 거쳐 숙종 20년 38세로 평안도 별시에 병과로 급제하여 벼슬이 군수(종4품)에 이르렀다. 《방목》에는 벼슬과 아버지[繼元] 이름이 보이고, 명은鳴殷(1660~?)의 형이라고 밝히며, 본관이 능주綾州로 되어 있다. 형 김명은은 평안도 안주安州 사

---

180) 《숙종실록》 권31, 숙종 23년 1월 28일 경진.

람으로 숙종 13년 문과에 급제하였다고 앞에서 밝힌 바 있다. 그런데 《청구》의 《능주김씨보》를 보면 아버지 계원과 아들 명은만이 기록되어 있고 명하의 이름이 빠져 있는데 그 이유를 알 수 없다. 한편, 《만성》에는 《능주김씨보》 자체가 없다. 2000년 현재 능주김씨 인구는 169가구 557명의 희성으로, 조선시대 문과급제자는 김명하와 김명은 두 사람뿐이다.

193 조지중趙之重(1656~?) 유학을 거쳐 숙종 20년 39세로 평안도 별시에 병과로 급제하여 벼슬이 병조정랑(정5품)에 이르렀는데, 숙종 33년 조지중이 병조좌랑(정6품)에 임명되자 신하들은 그의 문지門地와 사람됨이 적합하지 않다는 이유로 체직을 요청했으나 임금은 이를 따르지 않았다.[181] 《방목》에는 벼슬과 아버지[有璧] 이름이 보이고, 본관이 배천白川으로 되어 있다. 《청구》의 《배천조씨보》를 보면 그의 직계 4대조 안에 벼슬아치가 없으며, 《만성》의 《배천조씨보》에는 가계가 보이지 않는다. 배천조씨는 조선시대 문과급제자 68명을 배출했는데, 그 가운데 37명이 평안도 출신이고, 정주에서만 26명이 급제했다. 따라서 그도 평안도 사람일 가능성이 크다.

194 박만항朴萬恒(1656~?) 생원을 거쳐 숙종 21년(1695) 40세로 별시에 급제하여 벼슬이 병조정랑(정5품)에 이르렀다. 《방목》에는 벼슬과 아버지[相震], 할아버지[珣], 외조, 처부의 이름이 보이고, 본관이 고령高靈으로 되어 있다. 《만성》의 《고령박씨보》를 보면 박만항의 직계 4대조와 외조 가운데 벼슬아치가 없다.

195 박기장朴其長(1651~?) 진사를 거쳐 숙종 21년 45세로 별시에 급

---

181) 《숙종실록》 권45, 숙종 33년 1월 10일 갑자.

제하여 벼슬이 현감(종6품)에 이르렀다. 《방목》에는 벼슬과 아버지〔安期〕, 할아버지〔希賢〕, 증조〔孝元〕 이름이 보이고, 본관이 밀양密陽으로 되어 있다. 그런데 《청구》의 《밀양박씨보》에는 박기장의 조상은 보이나 그의 이름은 보이지 않으며, 《만성》의 《밀양박씨보》에는 가계가 보이지 않는다.

196 이정상李鼎相(1658~?) 유학을 거쳐 숙종 21년 38세로 별시에 급제하여 벼슬이 도사(종5품)와 병조좌랑(정6품)에 이르렀는데, 숙종 27년 이정상을 대직臺職에 의망擬望하자 사간원은 그의 신분이 낮은 것을 이유로 비판하고 나섰으나 임금은 이를 따르지 않았다.[182] 하지만 끝내 청직인 대직에는 오르지 못했다. 《방목》에는 벼슬과 아버지〔之洙〕, 할아버지〔楚玉〕, 증조〔弼元〕, 외조의 이름이 보이고, 본관이 함평咸平으로 되어 있다. 《청구》와 《만성》의 《함평이씨보》를 보면 직계 4대조와 외조 가운데 벼슬아치가 없다.

197 김우화金遇華(1656~?) 진사를 거쳐 숙종 21년 40세로 별시에 급제하여 벼슬이 성균관 전적(정6품)을 거쳐 봉상시정(정3품 당하관)에 이르렀다. 《방목》에는 벼슬과 아버지〔是城〕, 할아버지〔振海〕 이름이 보이고, 본관이 광주光州(光山)로 되어 있다. 《청구》의 《광산김씨보》를 보면 직계 9대조 가운데 4대조와 6대조만이 무인武人일 뿐 나머지는 모두 벼슬이 없다.

198 홍대유洪大猷(1654~1725) 나주 사람으로 진사를 거쳐 숙종 22년(1696) 43세로 식년시에 급제하여 벼슬이 영조 대 부사(종3품)에 이르렀는데, 사간원은 홍대유의 인물이 용렬하고 보잘것없음에도 부사의

---

182) 《숙종실록》 권35, 숙종 27년 6월 8일 갑자.

직에 있는 것이 옳지 않다고 비판했으나 임금은 이를 따르지 않았
다.[183] 《방목》에는 벼슬과 아버지[以夏] 이름이 보이고, 본관이 풍산
豊山으로 되어 있다. 그런데 《청구》와 《만성》의 《풍산홍씨보》에는
그의 가계가 보이지 않는다.

199 윤해익尹海益(1658~?) 생원을 거쳐 숙종 22년 39세로 식년시에
급제하여 벼슬이 찰방(종6품)에 이르렀다. 《방목》에는 벼슬과 아버지
[鍒] 이름이 보이고, 본관이 파평坡平으로 되어 있다. 그런데 《청구》
와 《만성》의 《파평윤씨보》에는 윤해익의 가계가 보이지 않는다.

200 맹후성孟後聖(1643~?) 진사를 거쳐 숙종 22년 54세로 식년시에
급제하여 벼슬이 성균관 전적(정6품)에 이르렀다. 《방목》에는 벼슬과
아버지[元賓] 이름이 보이고, 본관이 신창新昌으로 되어 있다. 그런데
《청구》와 《만성》의 《신창맹씨보》에는 맹후성의 가계가 보이지 않
는다. 신창맹씨는 조선시대 문과급제자 13명을 배출했다.

201 김순형金舜衡(1669~?) 진사를 거쳐 숙종 22년 28세로 식년시에
급제하여 벼슬이 찰방(종6품)에 이르렀다. 《방목》에는 벼슬과 아버지
[斗挺], 할아버지[起宗] 이름이 보이고, 천정天挺(문과급제)의 조카라고
밝히며, 본관이 도강道康(康津)으로 되어 있다. 그런데 《청구》와 《만
성》의 《도강김씨보》에는 모두 김순형이 삼촌 김천정의 아들로 기록
되어 있고, 아버지의 이름은 보이지 않는다. 삼촌에게 입양된 것인지,
아니면 아버지의 신분에 문제가 있어 《족보》에서 문과급제자인 삼촌
의 아들로 기록한 것인지 내막을 알 수 없다.

202 마격馬格(1647~?) 생원을 거쳐 숙종 22년 50세로 식년시에 급

---

183) 《숙종실록》 권57, 숙종 42년 5월 2일 신유.

제하여 벼슬이 찰방(종6품)에 이르렀다. 《방목》에는 벼슬과 아버지 [裕宗] 이름이 보이고, 본관이 목천木川으로 되어 있다. 《청구》의 《목천마씨보》를 보면 아버지 유종의 선대先代가 끊어져 있고, 아버지의 벼슬도 없다. 2000년 현재 목천마씨 인구는 941가구 2,982명의 희성으로, 조선시대 문과급제자 7명을 배출했다.

203 **정윤**鄭贇(1669~?) 유학을 거쳐 숙종 22년 28세로 식년시에 급제하여 벼슬이 성균관 전적(정6품)에 이르렀다. 《방목》에는 벼슬과 아버지[弼聖] 이름이 보이고, 본관이 하동河東으로 되어 있다. 그런데 《청구》와 《만성》의 《하동정씨보》에는 정윤의 가계가 보이지 않는다.

204 **한세억**韓世億(1661~?) 유학을 거쳐 숙종 22년 36세로 식년시에 급제하여 벼슬이 현령(종5품)에 이르렀다. 《방목》에는 벼슬과 아버지 [後益] 이름이 보이고, 본관이 청주淸州로 되어 있다. 그런데 《청구》와 《만성》의 《청주한씨보》에는 한세억의 가계가 보이지 않는다.

205 **민수관**閔受觀(1651~?) 유학을 거쳐 숙종 22년 46세로 식년시에 급제하여 벼슬이 성균관 전적(정6품)에 이르렀다. 《방목》에는 벼슬과 아버지[世琛] 이름이 보이고, 본관이 여흥呂興으로 되어 있다. 그런데 《청구》와 《만성》의 《여흥민씨보》에는 민수관의 가계가 보이지 않는다.

206 **김윤해**金潤海(1668~?) 통덕랑(정5품)을 거쳐 숙종 22년 29세로 식년시에 급제하여 벼슬이 병조좌랑(정6품)을 거쳐 단천군수(종4품)에 이르렀다. 《방목》에는 벼슬과 아버지[如瑢] 이름이 보이고, 본관이 평안도 강동江東으로 되어 있다. 《청구》의 《강동김씨보》를 보면 아버지 여용과 윤해 두 사람만이 기록되어 있는데, 아버지는 벼슬이 없으며, 《만성》에는 《강동김씨보》 자체가 없다. 김씨는 강동의 입진

성入鎭姓으로 되어 있어 조선 초기에 강제로 북방으로 이주된 주민의 후손임을 알 수 있다. 2000년 현재 강동김씨 인구는 413가구 1,236명의 희성으로, 조선시대 문과급제자 2명을 배출했는데, 김윤해가 처음이자 시조로 되어 있다.

207 **강우량**康友諒(1656~?) 유학을 거쳐 숙종 22년 41세로 식년시에 급제하여 벼슬이 판관(종5품)을 거쳐 교서관 판교(정3품 당하관)에 이르렀다. 《방목》에는 벼슬과 아버지〔益淸〕이름이 보이고, 본관이 신천信川으로 되어 있다. 그런데 《청구》와 《만성》의 《신천강씨보》에는 강우량의 가계가 보이지 않는다.

208 **안절**安節(1656~?) 유학을 거쳐 숙종 22년 41세로 식년시에 급제하여 벼슬이 찰방(종6품)에 이르렀다. 《방목》에는 벼슬과 아버지〔進善〕이름이 보이고, 본관이 죽산竹山으로 되어 있다. 그런데 《청구》와 《만성》의 《죽산안씨보》에는 안절의 가계가 보이지 않는다.

209 **신후**申垕(1656~?) 유학을 거쳐 숙종 22년 41세로 식년시에 급제하여 벼슬이 찰방(종6품)에 이르렀다. 《방목》에는 벼슬과 아버지〔世熙〕이름이 보이고, 본관이 영해寧海로 되어 있다. 그런데 《청구》와 《만성》의 《영해신씨보》에는 신후의 가계가 보이지 않는다.

210 **양성준**梁聖駿(1671~?) 유학을 거쳐 숙종 22년 26세로 식년시에 급제하여 벼슬이 교서관 정자(정9품)에 이르렀다. 《방목》에는 벼슬이 없이 아버지〔孝尙〕이름이 보이고, 본관이 청주淸州로 되어 있다. 그런데 《만성》에는 《청주양씨보》 자체가 없으며, 《청구》의 《청주양씨보》를 보면 오직 양성준 한 사람만 기록되어 있다. 2000년 현재 청주양씨 인구는 2,649가구 8,499명의 희성으로, 그가 유일한 문과급제자이다. 《세종실록》〈지리지〉와 《동국여지승람》에는 청주에 양씨가

없어, 그가 벼슬아치가 된 뒤에 이곳을 본관으로 정한 듯하다.

211 **박경**朴璟(1653~?) 유학을 거쳐 숙종 22년 44세로 식년시에 급제하여 벼슬이 현감(종6품)에 이르렀다. 《방목》에는 벼슬과 아버지〔震耉〕 이름이 보이고, 본관이 밀양密陽으로 되어 있다. 그런데 《청구》와 《만성》의 《밀양박씨보》에는 박경의 가계가 보이지 않는다.

212 **김남신**金南藎(1666~?) 유학을 거쳐 숙종 22년 31세로 식년시에 급제하여 벼슬이 현감(종6품)에 이르렀다. 《방목》에는 벼슬과 아버지〔德淵〕 이름이 보이고, 본관이 남양南陽으로 되어 있다. 《청구》의 《남양김씨보》를 보면 아버지 김덕연이 시조로 기록되어 있으나 벼슬이 없다. 한편, 《만성》의 《남양김씨보》에는 오직 김남신 한 사람만 기록하고 있다. 2000년 현재 남양김씨 인구는 745가구 2,408명의 희성으로, 조선시대 문과급제자는 모두 2명으로 그가 첫 급제자이다. 《세종실록》〈지리지〉와 《동국여지승람》에는 남양에 김씨가 없어 그가 벼슬아치가 된 뒤에 이곳을 본관으로 정한 듯하다.

213 **최후**崔垕(1668~?) 통덕랑(정5품)을 거쳐 숙종 22년 29세로 식년시에 급제하여 벼슬이 현감(종6품)에 이르렀다. 《방목》에는 벼슬과 아버지〔斗弘〕 이름이 보이고, 본관이 화순和順으로 되어 있다. 그런데 《청구》와 《만성》의 《화순최씨보》에는 최후의 가계가 보이지 않는다.

214 **송덕함**宋德涵(1661~?) 생원을 거쳐 숙종 22년 36세로 식년시에 급제하여 벼슬이 병조좌랑(정6품)에 이르렀다. 《방목》에는 벼슬과 아버지〔錫後〕 이름이 보이고, 본관이 진천鎭川으로 되어 있다. 《청구》와 《만성》의 《진천송씨보》를 보면 송덕함의 직계 3대조와 외조 가운데 벼슬아치가 없다.

215 **정동리**鄭東里(1663~?) 유학을 거쳐 숙종 22년 34세로 식년시에

급제하여 벼슬이 현감(종6품)에 이르렀다.《방목》에는 벼슬과 아버지 [世彬] 이름이 보이고, 본관이 하동河東으로 되어 있다. 그런데《청구》와《만성》의《하동정씨보》에는 정동리의 가계가 보이지 않는다.

216 윤익尹檍(1651~?) 유학을 거쳐 숙종 22년 46세로 식년시에 급제하여 벼슬이 찰방(종6품)에 이르렀다.《방목》에는 벼슬과 아버지 [震鏞, 생부 震顯] 이름이 보이고, 본관이 파평坡平으로 되어 있다. 그런데《청구》와《만성》의《파평윤씨보》에는 윤익의 가계가 보이지 않는다.

217 이정李珽(1659~?) 생원을 거쳐 숙종 23년(1697) 39세로 정시에 급제하여 벼슬이 승문원 정자(정9품)에 이르렀다.《방목》에는 벼슬과 아버지[翊夏], 할아버지[榲], 증조[敬身] 이름이 보이고, 본관이 전의全義로 되어 있다.《청구》와《만성》의《전의이씨보》를 보면 이정의 직계 3대조와 외조 가운데 벼슬아치가 없다.

218 임세필林世弼(1664~?) 유학을 거쳐 숙종 23년 34세로 정시에 급제하여 벼슬이 현감(종6품)에 이르렀다.《방목》에는 벼슬과 아버지 [芳] 이름이 보이고, 본관이 없지만 부안扶安으로 알려져 있다. 그런데《청구》에는《부안임씨보》자체가 없고,《만성》의《부안임씨보》에는 임세필의 가계가 보이지 않는다.《세종실록》〈지리지〉를 보면 임씨는 부안의 속성續姓으로 되어 있어 조선 초기에는 향리가문으로 보인다. 부안임씨는 조선시대 문과급제자 6명을 배출했다.

219 정유신丁惟愼(1669~?) 유학을 거쳐 숙종 25년(1699) 31세로 식년시에 급제하여 벼슬이 도사(종5품)에 이르렀다.《방목》에는 벼슬과 아버지[必燾], 할아버지[時泰], 증조[彦輔] 이름이 보이고, 본관이 압해押海(羅州)로 되어 있다. 그런데《청구》의《나주정씨보》에는 정유신

의 가계가 보이지 않고, 《만성》의 《압해정씨보》에는 가계가 보이는
데, 직계 4대조와 외조 가운데 벼슬아치가 없다.

220 **오명희**吳命禧(1655~?) 진사를 거쳐 숙종 25년 45세로 식년시에
급제하여 벼슬이 진주목사(정3품 당상관)에 이르렀다. 《방목》에는 벼
슬이 없이 아버지[時幹] 이름이 보이고, 본관이 보성寶城으로 되어 있
다. 그런데 《청구》와 《만성》의 《보성오씨보》에는 오명희의 가계가
보이지 않는다.

221 **이덕화**李德華(1664~?) 유학을 거쳐 숙종 25년 36세로 식년시에
급제하여 벼슬이 군수(종4품)에 이르렀다. 《방목》에는 벼슬과 아버지
[苾] 이름이 보이고, 본관이 없으나 재령載寧으로 알려져 있다. 《청
구》의 《재령이씨보》를 보면 이덕화의 직계 5대조 가운데 벼슬아치
가 없고, 《만성》의 《재령이씨보》에는 가계가 보이지 않는다.

222 **방즙**方濈(1661~?) 유학을 거쳐 숙종 25년 39세로 식년시에 급
제하여 벼슬이 주부(종6품)에 이르렀다. 《방목》에는 벼슬이 없이 아
버지[受善] 이름이 보이나 본관이 없다. 그런데 《청구》의 《무안방씨
보務安方氏譜》에 이름이 보이는데 오직 방즙 한 사람만 기록하고 있
으며, 《만성》에는 《무안방씨보》 자체가 없다. 2000년 현재 무안방씨
인구는 233가구 736명의 희성으로, 조선시대 문과급제자는 그가 유
일하다. 《세종실록》〈지리지〉와 《동국여지승람》에는 무안에 방씨가
없어, 그가 벼슬아치가 된 뒤에 이곳을 본관으로 정한 듯하다.

223 **김석강**金錫剛(1659~?) 승훈랑을 거쳐 숙종 25년 41세로 식년시
에 급제하여 벼슬이 현감(종6품)에 이르렀다. 《방목》에는 벼슬과 아
버지[九鼎] 이름이 보이고, 본관이 없으나 경주慶州로 알려져 있다. 그
런데 《청구》와 《만성》의 《경주김씨보》에는 김석강의 가계가 보이

지 않는다.

224 변유邊攸(1652~?) 생원을 거쳐 숙종 25년 47세로 식년시에 급제하여 벼슬이 예조좌랑(정6품)에 이르렀다. 《방목》에는 벼슬과 아버지〔世樞, 생부 世光〕 이름이 보이고, 본관이 황주黃州로 되어 있다. 그런데 《청구》와 《만성》의 《황주변씨보》에는 변유의 가계가 보이지 않는다. 2000년 현재 황주변씨 인구는 2,961가구 9,507명의 희성으로, 조선시대 문과급제자 8명을 배출하였다.

225 오명증吳命增(1659~?) 생원을 거쳐 숙종 25년 41세로 식년시에 급제하여 벼슬이 현감(종6품)에 이르렀다. 《방목》에는 벼슬과 아버지〔斗峻〕 이름이 보이고, 본관이 함양咸陽으로 되어 있다. 그러나 《청구》와 《만성》의 《함양오씨보》에는 오명증의 가계가 보이지 않는다.

226 윤우갑尹佑甲(1659~?) 생원을 거쳐 숙종 25년 41세로 식년시에 급제하여 벼슬이 예조좌랑(정6품)에 이르렀다. 《방목》에는 벼슬과 아버지〔廷坡〕 이름이 보이고, 본관이 없지만 파평坡平으로 알려져 있다. 그런데 《청구》와 《만성》의 《파평윤씨보》에는 윤우갑의 가계가 보이지 않는다.

227 정탁鄭鐸(1659~?) 진사를 거쳐 숙종 25년 41세로 식년시에 급제했다. 《방목》에는 벼슬이 없이 아버지〔基祐〕 이름이 보이고, 본관이 없으나 청주淸州로 알려져 있다. 그런데 《청구》와 《만성》의 《청주정씨보》에는 정탁의 가계가 보이지 않는다.

228 이후李垕(1661~?) 유학을 거쳐 숙종 25년 39세로 식년시에 급제하여 벼슬이 성균관 전적(정6품)에 이르렀다. 《방목》에는 벼슬과 아버지〔景昌〕 이름이 보이고, 본관이 없지만 양성陽城으로 알려져 있다. 그런데 《청구》와 《만성》의 《양성이씨보》에는 이후의 가계가 보

이지 않는다.

229 임화세任華世(1575~?) 유학을 거쳐 숙종 25년 25세로 식년시에 급제하여 벼슬이 예조정랑(정5품)에 이르렀다. 《방목》에는 벼슬이 없이 아버지〔仁重〕이름이 보이나 본관이 없다. 《청구》와 《만성》의 《풍천임씨보》를 비롯한 여러 임씨보에도 임화세의 가계는 보이지 않는다.

230 남국한南國翰(1667~?) 유학을 거쳐 숙종 25년 33세로 식년시에 급제하여 벼슬이 현감(종6품)에 이르렀다. 《방목》에는 벼슬과 아버지 〔斗明〕이름이 보이나 본관이 없다. 그런데 《만성》의 《영양남씨보英 陽南氏譜》에 남국한의 가계가 보이는데, 직계 5대조와 외조 가운데 벼 슬아치가 없다. 《청구》의 《영양남씨보》에는 아버지가 노명老明(숙종 10년 문과급제)으로 되어 있어 혼란스럽다. 혹시 노명에게 양자로 들어 갔는지 또는 《족보》와 《방목》에서 아버지 이름을 잘못 기록했는지 알 수 없다.

231 한혁韓奕(1670~?) 유학을 거쳐 숙종 25년 30세로 식년시에 급 제하여 벼슬이 성균관 직강(정5품)에 이르렀다. 《방목》에는 벼슬이 없이 아버지〔必達〕이름만 보이는데, 본관이 없다. 본관은 청주淸州로 알려져 있는데, 《청구》와 《만성》의 《청주한씨보》에는 한혁의 가계 가 보이지 않는다.

232 이명대李命大(1674~?) 통덕랑(정5품)을 거쳐 숙종 25년 26세로 식년시에 급제하여 벼슬이 예조좌랑(정6품)에 이르렀다. 《방목》에는 벼슬과 아버지〔栩〕이름이 보이고, 본관이 양성陽城으로 되어 있다. 그 런데 《청구》와 《만성》의 《양성이씨보》에는 이명대의 가계가 보이 지 않는다.

233 **여위량**呂渭良(1672~?) 통덕랑(정5품)을 거쳐 숙종 25년 28세로 식년시에 급제하여 벼슬이 부사(종3품)에 이르렀는데, 경종 4년 여위량을 청요직인 사헌부 장령(정4품)에 임명하려 하자 사헌부에서는 한미寒微한 사람을 청요직에 임명하는 것은 부당하다고 비판하여 임금이 이를 따랐다.184)《방목》에는 벼슬과 아버지[周翰] 이름이 보이나 본관이 없다. 본관은 함양咸陽으로 알려져 있으나,《청구》와《만성》의《함양여씨보》에는 그의 가계가 보이지 않는다.

234 **홍우**洪楀(1661~?) 생원을 거쳐 숙종 25년 39세로 식년시에 급제하여 벼슬이 승문원 교검(정6품)에 이르렀다.《방목》에는 벼슬과 아버지[厚源, 생부 巨源], 할아버지[大亨] 이름이 보이고, 본관이 남양南陽으로 되어 있다. 그런데《청구》와《만성》의《남양홍씨보》에는 홍우의 가계가 보이지 않는다.

235 **박시채**朴始采(1661~?) 진사를 거쳐 숙종 25년 39세로 식년시에 급제하여 벼슬이 병조좌랑(정6품)에 이르렀다.《방목》에는 벼슬과 아버지[相龍] 이름이 보이고, 본관이 고령高靈으로 되어 있다.《청구》와《만성》의《고령박씨보》를 보면 박시채의 직계 4대조와 외조 가운데 벼슬아치가 없다.

236 **김중겸**金重兼(1649~?) 진사를 거쳐 숙종 25년 51세로 식년시에 급제하여 벼슬이 찰방(종6품)에 이르렀다.《방목》에는 벼슬과 아버지[碩玄], 할아버지[基俊] 이름이 보이고, 본관이 김해金海로 되어 있다. 그런데《만성》의《김해김씨보》에는 김중겸의 가계가 보이지 않으며,《청구》의《김해김씨보》에는 가계가 보이는데, 직계 5대조 가운

---

184)《경종실록》권14, 경종 4년 3월 5일 기묘; 권14, 경종 4년 3월 7일 신사.

데 벼슬아치가 없다.185)

237 김명형金命衡(1679~?) 유학을 거쳐 숙종 25년 21세로 식년시에
급제하여 벼슬이 병조정랑(정5품)에 이르렀다. 《방목》에는 벼슬과
아버지〔輝挺〕 이름이 보이고, 본관이 도강道康(康津)으로 되어 있다.
《청구》와 《만성》의 《도강김씨보》를 보면 김명형의 직계 3대조와
외조 가운데 벼슬아치가 없다. 하지만 그의 3형제는 모두 문과에 급
제했다.

238 이가운李嘉運(1676~1724) 김제 사람으로 유학을 거쳐 숙종 25년
24세로 식년시에 급제하여 벼슬이 평안도 도사(종5품)에 이르렀다.
《방목》에는 벼슬과 아버지〔翼佐〕 이름이 보이고, 본관이 전주全州로
되어 있다. 《전주이씨과거급제자총람》을 보면 이가운은 세종의 아들
임영대군의 후손으로, 직계 3대조와 외조 가운데 벼슬아치가 없다.

239 조중명趙仲明(1676~?) 유학을 거쳐 숙종 25년 24세로 식년시에
급제하여 벼슬이 성균관 사예(정4품)에 이르렀다. 《방목》에는 벼슬이
없이 아버지〔挺元〕 이름이 보이고, 본관이 없지만 풍양豊壤으로 알려
져 있다. 그러나 《청구》와 《만성》의 《풍양조씨보》에는 조중명의 가
계가 보이지 않는다.

240 오수경吳守經(1667~?) 유학을 거쳐 숙종 25년 33세로 식년시에
급제하여 벼슬이 성균관 직강(정5품)을 거쳐 순천부사(종3품)와 양산
군수(종4품)에 이르렀는데, 인물이 비루하고 탐오하며 모양이 없다는
비판을 받았다. 《방목》에는 벼슬과 아버지〔以憲〕 이름이 보이나 본관

---

185) 《청구》의 《김해김씨보》에는 김중겸의 아버지 석현碩玄이 진사와 문과를 거쳐 전적典籍에
이르렀다고 기록되어 있으나 김석현은 문과에 급제한 사실이 없다. 《방목》에 그의 이름이
보이지 않는다.

이 없어 신원을 알 수 없다. 본관은 해주海州로 알려져 있는데,《청구》와《만성》의《해주오씨보》에는 오수경의 가계가 보이지 않는다.

241 박희안朴希顔(1664~?) 유학을 거쳐 숙종 25년 36세로 식년시에 급제하여 벼슬이 성균관 전적(정6품)에 이르렀다.《방목》에는 벼슬이 없이 아버지[世敏] 이름이 보이고, 본관이 없지만 군위軍威로 알려져 있다. 그런데《만성》에는《군위박씨보》가 없으며,《청구》의《군위박씨보》에는 박희안의 가계가 보이지 않는다. 2000년 현재 군위박씨 인구는 489가구 1,613명의 극희성으로, 조선시대 문과급제자 4명을 배출했는데, 그가 첫 급제자이다.

242 이상징李祥徵(1653~?) 유학을 거쳐 숙종 25년 47세로 식년시에 급제하여 벼슬이 예조좌랑(정6품)에 이르렀다.《방목》에는 벼슬이 없이 아버지[英白] 이름이 보이고, 본관이 없지만 평창平昌으로 알려져 있다. 그런데《청구》와《만성》의《평창이씨보》에는 이상징의 가계가 보이지 않는다.

243 이만춘李萬春(1671~?) 평안도 순안順安 사람으로 유학을 거쳐 숙종 25년 29세로 식년시에 급제하여 벼슬이 예조정랑(정5품)과 군수(종4품)에 이르렀다.《방목》에는 벼슬과 아버지[最珍] 이름이 보이나 본관이 없다. 본관은 수안遂安으로 알려져 있는데,《만성》에는《수안이씨보》자체가 없으며,《청구》의《수안이씨보》에는 이만춘의 가계가 보이지 않는다. 2000년 현재 수안이씨 인구는 5,539가구 1만 7,677명의 희성으로, 조선시대 문과급제자 26명을 배출했는데, 그 가운데 숙종 대 이후 평안도에서 11명, 황해도에서 6명이 급제하여 주로 북방에서 급제자가 나온 것을 알 수 있다.

244 한재회韓在誨(1681~?) 유학을 거쳐 숙종 28년(1702) 22세로 함

경도 별시에 급제하여 벼슬이 병조정랑(정5품)에 이르렀다.《방목》에
는 벼슬과 아버지[紀萬] 이름이 보이고, 기천紀千(문과급제)의 조카라
고 밝히며, 본관이 청주淸州로 되어 있다. 그러나《청구》와《만성》의
《청주한씨보》에는 한재회의 가계가 보이지 않는다. 함경지방의 청주
한씨는 조선 후기에 문과급제자 수십 명을 배출하여 이 지방의 명문
으로 등장했지만《족보》에 오르지 못했다.

245 지흠池欽(1677~?) 업유業儒로서 숙종 28년 26세로 함경도 별시
에 급제하여 벼슬이 성균관 전적(정6품)에 이르렀다.《방목》에는 벼
슬과 아버지[天齊] 이름이 보이고, 본관이 충주忠州로 되어 있다. 그런
데《청구》와《만성》의《충주지씨보》에는 지흠의 가계가 보이지 않
는다. 그렇지만《방목》에서 전력을 업유로 적은 만큼, 그는 서얼로서
정식으로 문과응시가 허용된 인물이다.

246 민치룡閔致龍(1668~?) 생원을 거쳐 숙종 28년 35세로 식년시에
급제하여 벼슬이 사헌부 장령(정4품)과 목사(정3품 당상관)에 이르렀
다.《방목》에는 벼슬과 아버지[夢錫] 이름이 보이고, 본관이 여흥呂興
으로 되어 있다. 그런데《청구》와《만성》의《여흥민씨보》에는 민치
룡의 가계가 보이지 않는다.

247 윤징삼尹徵三(1659~?) 생원과 광릉참봉(종9품)을 거쳐 숙종 28
년 44세로 식년시에 급제하여 벼슬이 성균관 직강(정5품)에 이르렀
다.《방목》에는 벼슬과 아버지[永覺] 이름이 보이나 본관이 없다. 본
관은 남원南原으로 알려져 있는데,《청구》와《만성》의《남원윤씨
보》에는 윤징삼의 가계가 보이지 않는다.

248 강재후姜載後(1678~?) 유학을 거쳐 숙종 28년 25세로 식년시에
급제하여 벼슬이 예조정랑(정5품)에 이르렀다.《방목》에는 벼슬과 아

버지〔錫齊〕이름이 보이나 본관이 없다. 《청구》와 《만성》의 어느 강
씨보에도 강재후의 가계는 보이지 않는다.

249 윤정겸尹鼎謙(1666~?) 유학을 거쳐 숙종 28년 37세로 식년시에
급제하여 벼슬이 찰방(종6품)에 이르렀다. 《방목》에는 벼슬과 아버지
〔徵〕이름이 보이고, 본관이 파평坡平으로 되어 있다. 《청구》와 《만
성》의 《파평윤씨보》를 보면 윤정겸의 직계 3대조와 외조 가운데 벼
슬아치가 없다.

250 최정래崔鼎來(1656~?) 유학을 거쳐 숙종 28년 47세로 식년시에
급제하여 벼슬이 성균관 직강(정5품)과 현감(종6품)에 이르렀다. 《방
목》에는 벼슬과 아버지〔振衡〕이름이 보이나 본관이 없다. 그런데
《청구》와 《만성》의 《삭령최씨보朔寧崔氏譜》에 최정래의 가계가 보
인다. 이를 보면 직계 3대조와 외조 가운데 벼슬아치가 없다.

251 유귀감柳龜鑑(1678~?) 유학을 거쳐 숙종 28년 25세로 식년시에
급제하여 벼슬이 성균관 학유(종9품)에 이르렀다. 《방목》에는 벼슬과
아버지〔濱〕이름이 보이나 본관이 없다. 본관은 문화文化로 알려져 있
는데, 《청구》와 《만성》의 《문화유씨보》에는 유귀감의 가계가 보이
지 않는다.

252 김정귀金正龜(1678~?) 유학을 거쳐 숙종 28년 25세로 식년시에
급제하여 벼슬이 현감(종6품)에 이르렀다. 《방목》에는 벼슬과 아버지
〔恒重〕이름이 보이고, 본관이 김해金海로 되어 있다. 그런데 《청구》
와 《만성》의 《김해김씨보》에는 김정귀의 가계가 보이지 않는다.

253 손기룡孫騎龍(1679~?) 유학을 거쳐 숙종 28년 24세로 식년시에
급제하여 벼슬이 찰방(종6품)에 이르렀다. 《방목》에는 벼슬과 아버지
〔碩膚〕이름이 보이나 본관이 없다. 본관은 밀양密陽으로 알려져 있는

데,《청구》와《만성》의《밀양손씨보》에는 손기룡의 가계가 보이지
않는다.

254 김진래金晉來(1659~?) 생원을 거쳐 숙종 28년 43세로 식년시에
급제하여 벼슬이 현감(종6품)에 이르렀다.《방목》에는 벼슬과 아버지
〔汝鑕〕 이름이 보이고, 석래錫來의 아우라고 적으며, 본관이 경주慶州
로 되어 있다. 그런데《청구》와《만성》의《경주김씨보》에는 김진래
의 가계가 보이지 않는다.

255 진두병陳斗柄(1663~?) 유학을 거쳐 숙종 28년 40세로 식년시에
급제하여 벼슬이 성균관 전적(정6품)에 이르렀다.《방목》에는 벼슬과
아버지〔瑞瑗〕 이름이 보이나 본관이 없다. 본관은 여양驪陽으로 알려
져 있는데,《청구》와《만성》의《여양진씨보》에는 진두병의 가계가
보이지 않는다.

256 최유한崔有漢(1666~?) 유학을 거쳐 숙종 28년 35세로 식년시에
급제하여 벼슬이 성균관 전적(정6품)과 찰방(종6품)에 이르렀다.《방
목》에는 벼슬과 아버지〔楊五〕 이름만 보이고, 본관이 없다. 본관은 충
주忠州로 알려져 있는데,《청구》와《만성》의《충주최씨보》에는 최
유한의 가계가 보이지 않는다.

257 홍석구洪錫九(1673~?) 유학을 거쳐 숙종 28년 30세로 식년시에
급제하여 벼슬이 비인현감(종6품)에 이르렀는데, 잘못을 저질러 파직
되었다.《방목》에는 벼슬과 아버지〔尚圭〕 이름이 보이고, 본관이 남
양南陽으로 되어 있다. 그런데《청구》와《만성》의《남양홍씨보》에
는 홍석구의 가계가 보이지 않는다.

258 정이규鄭以規(1657~?) 유학을 거쳐 숙종 28년 46세로 식년시에
급제하여 벼슬이 강진현감(종6품)에 이르렀는데, 잘못을 저질러 숙종

39년 관직이 삭탈되었다. 《방목》에는 벼슬과 아버지[復卿] 이름이 보이나 본관이 없다. 본관은 온양溫陽으로 알려져 있는데, 《청구》와 《만성》의 《온양정씨보》에는 정이규의 가계가 보이지 않는다.

　　259 홍하제洪夏濟(1670~?) 유학을 거쳐 숙종 28년 33세로 식년시에 급제하여 벼슬이 현감(종6품)에 이르렀다. 《방목》에는 벼슬과 아버지 [錫哲] 이름이 보이고, 본관이 없지만 남양南陽으로 알려져 있다. 그런데 《청구》와 《만성》의 《남양홍씨보》에는 홍하제의 가계가 보이지 않는다.

　　260 김순신金舜臣(1668~?) 유학을 거쳐 숙종 28년 35세로 식년시에 급제하여 벼슬이 양지현감(종6품)에 이르렀는데, 숙종 42년 백성을 침학하여 파직되었다. 《방목》에는 벼슬과 아버지[成袞] 이름이 보이나 본관이 없다. 본관은 김해金海로 알려져 있는데, 《청구》와 《만성》의 《김해김씨보》에는 김순신의 가계가 보이지 않는다.

　　261 권덕재權德載(1671~?) 유학을 거쳐 숙종 28년 32세로 식년시에 급제하여 벼슬이 현감(종6품)에 이르렀다. 《방목》에는 벼슬과 아버지 [任聖] 이름이 보이나 본관이 없다. 권씨의 본관은 안동安東과 예천醴泉뿐인데, 《청구》와 《만성》의 《안동권씨보》나 《예천권씨보》어디에도 권덕재의 가계는 보이지 않는다.

　　262 전유경全惟慶(1633~?) 유학을 거쳐 숙종 28년 70세로 식년시에 급제하여 벼슬이 성균관 전적(정6품)에 이르렀다. 《방목》에는 벼슬과 아버지[後昌] 이름이 보이나 본관이 없다. 그런데 《청구》의 《통진전씨보通津全氏譜》에 오직 전유경 한 사람만 기록되어 있다. 한편, 《만성》에는 《통진전씨보》 자체가 없다. 《세종실록》〈지리지〉와 《동국여지승람》를 보면 통진에 전씨가 없어, 그가 벼슬아치가 된 뒤에 이

곳을 본관으로 정한 듯하다. 현재 통진전씨 인구는 알 수 없으며, 그가 유일한 문과급제자이다.

263 이진형李震亨(1661~?) 유학을 거쳐 숙종 28년 42세로 식년시에 급제하여 벼슬이 예조정랑(정5품)과 고부군수(종4품)에 이르렀는데, 경종 원년 부정을 저질러 파직되었다. 《방목》에는 벼슬과 아버지[廷奭] 이름이 보이나 본관이 없다. 그런데 《청구》와 《만성》의 《교하이씨보交河李氏譜》를 보면 이진형 한 사람만이 기록되어 있으며, 그가 시조로 되어 있다. 2000년 현재 교하이씨 인구는 464명에 지나지 않는 극희성으로, 조선시대 문과급제자 3명을 배출했는데 그가 첫 급제자이다.

264 변옥명邊玉明(1677~?) 유학을 거쳐 숙종 28년 26세로 식년시에 급제하여 벼슬이 성균관 전적(정6품)에 이르렀다. 《방목》에는 벼슬과 아버지[俊業] 이름이 보이나 본관이 없다. 본관은 원주原州로 알려져 있는데, 《청구》와 《만성》의 《원주변씨보》에는 변옥명의 가계가 보이지 않는다.

265 황찬黃燦(1677~1729) 유학을 거쳐 숙종 28년 26세로 식년시에 급제하여 벼슬이 순천부사(종3품)에 이르렀는데, 영조 원년 탐학한 죄로 파직되었으며 영조 5년에는 역모죄에 연좌되어 죽었다. 《방목》에는 벼슬과 아버지[允履] 이름이 보이나 본관이 없다. 그런데 《청구》의 《회덕황씨보懷德黃氏譜》에 황찬의 이름이 보이는데, 외따로 기록되어 있어 가계를 알 수 없다. 《만성》의 《회덕황씨보》에는 아버지 이름이 윤후允厚로 되어 있어 《방목》과 다르고, 할아버지 옥립玉立은 벼슬이 없고, 증조 종량宗諒이 시정寺正(정3품 당하관)을 한 것으로 되어 있으나 《실록》에 아무런 기록이 없어 믿기 어렵다. 《방목》과 《족

보》의 기록이 서로 달라 신원이 애매한 인물이다. 그런데 영조 원년
황찬이 순천부사로 있을 때 사간원은 그가 향품鄕品으로서 외람되게
벼슬길에 올라 여러 차례 수령을 지냈는데 탐욕스러우니 파직시키라
고 건의하여 임금이 이를 따랐다.186) 여기서 신분이 '향품'이라고 한
것은 향임鄕任을 맡은 사람으로 양반이 아님을 뜻한다. 2000년 현재
회덕황씨 인구는 2,264가구 7,393명의 희성으로, 조선시대 문과급제
자는 모두 5명이다.

　　266 이의장李宜章(1642~?) 유학을 거쳐 숙종 28년 61세로 식년시에
급제하여 벼슬이 예조정랑(정5품)에 이르렀다.《방목》에는 벼슬과 아
버지[得昌] 이름이 보이나 본관이 없다. 그런데 본관이 함평咸平으로
알려져 있으나,《청구》와《만성》의《함평이씨보》에는 이의장의 가
계가 보이지 않는다.

　　267 최운룡崔雲龍(1673~?) 유학을 거쳐 숙종 28년 30세로 식년시에
급제하여 벼슬이 현감(종6품)에 이르렀다.《방목》에는 벼슬과 아버지
[尙筌] 이름이 보이나 본관이 없다. 본관은 전주全州로 알려져 있으나,
《청구》와《만성》의《전주최씨보》에는 최운룡의 가계가 보이지 않
는다.

　　268 손경익孫景翼(1679~?) 서얼로서 업유를 거쳐 숙종 28년 24세로
식년시에 급제하여 벼슬이 현감(종6품)에 이르렀다.《방목》에는 전력
을 업유라고 밝히며, 벼슬과 아버지[萬雄], 할아버지[信義], 증조[禧]
이름이 보이고, 본관이 경주慶州로 되어 있다. 그런데《청구》와《만
성》의《경주손씨보》를 보면 아버지에 이르는 가계는 보이나 손경익

---

186)《영조실록》권7, 영조 원년 7월 11일 병오.

의 이름은 보이지 않는다. 서출이기 때문에《족보》에서 뺀 것으로 보인다. 여기서 전력을 업유라고 적은 것은 그가 서얼임을 공식적으로 인정한 것을 뜻한다.

269 권집權緝(1656~?) 생원과 진사를 거쳐 숙종 28년 47세로 별시에 장원급제하여 벼슬이 예조좌랑(정6품)에 이르렀는데, 당시 별시에 급제한 13명은 모두 향곡鄕曲(시골)의 선비였으므로 사람들이 '향시방鄕試榜'으로 불렀다고 한다.187)《방목》에는 벼슬과 아버지[惺] 이름이 보이고, 본관이 안동安東으로 되어 있다. 그런데《청구》와《만성》의 《안동권씨보》에는 권집의 가계가 보이지 않는다.

270 송사익宋思翊(1672~?) 생원을 거쳐 숙종 28년 31세로 별시에 급제하여 벼슬이 예조좌랑(정6품)에 이르렀다.《방목》에는 벼슬과 아버지[華], 할아버지[時雨] 이름이 보이고, 본관이 진천鎭川으로 되어 있다. 그런데《청구》의《진천송씨보》에는 송사익의 가계가 보이지 않으며,《만성》의《진천송씨보》에는 가계가 보이는데, 직계 7대조와 외조 가운데 벼슬아치가 없다.

271 김시빈金始鑌(1684~1729) 생원을 거쳐 숙종 28년 18세로 생원시에 급제하고 이어 그해 별시에 급제하여, 벼슬이 사헌부 장령(정4품), 군수(종4품)를 거쳐 울산부사(종3품)에 이르렀는데, 소론파 조태억趙泰億의 가신으로 알려진 인물이다.《방목》에는 벼슬과 아버지[鼎輝] 이름이 보이고, 본관이 함창咸昌으로 되어 있다.《청구》와《만성》의 《함창김씨보》를 보면 직계 7대조 가운데 벼슬아치는 4대조이자 고조인 융隆만이 참봉(종9품)을 지냈을 뿐이다.

---

187)《숙종실록》권37, 숙종 28년 12월 28일 갑진.

272 **윤식**尹植(1678~?) 유학을 거쳐 숙종 28년 25세로 별시에 급제하여 벼슬이 횡성현감(종6품)을 거쳐 부사(종3품)에 이르렀다. 《방목》에는 벼슬과 아버지[集成] 이름이 보이고, 본관이 파평坡平으로 되어 있다. 그런데 《청구》와 《만성》의 《파평윤씨보》에는 윤식의 가계가 보이지 않는다.

273 **박명세**朴命世(1669~?) 유학으로서 숙종 28년 34세로 전강殿講에 급제했는데, 바로 10일 뒤에 별시에 직부直赴하여 급제한 뒤 벼슬이 성균관 전적(정6품)에 이르렀다. 《방목》에는 벼슬과 아버지[文元] 이름이 보이나 본관이 없다. 본관은 반남潘南으로 알려져 있으나, 《청구》와 《만성》의 《반남박씨보》에는 박명세의 가계가 보이지 않는다.

274 **정운형**鄭運亨(1669~?) 유학으로서 숙종 28년 34세로 전강殿講에 급제했는데, 바로 10일이 지나 별시에 직부하여 급제한 뒤 벼슬이 첨지중추부사(정3품 당상관)에 이르렀다. 《방목》에는 벼슬이 없이 아버지[斗信] 이름이 보이나 본관이 없다. 본관은 나주羅州로 알려져 있는데, 《청구》와 《만성》의 《나주정씨보》에는 정운형의 가계가 보이지 않는다.

275 **이경열**李景說(1677~?) 유학을 거쳐 숙종 30년(1704) 28세로 춘당대시에 급제하여 벼슬이 승문원承文院(槐院) 관원으로 천망되었으나, 사헌부에서 이경열의 명망名望이 없다는 이유로 취소할 것을 요청하여 임금이 이를 따랐다.[188] 그러나 경종 대에는 소론파에 속하여 청직인 사헌부 장령(정4품)에 이르렀다. 《방목》에는 벼슬과 아버지[相殷], 할아버지[時培] 이름이 보이고, 본관이 수안遂安으로 되어 있

다. 그런데《청구》의《수안이씨보》에는 그의 가계가 보이지 않으며,
《만성》에는《수안이씨보》자체가 없다. 2000년 현재 수안이씨 인구
는 5,538가구 1만 7,677명의 희성으로, 조선시대 문과급제자 26명을
배출했는데, 대부분 평안도 출신이다.

276 신이형申以衡(1682~?) 유학을 거쳐 숙종 31년(1705) 24세로 식
년시에 갑과로 급제하여 벼슬이 남포현감과 옥구현감(종6품)에 이르
렀다.《방목》에는 벼슬과 아버지[彌章] 이름이 보이고, 본관이 평산平
山으로 되어 있다. 그런데《청구》와《만성》의《평산신씨보》에는 신
이형의 가계가 보이지 않는다.

277 임덕승林德升(1656~?) 유학을 거쳐 숙종 31년 50세로 식년시에
을과로 급제하여 벼슬이 성균관 권지(임시직)를 거쳐 정랑(정5품)에
이르렀다.《방목》에는 벼슬과 아버지[秀筌] 이름이 보이나 본관이 없
다. 본관은 평택平澤으로 알려져 있는데,《청구》와《만성》의《평택
임씨보》에는 임덕승의 가계가 보이지 않는다.

278 김우추金遇秋(1679~?) 생원을 거쳐 숙종 31년 27세로 식년시에
을과로 급제하여 벼슬이 찰방(종6품)에 이르렀다.《방목》에는 벼슬과
아버지[麗先] 이름이 보이나 본관이 없다. 본관은 고성固城으로 알려
져 있는데,《청구》와《만성》에는《고성김씨보》자체가 없다. 2000
년 현재 고성김씨 인구는 3,709가구 1만 1,888명의 희성으로, 조선시
대 문과급제자는 김우추가 유일하다.

279 김만형金萬亨(1657~?) 생원을 거쳐 숙종 31년 49세로 식년시에
을과로 급제하여 벼슬이 성균관 사예(정4품)에 이르렀다.《방목》에는
벼슬과 아버지[麗光] 이름이 보이나 본관이 없다. 그런데《청구》와
《만성》의《수주김씨보樹州金氏譜(富平金氏譜)》를 보면 김만형은 수주

김씨 가운데 처음이자 유일한 문과급제자이다. 2000년 현재 수주김
씨 인구는 668가구 2,203명의 희성이다.

　　280 정몽해鄭夢海(1661~?) 생원을 거쳐 숙종 31년 45세로 식년시에
급제하여 벼슬이 예조정랑(정5품)에 이르렀다. 《방목》에는 벼슬이 없
이 아버지[潯; 渗의 오기] 이름이 보이고, 본관이 진주晉州로 되어 있
다. 그런데 《청구》와 《만성》의 《진주정씨보》에는 정몽해의 가계가
보이지 않는다.

　　281 김궤金簋(1678~?) 유학을 거쳐 숙종 31년 28세로 식년시에 급
제하여 벼슬이 성균관 학유(종9품)에 이르렀다. 《방목》에는 벼슬과
아버지[敬基] 이름이 보이나 본관이 없다. 본관은 부안扶安으로 알려
져 있는데, 《청구》와 《만성》의 《부안김씨보》에는 김궤의 가계가 보
이지 않는다.

　　282 김선명金善鳴(1667~?) 유학을 거쳐 숙종 31년 39세로 식년시에
급제하여 벼슬이 성균관 학유(종9품)에 이르렀다. 《방목》에는 벼슬과
아버지[道興] 이름이 보이나 본관이 없다. 그런데 《만성》의 《선산김
씨보》에 김선명의 가계가 보이는데, 직계 4대조와 외조 가운데 벼슬
아치가 없으며, 《청구》의 《선산김씨보》에는 그의 가계가 보이지 않
는다.

　　283 도중정都重鼎(1651~?) 통덕랑(정5품)을 거쳐 숙종 31년 55세로
식년시에 급제하여 벼슬이 성균관 전적(정6품)에 이르렀다. 《방목》에
는 벼슬이 없이 아버지[景稷] 이름이 보이고, 본관이 팔거八莒(星州)로
되어 있다. 그런데 《청구》와 《만성》의 《팔거도씨보》에는 도중정의
가계가 보이지 않는다.

　　284 이현징李顯徵(1671~?) 생원을 거쳐 숙종 31년 35세로 식년시에

급제하여 벼슬이 성균관 전적(정6품)을 거쳐 대정현감(종6품)에 이르렀다가 파직되었다. 《방목》에는 벼슬이 없이 아버지[熙民] 이름이 보이나 본관이 없다. 본관은 전의全義로 알려져 있는데, 《청구》와 《만성》의 《전의이씨보》에는 이현징의 가계가 보이지 않는다.

285 김주金胄(1661~?) 진사를 거쳐 숙종 31년 45세로 식년시에 급제하여 벼슬이 군수(종4품)에 이르렀다. 《방목》에는 벼슬과 아버지 [贊酩] 이름이 보이고, 본관이 경주慶州로 되어 있다. 그런데 《청구》와 《만성》의 《경주김씨보》에는 김주의 가계가 보이지 않는다.

286 이삼령李三齡(1671~?) 유학을 거쳐 숙종 31년 35세로 식년시에 급제하여 벼슬이 성균관 전적(정6품)과 직강(정5품)에 이르렀다. 《방목》에는 벼슬만 보이고, 그 밖에 아무런 기록이 없다. 본관은 함평咸平으로 알려져 있는데, 《청구》와 《만성》의 《함평이씨보》에는 이삼령의 가계가 보이지 않는다.

287 박숭고朴崇古(1676~?) 유학을 거쳐 숙종 31년 30세로 식년시에 급제하여 벼슬이 성균관 직강(정5품)과 찰방(종6품)에 이르렀다. 《방목》에는 벼슬과 아버지[思謹] 이름이 보이나 본관이 없다. 본관은 반남潘南으로 알려져 있는데, 《청구》와 《만성》의 《반남박씨보》에는 박숭고의 가계가 보이지 않는다.

288 이지걸李之杰(1671~?) 통덕랑(정5품)을 거쳐 숙종 31년 35세로 식년시에 급제하여 벼슬이 교서관 정자(정9품)에 이르렀다. 《방목》에는 벼슬과 아버지[信傳] 이름이 보이나 본관이 없다. 본관은 전의全義로 알려져 있으나, 《청구》와 《만성》의 《전의이씨보》에는 이지걸의 가계가 보이지 않는다.

289 정현鄭翮(1660~?) 생원을 거쳐 숙종 31년 46세로 식년시에 급

제하여 벼슬이 현감(종6품)에 이르렀다.《방목》에는 벼슬과 아버지
〔致用〕이름이 보이고, 본관이 초계草溪로 되어 있다. 그런데《청구》
와《만성》의《초계정씨보》에는 정현의 가계가 보이지 않는다.

290 **권만추**權萬樞(1679~?) 유학을 거쳐 숙종 31년 27세로 식년시에
급제하여 벼슬이 예조정랑(정5품)에 이르렀다.《방목》에는 벼슬과 아
버지〔濂〕이름이 보이나 본관이 없다. 본관은 안동安東으로 알려져 있
는데,《청구》와《만성》의《안동권씨보》에는 권만추의 가계가 보이
지 않는다.

291 **권대항**權大恒(1663~?) 유학을 거쳐 숙종 31년 43세로 식년시에
급제하여 벼슬이 도사(종5품)에 이르렀다.《방목》에는 벼슬이 없이
아버지〔尙遠, 생부 得興〕, 할아버지〔瓛〕이름이 보이고, 본관이 안동安東
으로 되어 있다. 그런데《청구》와《만성》의《안동권씨보》에는 권대
항의 가계가 보이지 않는다.

292 **한오장**韓五章(1672~?) 전라도 사람으로 유학을 거쳐 숙종 31년
34세로 식년시에 급제하여 벼슬이 비인현감(종6품)에 이르렀다.《방
목》에는 벼슬과 아버지〔翊〕이름이 보이나 본관이 없다. 본관은 청주
淸州로 알려져 있는데,《청구》와《만성》의《청주한씨보》에는 한오
장의 가계가 보이지 않는다.

293 **전성신**全聖臣(1664~?) 유학을 거쳐 숙종 31년 42세로 ·식년시에
급제하여 벼슬이 현감(종6품)에 이르렀다.《방목》에는 벼슬과 아버지
〔氣英, 생부 氣正〕, 할아버지〔宗裕〕, 증조〔弘禮〕, 외조의 이름이 보이고,
성준聖準(숙종 7년 문과급제)의 아우라고 밝히며, 본관이 나주羅州로 되
어 있다. 그런데《청구》의《나주전씨보》에는 전성신의 아버지 기정
을 시조로 기록하고 아들 성준을 기록하고 있는데, 성준의 아우인 성

신의 이름은 보이지 않는다. 한편,《만성》에는《나주전씨보》자체가 없다.《세종실록》〈지리지〉에는 전씨가 나주의 향리성鄕吏姓으로 나오므로 전성신도 향리의 후예일 가능성이 크다. 2000년 현재 나주전씨 인구는 1,629가구 5,169명의 희성으로, 조선시대 문과급제자 6명을 배출했는데, 숙종 대 급제한 전성준과 전성신 형제가 처음이다.

294 양우전梁禹甸(1671~?) 유학을 거쳐 숙종 31년 35세로 식년시에 급제하여 벼슬이 성균관 전적(정6품)과 양구현감(정6품)을 거쳐, 통정대부(정3품 당상관)로 군수(종4품)에 이르렀는데, 영조 원년 양구현감으로 있을 때 정실 아내를 소박한 죄로 파직되기도 했다.[189]《방목》에는 벼슬과 아버지[碩湖] 이름이 보이나 본관이 없다.《청구》와《만성》의 어느 양씨보에도 양우전의 가계는 보이지 않는다.

295 장온張蘊(1670~?) 유학을 거쳐 숙종 31년 36세로 식년시에 급제하여 벼슬이 성균관 직강(정5품)에 이르렀다.《방목》에는 벼슬이 없이 아버지[瑞羽] 이름이 보이나 본관이 없다. 본관은 옥성玉城(玉山)으로 알려져 있는데, 2000년 현재 옥산장씨 인구는 2,005명의 희성으로, 조선시대 문과급제자는 장온이 유일하다.

296 정중호鄭重虎(1673~?) 유학을 거쳐 숙종 31년 33세로 식년시에 급제하여 벼슬이 현감(종6품)에 이르렀다.《방목》에는 벼슬과 아버지[暹] 이름이 보이나 본관이 없다. 그런데《청구》의《옹진정씨보甕津鄭氏譜》를 보면 오직 정중호 한 사람만 기록하고 있어 그가 실질적인 시조나 다름없다. 한편,《만성》에는《옹진정씨보》자체가 없다.《세종실록》〈지리지〉와《동국여지승람》에는 옹진에 정씨가 없어 그가

---

189)《영조실록》권6, 영조 원년 6월 12일 무인.

벼슬아치가 된 뒤에 이곳을 본관으로 정한 듯하다. 2000년 현재 옹진
정씨 인구는 48가구 151명의 극희성으로, 조선시대 문과급제자는 그
가 유일하다.

297 장용한張用漢(1679~?) 유학을 거쳐 숙종 31년 27세로 식년시에
급제하여 벼슬이 교서관 저작(정8품)에 이르렀다.《방목》에는 벼슬과
아버지〔安民〕이름이 보이나 본관이 없다. 본관은 흥덕興德으로 알려
져 있는데,《청구》와《만성》의《흥덕장씨보》에는 장용한의 가계가
보이지 않는다.

298 여후余垕(1677~?) 유학을 거쳐 숙종 31년 29세로 식년시에 급
제하여 벼슬이 봉상시 첨정(종4품)에 이르렀다.《방목》에는 벼슬이
없이 아버지〔義望〕이름이 보이나 본관이 없다. 여씨의 본관은 의령宜
寧뿐인데,《청구》와《만성》의《의령여씨보》에는 여후의 가계가 보
이지 않는다. 여씨는 의령의 토성土姓으로, 2000년 현재 의령여씨 인
구는 5,180가구 1만 6,477명의 희성인데, 조선시대 문과급제자 3명을
배출했다.

299 민태동閔泰東(1662~?) 유학을 거쳐 숙종 31년 44세로 식년시에
급제하여 벼슬이 군수(종4품)에 이르렀다.《방목》에는 벼슬이 없이
아버지〔光顔〕이름이 보이나 본관이 없다. 민씨의 본관은 여흥呂興뿐
인데,《청구》와《만성》의《여흥민씨보》에는 민태동의 가계가 보이
지 않는다.

300 최인후崔仁垕(1671~?) 유학을 거쳐 숙종 31년 35세로 식년시에
급제하여 벼슬이 성균관 직강(정5품)을 거쳐 벽동군수(종4품)에 이르
렀는데, 경종 2년 탐학한 죄로 파직되었다.《방목》에는 벼슬과 아버
지〔浩翊〕이름이 보이나 본관이 없다. 본관은 충주忠州로 알려져 있는

데, 《청구》와 《만성》의 《충주최씨보》에는 최인후의 가계가 보이지 않는다. 2000년 현재 충주최씨 인구는 5,180가구 1만 6,477명의 희성으로, 조선시대 문과급제자 3명을 배출했다.

301 이만욱李萬郁(1664~?) 유학을 거쳐 숙종 31년 42세로 식년시에 급제하여 벼슬이 예조좌랑(정6품)과 군수(종4품)에 이르렀다. 《방목》에는 벼슬과 아버지[之良] 이름이 보이나 본관이 없다. 본관은 강동江東으로 알려져 있는데, 《만성》에는 《강동이씨보》 자체가 없으며, 《청구》의 《강동이씨보》를 보면 오직 이만욱 한 사람만 기록하고 있어 그가 시조임을 알 수 있다. 이씨는 강동의 속성續姓으로, 2000년 현재 강동이씨 인구는 218가구 720명의 희성인데, 조선시대 문과급제자는 그가 유일하다.

302 한세욱韓世郁(1673~?) 유학을 거쳐 숙종 31년 33세로 식년시에 급제하여 벼슬이 성균관 전적(정6품)에 이르렀다. 《방목》에는 벼슬과 아버지[必興] 이름이 보이나 본관이 없다. 본관은 청주淸州로 알려져 있는데, 《청구》와 《만성》의 《청주한씨보》에는 한세욱의 가계가 보이지 않는다.

303 이교악李喬岳(1663~) 송시열의 문인으로 진사를 거쳐 순안현령(종5품)을 지내고, 숙종 31년 43세로 알성시에 장원급제하여 벼슬이 대사헌(종2품)과 경기감사(종2품)에 이르렀다. 《방목》에는 벼슬과 아버지[後望] 이름이 보이고, 본관이 용인龍仁으로 되어 있다. 《청구》와 《만성》의 《용인이씨보》를 보면 이교악의 직계 3대조와 외조 가운데 벼슬아치가 없다.

304 문덕귀文德龜(1667~?) 진사를 거쳐 숙종 31년 39세로 증광시에 급제하여 벼슬이 예조정랑(정5품)에 이르렀다. 《방목》에는 벼슬과 아

버지[必在, 생부 必徵] 이름이 보이나 본관이 없다. 그런데 3년 뒤에 급
제한 아우 문덕린文德麟이 병조좌랑에 제수되자 대간은 그의 지망地
望이 가벼운 것을 이유로 개차하라고 임금에게 요구한 일이 있어,[190]
문덕귀의 집안도 마찬가지로 보인다. 《만성》의 《단성문씨보丹城文氏
譜》를 보면 그는 문익점의 후손으로, 직계 6대조 가운데 증조가 부사
(종3품), 고조가 성균관 직학의 벼슬을 한 것으로 되어 있으나, 고조
당시에 직학의 벼슬이 없으며, 증조가 부사인 것도 《실록》에 기록이
없어 믿기 어렵다. 한편, 《청구》의 《남평문씨보南平文氏譜》에도 그의
가계가 보이는데, 생부와 할아버지, 증조는 모두 벼슬이 없다. 2000년
현재 단성(강성)문씨 인구는 542가구 1,675명의 희성으로, 조선시대
문과급제자는 문봉귀와 아우 문덕린뿐이다.

　305 박이문朴以文(1653~?) 유학을 거쳐 숙종 31년 53세로 증광시에
급제하여 벼슬이 봉상시 판관(종5품)에 이르렀다. 《방목》에는 벼슬이
없이 아버지[鳳元] 이름이 보이나 본관이 없다. 본관은 밀양密陽으로
알려져 있는데, 《청구》와 《만성》의 《밀양박씨보》에는 박이문의 가
계가 보이지 않는다.

　306 유재원柳載遠(1652~?) 유학을 거쳐 숙종 31년 54세로 증광시에
급제하여 벼슬이 사헌부 감찰(정6품)에 이르렀다. 《방목》에는 벼슬이
없이 아버지[慧, 생부 憨] 이름이 보이나 본관이 없다. 그런데 《청구》
의 《문화유씨보文化柳氏譜》를 보면 유재원의 가계가 보이는데, 직계
5대조 가운데 벼슬아치가 없다. 그런데 《만성》의 《문화유씨보》에는
그의 가계가 보이지 않는다.

---

190) 《숙종실록》 권64, 숙종 45년 8월 3일 계묘.

307 **윤명좌**尹明佐(1671~?) 생원과 통덕랑(정5품)을 거쳐 숙종 31년 35세로 증광시에 급제하여 벼슬이 승문원 권지(임시직)에 이르렀다. 《방목》에는 벼슬과 아버지[憲卿] 이름이 보이고, 본관이 파평坡平으로 되어 있다. 《청구》와 《만성》의 《파평윤씨보》를 보면 윤명좌의 직계 3대조와 외조 가운데 벼슬아치가 없다.

308 **홍순연**洪舜衍(1653~?) 생원을 거쳐 숙종 31년 53세로 증광시에 급제하여 벼슬이 봉상시 판관(종5품)에 이르렀는데, 숙종 38년 일본에 통신사 제술관으로 갔다가 탐오한 짓을 하여 파직되었다.[191] 《방목》에는 벼슬이 없이 아버지[南立] 이름이 보이나 본관이 없다. 본관은 남양南陽으로 알려져 있는데, 《청구》와 《만성》의 《남양홍씨보》에는 홍순연의 가계가 보이지 않는다.

309 **신세웅**申世雄(1660~?) 생원을 거쳐 숙종 31년 46세로 증광시에 급제하여 벼슬이 시정(정3품 당하관)에 이르렀다. 《방목》에는 벼슬과 아버지[侃] 이름이 보이나 본관이 없다. 본관은 평산平山으로 알려져 있는데, 《청구》와 《만성》의 《평산신씨보》에는 신세웅의 가계가 보이지 않는다.

310 **신수화**申壽華(1665~?) 진사를 거쳐 숙종 31년 41세로 증광시에 급제하여 벼슬이 찰방(종6품)에 이르렀다. 《방목》에는 벼슬과 아버지 [善徵] 이름이 보이나 본관이 없다. 본관은 평산平山으로 알려져 있는데, 《청구》와 《만성》의 《평산신씨보》를 비롯하여 어느 신씨보에도 신수화의 가계는 보이지 않는다.

311 **김성연**金聖淵(1650~?) 진사를 거쳐 숙종 31년 56세로 증광시에

---

191) 《숙종실록》 권52, 숙종 38년 10월 24일 갑술.

급제했다.《방목》에는 벼슬과 아버지 이름이 없으며, 오직 본관이 부
안扶安으로 되어 있다.《청구》와《만성》의《부안김씨보》를 보면 김
성연의 직계 3대조와 외조 가운데 벼슬아치가 없다.

312 **권엽**權熀(1673~?) 생원을 거쳐 숙종 32년(1706) 34세로 정시에
급제하여 벼슬이 사헌부 지평(정5품)과 승지(정3품 당상관)에 이르렀
다.《방목》에는 벼슬과 아버지〔尙友〕이름이 보이고, 본관이 안동安東
으로 되어 있다.《청구》와《만성》의《안동권씨보》를 보면 권엽의
직계 4대조와 외조 가운데 벼슬아치가 없다.

313 **정창원**鄭敞遠(1687~?) 유학을 거쳐 숙종 33년(1707) 21세로 별
시에 급제하여 벼슬이 성균관 직강(정5품)에 이르렀다.《방목》에는
벼슬이 없이 아버지〔希賢〕이름이 보이나 본관이 없다. 본관은 동래東
萊로 알려져 있으나,《청구》와《만성》의《동래정씨보》에는 정창원
의 가계가 보이지 않는다.

314 **유상익**柳祥翼(1681~?) 유학을 거쳐 숙종 34년(1708) 28세로 식
년시에 급제하여 벼슬이 예조좌랑(정6품)에 이르렀다.《방목》에는 벼
슬과 아버지〔百齡〕이름이 보이고, 본관이 진주晉州로 되어 있다.《청
구》의《진주유씨보》를 보면 유상익의 직계 4대조 가운데 벼슬아치
가 없고,《만성》의《진주유씨보》에는 가계가 보이지 않는다.

315 **문덕린**文德麟(1673~?) 유학을 거쳐 숙종 34년 36세로 식년시에
급제하여 벼슬이 군수(정4품)에 이르렀는데, 이보다 앞서 문덕린이
병조좌랑(정6품)에 제수되자 대간은 그의 지망地望이 얕다는 이유로
개차改差를 요구하기도 했다.192)《방목》에는 벼슬과 아버지〔必徵〕이

---

192)《숙종실록》권64, 숙종 45년 8월 3일 계묘.

름이 보이나 본관이 없다. 그런데 《만성》의 《단성문씨보丹城文氏譜》
를 보면, 앞에 소개한 문덕귀의 아우로, 그의 집안은 문덕귀와 같다.
《남평문씨보南平文氏譜》에도 그의 가계가 보인다.

316 홍도달洪道達(1664~?) 진사를 거쳐 숙종 34년 45세로 식년시에
급제하여 벼슬이 현감(정6품)과 정랑(정5품)에 이르렀다. 《방목》에는
벼슬과 아버지[賚] 이름이 보이고, 본관이 남양南陽으로 되어 있다.
《청구》와 《만성》의 《남양홍씨보》를 보면 홍도달의 직계 5대조와 외
조 가운데 벼슬아치가 없다.

317 유봉명柳鳳鳴(1672~?) 유학을 거쳐 숙종 34년 37세로 식년시에
급제하여 벼슬이 군수(종4품)에 이르렀다. 《방목》에는 벼슬과 아버지
[世輔] 이름이 보이나 본관이 없다. 그런데 《청구》의 《인동유씨보仁
同柳氏譜》를 보면 증조[澣]가 시조로 나오고, 할아버지[成翼], 아버지
[世輔], 그리고 유봉명 등 네 사람만 기록되어 있는데, 조상 모두 벼슬
이 없다. 한편, 《만성》에는 《인동유씨보》 자체가 없다. 2000년 현재
인동유씨 인구는 387가구 1,262명의 희성으로, 그가 조선시대 첫 급
제자이자 유일한 문과급제자이다.

318 이증록李增祿(1674~?) 유학을 거쳐 숙종 34년 35세로 식년시에
급제하여 벼슬이 예조정랑(정5품)에 이르렀다. 《방목》에는 벼슬과 아
버지[碩至] 이름이 보이고, 본관이 흥양興陽으로 되어 있다. 《청구》와
《만성》의 《흥양이씨보》를 보면 이증록의 직계 3대조와 외조 가운데
벼슬아치가 없다.

319 박치원朴致遠(초명 致和, 1680~1767) 청주 사람으로 통덕랑(정5품)
을 거쳐 숙종 34년 29세로 식년시에 급제하여 벼슬이 경상도 도사(종
5품), 병조좌랑(정6품), 사헌부 장령(정4품) 등을 거쳐 판윤(정2품)과

지중추부사(정2품)에 이르렀는데, 노론에 속했다. 숙종 40년 박치원이 경상도 도사에 임명되자 사간원은 그가 "시골의 비루하고 보잘것없는 무리"임을 들어 파직을 요청했으며,193) 이해 7월 병조좌랑에 임명되자 사간원은 다시 그가 명류名流에 낀 것은 부당하다고 하면서 파직을 요청했으나 그의 승진은 계속되었다. 《방목》에는 벼슬과 아버지[守基] 이름이 보이고, 본관이 밀양密陽으로 되어 있다. 그런데 《청구》와 《만성》의 《밀양박씨보》를 보면 그는 기묘명현 박훈朴薰의 7대손으로 내외 4대조 가운데 아버지만 감역관이다.

320 유태장俞泰章(1672~?) 통덕랑(정5품)을 거쳐 숙종 34년 37세로 식년시에 급제하여 벼슬이 성균관 사예(정4품)를 거쳐 예조정랑(정5품)에 이르렀는데, 숙종 42년 탐오한 죄로 파면되었다. 《방목》에는 벼슬과 아버지[世謙] 이름이 보이고, 본관이 인동仁同으로 되어 있다. 그런데 《만성》의 《인동유씨보》에는 유태장의 이름이 보이지 않으며, 《청구》의 《인동유씨보》에는 이름이 보이나 직계 3대조 가운데 벼슬아치가 없다. 유씨는 인동의 토성土姓으로, 2000년 현재 인동유씨 인구는 387가구 1,262명의 희성인데, 조선시대 문과급제자 3명을 배출했다.

321 송우성宋遇聖(1673~?) 통덕랑(정5품)을 거쳐 숙종 34년 36세로 식년시에 급제하여 벼슬이 성균관 전적(정6품)에 이르렀다. 《방목》에는 벼슬과 아버지[相周], 할아버지[世英] 이름이 보이나 본관이 없다. 본관은 여산礪山으로 알려져 있는데, 《청구》와 《만성》의 《여산송씨보》에는 송우성의 가계가 보이지 않는다.

---

193) 《숙종실록》 권55, 숙종 40년 2월 19일 신묘.

322 **이정무**李鼎茂(1674~?) 생원을 거쳐 숙종 34년 35세로 식년시에 급제하여 벼슬이 성균관 전적(정6품)에 이르렀다. 《방목》에는 벼슬이 없이 아버지[敏奚] 이름이 보이고, 본관이 여흥呂興(驪州)으로 되어 있다. 그런데 《청구》와 《만성》의 《여주이씨보》에는 이정무의 가계가 보이지 않는다.

323 **이정화**李正華(1666~?) 생원을 거쳐 숙종 34년 43세로 식년시에 급제했다. 《방목》에는 벼슬이 없이 아버지[珍琦] 이름이 보이고, 본관이 성주星州로 되어 있다. 그런데 《청구》와 《만성》에는 《성주이씨보》가 아니라 《벽진이씨보碧珍李氏譜》에 이정화의 이름이 보이는데, 직계 4대조와 외조 가운데 벼슬아치가 없다.

324 **구적**具適(1662~?) 생원을 거쳐 숙종 34년 47세로 식년시에 급제했다. 《방목》에는 벼슬이 없이 아버지[鼎新] 이름이 보이고, 본관이 능주綾州로 되어 있다. 그런데 《청구》와 《만성》의 《능주구씨보》에는 구적의 가계가 보이지 않는다.

325 **김국려**金國礪(1674~?) 유학을 거쳐 숙종 34년 35세로 식년시에 급제하여 벼슬이 봉상시 판관(종5품)에 이르렀다. 《방목》에는 벼슬이 없이 아버지[遇秋] 이름이 보이나 본관이 없다. 본관은 안동安東으로 알려져 있는데, 《청구》와 《만성》의 《안동김씨보》에는 김국려의 가계가 보이지 않는다.

326 **조수달**趙壽達(1668~?) 유학을 거쳐 숙종 34년 43세로 식년시에 급제하여 벼슬이 현감(종6품)에 이르렀다. 《방목》에는 벼슬이 없이 아버지[廷英] 이름이 보이나 본관이 없다. 그런데 《청구》의 《배천조씨보白川趙氏譜》에 조수달의 가계가 보이는데, 개국공신 조반趙胖 후예로 직계 9대조 가운데 벼슬아치는 5대조가 첨정(종4품)을 한 것밖

에 없다. 한편, 《만성》의 《배천조씨보》에는 그의 가계가 보이지 않는다.

327 **이필**李珌(1677~?) 유학을 거쳐 숙종 34년 32세로 식년시에 급제하여 벼슬이 현감(종6품)에 이르렀다. 《방목》에는 벼슬이 없이 아버지[時揆] 이름이 보이나 본관이 없다. 본관은 수안遂安으로 알려져 있는데, 《만성》에는 《수안이씨보》 자체가 없고, 《청구》의 《수안이씨보》에는 이필의 가계가 보이지 않는다. 수안이씨는 조선시대에 문과급제자 26명을 배출했는데, 대부분 평안도 출신이다.

328 **이두삼**李斗三(1677~?) 유학을 거쳐 숙종 34년 32세로 식년시에 급제하여 벼슬이 예조좌랑(정6품)을 거쳐 영조 대 양산군수(종4품)와 결성현감(종6품)에 이르렀다. 영조 원년 양산군수로 있을 때에는 탐오한 죄로 파직되고, 영조 4년 결성현감 시절에는 관문關文을 잘못 쓴 죄로 효수되었다. 《방목》에는 벼슬과 아버지[栢年] 이름이 보이나 본관이 없다. 본관은 함평咸平으로 알려져 있으나, 《청구》와 《만성》의 《함평이씨보》에는 이두삼의 가계가 보이지 않는다.

329 **장수귀**張守龜(1675~?) 유학을 거쳐 숙종 34년 34세로 식년시에 급제하여 벼슬이 현감(종6품)에 이르렀다. 《방목》에는 벼슬과 아버지[楦], 할아버지[復韓] 이름이 보이고, 본관이 흥성興城(興德)으로 되어 있다. 그런데 《청구》와 《만성》의 《흥덕장씨보》에는 장수귀의 가계가 보이지 않는다.

330 **서봉익**徐鳳翼(1663~?) 유학을 거쳐 숙종 34년 46세로 식년시에 급제하여 벼슬이 군수(종4품)에 이르렀다. 《방목》에는 벼슬과 아버지[俊義] 이름이 보이나 본관이 없다. 그런데 《청구》의 《이천서씨보利川徐氏譜》를 보면 서봉익의 이름이 가계가 끊어진 형태로 외따로 기

록되어 있어 조상의 신원을 알 수 없으며, 《만성》의 《이천서씨보》에
는 가계가 보이지 않는다.

331 **김취강**金就綱(1688~?) 유학을 거쳐 숙종 34년 21세로 식년시에
급제하여 벼슬이 현감(종6품)에 이르렀다. 《방목》에는 벼슬과 아버지
[鎌] 이름이 보이나 본관이 없다. 본관은 안동安東으로 알려져 있는데,
《청구》와 《만성》의 《안동김씨보》에는 김취강의 가계가 보이지 않
는다.

332 **길경조**吉景祖(1643~?) 금산錦山 사람으로 유학을 거쳐 숙종 34
년 66세로 식년시에 급제하여 벼슬이 예조정랑(정5품)에 이르렀다.
《방목》에는 벼슬과 아버지[好信] 이름이 보이고, 본관이 해평海平으
로 되어 있다. 그런데 《청구》와 《만성》의 《해평길씨보》에는 길경조
의 가계가 보이지 않는다. 해평길씨는 조선시대 문과급제자 6명을 배
출했다.

333 **고만첨**高萬瞻(1672~?) 제주 사람으로 유학을 거쳐 숙종 34년 37
세로 식년시에 급제하여 벼슬이 형조좌랑(정6품)에 이르렀다. 《방목》
에는 벼슬과 아버지[瑗] 이름이 보이나 본관이 없다. 제주고씨濟州高
氏로 알려져 있지만, 《청구》와 《만성》의 어느 고씨보에도 고만첨의
가계가 보이지 않는다.

334 **이격**李格(1682~?) 유학을 거쳐 숙종 34년 27세로 식년시에 급
제하여 벼슬이 사헌부 감찰(종6품), 병조좌랑(정6품)을 거쳐 사헌부
장령(정4품)에 이르렀다. 《방목》에는 벼슬과 아버지[英璉] 이름이 보
이나 본관이 없다. 본관은 양성陽城으로 알려져 있으나, 《청구》와
《만성》의 《양성이씨보》에는 이격의 가계가 보이지 않는다.

335 **유만중**柳萬重(1677~?) 진사를 거쳐 숙종 35년(1709) 33세로 알

성시에 급제하여 벼슬이 우윤(종2품)과 승지(정3품 당상관)에 이르렀다.《방목》에는 벼슬과 아버지[貴三] 이름이 보이고, 본관이 진주晉州로 되어 있다.《청구》와《만성》의《진주유씨보》를 보면 유만중의 직계 6대조와 외조 가운데 벼슬아치가 없다.

336 **이광보**李光普(1675~?) 진사를 거쳐 숙종 36년(1710) 36세로 증광시에 급제하여 벼슬이 병조정랑(정5품)에 이르렀다.《방목》에는 벼슬과 아버지[亨郁] 이름이 보이고, 본관이 전주全州로 되어 있다. 그런데《전주이씨과거급제자총람》에는 이광보의 이름이 보이지 않는다.

337 **이태원**李太元(1673~?) 통덕랑(정5품)을 거쳐 숙종 36년 38세로 증광시에 급제하여 벼슬이 병조정랑(정5품), 양양부사(종3품)를 거쳐 사헌부 장령(정4품)에 이르렀다.《방목》에는 벼슬과 아버지[廷圭], 할아버지[世胄] 이름이 보이고, 본관이 부평富平으로 되어 있다.《청구》의《부평이씨보》를 보면 할아버지가 세유世維로 되어 있어《방목》과 다르다. 한편,《만성》의《부평이씨보》에는 할아버지가 세주로 되어 있어《방목》과 같으며, 증조가 진재震載로 되어 있다. 후자를 따른다면, 이태원의 직계 3대조와 외조는 모두 벼슬이 없다.

338 **김기지**金器之(개명 獻之, 1673~?) 진사를 거쳐 숙종 36년 38세로 증광시에 급제하여 벼슬이 문천군수(종4품)에 이르렀다.《방목》에는 벼슬과 아버지[震聲] 이름이 보이고, 본관이 김해金海로 되어 있다. 그런데《청구》와《만성》의《김해김씨보》에는 김기지의 가계가 보이지 않는다.

339 **황계후**黃啓垕(1676~?) 유학을 거쳐 숙종 36년 35세로 증광시에 급제하여 벼슬이 성균관 전적(정6품)에 이르렀다.《방목》에는 벼슬과 아버지[濡] 이름이 보이고, 본관이 장수長水로 되어 있다. 그런데《청

구》와 《만성》의 《장수황씨보》에는 황계후의 가계가 보이지 않는다.

340 이이제李以濟(1680~?) 유학을 거쳐 숙종 36년 31세로 증광시에 급제하여 벼슬이 찰방(종6품)을 거쳐 사헌부 장령(정4품)에 이르렀다. 《방목》에는 벼슬이 없이 아버지〔基全〕 이름이 보이고, 본관이 전의全 義로 되어 있다. 《청구》와 《만성》의 《전의이씨보》를 보면 직계 6대 조와 외조 가운데 벼슬아치가 없다.

341 강필중姜必中(1662~?) 판결사 강여호姜汝㦿의 서자로[194] 숙종 36년 49세로 증광시에 급제하여 벼슬이 성균관 전적(정6품)에 이르렀 다. 《방목》에는 전력을 업유라고 밝히며 벼슬이 없이 아버지〔汝㦿〕 이름이 보이고, 본관이 진주晉州로 되어 있다. 그런데 《청구》의 《진 주강씨보》에는 아버지 이름만 보이고 강필중의 이름은 보이지 않으 며, 《만성》의 《진주강씨보》에는 그의 이름이 보인다.

342 손명래孫命來(1664~1722) 생원과 진사를 거쳐 숙종 36년 47세로 증광시에 급제하여 벼슬이 성균관 전적(정6품), 찰방(종6품)을 거쳐 현감(종6품)에 이르렀다. 《방목》에는 벼슬과 아버지〔守業, 생부 健〕 이 름이 보이고, 본관이 밀양密陽으로 되어 있다. 《청구》의 《밀양손씨 보》를 보면 손명래의 직계 7대조 가운데 벼슬아치가 없으며, 《만성》 의 《밀양손씨보》에는 가계가 보이지 않는다.

343 이징도李徵道(1652~?) 유학을 거쳐 숙종 36년 59세로 증광시에 급제하여 벼슬이 성균관 직강(정5품)에 이르렀다. 《방목》에는 벼슬이 없이 아버지〔聖兪, 생부 聖命〕 이름이 보이고, 본관이 우계羽溪로 되어 있다. 그런데 《청구》와 《만성》의 《우계이씨보》에는 이징도의 가계

---

194) 《숙종실록》 권46, 숙종 34년 윤3월 25일 임인.

가 보이지 않는다.

344 권상일權相一(1679~1759) 유학을 거쳐 숙종 36년 32세로 증광시
에 급제하여 벼슬이 사헌부 장령(정4품), 우부승지(정3품 당상관)를 거
쳐 병조참판(종2품), 대사헌(종2품), 지중추부사(정2품)에 이르렀다.
《방목》에는 벼슬이 없이 아버지[深] 이름이 보이고, 본관이 안동安東
으로 되어 있다. 그런데《청구》와《만성》의《안동권씨보》를 보면
권상일의 직계 6대조 가운데 벼슬아치가 없다.

345 장세량張世良(1683~?) 진사와 통덕랑(정5품)을 거쳐 숙종 36년
28세로 증광시에 급제하여 벼슬이 성균관 직강(정5품)을 거쳐 무장현
감(종6품)에 이르렀다. 《방목》에는 벼슬이 없이 아버지[相漢] 이름이
보이고, 본관이 목천木川으로 되어 있다. 그런데《청구》에는《목천장
씨보》자체가 없고, 《만성》에는《목천장씨보》가 있는데, 오직 장세
량 한 사람만을 시조로 기록하고 있다. 장씨는 목천의 토성土姓인데,
2000년 현재 목천장씨 인구는 3,456가구 1만 1,160명의 희성으로, 조
선시대 문과급제자는 그가 유일하다.

346 윤주상尹周相(1654~?) 진사를 거쳐 숙종 36년 57세로 복과復
科[195]되어 벼슬이 사헌부 감찰(정6품)에 이르렀다. 《방목》에는 벼슬
이 없이 아버지[斗燦] 이름이 보이고, 본관이 남원南原으로 되어 있다.
그런데《청구》와《만성》의《남원윤씨보》에는 윤주상의 가계가 보
이지 않는다.

347 송사윤宋思胤(1667~?) 진사를 거쳐 숙종 36년 44세로 복과復科
되어 벼슬이 사헌부 장령(정4품)에 이르렀다. 《방목》에는 벼슬과 아

---

195) 숙종 25년 문과에 급제했으나 부정이 발견되어 전체 급제자가 합격이 취소되었는데, 그 가
  운데 부정이 없는 인물에 대해 숙종 36년 급제를 인정하여 복과復科해 주었다.

버지〔華〕 이름이 보이고, 본관이 진천鎭川으로 되어 있다. 《청구》와 《만성》의 《진천송씨보》를 보면 송사윤의 직계 6대조와 외조 가운데 벼슬아치가 없다.

348 장후상張后相(1677~?) 유학을 거쳐 숙종 36년 34세로 복과復科되어 벼슬이 군수(종4품)에 이르렀다. 《방목》에는 벼슬과 아버지〔瑜〕, 처부의 이름이 보이고, 본관이 인동仁同으로 되어 있다. 그런데 《청구》와 《만성》의 《인동장씨보》에는 장후상의 가계가 보이지 않는다.

349 이시항李時恒(1672~?) 진사를 거쳐 숙종 36년 39세로 복과되어 벼슬이 병조정랑(정5품)에 이르렀다. 《방목》에는 벼슬과 아버지〔廷翰〕 이름이 보이나 본관이 없다. 본관은 수안遂安으로 알려져 있는데, 《청구》의 《수안이씨보》에는 이시항의 가계가 보이지 않는다. 수안이씨는 조선시대 문과급제자 26명을 배출했는데, 대부분 평안도 출신이다.

350 신몽필辛夢弼(1674~?) 유학을 거쳐 숙종 37년(1711) 38세로 식년시에 급제하여 벼슬이 군수(종4품)에 이르렀다. 《방목》에는 벼슬과 아버지〔重摯〕 이름이 보이고, 본관이 영산靈山으로 되어 있다. 《청구》의 《영산신씨보》를 보면 신몽필의 직계 6대조 안에 벼슬아치가 없으며, 《만성》의 《영산신씨보》에는 가계가 보이지 않는다.

351 김홍적金弘迪(1673~?) 진사를 거쳐 숙종 37년 39세로 식년시에 급제하여 벼슬이 예조정랑(정5품)과 도사(종5품)에 이르렀다. 《방목》에는 벼슬이 없이 아버지〔克臨〕, 처부〔沈履道〕 이름이 보이고, 본관이 언양彦陽으로 되어 있다. 《청구》와 《만성》의 《언양김씨보》를 보면 김홍적의 직계 4대조와 외조 가운데 벼슬아치가 없다.

352 박필정朴弼正(1685~?) 유학을 거쳐 숙종 37년 27세로 식년시에

급제하여 벼슬이 병조좌랑(정6품), 사헌부 지평(정5품), 사간원 정언
(정6품)을 거쳐 우윤(종2품)에 이르렀다. 《방목》에는 벼슬이 없이 아
버지[世扬], 외조의 이름이 보이고, 본관이 밀양密陽으로 되어 있다.
그런데 《청구》와 《만성》의 《밀양박씨보》에는 박필정의 가계가 보
이지 않는다.

　353 **정사대**鄭思大(1683~?) 유학을 거쳐 숙종 37년 29세로 식년시에
급제하여 벼슬이 현감(종6품)에 이르렀다. 《방목》에는 벼슬이 없이
아버지[禹錫, 생부 健] 이름이 보이고, 본관이 연일延日로 되어 있다. 그
런데 《청구》와 《만성》의 《연일정씨보》에는 정사대의 가계가 보이
지 않는다.

　354 **윤필**尹珌(1675~?) 통덕랑(정5품)을 거쳐 숙종 37년 37세로 식년
시에 급제하여 벼슬이 성균관 학유(종9품)에 이르렀다. 《방목》에는
벼슬이 없이 아버지[錫厚] 이름이 보이고, 본관이 해남海南으로 되어
있다. 그런데 《청구》와 《만성》의 《해남윤씨보》에는 윤필의 가계가
보이지 않는다.

　355 **김급**金汲(1661~?) 생원을 거쳐 숙종 37년 51세로 식년시에 급
제했다. 《방목》에는 벼슬이 없이 아버지[夏鳴] 이름이 보이고, 본관
이 영광靈光으로 되어 있다. 그런데 《청구》와 《만성》의 《영광김씨
보》에는 김급의 가계가 보이지 않는다.

　356 **윤동교**尹東郊(1676~1730) 유학을 거쳐 숙종 37년 36세로 식년시
에 급제하여 벼슬이 현감(종6품)에 이르렀는데, 영조 4년 정희량난을
진압하는 데 공을 세워 원종공신이 되었고 위원군수(종4품)를 지냈
다. 《방목》에는 벼슬과 아버지[世樞] 이름이 보이고, 본관이 연안延安
으로 되어 있다. 그런데 《청구》와 《만성》에는 《연안윤씨보》가 없으

며, 대신《칠원윤씨보漆原尹氏譜》에 윤동교의 가계가 보인다. 이를 보면 직계 5대조와 외조 가운데 벼슬아치가 없을 뿐 아니라, 그 위로는 누대로 군직軍職을 이어왔다.

357 정동윤鄭東潤(1682~1746) 전라도 보성 사람으로 유학을 거쳐 숙종 37년 30세로 식년시에 급제하여 벼슬이 예조좌랑(정6품), 군수(종4품), 이조정랑(정5품)에 이르렀다.《방목》에는 벼슬과 아버지[世迪] 이름이 보이고, 본관이 하동河東으로 되어 있다.《청구》와《만성》의《하동정씨보》를 보면 정동윤의 직계 8대조와 외조 가운데 벼슬아치가 없다.

358 김홍보金弘寶(1680~?) 유학을 거쳐 숙종 37년 32세로 식년시에 급제하여 벼슬이 금교찰방(종6품)에 이르렀는데, 숙종 43년 비리를 저질러 파직되었다.《방목》에는 벼슬과 아버지[邃初] 이름이 보이고, 본관이 경주慶州로 되어 있다. 그런데《청구》와《만성》의《경주김씨보》에는 김홍보의 가계가 보이지 않는다.

359 홍윤제洪允濟(1685~?) 유학을 거쳐 숙종 37년 27세로 식년시에 급제하여 벼슬이 성균관 전적(정6품)에 이르렀다.《방목》에는 벼슬이 없이 아버지[瀅] 이름이 보이고, 본관이 남양南陽으로 되어 있다. 그런데《청구》와《만성》의《남양홍씨보》에는 홍윤제의 가계가 보이지 않는다.

360 김도응金道應(1685~?) 유학을 거쳐 숙종 37년 27세로 식년시에 급제하여 벼슬이 현감(종6품)에 이르렀다.《방목》에는 벼슬과 아버지[履正] 이름이 보이고, 본관이 안동安東으로 되어 있다. 그런데《청구》와《만성》의《안동김씨보》에는 김도응의 가계가 보이지 않는다.

361 백홍규白鴻逵(1679~?) 유학을 거쳐 숙종 37년 33세로 식년시에

급제하여 벼슬이 현감(종6품)에 이르렀다. 《방목》에는 벼슬이 없이 아버지[光輝] 이름이 보이고, 본관이 수원水原으로 되어 있다. 그런데 《청구》와 《만성》의 《수원백씨보》에는 백홍규의 가계가 보이지 않는다. 수원백씨는 조선시대 모두 63명의 문과급제자를 배출했는데, 평안도에서만 41명, 그 가운데 정주定州에서 22명이 급제했다.

362 **김흥서**金興西(1677~?) 유학을 거쳐 숙종 37년 35세(또는 32세)로 식년시에 급제하여 벼슬이 성균관 전적(정6품)에 이르렀다. 《방목》에는 벼슬과 아버지[三益] 이름이 보이고, 본관이 청도淸道로 되어 있다. 그런데 《청구》와 《만성》의 《청도김씨보》에는 김흥서의 가계가 보이지 않는다.

363 **유원상**柳爰相(1673~?) 생원을 거쳐 숙종 38년(1712) 40세로 정시에 급제하여 벼슬이 승문원 정자(정9품)에 이르렀는데, 숙종 41년 유원상이 승문원 정자에 임명될 때 사헌부는 그의 지망地望이 맞지 않는다는 이유로 반대했으나 임금은 이를 듣지 않았다.[196] 승문원은 외교문서를 관장하는 관청으로 비록 참하관參下官이라도 집안이 좋은 인물이 가는 청요직으로 알려져 있었다. 《방목》에는 벼슬과 아버지[翰益], 할아버지[聖龜], 외조, 처부의 이름이 보이고, 본관이 문화文化로 되어 있다. 《청구》와 《만성》의 《문화유씨보》를 보면 그의 직계 3대조와 외조 가운데 벼슬아치가 없다.

364 **최요**崔嶢(1667~?) 진사를 거쳐 숙종 39년(1713) 47세로 증광시에 급제하여 벼슬이 사헌부 감찰(정6품)에 이르렀다. 《방목》에는 벼슬과 아버지[漢宗] 이름이 보이고, 본관이 전주全州로 되어 있다. 그런

---

196) 《숙종실록》 권56, 숙종 41년 9월 25일 정사; 권56, 숙종 41년 12월 10일 임신.

데《청구》와《만성》의《전주최씨보》에는 최요의 가계가 보이지 않
는다.

365 **이명기**李命虁(1653~?) 진사를 거쳐 숙종 39년 61세로 증광시에
급제하여 벼슬이 성균관 학유(정9품)에 이르렀다.《방목》에는 벼슬이
없이 아버지[而柱, 생부 而杜] 이름이 보이고, 본관이 성주星州로 되어
있다. 그런데《청구》와《만성》의《성주이씨보》에는 이명기의 가계
가 보이지 않는다.

366 **김익겸**金益謙(1676~?) 유학을 거쳐 숙종 39년 38세로 증광시에
급제하여 벼슬이 현감(종6품)에 이르렀다.《방목》에는 벼슬과 아버지
[世維] 이름이 보이고, 본관이 영동永同으로 되어 있다.《청구》와《만
성》의《영동김씨보》를 보면 김익겸의 직계 3대조와 외조 가운데 벼
슬아치가 없다.

367 **신유한**申維翰(1681~?) 경상도 고령高靈 사람으로 서자로 태어
나[197] 진사를 거쳐 숙종 39년 33세로 증광시에 급제하여 벼슬이 현
감(종6품)을 거쳐 봉상시 첨정(종4품)에 이르렀으며, 문장이 뛰어나
숙종 45년에는 통신사 홍치중의 제술관으로 일본에 다녀와《해유록
海遊錄》이라는 견문기를 저술하기도 했다. 영조는 신유한의 재주를
아껴 옛날에 차천로車天輅가 봉상시정(정3품 당하관)이 되고, 최입崔岦
이 승문원 제조(정2품)가 된 사례를 따라, 자리가 나는 대로 봉상시정
이나 군자감정, 또는 성균관 사예(정4품)로 올려 주라고 명했다.[198]
《방목》에는 벼슬과 아버지[泰始, 생부 泰來], 증조[龜年, 첨정], 외조의
이름이 보이고, 본관이 영해寧海로 되어 있다. 그런데《청구》와《만

197)《고종실록》권11, 고종 11년 2월 15일 무자.
198)《영조실록》권73, 영조 27년 2월 3일 신미.

성》의 《영해신씨보》를 보면 증조가 별도의 시조로 기록되어 있다. 신유한의 명성이 높아 《족보》에 올려 주었으나, 별도의 가계를 구성한 것을 알 수 있다.

368 박지희朴志喜(1656~?) 유학을 거쳐 숙종 39년 58세로 증광시에 급제하여 벼슬이 성균관 전적(정6품)에 이르렀는데, 숙종 41년 박지희를 청요직인 승문원에 임명하려 하자 사헌부는 그의 지망地望이 맞지 않고 명칭名稱도 없어 물정物情이 시끄럽다고 하면서 취소할 것을 요청했으나 임금이 듣지 않았다.[199] 이는 그의 신분이 낮아 청요직에 들어갈 수 없다는 뜻이다. 《방목》에는 벼슬이 없이 아버지[泰章], 할아버지[天龜] 이름이 보이고, 본관이 나주羅州로 되어 있다. 그런데 《청구》에는 《나주박씨보》 자체가 없고, 《만성》의 《나주박씨보》에는 그의 가계가 보이지 않는다. 2000년 현재 나주박씨 인구는 1,010가구 3,374명의 희성으로 조선시대 문과급제자는 2명인데 그가 처음이다. 나주박씨는 지금 대부분 반남박씨로 통합되어 있다.

369 황윤후黃允垕(1688~?) 유학을 거쳐 숙종 39년 26세로 증광시에 급제하여 벼슬이 성균관 전적(정6품), 찰방(종6품)을 거쳐 현감(종6품)에 이르렀다. 《방목》에는 벼슬이 없이 아버지[濤] 이름이 보이고, 계후啓垕의 아우라고 적으며, 본관이 장수長水로 되어 있다. 형 황계후가 숙종 36년 문과에 급제했음은 앞에서 설명한 바 있다. 그런데 《청구》와 《만성》의 《장수황씨보》에는 황윤후의 가계가 보이지 않는다.

370 진익한陳翼漢(1677~?) 생원을 거쳐 숙종 40년(1714) 38세로 증광시에 급제하여 벼슬이 예조좌랑(종6품)과 현령(종5품)에 이르렀는

---

199) 《숙종실록》 권56, 숙종 41년 12월 10일 임신.

데, 숙종 46년 사간원은 진익한이 출처出處를 알 수 없는 인물임에도 여러 차례 6조 낭관 후보로 추천된 것은 마땅치 않다고 비판했으나 임금은 이를 듣지 않았다.200) 《방목》에는 벼슬과 아버지[洪疇] 이름이 보이고, 본관이 여양驪陽으로 되어 있다. 그런데 《청구》와 《만성》의 《여양진씨보》에는 그의 가계가 보이지 않는다.

371 이사덕李師德(1684~?) 유학을 거쳐 숙종 40년 31세로 증광시에 급제하여 벼슬이 현감(종6품)에 이르렀다. 《방목》에는 벼슬과 아버지 [龍瑞] 이름이 보이고, 본관이 경주慶州로 되어 있다. 그런데 《청구》와 《만성》의 《경주이씨보》에는 이사덕의 가계가 보이지 않는다.

372 오여창吳與昌(1675~?) 생원을 거쳐 숙종 40년 40세로 증광시에 급제하여 벼슬이 봉상시 첨정(종4품)에 이르렀다. 《방목》에는 벼슬이 없이 아버지[烓] 이름이 보이나 본관이 없다. 그런데 《만성》의 《함양 오씨보咸陽吳氏譜》를 보면 오여창 부자의 이름이 외따로 독립된 형태로 기록되어 있는데, 아버지는 벼슬이 없다. 한편, 《청구》의 《함양오 씨보》에는 그의 가계가 보이지 않는다.

373 이이승李以升(1672~?) 유학을 거쳐 숙종 40년 43세로 증광시에 급제하여 벼슬이 승정원 주서(정7품)에 이르렀다. 《방목》에는 벼슬이 없이 아버지[漢柱] 이름이 보이고, 본관이 광주廣州로 되어 있다. 《청구》와 《만성》의 《광주이씨보》를 보면 이이승의 직계 3대조와 외조 가운데 벼슬아치가 없다.

374 한두일韓斗一(1668~?) 유학을 거쳐 숙종 40년 47세로 증광시에 급제하여 벼슬이 교서관 판교(정3품 당하관)에 이르렀다. 《방목》에는

---

200) 《숙종실록》 권65, 숙종 46년 2월 12일 기유.

벼슬이 없이 아버지[後文] 이름이 보이고, 본관이 청주清州로 되어 있다. 그런데 《청구》와 《만성》의 《청주한씨보》에는 한두일의 가계가 보이지 않는다.

375 김상삼金象三(1691~?) 유학을 거쳐 숙종 40년 24세로 증광시에 급제하여 벼슬이 성균관 전적(정6품)에 이르렀다. 《방목》에는 벼슬이 없이 아버지[夢善] 이름이 보이고, 본관이 경주慶州로 되어 있다. 그런데 《청구》와 《만성》의 《경주김씨보》에는 김상삼의 가계가 보이지 않는다.

376 정재교鄭再僑(1680~?) 유학을 거쳐 숙종 40년 35세로 증광시에 급제하여 벼슬이 현감(종6품)에 이르렀다. 《방목》에는 벼슬과 아버지 [誠元] 이름이 보이고, 본관이 나주羅州로 되어 있다. 그런데 《청구》와 《만성》의 《나주정씨보》에는 정재교의 가계가 보이지 않는다.

377 하대연河大淵(1689~?) 유학을 거쳐 숙종 40년 26세로 증광시에 급제하여 벼슬이 성균관 사예(정4품)와 군수(종4품)에 이르렀다. 《방목》에는 벼슬과 아버지[應洛] 이름이 보이고, 본관이 진주晋州로 되어 있다. 그런데 《청구》와 《만성》의 《진주하씨보》에는 하대연의 가계가 보이지 않는다.

378 박진량朴震亮(1682~?) 통덕랑(정5품)을 거쳐 숙종 41년(1715) 34세로 식년시에 장원급제하여 벼슬이 성균관 직강(정5품)과 예조좌랑(정6품)에 이르렀는데, 숙종 44년 사헌부는 박진량의 신분이 낮고 미천微賤한 데도 낭관과 직강으로 막힘없이 승진하는 것은 옳지 않으니 도태시키라고 요청했다.[201] 《방목》에는 벼슬과 아버지[徵], 할아버지

---

201) 《숙종실록》 권62, 숙종 44년 10월 12일 병진.

[文英], 증조[永進], 외조의 이름이 보이고, 본관이 밀양密陽으로 되어 있다. 그런데 《청구》와 《만성》의 《밀양박씨보》에는 박진량의 가계가 보이지 않는다.

379 오명계吳命季(1682~?) 통덕랑(정5품)을 거쳐 숙종 41년 34세로 식년시에 급제하여 벼슬이 성균관 직강(정5품)에 이르렀다. 《방목》에는 벼슬과 아버지[瑞雨] 이름이 보이고, 명희命羲의 아우라고 적으며, 본관이 고창高敞으로 되어 있다. 그런데 《청구》의 《축산오씨보》에는 오명계의 가계가 보이지 않으며, 《만성》의 《고창오씨보》에는 가계가 보이는데, 직계 4대조와 외조 가운데 벼슬아치가 없다.

380 권대규權大規(1676~?) 생원을 거쳐 숙종 41년 40세로 식년시에 급제하여 벼슬이 사헌부 감찰(정6품)에 이르렀다. 《방목》에는 벼슬이 없이 아버지[得興] 이름이 보이고, 본관이 안동安東으로 되어 있다. 《청구》의 《안동권씨보》를 보면 권대규의 직계 3대조 안에 벼슬아치가 없고, 《만성》의 《안동권씨보》에는 가계가 보이지 않는다.

381 박민고朴敏古(1680~?) 생원을 거쳐 숙종 41년 36세로 식년시에 급제하여 벼슬이 교서관 교리(종5품)에 이르렀다. 《방목》에는 벼슬이 없이 아버지[思謹], 할아버지[亨吉], 증조[而赫] 이름이 보이고, 본관이 나주羅州로 되어 있다. 그런데 《청구》에는 《나주박씨보》 자체가 없고, 《만성》의 《나주박씨보》에는 박민고의 가계가 보이지 않는다. 나주박씨에 대해서는 앞에 소개한 박지희를 참고할 것이다.

382 박성의朴性毅(1676~?) 유학을 거쳐 숙종 41년 40세로 식년시에 급제하여 벼슬이 현감(종6품)에 이르렀다. 《방목》에는 벼슬이 없이 아버지[三龜, 생부 兌龜] 이름이 보이고, 본관이 함양咸陽(速咸)으로 되어 있다. 그런데 《청구》의 《속함박씨보》에는 박성의의 가계가 보이

지 않으며, 《만성》의 《함양박씨보》에는 가계가 보이는데, 직계 4대
조와 외조 가운데 벼슬아치가 없다.

383 **문덕겸**文德謙(1683~?) 유학을 거쳐 숙종 41년 33세로 식년시에
급제하여 벼슬이 성균관 직강(정5품)에 이르렀다. 《방목》에는 벼슬이
없이 아버지[道東], 할아버지[宇量] 이름이 보이고, 본관이 감천甘泉으
로 되어 있다. 그런데 《청구》와 《만성》의 《감천문씨보》에는 문덕겸
의 가계가 보이지 않는다. 2000년 현재 감천문씨 인구는 1,367가구
4,382명의 희성으로, 조선시대 문과급제자 9명을 배출했다.

384 **이안국**李安國(1664~?) 유학을 거쳐 숙종 41년 52세로 식년시에
급제하여 벼슬이 예조좌랑(정6품)에 이르렀다. 《방목》에는 벼슬과 아
버지[泰馨], 할아버지[轍], 증조[先男] 이름이 보이고, 본관이 고부古阜
로 되어 있다. 그런데 《청구》와 《만성》의 《고부이씨보》에는 이안국
의 가계가 보이지 않는다.

385 **문재중**文在中(1682~?) 유학을 거쳐 숙종 41년 34세로 식년시에
급제하여 벼슬이 현감(종6품)에 이르렀다. 《방목》에는 벼슬과 아버지
[尙夏] 이름이 보이고, 본관이 남평南平으로 되어 있다. 그런데 《청
구》와 《만성》의 《남평문씨보》에는 문재중의 가계가 보이지 않는다.

386 **김성흠**金聖欽(1690~?) 유학을 거쳐 숙종 41년 26세로 식년시에
급제하여 벼슬이 사헌부 감찰(정6품)을 거쳐 군수(종4품)에 이르렀다.
《방목》에는 벼슬과 아버지[埴] 이름이 보이고, 본관이 순천順天으로
되어 있다. 《청구》와 《만성》의 《순천김씨보》를 보면 김성흠의 직계
7대조와 외조 가운데 벼슬아치가 없다.

387 **조창래**趙昌來(1686~?) 평안도 정주定州 사람으로 유학을 거쳐
숙종 41년 30세로 식년시에 급제하여 벼슬이 현감(종6품), 사헌부 장

령(정4품), 공조참의(정3품 당상관)를 거쳐 영조 32년 70세가 되자 수직
壽職으로 우윤(종2품)에 이르렀는데, 영조 7년 전라도 도사(종5품)에
임명되자 사헌부는 조창래가 명칭名稱이 없다는 이유로 체직을 요청
하기도 했다.202) 여기서 '명칭이 없다'는 말은 신분이 낮다는 뜻이다.
《방목》에는 벼슬이 없이 아버지[壽迥] 이름이 보이고, 본관이 배천白
川으로 되어 있다. 《청구》의 《배천조씨보》를 보면 그는 개국공신 조
반趙胖의 11대손으로, 조반 이후로 직계 조상 가운데 벼슬아치가 한
사람도 없다. 그런데 조창래의 후손 가운데 순조와 철종 대 문과급제
자가 2명 배출되었는데, 그들의 거주지가 정주定州로 되어 있어 그의
거주지도 정주로 보인다. 숙종 대 이후 정주지방의 배천조씨는 문과
급제자 26명을 배출하여 이 지방의 최고 명문으로 부상했다. 조선시
대 배천조씨는 모두 68명의 문과급제자를 배출했는데, 그 가운데 조
선 후기에 한하여 평안도 출신으로 확인된 급제자만 37명이다.

388 이광국李光國(1684~?) 유학을 거쳐 숙종 41년 32세로 식년시에
급제하여 벼슬이 군수(종4품)에 이르렀다. 《방목》에는 벼슬이 없이
아버지[聖佐] 이름이 보이고, 본관이 전의全義로 되어 있다. 그런데
《청구》와 《만성》의 《전의이씨보》에는 이광국의 가계가 보이지 않
는다.

389 박필흥朴必興(1673~?) 유학을 거쳐 숙종 41년 43세로 식년시에
급제하여 벼슬이 찰방(종6품)에 이르렀다. 《방목》에는 벼슬과 아버지
[世應] 이름이 보이고, 본관이 함양咸陽(速咸)으로 되어 있다. 그런데
《청구》와 《만성》의 《함양박씨보》에는 박필흥의 가계가 보이지 않

는다.

390 장세문張世文(1686~?) 유학을 거쳐 숙종 41년 30세로 식년시에 급제하여 벼슬이 현감(종6품)에 이르렀다.《방목》에는 벼슬과 아버지〔俊遠〕, 할아버지〔彦琦〕 이름이 보이고, 본관이 흥덕興德으로 되어 있다. 그런데《청구》와《만성》의《흥덕장씨보》에는 장세문의 가계가 보이지 않는다.

391 정중대鄭重岱(1691~?) 유학을 거쳐 숙종 41년 25세로 식년시에 급제하여 벼슬이 승문원 정자(정9품)와 성균관 전적(정6품)을 거쳐 양산군수(종4품)에 이르렀다.《방목》에는 벼슬과 아버지〔珦〕, 할아버지〔斗宗〕, 증조〔嬡〕 이름이 보이고, 본관이 동래東萊로 되어 있다. 그런데《만성》의《동래정씨보》에는 정중대의 가계가 보이지 않으며,《청구》의《동래정씨보》를 보면 직계 4대조 가운데 벼슬아치가 없다.

392 김우추金宇樞(1687~?) 유학을 거쳐 숙종 41년 29세로 식년시에 급제하여 벼슬이 성균관 전적(정6품)에 이르렀다.《방목》에는 벼슬이 없이 아버지〔永式〕 이름이 보이고, 본관이 전주全州로 되어 있다. 그런데《만성》에는《전주김씨보》자체가 없으며,《청구》의《전주김씨보》에는 김우추의 가계가 보이지 않는다. 김씨는 전주의 속성續姓으로 향리를 하다가 조선 초기에 북방으로 이주한 주민이며, 조선 후기에 문과급제자 21명을 배출했는데, 그 가운데 평안도 출신이 15명, 함경도 출신이 3명이다.

393 방만규方萬規(1680~1725) 유학을 거쳐 숙종 41년 36세로 식년시에 급제하여 벼슬이 성균관 전적(정6품)을 거쳐 조지서 별제(종6품)에 이르렀는데, 영조 원년 역적죄로 복주伏誅되었다.《방목》에는 벼슬과 아버지〔乃吉〕 이름이 보이고, 본관이 남양南陽으로 되어 있다.《청구》

의《남양방씨보》를 보면 방만규와 그 아버지 이름만 보이는데 아버지는 벼슬이 없으며,《만성》에는《남양방씨보》자체가 없다. 2000년 현재 남양방씨 인구는 1명으로, 조선시대 문과급제자 2명을 배출했는데, 그가 처음이다. 남양방씨는 온양방씨로 통합된 듯하다.

394 전시우田時雨(1670~?) 유학을 거쳐 숙종 41년 46세로 식년시에 급제하여 벼슬이 현감(종6품)에 이르렀다.《방목》에는 벼슬이 없이 아버지〔潤秋〕이름이 보이고, 본관이 담양潭陽으로 되어 있다. 그런데 《청구》와《만성》의《담양전씨보》에는 전시우의 가계가 보이지 않는다.

395 최제항崔齊恒(1690~?) 유학을 거쳐 숙종 41년 26세로 식년시에 급제하여 벼슬이 현감(종6품)과 금교찰방(종6품)에 이르렀는데, 영조 5년 금교역의 비복婢僕을 간음한 죄로 파직되었다.《방목》에는 벼슬이 없이 아버지〔後敏〕이름이 보이고, 본관이 상원祥原으로 되어 있다. 그런데《청구》의《상원최씨보》에는 오직 최무철崔武哲(주부) 한 사람만 기록되어 있고, 최제항과 그 아버지의 이름은 보이지 않는다. 한편,《만성》에는《상원최씨보》자체가 없다. 2000년 현재 상원최씨 인구는 431가구 1,390명의 희성으로, 조선시대 문과급제자 2명을 배출했는데, 그가 첫 급제자이다.

396 이도첨李道瞻(1681~?) 유학을 거쳐 숙종 41년 35세로 식년시에 급제하여 벼슬이 병조좌랑(종6품)에 이르렀다.《방목》에는 벼슬과 아버지〔慶昌〕이름이 보이고, 본관이 광주廣州로 되어 있다. 그런데《청구》와《만성》의《광주이씨보》에는 이도첨의 가계가 보이지 않는다.

397 윤우주尹遇周(1678~?) 통덕랑(정5품)을 거쳐 숙종 43년(1717) 40세로 함경도 별시에 급제하여 벼슬이 용안현감(종6품)에 이르렀다.

《방목》에는 벼슬이 없이 아버지[胄業] 이름이 보이고, 본관이 파평坡
平으로 되어 있다. 그런데 《청구》와 《만성》의 《파평윤씨보》에는 윤
우주의 가계가 보이지 않는다.

398 이여李嶼(1673~?) 유학을 거쳐 숙종 43년 45세로 함경도 별시
에 급제하여 벼슬이 찰방(종6품)에 이르렀다. 《방목》에는 벼슬이 없
이 아버지[振華] 이름만 보이고, 본관이 공주公州로 되어 있다. 그런데
《청구》와 《만성》의 《공주이씨보》에는 이여의 가계가 보이지 않는
다. 2000년 현재 공주이씨 인구는 1만 764가구 3만 5,148명의 희성으
로 조선시대 문과급제자 14명을 배출했다.

399 임익빈林益彬(1680~?) 평안도 사람으로 생원을 거쳐 숙종 43년
28세로 평안도 별시에 장원급제하여 벼슬이 예조좌랑, 병조좌랑(정6
품)을 거쳐 영조 17년 북청부사(종3품)에 이르렀다가 파직되었다. 《방
목》에는 벼슬이 없이 아버지[桂夏] 이름이 보이고, 본관이 울진蔚珍으
로 되어 있다. 그런데 《청구》와 《만성》에는 《울진임씨보》 자체가
없다. 2000년 현재 울진임씨 인구는 40가구 97명의 희성으로, 조선시
대 문과급제자 6명을 배출했는데, 임익빈이 첫 급제자인 동시에 시조
이다.

400 양성시梁聖時(1673~?) 평안도 사람으로 유학을 거쳐 숙종 43년
45세로 평안도 별시에 을과로 급제하여 벼슬이 현감(종6품)에 이르렀
다. 《방목》에는 벼슬과 아버지[克家] 이름이 보이고, 본관이 남원南原
으로 되어 있다. 그런데 《청구》와 《만성》의 《남원양씨보》에는 양성
시의 가계가 보이지 않는다.

401 김만형金萬亨(1679~?) 평안도 사람으로 숙종 43년 39세로 평안
도 별시에 병과로 급제하여 벼슬이 성균관 학유(종9품)에 이르렀다.

《방목》에는 벼슬이 없이 아버지[得彦] 이름이 보이고, 본관이 영광靈
光으로 되어 있다. 그런데 《청구》와 《만성》의 《영광김씨보》에는 김
만형의 가계가 보이지 않는다.

402 김국항金國恒(1679~?) 평안도 사람으로 유학을 거쳐 숙종 43년
39세로 평안도 별시에 병과로 급제하여 벼슬이 성균관 학정(정8품)에
이르렀다. 《방목》에는 벼슬과 아버지[壽億], 할아버지[益彰] 이름이
보이고, 본관이 연안延安으로 되어 있다. 그런데 《청구》와 《만성》의
《연안김씨보》에는 김국항의 가계가 보이지 않는다. 연안김씨는 조선
시대 문과급제자 163명을 배출했는데, 평안도 정주定州에서만 영조
대 이후 43명을 배출하여 그 지역 최고 명문으로 등장했다.

403 이유춘李囿春(1701~?) 유학을 거쳐 숙종 43년 17세로 온양 별시
에 장원급제하여 벼슬이 성균관 전적(정6품)에 이르렀는데, 아버지
이성채李星彩(1678~?)도 함께 응시하여 아들보다 성적이 낮은 을과로
급제했다. 《방목》에는 벼슬과 아버지[星彩], 할아버지[德敏] 이름이
보이고, 본관이 한산韓山으로 되어 있다. 그런데 《청구》와 《만성》의
《한산이씨보》에는 이유춘의 가계가 보이지 않는다.

404 이성채李星彩(1678~?) 앞에 소개한 이유춘의 아버지로 생원을
거쳐 숙종 43년 40세로 온양 별시에 을과로 급제하여 벼슬이 찰방(종
6품)에 이르렀다. 《방목》에는 벼슬과 아버지[德敏] 이름이 보이고, 본
관이 한산으로 되어 있다. 그런데 《청구》와 《만성》의 《한산이씨보》
에는 가계가 보이지 않는다.

405 오서종吳瑞鍾(1693~1722) 유학을 거쳐 숙종 43년 25세로 온양
별시에 병과로 급제하여 벼슬이 성균관 박사(정7품)에 이르렀는데,
경종 2년 노론으로서 역모사건에 연루되어 장살杖殺되었다. 《방목》

에는 벼슬과 아버지[斗天] 이름이 보이고, 본관이 보성寶城으로 되어
있다. 그런데 《청구》와 《만성》의 《보성오씨보》에는 오서종의 가계
가 보이지 않는다.

406 한진원韓震元(1682~?) 생원을 거쳐 숙종 43년 36세로 식년시에
급제하여 벼슬이 직장(종7품)에 이르렀다. 《방목》에는 벼슬과 아버지
[弘濟] 이름이 보이나 본관이 없다. 본관은 청주淸州로 알려져 있는데,
《청구》와 《만성》의 《청주한씨보》에는 한진원의 가계가 보이지 않
는다.

407 홍익룡洪翼龍(1691~?) 유학을 거쳐 숙종 43년 27세로 식년시에
급제하여 성균관 권지(임시직)에 이르렀다. 《방목》에는 벼슬이 없이
아버지[慶厚] 이름이 보이고, 본관이 남양南陽으로 되어 있다. 그런데
《청구》와 《만성》의 《남양홍씨보》에는 홍익룡의 가계가 보이지 않
는다.

408 노삼방盧三邦(1680~?) 유학을 거쳐 숙종 43년 38세로 식년시에
급제하여 벼슬이 현감(종6품)에 이르렀다. 《방목》에는 벼슬과 아버지
[浹], 할아버지[守悌], 증조[瑩] 이름이 보이고, 본관이 만경萬頃으로
되어 있다. 그런데 《청구》의 《만경노씨보》에는 노혁盧革 한 사람만
기록되어 있고, 《만성》에는 《만경노씨보》 자체가 없다. 2000년 현재
만경노씨 인구는 1,608가구 5,181명의 희성으로, 조선시대 문과급제
자 3명을 배출했는데, 태종 대 첫 급제자가 나온 뒤로 노삼방이 두
번째이다.

409 장두주張斗周(1683~?) 관서 지방의 미천微賤한 사람으로[203] 유

---

[203] 《경종실록》 권13, 경종 3년 12월 15일 경신.

학을 거쳐 숙종 43년 35세로 식년시에 급제하여 벼슬이 경종 대 대동
찰방(종6품)과 현감(종6품)을 거쳐 영조 대 운산군수와 박천군수(종4
품)에 이르렀다. 대동찰방 시절에는 역졸驛卒들을 동배同輩로 여기면
서 너나들이하고 지냈다고 하는데,[204] 이로 보아 그는 역졸 출신인지
도 모른다.《방목》에는 벼슬이 없이 아버지[熙運] 이름이 보이고, 본
관이 진주晉州로 되어 있다. 그런데《청구》와《만성》에는《진주장씨
보》자체가 없다. 2000년 현재 진주장씨 인구는 421가구 1,371명의
희성으로, 조선시대 문과급제자 2명을 배출했는데, 장두주가 첫 급제
자로서 실질적인 시조이다. 그를 미천하다고 한 이유를 알 수 있다.

410 여명진呂鳴震(1661~?) 생원을 거쳐 숙종 43년 57세로 식년시에
급제하여 벼슬이 성균관 전적(정6품)에 이르렀다.《방목》에는 벼슬이
없이 아버지[師賢], 할아버지[公望], 증조[惟謙], 외조의 이름이 보이고,
본관이 성주星州로 되어 있다. 그런데《청구》의《성주여씨보》에는
여명진의 가계가 보이지 않는다.

411 김응상金應商(1686~?) 생원을 거쳐 숙종 43년 32세로 식년시에
급제했다.《방목》에는 벼슬이 없이 아버지[以兌], 할아버지[鼎秋], 증
조[瑛] 이름이 보이고, 본관이 순천順天으로 되어 있다.《청구》의《순
천김씨보》를 보면 김응상의 직계 5대조 가운데 벼슬아치가 없으며,
《만성》의《순천김씨보》에는 가계가 보이지 않는다.

412 한주韓澍(1681~?) 유학을 거쳐 숙종 43년 37세로 식년시에 급
제하여 벼슬이 병조좌랑(정6품), 성균관 직강(정5품)과 사예(정4품)에
이르렀다.《방목》에는 벼슬과 아버지[後良], 할아버지[森], 증조[興祖]

---

204)《경종실록》권13, 경종 3년 12월 15일 경신.

이름이 보이고, 본관이 청주淸州로 되어 있다. 《청구》와 《만성》의
《청주한씨보》를 보면 한주의 직계 6대조 가운데 4대조만이 참봉(종9
품) 벼슬을 가지고 있다.

413 **김열**金洌(1684~?) 서북지방 사람으로 유학을 거쳐 숙종 43년
34세로 식년시에 급제하여 벼슬이 성균관 전적(정6품)을 거쳐 영조
대 맹산현감(종6품)에 이르렀다. 《방목》에는 벼슬이 없이 아버지[重
錫] 이름이 보이고, 본관이 충주忠州로 되어 있다. 그런데 《청구》의
《충주김씨보》에는 고려시대 인물인 김남길金南吉 한 사람만 기록되
어 있을 뿐 김열의 가계는 보이지 않는다. 한편, 《만성》에는 《충주김
씨보》자체가 없다. 2000년 현재 충주김씨 인구는 2,923가구 9,099명
의 희성으로, 숙종 대 이후 문과급제자 5명을 배출했는데, 4명이 평
안도, 1명이 함경도 출신이다.

414 **서침**徐琛(1677~?) 유학을 거쳐 숙종 43년 41세로 식년시에 급
제하여 벼슬이 군수(종4품)에 이르렀다. 《방목》에는 벼슬과 아버지
[必遇] 이름이 보이고, 본관이 경상도 군위軍威로 되어 있다. 《청구》
의 《군위서씨보》를 보면 아버지와 서침 두 사람만 기록되어 있는데,
아버지는 벼슬이 없다. 한편, 《만성》에는 《군위서씨보》자체가 없
다. 2000년 현재 군위서씨 인구는 145가구 407명의 희성으로, 조선시
대 문과급제자는 그가 유일하다.

415 **이하연**李夏演(1690~?) 유학을 거쳐 숙종 43년 28세로 식년시에
급제하여 벼슬이 성균관 사예(정4품)와 고성현령(종5품)에 이르렀다
가 파직되어 다시 함경도 도사(종5품)를 지냈는데, 영조 18년 이하연
이 고성현령에 임명되자 홍문관은 그의 인물이 잔열孱劣하다고 하면
서 체차를 요구했다.[205] 여기서 인물이 잔열하다는 것은 신분이 미천

하다는 것을 뜻한다. 《방목》에는 벼슬과 아버지[天甲] 이름이 보이고,
본관이 함평咸平으로 되어 있다. 그런데 《청구》의 《함평이씨보》에는
아버지 이름은 보이나 벼슬이 없고, 이하연의 이름은 보이지 않는다.
한편, 《만성》의 《함평이씨보》에는 가계가 전혀 보이지 않는다.

 416 고만갑高萬甲(1681~?) 제주 사람으로 유학을 거쳐 제주 별시에
급제하여 숙종 43년 37세로 식년시에 직부하여 급제한 뒤 벼슬이 군
수(종4품)에 이르렀다. 《방목》에는 벼슬과 아버지[瑗], 증조[弘進] 이
름이 보이고, 본관이 제주濟州로 되어 있다. 그런데 《청구》와 《만성》
의 《제주고씨보》에는 할아버지와 아버지의 이름은 보이나, 고만갑의
이름은 보이지 않는다.

 417 이시재李時栽(1681~?) 유학을 거쳐 숙종 43년 37세로 식년시에
급제하여 벼슬이 예조정랑(정5품)에 이르렀다. 《방목》에는 벼슬과 아
버지[廷吉], 할아버지[昭蕃], 외조의 이름이 보이고, 본관이 수안遂安으
로 되어 있다. 그런데 《청구》의 《수안이씨보》에는 이시재의 가계가
보이지 않으며, 《만성》에는 《수안이씨보》 자체가 없다. 2000년 현재
수안이씨 인구는 5,539가구 1만 7,677명의 희성으로, 효종 대 이후 문
과급제자 26명을 배출했는데, 그 가운데 평안도 출신이 11명, 황해도
출신이 6명, 함경도 출신이 1명이다. 주로 북방에서 급제자가 배출된
것을 알 수 있다.

 418 고처량高處亮(1688~?) 유학을 거쳐 제주 별시에 급제하여 숙종
43년 30세로 식년시에 직부하여 급제한 뒤 벼슬이 현감(종6품)에 이
르렀다. 《방목》에는 벼슬이 없이 아버지[義察] 이름이 보이고, 본관

---

205) 《영조실록》 권56, 영조 18년 10월 17일 임인.

이 제주濟州로 되어 있다. 그런데 《청구》의 《제주고씨보》에는 고쳐 량의 가계가 보이지 않으며, 《만성》의 《제주고씨보》에 가계가 보이지만 4대조와 외조 가운데 벼슬아치가 없다.

419 정태주鄭泰周(1687~?) 유학을 거쳐 숙종 43년 31세로 식년시에 급제하여 벼슬이 군수(종4품)에 이르렀다가, 영조 3년 반역죄로 파면되었다. 《방목》에는 벼슬이 없이 아버지[夢海], 할아버지[漟], 증조[復初] 이름이 보이고, 본관이 진주晉州로 되어 있다. 그런데 《청구》와 《만성》의 《진주정씨보》에는 정태주의 가계가 보이지 않는다. 아버지가 숙종 31년 문과에 급제한 인물임에도 《족보》에 오르지 못한 것은 이상하다.

420 이춘휘李春輝(1688~?) 유학을 거쳐 숙종 43년 30세로 식년시에 급제하여 벼슬이 찰방(종6품)에 이르렀다. 《방목》에는 벼슬과 아버지[震迪] 이름이 보이고, 본관이 교하交河로 되어 있다. 그런데 《청구》와 《만성》의 《교하이씨보》에는 이춘휘의 가계가 보이지 않고, 오직 숙종 28년 급제한 이진형李震亨 한 사람만이 기록되어 있다. 2000년 현재 교하이씨 인구는 154가구 464명의 희성으로, 숙종 대 이후 문과 급제자 3명을 배출했다.

421 안세갑安世甲(1693~?) 유학을 거쳐 숙종 43년 25세로 식년시에 급제하여 벼슬이 성균관 직강(정5품)에 이르렀다. 《방목》에는 벼슬과 아버지[必昌] 이름이 보이고, 본관이 순흥順興으로 되어 있다. 그런데 《청구》와 《만성》의 《순흥안씨보》에는 안세갑의 가계가 보이지 않는다.

422 신철申澈(1691~?) 유학을 거쳐 숙종 43년 27세로 식년시에 급제했다. 《방목》에는 벼슬이 없이 아버지[龍濟], 할아버지[浣], 증조[得

顔] 이름이 보이고, 본관이 고령高靈으로 되어 있다. 그런데 《청구》와 《만성》의 《고령신씨보》를 보면 증조와 할아버지의 이름은 보이나 아버지와 신철의 이름은 보이지 않는다.

423 김태화金兌華(1688~?) 유학을 거쳐 숙종 43년 30세로 식년시에 급제하여 벼슬이 군수(종4품)에 이르렀다. 《방목》에는 벼슬이 없이 아버지[國仁], 할아버지[應瑞], 증조[震] 이름이 보이고, 본관이 금산錦山으로 되어 있다.206) 그런데 《청구》와 《만성》의 《금산김씨보》에는 김태화의 가계가 보이지 않는다. 2000년 현재 금산김씨 인구는 4,377가구 1만 4,052명의 희성으로, 조선시대 문과급제자 3명을 배출했는데, 그가 두 번째로 급제했다.

424 김대金岱(1579~?) 유학을 거쳐 숙종 43년 39세로 식년시에 급제하여 벼슬이 예조좌랑(정6품)에 이르렀다. 《방목》에는 벼슬이 없이 아버지[錫昌] 이름이 보이고, 본관이 부안扶安207)으로 되어 있다. 그런데 《청구》와 《만성》의 《부안김씨보》에는 김대의 가계가 보이지 않는다.

425 박태휘朴泰彙(1689~?) 통덕랑(정5품)을 거쳐 숙종 45년(1719) 31세로 별시에 병과로 급제한 뒤 벼슬이 예조좌랑(정6품)에 이르렀다. 《방목》에는 벼슬이 없이 아버지[希顔], 할아버지[世敏] 이름이 보이고, 본관이 군위軍威로 되어 있다. 그런데 《청구》의 《군위박씨보》에는 박태휘의 가계가 보이지 않는다. 2000년 현재 군위박씨 인구는 489가구 1,613명의 희성으로, 조선시대 문과급제자 4명을 배출했는

---

206) 《방목》에는 본관이 없는 것으로 기록되어 있으나 그 다음 인물인 김대金岱의 본관인 금산錦山을 김태화의 본관으로 보아야 한다.

207) 《방목》에는 본관이 금산으로 되어 있으나 이는 김태화의 본관을 잘못 기록한 것이다.

데, 모두 숙종 대 이후에 급제했다.

426 황준黃浚(1684~?) 생원을 거쳐 숙종 45년 36세로 증광시에 급
제하여 벼슬이 사헌부 감찰(정6품)에 이르렀다. 《방목》에는 벼슬과
아버지[鍾振], 할아버지[𣲖], 증조[德承], 외조의 이름이 보이고, 본관
이 장수長水로 되어 있다. 《청구》의 《장수황씨보》를 보면 직계 3대
조는 모두 벼슬이 없으며, 《만성》의 《장수황씨보》에는 아버지까지
의 가계는 보이나 황준의 이름은 빠져 있다.

427 홍계상洪啓相(1684~?) 업유業儒를 거쳐 숙종 45년 36세로 증광
시에 급제하여 벼슬이 찰방(종6품)에 이르렀다. 《방목》에는 벼슬과
아버지[聖休], 할아버지[錫], 증조[敬紹], 외조의 이름이 보이고, 본관
이 남양南陽으로 되어 있다. 그런데 《청구》와 《만성》의 《남양홍씨
보》에는 홍계상의 가계가 보이지 않는다. 서얼이기 때문에 《족보》에
서 빠진 것으로 보인다.

428 유승현柳升鉉(1680~?) 유학을 거쳐 숙종 45년 40세로 증광시에
급제하여 벼슬이 정랑(정5품)을 거쳐 종성부사(종3품)에 이르렀다.
《방목》에는 벼슬과 아버지[奉時], 할아버지[振輝], 증조[橚], 외조의
이름이 보이고, 본관이 전주全州로 되어 있다. 《청구》와 《만성》의
《전주유씨보》를 보면 유승현의 직계 6대조와 외조 가운데 벼슬아치
가 없다.

429 김하구金夏九(1676~?) 진사를 거쳐 숙종 45년 44세로 증광시에
급제하여 벼슬이 병조좌랑(정6품)에 이르렀다. 《방목》에는 벼슬이 없
이 아버지[世熙], 할아버지[道章], 증조[光國], 외조의 이름이 보이고,
본관이 수안遂安으로 되어 있다. 그런데 《만성》에는 《수안김씨보》
자체가 없고, 《청구》의 《수안김씨보》에는 김하구의 가계가 보이지

않는다. 2000년 현재 수안김씨 인구는 1,388가구 4,459명의 희성으로, 조선시대 문과급제자 3명을 배출했는데, 그가 처음이다.

　430 **신정모**申正模(1691~?) 유학을 거쳐 숙종 45년 29세로 증광시에 급제하여 벼슬이 현감(종6품)에 이르렀다. 《방목》에는 벼슬과 아버지[德溢], 할아버지[大錫], 증조[琛], 외조의 이름이 보이고, 본관이 아주鵝州로 되어 있다. 그런데 《만성》의 《아주신씨보》에는 신정모의 가계가 보이지 않으며, 《청구》의 《아주신씨보》에는 이름이 보이는데, 아버지, 할아버지, 증조의 이름이 《방목》과 다르다. 《족보》에 따르면, 직계 3대조는 모두 벼슬이 없다. 신원을 알 수 없는 인물이다.

　431 **이광세**李匡世(1679~?) 진사를 거쳐 숙종 45년 41세로 춘당대시에 병과로 급제하여 벼슬이 판윤(정2품)에 이르렀다. 《방목》에는 벼슬과 아버지[聞政], 할아버지[九成], 증조[長英], 외조[金夏錫], 처부의 이름이 보이고, 본관이 전주全州로 되어 있다. 《전주이씨과거급제자총람》을 보면 이광세는 정종의 후궁 소생 덕천군德泉君의 11세손으로, 직계 3대조와 외조 가운데 벼슬아치가 없다.

경종 대
신분이 낮은 급제자와 벼슬

1) 시험종류별 급제자 인원

경종 대(1720~1724) 4년 동안 선발된 문과급제자는 모두 183명으로 시험과목별 급제자 인원을 살펴보면 다음과 같다.

먼저, 급제자 183명을 4년에 걸쳐 선발했으므로 매년 평균 45.75명을 선발한 셈이다. 이는 앞 시기 숙종 대 평균 31.56명과 비교하여 늘어난 수치이며, 뒤 시기 영조 대 40.9명과 비교해도 많은 수치다.

식년시式年試	2회	69명
증광시增廣試	2회	73명
정시庭試	3회	21명
알성시謁聖試	1회	7명
별시別試	1회	13명
합 계		183명

3년마다 정기적으로 치르는 식년시는 7배수를 선발하는 초시初試에서 8도의 인구비율로 인원을 안배하는 까닭에 지방민에게 유리한 시험이다. 2회에 걸쳐 69명을 선발했는데, 매회 평균 34.5명을 선발한 셈으로, 33명의 정원을 약간 초과한 것을 알 수 있다. 그리고 식년시와 비슷한 성격의 증광시를 2회나 치러 73명을 선발했는데, 이는

매회 평균 36.5명을 선발한 셈이다. 식년시와 증광시급제자를 합치면
142명으로 전체 급제자의 77.59퍼센트를 차지한다. 이 수치는 앞 시
기와 비교하여 크게 늘어난 것이다.

또 한 가지 주목할 것은 숙종 대와 영조 대에는 지방민을 위한 도
과道科가 여러 차례 시행되었으나, 경종 대에는 도과가 한 번도 없었
다는 사실이다. 이는 재위기간이 짧은 데 원인이 있을 것이다.

2) 신분이 낮은 급제자의 인원과 유형

경종 대 문과급제자 183명 가운데 신분이 낮은 것으로 조사된 급
제자는 모두 63명으로 전체 급제자의 34.42퍼센트를 차지한다. 이 수
치를 앞 시기와 비교하면 다음과 같다.

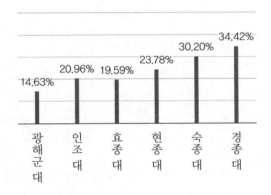

위 표를 보면, 광해군 대 14.63퍼센트로 최하점을 찍었던 수치가
인조-효종-현종 대에 20퍼센트를 오르내리다가 숙종 대에 이르러
30퍼센트대를 기록하고, 이어 경종 대에 34퍼센트대로 올라간 것을

볼 수 있다. 그러니까 17세기 1백 년 동안 가장 저조하다가 17세기 말에서 18세기 초에 이르러 30퍼센트대로 상승하고 있음을 볼 수 있다. 이런 상승추세는 다음 영조 대에도 이어지다가 정조 대에 이르러 53퍼센트대로 치솟고 있는데, 이 점에 대해서는 뒤에 자세히 설명하게 될 것이다.

그런데 경종 대 신분이 낮은 급제자 63명 가운데는 다음과 같은 여러 부류가 있다. ① 《방목》에 본관이 기록되어 있지 않은 급제자는 57명인데, 그 가운데 56명은 본관과 《족보》가 확인된다. 다만, 1명만이 《족보》 자체가 《청구》와 《만성》에 보이지 않는다. ② 《족보》는 있으나, 《족보》에 가계가 보이지 않는 급제자는 39명이다. ③ 《족보》에 가계가 보이나 본인 또는 아버지 윗대의 가계가 끊어진 급제자가 6명이다. ④ 내외 4대조 가운데 벼슬아치가 보이지 않는 급제자가 15명이다. ⑤ 기타 신원이 모호한 급제자가 2명이다.

(1) 《족보》 자체가 없는 급제자

경종 대 문과급제자 183명 가운데 《방목》에 본관이 기록되어 있지 않은 급제자는 모두 57명으로, 전체 급제자의 31.14퍼센트를 차지하고 있다. 이들은 대부분 직계 4대조 가운데 아버지 이름만 보이고, 벼슬 이름이 보이지 않는 경우가 많으므로 신분에 문제가 있다는 것을 암시하고 있다. 하지만 이들 가운데 56명은 현행 《족보》를 통해서 본관을 확인할 수 있고, 1명은 《족보》 자체가 《청구》와 《만성》에 보이지 않는다. 그 인물은 다음과 같다.

정내복丁來復《방목》에 본관이 없지만 영산靈山으로 알려져 있다. 벼슬이 좌랑(정6품)에 이르렀는데,《청구》와《만성》에는《영산정씨보》 자체가 없어 신원을 알 수 없다. 2000년 현재 영산정씨 인구는 283가구 964명의 희성으로, 조선시대 문과급제자는 정내복이 유일하다.

(2)《족보》에 가계가 보이지 않는 급제자

경종 대 문과급제자 183명 가운데《족보》는 있으나《청구》와《만성》의《족보》에 가계가 보이지 않는 급제자는 모두 39명으로, 전체 급제자의 21.31퍼센트를 차지하고 신분이 낮은 급제자 63명의 61.9퍼센트를 차지한다. 이들은 비록《족보》에는 가계가 보이지 않지만 본관 자체는 명문인 경우가 있고, 반대로 본관의 인구가 적은 희성稀姓인 경우도 있다. 어느 경우이든 급제자의 직계 조상이 한미寒微하다는 것을 말해 준다. 평민 출신, 서얼, 중인, 향리, 그 밖에 후손이 단절되었거나 등의 이유가 있는 것으로 보인다.

(가) 3품 이상 고관에 오른 급제자

《족보》에 가계가 보이지 않는 급제자 39명 가운데 3품 이상 고관에 오른 인물은 5명이다. 그 명단은 다음과 같다.

민정閔珽 본관이 여흥驪興으로 벼슬이 승지(정3품 당상관)에 올랐는데,《여흥민씨보》에는 민정의 가계가 보이지 않는다.

최희도崔熙道 본관이 태인泰仁으로 벼슬이 통례원 통례(정3품 당하관)에 올랐는데,《태인최씨보》에는 최희도의 가계가 보이지 않는다.

2000년 현재 태인최씨 인구는 453가구 1,447명의 희성으로, 문과급제자는 그가 유일하다.

윤세봉尹世鳳 본관이 파평坡平으로 벼슬이 교서관 판교(정3품 당하관)에 올랐는데,《파평윤씨보》에는 아버지 이름만 보이고 윤세봉의 이름은 보이지 않는다.

박세표朴世杓 본관이 무안務安으로 벼슬이 교서관 판교(정3품 당하관)에 올랐는데,《무안박씨보》에는 박세표의 가계가 보이지 않는다.

오명후吳命厚 본관이 해주海州로 벼슬이 울산부사(종3품)에 올랐는데,《해주오씨보》에는 오명후의 가계가 보이지 않는다.

(나) 서얼 출신, 비천한 급제자, 희성 출신

《족보》에 가계가 보이지 않는 급제자 39명 가운데는 서얼 출신이 2명, 비천卑賤한 인물이 1명, 전주이씨로《족보》에 오르지 못한 급제자가 2명, 희성 출신으로 확인된 급제자가 2명, 인망이 가볍다고 비판받은 급제자가 1명이다. 이들 가운데 유일급제자는 1명이다. 8명의 명단을 소개하면 다음과 같다.

이식명李植命 서얼로서 허통許通되어 업유業儒의 자격으로 급제하여 벼슬이 울진현감(종6품)에 이르렀는데, 본관이 광주廣州이지만《광주이씨보》에는 아버지까지의 이름만 보이고 이식명의 이름은 보이지 않는다.

배윤명裵胤命 본관이 성주星州로서 벼슬이 울진현령(종5품)에 이르렀는데, 당시 사헌부는 배윤명이 영남의 천얼賤孽로서 문묵文墨의 재능을 믿고 사대부들 사이에 놀았다고 비난했다. 이로 보아 그는 서얼임이 확실하다.《성주배씨보》에 가계가 보이지 않는다.

이봉명李鳳鳴 본관이 서천舒川(서림)으로 벼슬이 훈도(종9품)를 거쳐 전라도 도사(종5품)와 어천찰방(종6품)에 이르렀는데, 사헌부는 이봉명이 향곡鄕曲의 비천한 사람, 또는 문지門地가 미천微賤하다는 이유로 도사와 낭관 임명을 반대하고 나섰다. 《서천이씨보》에 가계가 보이지 않는다. 2000년 현재 서천이씨 인구는 423가구 1,390명의 희성으로, 조선시대 문과급제자 2명을 배출했다.

이정룡李挺龍 본관이 전주全州로 벼슬이 현감(종6품)에 이르렀는데, 《전주이씨과거급제자총람》을 보면 이정룡은 《족보》에 오르지 못한 파미분류자派未分類者로 되어 있다. 이는 그가 평민이거나 서출임을 암시한다.

이창술李昌述 평안도 가산嘉山 사람으로 본관이 전주全州인데 벼슬이 없다. 《전주이씨과거급제자총람》을 보면 이창술은 파미분류자로 되어 있다. 평민 출신이거나 서얼임을 암시한다.

김정봉金廷鳳 본관이 광주光州(光山)로 벼슬이 성균관 전적(정6품)과 평안도 도사(종5품)에 이르렀는데, 《광산김씨보》에 가계가 보이지 않을 뿐 아니라, 김정봉이 도사에 임명되자 사헌부는 그의 인망人望이 가볍다는 이유로 반대하고 나섰다.

진재박陳在搏 함흥咸興 사람으로 본관이 강릉江陵인데 벼슬이 성균관 직강(정5품)에 이르렀는데, 《강릉진씨보》에 가계가 보이지 않는다. 2000년 현재 강릉진씨 인구는 1,384가구 4,284명의 희성으로, 조선시대 문과급제자 2명을 배출했다.

최희도崔熙道 태인최씨로 유일급제자이다. 앞에서 이미 설명했다.

(3) 《족보》에 가계가 단절된 급제자

경종 대 신분이 낮은 급제자 63명 가운데 《족보》에 이름이 보이지만, 본인 또는 아버지 윗대의 가계가 끊어져 있는 급제자는 6명이다. 이들은 공통적으로 인구가 극히 적은 희성으로 조상 가운데 벼슬아치가 없는데, 첫 급제자가 4명이다. 그 명단을 소개하면 다음과 같다.

오성유吳聖兪 벼슬이 현감(종6품)에 이르렀는데, 《방목》에는 본관이 기계杞溪로 되어 있으나 현재는 화순오씨和順吳氏로 알려져 있어 혼란스럽다. 아마도 본관이 본래 기계였으나 뒤에 화순으로 바꾼 것으로 보인다. 《청구》의 《기계오씨보》에는 아버지와 오성유의 이름만 기록되어 있는데, 아버지는 벼슬이 없다. 2000년 현재 화순오씨 인구는 948가구 3,032명의 희성으로, 조선시대 문과급제자 2명을 배출했으며, 그가 처음이다.

방성규方聖規 본관이 남양南陽으로 벼슬이 성균관 전적(정6품)에 이르렀는데, 《청구》의 《남양방씨보》에는 아버지와 방성규의 이름만 보인다. 그러나 현재 인구는 알 수 없다. 아마 온양방씨溫陽方氏로 통합된 듯하다.

김익침金益沈 본관이 풍천豊川으로 벼슬이 성균관 전적(종6품)에 이르렀는데, 《청구》의 《풍천김씨보》에는 아버지와 김익침의 이름만 보이지만 아버지는 벼슬이 없다. 2000년 현재 풍천김씨 인구는 733가구 2,292명의 희성으로, 김익침이 첫 문과급제자이다.

현봉점玄鳳漸 평안도 개천价川 사람으로 본관이 순천順天이고, 벼슬이 성균관 직강(정5품)에 이르렀는데, 《청구》의 《순천현씨보》에는

현봉점의 이름만 보인다. 한편,《성주현씨보》에도 이름이 올라 있어
혼란스럽다. 2000년 현재 순천현씨 인구는 279가구 904명의 희성으
로, 조선시대 문과급제자 4명을 배출했으며, 성주현씨는 6명을 배출
했다.

백태운白泰運 본관이 선산善山으로 벼슬이 토산현감(종6품)에 이르
렀는데, 토산현감을 지낸 것으로 보아 북방 사람으로 보인다.《청구》
의《선산백씨보》에는 백태운 한 사람만 기록되어 있는데, 조선시대
첫 문과급제자이다. 현재 선산백씨는 수원백씨水原白氏로 통합되어
인구를 알 수 없다.

정진후鄭震垕 본관이 광주廣州로 벼슬이 교서관 교리(종5품)에 이르
렀는데, 증조가 시조로서 조상 가운데 벼슬아치가 없다.

차이재車以載 본관이 연안延安으로 벼슬이 찰방(종6품)에 이르렀는
데,《청구》의《연안차씨보》에는 차이재의 이름만 보인다. 조선 후기
연안차씨 문과급제자는 대부분 평안도 사람이므로 그도 평안도 출신
으로 보인다.

(4) 내외 4대조 또는 가까운 윗대에 벼슬아치가 없는 급제자

경종 대 신분이 낮은 급제자 63명 가운데 내외 4대조 가운데 또는
가까운 윗대에도 벼슬아치가 보이지 않는 급제자는 15명이다. 이 수
치는 전체 급제자의 8.19퍼센트, 신분이 낮은 급제자의 23.8퍼센트를
차지한다. 이들 가운데 직계 7대조 가운데 벼슬아치가 없는 급제자가
1명, 6대조가 2명이다. 또 이들 가운데 3품 이상 고관에 오른 급제자
는 2명이고, 벼슬을 받지 못한 급제자는 1명이며, 나머지 12명은 4품

이하의 벼슬을 받는 데 머물렀다.

(가) 3품 이상 고관에 오른 급제자

내외 4대조 또는 가까운 윗대에 벼슬아치가 없는 급제자 15명 가운데 3품 이상 고관에 오른 급제자는 2명인데, 그 명단을 소개하면 다음과 같다.

이형옥李馨玉 본관이 원주原州로 벼슬이 승지(정3품 당상관)에 올랐는데, 직계 6대조와 외조 가운데 벼슬아치가 없다.

유시모柳時模 본관이 문화文化로 벼슬이 참의(정3품 당상관)에 올랐는데, 직계 3대조와 외조 가운데 벼슬아치가 없다.

(5) 신원을 알 수 없는 급제자

경종 대 신분이 낮은 급제자 63명 가운데 《족보》마다 기록이 서로 달라 신원을 알 수 없는 급제자는 2명이다. 그 명단을 소개하면 다음과 같다.

김성응金聲應 본관이 안동安東으로 벼슬이 통례원 통례(정3품 당하관)에 올랐다. 《청구》의 《안동김씨보》에는 직계 3대조 가운데 벼슬아치가 없고, 《만성》의 《안동김씨보》에는 김성응의 이름이 보이지 않으며 아버지의 가계가 전혀 다르다.

김오응金五應 본관이 안동安東으로 벼슬이 현감(종6품)에 이르렀다. 《청구》의 《안동김씨보》를 보면 김오응은 앞에 소개한 김성응과 사촌형제로 되어 있으나, 《만성》의 《안동김씨보》를 보면 가계가 다르다.

3) 신분이 낮은 급제자의 벼슬

경종 대 신분이 낮은 급제자 63명은 어떤 벼슬을 받았을까? 우선 벼슬을 받지 못한 급제자가 7명인데, 6명은 《족보》에 가계가 보이지 않는 급제자이고, 1명은 내외 4대조 가운데 벼슬아치가 없는 급제자이다. 벼슬을 받은 급제자가 56명으로 88.88퍼센트가 벼슬을 받은 것이다. 이 수치를 앞 시기와 비교하면 다음과 같다.

위 표를 보면 광해군 대 96.96퍼센트를 보이던 취직률이 인조 대와 효종 대에 이르러 낮아지고 있다가 현종 대와 숙종 대에는 다시 광해군 대와 비슷한 수치로 올라갔으며, 경종 대에 이르러 88퍼센트대로 내려가고 있음을 볼 수 있다. 그만큼 취직이 어려워지고 있다는 것을 보여 준다. 그 원인은 경종 대에 해마다 평균 급제자 인원이 가장 많아진 것과 관련이 있다.

이들이 받은 벼슬을 최고 품계별로 소개하면 다음과 같다.

참의參議(정3품 당상관)	1명
승지承旨(정3품 당상관)	2명
통례원 통례通禮(정3품 당하관)	2명
교서관 판교判校(정3품 당하관)	2명
부사府使(종3품)	1명
1~3품	8명
성균관 사예司藝(정4품)	2명
사헌부 장령掌令(정4품)	1명
군수郡守(종4품)	2명
성균관 직강直講(정5품)	2명
정랑正郎(정5품)	5명
사헌부 지평持平(정5품)	1명
교서관 교리校理(종5품)	1명
현령縣令(종5품)	1명
도사都事(종5품)	2명
성균관 전적典籍(정6품)	3명
좌랑佐郎(정6품)	8명
사헌부 감찰監察(정6품)	2명
찰방察訪(종6품)	6명
현감縣監(종6품)	10명
4~6품	46명
승문원 정자正字(정9품)	2명
7~9품	2명
벼슬을 받지 못한 급제자	7명
합 계	63명

　여기서 3품 이상 벼슬을 받은 사람이 8명인데, 최고 벼슬이 참의와 승지로서 정3품 당상관에 그치고 있다. 2품 이상에 해당하는 의정부 정승이나 6조 판서, 참판 등은 한 사람도 없다. 숙종 대와 마찬가지로 2품 이상 고위직은 문벌양반이 차지하고 있었다는 것을 말해 준다.

4품에서 6품에 이르는 참상관參上官은 모두 46명인데, 이들이 받은 벼슬 가운데 청직에 해당하는 홍문관弘文館에는 한 명도 없고, 사헌부司憲府에만 4명이 나가고 있을 뿐이다. 중앙관직으로는 6조 낭관郞官 (정랑과 좌랑)이 13명으로 가장 많은데, 문관의 인사권을 가진 이조吏曹 낭관은 없고, 대부분 병조와 예조의 낭관에 머무르고 있다. 낭관 다음으로는 성균관이 9명으로 그 뒤를 잇고 있다.

참상관으로서 가장 많은 벼슬을 받은 것은 부사, 군수, 현령, 도사, 현감, 찰방 등 지방관이 22명으로 절대다수를 차지하고 있다. 특히 지방관 가운데 현감(종6품)과 찰방(종6품)이 16명으로 가장 많다. 이를 다시 정리하면 신분이 낮은 급제자들이 가장 흔하게 받는 참상관 벼슬은 성균관 전적(정6품)이나, 지방의 현감과 찰방 등 6품직이라고 말해도 좋다.

경종 대의 이와 같은 상황은 숙종 대와 비슷하지만, 그 다음 영조 대에는 사헌부, 사간원, 홍문관으로의 진출이 한층 활발한 것을 볼 수 있는데, 이 점에서 경종 대와 차이가 발견된다.

4) 경종 대 신분이 낮은 급제자 명단

경종 대 문과급제자 183명 가운데 신분이 낮은 급제자로 판명된 63명의 명단을 급제시기순으로 소개하면 다음과 같다.

1 **민정**閔珽(1684~?) 진사를 거쳐 경종 원년(1721) 38세로 정시에 급제하여 벼슬이 사간원 정언(정6품)과 사헌부 장령(정4품)을 거쳐 승지 (정3품 당상관)에 이르렀다. 《방목》에는 벼슬이 없이 아버지[世昌] 이

름이 보이고, 본관이 여흥呂興으로 되어 있다. 그런데《청구》와《만성》의《여흥민씨보》에는 민정의 가계가 보이지 않는다.

2 **오성유**吳聖兪(1680~?) 생원을 거쳐 경종 원년 42세로 식년시에 장원급제하여 벼슬이 성균관 직강(정5품)과 현감(종6품)에 이르렀다.《방목》에는 벼슬과 아버지[延契] 이름이 보이고, 본관이 기계杞溪로 되어 있다. 그런데《사마방목》에 오성유의 본관이 화순和順으로 되어 있고 후손들도 화순오씨로 되어 있어, 이를 따르기로 한다. 하지만《만성》에는《기계오씨보》자체가 없고,《청구》의《기계오씨보》를 보면 오성유와 그 아버지 두 사람만 기록되어 있는데, 아버지는 벼슬이 없어 그가 첫 급제자임을 알 수 있다. 2000년 현재 화순오씨 인구는 948가구 3,032명의 희성으로, 조선시대 문과급제자 2명을 배출했는데, 그가 첫 급제자이다.

3 **이귀정**李龜禎(1676~?) 생원을 거쳐 경종 원년 46세로 식년시에 갑과로 급제하여 벼슬이 성균관 직강(정5품)과 예조정랑(정5품)에 이르렀다.《방목》에는 벼슬이 없이 아버지[延老] 이름이 보이고, 본관이 없지만 홍주洪州로 알려져 있다. 그런데《청구》와《만성》의《홍주이씨보》에는 이귀정의 가계가 보이지 않는다. 2000년 현재 홍주이씨 인구는 4,733가구 1만 4,897명의 희성으로, 조선시대 문과급제자 9명을 배출했는데, 그 가운데 5명이 순조 대 이후 평안도에서 배출되었다. 따라서 그도 평안도 출신일 가능성이 크다.

4 **이진주**李鎭周(1678~?) 진사를 거쳐 경종 원년 44세로 식년시에 을과로 급제하여 벼슬이 성균관 사예(정4품)에 이르렀다.《방목》에는 벼슬이 없이 아버지[基孝] 이름이 보이나 본관이 없다. 항렬行列로 보아 우계이씨羽溪李氏일 가능성이 높지만《청구》와《만성》의《우계이

씨보》에는 두 사람의 이름이 보이지 않는다.

5 **김성용**金聖鎔(1693~?) 유학을 거쳐 경종 원년 29세로 식년시에 급
제하여 벼슬이 황해도 도사(종5품)와 병조정랑(정5품)에 이르렀다가
파직되었다. 《방목》에는 벼슬이 없이 아버지[埴] 이름이 보이고, 본
관이 순천順天으로 되어 있다. 《청구》의 《순천김씨보》를 보면 김성
용의 직계 7대조 가운데 할아버지[崇靑]만이 무인武人으로 되어 있고,
나머지는 아무런 벼슬이 없다. 한편, 《만성》의 《순천김씨보》를 보면
할아버지 이름이 영주榮胄로 되어 있고, 아무런 벼슬이 없다. 후자를
따르면, 김성용은 7대조 안에 벼슬아치가 없다.

6 **박인**朴璘(1676~?) 유학을 거쳐 경종 원년 46세로 식년시에 급제
하여 벼슬이 사헌부 감찰(정6품)에 이르렀다가 파직되었다. 《방목》에
는 벼슬이 없이 아버지[壽民] 이름이 보이나 본관이 없다. 본관은 함
양咸陽으로 알려져 있는데, 《청구》와 《만성》의 《함양박씨보》에는
박인의 가계가 보이지 않는다.

7 **이인흥**李麟興(1678~?) 유학을 거쳐 경종 원년 44세로 식년시에 병
과로 급제하여 벼슬이 군수(종4품)에 이르렀는데, 급제 직후 이인흥
이 승문원承文院에 의망擬望되자 사간원은 그의 신분이 낮은 것을 이
유로 의망에서 빼라고 요청했으나 임금은 이를 따르지 않았다. 《방
목》에는 벼슬이 없이 아버지[穗] 이름이 보이고, 본관이 경주慶州로
되어 있다. 《청구》와 《만성》의 《경주이씨보》를 보면 직계 3대조와
외조 가운데 벼슬아치가 없다.

8 **이형옥**李馨玉(1690~?) 유학을 거쳐 경종 원년 32세로 식년시에 병
과로 급제하여 벼슬이 승지(정3품 당상관)에 이르렀다. 《방목》에는 벼
슬이 없이 아버지[時龍] 이름이 보이고, 본관이 없다. 그런데 《만성》

의 《원주이씨보原州李氏譜》에 이형옥의 가계가 보이는데, 직계 6대조
와 외조 가운데 벼슬아치가 없다. 한편, 《청구》의 《원주이씨보》에는
가계가 보이지 않는다.

9 **정태형**鄭泰亨(1681~?) 유학을 거쳐 경종 원년 41세로 식년시에 병
과로 급제하여 벼슬이 정랑(정5품)에 이르렀는데, 영조 대 이인좌난李
麟佐亂에 연루되어 유배를 당했다. 《방목》에는 벼슬이 없이 아버지
[殷鐓] 이름이 보이나 본관이 없다. 본관은 진주晉州로 알려져 있으나,
《청구》와 《만성》의 《진주정씨보》에는 정태형의 가계가 보이지 않
는다.

10 **최희도**崔熙道(1677~?) 통덕랑(정5품)을 거쳐 경종 원년 45세로 식
년시에 병과로 급제하여 벼슬이 통례원 통례(정3품 당하관)에 이르렀
다. 《방목》에는 벼슬이 없이 아버지[像嶸] 이름이 보이나 본관이 없
다. 본관은 태인泰仁으로 알려져 있는데, 《만성》에는 《태인최씨보》
자체가 없고, 《청구》의 《태인최씨보》에는 최인길崔仁吉 한 사람만
기록되어 있을 뿐 최희도의 가계가 보이지 않는다. 2000년 현재 태인
최씨 인구는 453가구 1,447명의 희성으로, 조선시대 문과급제자는 그
가 유일하다.

11 **윤세봉**尹世鳳(1682~?) 통덕랑(정5품)을 거쳐 경종 원년 40세로 식
년시에 병과로 급제하여 벼슬이 진보현감(종6품)을 거쳐 교서관 판교
(정3품 당하관)에 이르렀다. 《방목》에는 벼슬이 없이 아버지[仁達] 이름
이 보이나 본관이 없다. 본관은 파평坡平으로 알려져 있는데, 《만성》
의 《파평윤씨보》에는 윤세봉의 가계가 보이지 않으며, 《청구》의 《파
평윤씨보》에 아버지의 이름은 보이나 그의 이름은 보이지 않는다.

12 **김성택**金聖澤(1680~?) 통덕랑(정5품)을 거쳐 경종 원년 42세로 식

년시에 병과로 급제하여 벼슬이 찰방(종6품)에 이르렀다. 《방목》에는
벼슬과 아버지[氣正], 할아버지[宗裕], 증조[弘禮] 이름이 보이고, 본관
이 나주羅州로 되어 있다. 그러나 《청구》와 《만성》의 《나주김씨보》
에는 김성택의 가계가 보이지 않는다. 2000년 현재 나주김씨 인구는
1만 4,387가구 4만 6,420명으로, 조선시대 문과급제자 8명이 배출되
었다.

  13 **오덕증**吳德曾(1690~?) 유학을 거쳐 경종 원년 32세로 식년시에
병과로 급제하여 벼슬이 찰방(종6품)에 이르렀다. 《방목》에는 벼슬이
없이 아버지[鼎基] 이름이 보이나 본관이 없다. 본관은 보성寶城으로
알려져 있는데, 《청구》와 《만성》의 《보성오씨보》에는 오덕증의 가
계가 보이지 않는다.

  14 **방성규**方聖規(1687~?) 유학을 거쳐 경종 원년 35세로 식년시에
병과로 급제하여 벼슬이 성균관 전적(정6품)에 이르렀는데, 영조 9년
역적으로 몰려 삭탈관직되었다. 《방목》에는 벼슬이 없이 아버지[乃
吉] 이름이 보이고, 만규萬規의 아우라고 밝히며, 본관이 남양南陽으로
되어 있다. 《청구》의 《남양방씨보》를 보면 아버지가 시조로 되어 있
으나 벼슬이 없고, 두 아들 만규와 성규가 문과에 급제한 것으로 되
어 있으며, 그 후손은 기록이 없다. 조선시대 문과급제자는 오직 방
만규와 방성규 형제뿐인데, 형 방만규는 숙종 41년 급제했다. 2000년
현재 남양방씨 인구는 1명이다. 아마도 온양방씨로 통합된 듯하다.

  15 **김익침**金益沈(1695~?) 유학을 거쳐 경종 원년 27세로 식년시에
병과로 급제하여 벼슬이 성균관 전적(정6품)에 이르렀다. 《방목》에는
벼슬이 없이 아버지[光白] 이름이 보이나 본관이 없다. 그런데 《청
구》의 《풍천김씨보豊川金氏譜》에 김익침의 가계가 보이는데, 아버지

가 시조로 되어 있으나 벼슬이 없고 두 아들 익혜益惠와 익침이 벼슬
아치로 기록되어 있다. 한편, 《만성》에는 《풍천김씨보》 자체가 없
다. 김씨는 황해도 풍천의 토성土姓으로, 2000년 현재 풍천김씨 인구
는 733가구 2,292명의 희성인데, 김익침이 첫 문과급제자이다. 그 뒤
로 6명의 급제자가 배출되었는데 그 가운데 5명이 평안도 영유永柔
출신이다. 그래서 풍천김씨를 영유김씨로도 부른다. 그도 영유 사람
일 가능성이 크다.

16 정유일鄭惟—(1691~?) 유학을 거쳐 경종 원년 31세로 식년시에
병과로 급제하여 벼슬이 병조좌랑(정6품)을 거쳐 음성현감과 목천현
감(종6품)을 지냈다. 《방목》에는 벼슬과 아버지[世禧] 이름이 보이고,
본관이 동래東萊로 되어 있다. 《만성》의 《동래정씨보》를 보면 정유
일의 직계 3대조 안에 벼슬아치가 없다. 한편, 《청구》의 《동래정씨
보》에는 그의 이름이 보이지 않는다.

17 이강李鋼(1694~?) 유학을 거쳐 경종 원년 28세로 식년시에 병과
로 급제하여 벼슬이 정랑(정5품)과 현감(종6품)에 이르렀다. 《방목》에
는 벼슬과 아버지[正基] 이름이 보이고, 본관이 경주慶州로 되어 있다.
《청구》의 《경주이씨보》를 보면 이강의 직계 3대조에 벼슬아치가 없
으며, 《만성》의 《경주이씨보》에는 가계가 보이지 않는다.

18 이시항李時沆(1690~?) 유학을 거쳐 경종 원년 32세로 식년시에
병과로 급제하여 벼슬이 병조좌랑(정6품)에 이르렀다. 《방목》에는 벼
슬이 없이 아버지[後植] 이름이 보이고, 본관이 고성固城으로 되어 있
다. 《청구》와 《만성》의 《고성이씨보》를 보면 이시항의 직계 3대조
와 외조 가운데 벼슬아치가 없다.

19 임집任爆(1683~?) 유학을 거쳐 경종 원년 39세로 식년시에 병과

로 급제하여 벼슬이 병조좌랑(정6품)에 이르렀다. 《방목》에는 벼슬이 없이 아버지[震眆] 이름이 보이나 본관이 없다. 《청구》와 《만성》의 《풍천임씨보》를 비롯한 어느 임씨보에도 두 사람의 이름은 보이지 않는다.

   20 **홍수귀**洪受龜(1686~?) 유학을 거쳐 경종 원년 36세로 식년시에 병과로 급제하여 벼슬이 사헌부 감찰(정6품)에 이르렀다. 《방목》에는 벼슬이 없이 아버지[禹圭] 이름이 보이고, 본관이 당성唐城으로 되어 있다. 그런데 《만성》에는 《당성홍씨보》가 없고, 《청구》의 《당성홍씨보》에는 두 사람의 이름이 보이지 않는다.

   21 **이경백**李慶白(1686~?) 유학을 거쳐 경종 원년 36세로 식년시에 병과로 급제하여 벼슬이 찰방(종6품)과 현감(종6품)에 이르렀다. 《방목》에는 벼슬과 아버지[時赫] 이름이 보이나 본관이 없다. 본관은 수원水原으로 알려져 있는데, 《만성》에는 《수원이씨보》가 없고, 《청구》의 《수원이씨보》에는 이경백의 가계가 보이지 않는다. 2000년 현재 수원이씨 인구는 1,926가구 6,269명으로 희성에 속하는데, 조선시대 문과급제자 2명을 배출했으며, 성종 대 1명이 급제한 뒤 그가 마지막이다.

   22 **이한동**李漢東(1689~?) 유학을 거쳐 경종 원년 33세로 식년시에 병과로 급제하여 벼슬이 성균관 박사(정7품)를 거쳐 현감(종6품)에 이르렀다. 《방목》에는 벼슬과 아버지[順遠] 이름이 보이나 본관이 없다. 이한동 부자의 항렬로 볼 때 광주이씨廣州李氏일 가능성이 크지만 《청구》와 《만성》의 《광주이씨보》에는 두 사람의 이름이 보이지 않는다.

   23 **이한상**李漢相(1693~?) 유학을 거쳐 경종 원년 29세로 식년시에

병과로 급제하여 벼슬이 성균관 사예(정4품)와 겸춘추兼春秋에 이르렀
다.《방목》에는 벼슬이 없이 아버지[星日] 이름이 보이나 본관이 없
다. 본관은 한산韓山으로 알려져 있는데,《청구》와《만성》의《한산
이씨보》에는 이한상의 가계가 보이지 않는다.

　24 **이정룡**李挺龍(1677~?) 생원을 거쳐 경종 원년 증광시에 을과로
급제하여 벼슬이 현감(종6품)에 이르렀다.《방목》에는 벼슬과 아버지
[嶰] 이름이 보이나 본관이 없다. 그런데《전주이씨과거급제자총람》
을 보면 이정룡은《족보》에 오르지 못한 파미분류자派未分類者로 되
어 있어 평민이거나 서출인 듯하다.

　25 **황침**黃沈(1688~?) 생원을 거쳐 경종 원년 34세로 증광시에 을과
로 급제하여 벼슬이 승문원 정자(정9품)에 이르렀다.《방목》에는 벼
슬이 없이 아버지[鍾應] 이름이 보이고, 본관이 장수長水로 되어 있다.
《청구》의《장수황씨보》를 보면 황침의 직계 3대조 가운데 벼슬아치
가 없고,《만성》의《장수황씨보》를 보면 아버지까지의 가계만 보이
고 그의 이름은 보이지 않는다. 다만, 아버지, 할아버지, 증조와 외조
는 모두 벼슬아치가 아니다.

　26 **권일기**權一夔(1683~?) 유학을 거쳐 경종 원년 39세로 증광시에
병과로 급제하여 벼슬이 승문원 정자(정9품)에 이르렀다.《방목》에는
벼슬이 없이 아버지[斗壁] 이름이 보이나 본관이 없다. 그런데《만
성》의《안동권씨보安東權氏譜》를 보면 권일기의 직계 3대조와 외조
가운데 벼슬아치가 없으며,《청구》의《안동권씨보》에는 그의 가계
가 보이지 않는다.

　27 **유시모**柳時模(1672~?) 통덕랑(정5품)을 거쳐 경종 원년 50세로 증
광시에 병과로 급제하여 벼슬이 사헌부 장령(정4품)과 참의(정3품 당

상관)에 이르렀다. 《방목》에는 벼슬과 아버지[湄] 이름이 보이고, 본관이 문화文化로 되어 있다. 《청구》와 《만성》의 《문화유씨보》를 보면 유시모의 직계 3대조와 외조 가운데 벼슬아치가 없다.

28 권세칭權世秤(1688~?) 진사를 거쳐 경종 원년 34세로 증광시에 병과로 급제하여 벼슬이 찰방(종6품)에 이르렀다. 《방목》에는 벼슬이 없이 아버지[夒] 이름이 보이나 본관이 없다. 권씨의 본관은 안동安東과 예천醴泉뿐인데, 《청구》와 《만성》의 어느 권씨보에도 두 사람의 이름은 보이지 않는다.

29 최위崔暐(1682~?) 통덕랑(정5품)을 거쳐 경종 원년 40세로 증광시에 병과로 급제하여 벼슬이 승문원 권지(임시직)를 거쳐 성균관 전적(정6품)에 이르렀는데, 영조 7년 죄를 짓고 절도에 유배되었다. 《방목》에는 벼슬이 없이 아버지[晩興] 이름이 보이나 본관이 없다. 본관은 수원水原으로 알려져 있는데, 《청구》와 《만성》의 《수원최씨보》에는 최위의 가계가 보이지 않는다.

30 김정봉金廷鳳(1678~?) 충청도 서천舒川 사람으로 생원을 거쳐 경종 원년 44세로 증광시에 병과로 급제하여 벼슬이 성균관 전적(정6품)을 거쳐 평안도 도사(종5품)에 이르렀는데, 영조 2년 김정봉이 평안도 도사에 임명되자 사헌부는 그의 인망人望이 가볍다는 이유로 체차를 요청했으나 임금은 이를 듣지 않았다.[208] 인망이 가볍다는 말은 신분이 낮다는 뜻이다. 《방목》에는 벼슬이 없이 아버지[渥], 할아버지[浚鳴], 증조[垓], 외조[崔東翰] 이름이 보이고, 본관이 광주光州(光山)로 되어 있다. 그런데 《청구》와 《만성》의 《광주김씨보》에는 그의

---

208) 《영조실록》 권10, 영조 2년 11월 24일 임자.

가계가 보이지 않는다.

31 이식명李植命(1655~?) 업유業儒로서 경종 원년 67세로 증광시에 병과로 급제하여 벼슬이 영조 대 울진현감(종6품)에 이르렀는데, 역적을 두호한 죄로 파직되었다. 《방목》에 전력을 업유라고 적어 서출임을 밝히며, 벼슬이 없이 아버지[元祉], 할아버지[道長], 증조[榮雨, 생증 潤雨] 이름이 보이고, 본관이 광주廣州로 되어 있다. 그런데 《청구》의 《광주이씨보》를 보면 아버지와 이식명의 이름이 보이지 않으며, 《만성》의 《광주이씨보》에는 아버지(좌랑)까지의 이름만 보이고, 이식명의 이름은 보이지 않는다. 서출이기 때문에 《족보》에 넣지 않은 것으로 보인다.

32 박세표朴世杓(1687~?) 생원을 거쳐 경종 2년(1722) 36세로 정시에 병과로 급제하여 벼슬이 교서관 판교(정3품 당하관)에 이르렀다. 《방목》에는 벼슬이 없이 아버지[瀚] 이름이 보이고, 본관이 없다. 본관은 무안務安으로 알려져 있는데, 《청구》와 《만성》의 《무안박씨보》에는 박세표의 가계가 보이지 않는다.

33 이절李梲(1685~?) 진사를 거쳐 경종 2년 38세로 정시에 병과로 급제하여 벼슬이 찰방(종6품)에 이르렀다. 《방목》에는 벼슬과 아버지[時謙] 이름이 보이고, 본관이 없다. 본관은 전의全義로 알려져 있는데, 《청구》와 《만성》의 《전의이씨보》에는 이절의 가계가 보이지 않는다.

34 박사제朴師悌(개명 師順, 1683~?) 전라도 회진會津 사람으로 참봉(종9품)을 거쳐 경종 3년(1723) 41세로 증광시에 을과로 급제하여 벼슬이 사간원 정언(정6품)과 전라도 도사(종5품)를 거쳐 사헌부 지평(정5품)에 이르렀다. 《방목》에는 벼슬과 아버지[弼正] 이름이 보이고,

본관이 반남潘南으로 되어 있다. 그런데 《청구》와 《만성》의 《반남박
씨보》에는 두 사람의 이름이 보이지 않는다.

　35 **김정구**金鼎九(1680~?) 진사를 거쳐 경종 3년 44세로 증광시에 병
과로 급제했다. 《방목》에는 벼슬이 없이 아버지[世熙] 이름이 보이고,
하구夏九(1676~1762)의 아우라고 밝히고 있으나 본관이 없다. 형 김하
구는 숙종 45년 문과에 급제한 인물로서 본관이 황해도 수안遂安으로
되어 있다. 그런데 《만성》에는 《수안김씨보》 자체가 없고, 《청구》
의 《수안김씨보》에는 김정구의 가계가 보이지 않는다. 2000년 현재
수안김씨 인구는 1,388가구 4,459명의 희성으로, 조선시대 문과급제
자 3명을 배출했는데 숙종 대 급제한 형 김하구가 처음이며 두 번째
로 아우인 김정구가 급제한 것이다. 세 번째는 순조 대 급제한 김인
도金仁燾인데 평안도 박천博川 사람이다. 따라서 김정구도 박천 사람
일 가능성이 크다.

　36 **이세춘**李世瑃(1681~?) 진사를 거쳐 경종 3년 43세로 증광시에 병
과로 급제하여 벼슬이 현감(종6품)에 이르렀는데, 영조 10년 과거시
험장의 고시관으로 들어가 대필한 죄로 군인에 충정되었다. 《방목》
에는 벼슬과 아버지[志遇], 증조[尙伋] 이름이 보이고, 본관이 벽진碧珍
으로 되어 있다. 그런데 《청구》와 《만성》의 《벽진이씨보》에는 두
사람의 이름이 보이지 않는다.

　37 **정내복**丁來復(1682~?) 유학을 거쳐 경종 3년 42세로 증광시에 병
과로 급제하여 벼슬이 좌랑(정6품)에 이르렀다. 《방목》에는 벼슬과
아버지[一星] 이름이 보이나 본관이 없다. 본관은 영산靈山으로 알려
져 있는데, 《청구》와 《만성》에는 《영산정씨보》 자체가 없다. 2000
년 현재 영산정씨 인구는 283가구 964명의 희성으로, 조선시대 문과

급제자는 정내복이 유일하다.

38 배윤명裵胤命(1689~?) 생원을 거쳐 경종 3년 35세로 증광시에 병과로 급제하여 벼슬이 울진현령(종5품)에 이르렀는데, 영조 5년 사헌부는 배윤명이 "영남 사람의 천얼賤孼로서 문묵文墨의 재능을 믿고 사대부들 사이에 노닐었다"[209]고 하면서 반역자들과 교유하고 있으니 유배를 보내라고 요구하여 임금이 이를 따랐다. 《방목》에는 벼슬과 아버지〔正徵〕, 할아버지〔世緯〕, 증조〔尙龍〕 이름이 보이고, 본관이 성주星州로 되어 있다. 그런데 《청구》와 《만성》의 《성주배씨보》에는 그의 가계가 보이지 않는다. 서출이기 때문에 《족보》에서 뺀 것을 알 수 있다.

39 김백호金白虎(개명 彦輔. 1680~?) 진사를 거쳐 경종 3년 44세로 증광시에 병과로 급제하여 벼슬이 현감(종6품)과 찰방(종6품)에 이르렀다. 《방목》에는 벼슬과 아버지〔允迪〕 이름이 보이나 본관이 없다. 본관은 광산光山으로 알려져 있는데, 《청구》와 《만성》의 《광산김씨보》에는 김백호의 가계가 보이지 않는다.

40 이봉명李鳳鳴(1682~?) 진사를 거쳐 경종 3년 42세로 증광시에 병과로 급제하여 벼슬이 동학훈도東學訓導(종9품)를 거쳐 전라도 도사(종5품), 어천찰방(종6품)에 이르렀다. 영조 즉위년 노론을 탄압한 소론파 김일경金一鏡의 처벌을 주장하여 소론의 미움을 받았는데, 영조 3년 전라도 도사에 임명되었을 때 사헌부는 이봉명이 "향곡鄕曲의 비천卑賤한 사람"이라고 배척했으며,[210] 영조 8년 병조 낭관에 후보자로 추천되자 사간원은 그의 "문지門地가 미천微賤하다는 것은 온 세상

---

209)《영조실록》권21, 영조 5년 2월 18일 계사.
210)《영조실록》권13, 영조 3년 9월 18일 신미.

이 다 알고 있다"면서 반대했으나 임금은 이를 따르지 않았다. 《방목》에는 벼슬과 아버지[珹] 이름이 보이나 본관이 없다. 그런데 지금 서천이씨舒川李氏(서림이씨)가 그를 족인族人으로 추앙하고 있어 본관이 서천임을 알 수 있다. 그러나 《청구》의 《서천이씨보》에는 그의 이름이 보이지 않으며, 《만성》에는 《서천이씨보》 자체가 없다. 이씨는 서천의 토성土姓 가운데 하나이며, 2000년 현재 서천이씨 인구는 423가구 1,390명의 희성으로, 조선시대에 문과급제자 2명을 배출했는데, 첫 번째는 효종 대 급제한 이일삼李日三이고, 두 번째가 이봉명이다.

41 심세우沈世遇(1677~?) 유학을 거쳐 경종 3년 47세로 별시에 을과로 급제하여 벼슬이 병조좌랑(정6품)과 무안현감(종6품)에 이르렀다. 《방목》에는 벼슬과 아버지[亨道] 이름이 보이고, 본관이 청송靑松으로 되어 있다. 그런데 《청구》와 《만성》의 《청송심씨보》에는 두 사람의 이름이 보이지 않는다.

42 정재춘鄭再春(1680~?) 유학을 거쳐 경종 3년 44세로 식년시에 장원급제하여 벼슬이 성균관 전적(정6품), 병조좌랑(정6품), 현감(종6품)에 이르렀다. 《방목》에는 벼슬과 아버지[南樞] 이름이 보이나 본관이 없다. 본관은 진주晉州로 알려져 있는데, 《청구》와 《만성》의 《진주정씨보》에는 정재춘의 가계가 보이지 않는다.

43 최규태崔達泰(1684~?) 강원도 양양襄陽 사람으로 진사를 거쳐 경종 3년 40세로 식년시에 갑과로 급제하여 벼슬이 강원도 도사(종5품)를 거쳐 사헌부 장령(정4품)에 이르렀다. 영조 13년 최규태를 지제교知製教에 의망하자 사헌부는 그가 "향곡 출신으로 본디 가성家聲이 부족하여 정당하지 않다"고 반대한 적이 있지만,211) 그는 청요직인 사

헌부 장령을 오랫동안 지냈다. 《방목》에는 벼슬과 아버지[相五], 할
아버지[繼孝], 증조[挺立], 외조[辛晩] 이름이 보이고, 본관이 강릉江陵
으로 되어 있다. 《청구》와 《만성》의 《강릉최씨보》를 보면 그의 직
계 6대조와 외조 가운데 벼슬아치는 4대조가 만호萬戶를 지낸 것밖에
없다. 사헌부에서 가성이 부족하다는 말이 그래서 나온 것이다.

  44 김광호金光虎(1695~?) 유학을 거쳐 경종 3년 29세로 식년시에 갑
과로 급제했다. 《방목》에는 벼슬이 없이 아버지[麟壽] 이름이 보이나
본관이 없다. 본관은 광산光山으로 알려져 있는데,《청구》와 《만성》
의 《광산김씨보》에는 김광호의 가계가 보이지 않는다.

  45 박경조朴景祖(1683~?) 유학을 거쳐 경종 3년 41세로 식년시에 을
과로 급제하여 벼슬이 예조좌랑(정6품)에 이르렀다. 《방목》에는 벼슬
이 없이 아버지[始赫], 증조[璜] 이름이 보이나 본관이 없다. 그런데
《만성》의 《고령박씨보高靈朴氏譜》에 박경조의 가계가 보이는데 직계
3대조와 외조 가운데 벼슬아치가 없으며, 《청구》의 《고령박씨보》에
는 가계가 보이지 않는다.

  46 정진후鄭震垕(1669~?) 유학을 거쳐 경종 3년 55세로 식년시에 을
과로 급제하여 벼슬이 교서관 교리(종5품)에 이르렀다. 《방목》에는
벼슬이 없이 아버지[錫恭] 이름이 보이나 본관이 없다. 그런데 《청
구》의 《광주정씨보廣州鄭氏譜》에 정진후의 가계가 보이는데, 증조[千
世]가 시조로서 벼슬이 없고 그 뒤로 할아버지, 아버지가 모두 벼슬
이 없어 그가 처음으로 문과에 급제했다. 한편, 《만성》에는 《광주정
씨보》 자체가 없다. 광주정씨는 조선시대 문과급제자 3명을 배출했

는데, 그가 처음이다. 현재 인구는 알 수 없다.

47 김시방金時芳(1687~?) 유학을 거쳐 경종 3년 37세로 식년시에 을과로 급제하여 벼슬이 성균관 직강(정5품)과 정랑(정5품)에 이르렀다. 《방목》에는 벼슬이 없이 아버지[鼎夏] 이름이 보이나 본관이 없다. 그런데 《청구》의 《안동김씨보》에 김시방의 가계가 보이는데, 직계 6대조 안에 벼슬아치가 없다.

48 이태창李泰昌(1683~?) 유학을 거쳐 경종 3년 41세로 식년시에 을과로 급제하여 벼슬이 찰방(종6품), 현감(종6품)을 거쳐 군수(종4품)에 이르렀다. 《방목》에는 벼슬과 아버지[時撰] 이름이 보이나 본관이 없다. 본관은 광주光州로 알려져 있는데, 《청구》와 《만성》의 《광주이씨보》에는 이태창의 가계가 보이지 않는다.

49 송이단宋履端(1681~?) 유학을 거쳐 경종 3년 43세로 식년시에 을과로 급제하여 벼슬이 예조좌랑(정6품)에 이르렀다. 《방목》에는 벼슬이 없이 아버지[翼道] 이름이 보이나 본관이 없다. 그런데 《청구》의 《야성송씨보冶城宋氏譜》에 송이단의 가계가 보이는데, 직계 4대조 안에 벼슬아치가 없다. 한편, 《만성》의 《야로송씨보冶爐宋氏譜》에는 아버지 이름은 보이나 그의 이름은 보이지 않는다.

50 정종주鄭宗柱(1690~?) 유학을 거쳐 경종 3년 34세로 식년시에 을과로 급제했다. 《방목》에는 벼슬이 없이 아버지[時河] 이름이 보이나 본관이 없다. 그런데 《청구》의 《하동정씨보河東鄭氏譜》에 정종주의 가계가 보이는데, 직계 3대조 안에 벼슬아치가 없으며, 《만성》의 《하동정씨보》에는 두 사람의 이름이 보이지 않는다. 《실록》에도 아무런 기록이 없어 벼슬도 알 수 없다.

51 조정리趙廷履(1671~?) 유학을 거쳐 경종 3년 53세로 식년시에 병

과로 급제했다.《방목》에는 벼슬이 없이 아버지[壽聃] 이름이 보이나 본관이 없다. 본관은 한양漢陽으로 알려져 있는데,《청구》와《만성》의《한양조씨보》에는 조정리의 가계가 보이지 않는다.

52 현봉점玄鳳漸(1677~?) 평안도 개천价川 사람으로 유학을 거쳐 경종 3년 47세로 식년시에 병과로 급제하여 벼슬이 성균관 직강(정5품)과 현감(종6품)에 이르렀다.《방목》에는 벼슬이 없이 아버지[應三] 이름이 보이나 본관이 없다. 그런데《청구》의《순천현씨보順天玄氏譜》를 보면 현봉점의 이름이 외따로 기록되어 있어 가계를 알 수 없다.《성주현씨보星州玄氏譜》에도 이름이 올라 있어 본관이 애매하다. 2000년 현재 순천현씨 인구는 279가구 904명의 희성으로, 조선시대 문과급제자 5명을 배출했다.

53 백태운白泰運(1678~?) 유학을 거쳐 경종 3년 46세로 식년시에 병과로 급제하여 벼슬이 토산현감(종6품)에 이르렀는데, 영조 7년 유배 간 인물의 감독을 소홀히 한 죄로 파면되었다.《방목》에는 벼슬이 없이 아버지[文奎] 이름이 보이나 본관이 없다. 그런데《청구》의《선산백씨보善山白氏譜》를 보면 백태운 한 사람만 기록되어 있어, 그가 실질적인 시조임을 알 수 있다. 선산백씨는 조선시대에 문과급제자 5명을 배출했는데, 그가 첫 급제자이다. 현재 선산백씨는 수원백씨水原白氏로 통합되었다.

54 이창술李昌述(1693~?) 유학을 거쳐 경종 3년 31세로 식년시에 병과로 급제했다.《방목》에는 벼슬이 없이 아버지[汝興] 이름이 보이나 본관이 없다. 그런데《전주이씨과거급제자총람》을 보면 이창술은 평안도 가산嘉山 사람으로《족보》에 오르지 못한 파미분류자派未分類者로 되어 있어 평민이거나 서출로 보인다.

55 안성시安聖時(1687~?) 황해도 해주 사람으로 유학을 거쳐 경종 3년 37세로 식년시에 병과로 급제하여 벼슬이 강동현감(종6품)에 이르렀다. 《방목》에는 벼슬이 없이 아버지[萬里], 할아버지[衡元], 증조 [棨], 외조[李衡國] 이름이 보이고, 본관이 순흥順興으로 되어 있다. 그런데 《청구》의 《순흥안씨보》를 보면 아버지까지의 가계는 보이나 안성시의 이름은 보이지 않는데, 직계 3대조에 벼슬아치가 없다. 한편, 《만성》의 《순흥안씨보》에는 가계가 보이지 않는다.

56 오명후吳命厚(1682~?) 생원을 거쳐 경종 3년 42세로 식년시에 병과로 급제하여 벼슬이 군수(종4품)와 울산부사(종3품)에 이르렀다. 《방목》에는 벼슬과 아버지[德亨] 이름이 보이나 본관이 없다. 본관은 해주海州로 알려져 있는데, 《청구》와 《만성》의 《해주오씨보》에는 오명후의 가계가 보이지 않는다.

57 차이재車以載(1688~?) 유학을 거쳐 경종 3년 36세로 식년시에 병과로 급제하여 벼슬이 찰방(종6품)에 이르렀다. 《방목》에는 벼슬이 없이 아버지[啓行] 이름이 보이나 본관이 없다. 그런데 《청구》의《연안차씨보延安車氏譜》를 보면 차이재가 단독으로 외따로 기록되어 있어 가계를 알 수 없으며, 《만성》의 《연안차씨보》에는 두 사람의 이름이 보이지 않는다. 그런데 조선 후기 연안차씨 문과급제자는 대부분 평안도 출신이므로 그도 평안도 출신일 가능성이 크다.

58 박상진朴祥震(1693~?) 유학을 거쳐 경종 3년 31세로 식년시에 병과로 급제하여 벼슬이 서학훈도西學訓導(종9품)를 거쳐 찰방(종6품)에 이르렀다. 《방목》에는 벼슬이 없이 아버지[思九] 이름이 보이나 본관이 없다. 본관은 반남潘南으로 알려져 있는데, 《청구》와 《만성》의 《반남박씨보》에는 박상진의 가계가 보이지 않는다.

59 김성응金聲應(1686~?) 유학을 거쳐 경종 3년 31세로 식년시에 병과로 급제하여 벼슬이 통례원 통례(정3품 당하관)에 이르렀다.《방목》에는 벼슬이 없이 아버지[履寬] 이름이 보이나 본관이 없다. 그런데《청구》의《안동김씨보安東金氏譜》에 김성응의 가계가 보이는데 직계 3대조 안에 벼슬아치가 없으며,《만성》의《안동김씨보》에는 그의 이름은 보이지 않으며 아버지 이관履寬의 가계가《청구》와는 매우 다르다.212) 어느 것이 진실인지 알 수 없으나 신원이 불확실한 인물이다.

60 김오응金五應(1699~?) 통덕랑(정5품)을 거쳐 경종 3년 25세로 식년시에 병과로 급제하여 벼슬이 찰방(종6품)과 함평현감(종6품)에 이르렀다.《방목》에는 벼슬이 없이 아버지[履成] 이름이 보이나 본관이 없다. 그런데《청구》의《안동김씨보》를 보면 김오응은 앞에 소개한 김성응과 사촌형제로 되어 있으나,《만성》의《안동김씨보》에는 아버지 김이성의 아버지가 의행毅行으로 되어 있어서 가계가 서로 다르다. 어느 것이 진실인지 알 수 없으나,《청구》의 기록을 믿는다면 할아버지 이상의 가계는 김성응과 같다.

61 고승헌高丞憲(1654~?) 통덕랑(정5품)을 거쳐 경종 3년 70세로 식년시에 병과로 급제했는데, 나이가 많아 벼슬길에 나가기도 전에 죽었다. 영조 3년 임금은 이를 가엽게 여겨 나이 50이 넘은 급제자는 분관分館을 기다리지 않고 출륙出六시키려고 했으나, 신하들의 반대로 뜻을 이루지 못했다.213)《방목》에는 벼슬이 없이 아버지[世謙] 이

---

212)《청구》에는 이관의 아버지가 은좌殷佐, 할아버지가 상유尙瑜, 증조가 회淮로 되어 있는데,《만성》에는 아버지가 녹행祿行(생부는 덕행德行), 할아버지가 시신時愼, 증조가 성후盛後로 되어 있다.

213)《영조실록》 권13, 영조 3년 9월 25일 무인.

름이 보이나 본관이 없다. 본관은 제주濟州로 알려져 있으나,《청구》
와《만성》의《제주고씨보》뿐만 아니라 다른 고씨보에도 고승헌의
가계는 보이지 않는다.

　　62 진재박陳在搏(1677~?) 함흥咸興 사람으로214) 통덕랑(정5품)을 거
쳐 경종 3년 47세로 식년시에 병과로 급제하여 벼슬이 성균관 직강(정
5품)과 예조좌랑(정6품)을 거쳐 홍원현감(종6품)에 이르렀다.《방목》에
는 벼슬이 없이 아버지[克敬] 이름이 보이나 본관이 없다. 본관은 강릉
江陵으로 알려져 있는데,《청구》와《만성》의 어느 진씨보에도 두 사
람의 이름은 보이지 않는다. 2000년 현재 강릉진씨 인구는 1,384가구
4,284명의 희성으로, 조선시대 문과급제자 2명을 배출했다.

　　63 최태두崔泰斗(1675~?) 통덕랑(정5품)을 거쳐 경종 3년 식년시에
병과로 급제했다.《방목》에는 벼슬이 없이 아버지[尙堯] 이름이 보이
나 본관이 없다. 본관은 전주全州로 알려져 있는데,《청구》와《만성》
의《전주최씨보》에는 최태두의 가계가 보이지 않는다.

---

214)《영조실록》권24, 영조 5년 10월 28일 기사.

8
영조 대
신분이 낮은 급제자와 벼슬

1) 서얼허통: 청직 등용, 향안 입록

영조 대(1724~1776)에도 서얼의 문과응시는 그대로 허용되었다. 하지만 서얼의 청요직 임명은 제대로 이루어지지 않아 서얼들의 집단적 허통운동이 벌어졌다. 영조 즉위년(1724) 12월 17일에 영조가 경종의 장례식을 마치고 반우제를 지내기 위해 동문 밖으로 나갈 때 서얼 출신 진사進士 정진교鄭震僑가 장대나무에 '궁인포원窮人抱冤'이라는 글씨를 써서 매달고 시위를 했다. '궁박한 사람들이 원망을 품고 있다'는 뜻이다.

영조는 그 시위를 보고 정진교가 올린 상소문을 가져오라고 명하여 보았다. 이 상소문에 연명한 사람은 모두 260명이라고 《실록》에 기록되어 있는데,[215] 《규사》에는 5천 명이라고 하여 어느 것이 사실인지 알 수 없다. 어쨌든 집단적인 상소임에는 틀림없다. 그들은 한

---

215) 《영조실록》 권2, 영조 즉위년 12월 17일 병술.

달 전부터 궐문 앞에 엎드려 13차에 걸쳐 상소를 올렸으나, 승정원 승선承宣이 이를 임금에게 전달하지 않아 임금이 모르고 있다가 12월 17일에 임금이 행차할 때 비로소 눈에 띄어 전달되었다고 한다. 영조 는 상소를 전달하지 않은 승선의 죄를 물어 추고推考했다.

위 상소의 요지는 인조 대에 정한 〈허통사목〉에 서얼 출신을 3조 三曹(호조, 형조, 공조)의 요직에 서용하기로 했음에도 실제로 3조 낭청 (5~6품)에 임명된 사람은 인조 대 신희계辛喜季, 심일운沈日運, 김굉金 宏, 이경희李慶喜 등 몇 명뿐이고, 그 뒤 40~50년이 지난 숙종 대에 이현李礥 한 사람만이 겨우 호조 낭청에 제수되었다가 반대에 부딪쳐 좌절되고 말았다는 것이다.

영조는 상소를 보고 나서 "사람과 하늘은 모두 하나이고, 해와 달 의 비침은 정精(우수한 것)과 조粗(거친 것)를 가리지 않는다. 임금이 사람을 쓰면서 어찌 차이를 두겠느냐. 그대들이 인용한 바는 근거 가 있다.……3조 낭청에 관한 일은 해조該曹로 하여금 인조조의 수 교受敎에 의거하여 가려서 의망擬望(추천)하게 하라"고 말했다. 영조 는 자신이 하찮은 무수리 출신의 최숙빈崔淑嬪을 어머니로 하여 태 어났기 때문에 서얼에 대해서 매우 호의적인 태도를 취하고 있었 다. 하지만 영조는 문벌을 따져 인재를 등용하는 현실을 개탄하고, 신분을 초월한 인재등용에 원칙적으로 찬성하면서도 서얼등용을 너무 서두르면 관방官方의 질서가 문란해질 것을 우려하여 조심스 런 태도를 보였다.

영조는 서얼의 낭관 임명을 유보하는 대안으로 서얼을 무반武班에 등용하는 일에 먼저 신경을 썼다. 그리하여 영조 15년(1739)에는 수 문장守門將의 세 자리에 서얼이 임명될 수 있도록 명했는데,216) 이보다 앞서 영조 10년에 전라감사 조현명趙顯命은 사대부 서얼로서 무과에 급제한 자는 무관의 요직인 3청三廳, 곧 겸사복兼司僕, 내금위內禁衛, 우림위羽林衛에 등용할 것을 상소하기도 했다.217)

영조는 재위 20년(1744)에 한성부 오부五部의 봉사奉事(종8품)는 중인과 서얼도 승진할 수 있도록 조치하여 문반 진출의 길을 터주었다.218) 하지만 영조 21년(1745) 이조판서 이주진李周鎭이 서얼허통을 요청하는 상소를 올렸으나 영조는 그 말에 동의를 표하면서도 급속한 시행은 유보했다.219) 영조 22년(1746)에는 예빈시禮賓寺와 전옥서典獄署의 참봉(종9품) 자리에 사대부, 중인, 서얼을 융통하여 제수할 것을 명하여 문반 진출의 길을 좀 더 넓혀 주었다.220)

영조는 서얼의 문과응시 기회를 넓히는 한 방법으로 생원과 진사시의 복시에 반드시 중인과 서얼을 각각 3명과 6명으로 채우라고 명했으며, 영조 23년(1747)에는 생원의 복시 장원을 뽑을 때 시관試官들이 집안이 좋은 판서 이조李肇의 손자로 정하자 이를 취소시키고, 성적이 세 번째인 개성 사람 허증許增을 장원으로 바꾸도록 조치한 뒤 시관들을 파면시켰다.221)

영조는 서얼이 문과에 합격하면 교서관校書館으로 보내고, 사대부들은 외교문서를 담당하는 괴원槐院 곧 승문원承文院으로만 가려고 하는 풍조에 대해서도 부당하게 보고, 재위 47년(1771)에 예문관과

---

216) 《영조실록》 권48, 영조 15년 2월 10일 정해; 권52, 영조 16년 7월 5일 계유.
217) 《영조실록》 권37, 영조 10년 1월 5일 임오.
218) 《영조실록》 권59, 영조 20년 2월 27일 을해.
219) 《영조실록》 권62, 영조 21년 7월 4일 갑술.
220) 《영조실록》 권64, 영조 22년 10월 4일 병인.
221) 《영조실록》 권65, 영조 23년 2월 14일 갑술.

승문원의 관원을 추천할 때 중인과 서얼을 똑같이 후보에 넣을 것을
명했다.222) 이는 서얼의 청직淸職 진출을 정식으로 허용한 것이다.

이어 다음 해인 48년(1772)에는 서얼을 청직의 하나인 대직臺職(사
헌부와 사간원)에 임명하는 것도 허용했다.223) 서얼금고는 유자광柳子
光 사건 이후로 시작된 것인데, 국초에는 없던 법이므로 국초의 풍속
으로 돌아가야 한다는 것이 영조의 판단이었다. 그리하여 영조의 명
령이 내려진 그날 서얼 여귀주呂龜周를 사헌부 지평持平(정5품)으로,
윤일尹鎰과 오준근吳濬根을 사간원 정언正言(정6품)으로 임명했다.224)
이들은 모두 문과급제자들인데 《방목》에는 그들의 전직이 전참봉(오
준근), 유학(여귀주) 등으로 기록되어 있어 얼핏 서얼인지 아닌지를 판
단하기 어렵다.

같은 해 11월에는 문관만이 아니라 무관武官과 음관蔭官도 모두 서
얼을 통청하도록 했다.225) 그 결과 12월에는 영의정 김상복金相福의
서제庶弟인 김상념金相念을 서부도사西部都事(종5품)로 임명하기도 했
다.226)

이렇게 서얼의 청직허통이 실현되자 이에 자극을 받은 서얼들은
집단적으로 상소하여 지방의 양반명단인 향안鄕案에도 서얼들이 등
록할 수 있도록 허용해 달라고 청원했다. 이는 서얼들이 지방에서도
당당한 양반으로 행세할 수 있도록 해 달라는 뜻이었다. 영조 48년
12월 28일에 경상도 서얼유생 김성천金聖天 등 3천여 명이 올린 상소

---

222) 《영조실록》 권116, 영조 47년 3월 25일 병인.
223) 《영조실록》 권119, 영조 48년 8월 15일 정축.
224) 위와 같음.
225) 《영조실록》 권119, 영조 48년 11월 15일 병오.
226) 《영조실록》 권119, 영조 48년 12월 21일 신사.

가 그것이었다.227) 그러나 향안등록 문제는 영남유생들이 반발할 것
이며, 향전鄕戰이 일어날 위험이 있다는 채제공蔡濟恭의 건의에 따
라228) 영조는 이를 국가가 간여할 일이 아니라고 답했다. 그러나 이
소식을 들은 경상도 업유業儒 황경헌黃景憲 등이 영조 49년(1773) 1월
서울에 올라와 상소하여 서얼들이 지방의 향학鄕學(향교와 서원)에 등
록하여 나이순으로 대접받기를 요청하자 영조는 이를 받아들였
다.229)

영조 49년 1월에는 서얼을 선전관宣傳官에 임명했는데,230) 선전관
은 임금을 수행하는 무관으로서 집안이 좋은 무과급제자들만이 나가
는 무관 청직이었다. 따라서 서얼들에게도 무관 청직으로 나가는 길
을 열어 준 것은 획기적인 일이었다.

이로써 서얼이 문관 청직과 무관 청직으로 나가는 길과 지방 학교
(향교와 서원)에 등록하는 것이 모두 허용되었다. 그러나 이를 법제적
으로 정착시키지 않고 일시적인 조치로 끝냈다는 점이 한계라고 할
수 있다.

2) 시험종류별 급제자 인원

영조 대 52년 동안 문과급제자는 《방목》에 2,101명으로 기록되어
있으나 이는 기록상의 착오이며, 실제는 그보다 30명이 더 많은
2,131명이다. 그런데 이 급제자 가운데 부정행위로 삭과削科된 사람

227) 《영조실록》 권119, 영조 48년 12월 28일 무자.
228) 《영조실록》 권124, 영조 51년 5월 19일 을축.
229) 《영조실록》 권120, 영조 49년 1월 25일 을묘.
230) 《영조실록》 권120, 영조 49년 1월 27일 정사.

이 21명에 이른다. 하지만 이들의 인적사항도 《방목》에 실려 있으므로 이들의 신분도 분석대상에 포함시킬 필요가 있다.

2,131명을 매년 평균으로 나누면, 40.98명에 이른다. 이는 광해군 대 30.06명, 인조 대 27.74명, 효종 대 24.5명, 현종 대 26.2명, 숙종 대 31명, 경종 대 45.75명의 급제자를 선발한 것과 비교할 때, 비록 경종 대의 수치보다는 적지만 그 앞 시기와 비교하면 크게 늘어난 추세를 보여 준다. 특히 경종 대는 재위 4년 동안에 늘어난 수치이고, 영조 대는 재위 52년 동안 늘어난 수치이므로 실제적으로는 영조 대 늘어난 급제자는 큰 의미를 가지고 있다.

급제자의 매년 평균 인원이 늘어났다는 것은 문과급제의 기회가 그만큼 많아졌다는 것을 뜻하지만 동시에 공급과잉을 가져와서 관직을 얻지 못한 급제자가 상대적으로 크게 늘어나는 원인이 되었다. 경종 대 취직률이 88.88퍼센트로 앞 시기인 숙종 대의 96.51퍼센트와 비교하여 크게 줄어든 것이나, 영조 대의 취직률이 그보다 더 낮은 66.49퍼센트로 떨어진 이유가 여기에 있는 것이다.

하지만 관직을 얻지 못했다 하더라도 문과에 급제한 것 자체가 신분상승을 뜻하므로 영조 대의 사회통합에 이바지한 점이 컸다고 보아야 할 것이다. 그러면, 시험종류별로 문과급제자의 인원은 어떠한가. 이를 표로 만들면 다음과 같다.

식년시式年試	17회	760명
증광시增廣試	8회	377명
알성시謁聖試	10회	78명
기로정시耆老廷試	5회	25명
정시廷試, 경과慶科 등	60회	807명

탕평시蕩平試		1회	11명	
구현시求賢試		1회	5명	
충량시忠良試		1회	3명	
지방 별시	함경도 별시	4회	22명	총 65명
	평안도 별시	3회	16명	
	강화도 별시	2회	9명	
	서울경기 별시	1회	8명	
	온양 별시	1회	7명	
	송도 별시	1회	3명	
합 계			2,131명	

여기서 먼저 눈에 띠는 것은 문과의 종류가 매우 다양하다는 점이
다. 3년마다 시행되는 식년시와 이를 확대시킨 증광시, 그리고 성균
관 문묘에 참배하여 시행한 알성시 등은 어느 왕대나 관례적으로 시
행되는 시험이지만, 60세 또는 70세 이상의 노인을 대상으로 하는 기
로정시가 5회에 걸쳐 시행되고, 지방 유생을 대상으로 한 별시가 모
두 12회에 걸쳐 시행되어 65명을 선발한 것은 특이하다. 특히 지방
별시는 서울경기, 함경도, 평안도, 강화도, 송도(개성), 온양 등 여러
지역을 대상으로 했는데, 그 가운데 함경도에서 4회, 평안도에서 3회
에 걸쳐 별시를 치른 것은 북방 지역에 대한 배려가 컸음을 보여 준
다. 함경도나 평안도, 개성 등은 숙종 대에도 별시가 시행된 일이 있
지만, 강화도에 대한 별시는 처음이다. 강화도의 국방상 중요성을 감
안한 것으로 보인다.

한편, 제주도에 대한 별시는 시행하지 않았지만 제주도 유생들도
향시를 거치면 복시를 생략하고 바로 전시에 나가도록 특별 배려하
기도 했는데, 이런 조치도 변방 지역민을 회유하기 위한 조치였다.

탕평시, 구현시, 충량시 등은 영조 말년에 시행된 것인데, 다분히 사색탕평四色蕩平을 의식한 시험이라고 볼 수 있다.

그런데 지방민에 유리한 시험인 식년시와 증광시급제자는 모두 합해 1,137명이고, 여기에 지방 별시에 급제한 65명을 합하면 1,202명으로 전체 급제자의 56.4퍼센트를 차지하여 지방민에 대한 배려가 결코 작지 않았음을 보여 준다.

3) 문과급제자의 지방별 분포

영조 대《방목》에는 처음으로 급제자의 거주지가 기록되어 있는데, 유감스럽게도 급제자 전원이 아니라 전체 급제자의 36퍼센트에 해당하는 768명의 거주지만이 확인되고 있다. 따라서 이것을 가지고 도별道別 급제자 분포를 정확하게 파악하는 것은 불가능하다. 하지만 이 수치도 전혀 무의미한 것은 아니다. 다음에 지역별 급제자의 인원을 먼저 알아보고, 그 의미를 따져보기로 하겠다.

출 신	인 원
서울	58명
충청도	156명
평안도	142명
경기도 (개성)	132명 (18명 포함)
경상도	110명
전라도	82명
함경도 (함흥)	37명 (18명 포함)
강원도	30명
황해도	11명
제주도	10명
합 계	768명

여기서 먼저 주목되는 것은 서울 출신 급제자가 58명으로 되어 있는데, 이는 터무니없이 적은 수치이다. 정조 대의 경우를 보면 전체 급제자의 약 3분의 1이 서울 출신으로 되어 있는데, 이 비율을 영조 대에 적용하면 대략 7백 명 정도의 서울 출신이 급제했다고 볼 수 있기 때문이다. 따라서 서울 출신 급

제자의 수치가 가장 소홀하게 기록되었다고 볼 수 있다. 아마 《방목》의 기록자는 누구나 쉽게 알 수 있는 서울 출신 급제자의 거주지는 대폭 생략하고, 지방 출신의 거주지는 상대적으로 관심을 두고 기록한 것으로 보인다.

그런데 표에서 보면, 충청도 출신 급제자가 156명으로 가장 많고, 평안도 출신 급제자가 142명으로 두 번째로 높으며, 경기도와 경상도가 그 뒤를 잇고 있는 것은 놀라운 일이다. 이 수치들이 실제의 수치와 비교하여 어느 정도를 반영하는지는 알 수 없지만, 충청도와 평안도 지역이 강세를 보이고 있는 것만은 짐작하기에 충분하다. 특히 평안도 출신 급제자가 142명이나 되는 것은 우리의 상상을 초월한다고 볼 수 있다.

평안도 출신 급제자 142명을 다시 군현별로 알아보면 다음과 같다.

여기서 정주定州가 48명으로 30개 군현 가운데 압도적으로 많아 2위인 안주安州보다 3배가 넘은 것이 주목된다. 그런데 정주 출신의 급제율은 그 다음 정조 대 이후에도 계속하여 압도적인 1위를 고수하고 있음을 볼 수 있다.231) 평안도의 수도인

정주	48명
안주	15명
영변, 개천	각 9명
선천, 귀성	각 6명
평양, 순안	각 4명
성천, 태천, 가산, 운산, 영유	각 3명
의주, 중화, 이산, 철산, 숙천, 용천, 강서, 순천, 상원	각 2명
강계, 희천, 함종, 강동, 자산, 은산, 창성, 벽동	각 1명
합 계	142명

231) 정조 대―총 급제자 120명 가운데 정주 45명, 안주, 평양 각 8명, 개천 6명, 영변 5명(이하 생략).

평양平壤은 겨우 4명을 배출하여 부진을 면치 못하고 있는데, 이런 현상은 다음 시대에도 계속 이어져 오다가 고종 대에 이르러 처음으로 정주 다음으로 2위로 올라섰다. 정주 지역이 이렇듯 많은 급제자를 배출하고 있는 것은 이 지역의 경제발전과 연관이 있다고 보이는데, 앞으로 더 연구할 과제라고 본다.

다만, 정조 대 이후의 수치는 전체를 말하는 것이고, 영조 대의 수치는 일부라는 차이가 있음을 고려해야 하겠지만 그래도 평안도 군현의 차이를 이해하는 데는 큰 무리가 없을 것이다.

또 위 표를 보면 제주도 출신 급제자가 10명으로 황해도 출신 급제자 11명과 거의 대등한 수치를 보이고 있으며, 경기 지역 출신자 가운데 개성 출신 급제자가 18명이나 되어 군현별로 볼 때에는 경기도에서 가장 높은 수치를 보이고 있는 것도 주목된다. 또 함흥 출신이 함경도 출신 급제자의 약 절반에 해당하는 18명이나 된다는 것도 주목되며, 강원도가 황해도보다 3배 정도 급제자가 많은 것도 의외의 현상이다. 이들 지역들은 대체로 그동안 정치적으로 소외된 지역으로 알려지고 있는데, 이런 지역 출신자들이 영조 대에 선전하고 있다는 것을 알 수 있고, 그 배경에는 영조의 탕평정책이 개입된 결과가 아닌가 추측된다.

영조는 평안도, 함경도, 제주도 등 멀고 소외된 지역의 급제자들에게는 향시鄕試를 거치면 복시覆試를 생략하고 바로 전시殿試에 나가는

순조 대─총 급제자 162명 가운데 정주 58명, 안주 16명, 평양 12명, 영변 6명(이하 생략).
헌종 대─총 급제자 68명 가운데 정주 23명, 태천 6명, 안주 5명, 철산 4명, 평양 3명(이하 생략).
철종 대─총 급제자 65명 가운데 정주 12명, 안주 11명, 평양 6명, 가산, 숙천 각 4명(이하 생략).
고종 대─총 급제자 295명 가운데 정주 54명, 평양 34명, 태천 20명, 영변 16명(이하 생략).

특전을 부여하고 있으며, 또 급제자가 나오면 노자를 준다든지 음식
을 베푼다든지 여러 가지 배려를 하고 있는 것이 《실록》에 자주 보
인다. 이런 정책은 탕평책을 표방하면서 소민小民들을 정치에 포용하
려는 목적과 관련이 있다고 보인다.

4) 신분이 낮은 급제자의 인원과 유형

영조 대 문과급제자 2,131명 가운데 신분이 낮은 것으로 조사된 급
제자는 모두 794명으로 전체 급제자의 37.26퍼센트를 차지하고 있다.
이 수치를 앞 시기와 비교하면 다음과 같다.

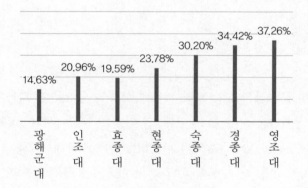

여기서 광해군 대 14.63퍼센트에서 출발한 신분이 낮은 급제자의
비율이 인조-현종 대에 20퍼센트대를 오르내리다가 숙종 대에 30퍼
센트대로 올라가서 영조 대에 이르러 37퍼센트대로 상승한 것을 볼
수 있다. 그 다음 정조 대 이후는 그 수치가 50퍼센트대로 올라가고
있는데, 이에 대해서는 뒤에 다시 설명할 것이다.

그러면 신분이 낮은 급제자 794명은 구체적으로 어떤 사람들인가? 여기에는 대체로 다음과 같은 여러 부류가 있다. ① 《방목》에 본관이 기록되어 있지 않은 급제자가 244명인데 그 가운데 본관을 알 수 없는 급제자는 1명뿐이다. ② 본관은 알 수 있으나 그 본관의 《족보》가 《청구》와 《만성》에 보이지 않는 급제자가 13명이다. ③ 《족보》는 있으나, 《족보》에 가계가 보이지 않는 급제자가 482명이다. ④ 《족보》에 본인 또는 아버지 윗대의 가계가 끊어진 급제자가 43명이다. ⑤ 내외 4대조 또는 가까운 윗대에 벼슬아치가 없는 급제자가 246명이다. ⑥ 《족보》에는 올라 있으나, 서얼 출신이거나 또는 《실록》에 집안이 한미하다고 되어 있는 급제자가 5명이다. ⑦ 기록이 서로 달라 신분이 애매한 급제자가 4명이다.

(1) 본관을 알 수 없는 급제자

영조 대 문과급제자 2,131명 가운데 《방목》에 본관이 기록되어 있지 않은 급제자는 모두 244명인데, 그 가운데 1명을 제외하고는 다른 방법으로 본관을 찾을 수 있다. 하지만, 이들 가운데는 《족보》에 가계가 보이지 않는 인물이 매우 많아 신분이 낮은 부류에 속한다는 것을 알 수 있다. 따라서 이들의 신분은 다음 절에서 구체적으로 살펴보기로 한다.

여기서는 본관을 확인하기 어려운 급제자 1명을 소개하면 다음과 같다.

김초직金楚直 평안도 사람으로 벼슬이 예조좌랑(정6품)에 이르렀는데,《방목》에 본관이 없어 신원을 알 수 없다.

(2)《족보》자체가 없는 급제자

영조 대 신분이 낮은 급제자 794명 가운데 본관은 알 수 있으나, 그 본관의《족보》가《청구》와《만성》에 보이지 않는 급제자는 13명이다. 이들은 대부분 인구가 적은 희성稀姓 출신이며, 벼슬을 받은 급제자는 3명뿐이고 나머지 10명은 벼슬을 받지 못했다. 13명 가운데 유일급제자는 8명이고, 7명 가운데 2명은 시조가 되었다. 13명의 명단을 소개하면 다음과 같다.

이택징李澤徵 본관이 간성杆城으로 벼슬이 사헌부 장령(정4품)에 이르렀는데,《간성이씨보》자체가 없다. 2000년 현재 간성이씨 인구는 319가구 965명으로 희성에 속하는데, 조선시대 문과급제자 5명을 배출했다.

강덕구康德衢 평안도 정주定州 사람이고 본관이 진주晉州로 벼슬이 없으며,《진주강씨보》도 없다. 2000년 현재 진주강씨 인구는 1만 2,819가구 3만 9,967명으로, 조선시대 문과급제자는 2명이다.

임정의林正誼 본관이 울진蔚珍으로 벼슬이 없고,《울진임씨보》도 없어 신원을 알 수 없다. 2000년 현재 울진임씨 인구는 4,996가구 1만 5,334명의 희성으로, 조선 후기 문과급제자 6명을 배출했다.

임형원林馨遠 본관이 안산安山으로 벼슬이 없고,《안산임씨보》도 없어 신원을 알 수 없다. 2000년 현재 안산임씨 인구는 88가구 280명의 희성으로, 조선시대 문과급제자는 임형원이 유일하다.

임기빈林箕彬 본관이 울진으로 벼슬이 없고, 《울진임씨보》자체도 없어 신원을 알 수 없다. 인구는 앞의 임정의와 같다.

장달성張達星 함경도 무산茂山 사람이고 본관이 송화松禾로, 벼슬이 찰방(종6품)에 이르렀는데, 《송화장씨보》가 없어 신원을 알 수 없다. 2000년 현재 송화장씨 인구는 1가구 3명이고, 조선시대 문과급제자는 장달성이 유일하다.

김용한金龍翰 평안도 순안順安 사람이고 본관이 고양高陽으로, 벼슬이 없으며, 《고양김씨보》도 없어 신원을 알 수 없다. 2000년 현재 고양김씨 인구는 163가구 517명의 희성으로, 조선시대 문과급제자는 김용한이 유일하며, 뒤에 시조로 추앙되었다.

노성탁魯聖鐸 본관이 함풍咸豊으로 벼슬이 없는데, 《함풍노씨보》도 없어 신원을 알 수 없다. 2000년 현재 함풍노씨 인구는 7,777가구 2만 5,408명으로 조선시대 문과급제자는 3명이다.

최대규崔大奎 평안도 구성龜城 사람이고 본관이 문경聞慶으로, 벼슬이 없고, 《문경최씨보》도 없어 신원을 알 수 없다. 2000년 현재 문경최씨 인구는 230가구 689명의 희성으로, 조선시대 문과급제자는 최대규가 유일하며, 뒤에 시조로 추앙되었다.

최대항崔大恒 본관이 고부古阜인데 벼슬을 얻지 못했고, 《고부최씨보》도 없어 신원을 알 수 없다. 2000년 현재 고부최씨 인구는 272가구 909명의 희성으로, 조선시대 문과급제자는 최대항이 유일하다.

남형운南亨雲 본관이 철성鐵城(固城)으로 벼슬을 얻지 못했는데, 《철성남씨보》도 없어 신원을 알 수 없다. 2000년 현재 철성남씨 인구는 3,108가구 9,982명으로 조선시대 문과급제자는 남형운이 유일하다.

장한철張漢喆 제주 사람이고 본관이 해주海州로, 벼슬이 현감(종6품)

에 이르렀는데,《해주장씨보》가 없어 신원을 알 수 없다. 2000년 현재 해주장씨 인구는 128가구 422명의 희성으로, 조선시대 문과급제자는 장한철이 유일하다.

장욱張旭 본관이 풍덕豊德으로 벼슬이 없는데,《풍덕장씨보》자체가 없다. 2000년 현재 인구는 250가구 810명의 희성으로 조선시대 문과급제자는 장욱뿐이다.

(3)《족보》에 가계가 보이지 않는 급제자

영조 대 신분이 낮은 급제자 794명 가운데《족보》는 있으나《족보》에 가계가 보이지 않는 급제자는 482명으로 전체 급제자 2,131명 가운데 22.61퍼센트, 신분이 낮은 급제자 794명 가운데 60.7퍼센트를 차지하고 있다. 그런데 482명 가운데 벼슬을 받지 못한 급제자가 226명으로 46.88퍼센트를 차지하고 있어 거의 절반에 가까운 급제자가 벼슬을 얻지 못하였다. 특히 226명 가운데 평안도 출신 급제자가 59명을 차지하여 가장 많은데, 그 이유는《족보》에 가계가 보이지 않은 급제자가 평안도 출신이 93명으로 8도 가운데 가장 많은 데 있다.

(가) 3품 이상 고관에 오른 급제자

영조 대 문과급제자 가운데《족보》에 가계가 보이지 않는 급제자는 482명이고, 그 가운데 벼슬을 받지 못한 226명을 제외한 나머지 256명은 벼슬을 받고 있는데, 그 가운데 3품 이상 고관에 오른 인물은 21명에 이른다. 이들이 받은 최고 벼슬과 그 인원을 알아보면 다음과 같다.

동지중추부사同知中樞府事(종2품)	1명
오위장五衛將(종2품)	1명
첨지중추부사僉知中樞府事(정3품 당상관)	5명
통정대부通政大夫(정3품 당상관)	2명
승지承旨(정3품 당상관)	4명
통례원 통례通禮(정3품 당하관)	2명
시정寺正(정3품 당하관)	1명
교서관 판교判校(정3품 당하관)	1명
사간원 사간司諫(종3품)	3명
부사府使(종3품)	1명
합 계	21명

여기서 2품 이상에 오른 급제자가 2명이지만, 의정부 정승政丞이나 6조 판서判書, 참판參判은 한 사람도 없다. 그 나머지 벼슬도 승지를 제외하고는 실권을 갖지 못한 한직에 머물고 있다.

(나) 서얼 출신 급제자

영조 대 《족보》에 오르지 못한 급제자 482명 가운데는 서얼로 밝혀진 인물은 4명이고, 서얼로 의심되는 급제자는 3명이다. 7명의 명단을 소개하면 다음과 같다.

이희겸李喜謙 본관이 함평咸平으로 벼슬이 현감(종6품)에 이르렀는데, 이희겸이 찰방(종6품)에 임명되자 사간원은 그가 서얼 출신의 미천한 신분으로 법을 어기고 교자를 타고 다닌다고 하면서 파직을 요청한 일이 있었다. 《함평이씨보》에는 그의 이름이 보이지 않는다.

남옥南玉 본관이 의령宜寧으로 벼슬이 군수(종4품)에 이르렀는데, 홍봉한洪鳳漢은 남옥을 이봉환, 성대중과 더불어 서류庶流의 인재로 임금에게 추천한 일이 있었다. 《의령남씨보》에는 가계가 보이지 않는다.

임옥任玉 본관이 풍천豊川으로 벼슬이 현감(종6품)과 병조좌랑(정6
품)에 이르렀는데, 정조는 임옥이 통청通淸되지 않은 것을 안타깝게
여기어 좌랑의 벼슬을 주었다. 《풍천임씨보》에는 가계가 보이지 않
는다.

여귀주呂龜周 본관이 함양咸陽으로 유학을 거쳐 문과에 급제하여 벼
슬이 사헌부 지평(정5품)에 이르렀는데, 《실록》을 보면 여귀주는 서
출이라고 한다. 《함양여씨보》에는 가계가 보이지 않는다.

김응린金應麟 평안도 안주安州 사람으로 본관이 수원水原이고, 벼슬
이 안주찰방(종6품)에 이르렀는데, 정조는 김응린이 청직淸職에 오르
지 못한 것을 안타깝게 여겨 그를 후릉령(종5품)에 제수했다.

박성현朴聖鉉 개성 사람으로 본관이 무안務安이고 벼슬이 좌랑(정6
품)과 예문관 한림(7~9품)에 이르렀는데, 청직으로 나가지 못하고 있
는 것을 안타깝게 여긴 정조의 특명으로 청직에 나가게 되었다. 《무
안박씨보》에는 가계가 보이지 않는다.

백봉주白鳳周 평안도 태천泰川 사람으로 본관이 수원水原이고 벼슬
이 성균관 직강(정5품)에 이르렀다가 뒤에 낙직落職되었는데, 정조 22
년에 다시 통청通淸시켜 주었다.

(다) 전주이씨 파미분류자

전주이씨全州李氏로 문과에 급제한 인물은 《전주이씨과거급제자총
람》에 가계가 소개되어 있는데, 문과급제자 가운데 《족보》에 오르지
못한 인물은 파미분류자派未分類者로 분류해 놓았다. 여기서 계파를
몰라 《족보》에 오르지 못한 인물은 이름 없는 평민 출신이거나 서출

이거나 아니면 본관이 가짜인 경우로 볼 수 있다. 영조 대 파미분류
자는 모두 6명에 이르고 있는데, 그 명단을 소개하면 다음과 같다.

이일성李日成 유학을 거쳐 문과에 급제하여 벼슬이 찰방(종6품)과
현감(종6품)에 이르렀다.

이세현李世鉉 경기도 금천衿川 사람으로 유학을 거쳐 문과에 급제하
여 벼슬이 사헌부 지평(정5품)에 이르렀다.

이방린李芳隣 경기도 안성安城 사람으로 유학을 거쳐 도과道科에 급
제했는데, 시험에 부정행위가 발각되어 벼슬을 얻지 못하고 삭과되
었다.

이영봉李榮鳳 경기도 양주楊州 사람으로 진사를 거쳐 문과에 급제했
으나 벼슬이 없다.

이주현李周顯 유학을 거쳐 문과에 급제하여 벼슬이 강진현감(종6품)
에 이르렀다.

이석원李錫源 유학을 거쳐 문과에 급제했으나 벼슬을 얻지 못했다.

(라) 신분이 나쁘다고 비판받은 급제자

영조 대 문과급제자로서 《족보》에 가계가 보이지 않는 급제자
482명 가운데는 벼슬을 받을 때 신분이 좋지 않다는 이유로 대간臺諫
의 비난과 배척을 받은 급제자가 14명에 이르고 있는데, 이들은 시골
의 향족鄕族, 평민 또는 서출을 뜻하는 것으로 보인다. 그러나 기록에
는 그런 표현은 보이지 않고, 미천하다, 비천하다, 한미하다 등의 표
현이 보이고 있다. 14명의 명단을 소개하면 다음과 같다.

우세준禹世準 본관이 단양丹陽으로 벼슬이 예조좌랑(정6품)에 이르
렀는데, 《실록》에는 우세준이 향곡鄕曲의 미관微官이라고 기록했다.

그러니까 시골의 보잘것없는 벼슬아치라는 뜻이다.

변진국邊鎭國 본관이 원주原州로 벼슬이 찰방(종6품)을 거쳐 정릉령(종5품)에 이르렀는데, 사헌부는 변진국이 정릉貞陵의 영令을 받자 "시골의 향품鄕品에도 끼지 못하는 사람이 갑자기 침랑寢郎에 낀 것은 부당하다"고 비난했다.

홍성좌洪聖佐 본관이 남양南陽으로 벼슬이 성균관 전적(정6품)에 이르렀는데, 이보다 앞서 홍성좌가 승정원 주서(정7품)에 임명되자 사간원은 그의 지처地處가 비미卑微하다는 이유로 체차를 요구했는데, 임금은 이를 따르지 않았다.

박성룡朴聖龍 본관이 밀양密陽으로 벼슬이 현감(종6품)에 이르렀는데, 박성룡이 현감을 지낼 때 사헌부는 그가 비천卑賤한 신분이라고 비판하면서 파직을 요청했으나 임금이 따르지 않았다.

윤붕거尹鵬擧 함경도 경성鏡城 사람으로 본관이 해주海州이고 벼슬이 승지(정3품 당상관)에 올랐는데, 이보다 앞서 윤붕거가 사헌부 장령(정4품)에 임명되자 사헌부는 그의 신분이 한미寒微하다는 이유로 반대했으나 임금이 따르지 않았다. 2000년 현재 해주윤씨 인구는 284가구 899명에 지나지 않는다. 그가 유일한 문과급제자이다.

이덕관李德觀 전라도 무안務安 사람으로 본관이 경주慶州이고 벼슬이 병조좌랑(정6품)에 이르렀는데, 이덕관이 좌랑에 임명되자 사헌부는 그가 보잘것없고 한미寒微한 사람이라는 이유로 반대하고 나섰다.

우경한禹景漢 충청도 충원忠原 사람으로 본관이 단양丹陽이며 벼슬이 통례원 우통례(정3품 당하관)에 이르렀는데, 사헌부는 우경한의 지처地處가 비천卑賤하다는 이유로 반대했다.

박경행朴敬行 본관이 무안務安으로 벼슬이 현감(종6품)에 올랐는데,

사간원은 박경행이 여항閭巷의 소아小兒에 지나지 않음에도 사대부의 위에다 올려놓는 것은 부당하다고 하면서 반대했으나, 영조는 인재를 기용할 때 재능을 따지지 않고 문지門地만 따지는 것은 개탄스럽다고 질책하고 "사대부도 여항에 있었는데, 어떻게 여염을 비루하게 여길 수 있는가?"라고 하면서 사간원이야말로 소아小兒가 소아小我를 희롱하고 있다고 말했다.

이태령李泰齡 강원도 횡성横城 사람으로 본관이 원주原州이며 벼슬이 승문원 정자(정9품)에 이르렀는데, 뒤에 이태령을 대간에 임명하려 하자 사헌부는 그가 미천하고 무식하며 내력이 없어 명기名器를 더럽힌다는 이유로 반대하여 임금이 따랐다.

우정규禹禎圭 경상도 함양咸陽 사람으로 본관이 단양丹陽이며 벼슬이 통례원 우통례(정3품 당하관)에 이르렀는데, 정조 대《경제야언經濟野言》이라는 명저를 지어 바치기도 했다. 그런데 우정규가 영조 대예문관 검열(정9품)에 천거되자 예문관에서는 그가 비미卑微하고 하찮은 인물이라는 이유로 반대하고 나섰다.《단양우씨보》에는 가계가 보이지 않는다.

윤창혁尹昌爀 본관이 남원南原으로 벼슬이 예문관 한림(7~9품)에 천거되었는데, 예문관은 윤창혁이 인망人望에 맞지 않는다는 이유로 반대했다.

박서량朴瑞良 본관이 함양咸陽으로 벼슬이 승지(정3품 당상관)에 올랐는데, 사헌부는 그가 지처地處가 한미寒微하다는 이유로 반대하고 나섰으나 임금이 따르지 않았다.

신수채辛受采 평안도 정주定州 사람으로 85세로 문과에 급제하여 벼슬이 호조참판(종2품)과 지중추부사(정2품)에 올랐는데, 본관은 영산

靈山이지만 《영산신씨보》에 가계가 보이지 않는다. 《실록》을 보면 신수채는 관서지방의 향족鄕族이라고 한다.

최식崔湜 본관이 전주全州로 증광시에 급제하여 벼슬길에 올랐다가 정조 즉위년 정후겸鄭厚謙의 반역에 연루되어 유배당했는데, 《전주최씨보》에는 가계가 보이지 않는다. 당시 사헌부는 최식을 가리켜 미천微賤하고 흉얼凶孽한 무리라고 비난했다.

(마) 유일급제자, 첫 급제자, 이속 출신

영조 대 문과급제자로서 《족보》에 가계가 보이지 않는 급제자 482명 가운데는 자기 본관의 유일급제자가 3명, 첫 급제자로 확인된 급제자 2명, 그리고 이속吏屬 출신으로 확인된 급제자가 1명이다. 이들 6명의 명단을 소개하면 다음과 같다.

이환룡李煥龍 개성 사람으로 본관이 평산平山인데, 시험부정이 발각되어 급제가 취소되었다. 2000년 현재 평산이씨 인구는 1,047가구 3,394명의 희성으로, 이환룡은 조선시대 문과급제자 4명 가운데 첫 급제자이다.

전광옥田光玉 경상도 영해寧海 사람으로 본관이 행주幸州이고 벼슬이 찰방(종6품)에 이르렀는데, 전광옥은 행주전씨에서 유일한 문과급제자이다. 2000년 현재 행주전씨 인구는 파악이 안 되고 있다.

양종대梁宗大 본관이 남양南陽으로 벼슬이 공조정랑(정5품)에 이르렀는데, 《남양양씨보》에 가계가 보이지 않는다. 2000년 현재 남양양씨 인구는 2,173가구 7,280명의 희성으로 양종대가 유일급제자이다.

조언혁趙彦爀 본관이 밀양密陽으로 벼슬이 없으며, 《밀양조씨보》에도 가계가 보이지 않는다. 2000년 현재 밀양조씨 인구는 794가구

2,666명의 희성으로, 조선시대 문과급제자 2명을 배출했는데, 조언혁이 처음이다.

서휘徐彙 본관이 이천利川으로 벼슬이 찰방(종6품)에 이르렀는데, 서휘는 본래 전주의 아전衙前이었다고 한다. 《이천서씨보》에는 가계가 보이지 않는다.

석종극石宗克 평안도 순안順安 사람으로 본관이 원주原州이며 벼슬이 봉상시 첨정(종4품)에 이르렀다. 2000년 현재 원주석씨 인구는 81가구 310명의 희성으로, 석종극이 유일한 문과급제자이다.

(4) 《족보》에 가계가 단절된 급제자

영조 대 신분이 낮은 급제자 794명 가운데는 《족보》에 이름이 보이지만 본인이나 아버지 윗대의 가계가 끊어진 급제자가 43명이다. 이들은 조상 가운데 벼슬아치가 없는 평민이거나 인구가 극히 적은 희성이 대부분이다. 따라서 이들은 자기 본관本貫에서 첫 문과급제자이거나 또는 유일한 문과급제자인 경우가 적지 않고, 시조로 추앙된 인물도 있다. 또 지역적으로 본다면 평안도 출신이 절반을 차지하고, 그 밖에 황해도, 함경도 등 북방 지역 출신이 대부분이다. 영조 대 이후로 북방 지역 출신의 과거급제율이 급속하게 증가하는 추세를 보인다. 하지만 이들이 받은 벼슬을 보면 매우 불리한 조건에 있었던 것을 다음 절에서 알 수 있다.

(가) 3품 이상에 오른 급제자
《족보》에 가계가 단절된 급제자 43명 가운데는 벼슬을 받지 못한

급제자는 18명이고 나머지 25명은 벼슬을 받았는데, 25명 가운데 3품
이상 고관에 오른 인물이 5명이다. 나머지 20명이 받은 벼슬은 군수
(종4품), 현령(종5품), 현감(종6품), 찰방(종6품), 도사(종5품), 판관(종5
품) 등 지방관이 8명으로 가장 많고, 그 다음이 직강(정5품), 전적(정6
품), 학유(종9품), 권지(임시직) 등 성균관에 나간 인물이 5명, 6조 좌
랑(정6품)이 2명이고, 청직淸職인 홍문관, 사헌부, 사간원에는 오직 사
헌부 장령(정4품)이 한 사람 있을 뿐이다. 이제 3품 이상에 오른 5명
을 소개하면 다음과 같다.

김홍제金弘濟 전라도 무안務安 사람으로 본관이 도강道康(康津)이고
벼슬이 동지중추부사(종2품)에 올랐는데, 《청구》의 《도강김씨보》를
보면 김홍제가 조상의 가계가 끊어진 형태로 기록되어 있다. 2000년
현재 도강김씨 인구는 6,639가구 2만 1,274명의 희성으로, 조선시대
문과급제자 12명을 배출했다.

이익상李翼相 개성 사람으로 본관이 평산平山이고 벼슬이 대사헌(종
2품)에 올랐는데, 《청구》의 《평산이씨보》를 보면 이익상 한 사람만
기록되어 있다. 2000년 현재 평산이씨 인구는 1,047가구 3,394명의
희성으로 조선시대 문과급제자 4명을 배출했으며, 이익상이 두 번째
이다.

주만리朱萬离 본관이 능성綾城으로 벼슬이 공조참의(정3품 당상관)에
올랐는데, 《청구》의 《능성주씨보》를 보면 주만리 한 사람만 보이고,
《만성》의 《능성주씨보》를 보면 직계 3대조 이상은 가계가 끊어져
있는데 벼슬아치가 없다. 2000년 현재 능성주씨 인구는 977가구
3,300명의 희성으로, 조선시대 문과급제자 3명을 배출했으며, 그가
두 번째이다.

임장원任長源 본관이 장흥長興으로 벼슬이 사간원 헌납(정5품), 승지 (정3품 당상관), 부사(종3품)에 올랐는데, 《장흥임씨보》를 보면 임장원 은 명종 대 부사를 지낸 임백영任百英의 후손이지만, 그 뒤 2백 년 동 안 가계가 끊어진 가운데 아버지와 그의 이름만 보인다. 2000년 현재 장흥임씨 인구는 2,877가구 9,355명의 희성으로, 조선시대 문과급제 자는 8명이다.

장취오張聚五 본관이 결성結城으로 벼슬이 판결사(정3품 당상관)에 올랐는데, 《결성장씨보》에는 아버지와 본인만 기록되어 있으며 아버 지는 벼슬이 없다. 장취오는 결성장씨에서 첫 문과급제자이다.

(나) 유일급제자, 첫 급제자, 시조 등 희성 출신 급제자

영조 대 문과급제자 가운데 《족보》에 가계가 단절된 급제자 43명 가운데는 인구가 극히 적은 희성 출신이 대부분인데, 여기에는 자기 본관에서 처음으로 문과에 급제한 인물이 9명, 자기 본관에서 유일한 문과급제자가 14명이다. 첫 급제자와 유일급제자 가운데는 자기 본 관의 시조로 추앙된 인물이 10명, 향리 출신으로 보이는 급제자가 1 명이다. 이들을 모두 합쳐 24명인데, 그 명단을 소개하면 다음과 같 다. (*표는 시조)

* **홍만원**洪萬源 본관이 안산安山으로 벼슬이 교서관 정자(정9품)에 이르렀다. 2000년 현재 안산홍씨 인구는 파악되지 않고 있으며, 홍만 원이 유일한 문과급제자로 시조로 되어 있다.

* **김성일**金聲— 본관이 남포藍浦로 벼슬이 찰방(종6품)에 이르렀다. 2000년 현재 남포김씨 인구는 235가구 757명으로, 조선시대 문과급 제자는 2명인데, 김성일이 첫 급제자이자 시조로 되어 있다.

* **문봉수**文鳳壽 평안도 순천順川 사람으로 본관이 밀양密陽이고 벼슬이 성균관 전적(정6품)에 이르렀다. 2000년 현재 밀양문씨 인구는 292가구 989명의 희성으로, 조선시대 문과급제자는 모두 2명인데, 문봉수가 처음이며 그가 시조로 추앙되고 있다.

이태온李泰薀 평안도 강동江東 사람으로 본관이 진위振威로 벼슬이 성균관 직강(정5품)에 이르렀다. 2000년 현재 진위이씨 인구는 1,597가구 5,042명의 희성으로, 조선시대 문과급제자 2명을 배출했는데, 이태온이 처음이다.

이치언李致彦 본관이 진주晉州로 벼슬이 없는데, 2000년 현재 진주이씨 인구는 3,798가구 1만 2,636명의 희성으로, 이치언이 유일한 문과급제자이다.

백상현白尙絢 개성開城 사람으로 본관이 홍주洪州이며 벼슬이 없다. 2000년 현재 홍주백씨 인구는 54가구 166명의 희성으로, 백상현이 유일한 문과급제자이다.

* **이창례**李昌禮 함흥咸興 사람으로 본관이 영덕盈德인데 벼슬이 병조좌랑(정6품)에 이르렀다. 2000년 현재 영덕이씨 인구는 3가구 8명으로, 이창례가 유일급제자인 동시에 시조이다.

* **정형서**鄭衡瑞 평안도 정주定州 사람으로 본관이 보령保寧인데 벼슬이 없다. 2000년 현재 보령정씨 인구는 94가구 293명이며, 정형서가 유일한 문과급제자이자 시조로 되어 있다.

* **박홍수**朴鴻壽 평안도 상원祥原 사람으로 본관이 강진康津이고 벼슬이 현령(종5품)에 이르렀다. 2000년 현재 강진박씨 인구는 알 수 없으며, 박홍수가 유일급제자인 동시에 시조로 되어 있다.

김재옥金載玉 개성開城 사람으로 본관이 정주貞州이며 벼슬이 성균관 전적(정6품)에 이르렀다. 2000년 현재 정주김씨 인구는 747가구 2,384명으로, 김재옥이 유일한 문과급제자이다.

김수함金守咸 함경도 안변安邊 사람으로 본관이 동래東萊인데 벼슬이 찰방(종6품)에 이르렀다. 2000년 현재 동래김씨 인구는 298가구 897명으로, 김수함이 유일한 문과급제자이다.

김태일金台─ 평안도 개천价川 사람으로 본관이 밀양密陽인데 벼슬은 없다. 2000년 현재 밀양김씨 인구는 3,009가구 9,951명으로, 4명의 문과급제자를 배출했는데, 김태일이 처음이다.

문봉집文鳳集 평안도 안주安州 사람으로 본관이 인천仁川인데 벼슬이 없다. 2000년 현재 인천문씨 인구는 파악되지 않고 있으며, 문봉집이 유일한 문과급제자이다.

이취복李就復 황해도 평산平山 사람으로 본관이 나주羅州인데 벼슬이 없다. 2000년 현재 나주이씨 인구는 1,988가구 6,281명으로, 조선시대 문과급제자 2명을 배출했는데, 이취복이 처음이다.

* **이성곤**李性坤 평안도 영변寧邊 사람으로 본관이 거창居昌인데 벼슬이 없다. 2000년 현재 거창이씨 인구는 578가구 1,855명으로, 조선시대 문과급제자 2명을 배출했는데, 이성곤이 처음이자 시조이다.

이덕재李德載 본관이 강릉江陵으로 벼슬이 없다. 2000년 현재 강릉이씨 인구는 1,335가구 4,166명으로, 이덕재가 조선시대 유일한 문과급제자이다. 그런데 《세종실록》〈지지리〉를 보면 이씨는 강릉의 속성續姓으로도 나오고 일반성으로도 나오는데, 속성은 향리를 하고 있다고 되어 있으므로 그도 향리집안일 가능성이 있다.

* **이경수**李景洙 본관이 안동安東으로 벼슬이 없다. 2000년 현재 안동이씨 인구는 1,195가구 3,880명으로, 이경수가 유일한 문과급제자

인 동시에 시조이다.

이석복李錫馥 평안도 창성昌城 사람으로 본관이 청송靑松인데 벼슬이 없다. 2000년 현재 청송이씨 인구는 247가구 814명으로, 조선시대 문과급제자 2명을 배출했는데, 이석복이 처음이다.

계덕신桂德新 평안도 선천宣川 사람으로 본관이 수안邃安인데 벼슬이 좌랑(정6품)에 이르렀다. 2000년 현재 수안계씨 인구는 1,951가구 6,242명으로, 조선시대 문과급제자 3명을 배출했는데, 계덕신이 처음이다.

유패흥劉沛興 평안도 의주義州 사람으로 본관이 전주全州인데 벼슬이 승정원 주서(정7품)에 이르렀다. 2000년 현재 전주유씨 인구는 1가구 1명으로, 유패흥은 조선시대 유일한 문과급제자이다.

* **송용억**宋龍億 본관이 나주羅州로 벼슬이 없다. 2000년 현재 나주송씨 인구는 1,247가구 4,014명으로, 조선시대 문과급제자는 송용억이 유일하며 그가 시조이다.

* **홍낙조**洪樂祖 평안도 강서江西 사람으로 본관이 염주鹽州(연안)로 벼슬이 없다. 2000년 현재 염주홍씨 인구는 알 수 없는데, 조선시대 문과급제자는 홍낙조가 유일하며 그가 시조로 되어 있다.

장취오張聚五 앞에서 이미 소개한 것처럼, 결성장씨의 첫 문과급제자이다.

(5) 내외 4대조 또는 가까운 윗대에 벼슬아치가 없는 급제자

영조 대 신분이 낮은 급제자 794명 가운데는 《족보》에 가계가 보이지만 내외 4대조 또는 가까운 윗대의 가까운 조상 가운데 벼슬아

치가 보이지 않는 급제자는 모두 246명으로 전체 급제자의 11.54퍼센트, 신분이 낮은 급제자 794명 가운데 30.98퍼센트를 차지하고 있다.

그런데 이들 가운데는 여러 층이 있다. 조상의 벼슬아치가 가장 먼 사람은 13대조 가운데 벼슬아치가 없는 급제자에서 시작하여 내외 4대조에 이르기까지 다양하다. 또 《실록》을 보면 신분이 미천微賤하다, 한미寒微하다, 지벌地閥이 낮다, 향족鄕族이라는 등의 비판을 받은 인물들이 7명에 이른다.

(가) 신분이 미천하다고 비판받은 급제자

《족보》에 가계가 보이지만, 신분이 미천하다고 비판받은 급제자는 7명이다. 그런데 그 가운데 3품 이상에 오른 인물이 3명이다. 7명의 명단을 소개하면 다음과 같다.

박성원朴聖源 본관이 밀양密陽으로 벼슬이 병조참판(종2품)에 올랐는데, 이보다 앞서 박성원이 사헌부 지평(정5품)에 임명되자 사헌부는 그가 어디서 왔는지도 모르는 인물이라는 이유로 반대하고 나섰으나 임금이 듣지 않았다. 《밀양박씨보》를 보면 직계 3대조 가운데 현직 벼슬아치가 없다.

안정인安正仁 평안도 안주安州 사람으로 본관이 순흥順興이며, 벼슬이 사헌부 장령(정4품)에 올랐는데, 이보다 앞서 안정인이 병조좌랑(정6품)에 임명되자 사헌부는 그가 향족으로서 미천하다는 이유로 반대하고 나섰으나 임금이 듣지 않았다. 《순흥안씨보》를 보면 직계 10대조 가운데 벼슬아치는 할아버지뿐이다.

김계백金啓白 본관이 광산光山으로 벼슬이 사헌부 장령(정4품)에 올랐는데, 이보다 앞서 김계백이 현감(종6품)에 제수되자 사헌부는 그

가 잔열비쇄孱劣鄙瑣하다는 이유로 파직을 요청했으나 임금이 따르지
않았다. 《청구》의 《광산김씨보》를 보면 직계 3대조 가운데 벼슬아
치가 없고, 《만성》의 《광산김씨보》에는 가계가 보이지 않는다.

박규수朴奎壽 본관이 죽산竹山으로 벼슬이 부사(종3품)에 올랐는데,
이보다 앞서 박규수가 병조좌랑(정6품)에 임명되자 사간원은 그가 지
벌이 낮은 데다 행검行檢이 경망하다는 이유로 도태시킬 것을 요구했
으나 임금이 따르지 않았다. 《죽산박씨보》를 보면 직계 4대조 가운
데 벼슬아치가 없다.

지응룡池應龍 청주淸州 사람으로 본관이 충주忠州이며 벼슬이 사헌
부 지평(정5품)에 올랐는데, 당시 사헌부는 지응룡이 지벌이 한미하
고 향곡鄕曲의 천품賤品이라는 이유로 파직을 요청하여 임금이 이를
따랐다. 《청구》의 《충주지씨보》를 보면 직계 7대조 가운데 벼슬아
치가 없다. 하지만 충주지씨는 조선 후기에 문과급제자 10명을 배출
하고, 음양과陰陽科 14명, 율과律科 5명의 급제자를 배출했다.

이종영李宗榮 진위振威 사람으로 본관이 완산完山이며 벼슬이 사헌
부 집의(종3품)에 이르렀는데, 이종영이 처음 승정원 주서(정7품)에
임명되자 사간원은 그가 사람과 문벌이 미천하다는 이유로 체직을
요청했으나 임금이 듣지 않았다. 《전주이씨과거급제자총람》을 보면
그의 직계 5대조 가운데 벼슬아치가 없다.

구수온具修溫 해주海州 사람으로 본관이 능성綾城이고 벼슬이 승지
(정3품 당상관)에 올랐다. 이보다 앞서 구수온이 사헌부 지평(정5품)에
임명되자 사헌부는 그가 미천하고 무식하다는 이유로 반대하고 나섰
으나 임금이 따르지 않았다. 《만성》의 《능성구씨보》를 보면 직계 8
대조 가운데 벼슬아치가 없다.

(나) 3품 이상 고관에 오른 급제자

영조 대 문과급제자로서 내외 4대조 또는 그 가까운 윗대에도 벼슬아치가 없는 급제자 246명 가운데는 벼슬을 받지 못한 자가 11명이고, 나머지 235명은 벼슬을 받았다. 취직률은 95.52퍼센트이다. 그런데 235명 가운데 3품 이상 고관에 오른 급제자는 모두 67명이다. 이들의 명단을 소개하는 것은 너무 번거롭기에 생략하고, 그들이 받은 품계순으로 인원만을 소개하면 다음과 같다.

지중추부사知中樞府事(정2품)	2명
판서判書(정2품)	4명
참판參判(종2품)	10명
관찰사觀察使(종2품)	2명
좌윤左尹(종2품)	2명
사헌부 대사헌大司憲(종2품)	1명
참의參議(정3품 당상관)	10명
승지承旨(정3품 당상관)	13명
판결사判決事(정3품 당상관)	2명
첨지중추부사(정3품 당상관)	2명
사간원 대사간大司諫(정3품 당상관)	8명
목사牧使(정3품 당상관)	1명
부사府使(종3품)	5명
사간원 사간司諫(종3품)	4명
사헌부 집의執義(종3품)	1명
합 계	67명

위 표를 보면, 67명이 받은 벼슬은 의정부 정승政丞(1품)에 오른 인물은 한 사람도 없지만, 그래도 판서(정2품)가 4명, 참판(종2품)이 10명, 참의(정3품 당상관)가 10명, 대사헌(종2품)이 1명, 대사간(정3품 당상

관)이 8명에 이르는 등 고위직에 오른 인물이 적지 않은 것을 발견할 수 있다. 앞에서 설명한 《족보》에 가계가 보이지 않는 급제자나 《족보》에 가계가 단절된 급제자의 벼슬과 비교할 때 분명한 차이가 보인다.

또 이들이 받은 참상관參上官(4~6품)의 벼슬도 여기서 모두 소개하기는 어려우나 최고의 청요직淸要職인 홍문관弘文館을 제외하고는 사헌부, 사간원, 6조 낭관 등에 무수히 진출하고 있는 것을 볼 수 있다. 이 점은 앞 시기에 견주어 달라진 모습이다. 다만, 홍문관 진출이 거의 없는 것이 큰 한계로서 지적될 수 있다. 이 자리는 여전히 문벌양반이 차지하고 있었다는 것을 말해 준다.

(6) 《족보》에 올라 있으나 서얼로 밝혀진 급제자

영조 대 문과급제자 가운데 《족보》에 가계가 보이고 있으나 서얼로 밝혀진 급제자가 5명이다. 이들 가운데 3명은 3품 이상 고위직에 올랐고, 나머지 2명도 사헌부와 사간원 등 요직에 올랐다. 이들 5명의 명단을 소개하면 다음과 같다.

윤밀尹謐 본관이 남원南原으로 벼슬이 사헌부 장령(정4품)에 이르렀는데, 《실록》을 보면 윤밀은 서얼로서 통청通淸의 혜택을 입어 청요직에 올랐다고 한다. 《남원윤씨보》에는 그의 가계가 올라 있으나, 서얼이라는 것은 《방목》이나 《족보》의 어디에도 보이지 않는다.

양주익梁周翊 본관이 남원南原으로 벼슬이 병조참의(정3품 당상관)에 올랐는데, 이보다 앞서 병조좌랑(정6품)에 임명되자 사헌부는 양주익이 처지處地가 비천卑賤하다는 이유로 반대하고 나섰으나 임금은 그를 당상관으로까지 올려 주었다. 《남원양씨보》를 보면 그는 왜란 때 의병을 일으킨 서얼 출신 양대박梁大樸의 6대손으로 아버지와 할아버지는 벼슬이 없다. 신분이 비천하다는 말은 바로 그가 서얼의 후손임을 지적한 것이다.

성대중成大中 포천抱川 사람으로 본관이 창녕昌寧인데 벼슬이 정조대 부사(종3품)에 올랐으며, 정조의 명을 받아 《존주록尊周錄》 편찬에 참여했으며, 문집으로 《청성집靑城集》을 남겨 실학자의 한 사람으로 이름을 떨쳤다. 《청구》의 《창녕성씨보》에는 성대중의 가계가 보이지만 그는 서얼 출신 학자로 널리 알려진 인물이다.

이형원李亨元 서울 사람으로 본관이 완산完山인데 벼슬이 승지(정3품 당상관)에 올랐는데, 《실록》을 보면 이형원은 서얼로서 통청通淸된 인물이라고 한다. 《전주이씨과거급제자총람》을 보면 그는 중종의 아들 덕흥대원군의 9세손이다.

오준근吳濬根 본관이 보성寶城으로 벼슬이 사간원 정언(정6품)에 이르렀는데, 《실록》을 보면 오준근은 서류庶流라고 한다.

이상 영조 대 신분이 낮은 급제자 794명의 신분을 조사해 보았는데, 특이사항을 전체적으로 정리해 보면 다음과 같다.

먼저, 서얼 출신 급제자로 확인된 인물은 모두 9명인데 그 밖에도 더 많은 서얼 출신이 있을 것으로 추측되지만 확인이 어렵다. 둘째, 자기 본관에서 유일하게 문과에 급제한 인물이 모두 25명이다. 셋째, 자기 본관에서 처음으로 문과에 급제한 인물은 12명이다. 둘째와 셋째 부류의 급제자들 가운데는 뒤에 자기 본관의 시조로 추앙된 인물이 12명이며, 시조로 추정되는 인물이 5명이다. 넷째, 전주이씨 가운데 《족보》에 오르지 못하여 파미분류자派未分類者로 되어 있는 급제자는 모두 6명이다. 이들은 평민이거나 서출이거나 또는 본관을 속인 경우로 보인다.

5) 신분이 낮은 급제자의 벼슬

앞에서 영조 대 신분이 낮은 급제자 794명의 신원과 유형을 알아보았는데, 이제는 그들이 받은 벼슬의 성격을 정리할 필요가 있다. 앞에서 이미 3품 이상 고관에 오른 급제자에 대해서는 설명한 바 있지만, 이들을 포함하여 참상관參上官(4~6품)과 참외관參外官(7~9품)을 망라하는 벼슬의 전체상을 정리할 필요가 있다.

그런데 신분이 낮은 급제자 794명 가운데 벼슬을 받지 못한 것으로 보이는 급제자는 모두 266명이고 벼슬을 받은 급제자는 528명으로, 취직률이 66.49퍼센트이다. 벼슬을 받지 못한 급제자 266명 가운데 《족보》에 가계가 보이지 않는 급제자로서 벼슬을 받지 못한 급제자가 230명으로 가장 많고, 그 다음 《족보》에 가계가 단절된 급제자 가운데 벼슬을 받지 못한 급제자가 16명, 그리고 내외 4대조 또는 가까운 윗대에 벼슬아치가 없는 급제자 가운데 벼슬을 받지 못한 급제자가 11명, 《족보》 자체가 없으면서 벼슬을 받지 못한 급제자가 9명이다.

그러면 영조 대 신분이 낮은 급제자의 취직률 66.49퍼센트의 수치를 앞 시기와 비교하면 다음과 같다.

위 표를 통해 광해군 대 96.96퍼센트를 보였던 신분이 낮은 급제자의 취직률이 시대가 내려가면서 차츰 낮아지다가 경종 대에 88.88퍼센트로 떨어지고, 영조 대에는 66.49퍼센트로 대폭 내려간 것을 볼 수 있다. 그러면 왜 이런 결과가 나타났는가? 그 이유는 한 마디로 문과급제자를 과잉으로 배출한 결과가 빚어낸 현상이다.

영조 대 문과급제자가 이렇게 과잉으로 배출되어 벼슬을 받지 못한 급제자가 폭증한 것은 두 가지 상반된 의미를 가진다. 비록 벼슬을 받지 못했다 하더라도 문과에 급제한 사실 자체가 일정한 신분상승을 뜻하는 것으로 사회통합에 이바지했다는 것이다. 하지만, 문과에 급제하고도 벼슬을 얻지 못하여 급제증서인 홍패紅牌를 안고 우는 자가 많다는 유행어가 나오게 된 것은 새로운 사회갈등을 불러왔다.

특히 상대적으로 많은 급제자를 배출하고도 벼슬을 받지 못한 급제자가 가장 많은 평안도는 홍패를 안고 우는 급제자가 가장 많은 지

역이 되었다. 19세기 초에 평안도에서 일어난 대규모 민란인 홍경래
난洪景來亂이 평안도, 특히 문과급제자를 가장 많이 배출한 정주定州
에서 발생한 것은 우연한 일이 아닌 것으로 보인다.

이제 영조 대 신분이 낮은 급제자 794명 가운데 벼슬을 받은 급제
자 528명의 최고품계와 인원을 전체적으로 정리하여 소개하면 다음
과 같다.

판서判書(정2품)	4명
지중추부사知中樞府事(정2품)	3명
지돈녕부사知敦寧府事(정2품)	1명
동지중추부사同知中樞府事(종2품)	2명
참판參判(종2품)	10명
관찰사觀察使(종2품)	2명
대사헌大司憲(종2품)	2명
오위장五衛將(종2품)	1명
좌윤左尹(종2품)	2명
1~2품	27명
참의參議(정3품 당상관)	11명
승지承旨(정3품 당상관)	22명
사간원 대사간大司諫(정3품 당상관)	8명
통정대부通政大夫(정3품 당상관)	2명
첨지중추부사僉知中樞府事(정3품 당상관)	7명
판결사判決事(정3품 당상관)	2명
목사牧使(정3품 당상관)	1명
교서관 판교判校(정3품 당하관)	1명
도정都正(정3품 당하관)	1명
통례원 통례通禮(정3품 당하관)	4명
시정寺正(정3품 당하관)	1명
부사府使(종3품)	8명

사간원 사간司諫(종3품)	7명
사헌부 집의執義(종3품)	4명
첨사僉使(종3품)	7명
3품	**86명**
사헌부 장령掌令(정4품)	51명
성균관 사예司藝(정4품)	6명
봉상시 첨정僉正(종4품)	3명
군수郡守(종4품)	20명
부호군副護軍(종4품)	1명
사헌부 지평持平(정5품)	36명
6조 정랑正郎(정5품)	22명
사간원 헌납獻納(정5품)	2명
홍문관 교리校理(정5품)	2명
성균관 직강直講(정5품)	9명
영令(종5품)	3명
현령縣令(종5품)	2명
판관判官(종5품)	10명
도사都事(종5품)	11명
홍문관 수찬修撰(정6품)	2명
사헌부 감찰監察(정6품)	7명
6조 좌랑佐郎(정6품)	47명
성균관 전적典籍(정6품)	22명
사간원 정언正言(정6품)	20명
찰방察訪(종6품)	45명
현감縣監(종6품)	40명
주부主簿(종6품)	3명
부사과副司果(종6품)	1명
벼슬미상(6품)	1명
4~6품	**366명**
박사博士(정7품)	2명
승정원 주서注書(정7품)	4명

예문관 한림翰林(정7품)	5명
시강원 설서說書(정7품)	2명
별검別檢(정8품)	2명
성균관 학정學正(정8품)	1명
봉상시 봉사奉事(종8품)	1명
정자正字(정9품)	11명
성균관 학록學錄(정9품)	1명
성균관 학유學諭(종9품)	8명
참봉參奉(종9품)	1명
권지權知(임시직)	5명
7~9품	43명
품계 미상	6명
벼슬을 받은 급제자	528명
벼슬을 받지 못한 급제자	266명(33.50퍼센트)
합 계	794명

위 표를 다시 정리하면, 2품 이상 고관에 오른 급제자는 모두 27명인데, 1품직인 의정부 정승政丞은 한 사람도 없고, 2품에 해당하는 판서가 4명, 참판이 10명이고, 중추부中樞府에 5명이 올랐다. 그런데 이런 벼슬을 받은 사람들은 대부분 신분이 낮은 급제자 가운데서도 상대적으로 집안이 좋다고 볼 수 있는 내외 4대조 가운데 벼슬아치가 없는 부류들이다. 또 출신 지역을 보면 23명이 서울 이남 지역 출신이고, 북방 지역은 4명에 지나지 않는다. 2명의 평안도 정주定州 출신이 각각 지중추부사(정2품)와 지돈녕부사(정2품)에 오르고, 2명의 개성開城 출신이 각각 동지중추부사(종2품)와 대사헌(종2품)에 오른 것이 전부이다. 북방 지역 출신은 판서나 참판에 오르지 못한 것을 알 수 있다.

다음에 3품에 오른 급제자는 모두 86명인데, 승지(정3품 당상관)가 22명으로 가장 많고, 6조 참의(정3품 당상관)가 11명으로 두 번째이며, 사간원 대사간(정3품 당상관)과 부사(종3품)가 각각 8명이다.

그런데 3품에 오른 급제자들의 신분을 보면, 《족보》에 가계가 보이지 않는 급제자가 약 3분의 1을 차지하고, 나머지는 내외 4대조 가운데 벼슬아치가 없는 급제자들이다. 그러니까 2품 이상에 오른 사람들보다 신분이 더 낮은 것을 알 수 있다. 다음에 이들의 출신 지역을 보면 서울 이남 지역 출신이 대부분이고, 북방 출신으로 함흥咸興만이 4명이 있다. 승지(정3품 당상관)에 2명이 오르고, 첨지중추부사(정3품 당상관)에 2명이 오른 것이다. 참의(정3품 당상관)나 대사간(정3품 당상관) 등 요직에는 오르지 못한 것을 알 수 있다.

여기서 2품 벼슬아치와 3품 벼슬아치를 모두 합치면 113명으로, 신분이 낮은 급제자 794명 가운데 14.23퍼센트를 차지하고 있다.

다음에 4품에서 6품에 이르는 참상관參上官에 오른 급제자는 366명이다. 그 직종을 보면 군수(종4품)에서 찰방(종6품)에 이르는 지방관이 128명으로 가장 많다. 그 다음 청요직에 해당하는 직책 가운데는 사헌부에 94명, 6조 낭관(5~6품)에 69명, 사간원에 22명이고, 한직에 속하는 성균관에 37명이 나가고 있다. 그런데 청직淸職의 핵심으로 알려진 홍문관弘文館에는 겨우 3명에 머물고 있다. 그러니까 홍문관에는 집안이 좋은 문벌양반들이 거의 독점하고 있다는 것을 알 수 있다. 하지만 사헌부, 사간원, 그리고 6조 낭관으로 진출한 급제자들이 많은 것은 영조 대에 이르러 신분이 낮은 급제자들에 대한 배려가 그만큼 커졌다는 것을 뜻한다.

참상관의 신분을 알아보면, 대부분 《족보》 자체가 없거나 《족보》

에 가계가 보이지 않거나 가계가 단절된 부류들이다. 그러니까 앞에 소개한 3품 이상에 오른 급제자에 견주어 신분이 더 낮은 부류임을 알 수 있다. 그리고 출신 지역을 보면 평안도를 비롯한 북방 지역 출신들이 많이 진출하고 있다.

끝으로, 7품에서 9품에 이르는 참외관參外官으로 나간 급제자는 모두 43명에 이르는데, 성균관이 17명으로 가장 많고, 교서관이나 승문원의 정자(정9품)가 11명으로 두 번째이며, 예문관의 한림(7~9품)에도 5명이 나가고 있다. 성균관의 임시직인 권지가 5명에 이르고 있는 것은 벼슬자리가 포화상태에 이르렀다는 것을 말해 준다.

전체적으로 보면, 문벌양반이 의정부의 정승이나 6조 판서직, 그리고 정승으로 올라가는 지름길인 홍문관의 직책을 대부분 독점하고 있는 가운데, 신분이 낮은 사람들과 평안도 등 변방주민에게 낮은 관직의 문호가 넓게 열린 시대가 영조 대 인사정책의 특징이라고 말할 수 있을 것이다. 그래서 이 시대의 실학자인 유수원柳壽垣이 그의 저서 《우서迂書》에서 문벌의 폐단을 신랄하게 지적하고 그 개혁을 촉구했던 것이다.232)

6) 영조 대 신분이 낮은 급제자 명단

영조 대 신분이 낮은 급제자 794명의 명단을 급제시대순으로 소개하면 다음과 같다.

---

232) 한영우, 《꿈과 반역의 실학자 유수원》(지식산업사, 2007) 참고.

1 **한종희**韓宗禧(1685~?) 유학을 거쳐 영조 원년(1725) 41세로 정시에 을과로 급제하여 벼슬이 찰방(종6품)에 이르렀다. 《방목》에는 벼슬이 없이 아버지[必相] 이름만 보이고, 본관이 청주淸州로 되어 있다. 《청구》와 《만성》의 《청주한씨보》를 보면 한종희의 직계 3대조 안에 벼슬아치가 없고 외조[金養顯]도 벼슬아치가 아니다.

2 **한봉조**韓鳳朝(1690~?) 진사를 거쳐 영조 원년 36세로 정시에 병과로 급제하여 벼슬이 사헌부 장령(정4품)을 거쳐 북청부사(종3품)에 이르렀다. 《방목》에는 벼슬이 없이 아버지[翊箕] 이름만 보이고, 본관이 청주淸州로 되어 있다. 《청구》와 《만성》의 《청주한씨보》를 보면 한봉조의 직계 5대조와 외조 가운데 벼슬아치가 없다.

3 **윤봉교**尹鳳郊(1683~?) 유학을 거쳐 영조 원년 43세로 증광시에 을과로 급제하여 벼슬이 찰방(종6품)에 이르렀다. 《방목》에는 벼슬이 없이 아버지[廷碩], 할아버지[仲任], 증조[應聘], 외조[吳孝愼] 이름이 보이고, 본관이 파평坡平으로 되어 있다. 그런데 《청구》와 《만성》의 《파평윤씨보》에는 윤봉교의 가계가 보이지 않는다.

4 **박수근**朴守謹(1673~?) 생원을 거쳐 영조 원년 53세로 증광시에 병과로 급제하여 벼슬이 예조좌랑(정6품)에 이르렀다. 《방목》에는 벼슬이 없이 아버지[世鳴], 할아버지[之炫], 증조[惟檢], 외조[金勉] 이름이 보이고, 본관이 충주忠州로 되어 있다. 《청구》의 《충주박씨보》를 보면 박수근의 직계 3대조와 외조는 모두 벼슬이 없다. 한편, 《만성》의 《충주박씨보》에는 아버지까지만 가계가 보이고 그의 이름은 보이지 않는다.

5 **엄택주**嚴宅周(1689~?) 생원을 거쳐 영조 원년 37세로 증광시에 병과로 급제하여 벼슬이 성균관 전적(정6품)에 이르렀다. 《방목》에는

벼슬과 아버지[鈗], 할아버지[崝], 증조[䩯], 외조[申厚宗] 이름이 보이고, 본관이 영월寧越로 되어 있다. 그런데 《청구》와 《만성》의 《영월엄씨보》에는 엄택주의 가계가 보이지 않는다.

　6 **우세준**禹世準(1675~?) 참봉(종9품)을 거쳐 영조 원년 51세로 증광시에 병과로 급제하여 벼슬이 예조좌랑(정6품)에 이르렀는데, 영조 3년에 관직이 삭탈되었다. 당시 《실록》을 편찬한 사신史臣은 우세준이 향곡鄕曲의 미관微官이라고 썼다.233) 《방목》에는 벼슬이 없이 아버지[錫鑄], 할아버지[翼漢], 증조[仁範], 외조[李廷休] 이름이 보이나 본관이 없다. 우씨의 본관은 단양丹陽밖에 없는데, 《청구》와 《만성》의 《단양우씨보》에는 그의 가계가 보이지 않는다.

　7 **김정신**金鼎臣(1689~?) 부사맹副司猛을 거쳐 영조 원년 37세로 증광시에 병과로 급제하여 벼슬이 현감(종6품)에 이르렀다. 《방목》에는 벼슬이 없이 아버지[冑], 할아버지[贊韶], 증조[瑃], 외조[鄭休] 이름이 보이고, 본관이 경주慶州로 되어 있다. 그런데 《청구》와 《만성》의 《경주김씨보》에는 김정신의 가계가 보이지 않는다.

　8 **권만**權萬(1688~?) 통덕랑(정5품)을 거쳐 영조 원년 38세로 증광시에 병과로 급제하여 벼슬이 병조정랑(정5품)과 군수(종4품)에 이르렀다. 《방목》에는 벼슬이 없이 아버지[斗紘], 할아버지[濡], 증조[碩忠], 외조[趙啓胤] 이름이 보이고, 본관이 안동安東으로 되어 있다. 그런데 《청구》와 《만성》의 《안동권씨보》에는 권만의 가계가 보이지 않는다.

　9 **김몽후**金夢垕(1683~?) 생원을 거쳐 영조 원년 43세로 증광시에 병과로 급제하여 벼슬이 군수(종4품)에 이르렀다. 《방목》에는 벼슬이

---

233) 《영조실록》 권12, 영조 3년 7월 1일 을묘.

없이 아버지[夏錫], 할아버지[時澐], 증조[璿], 외조[蔡錫疇] 이름이 보이고, 본관이 풍산豊山으로 되어 있다. 그런데 《청구》와 《만성》의 《풍산김씨보》에는 김몽후의 가계가 보이지 않는다.

10 신호申澔(1671~?) 진사를 거쳐 영조 원년 55세로 증광시에 병과로 급제하여 벼슬이 병조좌랑(정6품)에 이르렀다. 《방목》에는 벼슬이 없이 아버지[楚寶], 할아버지[必亨], 증조[贄], 외조[吳汝極] 이름이 보이고, 본관이 평산平山으로 되어 있다. 그런데 《청구》와 《만성》의 《평산신씨보》에는 신호의 가계가 보이지 않는다.

11 노이형盧以亨(1694~?) 유학을 거쳐 영조 원년 32세로 증광시에 병과로 급제하여 벼슬이 도사(종5품)에 이르렀다. 《방목》에는 벼슬이 없이 아버지[彦相], 할아버지[潔], 증조[賢及], 외조[任硡] 이름이 보이고, 본관이 만경萬頃으로 되어 있다. 그런데 《청구》의 《만경노씨보》에는 노이형의 가계가 보이지 않으며, 《만성》에는 《만경노씨보》 자체가 없다. 2000년 현재 만경노씨 인구는 1,608가구 5,181명의 희성으로, 조선시대 문과급제자 3명을 배출했는데 태종 대 급제한 노혁盧革이 처음이며 숙종 대 노삼방盧三邦이 두 번째, 그가 세 번째이다.

12 이관후李觀厚(1693~?) 통덕랑(정5품)을 거쳐 영조 원년 33세로 증광시에 병과로 급제하여 벼슬이 사헌부 지평(정5품)에 이르렀다. 《방목》에는 벼슬이 없이 아버지[益祕; 무과급제], 할아버지[震柱; 벼슬없음], 증조[球; 목사], 외조[鄭檍], 생부[益謙; 진사] 이름이 보이고, 본관이 전의全義로 되어 있다. 그런데 《청구》의 《전의이씨보》를 보면 아버지 이익필의 이름은 보이나 이관후의 이름은 보이지 않으며, 생부 이익겸의 이름은 보이나 이관후의 이름은 보이지 않는다. 한편, 《만성》의 《전의이씨보》를 보면 이관후의 가계는 생부 이익겸의 가계로

만 이어져 있다. 두《족보》의 기록을 그대로 믿으면, 이관후는 실제로 이익필의 양자로 들어간 사실이 없다는 뜻이 된다. 그런데《만성》을 따르면 아버지, 할아버지, 증조, 그리고 외조가 모두 벼슬아치가 아니다.

13 유문룡柳文龍(1677~?) 유학을 거쳐 영조 원년 49세로 증광시에 병과로 급제하여 벼슬이 언양현감(종6품)에 이르렀는데, 뇌물을 받은 죄로 영조 11년에 파직되었다.234)《방목》에는 벼슬이 없이 아버지 〔聃齡〕, 할아버지〔盛雨〕, 증조〔東洺〕, 외조〔河溍〕 이름이 보이고, 본관이 진주晉州로 되어 있다. 그런데《청구》의《진주유씨보》에는 아버지와 유문룡의 이름이 보이지 않으며,《만성》의《진주유씨보》에는 그의 가계 전체가 보이지 않는다.

14 이권중李權中(1700~?)235) 유학을 거쳐 영조 원년 26세로 증광시에 병과로 급제하여 벼슬이 성균관 박사(정7품)에 이르렀다.《방목》에는 벼슬이 없이 아버지〔世俊〕, 할아버지〔翊命〕, 증조〔元祥〕,236) 외조 〔姜必明〕 이름이 보이고, 본관이 광주廣州로 되어 있다.《청구》의《광주이씨보》를 보면 이권중의 직계 3대조와 외조 가운데 벼슬아치가 없으며,《만성》의《광주이씨보》에는 가계가 보이지 않는다.

15 안경운安慶運(1683~?) 진사를 거쳐 영조 원년 43세로 정시에 병과로 급제하여 벼슬이 사헌부 장령(정4품)을 거쳐 병조참의(정3품 당상관)에 이르렀다.《방목》에는 벼슬과 아버지〔鍵〕 이름만 보이고, 본

---

234)《영조실록》권40, 영조 11년 12월 12일 정축.
235)《방목》에는 이권중의 이름이 이권李權으로 되어 있으나《족보》에는 이권중으로 되어 있다. 여기서는《족보》의 기록을 따르기로 한다.
236)《방목》에는 할아버지 이름이 상원祥元으로 되어 있으나《족보》에는 원상元祥으로 되어 있다. 여기서는《족보》의 이름을 따르기로 한다.

관이 순흥順興으로 되어 있다. 《청구》와 《만성》의 《순흥안씨보》를
보면 안경운의 직계 4대조 가운데 벼슬아치가 없다.

16 **박규환**朴奎煥(1683~?) 진사를 거쳐 영조 원년 43세로 정시에 병
과로 급제하여 벼슬이 예조좌랑(정6품)에 이르렀다. 《방목》에는 벼슬
이 없이 아버지[振夏] 이름만 보이고, 본관이 밀양密陽으로 되어 있다.
그런데 《청구》와 《만성》의 《밀양박씨보》에는 두 사람의 이름이 보
이지 않는다.

17 **이석록**李錫祿(1687~?) 유학을 거쳐 영조 원년 39세로 정시에 병
과로 급제하여 벼슬이 군수(종4품)에 이르렀다. 《방목》에는 벼슬이
없이 아버지[寯] 이름만 보이고, 본관이 안성安城으로 되어 있다. 그런
데 《청구》와 《만성》의 《안성이씨보》에는 두 사람의 이름이 보이지
않는다.

18 **황연**黃沇(1680~?) 통덕랑(정5품)을 거쳐 영조 2년(1726) 47세로
강화도 별시에 병과로 급제하여 벼슬이 교서관 판교(정3품 당하관)에
이르렀다. 《방목》에는 벼슬이 없이 아버지[應千], 할아버지[墻], 증조
[善身], 외조[金振鐸], 처부[洪錫禹] 이름이 보이고, 본관이 평해平海로
되어 있다. 그런데 《청구》와 《만성》의 《평해황씨보》에는 황연의 가
계가 보이지 않는다.

19 **황태빈**黃泰彬(1691~?) 유학을 거쳐 영조 2년 36세로 강화도 별시
에 병과로 급제하여 벼슬이 사헌부 감찰(정6품)에 이르렀다. 《방목》
에는 벼슬과 아버지[興範] 이름이 보이고, 본관이 창원昌原으로 되어
있다. 그런데 《청구》와 《만성》의 《창원황씨보》에는 두 사람의 이름
이 보이지 않는다.

20 **민상일**閔相一(1686~?) 유학을 거쳐 영조 2년 41세로 식년시에 갑

과로 급제하여 벼슬이 사헌부 감찰(정6품)에 이르렀다. 《방목》에는
벼슬이 없이 아버지[宇完], 할아버지[漢], 증조[銓], 외조[韓壽琦] 이름
이 보이고, 본관이 여흥呂興으로 되어 있다. 그런데 《청구》와 《만성》
의 《여흥민씨보》에는 민상일의 가계가 보이지 않는다.

  21 **임명태**任命台(1677~?) 생원을 거쳐 영조 2년 50세로 식년시에 을
과로 급제했다. 《방목》에는 벼슬이 없이 아버지[世重], 할아버지[源],
증조[慶進], 외조[琴養神] 이름이 보이고, 본관이 풍천豊川으로 되어 있
다. 그런데 《청구》와 《만성》의 《풍천임씨보》에는 임명태의 가계가
보이지 않는다.

  22 **홍하서**洪河瑞(1683~?) 생원을 거쳐 영조 2년 44세로 식년시에 을
과로 급제하여 벼슬이 병조좌랑(정6품)에 이르렀다. 《방목》에는 벼슬
이 없이 아버지[遇績], 할아버지[三慶], 증조[汝剛], 외조[黃道東] 이름
이 보이고, 본관이 남양南陽으로 되어 있다. 그런데 《청구》의 《남양
홍씨보》에는 홍하서의 가계가 보이지 않으며, 《만성》의 《남양홍씨
보》에는 가계가 보이나 직계 3대조와 외조 가운데 벼슬아치가 없다.

  23 **강항**姜抗(1702~?) 생원을 거쳐 영조 2년 25세로 식년시에 을과
로 급제하여 벼슬이 좌랑(정6품)에 이르렀다. 《방목》에는 벼슬이 없
이 아버지[碩耆], 할아버지[均], 증조[弘胤], 외조[崔城] 이름이 보이고,
본관이 진주晉州로 되어 있다. 《청구》와 《만성》의 《진주강씨보》를
보면 직계 6대조와 외조 가운데 벼슬아치가 없다.

  24 **송시함**宋時涵(1687~?) 유학을 거쳐 영조 2년 40세로 식년시에 을
과로 급제하여 벼슬이 사헌부와 사간원을 거쳐 판결사(정3품 당상관)
에 이르렀다. 《방목》에는 벼슬이 없이 아버지[錫後], 할아버지[埈], 증
조[尙仁], 외조[申彙] 이름이 보이고, 본관이 진천鎭川으로 되어 있다.

《청구》와 《만성》의 《진천송씨보》를 보면 송시함의 직계 3대조와 외조 가운데 벼슬아치가 없다. 그런데 형인 도함道涵, 덕함德涵, 윤함胤涵이 모두 문과에 급제하여 가문을 크게 일으켜 세웠다.

25 송윤함宋胤涵(1682~?) 통덕랑(정5품)을 거쳐 영조 2년 45세로 식년시에 병과로 급제하여 벼슬이 예조좌랑(정6품)에 이르렀다. 《방목》에는 벼슬이 없이 아버지[錫後], 할아버지[埈], 증조[尚仁], 외조[申彙] 이름이 보이고, 본관이 진천鎮川으로 되어 있다. 바로 앞에 소개한 송시함의 친형이다.

26 이택심李宅心(1686~?) 유학을 거쳐 영조 2년 41세로 식년시에 병과로 급제하여 벼슬이 통례원 통례(정3품 당하관)에 이르렀다. 《방목》에는 벼슬이 없이 아버지[世榮], 할아버지[廷賢], 증조[東白], 외조[崔佾] 이름이 보이고, 본관이 전주全州로 되어 있다. 그러나 《전주이씨 과거급제자총람》에는 이택심의 이름이 보이지 않는다. 《족보》에 오르지 못한 인물로서 평민이거나 서출인 듯하다.

27 변진국邊鎮國(1694~?) 유학을 거쳐 영조 2년 33세로 식년시에 병과로 급제하여 벼슬이 찰방(종6품)과 정릉령貞陵令(종5품)에 이르렀는데, 영조 14년 사헌부는 변진국의 신분이 "시골의 향품鄉品(향임)에도 끼지 못하는데, 갑자기 침랑寢郎에 낀 것은 부당하다"고 하면서 태거를 요청하여 임금이 이를 따랐다.237) 《방목》에는 벼슬이 없이 아버지[碩達], 할아버지[之緯], 증조[順淸], 외조[金啓亨] 이름이 보이고, 본관이 원주原州로 되어 있다. 그런데 《청구》와 《만성》의 《원주변씨보》에는 그의 가계가 보이지 않는다.

---

237) 《영조실록》 권47, 영조 14년 8월 10일 경인.

28 홍성좌洪聖佐(1695~?) 유학을 거쳐 영조 2년 32세로 식년시에 병
과로 급제하여 벼슬이 승정원 가주서(정6품)를 거쳐 성균관 전적(정6
품)에 이르렀는데, 홍성좌가 가주서에 임명되자 사간원은 그의 지처
地處가 비미卑微하다는 이유로 체차를 요구했으나238) 임금은 이를 듣
지 않았다. 《방목》에는 벼슬이 없이 아버지[時楷], 할아버지[錫姒], 증
조[有容], 외조[崔後天] 이름이 보이고, 본관이 남양南陽으로 되어 있
다. 그런데 《청구》와 《만성》의 《남양홍씨보》에는 그의 가계가 보이
지 않는다.

29 유대옥劉大玉(1681~?) 유학을 거쳐 영조 2년 46세로 식년시에 병
과로 급제하여 벼슬이 성균관 학유(종9품)에 이르렀다. 《방목》에는
벼슬이 없이 아버지[相泰], 할아버지[后章], 증조[悌獻], 외조[金宗禮]
이름이 보이고, 본관이 강릉江陵으로 되어 있다. 그런데 《청구》와
《만성》의 《강릉유씨보》에는 유대옥의 가계가 보이지 않는다.

30 배경후裵慶垕(1680~?) 유학을 거쳐 영조 2년 47세로 식년시에 병
과로 급제하여 벼슬이 성균관 권지(임시직)에 이르렀다. 《방목》에는
벼슬이 없이 아버지[光震], 할아버지[纘先], 증조[瑀], 외조[吳廷肅] 이
름이 보이고, 본관이 대구大丘로 되어 있다. 그런데 《청구》와 《만성》
의 《대구배씨보》에는 배경후의 가계가 보이지 않는다. 2000년 현재
대구배씨 인구는 2,171가구 7,169명의 희성으로 조선시대 문과급제
자 5명을 배출했다.

31 김성대金聲大(1671~?) 유학을 거쳐 영조 2년 56세로 식년시에 병
과로 급제하여 벼슬이 현감(종6품)에 이르렀다. 《방목》에는 벼슬이

---

238) 《영조실록》 권11, 영조 3년 3월 11일 무술.

없이 아버지[光夏], 할아버지[祿生], 증조[錫南], 외조[全宗業] 이름이 보이고, 본관이 경주慶州로 되어 있다. 그런데 《청구》와 《만성》의 《경주김씨보》에는 김성대의 가계가 보이지 않는다.

32 김익헌金益憲(1689~?) 유학을 거쳐 영조 2년 38세로 식년시에 병과로 급제하여 벼슬이 군수(종4품)에 이르렀다. 《방목》에는 벼슬이 없이 아버지[光白], 할아버지[克饍], 증조[應祥], 외조[崔成發] 이름이 보이고, 본관이 풍천豊川으로 되어 있다. 《청구》의 《풍천김씨보》를 보면 아버지 광백이 시조로 되어 있으나 벼슬이 없으므로 김익헌이 최초의 벼슬아치다. 한편, 《만성》에는 《풍천김씨보》 자체가 없다. 2000년 현재 풍천김씨 인구는 733가구 2,292명의 희성으로, 조선 후기에 문과급제자 7명을 배출했는데, 그 가운데 5명이 평안도 영유永柔 출신이며 그도 영유 출신으로 보인다.

33 홍만원洪萬源(1701~?) 유학을 거쳐 영조 2년 26세로 식년시에 병과로 급제하여 벼슬이 교서관 정자(정9품)에 이르렀다. 《방목》에는 벼슬이 없이 아버지[以濟], 할아버지[明海], 증조[大春], 외조[李命福] 이름이 보이고, 본관이 안산安山으로 되어 있다. 《청구》의 《안산홍씨보》를 보면 홍만원과 그 아버지 이름만 보이는데, 아버지는 벼슬이 없고 홍만원이 첫 벼슬아치인 동시에 유일한 문과급제자로서 시조로 받들고 있다. 한편, 《만성》에는 《안산홍씨보》 자체가 없다. 현재 인구도 보고된 바 없다.

34 박창징朴昌徵(1686~?) 유학을 거쳐 영조 2년 41세로 식년시에 병과로 급제하여 벼슬이 현감(종6품)에 이르렀다. 《방목》에는 벼슬이 없이 아버지[瑾], 할아버지[震杓], 증조[時穆], 외조[李秀萬] 이름이 보이고, 본관이 밀양密陽으로 되어 있다. 그런데 《청구》와 《만성》의

《밀양박씨보》에는 박창징의 가계가 보이지 않는다.

　35 성헌조成憲祖(1695～?) 영남 사람으로 유학을 거쳐 영조 2년 32세로 식년시에 병과로 급제하여 벼슬이 성균관 학정(정8품)을 거쳐 군수(종4품)에 이르렀다가, 영조 31년에 파직되었다. 《방목》에는 벼슬이 없이 아버지[夏耉], 할아버지[曝], 증조[以諒], 외조[李必遇] 이름이 보이고, 본관이 창녕昌寧으로 되어 있다. 그런데 《청구》와 《만성》의 《창녕성씨보》에는 성헌조의 가계가 보이지 않는다.

　36 이시홍李時弘(1700～?) 유학을 거쳐 영조 2년 27세로 식년시에 병과로 급제하여 벼슬이 성균관 박사(정7품)를 거쳐 병조좌랑(정6품)에 이르렀다. 《방목》에는 벼슬이 없이 아버지[廷憲], 할아버지[英蕃], 증조[啓達], 외조[白元贍] 이름이 보이고, 본관이 수안遂安으로 되어 있다. 그런데 《청구》의 《수안이씨보》에는 이시홍의 가계가 보이지 않으며, 《만성》에는 《수안이씨보》 자체가 없다. 2000년 현재 수안이씨 인구는 5,539가구 1만 7,577명의 희성으로, 조선시대 문과급제자 26명을 배출했는데, 그 가운데 평안도 출신이 11명, 황해도 출신이 6명으로 주로 북방 지역에서 나왔다.

　37 송순억宋洵億(1688～?) 유학을 거쳐 영조 2년 39세로 식년시에 병과로 급제하여 벼슬이 성균관 전적(정6품)에 이르렀다. 《방목》에는 벼슬이 없이 아버지[光胤], 할아버지[天祥], 증조[成鞸], 외조[金壽成] 이름이 보이고, 본관이 여산礪山으로 되어 있다. 그런데 《청구》와 《만성》의 《여산송씨보》에는 송순억의 가계가 보이지 않는다.

　38 최제일崔齊一(1687～?) 유학을 거쳐 영조 2년 40세로 식년시에 병과로 급제했다. 《방목》에는 벼슬이 없이 아버지[後寔], 할아버지[象屹], 증조[武哲], 외조[韓鼎武] 이름이 보이고, 본관이 상원祥原으로 되

어 있다. 그런데 《청구》의 《상원최씨보》에는 증조이자 시조인 최무철(주부) 한 사람만 기록되어 있고, 그 후손의 이름은 보이지 않는다. 한편, 《만성》에는 《상원최씨보》 자체가 없다. 2000년 현재 상원최씨 인구는 431가구 1,390명의 희성으로, 조선시대 문과급제자 2명이 나왔는데, 숙종 대 급제한 최제항崔齊恒이 첫 번째이고 최제일이 두 번째이다.

39 백홍거白鴻擧(1705~?) 유학을 거쳐 영조 2년 22세로 식년시에 병과로 급제하여 벼슬이 현감(종6품)에 이르렀다. 《방목》에는 벼슬이 없이 아버지[時暘], 할아버지[之河], 증조[大賢], 외조[金垕善] 이름이 보이고, 본관이 수원水原으로 되어 있다. 그런데 《청구》와 《만성》의 《수원백씨보》에는 백홍거의 가계가 보이지 않는다. 수원백씨는 조선시대 문과급제자 63명을 배출했는데, 그 가운데 평안도에서만 41명이 배출되었고, 특히 정주에서 22명이 급제했다.

40 김응지金應祉(1693~?) 유학을 거쳐 영조 2년 34세로 알성시에 병과로 급제하여 벼슬이 찰방(종6품)에 이르렀다. 《방목》에는 벼슬이 없이 아버지[世迪] 이름이 보이고, 본관이 없다. 그런데 《만성》의 《광주김씨보廣州(光山)金氏譜》에 김응지의 가계가 보이는데, 직계 5대조 안에 벼슬아치가 없다. 한편, 《청구》의 《광산김씨보》에는 가계가 보이지 않는다.

41 신광한申光翰(1700~?) 생원을 거쳐 영조 3년(1727) 28세로 증광시에 병과로 급제하여 벼슬이 현감(종6품)에 이르렀다. 《방목》에는 벼슬이 없이 아버지[鎭大], 할아버지[命載], 증조[燁], 외조[南天覺] 이름이 보이고, 본관이 평산平山으로 되어 있다. 그런데 《청구》와 《만성》의 《평산신씨보》에는 신광한의 가계가 보이지 않는다.

42 박성형朴成珩(1671~?) 진사를 거쳐 영조 3년 57세로 증광시에 병과로 급제하여 벼슬이 시정(정3품 당하관)에 이르렀다. 《방목》에는 벼슬이 없이 아버지[慶熙], 할아버지[根], 증조[漢紀], 외조[兪煒] 이름이 보이고, 본관이 함양咸陽으로 되어 있다. 그런데 《청구》와 《만성》의 《함양박씨보》에는 박성형의 가계가 보이지 않는다.

43 이연기李淵起(1694~?) 유학을 거쳐 영조 3년 34세로 증광시에 병과로 급제하여 벼슬이 현감(종6품)에 이르렀다. 《방목》에는 벼슬과 아버지[春亨], 할아버지[大榮], 증조[孝吉], 외조[金益禧] 이름이 보이고, 본관이 장수長水로 되어 있다. 그런데 《청구》의 《장수이씨보》에는 이연기의 가계가 보이지 않으며, 《만성》에는 《장수이씨보》 자체가 없다. 2000년 현재 장수이씨 인구는 4,560가구 1만 4,324명의 희성으로, 조선시대 문과급제자 4명을 배출했다.

44 송일찬宋日贊(1675~?) 유학을 거쳐 영조 3년 53세로 증광시에 병과로 급제하여 벼슬이 예조좌랑(정6품)과 현감(종6품)에 이르렀다. 《방목》에는 벼슬과 아버지[時瑞], 할아버지[履祚], 증조[廷英], 외조[朴篁] 이름이 보이나 본관이 없다. 그런데 《청구》의 《은진송씨보恩津宋氏譜》에 송일찬의 가계가 보이는데, 직계 4대조와 외조 가운데 벼슬아치가 없으며, 《만성》의 《은진송씨보》에는 가계가 보이지 않는다.

45 김성후金聖垕(1683~?) 유학을 거쳐 영조 3년 45세로 증광시에 병과로 급제하여 벼슬이 군수(종4품)에 이르렀다. 《방목》에는 벼슬이 없이 아버지[慶五], 할아버지[起堤], 증조[碇], 외조[韓致說] 이름이 보이나 본관이 없다. 그런데 《청구》의 《청풍김씨보淸風金氏譜》에 김성후의 가계가 보이는데 직계 3대조와 외조 가운데 벼슬아치가 없으며, 《만성》의 《청풍김씨보》에는 가계가 보이지 않는다.

46 심약로沈若魯(1679~?) 사용司勇을 거쳐 영조 4년(1728) 50세로 춘당대시에 병과로 급제하여 벼슬이 만경현감(종6품)에 이르렀다. 《방목》에는 벼슬과 아버지[楯] 이름이 보이고, 본관이 청송靑松으로 되어 있다. 그런데 《청구》와 《만성》의 《청송심씨보》에는 두 사람의 이름이 보이지 않는다.

47 이양李瀁(1690~?) 평안도 중화中和 사람으로 생원을 거쳐 영조 4년 39세로 평안도 별시에 장원급제하여 벼슬이 예조정랑(정5품)에 이르렀다. 《방목》에는 벼슬이 없이 아버지[廷瑞], 할아버지[應宗], 증조[德一], 외조[金克念] 이름이 보이고, 본관이 평창平昌으로 되어 있다. 그런데 《청구》와 《만성》의 《평창이씨보》에는 이양의 가계가 보이지 않는다.

48 김초직金楚直(1683~?) 평안도 사람으로[239] 진사를 거쳐 영조 4년 46세로 평안도 별시에 을과로 급제하여 벼슬이 예조좌랑(정6품)에 이르렀다. 《방목》에는 벼슬이 없이 아버지[處三] 이름만 보이고 본관이 없어 신원을 알 수 없다.

49 김진억金鎭億(1693~?) 평안도 강계江界 사람으로 유학을 거쳐 영조 4년 36세로 평안도 별시에 병과로 급제하여 벼슬이 현감(종6품)에 이르렀다. 《방목》에는 벼슬이 없이 아버지[世謙] 이름이 보이고, 본관이 청주淸州로 되어 있다. 그런데 《청구》와 《만성》의 《청주김씨보》에는 김진억의 가계가 보이지 않는다.

50 안명학安鳴鶴(1698~?) 평안도 의주義州 사람으로 유학을 거쳐 영조 4년 31세로 평안도 별시에 병과로 급제하여 벼슬이 맹산현감(종6

---

239) 《영조실록》 권8, 영조 원년 10월 3일 정묘.

품)에 이르렀다. 《방목》에는 벼슬이 없이 아버지[德重], 할아버지[斯立], 증조[儉廉], 외조[金好白] 이름이 보이고, 본관이 순흥順興으로 되어 있다. 그런데 《청구》와 《만성》의 《순흥안씨보》에는 안명학의 가계가 보이지 않는다. 《세종실록》〈지리지〉,《동국여지승람》, 그리고 영조 대 편찬된 《여지도서》어디에도 의주에 안씨가 없어 성관이 의심스럽다.

51 황민후黃敏厚(1691~?) 생원을 거쳐 영조 4년 38세로 평안도 별시에 병과로 급제하여 벼슬이 예조좌랑(정6품)에 이르렀다. 《방목》에는 벼슬이 없이 아버지[蓋良] 이름이 보이고, 본관이 없다. 본관은 황주黃州(齊安)로 알려져 있는데, 《청구》와 《만성》의 《황주황씨보》에는 황민후의 가계가 보이지 않는다. 2000년 현재 황주황씨 인구는 260가구 861명의 희성으로 조선시대 문과급제자 5명을 배출했는데, 후손들이 평양 사람들인 것으로 보아 그도 평양 출신으로 보인다.

52 박종유朴宗儒(1675~?) 진사를 거쳐 영조 4년 54세로 별시에 을과로 급제하여 벼슬이 예조좌랑(정6품)에 이르렀다. 《방목》에는 벼슬이 없이 아버지[載興], 할아버지[希寅], 증조[尙彬], 외조[金確] 이름이 보이고, 본관이 죽산竹山으로 되어 있다. 《청구》와 《만성》의 《죽산박씨보》를 보면 박종유의 직계 4대조와 외조 가운데 벼슬아치가 없다.

53 박성원朴聖源(1677~?) 생원을 거쳐 영조 4년 52세로 별시에 을과로 급제하여 벼슬이 승문원 부정자副正字, 사헌부 지평(정5품)을 거쳐 병조참판(종2품)에 이르렀는데, 영조 15년 박성원이 지평에 임명되자 사헌부에서는 그가 "어디서 왔는지도 모르는 인물[來處不知]"인데 대각에 들어왔다고 말했다.[240] 《방목》에는 벼슬이 없이 아버지[震錫], 할아버지[玄冑], 증조[承任], 외조[鄭溟翰] 이름이 보이고, 본관이 밀양

密陽으로 되어 있다. 《청구》와 《만성》의 《밀양박씨보》를 보면 그의 직계 3대조와 외조 가운데 현직 벼슬아치가 없다.

54 박도욱朴道郁(1681~?) 사과司果(정6품)를 거쳐 영조 4년 48세로 별시에 병과로 급제하여 벼슬이 현감(종6품)에 이르렀다. 《방목》에는 벼슬과 아버지[星瑞], 할아버지[再興], 증조[元郞], 외조[鄭忠源] 이름이 보이고, 본관이 무안務安으로 되어 있다. 그런데 《청구》와 《만성》의 《무안박씨보》에는 박도욱의 가계가 보이지 않는다.

55 홍상조洪相朝(1690~?) 진사를 거쳐 영조 4년 39세로 별시에 병과로 급제하여 벼슬이 병조좌랑(정6품)을 거쳐 박천군수(종4품)에 이르렀다. 《방목》에는 벼슬이 없이 아버지[后天], 할아버지[以澂], 증조[尙質], 외조[申銓] 이름이 보이고, 본관이 남양南陽으로 되어 있다. 《청구》와 《만성》의 《남양홍씨보》를 보면 홍상조의 직계 4대조와 외조 가운데 벼슬아치가 없다.

56 변시중邊是重(1694~?) 제주 사람으로 유학을 거쳐 영조 4년 35세로 별시에 병과로 급제하여 벼슬이 첨지사(정3품 당상관)에 이르렀다. 《방목》에는 벼슬이 없이 아버지[希蘆], 할아버지[興溟], 증조[得綱], 외조[文得立] 이름이 보이고, 본관이 원주原州로 되어 있다. 그런데 《청구》와 《만성》의 《원주변씨보》에는 변시중의 가계가 보이지 않는다.

57 유굉柳紘(1676~?) 시골 사람으로 생원을 거쳐 영조 4년 53세로 별시에 병과로 급제하여 벼슬이 예조정랑(정5품)에 이르렀는데, 영조 7년 서울 5부五部의 여사閭舍(민간인의 집)를 빼앗아 거주한 죄로 삭탈관직되었다.[241] 《방목》에는 벼슬이 없이 아버지[義玉], 할아버지[偲],

---

240) 《영조실록》 권50, 영조 15년 10월 22일 병신.
241) 《영조실록》 권30, 영조 7년 7월 10일 신미.

증조[友閔], 외조[趙廷望] 이름이 보이고, 본관이 전주全州로 되어 있다. 《청구》와 《만성》의 《전주유씨보》를 보면 유굉의 직계 7대조 가운데 벼슬아치가 한 사람도 없다.

58 **정동혁**鄭東赫(1691~?) 유학을 거쳐 영조 5년(1729) 39세로 식년시에 장원급제하여 벼슬이 찰방(종6품)에 이르렀다. 《방목》에는 벼슬이 없이 아버지[宗周], 할아버지[重友], 증조[輔奭], 외조[金世重] 이름이 보이고, 본관이 하동河東으로 되어 있다. 그런데 《청구》와 《만성》의 《하동정씨보》에는 정동혁의 가계가 보이지 않는다.

59 **홍위**洪嶋(1696~?) 통덕랑(정5품)을 거쳐 영조 5년 34세로 식년시에 갑과로 급제하여 벼슬이 병조좌랑(정6품)에 이르렀다. 《방목》에는 벼슬이 없이 아버지[尙定], 할아버지[景濂], 증조[有壽], 외조[成碩藎] 이름이 보이고, 본관이 남양南陽으로 되어 있다. 그런데 《청구》와 《만성》의 《남양홍씨보》에는 홍위의 가계가 보이지 않는다.

60 **김성일**金聲一(1683~?) 유학을 거쳐 영조 5년 47세로 식년시에 갑과로 급제하여 벼슬이 찰방(종6품)에 이르렀다. 《방목》에는 벼슬이 없이 아버지[始重], 할아버지[弘業], 증조[忠吉], 외조[宋啓善] 이름이 보이고, 본관이 남포藍浦로 되어 있다. 《청구》의 《남포김씨보》에는 아버지와 김성일 두 사람만 기록되어 있는데, 아버지는 벼슬이 없다. 한편, 《만성》의 《남포김씨보》에는 증조, 할아버지, 아버지, 김성일 등 네 사람만 기록되어 있는데, 조상 가운데는 벼슬아치가 없어 김성일이 실질적인 시조이다. 2000년 현재 남포김씨 인구는 235가구 757명의 희성으로, 조선시대 문과급제자 2명을 배출했는데, 그가 첫 급제자이고 정조 대 두 번째 급제자가 나왔다.

61 **최형보**崔衡輔(1689~?) 유학을 거쳐 영조 5년 41세로 식년시에 을

과로 급제하여 벼슬이 현감(종6품)에 이르렀다.《방목》에는 벼슬이 없이 아버지[祐慶], 할아버지[灝旻], 증조[義觀], 외조[崔安洛] 이름이 보이고, 본관이 완산完山(全州)으로 되어 있다. 그런데《청구》와《만성》의《전주최씨보》에는 최형보의 가계가 보이지 않는다.

62 안정인安正仁(1700~?) 평안도 안주安州 사람으로 유학을 거쳐 영조 5년 30세로 식년시에 병과로 급제하여 벼슬이 병조좌랑(정6품)을 거쳐 사헌부 장령(정4품)에 이르렀다. 영조 12년 안정인이 병조좌랑에 임명되자 사헌부는 그가 "향족鄕族으로서 미천한 자"이므로 태거시켜야 한다고 주장했으나, 임금이 이를 따르지 않았다.242)《방목》에는 벼슬이 없이 아버지[祀], 할아버지[健之], 증조[逵], 외조[李廷馥] 이름이 보이고, 본관이 순흥順興으로 되어 있다.《만성》의《순흥안씨보》를 보면 직계 10대조 가운데 벼슬아치는 할아버지뿐이다. 조카 안임권安任權을 비롯한 여러 명의 친족들이 영조 대 이후로 문과에 급제했는데, 이들이 모두 평안도 안주安州 사람인 것을 보면 안정인도 안주 사람이다. 안주의 순흥안씨는 숙종 대 이후 문과급제자 24명을 배출하여 이 지방의 새로운 명족이 되었다. 특이한 것은,《세종실록》〈지리지〉와《동국여지승람》에는 안주에 순흥안씨가 없다가《여지도서》에 처음으로 등장한다. 아마도 숙종 대 무렵에 안씨가 안주로 이주한 듯하다.

63 우홍적禹洪迪(1691~?) 유학을 거쳐 영조 5년 39세로 식년시에 병과로 급제하여 벼슬이 승문원 정자(정9품)를 거쳐 병조정랑(정5품)에 이르렀다.《방목》에는 벼슬이 없이 아버지[錫玹], 할아버지[汝準], 증

---

242)《영조실록》권42, 영조 12년 9월 10일 신축.

조[達海], 외조[趙時璘] 이름이 보이고, 본관이 단양丹陽으로 되어 있다. 《청구》와 《만성》의 《단양우씨보》를 보면 우홍적의 직계 3대조와 외조 가운데 벼슬아치가 없다.

64 **변익로**邊翼老(1704~?) 서울 사람으로 진사를 거쳐 영조 5년 26세로 식년시에 병과로 급제하여 벼슬이 군수(종4품)에 이르렀다. 《방목》에는 벼슬이 없이 아버지[洽], 할아버지[錫智], 증조[塾], 외조[崔有點] 이름이 보이고, 본관이 원주原州로 되어 있다. 그런데 《청구》와 《만성》의 《원주변씨보》에는 변익로의 가계가 보이지 않는다.

65 **남지**南至(1692~?) 진사를 거쳐 영조 5년 38세로 식년시에 병과로 급제하여 벼슬이 병조좌랑(정6품)에 이르렀다. 《방목》에는 벼슬이 없이 아버지[天斗], 할아버지[値夏], 증조[隆輅], 외조[金沆] 이름이 보이고, 본관이 영양英陽으로 되어 있다. 그런데 《청구》의 《영양남씨보》에는 남지의 가계가 보이지 않으며, 《만성》의 《영양남씨보》에는 아버지 이름만 보이는데, 할아버지와 증조의 이름이 《방목》과 달라 무엇이 진실인지 알 수 없다. 어쨌든 그의 이름은 두 《족보》에 모두 보이지 않는다.

66 **강홍제**康弘濟(1689~?) 유학을 거쳐 영조 5년 41세로 식년시에 병과로 급제하여 벼슬이 군수(종4품)에 이르렀다. 《방목》에는 벼슬이 없이 아버지[時文], 할아버지[成選], 증조[汝檝], 외조[朴義賢] 이름이 보이고, 본관이 진주晉州로 되어 있다. 그런데 《청구》와 《만성》에는 《진주강씨보》 자체가 없다. 진주강씨는 조선시대 문과급제자 2명을 배출했는데, 강홍제가 첫 번째이다. 그런데 현재는 진주강씨가 신천강씨로 편입되었다.

67 **탁우한**卓佑漢(1669~?) 유학을 거쳐 영조 5년 61세로 식년시에 병

과로 급제했다. 《방목》에는 벼슬이 없이 아버지[載完], 할아버지[斗樞], 증조[爾崙], 외조[白嗣文] 이름이 보이고, 본관이 거창居昌으로 되어 있다. 그런데 《청구》와 《만성》에는 《거창탁씨보》 자체가 없다. 조선시대 문과급제자 2명을 배출했는데 세조 대 탁중卓中이 처음이고, 탁우한이 두 번째이다. 현재 인구는 알 수 없는데, 아마도 광산탁씨光山卓氏로 통합된 듯하다. 《세종실록》〈지리지〉, 《동국여지승람》, 《여지도서》 어디에도 거창에 탁씨가 없어 실제로 거창과는 인연이 없는 것으로 보인다.

68 김명려金命礪(1690~?) 유학을 거쳐 영조 5년 40세로 식년시에 병과로 급제했다. 《방목》에는 벼슬이 없이 아버지[禮謙], 할아버지[浩聲], 증조[大淸], 외조[白鶴祥] 이름이 보이고, 본관이 진주晋州로 되어 있다. 그런데 《청구》와 《만성》의 《진주김씨보》에는 김명려의 가계가 보이지 않는다. 진주김씨는 조선시대 문과급제자 10명을 배출했는데, 1명을 빼고는 영조 대 이후 급제하였으며, 그 가운데 평안도에서 7명이 나왔다. 따라서 그도 평안도 출신으로 보인다.

69 유일심柳一心(1687~?) 유학을 거쳐 영조 5년 43세로 식년시에 병과로 급제했다. 《방목》에는 벼슬이 없이 아버지[伐], 할아버지[震郁], 증조[琢], 외조[朴純] 이름이 보이고, 본관이 진주晋州로 되어 있다. 그런데 《청구》와 《만성》의 《진주유씨보》에는 유일심의 가계가 보이지 않는다.

70 조윤주曺潤周(1705~?) 유학을 거쳐 영조 5년 25세로 식년시에 병과로 급제하여 벼슬이 찰방(종6품)에 이르렀다. 《방목》에는 벼슬이 없이 아버지[汝綱], 할아버지[德譜], 증조[壽得], 외조[孫舜發] 이름이 보이고, 본관이 창녕昌寧으로 되어 있다. 그런데 《청구》와 《만성》의

《창녕조씨보》에는 조윤주의 가계가 보이지 않는다.

71 최일성崔━星(1695~?) 유학을 거쳐 영조 5년 35세로 식년시에 병과로 급제하여 벼슬이 판관(종5품)에 이르렀다. 《방목》에는 벼슬이 없이 아버지[夏積], 할아버지[後益], 증조[湜], 외조[沈潤海] 이름이 보이고, 본관이 강릉江陵으로 되어 있다. 그런데 《청구》와 《만성》의 《강릉최씨보》에는 최일성의 가계가 보이지 않는다.

72 홍이즙洪以楫(1690~?) 유학을 거쳐 영조 5년 40세로 식년시에 병과로 급제하여 벼슬이 현감(종6품)에 이르렀다. 《방목》에는 벼슬이 없이 아버지[錫聖], 할아버지[命元], 증조[得祿], 외조[朱宋精] 이름이 보이고, 본관이 남양南陽으로 되어 있다. 그런데 《청구》와 《만성》의 《남양홍씨보》에는 홍이즙의 가계가 보이지 않는다.

73 김여채金礪采(1690~?) 유학을 거쳐 영조 5년 40세로 식년시에 병과로 급제하여 벼슬이 현감(종6품)에 이르렀다. 《방목》에는 벼슬이 없이 아버지[璟], 할아버지[振元], 증조[亮], 외조[張應參] 이름이 보이고, 본관이 안동安東으로 되어 있다. 그런데 《청구》와 《만성》의 《안동김씨보》에는 김여채의 가계가 보이지 않는다.

74 배진명裵晉明(1679~?) 유학을 거쳐 영조 5년 51세로 식년시에 병과로 급제하여 벼슬이 찰방(종6품)에 이르렀다. 《방목》에는 벼슬이 없이 아버지[尙元], 할아버지[玖], 증조[應絪], 외조[曹克愼] 이름이 보이고, 본관이 대구大丘(達城)로 되어 있다. 《청구》의 《대구배씨보》를 보면 배진명은 조상의 가계가 끊어진 가운데 외따로 기록되어 있으며, 《만성》의 《대구배씨보》에는 그의 가계가 보이지 않는다. 2000년 현재 대구배씨 인구는 2,171가구 7,169명으로, 조선시대 문과급제자 5명을 배출했다.

75 박성룡朴聖龍(1702~?) 유학을 거쳐 영조 5년 28세로 식년시에 병과로 급제하여 벼슬이 현감(종6품)에 이르렀는데, 영조 12년 자인현감으로 있을 때 사헌부는 박성룡이 "나이 어리고 비천卑賤한 신분으로 교자를 타고 장막을 걷었다"고 하면서 파직을 요청했으나 임금이 이를 따르지 않았다.[243] 《방목》에는 벼슬이 없이 아버지[鎌], 할아버지[世圭], 증조[生榮], 외조[洪錫禹] 이름이 보이고, 본관이 밀양密陽으로 되어 있다. 그런데 《청구》와 《만성》의 《밀양박씨보》에는 그의 가계가 보이지 않는다.

76 박시태朴時泰(1674~?) 영남 사람으로 유학을 거쳐 영조 5년 56세로 식년시에 병과로 급제하여 벼슬이 훈도訓導(종9품)를 거쳐 찰방(종6품)에 이르렀다. 《방목》에는 벼슬이 없이 아버지[元奎], 할아버지[宗之], 증조[希冉], 외조[白含章] 이름이 보이고, 본관이 함양咸陽(速咸)으로 되어 있다. 그런데 《청구》와 《만성》의 《함양박씨보》에는 박시태의 가계가 보이지 않는다.

77 서윤석徐胤錫(1673~?) 유학을 거쳐 영조 5년 57세로 식년시에 병과로 급제하여 벼슬이 찰방(종6품)에 이르렀다. 《방목》에는 벼슬이 없이 아버지[命徵, 생부 命徽], 할아버지[守謙], 증조[筬], 외조[南磁] 이름이 보이고, 본관이 이천利川으로 되어 있다. 그런데 《청구》와 《만성》의 《이천서씨보》에는 서윤석의 가계가 보이지 않는다.

78 이인빈李寅賓(1694~?) 유학을 거쳐 영조 5년 36세로 식년시에 병과로 급제하여 벼슬이 병조정랑(정5품)과 군수(종4품)에 이르렀다. 《방목》에는 벼슬이 없이 아버지[泰雄], 할아버지[曼白], 증조[後達], 외

---

243) 《영조실록》 권42, 영조 12년 9월 29일 병신.

조[韓九博] 이름이 보이고, 본관이 금성金城으로 되어 있으나 이는 용인龍仁을 잘못 쓴 것이다.《청구》의《용인이씨보》에 이인빈의 가계가 보이는데, 직계 5대조와 외조 가운데 벼슬아치가 없으며,《만성》의《용인이씨보》에는 가계가 보이지 않는다.

79 이명필李命彌(1694~?) 유학을 거쳐 영조 5년 36세로 식년시에 병과로 급제했다.《방목》에는 벼슬이 없이 아버지[德昌], 할아버지[桓], 증조[應周], 외조[金汝燁] 이름이 보이고, 본관이 수안遂安으로 되어 있다. 그런데《청구》의《수안이씨보》에는 이명필의 가계가 보이지 않으며,《만성》에는《수안이씨보》자체가 없다. 조선 후기 수안이씨 급제자는 대부분 평안도와 황해도 출신으로, 그도 북방 출신으로 보인다.

80 한성표韓聖豹(1667~?) 유학을 거쳐 영조 5년 63세로 식년시에 병과로 급제했다.《방목》에는 벼슬이 없이 아버지[繼善], 할아버지[大楠], 증조[春蘭], 외조[徐頤舜] 이름이 보이고, 본관이 청주淸州로 되어 있다. 그런데《청구》와《만성》의《청주한씨보》에는 한성표의 가계가 보이지 않는다.

81 홍성원洪聖源(1699~?) 유학을 거쳐 영조 5년 31세로 식년시에 병과로 급제하여 벼슬이 성균관 전적(정6품)에 이르렀다.《방목》에는 벼슬이 없이 아버지[壽錫, 생부 道任], 할아버지[后昌], 증조[以河], 외조[高世章] 이름이 보이고, 본관이 남양南陽(唐城)으로 되어 있다.《청구》의《남양홍씨보》를 보면 홍성원의 직계 5대조 가운데 벼슬아치가 없으며,《만성》의《남양홍씨보》에는 가계가 보이지 않는다.

82 김계백金啓白(1689~?) 유학을 거쳐 영조 5년 41세로 식년시에 병과로 급제하여 벼슬이 용안현감(종6품)과 사헌부 장령(정4품)에 이르

렀는데, 영조 12년 사헌부는 김계백의 인물이 잔열비쇄屠劣鄙瑣하니 현감직에서 파직시키라고 건의했으나 임금이 따르지 않았다.[244) 여기서 '잔열비쇄하다'는 표현은 집안이 보잘것없다는 뜻이다. 《방목》에는 벼슬이 없이 아버지[益慶], 할아버지[始光], 증조[命先], 외조[南宮煙] 이름이 보이나 본관이 없다. 그런데 《청구》의 《광산김씨보光山金氏譜》에 그의 가계가 보이는데, 직계 3대조와 외조 가운데 벼슬아치가 없다. 한편, 《만성》의 《광산김씨보》에는 가계가 보이지 않는다.

83 임덕원任德元(1688~?) 유학을 거쳐 영조 5년 42세로 식년시에 병과로 급제했다. 《방목》에는 벼슬이 없이 아버지[汝望], 할아버지[濮], 증조[友曾], 외조[李弘蓍] 이름이 보이고, 본관이 풍천豊川으로 되어 있다. 그런데 《청구》와 《만성》의 《풍천임씨보》에는 임덕원의 가계가 보이지 않는다.

84 김후중金垕重(1693~?) 유학을 거쳐 영조 5년 37세로 식년시에 병과로 급제했다. 《방목》에는 벼슬이 없이 아버지[兌英], 할아버지[國民], 증조[應瑞], 외조[李善鳴] 이름이 보이고, 본관이 금산錦山으로 되어 있다. 그런데 《청구》와 《만성》의 《금산김씨보》에는 김후중의 가계가 보이지 않는다. 2000년 현재 금산김씨 인구는 4,377가구 1만 4,052명으로, 조선시대 문과급제자 3명을 배출했다.

85 심야沈埜(1696~?) 통덕랑(정5품)을 거쳐 영조 6년(1730) 35세로 정시에 병과로 급제하여 벼슬이 병조 낭관(5~6품)에 이르렀는데, 영조 39년에 죄를 짓고 형벌을 받았다. 《방목》에는 벼슬이 없이 아버지[得經, 생부 得賢], 할아버지[禮], 증조[元沔] 이름이 보이고, 본관이

---

244) 《영조실록》 권41, 영조 12년 6월 13일 병자.

청송靑松으로 되어 있다. 그런데 《청구》와 《만성》의 《청송심씨보》
에는 심야의 가계가 보이지 않는다.

　　86 이석복李錫福(1694~?) 진사를 거쳐 영조 6년 37세로 정시에 병과
로 급제하여 벼슬이 사헌부 장령(정4품)에 이르렀다. 《방목》에는 벼
슬이 없이 아버지[寯] 이름이 보이고, 본관이 안성安城으로 되어 있다.
그런데 《청구》와 《만성》의 《안성이씨보》에는 이석복의 가계가 보
이지 않는다.

　　87 이재춘李載春(1695~1742) 함흥 사람으로 유학을 거쳐 영조 7년
(1731) 37세로 함경도 별시에 장원급제하여 벼슬이 찰방(종6품)에 이
르렀다. 《방목》에는 벼슬이 없이 아버지[檀] 이름이 보이고, 본관이
전주全州로 되어 있다. 《전주이씨과거급제자총람》을 보면 이재춘은
목조穆祖의 아들 안풍대군의 15세손으로, 직계 9대조 가운데 벼슬아
치가 없다.

　　88 윤붕거尹鵬擧(1709~?) 함경도 경성鏡城 사람으로 생원을 거쳐 영
조 7년 23세로 함경도 별시에 병과로 급제하여 벼슬이 현감(종6품),
군수(종4품)를 거쳐 사헌부 장령(정4품)과 승지(정3품 당상관)에 이르렀
는데, 영조 23년에 윤붕거가 대간에 의망되자 사헌부는 그가 한미寒
微한 출신임을 이유로 반대했으나 임금은 이를 따르지 않았다.[245]
《방목》에는 벼슬이 없이 아버지[遇周] 이름이 보이고, 본관이 해주海
州로 되어 있다. 그런데 《청구》와 《만성》에는 《해주윤씨보》 자체가
없다. 2000년 현재 해주윤씨 인구는 284가구 899명의 희성으로, 조선
시대 문과급제자는 그가 유일하다.

---

245) 《영조실록》 권65, 영조 23년 6월 21일 경진.

89 최제태崔齊泰(1696~?) 함경도 경원慶源 사람으로 유학을 거쳐 영조 7년 36세로 함경도 별시에 병과로 급제하여 벼슬이 현감(종6품)에 이르렀다. 《방목》에는 벼슬이 없이 아버지[海昌, 생부 海胄] 이름이 보이고, 본관이 해주海州로 되어 있다. 그러나 《청구》와 《만성》의 《해주최씨보》에는 최제태의 가계가 보이지 않는다.

90 정시린鄭時麟(1660~?) 함경도 경성鏡城 사람으로 생원을 거쳐 영조 7년 72세로 함경도 별시에 병과로 급제했는데, 나이가 70이 넘은 것을 고려하여 6품직의 벼슬을 특별히 내려 주었다. 《방목》에는 벼슬이 없이 아버지[佽] 이름이 보이고, 본관이 연일延日로 되어 있다. 그런데 《청구》와 《만성》의 《연일정씨보》에는 정시린의 가계가 보이지 않는다.

91 채경승蔡慶承(1689~?) 공주公州 사람으로 유학을 거쳐 영조 8년 (1732) 44세로 정시에 을과로 급제하여 벼슬이 사헌부 장령(정4품)에 이르렀다. 《방목》에는 벼슬과 아버지[應夏], 할아버지[元龜], 증조[震亨], 외조[李陽來] 이름이 보이고, 본관이 평강平康으로 되어 있다. 《청구》와 《만성》의 《평강채씨보》를 보면 채경승의 직계 6대조와 외조 가운데 벼슬아치가 없다.

92 유정무柳鼎茂(1715~?) 생원을 거쳐 영조 9년(1733) 19세로 식년시에 갑과로 급제하여 벼슬이 성균관 전적(정6품)에 이르렀다. 《방목》에는 벼슬이 없이 아버지[緯相], 할아버지[徵龜], 증조[博], 외조[洪景塤] 이름이 보이고, 본관이 진주晉州로 되어 있다. 그런데 《청구》와 《만성》의 《진주유씨보》에는 유정무의 가계가 보이지 않는다.

93 강간康侃(1700~?) 생원을 거쳐 영조 9년 34세로 식년시에 을과로 급제하여 벼슬이 찰방(종6품)에 이르렀다. 《방목》에는 벼슬이 없

이 아버지[濟萬], 할아버지[時錫], 증조[乃瓄], 외조[韓維一] 이름이 보이고, 본관이 곡산谷山으로 되어 있다. 그런데《만성》의《곡산강씨보》에는 강간의 가계가 보이지 않으며,《청구》에는《곡산강씨보》자체가 없다. 2000년 현재 곡산강씨 인구는 4,877가구 1만 5,626명의 희성으로, 조선시대 문과급제자 4명을 배출했다.

94 김도원金道元(1708~?) 유학을 거쳐 영조 9년 26세로 식년시에 병과로 급제하여 벼슬이 군수(종4품)에 이르렀다.《방목》에는 벼슬이 없이 아버지[箕浹], 할아버지[尙雨], 증조[義衍], 외조[李相玉] 이름이 보이고, 본관이 도강道康(康津)으로 되어 있다.《청구》와《만성》의《도강김씨보》를 보면 김도원은 조상의 가계가 끊어진 형태로 외따로 기록되어 있다. 다시 말해 아버지, 할아버지, 증조의 이름이 모두 보이지 않는다. 이는 그의 조상 가운데 벼슬아치가 없음을 말해 준다.

95 이하익李夏翼(1695~?) 금월錦越 사람으로 유학을 거쳐 영조 9년 39세로 식년시에 병과로 급제하여 벼슬이 찰방(종6품)에 이르렀다.《방목》에는 벼슬이 없이 아버지[喜遇], 할아버지[纘], 증조[秀], 외조[崔大興] 이름이 보이고, 본관이 함평咸平으로 되어 있다. 그런데《청구》와《만성》의《함평이씨보》에는 이하익의 가계가 보이지 않는다.

96 최용현崔龍賢(1705~?) 유학을 거쳐 영조 9년 29세로 식년시에 병과로 급제하여 벼슬이 성균관 학유(종9품)에 이르렀다.《방목》에는 벼슬과 아버지[與重], 할아버지[泰翁], 증조[宗之], 외조[鄭萬楷] 이름이 보이고, 본관이 삭령朔寧으로 되어 있다.《청구》와《만성》의《삭령최씨보》를 보면 최용현의 직계 5대조와 외조 가운데 벼슬아치가 없다.

97 허심許鐔(1705~?) 진주晉州 사람으로 유학을 거쳐 영조 9년 29세

로 식년시에 병과로 급제하여 벼슬이 성균관 권지(임시직)에 이르렀다.《방목》에는 벼슬과 아버지[轅], 할아버지[綸], 증조[晚], 외조[金廷翊] 이름이 보이고, 본관이 김해金海로 되어 있다.《청구》와《만성》의《김해허씨보》를 보면 허심의 직계 3대조와 외조 가운데 벼슬아치가 없으며, 4, 5, 6대조는 모두 무과武科 출신이다.

98 권만원權萬元(1683~?) 예천醴川 사람으로 유학을 거쳐 영조 9년 51세로 식년시에 병과로 급제했다.《방목》에는 벼슬이 없이 아버지[溓], 할아버지[有慶], 증조[軔], 외조[林實久] 이름이 보이고, 본관이 안동安東으로 되어 있다. 그런데《청구》와《만성》의《안동권씨보》에는 권만원의 가계가 보이지 않는다.

99 이산두李山斗(1680~1769?) 안동安東 사람으로 생원을 거쳐 영조 9년 54세로 식년시에 병과로 급제하여 벼슬이 판결사(정3품 당상관)와 참판(종2품)을 거쳐 지중추부사(정2품)에 이르렀다.《방목》에는 벼슬이 없이 아버지[必], 할아버지[鳴吉], 증조[吞], 외조[安俌] 이름이 보이고, 본관이 전의全義로 되어 있다.《청구》의《전의이씨보》를 보면 이산두의 직계 3대조와 외조 가운데 실직 벼슬아치가 없으며,《만성》의《전의이씨보》에는 가계가 보이지 않는다.

100 안도겸安道謙(1694~?) 평안도 안주安州 사람으로 영조 9년 40세로 식년시에 병과로 급제하여 벼슬이 예조정랑(정5품)에 이르렀다.《방목》에는 벼슬과 아버지[振宗], 할아버지[時敏], 증조[應祿], 외조[金準鎰] 이름이 보이고, 본관이 순흥順興으로 되어 있다.《청구》의《순흥안씨보》를 보면 안도겸의 직계 8대조 가운데 벼슬아치가 없으며,《만성》의《순흥안씨보》에는 가계가 보이지 않는다. 하지만 안주의 순흥안씨는 영조 대 이후 문과급제자 24명을 배출하여 이 지방의 명

문으로 등장했다.

101 **김언**金琂(1681~?) 충청도 연기燕歧 사람으로 유학을 거쳐 영조 9년 53세로 식년시에 병과로 급제했다. 《방목》에는 벼슬이 없이 아버지[德秋], 할아버지[澈], 증조[玉章], 외조[尹得厚] 이름이 보이고, 본관이 강릉江陵으로 되어 있다. 그런데 《청구》와 《만성》의 《강릉김씨보》에는 김언의 가계가 보이지 않는다.

102 **나홍점**羅泓漸(1707~?) 평안도 성천成川 사람으로 유학을 거쳐 영조 9년 27세로 식년시에 병과로 급제했으나, 13년 동안 산직散職에 있으면서 집에서 땔나무를 몸소 채취하고 어머니를 봉양하면서 살며 벼슬을 구하지 않았다. 영조 33년 청산현감(종6품)을 제수하자 부모에게 효도하기 위해 임금에게 숙배하고 고향으로 돌아갔다.246) 《방목》에는 벼슬이 없이 아버지[鳳會], 할아버지[一元], 증조[世雄], 외조[朱聖章] 이름이 보이고, 본관이 나주羅州로 되어 있다. 그런데 《청구》와 《만성》의 《나주나씨보》에는 나홍점의 가계가 보이지 않는다.

103 **고명열**高命說(1709~?) 평안도 선천宣川 사람으로 성균관 시강에서 우수한 성적을 거두고 전시殿試에 직부하여 영조 9년 25세로 식년시에 병과로 급제하고 벼슬이 찰방(종6품)에 이르렀다. 《방목》에는 벼슬이 없이 아버지[尙結, 생부 尙崙], 할아버지[唯進], 증조[得善], 외조[李貞立] 이름이 보이고, 본관이 제주濟州로 되어 있다. 그런데 《청구》와 《만성》의 《제주고씨보》에는 고명열의 가계가 보이지 않는다. 《세종실록》〈지리지〉, 《동국여지승람》, 《여지도서》어디에도 선천에는 고씨가 없어 성관이 의심스럽다.

---

246) 《영조실록》 권90, 영조 33년 10월 10일 기사.

104 심익성沈益聖(1696~?) 광주廣州 사람으로 유학을 거쳐 영조 9년 38세로 식년시에 병과로 급제하여 벼슬이 사헌부 집의(종3품)에 이르렀다. 《방목》에는 벼슬이 없이 아버지[楥], 할아버지[志顔], 증조[迪], 외조[李冀] 이름이 보이고, 본관이 청송靑松으로 되어 있다. 《청구》와 《만성》의 《청송심씨보》를 보면 심익성의 직계 3대조와 외조 가운데 벼슬아치가 없다.

105 안정보安廷輔(1696~?) 강원도 홍천洪川 사람으로 유학을 거쳐 영조 9년 38세로 식년시에 병과로 급제하여 벼슬이 군수(종4품)에 이르렀다. 《방목》에는 벼슬이 없이 아버지[翊采], 할아버지[取善], 증조 [遇明], 외조[李文胤] 이름이 보이고, 본관이 광주廣州로 되어 있다. 그런데 《청구》의 《광주안씨보》에는 안정보의 가계가 보이지 않으며, 《만성》의 《광주안씨보》에는 증조와 할아버지의 이름은 보이나 아버지와 그의 이름은 보이지 않는다.

106 송섬宋暹(1686~?) 청주淸州 사람으로 유학을 거쳐 영조 9년 48세로 식년시에 병과로 급제하여 벼슬이 첨지사(정3품 당상관)에 이르렀다. 《방목》에는 벼슬이 없이 아버지[得宗], 할아버지[德], 증조[世良], 외조[尹德愼] 이름이 보이고, 본관이 야로冶爐로 되어 있다. 그런데 《청구》와 《만성》의 《야로송씨보》에는 송섬의 가계가 보이지 않는다.

107 서명관徐命觀(1694~?) 전라도 흥양興陽 사람으로 유학을 거쳐 영조 9년 40세로 식년시에 병과로 급제하여 벼슬이 찰방(종6품)에 이르렀다. 《방목》에는 벼슬이 없이 아버지[起孝], 할아버지[順興], 증조 [繼男], 외조[沈義興] 이름이 보이고, 본관이 달성達城으로 되어 있다. 그런데 《청구》와 《만성》의 《달성서씨보》에는 서명관의 가계가 보

이지 않는다.

108 이봉환李鳳奐(1706~?) 전라도 무안務安 사람으로 유학을 거쳐 영조 9년 28세로 식년시에 병과로 급제하여 벼슬이 예조좌랑(정6품)에 이르렀다.《방목》에는 벼슬이 없이 아버지[世根], 할아버지[尙亨], 증조[承業], 외조[宋商護] 이름이 보이고, 본관이 함평咸平으로 되어 있다. 그런데《청구》와《만성》의《함평이씨보》에 이봉환의 가계가 보이지 않는다.

109 박홍규朴鴻逵(1707~?) 함흥咸興 사람으로 유학을 거쳐 성균관 시강에서 성적이 우수하여 전시殿試에 직부한 결과 영조 9년 27세로 식년시에 병과로 급제하여 벼슬이 찰방(종6품)에 이르렀다.《방목》에는 벼슬과 아버지[寅雄], 할아버지[嗣呂], 증조[德善], 외조[鄭連翊] 이름이 보이고, 본관이 삼척三陟으로 되어 있다. 그런데《청구》의《삼척박씨보》에는 박홍규의 가계가 보이지 않으며,《만성》에는《삼척박씨보》자체가 없다. 2000년 현재 삼척박씨 인구는 1,535가구 4,929명의 희성으로, 조선시대 문과급제자 2명을 배출했는데, 그가 두 번째이다.

110 한시태韓時泰(1708~?) 함경도 정평定平 사람으로 유학을 거쳐 영조 9년 26세로 식년시에 병과로 급제하여 벼슬이 찰방(종6품)에 이르렀다.《방목》에는 벼슬이 없이 아버지[允珪], 할아버지[大達], 증조[成龍], 외조[金斗江] 이름이 보이고, 본관이 청주淸州로 되어 있다. 그런데《청구》와《만성》의《청주한씨보》에는 한시태의 가계가 보이지 않는다.

111 이정항李禎恒(1690~?) 함흥咸興 사람으로 유학을 거쳐 영조 9년 44세로 식년시에 병과로 급제하여 벼슬이 첨지사(정3품 당상관)에 이

르렀다. 《방목》에는 벼슬이 없이 아버지[泰期], 할아버지[時達], 증조 [益謙], 외조[朴橋之] 이름이 보이고, 본관이 용인龍仁으로 되어 있다. 그런데 《청구》와 《만성》의 《용인이씨보》에는 이정항의 가계가 보이지 않는다.

112 김덕린金德麟(1692~?) 경상도 용궁龍宮 사람으로 유학을 거쳐 영조 9년 42세로 식년시에 병과로 급제했다. 《방목》에는 벼슬이 없이 아버지[世重], 할아버지[震豪], 증조[鈴], 외조[朴道亨] 이름이 보이고, 본관이 축산竺山(龍宮)으로 되어 있다. 그런데 《청구》와 《만성》의 《용궁김씨보》에는 김덕린의 가계가 보이지 않는다. 2000년 현재 용궁김씨 인구는 3,325가구 1만 660명의 희성으로, 조선시대 문과급제자 2명을 배출했는데, 그가 처음이다.

113 정석후鄭錫垕(1701~?) 충청도 옥천沃川 사람으로 유학을 거쳐 영조 9년 33세로 식년시에 병과로 급제하여 벼슬이 주부(종6품)에 이르렀다. 《방목》에는 벼슬이 없이 아버지[昭漢], 할아버지[愼], 증조[文哲], 외조[朴仁啓] 이름이 보이고, 본관이 연일延日로 되어 있다. 그런데 《청구》와 《만성》의 《연일정씨보》에는 정석후의 가계가 보이지 않는다.

114 정동한鄭東翰(1701~?) 전라도 금성錦城 사람으로 유학을 거쳐 영조 9년 33세로 식년시에 병과로 급제하여 벼슬이 사헌부 감찰(정6품)에 이르렀다. 《방목》에는 벼슬이 없이 아버지[德夏], 할아버지[明佐], 증조[弘有], 외조[李忠賢] 이름이 보이고, 본관이 진주晋州로 되어 있다. 그런데 《청구》와 《만성》의 《진주정씨보》에는 정동한의 가계가 보이지 않는다.

115 김광윤金光潤(1705~?) 전라도 장흥長興 사람으로 성균관 유학을

거쳐 영조 9년 29세로 식년시에 병과로 급제하여 벼슬이 찰방(종6품)
에 이르렀다. 《방목》에는 벼슬이 없이 아버지[永德], 할아버지[器善],
증조[信元], 외조[盧尙俊] 이름이 보이고, 본관이 도강道康(康津)으로
되어 있다. 그런데 《청구》와 《만성》의 《도강김씨보》에는 김광윤의
가계가 보이지 않는다.

116 **유응기**俞應基(1692~?) 유학을 거쳐 영조 9년 42세로 식년시에
병과로 급제하여 벼슬이 찰방(종6품)에 이르렀다. 《방목》에는 벼슬이
없이 아버지[後揚], 할아버지[舜問], 증조[挺], 외조[金虎吉] 이름이 보
이고, 본관이 창원昌原으로 되어 있다. 그런데 《청구》와 《만성》의
《창원유씨보》에는 유응기의 가계가 보이지 않는다.

117 **김택로**金宅魯(1698~?) 경상도 예천醴泉 사람으로 유학을 거쳐
영조 9년 36세로 식년시에 병과로 급제하여 벼슬이 찰방(종6품)에 이
르렀다. 《방목》에는 벼슬이 없이 아버지[夏龜], 할아버지[衡重], 증조
[英震], 외조[禹九敍] 이름이 보이고, 본관이 김해金海로 되어 있다. 그
런데 《청구》와 《만성》의 《김해김씨보》에는 김택로의 가계가 보이
지 않는다.

118 **유추성**柳樞星(1699~?) 춘천春川 사람으로 유학을 거쳐 영조 9년
35세로 식년시에 병과로 급제했다. 《방목》에는 벼슬이 없이 아버지
[載陽], 할아버지[錫世], 증조[格], 외조[李時浹] 이름이 보이고, 본관이
문화文化로 되어 있다. 그런데 《청구》와 《만성》의 《문화유씨보》에
는 유추성의 가계가 보이지 않는다.

119 **정상겸**鄭尙謙(1692~?) 평안도 숙천肅川 사람으로 유학을 거쳐
영조 9년 42세로 식년시에 병과로 급제하여 벼슬이 주부(종6품)에 이
르렀다. 《방목》에는 벼슬이 없이 아버지[震珌], 할아버지[錫功], 증조

〔忠男〕, 외조〔崔以善〕 이름이 보이고, 본관이 광주廣州로 되어 있다. 《청구》의 《광주정씨보》를 보면 고조〔千世〕가 시조로 되어 있으나 벼슬이 없고 증조, 할아버지, 아버지 모두 벼슬이 없다. 한편, 《만성》에는 《광주정씨보》 자체가 없다. 광주정씨는 조선시대에 문과급제자 3명을 배출했는데, 경종 대 1명, 그리고 정상겸이 두 번째이다. 《세종실록》 〈지리지〉, 《동국여지승람》, 《여지도서》 어디에도 숙천에는 광주정씨가 없다.

120 유동원柳東垣(1691~?) 생원을 거쳐 영조 11년(1735) 45세로 증광시에 갑과로 급제하여 벼슬이 판결사(정3품 당상관)에 이르렀다. 《방목》에는 벼슬이 없이 아버지〔瑞麟〕, 할아버지〔日三〕, 증조〔時稷〕, 외조〔盧俊命〕 이름이 보이고, 본관이 진주晋州로 되어 있다. 《청구》와 《만성》의 《진주유씨보》를 보면 유동원의 직계 4대조 가운데 벼슬아치가 없다.

121 주기朱杞(1683~?) 참봉(종9품)을 거쳐 영조 11년 53세로 증광시에 을과로 급제하여 벼슬이 판관(종5품)과 현감(종6품)에 이르렀다. 《방목》에는 벼슬과 아버지〔汝井〕 이름이 보이고, 본관이 전주全州로 되어 있다. 《청구》와 《만성》의 《전주주씨보》를 보면 주기의 직계 5대조 가운데 벼슬아치가 없다. 전주주씨는 조선시대 문과급제자 22명을 배출했는데, 그 가운데 14명이 함흥 출신이다. 따라서 그도 함흥 출신일 가능성이 크다.

122 유정원柳正源(1703~?) 경상도 안동安東 사람으로 생원을 거쳐 영조 11년 33세로 증광시에 을과로 급제하여 벼슬이 대사간(정3품 당상관)에 이르렀다. 《방목》에는 벼슬이 없이 아버지〔錫龜〕 이름만 보이고 본관이 없다. 그런데 《청구》와 《만성》의 《전주유씨보全州柳氏譜》

에 유정원의 가계가 보이는데, 직계 7대조와 외조〔李天麟〕 가운데 벼슬아치가 없다.

123 유관현柳觀鉉(1692~1764) 안동安東 사람으로 유학을 거쳐 영조 11년 44세로 증광시에 병과로 급제하여 벼슬이 판결사(정3품 당상관)와 참의(정3품 당상관)에 이르렀다. 《방목》에는 벼슬과 아버지〔泰時〕 이름이 보이고 본관이 없다. 그런데 《청구》와 《만성》의 《전주유씨보全州柳氏譜》에 유관현의 가계가 보이는데, 직계 6대조와 외조〔申以徵〕 가운데 벼슬아치가 없다.

124 서해조徐海朝(1691~?) 충청도 대흥大興 사람으로 참봉(종9품)을 거쳐 영조 11년 45세로 증광시에 병과로 급제하여 벼슬이 참의(정3품 당상관)에 이르렀다. 《방목》에는 벼슬이 없이 아버지〔楗〕 이름만 보이고 본관이 없다. 그런데 《청구》와 《만성》의 《연산서씨보連山徐氏譜》에 서해조의 가계가 보이는데, 직계 3대조와 외조 가운데 벼슬아치가 없다. 2000년 현재 연산서씨 인구는 1,980가구 6,416명의 희성으로, 조선시대 문과급제자 2명을 배출했는데, 그가 처음이다.

125 윤지태尹志泰(1700~?) 통덕랑通德郎(정5품)을 거쳐 영조 11년 36세로 증광시에 병과로 급제하여 벼슬이 사간원 헌납(정5품)과 사간(종3품)에 이르렀다. 《방목》에는 벼슬과 아버지〔殷積〕 이름이 보이고 본관이 없다. 그런데 《청구》와 《만성》의 《칠원윤씨보柒原尹氏譜》에 윤지태의 가계가 보이는데, 직계 3대조와 외조〔朴尙浩〕 가운데 벼슬아치가 없다.

126 김광국金光國(1709~1783) 통덕랑(정5품)을 거쳐 영조 11년 27세로 증광시에 병과로 급제하여 벼슬이 사간원 정언(정6품)을 거쳐 도승지(정3품 당상관)에 이르렀다. 《방목》에는 벼슬이 없이 아버지〔墀〕,

할아버지[壽基], 증조[楅], 외조[崔潾] 이름이 보이고, 본관이 안동安東
으로 되어 있다. 그런데 《청구》와 《만성》의 《안동김씨보》에는 김광
국의 가계가 보이지 않는다.

127 민수언閔洙彦(1686~?) 생원을 거쳐 영조 11년 50세로 증광시에
병과로 급제하여 벼슬이 사간원 정언(정6품)에 이르렀다. 《방목》에는
벼슬이 없이 아버지[致中] 이름만 보이고 본관이 없다. 민씨의 본관은
여흥呂興 하나뿐인데, 《청구》와 《만성》의 《여흥민씨보》에는 민수언
의 가계가 보이지 않는다.

128 안택중安宅重(1695~?) 경상도 순흥順興 사람으로 진사를 거쳐
영조 11년 41세로 증광시에 병과로 급제하여 벼슬이 승문원 권지(임
시직)에 이르렀다. 《방목》에는 벼슬이 없이 아버지[義行] 이름이 보이
고 본관이 없다. 거주지가 순흥인 것으로 보아 순흥안씨로 보이나,
《청구》와 《만성》의 《순흥안씨보》에는 안택중의 가계가 보이지 않
는다.

129 강봉휴姜鳳休(1694~?) 황해도 해주海州 사람으로 영조 11년 42
세로 증광시에 병과로 급제하여 벼슬이 사간원 헌납(정5품)과 사헌부
장령(정4품)에 이르렀다. 《방목》에는 벼슬이 없이 아버지[夏振, 생부
夏益] 이름이 보이고, 본관이 없다. 그런데 《청구》와 《만성》의 《금천
강씨보衿川姜氏譜》에 강봉휴의 가계가 보이는데, 직계 3대조 가운데
벼슬아치가 없고 외조의 이름이 보이지 않지만 벼슬아치가 아닌 듯
하다.

130 이덕관李德觀(1700~?) 전라도 무안務安 사람으로 유학을 거쳐
영조 11년 36세로 식년시에 갑과로 급제하여 벼슬이 병조좌랑(정6품)
과 찰방(종6품)에 이르렀는데, 영조 13년 이덕관이 병조좌랑에 의망

되자 사헌부는 그가 "보잘것없고 한미寒微한 사람"이라는 점을 들어 반대하고 나섰다.247) 《방목》에는 벼슬이 없이 아버지[仁復], 할아버지[茂立], 증조[大廈], 외조[朴萬華] 이름이 보이고, 본관이 경주慶州로 되어 있다. 그런데 《청구》와 《만성》의 《경주이씨보》에는 그의 가계가 보이지 않는다.

131 홍성귀洪聖龜(1698~?) 평안도 정주定州 사람으로 영조 11년 38세로 식년시에 을과로 급제하여 벼슬이 성균관 사예(정4품)에 이르렀다. 《방목》에는 벼슬이 없이 아버지[得平], 할아버지[處源], 증조[啓龍], 외조[金順之] 이름이 보이고, 본관이 남양南陽으로 되어 있다. 그런데 《청구》와 《만성》의 《남양홍씨보》에는 홍성귀의 가계가 보이지 않는다. 정주의 남양홍씨는 《여지도서》에 처음으로 보인다.

132 임덕승林德升(1683~?) 개성開城 사람으로 유학을 거쳐 영조 11년 53세로 식년시에 을과로 급제하여 벼슬이 예조좌랑(정6품)에 이르렀다. 《방목》에는 벼슬이 없이 아버지[瑞奎], 할아버지[就聘], 증조[錫祚], 외조[林益謙] 이름이 보이고, 본관이 순창淳昌으로 되어 있다. 그런데 《청구》와 《만성》의 《순창임씨보》에는 임덕승의 가계가 보이지 않는다. 2000년 현재 순창임씨 인구는 290가구 937명의 희성으로, 조선시대 문과급제자 3명을 배출했다. 《세종실록》〈지리지〉에는 임씨가 순창의 토성土姓도 있고 인리성人吏姓도 있는데, 만약 후자라면 그는 순창 향리의 후손이다.

133 유홍관兪弘觀(1686~?) 전라도 함평咸平 사람으로 유학을 거쳐 영조 11년 50세로 식년시에 을과로 급제하여 벼슬이 찰방(종6품)에

247) 《영조실록》 권46, 영조 13년 12월 10일 계사.

이르렀다. 《방목》에는 벼슬이 없이 아버지[以杞], 할아버지[時逸], 증조[恪], 외조[申浩] 이름이 보이고, 본관이 기계杞溪로 되어 있다. 그런데 《청구》와 《만성》의 《기계유씨보》에 유홍관의 가계가 보이지 않는다.

134 **남언욱**南彦彧(1703~?) 전라도 창평昌平 사람으로 유학을 거쳐 영조 11년 33세로 식년시에 을과로 급제하여 벼슬이 사헌부 장령(정4품)에 이르렀다. 《방목》에는 벼슬이 없이 아버지[履陽], 할아버지[壽龜], 증조[斗一], 외조[金弘瑞] 이름이 보이고, 본관이 의령宜寧으로 되어 있다. 그런데 《청구》와 《만성》의 《의령남씨보》에는 남언욱의 가계가 보이지 않는다.

135 **윤택후**尹澤厚(1686~?) 경기도 양근楊根 사람으로 유학을 거쳐 영조 11년 50세로 식년시에 을과로 급제하여 벼슬이 사헌부 장령(정4품)에 이르렀다. 《방목》에는 벼슬이 없이 아버지[海一], 할아버지[重周], 증조[就徵], 외조[朴再泰] 이름이 보이고, 본관이 해평海平으로 되어 있다. 그런데 《청구》의 《해평윤씨보》에는 윤택후의 가계가 보이지 않으며, 《만성》의 《해평윤씨보》에는 가계가 보이는데 직계 3대조와 외조 가운데 벼슬아치가 없다.

136 **문복형**文復亨(1678~?) 전라도 금성錦城(羅州) 사람으로 유학을 거쳐 영조 11년 58세로 식년시에 을과로 급제하여 벼슬이 찰방(종6품)에 이르렀다. 《방목》에는 벼슬이 없이 아버지[國寶], 할아버지[繼綸], 증조[彬], 외조[權汝發] 이름이 보이고, 본관이 남평南平으로 되어 있다. 그런데 《청구》와 《만성》의 《남평문씨보》에는 문복형의 가계가 보이지 않는다.

137 **한시좌**韓始佐(1694~?) 함흥咸興 사람으로 유학을 거쳐 영조 11

년 42세로 식년시에 병과로 급제하여 벼슬이 예조좌랑(정6품)에 이르렀다. 《방목》에는 벼슬이 없이 아버지[命迪], 할아버지[振祚], 증조[希益], 외조[朱檜] 이름이 보이고, 본관이 청주淸州로 되어 있다. 그런데 《청구》와 《만성》의 《청주한씨보》에는 한시좌의 가계가 보이지 않는다. 함흥의 청주한씨는 영조 대 이후 문과급제자 13명을 배출하여 이 지역의 명문으로 등장했다.

138 김형일金衡一(1705~?) 경기도 용인龍仁 사람으로 유학을 거쳐 영조 11년 31세로 식년시에 병과로 급제하여 벼슬이 찰방(종6품)에 이르렀다. 《방목》에는 벼슬이 없이 아버지[鼎九], 할아버지[宗碩], 증조[承善], 외조[崔克嶸] 이름이 보이고, 본관이 안동安東으로 되어 있다. 그런데 《청구》와 《만성》의 《안동김씨보》에는 김형일의 가계가 보이지 않는다.

139 심윤해沈潤海(1710~?) 충청도 서원西原(淸州) 사람으로 유학을 거쳐 영조 11년 26세로 식년시에 병과로 급제하여 벼슬이 찰방(종6품)에 이르렀다. 《방목》에는 벼슬이 없이 아버지[景洙], 할아버지[公望], 증조[之蘭], 외조[金後敏] 이름이 보이고, 본관이 청송靑松으로 되어 있다. 그런데 《청구》와 《만성》의 《청송심씨보》에는 심윤해의 가계가 보이지 않는다.

140 최진악崔鎭岳(1695~?) 평안도 벽동碧潼 사람으로 유학을 거쳐 영조 11년 41세로 식년시에 병과로 급제하여 벼슬이 성균관 전적(정6품)에 이르렀다. 《방목》에는 벼슬이 없이 아버지[紀昌], 할아버지[崙], 증조[應義], 외조[鄭大聖] 이름이 보이고, 본관이 철원鐵原(朔寧)으로 되어 있다. 그런데 《청구》와 《만성》의 《삭령최씨보》에는 최진악의 가계가 보이지 않는다.

141 홍계옥洪啓沃(1707~?) 평안도 정주定州 사람으로 유학을 거쳐 영조 11년 29세로 식년시에 병과로 급제하여 벼슬이 성균관 전적(정6품)에 이르렀다. 《방목》에는 벼슬이 없이 아버지[昌夏], 할아버지[聖疇], 증조[宗海], 외조[許時鳳] 이름이 보이고, 본관이 남양南陽으로 되어 있다. 그런데 《청구》와 《만성》의 《남양홍씨보》에는 홍계옥의 가계가 보이지 않는다. 《세종실록》〈지리지〉, 《동국여지승람》을 보면 정주에 홍씨가 없다가 《여지도서》에 처음으로 남양홍씨가 등장한다. 그는 정주 출신 첫 문과급제자이다.

142 김가경金可慶(1694~?) 충청도 석성石城 사람으로 유학을 거쳐 영조 11년 42세로 식년시에 병과로 급제하여 벼슬이 도사(종5품)에 이르렀다. 《방목》에는 벼슬이 없이 아버지[重周], 할아버지[得衡], 증조[紘], 외조[呂安素] 이름이 보이고, 본관이 안동安東으로 되어 있다. 《청구》의 《안동김씨보》를 보면 김가경의 직계 3대조와 외조 가운데 벼슬아치가 없으며, 《만성》의 《안동김씨보》에는 가계가 보이지 않는다.

143 남용진南龍震(1708~?) 경상도 상주尙州 사람으로 유학을 거쳐 영조 11년 28세로 식년시에 병과로 급제하여 벼슬이 승문원 정자(정9품)에 이르렀다. 《방목》에는 벼슬이 없이 아버지[以熀, 생부 宇璧], 할아버지[金美], 증조[天老], 외조[韓㾾] 이름이 보이고, 본관이 영양英陽으로 되어 있다. 《만성》의 《영양남씨보》를 보면 남용진의 직계 3대조에 벼슬아치가 없으며, 《청구》의 《영양남씨보》에는 가계가 《방목》과 다르다. 다시 말해 아버지는 이황以熀, 할아버지는 상문相文, 증조는 도명圖溟, 고조는 천로天老이며, 그 위로도 2대에 걸쳐 벼슬아치가 없다.248) 신원이 불확실한 인물이다.

144 한처희韓處熙(1703~?) 함흥咸興 사람으로 유학을 거쳐 영조 11
년 33세로 식년시에 병과로 급제하여 벼슬이 현감(종6품)에 이르렀
다. 《방목》에는 벼슬이 없이 아버지[萬厚], 할아버지[宗章], 증조[秀
英], 외조[李恒年] 이름이 보이고, 본관이 청주淸州로 되어 있다. 그런
데 《청구》와 《만성》의 《청주한씨보》에는 한처희의 가계가 보이지
않는다. 하지만 함흥의 한씨는 영조 대 이후 문과급제자 13명을 배출
했다.

145 최일규崔一奎(1698~?) 강릉江陵 사람으로 유학을 거쳐 영조 11
년 38세로 식년시에 병과로 급제하여 벼슬이 현감(종6품)에 이르렀
다. 《방목》에는 벼슬이 없이 아버지[夏績], 할아버지[後崙], 증조[湜],
외조[沈潤海] 이름이 보이고, 본관이 강릉江陵으로 되어 있다. 그런데
《청구》와 《만성》의 《강릉최씨보》에는 최일규의 가계가 보이지 않
는다.

146 이형거李衡擧(1685~?) 평안도 순안順安 사람으로 유학을 거쳐
영조 11년 51세로 식년시에 병과로 급제하여 벼슬이 봉상시 첨정(종4
품)에 이르렀다. 《방목》에는 벼슬과 아버지[彝明], 할아버지[啓白], 증
조[鶴祥], 외조[韓義珍] 이름이 보이고, 본관이 성주星州로 되어 있다.
그런데 《청구》와 《만성》의 《성주이씨보》에는 이형거의 가계가 보
이지 않는다.

147 정동윤鄭東潤(1696~?) 경상도 문경聞慶 사람으로 유학을 거쳐
영조 11년 40세로 식년시에 병과로 급제하여 벼슬이 현감(종6품)에
이르렀다. 《방목》에는 벼슬이 없이 아버지[瑞耇], 할아버지[繼孝], 증

---

248) 《족보》에는 할아버지 상문相文이 문과급제자로 되어 있으나 《방목》에는 그의 이름이 보
　　이지 않는다.

조[聃壽], 외조[李晩春] 이름이 보이고, 본관이 경주慶州로 되어 있다. 《청구》의 《경주정씨보》를 보면 아버지는 가선대부, 할아버지는 증참판贈參判, 증조는 증참의贈參議의 벼슬을 가진 것으로 되어 있으나 이는 모두 실직實職이 아니다. 한편, 《만성》의 《경주정씨보》에는 정동윤의 가계가 보이지 않는다.

148 김상환金商煥(1699~?) 유학을 거쳐 영조 11년 37세로 정시에 을과로 급제하여 벼슬이 찰방(종6품)에 이르렀다. 《방목》에는 벼슬이 없이 아버지[彦夏], 할아버지[廷南] 이름이 보이고, 본관이 김해金海로 되어 있다. 그런데 《청구》와 《만성》의 《김해김씨보》에는 김상환의 가계가 보이지 않는다.

149 남혜로南惠老(1703~?) 생원과 통덕랑(정5품)을 거쳐 영조 12년 (1736) 33세로 정시에 을과로 급제하여 벼슬이 사간원 사간(종3품)에 이르렀다. 《방목》에는 벼슬이 없이 아버지[泰吉], 할아버지[浚明], 증조[景薰] 이름이 보이고, 본관이 의령宜寧으로 되어 있다. 《청구》와 《만성》의 《의령남씨보》를 보면 남혜로의 직계 4대조와 외조 가운데 벼슬아치가 없다.

150 이사조李思祚(1700~?) 참봉(종9품)을 거쳐 영조 12년 37세로 정시에 병과로 급제하여 벼슬이 사헌부 지평(정5품)을 거쳐 부사(종3품)에 이르렀다. 《방목》에는 벼슬이 없이 아버지[壽聃], 할아버지[康], 증조[東明], 외조[崔壽石] 이름이 보이고, 본관이 여주呂州로 되어 있다. 《청구》와 《만성》의 《여주이씨보》를 보면 이사조의 직계 4대조와 외조 가운데 벼슬아치가 없다.

151 박창봉朴昌鳳(1712~?) 유학을 거쳐 영조 12년 25세로 정시에 병과로 급제하여 벼슬이 판관(종5품)에 이르렀다. 《방목》에는 벼슬이

없이 아버지[龜興], 할아버지[起碩], 증조[承晳], 외조[金有健] 이름이 보이고, 본관이 울산蔚山으로 되어 있다. 그런데 《청구》와 《만성》의 《울산박씨보》에는 박창봉의 가계가 보이지 않는다.

152 **정석유**鄭錫儒(1689~?) 경상도 성주星州 사람으로 유학을 거쳐 영조 13년(1737) 48세로 별시에 병과로 급제했다. 《방목》에는 벼슬이 없이 아버지[弘鎰], 할아버지[昌業], 증조[彦友], 외조[申瀏] 이름이 보이고, 본관이 동래東萊로 되어 있다. 그런데 《청구》와 《만성》의 《동래정씨보》에는 정석유의 가계가 보이지 않는다.

153 **황진**黃瞋(1698~?) 경기도 양천陽川 사람으로 진사를 거쳐 영조 13년 39세로 별시에 급제하여 벼슬이 좌랑(정6품)에 이르렀다. 《방목》에는 벼슬이 없이 아버지[遇瑞], 할아버지[鑛], 증조[汝耆], 외조[金碩基] 이름이 보이고, 본관이 창원昌原으로 되어 있다. 《청구》와 《만성》의 《창원황씨보》를 보면 황진의 직계 3대조와 외조 가운데 벼슬아치가 없다.

154 **윤광리**尹光理(1690~?) 경상도 초계草溪 사람으로 유학을 거쳐 영조 13년 47세로 별시에 병과로 급제하여 벼슬이 예조좌랑(정6품)에 이르렀다. 《방목》에는 벼슬과 아버지[鳴善], 할아버지[克佐], 증조[之元], 외조[再梯] 이름이 보이고, 본관이 파평坡平으로 되어 있다. 그런데 《청구》와 《만성》의 《파평윤씨보》에는 윤광리의 가계가 보이지 않는다.

155 **최덕후**崔德垕(1681~?) 평안도 안주安州 사람으로 영조 13년 56세로 별시에 병과로 급제하여 벼슬이 성균관 학유(종9품)에 이르렀다. 《방목》에는 벼슬이 없이 아버지[洪泳], 할아버지[尙元], 증조[哲蘇], 외조[田信遇] 이름이 보이고, 본관이 충주忠州로 되어 있다. 그런

데 《청구》와 《만성》의 《충주최씨보》에는 최덕후의 가계가 보이지 않는다. 《여지도서》를 보면 안주에 태인최씨는 보이나 충주최씨는 없다.

156 하필청河必淸(1701~?) 경상도 진주 사람으로 통덕랑(정5품)을 거쳐 영조 14년(1738) 38세로 식년시에 갑과로 급제하여 벼슬이 찰방(종6품)에 이르렀다. 《방목》에는 벼슬이 없이 아버지[世應], 할아버지[㭎], 증조[自灝], 외조[姜泰濟] 이름이 보이고, 본관이 진주晉州로 되어 있다. 그런데 《만성》의 《진주하씨보》에는 하필청의 가계가 보이지 않으며, 《청구》의 《진주하씨보》를 보면 직계 4대조와 외조 가운데 벼슬아치가 없다.

157 민진룡閔鎭龍(1698~?) 통덕랑(정5품)을 거쳐 영조 14년 41세로 식년시에 을과로 급제하여 벼슬이 함안군수(종4품)와 봉상시 첨정(종4품)에 이르렀다. 《방목》에는 벼슬과 아버지[明重], 할아버지[光晰], 증조[楗], 외조[尹屎] 이름이 보이고, 본관이 여흥呂興으로 되어 있다. 그런데 《청구》와 《만성》의 《여흥민씨보》에는 민진룡의 가계가 보이지 않는다.

158 권상룡權相龍(1706~?) 생원을 거쳐 영조 14년 33세로 식년시에 을과로 급제하여 벼슬이 사헌부 장령(정4품)에 이르렀다. 《방목》에는 벼슬이 없이 아버지[瀗], 할아버지[以儞], 증조[垊], 외조[趙淵] 이름이 보이고, 본관이 안동安東으로 되어 있다. 《청구》와 《만성》의 《안동권씨보》를 보면 권상룡의 직계 6대조와 외조 가운데 벼슬아치가 없다.

159 박규수朴奎壽(1712~?) 생원을 거쳐 영조 14년 27세로 식년시에 병과로 급제하여 벼슬이 사헌부 장령(정4품)과 남양부사(종3품)에 이

르렀는데, 영조 21년 이보다 앞서 박규수가 병조좌랑(정6품)에 임명
되자 사간원은 그가 "지벌地閥이 낮은 데다 행검行檢이 경망하다"는
이유로 도태시킬 것을 건의했으나 임금이 이를 따르지 않았다.249)
《방목》에는 벼슬이 없이 아버지[世鵬], 할아버지[東標], 증조[諢], 외
조[李翊泰] 이름이 보이고, 본관이 죽산竹山으로 되어 있다. 《청구》와
《만성》의 《죽산박씨보》를 보면 그의 직계 4대조와 외조 가운데 벼
슬아치가 없다.

160 조처로趙處魯(1710~?) 생원을 거쳐 영조 14년 29세로 식년시에
병과로 급제하여 벼슬이 예조정랑(정5품)에 이르렀다. 《방목》에는 벼
슬이 없이 아버지[元震], 할아버지[圭祭], 증조[承漢], 외조[權尙烋] 이
름이 보이고, 본관이 한양漢陽으로 되어 있다. 그런데 《청구》와 《만
성》의 《한양조씨보》에는 조처로의 가계가 보이지 않는다.

161 김용金瑢(1696~?) 유학을 거쳐 영조 14년 43세로 식년시에 병
과로 급제했다. 《방목》에는 벼슬이 없이 아버지[泰齡], 할아버지[筬],
증조[得輝], 외조[姜養正] 이름이 보이고, 본관이 광주光州(光山)로 되
어 있다. 그런데 《청구》와 《만성》의 《광산김씨보》에는 김용의 가계
가 보이지 않는다.

162 이경제李慶濟(1704~?) 유학을 거쳐 영조 14년 35세로 식년시에
병과로 급제하여 벼슬이 병조좌랑(정6품)에 이르렀다. 《방목》에는 벼
슬이 없이 아버지[鎭萬], 할아버지[基定], 증조[爁], 외조[李惟達] 이름
이 보이고, 본관이 우계羽溪로 되어 있다. 그런데 《청구》와 《만성》의
《우계이씨보》에는 이경제의 가계가 보이지 않는다.

---

249) 《영조실록》 권61, 영조 21년 2월 2일 갑진.

163 노수盧脩(1711~?) 유학을 거쳐 영조 14년 28세로 식년시에 병과로 급제하여 벼슬이 예조좌랑(정6품)에 이르렀다.《방목》에는 벼슬이 없이 아버지[玄箕], 할아버지[命徵], 증조[光益], 외조[李鎭夏] 이름이 보이고, 본관이 해주海州로 되어 있다. 그런데《청구》의《해주노씨보》에는 노수의 가계가 보이지 않으며,《만성》에는《해주노씨보》자체가 없다. 2000년 현재 해주노씨 인구는 633가구 1,940명의 희성으로, 숙종 대 이후 문과급제자 19명을 배출했는데, 그 가운데 평안도 정주에서만 정조 대 이후 15명이 나왔다. 따라서 그도 정주 출신일 가능성이 크다.

164 노태관盧泰觀(1716~?) 유학을 거쳐 영조 14년 23세로 식년시에 병과로 급제하여 벼슬이 성균관 전적(정6품)을 거쳐 병조좌랑(정6품)에 이르렀다.《방목》에는 벼슬이 없이 아버지[德純], 할아버지[愼遠], 증조[慶承], 외조[金萬擧] 이름이 보이고, 본관이 광주光州로 되어 있다. 그런데《청구》와《만성》의《광주노씨보》에는 노태관의 가계가 보이지 않는다.

165 이경후李景垕(1698~?) 경기도 양주楊州 사람으로 통덕랑(정5품)을 거쳐 영조 14년 41세로 식년시에 병과로 급제하여 벼슬이 도사(종5품)에 이르렀다.《방목》에는 벼슬이 없이 아버지[煜], 할아버지[文材], 증조[振], 외조[鄭友益] 이름이 보이고, 본관이 전주全州로 되어 있다.《전주이씨과거급제자총람》을 보면 이경후는 세종의 후궁 소생 익현군翊峴君의 후손으로, 직계 3대조와 외조 가운데 벼슬아치가 없다.

166 윤천각尹天覺(1710~?) 경상도 영천永川 사람으로 생원을 거쳐 영조 14년 29세로 식년시에 병과로 급제했다.《방목》에는 벼슬이 없

이 아버지[誠], 할아버지[商賚], 증조[應三], 외조[朴繼世] 이름이 보이고, 본관이 영천永川으로 되어 있다. 그런데 《만성》에는 《영천윤씨보》 자체가 없으며, 《청구》의 《영천윤씨보》에는 윤천각의 가계가 보이지 않는다. 2000년 현재 영천윤씨 인구는 275가구 841명의 희성으로, 조선시대 문과급제자 3명을 배출했는데, 명종 대 첫 급제자가 나온 뒤로 그가 두 번째이다.

167 **김방**金墪(1706~?) 경상도 영천榮川 사람으로 생원을 거쳐 영조 14년 33세로 식년시에 병과로 급제하여 벼슬이 사헌부 지평(정5품)에 이르렀다. 《방목》에는 벼슬이 없이 아버지[弘烈], 할아버지[可柱], 증조[宗瀷], 외조[金昌碩], 처부[安復晙] 이름이 보이고, 본관이 예안禮安으로 되어 있다. 그런데 《청구》에는 《예안김씨보》 자체가 없으며, 《만성》의 《예안김씨보》를 보면 김방의 직계 4대조와 외조 가운데 벼슬아치가 없다.

168 **문봉수**文鳳壽(1710~?) 평안도 순천順川 사람으로 유학을 거쳐 영조 14년 29세로 식년시에 병과로 급제하여 벼슬이 성균관 전적(정6품)에 이르렀다. 《방목》에는 벼슬이 없이 아버지[七瑞], 할아버지[珉], 증조[俊明], 외조[金而錫] 이름이 보이고, 본관이 밀양密陽으로 되어 있다. 그런데 《만성》에는 《밀양문씨보》 자체가 없고, 《청구》의 《밀양문씨보》에는 문봉수 부자만 기록되어 있는데, 그가 시조로 되어 있다. 2000년 현재 밀양문씨 인구는 292가구 989명의 희성으로, 조선시대 문과급제자 2명을 배출했는데, 그가 첫 급제자로서 시조가 되었다. 《여지도서》를 보면 순천에 남평문씨는 있으나 밀양문씨는 보이지 않는다.

169 **권달국**權達國(1692~?) 경상도 예천醴泉 사람으로 유학을 거쳐

영조 14년 47세로 식년시에 병과로 급제했다. 《방목》에는 벼슬이 없이 아버지[萬載], 할아버지[震哲], 증조[漆], 외조[宋時沈] 이름이 보이고, 본관이 안동安東으로 되어 있다. 《청구》의 《안동권씨보》를 보면 권달국의 직계 4대조 가운데 벼슬아치가 없다.

170 신광저申光著(1677~?) 함흥咸興 사람으로 유학을 거쳐 영조 14년 62세로 식년시에 병과로 급제하여 벼슬이 병조좌랑(정6품)에 이르렀다. 《방목》에는 벼슬이 없이 아버지[鎭岳], 할아버지[命亮], 증조[頴], 외조[權晟] 이름이 보이고, 본관이 평산平山으로 되어 있다. 그런데 《청구》와 《만성》의 《평산신씨보》에는 신광저의 가계가 보이지 않는다.

171 오형吳泂(1698~?) 전라도 남원南原 사람으로 유학을 거쳐 영조 14년 41세로 식년시에 병과로 급제하여 벼슬이 현감(종6품)에 이르렀다. 《방목》에는 벼슬이 없이 아버지[昌後], 할아버지[峻益], 증조[天立], 외조[趙瑜振] 이름이 보이고, 본관이 함양咸陽으로 되어 있다. 그런데 《청구》와 《만성》의 《함양오씨보》에는 오형의 가계가 보이지 않는다.

172 남명핵南溟翮(1702~?) 경상도 상주尙州 사람으로 유학을 거쳐 영조 14년 37세로 식년시에 병과로 급제하여 벼슬이 도사(종5품)에 이르렀다. 《방목》에는 벼슬이 없이 아버지[峙衡], 할아버지[天喜], 증조[碻], 외조[金泣] 이름이 보이고, 본관이 영양英陽으로 되어 있다. 그런데 《청구》의 《영양남씨보》에는 남명핵의 가계가 보이지 않으며, 《만성》의 《영양남씨보》에는 가계가 보이는데, 직계 5대조와 외조 가운데 벼슬아치가 없다.

173 이택징李澤徵(1715~?) 강릉江陵 사람으로 유학을 거쳐 영조 14

년 24세로 식년시에 병과로 급제하여 벼슬이 사헌부 장령(정4품)에 이르렀다. 《방목》에는 벼슬이 없이 아버지[興周], 할아버지[晩蕃], 증조[培根], 외조[辛耆] 이름이 보이고, 본관이 간성杆城으로 되어 있다. 그런데 《청구》와 《만성》에는 《간성이씨보》 자체가 없다. 2000년 현재 간성이씨 인구는 319가구 965명의 희성으로, 조선시대에 문과급제자 5명을 배출했다.

174 홍치룡洪致龍(1712~?) 전라도 장흥長興 사람으로 유학을 거쳐 영조 14년 27세로 식년시에 병과로 급제하여 벼슬이 성균관 전적(정6품)에 이르렀다. 《방목》에는 벼슬이 없이 아버지[進海], 할아버지[天壽], 증조[明漢], 외조[李天漢] 이름이 보이고, 본관이 남양南陽으로 되어 있다. 그런데 《청구》와 《만성》의 《남양홍씨보》에는 홍치룡의 가계가 보이지 않는다.

175 강성로康聖路(1701~?) 강원도 영월寧越 사람으로 유학을 거쳐 영조 14년 38세로 식년시에 병과로 급제하여 벼슬이 현감(종6품)에 이르렀다. 《방목》에는 벼슬이 없이 아버지[汝謙], 할아버지[義敏], 증조[繼伯], 외조[崔厚益] 이름이 보이고, 본관이 신천信川으로 되어 있다. 그런데 《청구》와 《만성》의 《신천강씨보》에는 강성로의 가계가 보이지 않는다.

176 강덕구康德衢(1704~?) 평안도 정주定州 사람으로 유학을 거쳐 영조 14년 35세로 식년시에 병과로 급제했다. 《방목》에는 벼슬이 없이 아버지[晉重], 할아버지[興宗], 증조[成敏], 외조[金振渭] 이름이 보이고, 본관이 진주晉州로 되어 있다. 《청구》와 《만성》에는 《진주강씨보》 자체가 없다. 진주강씨는 조선시대 문과급제자 2명을 배출했는데, 영조 5년 급제한 강홍제가 첫 번째이고, 강덕구가 두 번째이다.

177 이성익李聖益(1698~?) 전라도 고부古阜 사람으로 유학을 거쳐 영조 14년 41세로 식년시에 병과로 급제하여 벼슬이 찰방(종6품)에 이르렀다. 《방목》에는 벼슬이 없이 아버지[相殷], 할아버지[敏材], 증조[鴻遠], 외조[崔休] 이름이 보이고, 본관이 경주慶州로 되어 있다. 그런데 《청구》와 《만성》의 《경주이씨보》에는 이성익의 가계가 보이지 않는다.

178 권순형權舜衡(1689~?) 전라도 나주羅州 사람으로 유학을 거쳐 영조 14년 50세로 식년시에 급제하여 벼슬이 찰방(종6품)에 이르렀다. 《방목》에는 벼슬이 없이 아버지[進精], 할아버지[孝], 증조[彦], 외조[尹贇] 이름이 보이고, 본관이 안동安東으로 되어 있다. 그런데 《청구》와 《만성》의 《안동권씨보》에는 권순형의 가계가 보이지 않는다.

179 이태온李泰馧(1699~?) 평안도 강동江東 사람으로 유학을 거쳐 영조 14년 40세로 식년시에 병과로 급제하여 벼슬이 성균관 직강(정5품)과 찰방(종6품)에 이르렀다. 《방목》에는 벼슬이 없이 아버지[渭], 할아버지[時迪], 증조[汝淳], 외조[金質燁] 이름이 보이고, 본관이 진위振威로 되어 있다. 그런데 《청구》의 《진위이씨보》에는 오직 이태온 한 사람만 기록되어 있고, 《만성》의 《진위이씨보》에는 그의 가계가 보이지 않는다. 2000년 현재 진위이씨 인구는 1,597가구 5,042명의 희성으로, 조선시대에 문과급제자 2명을 배출했는데, 그가 첫 급제자이다.

180 박동채朴東采(1709~?) 평안도 선천宣川 사람으로 유학을 거쳐 영조 14년 30세로 식년시에 병과로 급제하여 벼슬이 성균관 직강(정5품)에 이르렀다. 《방목》에는 벼슬이 없이 아버지[瀏], 할아버지[敬皓], 증조[允道], 외조[姜時傑] 이름이 보이고, 본관이 순천順天으로 되어 있

다. 그런데《청구》와《만성》의《순천박씨보》에는 박동채의 가계가
보이지 않는다.《동국여지승람》에는 선천에 당악박씨만 보이다가
《여지도서》에는 당악박씨가 사라지고, 이천, 밀양, 순천박씨가 등장
한다.

181 **이희겸**李喜謙(1707~?) 진사를 거쳐 영조 15년(1739) 33세로 알
성시에 장원급제하여 벼슬이 찰방(종6품)과 현감(종6품)에 이르렀다.
영조 17년 이희겸이 금교찰방에 임명되자 사간원은 그가 서얼 출신
의 미천한 신분으로 법을 어기고 교자轎子를 타고 다닌다고 하면서
파직을 요청했는데, 임금은 이를 따랐다.250)《방목》에는 벼슬이 없
이 아버지[燮], 할아버지[允松], 증조[澥], 외조[尹斗宗] 이름이 보이고,
본관이 함평咸平으로 되어 있다. 그런데《청구》와《만성》의《함평이
씨보》를 보면 조상 이름은 보이나 이희겸의 이름은 보이지 않는다.
서얼이기 때문에《족보》에 오르지 못한 것을 알 수 있다.

182 **안치택**安致宅(1702~?) 전라도 함평咸平 사람으로 생원을 거쳐
영조 15년 38세로 정시에 병과로 급제하여 벼슬이 승정원 주서(정7
품)를 거쳐 사헌부 장령(정4품)에 이르렀다. 영조 21년 안치택이 주서
에 임명되자 사간원은 그가 우매하고 용렬한 것을 이유로 청선淸選에
들어가는 것을 반대했는데 임금은 이를 따르지 않았다.251)《방목》에
는 벼슬이 없이 아버지[晩遇], 할아버지[汝器], 증조[國朝], 외조[黃世
埴] 이름이 보이고, 본관이 죽산竹山으로 되어 있다. 그런데《청구》와
《만성》의《죽산안씨보》에는 그의 가계가 보이지 않는다.

183 **우경한**禹景漢(1704~?) 충청도 충원忠原 사람으로 유학을 거쳐

---

250)《영조실록》권53, 영조 17년 2월 27일 임술.
251)《영조실록》권62, 영조 21년 7월 11일 신사.

영조 15년 36세로 정시에 병과로 급제하여 벼슬이 통례원 우통례(정3
품 당하관)에 이르렀는데, 영조 27년 우경한이 우통례에 임명되자 사
헌부는 그의 지처地處가 비천卑賤한 사람이라는 것을 이유로 태거시
킬 것을 요청하여 세자가 이를 따랐다.252) 《방목》에는 벼슬이 없이
아버지[喜昌, 생부 恒徵] 이름이 보이고, 본관이 단양丹陽으로 되어 있
다. 그런데 《청구》와 《만성》의 《단양우씨보》에는 그의 가계가 보이
지 않는다. 신분이 비천하다는 사헌부의 지적을 믿으면 서출일 가능
성이 크다.

　　184 이구성李九成(1702~?) 제주도 대정大靜 사람으로 유학을 거쳐
영조 15년 38세로 정시에 직부直赴하여 병과로 급제했다. 《방목》에
는 벼슬이 없이 아버지[昌茂] 이름이 보이고, 본관이 고부古阜로 되어
있다. 그런데 《청구》와 《만성》의 《고부이씨보》에는 이구성의 가계
가 보이지 않는다.

　　185 양덕하梁德廈(1714~?) 제주濟州 사람으로 유학을 거쳐 영조 15
년 26세로 정시에 직부하여 병과로 급제하여 벼슬이 찰방(종6품)에
이르렀다. 《방목》에는 벼슬이 없이 아버지[王老] 이름이 보이고, 본
관이 제주로 되어 있다. 그런데 《청구》와 《만성》의 《제주양씨보》에
는 양덕하의 가계가 보이지 않는다.

　　186 이수근李壽根(1710~?) 제주濟州 사람으로 유학을 거쳐 영조 15
년 30세로 정시에 직부하여 병과로 급제했다. 《방목》에는 벼슬이 없
이 아버지[重發] 이름이 보이고, 본관이 경주慶州로 되어 있다. 그런데
《청구》와 《만성》의 《경주이씨보》에는 이수근의 가계가 보이지 않

---

252) 《영조실록》 권73, 영조 27년 2월 11일 기묘.

는다.

187 **김계중**金繼重(1663~?) 제주濟州 사람으로 유학을 거쳐 영조 15
년 77세로 정시에 직부하여 병과로 급제했는데, 나이를 고려하여 임
금이 특별히 급제시켜 주었다.[253] 《방목》에는 벼슬이 없이 아버지
[致鎔] 이름이 보이고, 본관이 광주光州(光山)로 되어 있다. 그런데
《청구》와 《만성》의 《광산김씨보》에는 김계중의 가계가 보이지 않
는다. 《족보》에 오르지 못한 제주도 평민으로 보인다.

188 **정계주**鄭啓周(1706~?) 생원을 거쳐 영조 16년(1740) 35세로 정
시에 장원급제했다. 《방목》에는 벼슬이 없이 아버지[來鳳] 이름이 보
이고, 본관이 초계草溪로 되어 있다. 그런데 《청구》와 《만성》의 《초
계정씨보》에는 정계주의 가계가 보이지 않는다.

189 **김시최**金是㝡(1684~?) 개성開城 사람으로 진사를 거쳐 영조 16
년 57세로 개성에서 시행한 별시에 을과로 급제하여 벼슬이 동지중
추부사(종2품)에 이르렀다. 《방목》에는 벼슬이 없이 아버지[處謙], 할
아버지[應仁], 증조[大壽], 외조[林汝恂] 이름이 보이고, 본관이 설성雪
城(陰城)으로 되어 있다. 그런데 《청구》에는 《설성김씨보》 자체가 없
으며, 《만성》의 《설성김씨보》에는 아버지에 이르는 가계는 보이나
김시최의 이름은 보이지 않는다. 2000년 현재 설성김씨 인구는 643가
구 2,049명의 희성으로, 조선시대 문과급제자 3명을 배출했는데, 그
가 첫 번째이고 같은 날 급제한 김종수가 두 번째이며 영조 30년 급
제한 김광국이 세 번째이다.

190 **김종수**金宗洙(1708~?) 개성 사람으로 유학을 거쳐 영조 16년 33

---

253)《영조실록》권50, 영조 15년 9월 28일 임신.

세로 개성 별시에 병과로 급제했다. 《방목》에는 벼슬이 없이 아버지
〔錫憲〕 이름이 보이고, 본관이 설성雪城으로 되어 있다. 그러나 《만
성》의 《설성김씨보》에는 김종수의 가계가 보이지 않는다. 설성김씨
에 대해서는 앞에서 이미 설명했다.

　　191 오명수吳命修(1685~?) 경기도 광주廣州 사람으로 직장直長을 거
쳐 영조 16년 56세로 증광시에 병과로 급제하여 벼슬이 병조정랑(정5
품)을 거쳐 부사(종3품)와 수사水使에 이르렀다. 《방목》에는 벼슬과
아버지〔遂嘛〕, 할아버지〔道興〕, 증조〔達榮〕, 외조〔鄭喜膺〕 이름이 보이고,
본관이 해주海州로 되어 있다. 《청구》와 《만성》의 《해주오씨보》를
보면 오명수의 직계 3대조와 외조 가운데 벼슬아치가 없다.

　　192 오달운吳達運(1700~?) 전라도 나주羅州 사람으로 유학을 거쳐
영조 16년 41세로 증광시에 병과로 급제하여 벼슬이 찰방(종6품)에
이르렀다. 《방목》에는 벼슬이 없이 아버지〔始擢〕, 할아버지〔弼周〕, 증
조〔名勝〕, 외조〔崔南極〕 이름이 보이고, 본관이 동복同福으로 되어 있
다. 그런데 《청구》와 《만성》의 《동복오씨보》에는 오달운의 가계가
보이지 않는다.

　　193 윤학동尹學東(1710~?) 통덕랑(정5품)을 거쳐 영조 16년 31세로
증광시에 병과로 급제하여 벼슬이 정언(정6품)을 거쳐 대사간(정3품
당상관)에 이르렀다. 《방목》에는 벼슬과 아버지〔得成〕, 할아버지〔潗〕,
증조〔世遇〕, 외조〔金五常〕 이름이 보이고, 본관이 해주海州(海平)로 되
어 있다. 《청구》와 《만성》의 《해평윤씨보》를 보면 윤학동의 직계 5
대조와 외조 가운데 벼슬아치가 없다.

　　194 양몽인楊夢寅(1695~?) 생원을 거쳐 영조 16년 46세로 증광시에
병과로 급제하여 벼슬이 성균관 권지(임시직)에 이르렀다. 《방목》에

는 벼슬이 없이 아버지[應華] 이름이 보이고, 본관이 남원南原으로 되어 있다. 그런데 《청구》와 《만성》의 《남원양씨보》에는 양몽인의 가계가 보이지 않는다.

195 목종하睦宗夏(1685~?) 생원을 거쳐 영조 16년 56세로 증광시에 병과로 급제하여 벼슬이 사헌부 감찰(정6품)에 이르렀다. 《방목》에는 벼슬이 없이 아버지[在道] 이름만 보이고, 본관이 사천泗川으로 되어 있다. 《청구》와 《만성》의 《사천목씨보》를 보면 목종하의 직계 5대조 가운데 벼슬아치가 없다.

196 이기덕李基德(1701~?) 진사를 거쳐 영조 16년 40세로 증광시에 병과로 급제하여 벼슬이 홍문관을 거쳐 승지(정3품 당상관)에 이르렀다. 《방목》에는 벼슬과 아버지[尙龍], 할아버지[喜錫], 증조[胄源], 외조[韓夢相] 이름이 보이고, 본관이 광주廣州로 되어 있다. 《청구》와 《만성》의 《광주이씨보》를 보면 이기덕의 직계 3대조와 외조 가운데 벼슬아치가 없다.

197 황면黃冕(1701~?) 유학을 거쳐 영조 16년 40세로 증광시에 병과로 급제하여 벼슬이 성균관 전적(정6품)과 좌랑(정6품)에 이르렀는데, 영조 38년 사도세자 사건에 연루되어 목숨을 잃었다. 《방목》에는 벼슬이 없이 아버지[遇瑞] 이름만 보이고, 본관이 창원昌原으로 되어 있다. 《청구》와 《만성》의 《창원황씨보》를 보면 황면의 직계 3대조와 외조[李仁秀] 가운데 벼슬아치가 없다.

198 최명옥崔鳴玉(1673~?) 유학을 거쳐 영조 16년 68세로 증광시에 병과로 급제하여 벼슬이 사헌부 장령(정4품)에 이르렀다. 《방목》에는 벼슬이 없이 아버지[萬贍] 이름만 보이고, 본관이 강화江華로 되어 있다. 《청구》의 《강화최씨보》를 보면 최명옥의 직계 4대조 가운데 벼

슬아치가 없고, 《만성》의 《강화최씨보》에는 가계가 보이지 않는다.

199 **이육**李堉(개명 李塾, 1677~?) 충청도 공주公州 사람으로 진사를 거쳐 영조 16년 64세로 증광시에 병과로 급제하여 벼슬이 좌랑(정6품)에 이르렀다. 《방목》에는 벼슬이 없이 아버지[希閔] 이름만 보이고, 본관이 함평咸平으로 되어 있다. 《청구》의 《함평이씨보》를 보면 이육의 직계 3대조와 외조[朴慶來] 가운데 벼슬아치가 없다.

200 **이일성**李日成(1705~?) 유학을 거쳐 영조 17년(1741) 37세로 식년시에 을과로 급제하여 벼슬이 찰방(종6품)과 현감(종6품)에 이르렀다. 《방목》에는 벼슬이 없이 아버지[春晩] 이름만 보이고, 본관이 전주全州로 되어 있다. 《전주이씨과거급제자총람》을 보면 이일성은 보은報恩 사람으로서 파미분류자로 되어 있다. 그러니까 가계를 알 수 없다.

201 **이인묵**李仁黙(1709~?) 황해도 송화松禾 사람으로 진사를 거쳐 영조 17년 33세로 식년시에 갑과로 급제하여 벼슬이 정랑(정5품)과 사헌부 장령(정4품)에 이르렀다. 《방목》에는 벼슬이 없이 아버지[老益], 할아버지[쑥], 증조[碩馨], 외조[崔世平] 이름이 보이고, 본관이 전의全義로 되어 있다. 《청구》의 《전의이씨보》를 보면 이인묵의 직계 5대조 가운데 벼슬아치가 없고, 《만성》의 《전의이씨보》에는 가계가 보이지 않는다.

202 **이중빈**李重彬(1708~?) 개성開城 사람으로 통덕랑(정5품)을 거쳐 영조 17년 34세로 식년시에 을과로 급제하여 벼슬이 성균관 사예(정4품)에 이르렀다. 《방목》에는 벼슬이 없이 아버지[泰昌], 할아버지[時郁], 증조[行敬], 외조[洪錫哲] 이름이 보이고, 본관이 광주光州로 되어 있다. 그런데 《청구》와 《만성》의 《광주이씨보》에는 이중빈의 가계

가 보이지 않는다.

　203 이홍덕李弘德(1698~?) 강원도 원주原州 사람으로 생원을 거쳐 영조 17년 44세로 식년시에 을과로 급제하여 벼슬이 사간원 정언(정6품)과 사헌부 지평(정5품)에 이르렀다.《방목》에는 벼슬이 없이 아버지[翼漢] 이름만 보이고, 본관이 한산韓山으로 되어 있다.《청구》의 《한산이씨보》를 보면 이홍덕의 직계 4대조 가운데 벼슬아치가 없고, 《만성》의《한산이씨보》에는 가계가 보이지 않는다.

　204 김세련金世璉(1717~?) 유학을 거쳐 영조 17년 25세로 식년시에 을과로 급제했다.《방목》에는 벼슬이 없이 아버지[佐英] 이름만 보이고, 본관이 강릉江陵으로 되어 있다. 그런데《청구》와《만성》의《강릉김씨보》에는 김세련의 가계가 보이지 않는다.

　205 여영조呂榮祖(1718~?) 평안도 상원祥原 사람으로 유학을 거쳐 영조 17년 24세로 식년시에 을과로 급제하여 벼슬이 고원군수(종4품)에 이르렀는데, 죄를 짓고 파직되었다.《방목》에는 벼슬이 없이 아버지[模], 할아버지[渭長] 이름이 보이고, 본관이 함평咸平(咸陽의 오기로 보임)으로 되어 있다. 그런데《청구》와《만성》의《함양여씨보》에는 여영조의 가계가 보이지 않는다.《여지도서》에는 상원에 함양여씨가 없다.

　206 김세탁金世鐸(1715~?) 유학을 거쳐 영조 17년 27세로 식년시에 병과로 급제했다.《방목》에는 벼슬이 없이 아버지[壽龜] 이름만 보이고, 본관이 안동安東으로 되어 있다. 그런데《청구》와《만성》의《안동김씨보》에는 김세탁의 가계가 보이지 않는다.

　207 박현보朴賢輔(1685~?) 유학을 거쳐 영조 17년 57세로 식년시에 병과로 급제하여 벼슬이 찰방(종6품)에 이르렀다.《방목》에는 벼슬이

없이 아버지[文業] 이름만 보이고, 본관이 밀양密陽으로 되어 있다. 그
런데 《청구》와 《만성》의 《밀양박씨보》에는 박현보의 가계가 보이
지 않는다.

208 임정의林正誼(1701~?) 유학을 거쳐 영조 17년 41세로 식년시에
병과로 급제했다. 《방목》에는 벼슬이 없이 아버지[再斌] 이름만 보이
고, 본관이 울진蔚珍으로 되어 있다. 그런데 《청구》와 《만성》에는
《울진임씨보》 자체가 없다. 울진임씨는 조선시대 문과급제자 6명을
배출했는데, 숙종 대 첫 급제자가 나오고 임정의가 두 번째이다.
2000년 현재 울진임씨 인구는 4,996가구 1만 5,334명의 희성이다.

209 오상린吳尙麟(1710~?) 유학을 거쳐 영조 17년 32세로 식년시에
병과로 급제하여 벼슬이 성균관 전적(정6품)에 이르렀다. 《방목》에는
벼슬이 없이 아버지[憘發] 이름만 보이고, 본관이 화순和順으로 되어
있다. 그런데 《청구》의 《화순오씨보》에는 고려시대 인물 한 사람만
기록되어 있을 뿐 오상린의 가계는 보이지 않는다. 《만성》에는 《화
순오씨보》 자체가 없다. 2000년 현재 화순오씨 인구는 948가구 3,032
명의 희성으로, 조선시대 문과급제자 2명을 배출했는데, 경종 대 1명,
오상린이 두 번째이다.

210 이중진李重晉(1695~?) 통덕랑(정5품)을 거쳐 영조 17년 47세로
식년시에 병과로 급제하여 벼슬이 성균관 직강(정5품)에 이르렀다.
《방목》에는 벼슬이 없이 아버지[孝昌], 할아버지[時郁], 증조[行敬] 이
름이 보이고, 본관이 광주光州로 되어 있다. 그런데 《청구》와 《만성》
의 《광주이씨보》에는 이중진의 가계가 보이지 않는다.

211 이치언李致彦(1706~?) 유학을 거쳐 영조 17년 36세로 식년시에
병과로 급제했다. 《방목》에는 벼슬이 없이 아버지[昌肇] 이름만 보이

고, 본관이 진주晉州로 되어 있다. 그런데 《청구》의 《진주이씨보》에
는 이치언 한 사람만 기록되어 있고, 《만성》의 《진주이씨보》에는 그
의 가계가 보이지 않는다. 2000년 현재 진주이씨 인구는 3,798가구
1만 2,636명의 희성으로, 그가 조선시대 유일한 문과급제자이다. 《세
종실록》〈지리지〉와 《동국여지승람》에는 진주에 이씨가 없어 그가
문과에 급제한 뒤에 진주를 본관으로 정한 듯하다.

212 **김상일**金尙一(1709~?) 유학을 거쳐 영조 17년 33세로 식년시에
병과로 급제했다. 《방목》에는 벼슬이 없이 아버지[振㙫], 할아버지[錫
祿], 증조[仲蠻], 외조[洪禹績], 처부[羅聖采] 이름이 보이고, 본관이 연
안延安으로 되어 있다. 그런데 《청구》와 《만성》의 《연안김씨보》에
는 김상일의 가계가 보이지 않는다.

213 **김광려**金光礪(1711~?) 유학을 거쳐 영조 17년 31세로 식년시에
병과로 급제하여 벼슬이 도사(종5품)와 부사(종3품)에 이르렀다. 《방
목》에는 벼슬이 없이 아버지[夏圭, 생부 晃久] 이름만 보이고, 본관이
광주光州(光山)로 되어 있다. 그런데 《청구》와 《만성》의 《광산김씨
보》에는 김광려의 가계가 보이지 않는다.

214 **윤태기**尹泰基(1708~?) 유학을 거쳐 영조 17년 34세로 식년시에
병과로 급제하여 벼슬이 성균관 학록(정9품)에 이르렀다. 《방목》에는
벼슬과 아버지[澈], 할아버지[以恒], 증조[訓甲] 이름이 보이고, 본관이
파평坡平으로 되어 있다. 그런데 《청구》와 《만성》의 《파평윤씨보》
에는 윤태기의 가계가 보이지 않는다.

215 **조명윤**曹命胤(1693~?) 유학을 거쳐 영조 17년 49세로 식년시에
병과로 급제하여 벼슬이 첨지중추부사(정3품 당상관)에 이르렀다. 《방
목》에는 벼슬이 없이 아버지[錫疇, 생부 錫漢] 이름만 보이고, 본관이

창녕昌寧으로 되어 있다. 그런데 《청구》와 《만성》의 《창녕조씨보》
에는 조명윤의 가계가 보이지 않는다.

　216 정휘진鄭彙晉(1713~?) 유학을 거쳐 영조 17년 29세로 식년시에
병과로 급제하여 벼슬이 성균관 직강(정5품)과 예조좌랑(정6품)에 이
르렀다. 《방목》에는 벼슬이 없이 아버지[克衡] 이름만 보이고, 본관
이 진주晉州로 되어 있다. 그런데 《청구》와 《만성》의 《진주정씨보》
에는 정휘진의 가계가 보이지 않는다.

　217 백사윤白思潤(1677~?) 유학을 거쳐 영조 17년 65세로 식년시에
병과로 급제했다. 《방목》에는 벼슬이 없이 아버지[命聘] 이름만 보이
고, 본관이 대흥大興으로 되어 있다. 그런데 《청구》와 《만성》의 《대
흥백씨보》에는 백사윤의 가계가 보이지 않는다. 백씨는 대흥의 토성
土姓이고, 2000년 현재 대흥백씨 인구는 399가구 1,280명의 희성으로,
조선시대 문과급제자 3명을 배출했는데, 숙종 대 첫 급제자가 나온
뒤로 그가 두 번째이다.

　218 김봉서金鳳瑞(1720~?) 유학을 거쳐 영조 17년 22세로 식년시에
병과로 급제하여 벼슬이 성균관 학정(정8품)에 이르렀다. 《방목》에는
벼슬이 없이 아버지[礪用] 이름이 보이고, 본관이 남포藍浦로 되어 있
다. 그런데 《청구》와 《만성》의 《남포김씨보》에는 김봉서의 가계가
보이지 않는다. 《세종실록》〈지리지〉와 《동국여지승람》에는 남포에
김씨가 없어 영조 대 문과급제자가 나온 뒤로 이곳을 본관으로 정한
듯하다. 2000년 현재 남포김씨 인구는 235가구 757명의 희성으로, 조
선시대 문과급제자 2명을 배출했는데, 첫 급제자는 영조 5년 급제한
김석일이고, 그가 두 번째이다.

　219 김귀정金龜禎(1693~?) 유학을 거쳐 영조 17년 49세로 식년시에

병과로 급제하여 벼슬이 성균관 전적(정5품)에 이르렀다. 《방목》에는 벼슬이 없이 아버지[元珪] 이름만 보이고, 본관이 청주淸州로 되어 있다. 그런데 《청구》와 《만성》의 《청주김씨보》에는 김귀정의 가계가 보이지 않는다.

220 **임형원**林馨遠(1709~?) 유학을 거쳐 영조 17년 33세로 식년시에 병과로 급제했다. 《방목》에는 벼슬이 없이 아버지[文豹] 이름만 보이고, 본관이 안산安山으로 되어 있다. 그런데 《청구》와 《만성》에는 《안산임씨보》 자체가 없어 신원을 알 수 없다. 2000년 현재 안산임 씨 인구는 88가구 280명의 희성으로, 조선시대 문과급제자는 임형원이 유일하다. 그가 실질적인 시조인 셈이다.

221 **위치량**魏致亮(1710~?) 유학을 거쳐 영조 17년 32세로 식년시에 병과로 급제하여 벼슬이 사헌부 감찰(정6품)에 이르렀다. 《방목》에는 벼슬이 없이 아버지[鏡昌, 생부 時鼎] 이름만 보이고, 본관이 장흥長興으로 되어 있다. 《청구》의 《장흥위씨보》를 보면 위치량은 가계가 끊어진 형태로 외따로 기록되어 있어 가계를 알 수 없으며, 《만성》에는 《장흥위씨보》 자체가 없다. 조선시대 장흥위씨는 문과급제자 12명을 배출했는데, 그 가운데 11명이 함흥 출신이다. 그도 함흥 출신일 가능성이 크다.

222 **송심기**宋心基(1714~?) 유학을 거쳐 영조 17년 28세로 식년시에 병과로 급제하여 벼슬이 승문원 정자(정9품)에 이르렀다. 《방목》에는 벼슬이 없이 아버지[師天] 이름만 보이고, 본관이 야성冶城(冶爐)으로 되어 있다. 《청구》의 《야성송씨보》를 보면 송심기의 직계 5대조 가운데 벼슬아치가 없고, 《만성》의 《야로송씨보》에는 가계가 보이지 않는다.

223 **정언필**鄭彦弼(1711~?) 유학을 거쳐 영조 17년 31세로 식년시에 병과로 급제하여 벼슬이 찰방(종6품)에 이르렀다. 《방목》에는 벼슬이 없이 아버지[東元] 이름만 보이고, 본관이 하동河東으로 되어 있다. 《청구》와 《만성》의 《하동정씨보》를 보면 정언필의 직계 5대조 가운데 벼슬아치가 없고, 6대조는 습독관習讀官으로 되어 있어 잡직 기술관임을 알 수 있다.

224 **김천택**金天澤(1704~?) 유학을 거쳐 영조 17년 38세로 식년시에 병과로 급제하여 벼슬이 성균관 학유(종9품)에 이르렀다. 《방목》에는 벼슬과 아버지[致衡] 이름만 보이고, 본관이 김해金海로 되어 있다. 《청구》의 《김해김씨보》를 보면 김천택의 직계 3대조 가운데 벼슬아치가 없을 뿐 아니라, 그 윗대의 가계가 끊어진 형태로 기록되어 있어 가계를 알 수 없다. 한편, 《만성》의 《김해김씨보》에는 가계가 보이지 않는다.

225 **노언방**盧彦邦(1708~?) 유학을 거쳐 영조 17년 34세로 식년시에 병과로 급제하여 벼슬이 사직령(종5품)에 이르렀는데, 사직단 관리를 잘못한 죄로 영조 39년에 파직되었다.[254] 《방목》에는 벼슬이 없이 아버지[慶遂] 이름만 보이고, 본관이 광주光州로 되어 있다. 그런데 《청구》와 《만성》의 《광주노씨보》에는 노언방의 가계가 보이지 않는다.

226 **정택신**鄭宅臣(1717~?) 유학을 거쳐 영조 17년 25세로 식년시에 병과로 급제했다. 《방목》에는 벼슬이 없이 아버지[萬俊] 이름만 보이고, 본관이 진주晉州로 되어 있다. 그런데 《청구》와 《만성》의 《진주

---

254) 《영조실록》 권101, 영조 39년 3월 20일 정축.

정씨보》에는 정택신의 가계가 보이지 않는다.

227 박경행朴敬行(1711~?) 진사를 거쳐 영조 18년(1742) 32세로 정시에 병과로 급제하여 벼슬이 흥해현감(종6품)에 이르렀는데, 영조 20년 문신들을 재시험할 때 성적이 좋아 6품으로 올려 주었다. 이때 사간원은 박경행이 "여항閭巷의 한 소아小兒에 지나지 않음에도 이름 있는 사대부 위에다 이름을 올리는 것은 부당하다"고 하면서 반대했다.[255] 이에 영조는 "우리나라에서는 인재를 기용하는 방법이 그 재능을 보지 않고, 단지 문지門地만 취하므로 항상 마음속으로 개탄스럽게 여겼다.……사대부도 또한 여염閭閻에 있었는데, 어떻게 여염을 비루하게 여길 수 있는가? 박경행을 소아小兒라고 지목한 것은 바로 소아小兒가 소아小兒라고 희롱한 것이라고 할 만하다"고 하면서 받아들이지 않았다. 《방목》에는 벼슬이 없이 아버지[道郁] 이름만 보이고, 본관이 무안務安으로 되어 있다. 그런데 《청구》와 《만성》의 《무안박씨보》에는 그의 가계가 보이지 않는다.

228 이재장李再章(1721~?) 유학을 거쳐 영조 19년(1843) 정시에 병과로 급제하여 벼슬이 찰방(종6품)에 이르렀다. 《방목》에는 벼슬이 없이 아버지[松老], 할아버지[枝達], 증조[泰健], 외조[李英哲] 이름이 보이고, 본관이 청주淸州로 되어 있다. 그런데 《청구》와 《만성》의 《청주이씨보》에는 이재장의 가계가 보이지 않는다.

229 장명덕張命德(1702~?)[256] 전라도 나주羅州 사람으로 통덕랑(정5품)을 거쳐 영조 19년 42세로 정시에 병과로 급제하여 벼슬이 예조좌

255) 《영조실록》 권59, 영조 20년 3월 22일 경자.
256) 《방목》에는 장명덕의 이름이 서명덕徐命德으로 되어 있으나 본관이 인동仁同인 점으로 보아 장명덕으로 보는 것이 옳다.

랑(정6품)에 이르렀다. 《방목》에는 벼슬이 없이 아버지〔時載〕, 할아버지〔勳〕, 증조〔騎龍〕, 외조〔文繼綸〕 이름이 보이고, 본관이 인동仁同으로 되어 있다. 그런데 《청구》와 《만성》의 《인동장씨보》에는 장명덕의 가계가 보이지 않는다.

230 **고유**高裕(1722~?) 경상도 상주尙州 사람으로 생원을 거쳐 영조 19년 22세로 정시에 병과로 급제하여 벼슬이 성균관 직강(정5품)과 현감(종6품)을 거쳐 승지(정3품 당상관)에 이르렀다. 《방목》에는 벼슬이 없이 아버지〔奎瑞〕, 할아버지〔師錫〕, 증조〔漢翊〕, 외조〔金益南〕, 처부〔金光濟〕 이름이 보이고, 본관이 개성開城으로 되어 있다. 《청구》와 《만성》의 《개성고씨보》를 보면 고유의 직계 5대조와 외조 가운데 벼슬아치가 없다.

231 **김진탁**金晋鐸(1717~?) 전라도 태인泰仁 사람으로 유학을 거쳐 영조 19년 27세로 정시에 병과로 급제하여 벼슬이 사헌부 장령(정4품)에 이르렀다. 《방목》에는 벼슬이 없이 아버지〔宅商〕 이름만 보이고, 본관이 승평升平(順天)으로 되어 있다. 《청구》의 《순천김씨보》를 보면 김진탁의 직계 4대조 가운데 벼슬아치가 없고, 《만성》의 《순천김씨보》에는 가계가 보이지 않는다.

232 **오순**吳洵(1709~?) 유학을 거쳐 영조 19년 35세로 정시에 병과로 급제하여 벼슬이 교서관 검교檢校에 이르렀다. 《방목》에는 벼슬이 없이 아버지〔一明〕, 할아버지〔運昌〕, 증조〔熽〕, 외조〔柳晋龜〕 이름이 보이고, 본관이 보성寶城으로 되어 있다. 《청구》와 《만성》의 《보성오씨보》를 보면 오순의 직계 4대조와 외조 가운데 벼슬아치가 없다.

233 **박상형**朴祥馨(1710~?) 평안도 개천价川 사람으로 유학을 거쳐 영조 19년 34세로 정시에 병과로 급제하여 벼슬이 찰방(종6품)에 이

르렀다.《방목》에는 벼슬이 없이 아버지[世億], 할아버지[大賢] 이름
이 보이고, 본관이 밀양密陽으로 되어 있다. 그런데《청구》와《만성》
의《밀양박씨보》에는 박상형의 가계가 보이지 않는다. 영조 대 편찬
된《여지도서》에 처음으로 개천에 밀양박씨가 보인다.

234 **최대윤**崔大潤(1714~?) 충청도 해미海美 사람으로 진사를 거쳐
영조 19년 30세로 정시에 병과로 급제하여 벼슬이 병조좌랑(정6품)에
이르렀다.《방목》에는 벼슬이 없이 아버지[鎭岳], 할아버지[日增], 증
조[斗燦], 외조[李仁栽] 이름이 보이고, 본관이 강릉江陵으로 되어 있
다.《청구》의《강릉최씨보》를 보면 최대윤의 직계 4대조와 외조 가
운데 벼슬아치가 없고,《만성》의《강릉최씨보》에는 가계가 보이지
않는다.

235 **김택려**金澤麗(1713~?) 평안도 운산雲山 사람으로 유학을 거쳐
영조 19년 31세로 정시에 병과로 급제했다.《방목》에는 벼슬이 없이
아버지[德璜] 이름만 보이고, 본관이 김해金海로 되어 있다. 그런데
《청구》와《만성》의《김해김씨보》에는 김택려의 가계가 보이지 않
는다.《여지도서》에는 운산에 김해김씨가 없다.

236 **장주**張澍(1707~?) 경기도 풍양豊壤 사람으로 진사를 거쳐 영조
20년(1744) 춘당대시에 장원급제하여 벼슬이 사헌부 지평(정5품)과
사간원 정언(정6품)에 이르렀다.《방목》에는 벼슬이 없이 아버지[泰
亨] 이름만 보이고, 본관이 인동仁同으로 되어 있다. 그런데《청구》의
《인동장씨보》에는 장주의 가계가 보이지 않으며,《만성》의《인동장
씨보》에는 오기로 보이는 장정張淀이 보이는데, 이를 따르면 직계 3
대조와 외조 가운데 벼슬아치가 없다.

237 **조병조**趙炳祚(1714~?) 유학을 거쳐 영조 20년 31세로 춘당대시

에 병과로 급제하여 벼슬이 성균관 직강(정5품)에 이르렀다.《방목》
에는 벼슬이 없이 아버지[榮侃] 이름만 보이고, 본관이 평산平山으로
되어 있다. 그런데《청구》와《만성》의《평산조씨보》에는 조병조의
가계가 보이지 않는다. 2000년 현재 평산조씨 인구는 996가구 3,196
명의 희성으로, 조선시대 문과급제자 3명을 배출했다.

238 전의채全義采(1710~?) 평안도 성천成川 사람으로 유학을 거쳐 영
조 20년 35세로 식년시에 을과로 급제하여 벼슬이 현감(종6품)에 이르
렀다.《방목》에는 벼슬이 없이 아버지[興璧] 이름만 보이고, 본관이
없어 신원을 알 수 없다.《청구》와《만성》의 어느 전씨보에도 전의채
의 가계가 보이지 않는다.《여지도서》에는 성천에 전씨가 없다.

239 여홍호呂弘帍(1704~?) 경상도 금산金山 사람으로 유학을 거쳐
영조 20년 41세로 식년시에 을과로 급제하여 벼슬이 정랑(정5품)에
이르렀다.《방목》에는 벼슬이 없이 아버지[命周] 이름만 보이고 본관
이 없다. 그런데《청구》의《성주여씨보星州呂氏譜》에 여홍호의 가계
가 보이는데, 직계 5대조 가운데 벼슬아치가 없다. 한편,《만성》의
《성주여씨보》에는 가계가 보이지 않는다.

240 이익보李益普(1703~?) 경기도 양주楊州 사람으로 생원을 거쳐
영조 20년 42세로 식년시에 을과로 급제하여 벼슬이 현감(종6품)에
이르렀다.《방목》에는 벼슬이 없이 아버지[廷崙] 이름만 보이고, 본
관이 없다. 그런데《청구》와《만성》의《벽진이씨보碧珍李氏譜》에 이
익보의 가계가 보이는데, 직계 4대조와 외조[李行夏] 가운데 벼슬아치
가 없다.

241 하진기河振紀(1682~?) 함흥咸興 사람으로 유학을 거쳐 영조 20
년 63세로 식년시에 을과로 급제하여 벼슬이 첨지사(정3품 당상관)에

이르렀다.《방목》에는 벼슬이 없이 아버지[潤九] 이름만 보이고 본관
이 없다. 하씨의 본관은 진주晋州밖에 없는데,《청구》와《만성》의
《진주하씨보》에는 하진기의 가계가 보이지 않는다.

　　242 **임석헌**林錫憲(1698~?) 시직侍直을 거쳐 영조 20년 47세로 식년
시에 을과로 급제하여 벼슬이 홍문관 수찬(정6품)을 거쳐 부사(종3품)
에 이르렀다.《방목》에는 벼슬과 아버지[藝], 할아버지[治], 증조[長
儒], 외조[金弘柱] 이름이 보이고, 본관이 없다. 그런데《청구》와《만
성》의《나주임씨보羅州林氏譜》에 임석헌의 가계가 보이는데, 직계 5
대조와 외조 가운데 벼슬아치가 없다.

　　243 **신기경**愼基慶(1720~?) 충청도 보령保寧 사람으로 유학을 거쳐
영조 20년 25세로 식년시에 병과로 급제하여 벼슬이 좌윤(종2품)에
이르렀다.《방목》에는 벼슬과 아버지[廷杰] 이름만 보이고 본관이 없
다. 신씨의 본관은 거창居昌밖에 없으며,《청구》와《만성》의《거창
신씨보》를 보면 신기경의 직계 8대조 가운데 벼슬아치가 없다.

　　244 **김규**金烇(1692~?) 강릉江陵 사람으로 유학을 거쳐 영조 20년 53
세로 식년시에 병과로 급제했다.《방목》에는 벼슬이 없이 아버지[元
璲] 이름만 보이고, 본관이 경주慶州이다. 그런데《만성》과《청구》의
《경주김씨보》에는 김규의 가계가 보이지 않는다.

　　245 **김홍집**金弘濮(1698~?) 평안도 가산嘉山 사람으로 영조 20년 식
년시에 병과로 급제했다.《방목》에는 벼슬이 없이 아버지[昌瑄] 이름
만 보이고, 본관이 순천順天이다. 그런데《청구》와《만성》의《순천
김씨보》에는 김홍집의 가계가 보이지 않는다. 영조 대 이후로 가산
의 순천김씨는 문과급제자 7명을 배출했다. 이상한 것은《세종실록》
〈지리지〉,《동국여지승람》,《여지도서》어디에도 가산에 순천김씨

가 없고, 안동김씨安東金氏와 풍주김씨豊州金氏만 보인다. 혹시 풍주김
씨가 명문인 순천김씨로 본관을 바꾸었는지도 모른다.

246 현봉태玄鳳泰(1700~?) 평안도 개천价川 사람으로 유학을 거쳐
영조 20년 45세로 식년시에 병과로 급제했다. 《방목》에는 벼슬이 없
이 아버지[應七] 이름만 보이고, 본관이 없다. 그런데 《청구》의 《순
천현씨보順天玄氏譜》에 현봉태의 이름이 선계가 끊어진 형태로 기록
되어 있어 가계를 알 수 없다. 하지만 《세종실록》〈지리지〉, 《동국여
지승람》, 《여지도서》를 보면 개천에 순천현씨는 없고 연주현씨延州
玄氏만 보여 현봉태도 연주현씨일 가능성이 크다. 그러나 《청구》와
《만성》의 《연주현씨보》에는 그의 가계가 보이지 않는다.

247 이형준李亨俊(1714~?) 경기도 과천果川 사람으로 유학을 거쳐
영조 20년 31세로 식년시에 병과로 급제하여 벼슬이 사헌부 장령(정4
품)에 이르렀다. 《방목》에는 벼슬이 없이 아버지[世忠], 할아버지[性
全], 증조[有欽], 외조[趙錫悌] 이름이 보이고, 본관이 전주全州로 되어
있다. 《전주이씨과거급제자총람》을 보면 이형준은 세종의 아들 광평
대군廣平大君의 후손으로, 직계 4대조 가운데 벼슬아치가 없다.

248 장한봉張翰鳳(1704~?) 평안도 안주安州 사람으로 영조 20년 41
세로 식년시에 병과로 급제하여 벼슬이 성균관 사예(정4품)와 사헌부
감찰(정6품)에 이르렀다. 《방목》에는 벼슬이 없이 아버지[道正] 이름
이 보이고, 본관이 인동仁同으로 되어 있다. 그런데 《청구》와 《만성》
의 《인동장씨보》에는 장한봉의 가계가 보이지 않는다. 이상한 것은
《세종실록》〈지리지〉, 《동국여지승람》, 《여지도서》에는 안주에 부
령장씨扶寧張氏만 보이다가 《여지도서》에는 부령장씨가 사라지고 인
동장씨가 등장한다. 아마도 부령장씨가 명문인 인동장씨로 본관을

바꾼 듯하다.

249 김상린金尙麟(1711~?) 평안도 안주安州 사람으로 유학을 거쳐 영조 20년 34세로 식년시에 병과로 급제했다. 《방목》에는 벼슬이 없이 아버지[嗣億] 이름만 보이고, 본관이 수원水原이다. 그런데 《청구》와 《만성》의 《수원김씨보》에는 김상린의 가계가 보이지 않는다. 2000년 현재 수원김씨 인구는 4,997가구 1만 6,009명의 희성으로, 조선시대 문과급제자 8명을 배출했는데, 세종 대 급제자가 나온 뒤로 그가 두 번째이다. 따라서 8명 가운데 7명이 영조 대 이후 배출되었는데, 그 가운데 4명이 안주 사람이다.

250 성해룡成海龍(1701~?) 경상도 영천永川 사람으로 생원을 거쳐 영조 20년 44세로 식년시에 병과로 급제하여 벼슬이 낭청郎廳(5품)에 이르렀다. 《방목》에는 벼슬이 없이 아버지[後麟] 이름만 보이고, 본관이 창녕昌寧이다. 그런데 《청구》와 《만성》의 《창녕성씨보》에는 성해룡의 가계가 보이지 않는다.

251 조태명趙台命(1700~?) 충청도 청주淸州 사람으로 유학을 거쳐 영조 20년 45세로 식년시에 병과로 급제하여 벼슬이 사간원 정언(정6품), 사헌부 장령(정4품)을 거쳐 승지(정3품 당상관)에 이르렀다. 《방목》에는 벼슬이 없이 아버지[相周, 생부 學周] 이름이 보이고, 본관이 한양漢陽이다. 그런데 《청구》와 《만성》의 《한양조씨보》에는 조태명의 가계가 보이지 않는다.

252 박효삼朴孝參(1716~?) 경상도 산음山陰 사람으로 유학을 거쳐 영조 20년 29세로 식년시에 병과로 급제하여 벼슬이 경상도 도사(종5품)에 이르렀다. 《방목》에는 벼슬이 없이 아버지[鳳麟], 할아버지[師亮], 증조[壽一], 외조[安後綺] 이름이 보이고, 본관이 나주羅州(潘南)로

되어 있다. 그런데 《청구》의 《반남박씨보》를 보면 증조와 할아버지의 이름은 보이나 아버지와 박효삼의 이름은 보이지 않으며, 《만성》의 《반남박씨보》에는 가계가 보이지 않는다.

253 허평許坪(1716~?) 개성開城 사람으로 영조 20년 29세로 식년시에 병과로 급제했다. 《방목》에는 벼슬이 없이 아버지〔熀〕 이름이 보이고, 본관이 하양河陽이다. 그런데 《청구》와 《만성》의 어느 《하양허씨보》에도 허평의 가계가 보이지 않는다.

254 정지복丁志復(1708~?) 경상도 선산善山 사람으로 유학을 거쳐 영조 20년 37세로 식년시에 병과로 급제했다. 《방목》에는 벼슬이 없이 아버지〔孝愼, 생부 兢愼〕 이름만 보이고, 본관이 압해押海(羅州)다. 그런데 《청구》와 《만성》의 《압해정씨보》에는 정지복의 가계가 보이지 않는다.

255 조유신趙有臣(1714~?) 개성開城 사람으로 유학을 거쳐 영조 20년 31세로 식년시에 병과로 급제했다. 《방목》에는 벼슬이 없이 아버지〔聖佐〕 이름이 보이고, 본관이 직산稷山이다. 그런데 《청구》와 《만성》의 《직산조씨보》에는 조유신의 가계가 보이지 않는다. 2000년 현재 직산조씨 인구는 1,072가구 3,387명의 희성으로, 조선시대 문과급제자 5명을 배출했다.

256 이태령李泰齡(1711~?) 강원도 횡성橫城 사람으로 유학을 거쳐 영조 20년 34세로 식년시에 병과로 급제하여 벼슬이 승문원 정자(정9품)에 이르렀다. 영조 49년 이태령이 대간臺諫의 후보자로 추천되자 사헌부에서는 그가 미천微賤하고 무식하며 내력이 없어 명기名器를 더럽힌다는 이유로 반대했는데, 임금이 이를 따랐다.[257] 《방목》에는 벼슬이 없이 아버지〔德裕〕 이름만 보이고, 본관이 없지만 원주이씨原

州李氏로 알려져 있다. 그러나 《청구》와 《만성》의 《원주이씨보》에는 그의 가계가 보이지 않는다.

257 안정택安正宅(1710~?) 평안도 안주安州 사람으로 유학을 거쳐 영조 20년 35세로 식년시에 병과로 급제하여 벼슬이 예조정랑(정5품)에 이르렀다. 《방목》에는 벼슬이 없이 아버지[昕] 이름만 보이고, 본관이 없다. 그런데 《청구》의 《순흥안씨보順興安氏譜》에 안정택의 가계가 보이는데, 직계 4대조 가운데 벼슬아치가 없다. 한편, 《만성》의 《순흥안씨보》에는 가계가 보이지 않는다. 하지만 안주의 순흥안씨는 영조 대 이후 문과급제자 24명을 배출하여 이 지역 명문으로 등장했다. 《세종실록》〈지리지〉와 《동국여지승람》에는 안주에 안씨가 보이지 않다가 영조 대 편찬된 《여지도서》에 처음으로 순흥안씨가 등장한다.

258 최경崔憼(1683~?) 경상도 선산善山 사람으로 유학을 거쳐 영조 20년 62세로 식년시에 병과로 급제하여 벼슬이 성균관 전적(정6품)에 이르렀다. 《방목》에는 벼슬이 없이 아버지[斗極] 이름만 보이고 본관이 없다. 그런데 《청구》의 《전주최씨보全州崔氏譜》에 최경의 가계가 보이는데, 직계 3대조 안에 벼슬아치가 없다. 한편, 《만성》의 《전주최씨보》에는 가계가 보이지 않는다.

259 이의철李宜喆(1716~?) 전라도 함평咸平 사람으로 유학을 거쳐 영조 20년 29세로 식년시에 병과로 급제하여 벼슬이 성균관 전적(정6품)에 이르렀다. 《방목》에는 벼슬이 없이 아버지[壕] 이름만 보이고 본관이 없다. 양성이씨陽城李氏로 알려져 있는데, 《청구》와 《만성》의

---

257) 《영조실록》 권121, 영조 49년 8월 19일 을사.

《양성이씨보》에는 이의철의 가계가 보이지 않는다.

　　260 조경수曺敬修(1706~?) 전라도 함평咸平 사람으로 유학을 거쳐 영조 20년 39세로 식년시에 병과로 급제하여 벼슬이 현감(종6품)에 이르렀다. 《방목》에는 벼슬이 없이 아버지[潤仁] 이름만 보이고 본관이 없다. 조씨의 본관은 창녕昌寧뿐인데, 《청구》와 《만성》의 《창녕조씨보》에는 조경수의 가계가 보이지 않는다.

　　261 박성표朴成彪(1711~?) 충청도 공주公州 사람으로 유학을 거쳐 영조 20년 34세로 식년시에 병과로 급제했다. 《방목》에는 벼슬이 없이 아버지[致涵] 이름만 보이고, 본관이 없어 신원을 알 수 없다. 본관은 밀양密陽으로 알려져 있는데, 《청구》와 《만성》의 《밀양박씨보》에는 박성표의 가계가 보이지 않는다.

　　262 윤상신尹商臣(1712~?) 전라도 함평咸平 사람으로 유학을 거쳐 영조 20년 33세로 식년시에 병과로 급제하여 벼슬이 찰방(종6품)에 이르렀다. 《방목》에는 벼슬이 없이 아버지[東業] 이름만 보이고, 본관이 없으나 파평坡平으로 알려져 있다. 하지만 《청구》와 《만성》의 《파평윤씨보》에는 윤상신의 가계가 보이지 않는다.

　　263 박태언朴泰彦(1700~?) 경상도 진주晉州 사람으로 영조 20년 유학을 거쳐 식년시에 병과로 급제했다. 《방목》에는 벼슬이 없이 아버지[就章] 이름만 보이고, 본관이 없지만 밀양密陽으로 알려져 있다. 그러나 《청구》와 《만성》의 《밀양박씨보》에는 박태언의 가계가 보이지 않는다.

　　264 이환룡李煥龍(1722~?) 개성開城 사람으로 유학을 거쳐 영조 20년 23세로 정시에 병과로 급제했는데, 남의 글을 도용한 것이 발각되어 급제가 취소되었다. 《방목》에는 아버지[夏謙] 이름만 보이고, 본

관이 평산平山으로 되어 있다. 그런데《청구》와《만성》의《평산이씨
보》에는 이환룡의 가계가 보이지 않는다. 2000년 현재 평산이씨 인
구는 1,047가구 3,394명의 희성으로, 조선시대 문과급제자는 모두 4
명인데, 그가 첫 급제자이다.

265 정경서鄭景瑞(1698~?) 유학을 거쳐 영조 20년 47세로 정시에 병
과로 급제하여 벼슬이 사간원 정언(정6품)과 사헌부 장령(정4품)을 거
쳐 참판(종2품)에 이르렀다.《방목》에는 벼슬이 없이 아버지[翰周, 생
부 鎭周], 할아버지[有相], 증조[之叔], 외조[權稷] 이름이 보이고, 본관
이 동래東萊로 되어 있다.《청구》와《만성》의《동래정씨보》를 보면
정경서의 직계 3대조와 외조 가운데 벼슬아치가 없다.

266 어사필魚史弼(1711~?) 경기도 용인龍仁 사람으로 유학을 거쳐
영조 20년 34세로 정시에 병과로 급제했다.《방목》에는 벼슬이 없이
아버지[震林], 할아버지[智明], 증조[夢漢], 외조[崔燻] 이름이 보이고,
본관이 함종咸從으로 되어 있다. 그런데《청구》와《만성》의《함종어
씨보》에는 어사필의 가계가 보이지 않는다.

267 조경관趙景觀(1708~?) 경상도 성주星州 사람으로 유학을 거쳐
영조 21년(1745) 38세로 정시에 병과로 급제하여 벼슬이 현감(종6품)
에 이르렀다.《방목》에는 벼슬이 없이 아버지[相普, 생부 相信] 이름만
보이고 본관이 없다. 그런데《청구》의《함안조씨보咸安趙氏譜》에 조
경관의 가계가 보이는데, 직계 4대조 안에 벼슬아치가 없다. 한편,
《만성》의《함안조씨보》에는 가계가 보이지 않는다.

268 이정중李廷重(1696~?) 서울 사람으로 생원을 거쳐 영조 21년 50
세로 정시에 병과로 급제하여 벼슬이 승지(정3품 당상관)에 이르렀다.
《방목》에는 벼슬이 없이 아버지[壽箕] 이름만 보이고 본관이 없다.

《전주이씨과거급제자총람》을 보면 이정중은 양녕대군의 후손이지
만, 직계 5대조 안에 벼슬아치가 없다.

269 박성순朴性淳(1710~?) 경기도 광주廣州 사람으로 생원을 거쳐
영조 22년(1746) 37세로 정시에 병과로 급제했다. 《방목》에는 벼슬이
없이 아버지[文彬], 할아버지[震崗], 증조[董], 외조[安垞] 이름이 보이
고, 본관이 문의文義로 되어 있다. 그런데 《청구》와 《만성》의 《문의
박씨보》에는 박성순의 가계가 보이지 않는다. 2000년 현재 문의박씨
인구는 1,187가구 3,564명의 희성으로, 조선시대 문과급제자 2명을
배출했는데, 중종 8년 첫 급제자가 나온 뒤로 그가 두 번째이다.

270 이인채李仁采(1695~?) 평양 사람으로 봉사(종8품)를 거쳐 영조
22년 52세로 평안도 별시에 장원급제하여 벼슬이 사헌부 지평(정5품)
에 이르렀다. 《방목》에는 벼슬이 없이 아버지[英晃] 이름이 보이고,
본관이 평창平昌으로 되어 있다. 그런데 《청구》와 《만성》의 《평창이
씨보》에는 이인채의 가계가 보이지 않는다.

271 김집金集(1707~?) 평안도 이산理山 사람으로 통덕랑(정5품)을
거쳐 영조 22년 40세로 평안도 별시에 병과로 급제했다. 《방목》에는
벼슬이 없이 아버지[壽海] 이름이 보이고, 본관이 김해金海이다. 그런
데 《청구》와 《만성》의 《김해김씨보》에는 김집의 가계가 보이지 않
는다. 《여지도서》에는 이산에 김해김씨가 없다.

272 임기빈林箕彬(1712~?) 평안도 중화中和 사람으로 유학을 거쳐
영조 22년 35세로 평안도 별시에 병과로 급제했다. 《방목》에는 벼슬
이 없이 아버지[世鎭] 이름이 보이고, 본관이 울진蔚珍이다. 그러나
《청구》와 《만성》에는 《울진임씨보》 자체가 없다. 2000년 현재 울진
임씨 인구는 2,004가구 6,384명의 희성으로, 조선시대 문과급제자 6

명을 배출했는데, 모두 숙종 43년 이후에 급제했다. 《여지도서》에는
중화에 울진임씨가 보이지 않는다.

273 백대성白大成(1718~?) 평안도 운산雲山 사람으로 유학을 거쳐
영조 22년 29세로 평안도 별시에 급제했다. 《방목》에는 벼슬이 없이
아버지〔昌道〕 이름이 보이고, 본관이 수원水原으로 보인다. 그런데
《청구》와 《만성》의 《수원백씨보》에는 백대성의 가계가 보이지 않
는다. 운산의 수원백씨는 백대성 이후 문과급제자 3명을 더 배출했
다. 《세종실록》〈지리지〉와 《동국여지승람》에는 운산에 백씨가 보
이지 않다가 《여지도서》에 처음으로 수원백씨가 보인다.

274 박필진朴必珍(1716~?) 함경도 경흥慶興 사람으로 생원을 거쳐
영조 22년 31세로 함경도 별시에 을과로 급제하여 벼슬이 찰방(종6
품)에 이르렀다. 《방목》에는 벼슬이 없이 아버지〔時泰〕 이름이 보이
고 본관이 영암靈岩이다. 그런데 《청구》의 《영암박씨보》에는 박필진
의 가계가 보이지 않으며, 《만성》에는 《영암박씨보》 자체가 없다.
2000년 현재 영암박씨 인구는 1,954가구 6,120명의 희성으로 조선시
대 문과급제자 2명을 배출했는데, 인조 2년 첫 급제자가 나온 뒤 그
가 두 번째이다.

275 전영수全永壽(1723~?) 함경도 경성鏡城 사람으로 유학을 거쳐
영조 22년 24세로 함경도 별시에 병과로 급제했다. 《방목》에는 벼슬
이 없이 아버지〔克昌〕 이름이 보이고, 본관이 천안天安으로 되어 있다.
그런데 《청구》와 《만성》의 《천안전씨보》에는 전영수의 가계가 보
이지 않는다. 천안전씨는 조선시대 문과급제자 4명을 배출했는데, 선
조 대 첫 급제자가 나오고, 그가 두 번째이다.

276 전광옥田光玉(1694~?) 경상도 영해寧海 사람으로 생원을 거쳐

영조 23년(1747) 54세로 식년시에 갑과로 급제하여 벼슬이 찰방(종6품)에 이르렀다. 《방목》에는 벼슬이 없이 아버지[一成], 할아버지[炯], 증조[尙寬], 외조[朴瀚] 이름이 보이고, 본관이 행주幸州로 되어 있다. 《청구》의 《행주전씨보》에는 오직 전광옥 한 사람만 기록되어 있어, 그가 조선시대 유일한 문과급제자인 동시에 실질적인 시조이다. 한편, 《만성》에는 《행주전씨보》 자체가 없다. 현재 인구도 알 수 없는데 아마도 다른 전씨로 통합된 듯하다.

277 정언장鄭琂章(1704~?) 유학을 거쳐 영조 23년 44세로 식년시에 을과로 급제하여 벼슬이 현감(종6품)에 이르렀다. 《방목》에는 벼슬이 없이 아버지[惟壽], 할아버지[來慶], 증조[烺], 외조[柳輔天] 이름이 보이고, 본관이 경주慶州로 되어 있다. 그런데 《청구》의 《경주정씨보》에는 조상 이름은 보이나 정언장의 이름은 보이지 않으며, 《만성》의 《경주정씨보》에는 이름이 보이나 가계가 다르고 직계 3대조 안에 벼슬아치가 없다. 신원이 불확실한 인물이다.

278 김익후金益后(1717~?) 평안도 은산殷山 사람으로 유학을 거쳐 영조 23년 31세로 식년시에 을과로 급제했다. 《방목》에는 벼슬이 없이 아버지[壽興], 할아버지[宗元], 증조[英立], 외조[金國琢] 이름이 보이고, 본관이 전주全州로 되어 있다. 그런데 《청구》의 《전주김씨보》에는 김익후의 가계가 보이지 않으며, 《만성》에는 《전주김씨보》 자체가 없다. 전주김씨는 선조 대 이후 문과급제자 21명을 배출했는데, 영조 대 이후 평안도 지역에서 14명을 배출하여 이 지역의 명문으로 등장했다. 《여지도서》에는 은산에 전주김씨가 보이지 않는다.

279 마맹하馬孟河(1701~?) 개성開城 사람으로 진사를 거쳐 영조 23년 47세로 식년시에 을과로 급제하여 벼슬이 성균관 권지(임시직)에

이르렀다. 《방목》에는 벼슬이 없이 아버지[槐], 할아버지[尙達], 증조
[仁浩], 외조[李德馨] 이름이 보이고, 본관이 목천木川으로 되어 있다.
《청구》의 《목천마씨보》를 보면 가계가 끊어진 형태로 마맹하와 아
버지 이름만 보여 가계를 알 수 없으며, 《만성》에는 《목천마씨보》
자체가 없다. 2000년 현재 목천마씨 인구는 941가구 2,982명의 희성
으로, 조선시대 문과급제자 7명을 배출했다..

280 강윤姜潤(1711~?) 경상도 순흥順興 사람으로 유학을 거쳐 영조
23년 37세로 식년시에 을과로 급제하여 벼슬이 홍문관 교리(정5품)와
충청감사(종2품)에 이르렀다. 《방목》에는 벼슬과 아버지[履一], 할아
버지[再昌], 증조[鄲], 외조[任應元] 이름이 보이고, 본관이 진주晉州로
되어 있다. 《청구》와 《만성》의 《진주강씨보》를 보면 강윤의 직계 3
대조와 외조 가운데 벼슬아치가 없다.

281 고익경高益擎(1721~?) 유학을 거쳐 영조 23년 27세로 식년시에
을과로 급제하여 벼슬이 좌랑(정6품)에 이르렀다. 《방목》에는 벼슬이
없이 아버지[頊], 할아버지[處大], 증조[斗太], 외조[文必啓] 이름이 보
이고, 본관이 장흥長興으로 되어 있다. 《청구》의 《장흥고씨보》를 보
면 고익경의 직계 5대조와 외조 가운데 벼슬아치가 없다. 한편, 《만
성》의 《장흥고씨보》에는 가계가 보이지 않는다.

282 오득량吳得良(1711~?) 전라도 곡성谷城 사람으로 통덕랑(정5품)
을 거쳐 영조 23년 37세로 식년시에 병과로 급제하여 벼슬이 도사(종
5품)에 이르렀다. 《방목》에는 벼슬이 없이 아버지[均載], 할아버지[
鋌], 증조[碩基], 외조[方瑀] 이름이 보이고, 본관이 해주海州로 되어 있
다. 그런데 《청구》와 《만성》의 《해주오씨보》에는 오득량의 가계가
보이지 않는다.

283 유재柳梓(1719~?) 평안도 영변寧邊 사람으로 유학을 거쳐 영조 23년 29세로 식년시에 병과로 급제하여 벼슬이 군수(종4품)에 이르렀다. 《방목》에는 벼슬이 없이 아버지[漢祥], 할아버지[春發], 증조[夢傳], 외조[趙時憲] 이름이 보이고, 본관이 진주晉州로 되어 있다. 그런데 《청구》와 《만성》의 《진주유씨보》에는 유재의 가계가 보이지 않는다. 《세종실록》〈지리지〉,《동국여지승람》,《여지도서》 어디에도 영변에 진주유씨가 보이지 않는다.

284 이서문李瑞文(1696~1750) 유학을 거쳐 영조 23년 52세로 식년시에 병과로 급제하여 벼슬이 성균관 전적(정6품)에 이르렀다. 《방목》에는 벼슬이 없이 아버지[萬標], 할아버지[碩炫], 증조[夢傳], 외조[趙時憲] 이름이 보이고, 본관이 전주全州로 되어 있다. 《전주이씨과거급제자총람》을 보면 이서문은 양녕대군의 후손으로, 직계 7대조 가운데 벼슬아치가 없다.

285 김광위金光緯(1711~?) 유학을 거쳐 영조 23년 37세로 식년시에 병과로 급제하여 벼슬이 사헌부 지평(정5품)과 장령(정4품)에 이르렀다. 《방목》에는 벼슬이 없이 아버지[蘊], 할아버지[聖基], 증조[橋], 외조[李萬鏞] 이름이 보이고, 본관이 안동安東으로 되어 있다. 그런데 《청구》와 《만성》의 《안동김씨보》에는 김광위의 가계가 보이지 않는다.

286 윤지형尹志衡(1707~?) 전라도 보성寶城 사람으로 유학을 거쳐 영조 23년 41세로 식년시에 병과로 급제하여 벼슬이 형조정랑(정5품)에 이르렀다. 《방목》에는 벼슬이 없이 아버지[就三], 할아버지[佑仁], 증조[世楷], 외조[孫守天] 이름이 보이고, 본관이 칠원漆原으로 되어 있다. 그런데 《청구》와 《만성》의 《칠원윤씨보》를 보면 윤지형 대신

윤태형尹泰衡의 이름이 보인다. 어느 쪽이 잘못인지 알 수 없다. 다만, 그의 직계 5대조 가운데 벼슬아치가 없다.

287 김덕승金德升(1701~?) 전라도 나주羅州 사람으로 유학을 거쳐 영조 23년 47세로 식년시에 병과로 급제했다. 《방목》에는 벼슬이 없이 아버지[尙義], 할아버지[運獻], 증조[仁邦], 외조[李厚發] 이름이 보이고, 본관이 광산光山으로 되어 있다. 그런데 《청구》와 《만성》의 《광산김씨보》에는 김덕승의 가계가 보이지 않는다.

288 문형중文衡中(1717~?) 전라도 장흥長興 사람으로 유학을 거쳐 영조 23년 31세로 식년시에 병과로 급제했다. 《방목》에는 벼슬이 없이 아버지[彦聲], 할아버지[萬紀], 증조[景奎], 외조[金運白] 이름이 보이고, 본관이 남평南平으로 되어 있다. 그런데 《청구》와 《만성》의 《남평문씨보》에는 문형중의 가계가 보이지 않는다.

289 권계학權啓學(1716~?) 경상도 강양江陽(합천?) 사람으로 유학을 거쳐 영조 23년 32세로 식년시에 병과로 급제했다. 《방목》에는 벼슬이 없이 아버지[得衡], 할아버지[允載], 증조[始泰], 외조[崔泰嵩] 이름이 보이고, 본관이 안동安東으로 되어 있다. 그런데 《청구》와 《만성》의 《안동권씨보》에는 권계학의 가계가 보이지 않는다.

290 조형겸趙亨謙(1714~?) 전라도 담양潭陽 사람으로 유학을 거쳐 영조 23년 34세로 식년시에 병과로 급제했다. 《방목》에는 벼슬이 없이 아버지[光脩], 할아버지[文全], 증조[國賓], 외조[金命昌] 이름이 보이고, 본관이 순창淳昌으로 되어 있다. 그런데 《청구》와 《만성》의 《순창조씨보》에는 조형겸의 가계가 보이지 않는다.

291 한광섭韓光燮(1707~?) 평안도 자산慈山 사람으로 유학을 거쳐 영조 23년 41세로 식년시에 병과로 급제했다. 《방목》에는 벼슬이 없

이 아버지[殷世], 할아버지[泰聖], 증조[義弘], 외조[金萬起] 이름이 보이고, 본관이 청주淸州로 되어 있다. 그런데《청구》와《만성》의《청주한씨보》에는 한광섭의 가계가 보이지 않는다.

292 조태철趙泰喆(1716~?) 개성開城 사람으로 유학을 거쳐 영조 23년 32세로 식년시에 병과로 급제했다.《방목》에는 벼슬이 없이 아버지[琦], 할아버지[賢齊], 증조[以義], 외조[張世相] 이름이 보이고, 본관이 한양漢陽으로 되어 있다. 그런데《청구》와《만성》의《한양조씨보》에는 조태철의 가계가 보이지 않는다.

293 백상현白尙絢(1724~?) 개성開城 사람으로 유학을 거쳐 영조 23년 24세로 식년시에 병과로 급제했다.《방목》에는 벼슬이 없이 아버지[濬明], 할아버지[瑞寅], 증조[之采], 외조[馬楷] 이름이 보이고, 본관이 홍주洪州로 되어 있다.《청구》의《홍주백씨보》에는 오직 백상현한 사람만 기록되어 있으며,《만성》의《홍주백씨보》에는 그의 가계가 보이지 않는다. 2000년 현재 홍주백씨 인구는 54가구 166명의 희성으로, 그가 조선시대 유일한 문과급제자인 동시에 실질적인 시조이다.

294 박세원朴世源(1706~?) 유학을 거쳐 영조 23년 42세로 식년시에 병과로 급제했다.《방목》에는 벼슬이 없이 아버지[奎采], 할아버지[警禹], 증조[應得], 외조[朴惟昌] 이름이 보이고, 본관이 밀양密陽으로 되어 있다. 그런데《청구》와《만성》의《밀양박씨보》에는 박세원의 가계가 보이지 않는다.

295 김귀상金龜祥(1706~?) 충청도 진천鎭川 사람으로 유학을 거쳐 영조 23년 42세로 식년시에 병과로 급제했다.《방목》에는 벼슬이 없이 아버지[爾玉], 할아버지[碩老], 증조[愼己], 외조[李后迪] 이름이 보

이고, 본관이 광주光州(光山)로 되어 있다. 그런데《청구》와《만성》의《광산김씨보》에는 김귀상의 가계가 보이지 않는다.

296 **방철모**房喆謨(1725~?) 전라도 남원南原 사람으로 유학을 거쳐 영조 23년 23세로 식년시에 병과로 급제했다.《방목》에는 벼슬이 없이 아버지〔泰復〕, 할아버지〔益熺〕, 증조〔世機〕, 외조〔梁禹疇〕 이름이 보이고, 본관이 남양南陽으로 되어 있다. 그런데《청구》와《만성》의《남양방씨보》에는 방철모의 가계가 보이지 않는다. 남양방씨는 조선시대에 문과급제자 8명을 배출했는데, 그가 마지막 급제자이다.

297 **이경민**李景閔(1700~?) 경기도 용인龍仁 사람으로 유학을 거쳐 영조 23년 48세로 식년시에 병과로 급제하여 벼슬이 정랑(정5품)에 이르렀다.《방목》에는 벼슬이 없이 아버지〔萬林〕, 할아버지〔厚培〕, 증조〔善興〕, 외조〔李名彬〕 이름이 보이고, 본관이 연안延安으로 되어 있다.《청구》와《만성》의《연안이씨보》를 보면 이경민의 직계 4대조와 외조 가운데 벼슬아치가 없다.

298 **이중옥**李重玉(1723~?) 경기도 용인龍仁 사람으로 유학을 거쳐 영조 23년 25세로 식년시에 병과로 급제했다.《방목》에는 벼슬이 없이 아버지〔致芳〕, 할아버지〔萬樹〕, 증조〔克諶〕, 외조〔高忠藎〕 이름이 보이고, 본관이 원주原州로 되어 있다. 그런데《청구》와《만성》의《원주이씨보》에는 이중옥의 가계가 보이지 않는다.

299 **김세형**金世珩(1723~?) 함경도 부령富寧 사람으로 유학을 거쳐 영조 23년 25세로 식년시에 병과로 급제했다.《방목》에는 벼슬이 없이 아버지〔喆鳴〕, 할아버지〔光徵〕, 증조〔俊吉〕, 외조〔黃敏中〕 이름이 보이고, 본관이 경주慶州로 되어 있다. 그런데《청구》와《만성》의《경주김씨보》에는 김세형의 가계가 보이지 않는다.

300 장봉의張鳳儀(1710~?) 유학을 거쳐 영조 23년 38세로 정시에 을 과로 급제하여 벼슬이 제주판관(종5품)에 이르렀다. 《방목》에는 벼슬이 없이 아버지[天維] 이름이 보이고, 본관이 인동仁同이다. 그런데 《청구》와 《만성》의 《인동장씨보》에는 장봉의의 가계가 보이지 않는다.

301 정충언鄭忠彦(1720~?) 진사를 거쳐 영조 23년 28세로 정시에 병과로 급제하여 벼슬이 판관(종5품)에 이르렀다. 《방목》에는 벼슬이 없이 아버지[行謹] 이름만 보이고, 본관이 하동河東으로 되어 있다. 그런데 《청구》와 《만성》의 《하동정씨보》에는 정충언의 가계가 보이지 않는다.

302 이경조李景祚(1725~?) 유학을 거쳐 영조 23년 23세로 정시에 병과로 급제하여 벼슬이 목사(정3품 당상관)와 승지(정3품 당상관)에 이르렀다. 《방목》에는 벼슬이 없이 아버지[恒齡] 이름만 보이고, 본관이 원주原州이다. 그런데 《청구》와 《만성》의 《원주이씨보》에는 이경조의 가계가 보이지 않는다. 한편, 그는 영조 20년 문과에 급제한 이태령李泰齡의 조카라고 하는데,[258] 그가 강원도 횡성橫城 사람으로 신분이 미천하여 대간에 추천되었다가 낙마한 인물이었음은 앞에서 이미 설명한 바 있다. 따라서 이경조의 신분도 미천하다고 볼 수 있다.

303 윤득상尹得相(1718~?) 유학을 거쳐 영조 23년 30세로 정시에 병과로 급제하여 벼슬이 성균관 학유(종9품)에 이르렀는데, 영조 25년 승문원에 분관되자 사헌부는 윤득상이 역적 안엽의 생질이라는 이유로 반대했다.[259] 《방목》에는 벼슬이 없이 아버지[澤休] 이름이 보이

---

258) 《영조실록》 권68, 영조 24년 9월 27일 무인.
259) 《영조실록》 권69, 영조 25년 3월 27일 을해.

고 본관이 없다. 아버지 윤택휴는 해평윤씨海平尹氏로서 영조 10년 문
과에 급제하였으며, 《청구》와 《만성》의 《해평윤씨보》에는 윤택휴
의 이름은 보이나 윤득상의 이름은 보이지 않는다.

304 이세현李世鉉(1713~?) 경기도 금천衿川 사람으로 유학을 거쳐
영조 23년 35세로 정시에 병과로 급제하여 벼슬이 사헌부 지평(정5
품)에 이르렀다. 《방목》에는 벼슬이 없이 아버지[珽] 이름만 보이고,
본관이 전주全州로 되어 있다. 《전주이씨과거급제자총람》을 보면 이
세현은 전주이씨로서 《족보》에 오르지 못한 파미분류자로 되어 있
다. 평민이거나 서출로 보인다.

305 조영필趙榮弼(1722~?) 유학을 거쳐 영조 24년(1748) 27세로 춘
당대시에 을과로 급제하여 벼슬이 사헌부 지평(정5품)을 거쳐 사간
(종3품)에 이르렀다. 《방목》에는 벼슬이 없이 아버지[憲彬] 이름만 보
이고, 본관이 없다. 그런데 벼슬아치인 확擴의 6대손이고, 언수彦秀의
7대손이라고 적어 양주조씨楊州趙氏임을 알 수 있다. 하지만 《청구》
와 《만성》의 《양주조씨보》를 보면 조영필의 직계 5대조 가운데 벼
슬아치가 없다.260)

306 김양심金養心(1725~?) 통덕랑(정5품)을 거쳐 영조 24년 24세로
춘당대시에 병과로 급제하여 벼슬이 사헌부 장령(정4품)을 거쳐 승지
(정3품 당상관)에 이르렀다. 《방목》에는 벼슬이 없이 아버지[相星] 이
름만 보이고, 본관이 안동安東으로 되어 있다. 그런데 《청구》와 《만
성》의 《안동김씨보》에는 김양심의 가계가 보이지 않는다.

---

260) 《청구》의 《양주조씨보》에는 조영필의 아버지가 문과에 급제하여 대간臺諫이 되었다고 기
    록되어 있으나 《만성》에는 무직無職으로 되어 있다. 또 《방목》을 보면 아버지가 문과에 급
    제한 사실이 없음이 확인된다.

307 이윤욱李允郁(1708~?) 경상도 함창咸昌 사람으로 유학을 거쳐 영조 25년(1749) 42세로 춘당대시에 병과로 급제하여 벼슬이 사헌부 지평(정5품)과 사간원 정언(정6품)에 이르렀다. 《방목》에는 벼슬이 없이 아버지[彦謙] 이름만 보이고, 본관이 전주全州로 되어 있다. 《전주이씨과거급제자총람》을 보면 이윤욱은 효령대군의 후손으로, 직계 5대조 가운데 벼슬아치가 없다.

308 이언림李彦霖(1704~?) 경기도 통진通津 사람으로 진사를 거쳐 영조 26년(1750) 47세로 식년시에 갑과로 급제하여 벼슬이 정랑(정5품)에 이르렀다. 《방목》에는 벼슬이 없이 아버지[侃], 할아버지[時馨], 증조[晩榮], 외조[高斗燦] 이름이 보이고, 본관이 합천陜川으로 되어 있다. 《청구》의 《합천이씨보》를 보면 이언림의 직계 4대조 안에 벼슬아치가 없고, 《만성》의 《합천이씨보》에는 가계가 보이지 않는다.

309 송덕기宋德基(1710~?) 충청도 회덕懷德 사람으로 유학을 거쳐 영조 26년 41세로 식년시에 을과로 급제하여 벼슬이 사헌부 지평(정5품)과 사간원 정언(정6품)에 이르렀다. 《방목》에는 벼슬이 없이 아버지[元哲], 할아버지[來微], 증조[衡弼], 외조[洪澍] 이름이 보이고, 본관이 은진恩津으로 되어 있다. 《만성》의 《은진송씨보》에 송덕기의 가계가 보이는데, 직계 4대조 안에 벼슬아치가 없다. 한편, 《청구》의 《은진송씨보》에는 가계가 보이지 않는다.

310 유광국柳匡國(1722~?) 충청도 목천木川 사람으로 유학을 거쳐 영조 26년 29세로 식년시에 을과로 급제하여 벼슬이 사헌부 지평(정5품)에 이르렀다. 《방목》에는 벼슬이 없이 아버지[榮復], 할아버지[星昭], 증조[軸], 외조[李德興] 이름이 보이고, 본관이 문화文化로 되어 있다. 《만성》의 《문화유씨보》에 유광국의 가계가 보이는데, 직계 5대

조와 외조 가운데 벼슬아치가 없고, 《청구》의 《문화유씨보》에는 그
의 가계가 보이지 않는다.

311 **문채오**文采五(1716~?) 평안도 안주安州 사람으로 유학을 거쳐
영조 26년 25세로 식년시에 을과로 급제했다. 《방목》에는 벼슬이 없
이 아버지[貫道], 할아버지[郁], 증조[汝祥], 외조[金萬壆] 이름이 보이
고, 본관이 밀양密陽으로 되어 있다. 《청구》의 《밀양문씨보》를 보면
문채오의 가계가 끊어진 형태로 기록되어 있으며, 《만성》에는 《밀양
문씨보》 자체가 없다. 2000년 현재 밀양문씨 인구는 292가구 989명
의 희성으로, 조선시대 문과급제자 2명을 배출했다. 영조 14년 첫 급
제자가 나온 뒤 그가 두 번째이다. 특이한 것은 《세종실록》〈지리
지〉, 《동국여지승람》, 《여지도서》 어디에도 안주와 밀양에 문씨가
없다는 점이다. 아마도 문과급제자가 나온 뒤 연고가 없는 지역을 본
관으로 정한 듯하다.

312 **김위**金墇(1709~1788) 경상도 영천榮川 사람으로 유학을 거쳐 영
조 26년 42세로 식년시에 을과로 급제하여 벼슬이 사헌부 지평(정5
품)을 거쳐 첨지중추부사(정3품 당상관)에 이르렀다. 《방목》에는 벼슬
이 없이 아버지[元烈], 할아버지[東柱], 증조[宗溥], 외조[柳昌時] 이름
이 보이고 본관이 예안禮安으로 되어 있다. 《청구》와 《만성》의 《예
안김씨보》에 김위의 가계가 보이는데, 직계 4대조 가운데 벼슬아치
가 없다.

313 **최몽암**崔夢嵒(1718~?) 전라도 영암靈岩 사람으로 유학을 거쳐
영조 26년 33세로 식년시에 병과로 급제하여 벼슬이 사헌부 장령(정4
품)과 사간원 정언(정6품)에 이르렀다. 《방목》에는 벼슬이 없이 아버
지[華宗], 할아버지[斗明], 증조[有文], 외조[李漢衡] 이름이 보이고, 본

관이 영암靈巖으로 되어 있다. 그런데《청구》의《영암최씨보》에는 최몽암의 가계가 보이지 않으며,《만성》에는《영암최씨보》자체가 없다. 2000년 현재 영암최씨 인구는 503가구 1,524명의 희성으로, 조선시대 문과급제자 2명을 배출했다. 첫 번째는 광해군 4년에 급제했고 그가 두 번째이다.

314 문명구文命龜(1722~?) 함경도 길주吉州 사람으로 유학을 거쳐 영조 26년 29세로 식년시에 병과로 급제하여 벼슬이 성균관 사예(정4품)에 이르렀다.《방목》에는 벼슬이 없이 아버지[是周], 할아버지[斗彰], 증조[義立], 외조[韓洸] 이름이 보이고, 본관이 개령開寧으로 되어 있다. 그런데《청구》와《만성》의《개령문씨보》에는 문명구의 가계가 보이지 않는다. 2000년 현재 개령문씨 인구는 132가구 432명의 희성으로, 조선시대 문과급제자 4명을 배출했는데, 3명은 선조 대 급제하고 그 뒤로 문명구가 급제했다.

315 신성택申聖宅(1720~?) 경상도 상주尙州 사람으로 유학을 거쳐 영조 26년 25세로 식년시에 병과로 급제하여 벼슬이 승문원 정자(정9품)에 이르렀다.《방목》에는 벼슬이 없이 아버지[光周], 할아버지[鎭衡], 증조[命亮], 외조[李世貞] 이름이 보이고, 본관이 평산平山으로 되어 있다. 그런데《청구》와《만성》의《평산신씨보》에는 신성택의 가계가 보이지 않는다.

316 모경관牟景觀(1709~?) 전라도 함평咸平 사람으로 유학을 거쳐 영조 26년 42세로 식년시에 병과로 급제하여 벼슬이 제주판관(종5품)에 이르렀다.《방목》에는 벼슬이 없이 아버지[聖耕], 할아버지[有瑞], 증조[秀明], 외조[趙世良] 이름이 보이고, 본관이 함평으로 되어 있다.《청구》의《함평모씨보》를 보면 모경관의 이름은 가계가 끊어진 형

태로 외따로 기록되어 있어 조상 가운데 벼슬아치가 없음을 알 수 있다. 한편, 《만성》에는 《함평모씨보》 자체가 없다. 2000년 현재 함평 모씨 인구는 5,546가구 1만 7,939명의 희성으로, 조선시대에 문과급 제자 3명이 배출되었는데, 모두 숙종 대 이후 급제했다.

317 이충국李忠國(1711~?) 경상도 예천醴川 사람으로 유학을 거쳐 영조 26년 40세로 식년시에 병과로 급제하여 벼슬이 군수(종4품)에 이르렀다. 《방목》에는 벼슬이 없이 아버지[楷], 할아버지[在弼], 증조 [文漢], 외조[權泰榮] 이름이 보이고, 본관이 진보眞寶로 되어 있다. 《청구》와 《만성》의 《진보이씨보》에 이충국의 가계가 보이는데, 직계 5대조와 외조 가운데 벼슬아치가 없다.

318 이창례李昌禮(1717~?) 함흥咸興 사람으로 유학을 거쳐 영조 26년 34세로 식년시에 병과로 급제하여 벼슬이 병조좌랑(정6품)에 이르렀다. 《방목》에는 벼슬이 없이 아버지[世興], 할아버지[重芯], 증조 [植], 외조[朴元迪] 이름이 보이고, 본관이 영덕盈德으로 되어 있다. 《청구》의 《영덕이씨보》를 보면 오직 이창례 한 사람만 기록되어 있어 그가 실질적인 시조임을 알 수 있다. 한편, 《만성》에는 《영덕이씨 보》 자체가 없다. 2000년 현재 영덕이씨 인구는 3가구 8명뿐으로 이 창례가 유일한 문과급제자이다.

319 이장태李長泰(1705~?) 경상도 영주榮州 사람으로 유학을 거쳐 영조 26년 46세로 식년시에 병과로 급제하여 벼슬이 현감(종6품)에 이르렀다. 《방목》에는 벼슬이 없이 아버지[錫三, 생부 錫九], 할아버지 [鶴老], 증조[榮萬], 외조[權正基] 이름이 보이고, 본관이 영천永川으로 되어 있다. 《청구》와 《만성》의 《영천이씨보》를 보면 이장태의 직계 3대조와 외조 가운데 벼슬아치가 없다.

320 **김서응**金瑞應(1713~?) 충청도 충주忠州 사람으로 진사를 거쳐 영조 26년 38세로 식년시에 병과로 급제하여 벼슬이 사간원 사간(종3품)에 이르렀다. 《방목》에는 벼슬이 없이 아버지〔夢岳, 생부 夢鼎〕, 할아버지〔夏錫〕, 증조〔時稷〕, 외조〔李鐵俊〕 이름이 보이고, 본관이 풍산豊山으로 되어 있다. 그러나 《청구》와 《만성》의 《풍산김씨보》에는 김서응의 가계가 보이지 않는다.

321 **정형서**鄭衡瑞(1720~?) 평안도 정주定州 사람으로 유학을 거쳐 영조 26년 31세로 식년시에 병과로 급제했다. 《방목》에는 벼슬이 없이 아버지〔尙奎〕, 할아버지〔得聖〕, 증조〔任卿〕, 외조〔白成運〕 이름이 보이고, 본관이 보령保寧으로 되어 있다. 《청구》의 《보령정씨보》를 보면 오직 정형서 한 사람만 기록되어 있어 그가 시조임을 알 수 있다. 2000년 현재 보령정씨 인구는 94가구 293명의 희성으로, 그가 유일한 문과급제자이다.

322 **홍양한**洪亮漢(1719~?) 진사를 거쳐 영조 26년 22세로 식년시에 병과로 급제하여 벼슬이 홍문관 수찬(정6품)에 이르렀다. 《방목》에는 벼슬이 없이 아버지〔國輔〕, 할아버지〔重敍〕, 증조〔萬始〕, 외조〔李世熺〕 이름이 보이고, 본관이 풍산豊山으로 되어 있다. 《청구》와 《만성》의 《풍산홍씨보》에 홍양한의 가계가 보이는데, 직계 3대조와 외조 가운데 벼슬아치가 없다.

323 **김응렴**金應濂(1710~?) 경상도 영주榮州 사람으로 유학을 거쳐 영조 26년 41세로 식년시에 병과로 급제하여 벼슬이 사헌부 지평(정5품)에 이르렀다. 《방목》에는 벼슬이 없이 아버지〔以鍍〕, 할아버지〔斗基〕, 증조〔燧〕, 외조〔琴緻〕 이름이 보이고, 본관이 의성義城으로 되어 있다. 《청구》와 《만성》의 《의성김씨보》에 김응렴의 가계가 보이는데,

그는 김성일金誠一의 6대손으로 직계 5대조와 외조 가운데 벼슬아치
가 없다.

324 나충좌羅忠佐(1710~?) 전라도 창평昌平 사람으로 유학을 거쳐
영조 26년 41세로 식년시에 병과로 급제하여 벼슬이 군수(종4품)를
거쳐 승지(정3품 당상관)에 올랐다. 《방목》에는 벼슬이 없이 아버지
[景益], 할아버지[載夏], 증조[以賢], 외조[李益采] 이름이 보이고, 본관
이 나주羅州로 되어 있다. 《청구》와 《만성》의 《나주나씨보》에 나충
좌의 가계가 보이는데, 직계 4대조와 외조 가운데 벼슬아치가 없다.

325 백상우白相右(1729~?) 평안도 정주定州 사람으로 유학을 거쳐
영조 26년 22세로 식년시에 병과로 급제했다. 《방목》에는 벼슬이 없
이 아버지[處楷], 할아버지[圭三], 증조[之汶], 외조[洪萬休] 이름이 보
이고, 본관이 수원水原이다. 그런데 《청구》와 《만성》의 《수원백씨
보》에는 백상우의 가계가 보이지 않는다. 정주의 수원백씨는 영조
대 이후 문과급제자 22명을 배출하여 정주 지역의 명문 가운데 하나
로 등장했다. 특이한 것은 《세종실록》〈지리지〉와 《동국여지승람》
에는 정주에 수원백씨가 없고 황주백씨黃州白氏만 보이다가, 《여지도
서》에는 황주백씨가 사라지고 수원백씨가 등장한다는 점이다. 황주
백씨가 명성이 높은 수원백씨로 본관을 바꾸었는지도 모른다.

326 홍명복洪命馥(1714~?) 평안도 정주定州 사람으로 통덕랑(정5품)
을 거쳐 영조 26년 37세로 식년시에 병과로 급제했다. 《방목》에는
벼슬이 없이 아버지[行周], 할아버지[禹道], 증조[處寬], 외조[金錫麟]
이름이 보이고, 본관이 남양南陽으로 되어 있다. 그런데 《청구》와
《만성》의 《남양홍씨보》에는 홍명복의 가계가 보이지 않는다. 《세종
실록》〈지리지〉와 《동국여지승람》에는 정주에 남양홍씨가 보이지

않다가 《여지도서》에 처음으로 남양홍씨가 보이고, 영조 대 이후 문과급제자 10명을 배출했다.

327 이위李煒(1716~?) 충청도 진천鎭川 사람으로 유학을 거쳐 영조 26년 35세로 식년시에 급제했다. 《방목》에는 벼슬이 없이 아버지[好仁], 할아버지[友晟], 증조[坒], 외조[康厚垪] 이름이 보이고, 본관이 청주淸州로 되어 있다. 《청구》의 《청주이씨보》에 이위의 가계가 보이는데, 직계 3대조와 외조 가운데 벼슬아치가 없다. 한편, 《만성》의 《청주이씨보》에는 가계가 보이지 않는다.

328 양우항梁禹恒(1715~?) 평안도 정주定州 사람으로 유학을 거쳐 영조 26년 36세로 식년시에 병과로 급제하여 벼슬이 봉상시 봉사(종8품)에 이르렀다. 《방목》에는 벼슬이 없이 아버지[碩壂], 할아버지[達河], 증조[應淸], 외조[朱愼業] 이름이 보이고, 본관이 남원南原으로 되어 있다. 그런데 《청구》와 《만성》의 《남원양씨보》에는 양우항의 가계가 보이지 않는다. 《세종실록》〈지리지〉와 《동국여지승람》에는 정주에 남원양씨가 보이지 않다가 《여지도서》에 처음으로 남원양씨가 보인다.

329 민재문閔在汶(1687~?) 경상도 칠곡柒谷 사람으로 진사를 거쳐 영조 26년 64세로 식년시에 병과로 급제했다. 《방목》에는 벼슬이 없이 아버지[九明], 할아버지[宗孝], 증조[誼], 외조[鄭英達] 이름이 보이고, 본관이 여흥驪興으로 되어 있다. 그런데 《청구》와 《만성》의 《여흥민씨보》에는 민재문의 가계가 보이지 않는다.

330 황덕윤黃德潤(1722~?) 경상도 순흥順興 사람으로 유학을 거쳐 영조 26년 29세로 식년시에 병과로 급제했다. 《방목》에는 벼슬이 없이 아버지[世點], 할아버지[檪], 증조[益河], 외조[金鳳至] 이름이 보이

고, 본관이 창원昌原이다. 그런데 《청구》와 《만성》의 《창원황씨보》를 보면 증조의 이름은 보이나 그 이후의 가계는 보이지 않는다.

331 최익주崔翊冑(1709~?) 전라도 순천順天 사람으로 유학을 거쳐 영조 26년 42세로 식년시에 병과로 급제하여 벼슬이 찰방(종6품)에 이르렀다. 《방목》에는 벼슬이 없이 아버지[斗瑞], 할아버지[弘大], 증조[敬立], 외조[金繼得] 이름이 보이고, 본관이 전주全州로 되어 있다. 그런데 《청구》와 《만성》의 《전주최씨보》에는 최익주의 가계가 보이지 않는다.

332 노정원盧廷元(1722~?) 강원도 일신一新(原州) 사람으로 유학을 거쳐 영조 26년 29세로 식년시에 병과로 급제하여 벼슬이 사간원 정언(정6품)에 이르렀다. 《방목》에는 벼슬이 없이 아버지[儆], 할아버지[世龜], 증조[偕], 외조[金宗光] 이름이 보이고, 본관이 풍천豊川으로 되어 있다. 그런데 《청구》와 《만성》의 《풍천노씨보》에는 노정원의 가계가 보이지 않는다.

333 김영金鍈(1709~?) 전라도 광주光州 사람으로 유학을 거쳐 영조 26년 42세로 식년시에 병과로 급제했다. 《방목》에는 벼슬이 없이 아버지[亨益], 할아버지[元鎰], 증조[善軺], 외조[李天錫] 이름이 보이고, 본관이 광산光山으로 되어 있다. 그런데 《청구》와 《만성》의 《광산김씨보》에는 김영의 가계가 보이지 않는다.

334 권계응權啓應(1732~?) 경상도 예천醴川 사람으로 유학을 거쳐 영조 26년 19세로 식년시에 병과로 급제했다. 《방목》에는 벼슬이 없이 아버지[晩], 할아버지[國樑], 증조[橄], 외조[金成耈] 이름이 보이고, 본관이 예천으로 되어 있다. 《청구》의 《예천권씨보》에 권계응의 가계가 보이는데, 직계 4대조 안에 벼슬아치가 없다. 한편, 《만성》의

《예천권씨보》에는 할아버지까지의 가계는 보이나 아버지와 그의 이름은 보이지 않는다.

335 **이헌묵**李憲黙(1714~?) 경상도 경주慶州 사람으로 유학을 거쳐 영조 26년 37세로 식년시에 병과로 급제하여 벼슬이 사간원 대사간(정3품 당상관)과 호조참판(종2품)에 이르렀다. 《방목》에는 벼슬이 없이 아버지[寬中, 생부 純中], 할아버지[德恒], 증조[墀], 외조[孫是權] 이름이 보이고, 본관이 여주驪州로 되어 있다. 《청구》의 《여주이씨보》에 이헌묵의 가계가 보이는데, 직계 4대조와 외조 가운데 벼슬아치가 없다.

336 **김덕원**金德元(1717~?) 충청도 목천木川 사람으로 유학을 거쳐 영조 26년 34세로 식년시에 병과로 급제하여 벼슬이 도사(종5품)에 이르렀다. 《방목》에는 벼슬이 없이 아버지[采東, 생부 錫九], 할아버지[胄萬], 증조[尙重], 외조[鄭章漢] 이름이 보이고, 본관이 안동安東으로 되어 있다. 그런데 《청구》와 《만성》의 《안동김씨보》에는 김덕원의 가계가 보이지 않는다.

337 **이봉익**李鳳翼(1726~?) 경상도 상주尙州 사람으로 유학을 거쳐 영조 26년 25세로 식년시에 병과로 급제하여 벼슬이 부사(종3품)와 승지(정3품 당상관)에 이르렀다. 《방목》에는 벼슬이 없이 아버지[善長], 할아버지[相華], 증조[后絿], 외조[金元鏡] 이름이 보이고, 본관이 연안延安으로 되어 있다. 《청구》와 《만성》의 《연안이씨보》에 이봉익의 가계가 보이는데, 직계 4대조와 외조 가운데 벼슬아치가 없다.

338 **한집**韓鏶(1712~?) 청주淸州 사람으로 유학을 거쳐 영조 26년 식년시에 병과로 급제하여 벼슬이 사헌부 장령(정4품)에 이르렀다. 《방목》에는 벼슬이 없이 아버지[度奎], 할아버지[世憲], 증조[益亨], 외조

[李碩夏] 이름이 보이고, 본관이 청주淸州로 되어 있다. 《청구》와 《만성》의 《청주한씨보》에 한집의 가계가 보이는데, 그의 이름은 보이지 않는다.

339 박한휘朴漢暉(1722~?) 제주 사람으로 유학을 거쳐 영조 26년 29세로 식년시에 병과로 급제하여 벼슬이 사헌부 지평(정5품)에 이르렀다. 《방목》에는 벼슬이 없이 아버지[昌新], 할아버지[貞錫], 증조[自友], 외조[宋有吉] 이름이 보이고, 본관이 밀양密陽으로 되어 있다. 그런데 《청구》의 《밀양박씨보》에는 아버지까지의 가계는 보이지만 박한휘의 이름은 보이지 않으며, 아버지 이상 4대조 가운데 벼슬아치가 없다. 한편, 《만성》의 《밀양박씨보》에는 가계가 보이지 않는다.

340 최창국崔昌國(1726~?) 전라도 광주光州 사람으로 유학을 거쳐 영조 26년 25세로 식년시에 병과로 급제하여 벼슬이 정조 대 온릉령(종5품)과 사헌부 장령(정4품)에 이르렀다. 《방목》에는 벼슬이 없이 아버지[聖章], 할아버지[衡], 증조[斗望], 외조[鄭泰龜] 이름이 보이고, 본관이 수원水原으로 되어 있다. 그런데 《청구》와 《만성》의 《수원최씨보》에는 최창국의 가계가 보이지 않는다.

341 홍봉함洪鳳咸(1714~?) 평안도 강동江東 사람으로 유학을 거쳐 영조 26년 37세로 식년시에 병과로 급제했다. 《방목》에는 벼슬이 없이 아버지[命疇], 할아버지[炫載], 증조[乃功], 외조[金尙浣] 이름이 보이고, 본관이 남양南陽으로 되어 있다. 그런데 《청구》와 《만성》의 《남양홍씨보》에는 홍봉함의 가계가 보이지 않는다. 강동의 남양홍씨는 《여지도서》에 처음 보인다.

342 장우추張宇樞(1694~?) 유학을 거쳐 영조 26년 57세로 식년시에 병과로 급제하여 벼슬이 찰방(종6품)에 이르렀다. 《방목》에는 벼슬이

없이 아버지[翮], 할아버지[應邦], 증조[琢], 외조[孟實龍] 이름이 보이고, 본관이 단양丹陽으로 되어 있다. 《만성》의 《단양장씨보》를 보면 장우추는 가계가 끊어진 형태로 외따로 기록되어 있어 조상의 가계를 알 수 없으며, 《청구》에는 《단양장씨보》 자체가 없다. 2000년 현재 단양장씨 인구는 1만 541가구 3만 3,295명의 희성으로 조선시대 문과급제자 2명을 배출했는데, 선조 대 급제한 장형운이 처음이며 그가 두 번째이다.

343 이보관李普觀(1709~?) 진사를 거쳐 영조 26년 42세로 알성시에 병과로 급제하여 벼슬이 사간원 대사간(정3품 당상관)에 이르렀다. 《방목》에는 벼슬이 없이 아버지[宜得] 이름만 보이고, 본관이 용인龍仁으로 되어 있다. 《청구》와 《만성》의 《용인이씨보》를 보면 이보관의 직계 9대조 가운데 문과급제자는 한 명도 없으며, 4대조와 5대조가 각각 참봉(종9품)과 봉사(종8품)를 지냈을 뿐이다.

344 조시겸趙時謙(1721~?) 유학을 거쳐 영조 26년 30세로 온양溫陽에서 시행한 별시에 장원급제하여 벼슬이 정랑(정5품)에 이르렀다. 《방목》에는 벼슬이 없이 아버지[珩], 할아버지[宇錫], 증조[沉], 외조[李萬興], 처부[李亮輔] 이름이 보이고, 본관이 순창淳昌으로 되어 있다. 《청구》의 《순창조씨보》를 보면 조시겸의 직계 4대조 가운데 벼슬아치가 없고, 《만성》의 《순창조씨보》에는 가계가 보이지 않는다. 외조 이만흥李萬興은 고성현감(종6품)을 지냈는데, 신분이 본래 비천하다고 한다.261)

345 권현범權顯範(1714~?) 유학을 거쳐 영조 26년 37세로 온양 별시

---

261) 《영조실록》 권28, 영조 6년 10월 14일 기유.

에 병과로 급제했다. 《방목》에는 벼슬이 없이 아버지[克] 이름이 보이고, 본관이 안동安東으로 되어 있다. 그런데 《청구》와 《만성》의 《안동권씨보》에는 권현범의 가계가 보이지 않는다.

346 **이한일**李漢一(1723~?) 유학을 거쳐 영조 26년 28세로 온양 별시에 병과로 급제하여 벼슬이 사간원 대사간(정3품 당상관)에 이르렀다. 《방목》에는 벼슬이 없이 아버지[錫祥] 이름만 보이고, 본관이 덕수德水로 되어 있다. 《청구》의 《덕수이씨보》에 이한일의 가계가 보이는데, 이순신李舜臣의 친형인 요신堯臣의 6대손으로 직계 4대조 가운데 벼슬아치가 없다.

347 **윤재겸**尹在謙(1701~?) 유학을 거쳐 영조 26년 50세로 온양 별시에 병과로 급제하여 벼슬이 사간원 정언(정6품)과 사헌부 장령(정4품)에 이르렀다. 《방목》에는 벼슬이 없이 아버지[焜] 이름만 보이고, 본관이 파평坡平으로 되어 있다. 그런데 《청구》와 《만성》의 《파평윤씨보》에는 윤재겸의 가계가 보이지 않는다.

348 **장서한**張瑞翰(1719~?) 유학을 거쳐 영조 26년 32세로 온양 별시에 병과로 급제했다. 《방목》에는 벼슬이 없이 아버지[聖垕] 이름만 보이고, 본관이 구례求禮로 되어 있다. 《만성》의 《구례장씨보》를 보면 장서한이 단독으로 올라 있으며, 《청구》의 《구례장씨보》에는 많은 인명이 보이지만 그의 이름은 보이지 않는다. 2000년 현재 구례장씨 인구는 3,327가구 1만 570명의 희성으로, 조선시대 문과급제자 2명을 배출했는데, 첫 번째는 인조 대 장희재張熙載이고, 그가 두 번째이다.

349 **이명준**李命俊(1721~?) 유학을 거쳐 영조 26년 30세로 온양 별시에 병과로 급제하여 벼슬이 사헌부 장령(정4품)을 거쳐 승지(정3품 당

상관)에 이르렀다. 《방목》에는 벼슬이 없이 아버지[世忠] 이름만 보이고, 본관이 전주全州로 되어 있다. 《전주이씨과거급제자총람》을 보면 이명준은 세종의 아들 광평대군의 후손으로, 직계 4대조 안에 벼슬아치가 없다.

350 이해진李海鎭(1727~?) 유학을 거쳐 영조 27년(1751) 25세로 춘당대시에 을과로 급제하여 벼슬이 사헌부 장령(정4품)에 이르렀다. 《방목》에는 벼슬이 없이 아버지[仁室] 이름만 보이고, 본관이 성산星山으로 되어 있다. 《청구》와 《만성》의 《성산이씨보》를 보면 이해진의 직계 5대조와 외조 가운데 벼슬아치가 없다.

351 신치요申致堯(일명 匡堯, 1725~?) 유학을 거쳐 영조 27년 27세로 춘당대시에 병과로 급제하여 벼슬이 사헌부 장령(정4품)을 거쳐 참판(종2품)에 이르렀다. 《방목》에는 벼슬이 없이 아버지[宗岳], 할아버지[思益], 증조[弼諧] 이름이 보이고, 본관이 평산平山으로 되어 있다. 《청구》와 《만성》의 《평산신씨보》를 보면 신치요의 직계 3대조와 외조 가운데 벼슬아치가 없다.

352 윤밀尹謐(1715~?) 진사를 거쳐 영조 27년 37세로 정시에 을과로 급제하여 벼슬이 사헌부 장령(정4품)에 이르렀는데, 서얼 출신으로서 영조 48년 통청通淸 정책에 따라 청요직에 임명되었다.[262] 《방목》에는 서출임을 밝히지 않고 있으며, 아버지[以升], 할아버지[葉], 증조[衡正], 외조[洪夏臣] 이름이 보이고, 본관이 남원南原으로 되어 있다. 《청구》와 《만성》의 《남원윤씨보》에 윤밀의 가계가 보인다.

353 서병덕徐秉德(1712~?) 충청도 대흥大興 사람으로 진사와 통덕랑

---

262) 《영조실록》 권119, 영조 48년 8월 15일 정축; 권119, 영조 48년 8월 17일 기묘.

(정5품)을 거쳐 영조 27년 40세로 정시에 병과로 급제하여 벼슬이 찰
방(종6품)을 거쳐 사헌부 장령(정4품)과 사간원 헌납(정5품)에 이르렀
다.《방목》에는 벼슬이 없이 아버지[喜朝], 할아버지[樾], 증조[必行],
외조[辛震甲] 이름이 보이고, 본관이 연산連山으로 되어 있다.《청구》
와《만성》의《연산서씨보》를 보면 서병덕의 직계 4대조와 외조 가
운데 벼슬아치가 없다.

　　354 박홍수朴鴻壽(1725~?) 평안도 상원祥原 사람으로 유학을 거쳐
영조 27년 27세로 정시에 병과로 급제하여 벼슬이 강동현령(종5품)에
이르렀다.《방목》에는 벼슬이 없이 아버지[珩, 생부 珌], 할아버지[擎],
증조[�], 외조[金起夏] 이름이 보이고, 본관이 당진唐津으로 되어 있
다. 그런데《청구》와《만성》에는《당진박씨보》자체가 없다. 조선
시대 문과급제자는 오직 박홍수 한 사람뿐으로 그가 시조이다.《여
지도서》에는 상원에 당진박씨가 없고 통구박씨通溝朴氏만 보인다.

　　355 이양오李養吾(1726~?) 평안도 강서江西 사람으로 유학을 거쳐
영조 27년 26세로 정시에 병과로 급제했다.《방목》에는 벼슬이 없이
아버지[擎樞], 할아버지[長春], 증조[厚宗], 외조[李發] 이름이 보이고,
본관이 완산完山으로 되어 있다. 그런데《전주이씨과거급제자총람》
을 보면 이양오는 파미분류자로 되어 있다. 곧《족보》에 오르지 못한
인물이다.《세종실록》〈지리지〉,《동국여지승람》,《여지도서》에는
강서에 전주이씨가 없어 그는 전주이씨가 아닌 듯하다.

　　356 성영成潁(1718~?) 유학을 거쳐 영조 28년(1752) 35세로 정시에
을과로 급제하여 벼슬이 승문원에 분관되었다.《방목》에는 벼슬이
없이 아버지[守植], 할아버지[純], 증조[漢翼], 외조[安壤] 이름이 보이
고, 본관이 창녕昌寧으로 되어 있다. 그런데《청구》와《만성》의《창

녕성씨보》에는 성영의 가계가 보이지 않는다.

357 장현경張顯慶(1730~?) 전라도 남원南原 사람으로 유학을 거쳐 영조 28년 23세로 정시에 병과로 급제하여 벼슬이 겸춘추兼春秋와 예문관 한림(7~9품)이 되었다. 《방목》에는 벼슬이 없이 아버지[普明], 할아버지[宇景], 증조[恒], 외조[李壽山] 이름이 보이고, 본관이 흥성興城(興德)으로 되어 있다. 그런데 《청구》와 《만성》의 《흥덕장씨보》에는 장현경의 가계가 보이지 않는다.

358 이제해李濟海(1693~?) 충청도 청주淸州 사람으로 영조 28년 60세로 정시에 병과로 급제하여 벼슬이 종묘령(종5품)에 이르렀다. 《방목》에는 벼슬이 없이 아버지[秀觀], 할아버지[後稷], 증조[好淵], 외조[弘運] 이름이 보이고, 본관이 한산韓山으로 되어 있다. 그런데 《청구》와 《만성》의 《한산이씨보》에는 이제해의 가계가 보이지 않는다.

359 지응룡池應龍(1722~?) 청주淸州 사람으로 유학을 거쳐 영조 28년 31세로 정시에 병과로 급제하여 벼슬이 사헌부 지평(정5품)에 이르렀는데, 영조 39년 지응룡이 지평에 임명되자 사헌부는 그가 "향곡鄕曲의 천품賤品", 또는 "사람과 지벌地閥이 매우 한미寒微하다"는 이유로 임명을 반대하여 임금이 이를 따랐다.[263] 《방목》에는 벼슬이 없이 아버지[萬游], 할아버지[日光], 증조[聖龜], 외조[李濔] 이름이 보이고, 본관이 충주忠州로 되어 있다. 《청구》의 《충주지씨보》를 보면 그의 직계 7대조 가운데 벼슬아치가 없으며, 《만성》의 《충주지씨보》에는 가계가 보이지 않는다. 2000년 현재 충주지씨 인구는 3만 6,937가구 11만 8,211명이며, 조선시대에 문과급제자 10명, 무과급제

---

263) 《영조실록》 권102, 영조 39년 10월 16일 기해; 권103, 영조 40년 2월 13일 을미.

자 39명, 사마시급제자 31명, 잡과급제자 20명을 배출했다.

360 임광현任光鉉(1720~?) 경기도 양근楊根 사람으로 영조 29년 (1753) 34세로 알성시에 병과로 급제하여 벼슬이 정조 대 정의현감 (종6품)에 이르렀다. 《방목》에는 벼슬이 없이 아버지[致澤] 이름이 보이고, 본관이 곡성谷城으로 되어 있다. 그런데 《청구》의 《곡성임씨보》에는 임광현의 가계가 보이지 않으며, 《만성》에는 《곡성임씨보》자체가 없다. 2000년 현재 곡성임씨 인구는 5만 3,637가구 17만 2,726명인데, 조선시대에 문과급제자 4명을 배출했다.

361 남옥南玉(1722~1770) 강원도 춘산春山(春川) 사람으로 영조 29년 32세로 정시에 병과로 급제하여 벼슬이 군수(종4품)에 이르렀다. 영조 41년 홍봉한은 남옥南玉을 이봉환李鳳煥, 성대중成大中과 더불어 서류庶流의 인재로 임금에게 추천하기도 했으나[264] 역모죄에 연루되어 사형을 받았다. 《방목》에는 벼슬과 아버지[道赫], 할아버지[晳], 증조[溟翮], 외조[金秋健] 이름이 보이고, 본관이 의령宜寧으로 되어 있다. 그런데 《청구》와 《만성》의 《의령남씨보》에는 남옥의 가계가 보이지 않는다. 서얼이기 때문에 《족보》에서 뺀 것으로 보인다.

3362 김적기金迪基(1718~?) 주부(종6품)를 거쳐 영조 29년 36세로 정시에 병과로 급제했다. 《방목》에는 벼슬이 없이 아버지[壽煊], 할아버지[宗相], 증조[世灝], 외조[辛聖弼], 처부[朴師侃] 이름이 보이고, 본관이 선산善山(一善)으로 되어 있다. 《청구》의 《일선김씨보》를 보면 김적기의 직계 3대조 안에 벼슬아치가 없고, 《만성》의 《선산김씨보》를 보면 아버지가 어의御醫로 되어 있어 의관醫官의 아들임을 알

---

264) 《영조실록》 권105, 영조 41년 6월 18일 임술.

수 있다.

363 박명구朴命球(1731~?) 통덕랑(정5품)을 거쳐 영조 29년 23세로 정시에 병과로 급제하여 벼슬이 현감(종6품)에 이르렀다. 《방목》에는 벼슬이 없이 아버지[聖龍], 할아버지[鍱] 이름이 보이고, 본관이 밀양 密陽으로 되어 있다. 그런데 《청구》와 《만성》의 《밀양박씨보》에는 박명구의 가계가 보이지 않는다.

364 장염張琰(1698~?) 진사를 거쳐 영조 29년 56세로 정시에 병과로 급제하여 벼슬이 찰방(종6품)에 이르렀다. 《방목》에는 벼슬이 없이 아버지[天翮] 이름만 보이고, 본관이 인동仁同으로 되어 있다. 그런데 《청구》와 《만성》의 《인동장씨보》에는 장염의 가계가 보이지 않는다.

365 이경행李景行(1711~?) 유학을 거쳐 영조 29년 43세로 정시에 병과로 급제하여 벼슬이 정조 대 오위장(종2품)에 이르렀다. 《방목》에는 벼슬이 없이 아버지[東赫] 이름만 보이고, 본관이 수안遂安으로 되어 있다. 그런데 《만성》에는 《수안이씨보》 자체가 없고, 《청구》의 《수안이씨보》에 이경행의 가계가 보이지 않는다. 수안이씨는 조선시대에 문과급제자 26명을 배출했는데, 대부분이 숙종 대 이후부터 나왔으며, 평안도와 황해도 출신이 대부분이다.

366 송영宋鍈(1733~1812) 유학을 거쳐 영조 29년 21세로 정시에 병과로 급제하여 벼슬이 대사간(정3품 당상관)과 형조판서(정2품)에 이르렀다. 《방목》에는 벼슬이 없이 아버지[匡弼, 생부 良弼], 할아버지[聚奎], 증조[經朝] 이름이 보이고, 본관이 은진恩津으로 되어 있다. 《청구》와 《만성》의 《은진송씨보》를 보면 송영의 직계 4대조와 외조 가운데 벼슬아치가 없다.

367 권세구權世矩(1721~?) 강릉江陵 사람으로 유학을 거쳐 영조 29년 33세로 식년시에 장원급제하여 벼슬이 성균관 전적(정6품)에 이르렀다. 《방목》에는 벼슬이 없이 아버지[萬建], 할아버지[時一], 증조[興門], 외조[柳侚] 이름이 보이고, 본관이 안동安東으로 되어 있다. 《청구》와 《만성》의 《안동권씨보》를 보면 권세구의 직계 3대조와 외조 가운데 벼슬아치가 없다.

368 권종수權鍾秀(1720~?) 경기도 용인龍仁 사람으로 유학을 거쳐 영조 29년 34세로 식년시에 갑과로 급제했다. 《방목》에는 벼슬이 없이 아버지[重德], 할아버지[植], 증조[汝淸], 외조[延漢明] 이름이 보이고, 본관이 안동安東으로 되어 있다. 그런데 《청구》와 《만성》의 《안동권씨보》에는 권종수의 가계가 보이지 않는다.

369 유영柳泳(1758~?) 경기도 양주楊州 사람으로 유학을 거쳐 영조 29년 56세로 식년시에 갑과로 급제했다. 《방목》에는 벼슬이 없이 아버지[寅瑞], 할아버지[訵], 증조[德澤], 외조[李宇萬] 이름이 보이고, 본관이 문화文化로 되어 있다. 그런데 《청구》와 《만성》의 《문화유씨보》에는 유영의 가계가 보이지 않는다.

370 김봉저金鳳著(1728~?) 평안도 정주定州 사람으로 유학을 거쳐 영조 29년 26세로 식년시에 을과로 급제하여 벼슬이 예조좌랑(정6품)에 이르렀다. 《방목》에는 벼슬이 없이 아버지[世重], 할아버지[斗善], 증조[喆柱], 외조[朴起廷] 이름이 보이고, 본관이 김해金海로 되어 있다. 그런데 《청구》와 《만성》의 《김해김씨보》에는 김봉저의 가계가 보이지 않는다. 《세종실록》〈지리지〉, 《동국여지승람》에는 정주에 김해김씨가 없고 용강김씨龍岡金氏가 보이다가 《여지도서》에는 용강김씨가 사라지는데, 혹시 용강김씨가 김해김씨로 본관을 바꾸었는지

도 모른다. 하지만 《여지도서》에는 김해김씨도 보이지 않는다.

371 소대항蘇大恒(1706~?) 전라도 남원原原 사람으로 유학을 거쳐 영조 29년 48세로 식년시에 을과로 급제했다. 《방목》에는 벼슬이 없이 아버지[珊], 할아버지[世鳴], 증조[蔡], 외조[李后章] 이름이 보이고, 본관이 진주晉州로 되어 있다. 그런데 《청구》와 《만성》의 《진주소씨보》에는 소대항의 가계가 보이지 않는다.

372 오언후吳彦垕(1717~?) 황해도 해주海州 사람으로 유학을 거쳐 영조 29년 37세로 식년시에 을과로 급제하여 벼슬이 사헌부 감찰(정6품)에 이르렀다. 《방목》에는 벼슬이 없이 아버지[文遂], 할아버지[德老], 증조[儀], 외조[洪興瑞] 이름이 보이고, 본관이 동복同福으로 되어 있다. 그런데 《청구》와 《만성》의 《동복오씨보》에는 오언후의 가계가 보이지 않는다.

373 김재욱金再郁(1722~?) 평안도 정주定州 사람으로 영조 29년 32세로 식년시에 을과로 급제했다. 《방목》에는 벼슬이 없이 아버지[國泰], 할아버지[宇剛], 증조[振汶], 외조[魚瑞龍] 이름이 보이고, 본관이 연안延安으로 되어 있다. 그런데 《청구》와 《만성》의 《연안김씨보》에는 김재욱의 가계가 보이지 않는다. 하지만 정주의 연안김씨는 조선 후기에 문과급제자 43명을 배출하여 이 지역 최고 명문으로 등장했다. 정주에는 신주김씨信州金氏와 용강김씨龍岡金氏만 보이다가 《여지도서》에는 신주김씨와 용강김씨가 사라지고 연안김씨만 보인다. 앞의 두 김씨가 본관을 연안으로 바꾸었는지도 모른다.

374 한동악韓東岳(1727~?) 전라도 담양潭陽 사람으로 유학을 거쳐 영조 29년 27세로 식년시에 병과로 급제하여 벼슬이 대정현감(종6품)에 이르렀다. 《방목》에는 벼슬이 없이 아버지[普有], 할아버지[運昌],

증조[斗伯], 외조[朴大元] 이름이 보이고, 본관이 청주淸州로 되어 있다. 그런데 《청구》와 《만성》의 《청주한씨보》에는 한동악의 가계가 보이지 않는다.

375 **정석태**鄭錫台(1713~?) 경상도 안동安東 사람으로 유학을 거쳐 영조 29년 41세로 식년시에 병과로 급제했다. 《방목》에는 벼슬이 없이 아버지[履祥], 할아버지[東源], 증조[宗周], 외조[李爾一] 이름이 보이고, 본관이 동래東萊로 되어 있다. 그런데 《청구》와 《만성》의 《동래정씨보》에는 정석태의 가계가 보이지 않는다.

376 **이급**李級(1720~?) 경상도 예안禮安 사람으로 유학을 거쳐 영조 29년 34세로 식년시에 병과로 급제하여 벼슬이 사헌부 집의(종3품)에 이르렀다. 《방목》에는 벼슬이 없이 아버지[敏正], 할아버지[聘龍], 증조[彬漢], 외조[洪翊相] 이름이 보이고, 본관이 진보眞寶로 되어 있다. 《청구》와 《만성》의 《진보이씨보》를 보면 이급의 직계 5대조와 외조 가운데 벼슬아치가 없다.

377 **정방**鄭枋(1707~1787) 전라도 창평昌平 사람으로 정철鄭澈의 후손인데, 통덕랑(정5품)을 거쳐 영조 29년 47세로 식년시에 병과로 급제하여 벼슬이 승지(정3품 당상관)와 판서(정2품)에 이르렀다. 《방목》에는 벼슬이 없이 아버지[敏河], 할아버지[瀗], 증조[光漢], 외조[李雲翊], 처부의 이름이 보이고, 본관이 연일延日로 되어 있다. 《청구》와 《만성》의 《연일정씨보》를 보면 정방의 직계 3대조와 외조 가운데 벼슬아치가 없다.

378 **이춘복**李春馥(1719~?) 전라도 나주羅州 사람으로 유학을 거쳐 영조 29년 35세로 식년시에 병과로 급제했다. 《방목》에는 벼슬이 없이 아버지[國瑞], 할아버지[銀龍], 증조[慶生], 외조[李命信] 이름이 보

이고, 본관이 성주星州로 되어 있다. 그런데 《청구》와 《만성》의 《성주이씨보》에는 이춘복의 가계가 보이지 않는다.

379 김재옥金載玉(1725~?) 개성 사람으로 유학을 거쳐 영조 29년 29세로 식년시에 병과로 급제하여 성균관 전적(정6품)과 경연의 편수관編修官에 이르렀다. 《방목》에는 벼슬이 없이 아버지[亨復], 할아버지[世光], 증조[宗燁], 외조[李柱萬] 이름이 보이고, 본관이 정주貞州로 되어 있다. 그런데 《청구》의 《정주김씨보》에는 김재옥의 가계가 보이지 않으며, 《만성》의 《정주김씨보》에는 오직 그 한 사람만 기록되어 있어 그가 실질적인 시조이다. 2000년 현재 정주김씨 인구는 747가구 2,384명의 희성으로, 문과급제자는 그가 유일하다.

380 변경진邊景鎭(1712~?) 경기도 광주廣州 사람으로 유학을 거쳐 영조 29년 32세로 식년시에 병과로 급제했는데, 영조 48년 죄를 짓고 영구히 충군充軍되었다. 《방목》에는 벼슬이 없이 아버지[塾], 할아버지[振原], 증조[錫徵], 외조[李濟望] 이름이 보이고, 본관이 원주原州로 되어 있다. 《만성》의 《원주변씨보》를 보면 변경진의 직계 4대조 가운데 벼슬아치가 없고, 그 위로는 무과 출신들이 많다. 한편, 《청구》의 《원주변씨보》에는 할아버지가 아버지로 되어 있는데 이는 착오로 보인다.

381 백의환白義煥(1725~?) 평안도 정주定州 사람으로 유학을 거쳐 영조 29년 29세로 식년시에 병과로 급제했다. 《방목》에는 벼슬이 없이 아버지[運西], 할아버지[元偶], 증조[尙淸], 외조[承善弘] 이름이 보이고, 본관이 수원水原으로 되어 있다. 그런데 《청구》와 《만성》의 《수원백씨보》에는 백의환의 가계가 보이지 않는다. 정주지방의 수원백씨는 영조 대 이후 문과급제자 22명을 배출하여 이 지방의 명문으

로 부상했다. 《세종실록》〈지리지〉, 《동국여지승람》에는 정주에 수
원백씨가 없고 황주백씨黃州白氏만 보이다가 《여지도서》에는 황주백
씨가 사라지고 그 대신 수원백씨가 보인다. 혹시 황주백씨가 수원백
씨로 본관을 바꾸었는지도 모른다.

382 강현康現(1731~?) 평안도 정주定州 사람으로 유학을 거쳐 영조
29년 23세로 식년시에 병과로 급제하여 벼슬이 성균관 학유(종9품)에
이르렀다. 《방목》에는 벼슬이 없이 아버지[世光], 할아버지[永續], 증
조[濟邦], 외조[白有文] 이름이 보이고, 본관이 신천信川으로 되어 있
다. 그런데 《청구》와 《만성》의 《신천강씨보》에는 강현의 가계가 보
이지 않는다.

383 김중초金重楚(1719~?) 평안도 정주定州 사람으로 유학을 거쳐
영조 29년 35세로 식년시에 병과로 급제했다. 《방목》에는 벼슬이 없
이 아버지[德麗], 할아버지[衡道], 증조[富鎰], 외조[崔俊建] 이름이 보
이고, 본관이 안동安東으로 되어 있다. 그런데 《청구》와 《만성》의
《안동김씨보》에는 김중초의 가계가 보이지 않는다. 《세종실록》〈지
리지〉, 《동국여지승람》, 《여지도서》 어디에도 정주에 안동김씨가 없
다. 《동국여지승람》에 보이던 용강김씨龍岡金氏가 《여지도서》에서
사라지는 것으로 보아 용강김씨가 안동김씨로 본관을 바꾸었는지도
모른다.

384 송익중宋益中(1729~?) 전라도 광주光州 사람으로 유학을 거쳐
영조 29년 25세로 식년시에 병과로 급제했다. 《방목》에는 벼슬이 없
이 아버지[通明], 할아버지[塾], 증조[濚], 외조[尹廷說] 이름이 보이고,
본관이 신평新平으로 되어 있다. 그런데 《청구》와 《만성》의 《신평송
씨보》에는 송익중의 가계가 보이지 않는다.

385 문시룡文始龍(1716~?) 전라도 능주綾州 사람으로 유학을 거쳐 영조 29년 38세로 식년시에 병과로 급제했다. 《방목》에는 벼슬이 없이 아버지[光斗], 할아버지[致章], 증조[會], 외조[馬徵義] 이름이 보이고, 본관이 남평南平으로 되어 있다. 그런데 《청구》와 《만성》의 《남평문씨보》에는 문시룡의 가계가 보이지 않는다. 외조 마징의도 아무런 벼슬이 없다.

386 김택려金宅礪(1720~?) 경상도 예천醴泉 사람으로 유학을 거쳐 영조 29년 34세로 식년시에 병과로 급제했다. 《방목》에는 벼슬이 없이 아버지[夏龜], 할아버지[衡重], 증조[英震], 외조[禹九敍] 이름이 보이고, 본관이 김해金海로 되어 있다. 그런데 《청구》와 《만성》의 《김해김씨보》에는 김택려의 가계가 보이지 않는다. 외조도 벼슬아치가 아니다.

387 김재경金在敬(1724~?) 청주淸州 사람으로 유학을 거쳐 영조 29년 30세로 식년시에 병과로 급제했다. 《방목》에는 벼슬이 없이 아버지[煉], 할아버지[漢柱], 증조[泌], 외조[李鎭夏] 이름이 보이고, 본관이 안동安東으로 되어 있다. 《청구》와 《만성》의 《안동김씨보》에 가계가 보이는데 김재경 자신의 이름은 보이지 않고, 아버지 김집의 아들은 김기정金基正으로서 문과에 급제하여 정랑의 벼슬을 한 것으로 되어 있다. 그러나 《방목》에는 김기정의 이름이 보이지 않는데, 김재경이 뒤에 이름을 김기정으로 바꾼 것 같다. 어쨌든 그의 직계 6대조 안에 벼슬아치가 없다.

388 박심朴沁(1721~?) 개성 사람으로 유학을 거쳐 영조 29년 33세로 식년시에 병과로 급제했다. 《방목》에는 벼슬이 없이 아버지[奎文], 할아버지[萬馦], 외조[隆世], 외조[金是銓] 이름이 보이고, 본관이 군위

軍威로 되어 있다. 그런데 《청구》의 《군위박씨보》에는 박심의 가계가 보이지 않으며, 《만성》에는 《군위박씨보》 자체가 없다. 2000년 현재 군위박씨 인구는 489가구 1,613명의 희성으로, 조선시대에 문과 급제자 4명을 배출했는데 모두 숙종 대 이후 급제했다.

389 **김봉길**金鳳吉(1736~?) 전라도 무장茂長 사람으로 유학을 거쳐 영조 29년 18세의 어린 나이로 식년시에 병과로 급제했는데, 임금은 이를 기특하게 여겨 승정원 주서(정7품)에 임명하려 했으나 한림이 추천하는 제도 때문에 좌절되었다. 그 뒤의 벼슬은 알 수 없다. 재미있는 것은 그의 아버지 용갑龍甲은 아들보다 3년 뒤인 영조 33년 문과에 급제했다. 《방목》에는 벼슬이 없이 아버지〔龍甲〕, 할아버지〔大成〕, 증조〔萬敍〕, 외조〔宋道觀〕 이름이 보이고, 본관이 광주光州(光山)로 되어 있다. 그런데 《청구》와 《만성》의 《광산김씨보》에는 그의 가계가 보이지 않는다.

390 **허후**許浤(1723~?) 경기도 죽산竹山 사람으로 유학을 거쳐 영조 29년 31세로 식년시에 병과로 급제하여 벼슬이 정랑(정5품)에 이르렀다. 《방목》에는 벼슬이 없이 아버지〔鍓〕, 할아버지〔坪〕, 증조〔煌〕, 외조〔李涑〕 이름이 보이고, 본관이 양천陽川으로 되어 있다. 《청구》와 《만성》의 《양천허씨보》를 보면 허후의 직계 3대조와 외조 가운데 벼슬아치가 없다.

391 **채정하**蔡廷夏(1720~?) 평안도 정주定州 사람으로 통덕랑(정5품)을 거쳐 영조 29년 34세로 식년시에 병과로 급제하여 벼슬이 사헌부 장령(정4품)을 거쳐 공조참의(정3품 당상관)와 지돈녕知敦寧(정2품)에 이르렀다. 《방목》에는 벼슬이 없이 아버지〔膺禎〕, 할아버지〔鳳章〕 이름이 보이고, 본관이 평강平康으로 되어 있다. 《청구》와 《만성》의

《평강채씨보》를 보면 채정하의 직계 5대조와 외조 가운데 벼슬아치가 없다. 《세종실록》〈지리지〉, 《동국여지승람》, 《여지도서》 어디에도 정주에 평강채씨가 보이지 않는다.

392 이빈李斌(1722~1817) 경기도 파주坡州 사람으로 유학을 거쳐 영조 30년(1754) 33세로 서울과 경기도 유생을 위한 정시에 장원급제하여 벼슬이 병조정랑(정5품)과 도정都正(정3품 당하관)에 이르렀다. 《방목》에는 벼슬이 없이 아버지〔世烈〕 이름이 보이고, 본관이 완산完山으로 되어 있다. 《전주이씨과거급제자총람》을 보면 이빈은 성종의 후궁 소생 완원군完原君의 9세손으로 직계 4대조 안에 벼슬아치가 없다.

393 이방린李芳隣(1715~?) 경기도 안성安城 사람으로 유학을 거쳐 영조 30년 40세로 경기도 도과道科에 병과로 급제했는데, 남의 글을 차술한 죄로 급제가 취소되었다. 《방목》에는 벼슬이 없이 아버지〔讚〕 이름만 보이고 본관이 없다. 《전주이씨과거급제자총람》을 보면 이방린은 전주이씨로서 《족보》에 오르지 못한 파미분류자로 되어 있다.

394 김광국金匡國(1730~?) 개성 사람으로 유학을 거쳐 영조 30년 25세로 서울과 경기도 도과에 병과로 급제했다. 《방목》에는 벼슬이 없이 아버지〔鑛〕 이름이 보이고, 본관이 개성開城으로 되어 있다. 그런데 《청구》와 《만성》의 《개성김씨보》에는 김광국의 가계가 보이지 않는다. 2000년 현재 개성김씨 인구는 6,434가구 2만 341명의 희성으로, 조선시대에 문과 16명, 무과 13명, 사마시 30명, 잡과 41명의 급제자를 배출했다.

395 이창섭李昌燮(1719~?) 충청도 보령保寧 사람으로 진사를 거쳐 영조 30년 36세로 증광시에 병과로 급제하여 벼슬이 참판(종2품)에 이르렀다. 《방목》에는 벼슬이 없이 아버지〔壟〕 이름이 보이고, 본관

이 완산完山으로 되어 있다. 《전주이씨과거급제자총람》을 보면 이창 섭은 성종의 후궁 소생 완원군의 후손으로, 직계 5대조 가운데 벼슬 아치가 없다.

396 한동섭韓東攝(1698~?) 전라도 남원 사람으로 진사를 거쳐 영조 30년 57세로 증광시에 병과로 급제했다. 《방목》에는 벼슬이 없이 아 버지〔範箕〕이름만 보이고, 본관이 청주淸州로 되어 있다. 그런데 《청 구》와 《만성》의 《청주한씨보》에는 한동섭의 가계가 보이지 않는다.

397 황인채黃鱗采(1716~?) 경상도 순흥順興 사람으로 진사를 거쳐 영조 30년 39세로 증광시에 병과로 급제하여 벼슬이 정조 대 제주판 관(종5품)에 이르렀다가 유배당했다.265) 《방목》에는 벼슬이 없이 아 버지〔橄〕이름만 보이고, 본관이 창원昌原으로 되어 있다. 그런데 《청 구》와 《만성》의 《창원황씨보》에는 황인채의 가계가 보이지 않는다.

398 남석로南碩老(1729~?) 경상도 대구大丘 사람으로 진사를 거쳐 영조 30년 36세로 증광시에 병과로 급제했다. 《방목》에는 벼슬이 없 이 아버지〔命新〕이름만 보이고, 본관이 영양英陽으로 되어 있다. 그런 데 《청구》와 《만성》의 《영양남씨보》에는 남석로의 가계가 보이지 않는다.

399 양주익梁周翊(1722~1802) 진사를 거쳐 영조 30년 33세로 증광시 에 병과로 급제하여 벼슬이 정조 대 병조참의(정3품 당상관)에 이르렀 다. 영조 42년 양주익이 병조좌랑에 임명되자 사헌부는 그의 "처지處 地가 비천鄙賤하다"는 이유로 체직을 요청했지만266) 그의 벼슬은 계 속되었으며, 정조 19년 병조참의로서 개혁상소를 올려 정조의 칭찬

---

265) 《정조실록》 권13, 정조 6년 2월 11일 무인.
266) 《영조실록》 권107, 영조 42년 11월 8일 갑술.

을 받기도 했다. 《방목》에는 벼슬이 없이 아버지[命進], 증조[壽] 이름이 보이고, 본관이 남원南原(帶方)으로 되어 있다. 《청구》와 《만성》의 《남원양씨보》를 보면 그는 왜란 당시 서얼로서 의병을 일으켰던 양대박梁大樸의 6대손으로 아버지와 할아버지는 벼슬이 없다. 처지가 비천하다는 것은 바로 그가 서얼의 후예임을 지적한 것으로 보인다.

400 안정대安鼎大(1721~?) 충청도 덕산德山 사람으로 유학을 거쳐 영조 30년 34세로 증광시에 병과로 급제하여 벼슬이 정조 대 사헌부 장령(정4품)에 이르렀다. 《방목》에는 벼슬이 없이 아버지[世德] 이름이 보이고, 본관이 광주廣州로 되어 있다. 그런데 《청구》의 《광주안씨보》에는 안정대의 가계가 보이지 않으며, 《만성》의 《광주안씨보》에는 가계가 보이는데, 성리학자 안민학安敏學의 5대손으로 직계 4대조 가운데 벼슬아치가 없다.

401 박중경朴重慶(1726~?) 경상도 예천醴泉 사람으로 유학을 거쳐 영조 30년 29세로 증광시에 병과로 급제하여 벼슬이 군수(종4품)에 이르렀다. 《방목》에는 벼슬이 없이 아버지[成德] 이름만 보이고, 본관이 함양咸陽(速含)으로 되어 있다. 《청구》와 《만성》의 《함양박씨보》를 보면 박중경의 직계 3대조와 외조 가운데 벼슬아치가 없다.

402 이빈李檳(1712~?) 경상도 용궁龍宮 사람으로 유학을 거쳐 영조 30년 43세로 증광시에 병과로 급제하여 벼슬이 참판(종2품)에 이르렀다. 《방목》에는 벼슬이 없이 아버지[濟時] 이름만 보이고, 본관이 여흥驪興(驪州)으로 되어 있다. 《청구》의 《여흥이씨보》를 보면 이빈의 직계 4대조 안에 벼슬아치가 없고, 《만성》의 《여흥이씨보》에는 가계가 보이지 않는다.

403 조석우趙錫愚(1721~?) 경상도 상주尙州 사람으로 유학을 거쳐 영조 30년 34세로 증광시에 병과로 급제하여 벼슬이 사헌부 지평(정5 품)에 이르렀다. 《방목》에는 벼슬이 없이 아버지[時經] 이름이 보이고, 본관이 풍양豊壤으로 되어 있다. 《청구》와 《만성》의 《풍양조씨보》를 보면 조석우의 직계 5대조와 외조 가운데 벼슬아치가 없다.

404 정국신鄭國臣(1711~?) 경상도 삼가三嘉 사람으로 유학을 거쳐 영조 30년 44세로 증광시에 병과로 급제했다. 《방목》에는 벼슬이 없이 아버지[宗仁] 이름만 보이고, 본관이 초계草溪로 되어 있다. 그런데 《청구》와 《만성》의 《초계정씨보》에는 정국신의 가계가 보이지 않는다.

405 박종언朴宗彦(1716~?) 전라도 광주光州 사람으로 유학을 거쳐 영조 30년 39세로 증광시에 병과로 급제하여 벼슬이 사헌부 장령(정4 품)에 이르렀다. 《방목》에는 벼슬이 없이 아버지[萬挺] 이름만 보이고, 본관이 음성陰城으로 되어 있다. 그런데 《청구》의 《음성박씨보》에는 박종언의 가계가 보이지 않으며, 《만성》의 《음성박씨보》에는 가계가 보이는데 직계 4대조와 외조 가운데 벼슬아치가 없다.

406 신경준申景濬(1712~1781) 전라도 순창淳昌 사람으로 유학을 거쳐 영조 30년 43세로 증광시에 병과로 급제하여 벼슬이 사헌부 장령 (정4품), 사간원 사간(종3품)에 이르렀는데, 《동국문헌비고》 편찬에 참여하는 등 많은 저술을 남겨 실학자로 이름을 떨쳤다. 《방목》을 보면 벼슬이 없이 아버지[淶], 할아버지[善泳], 증조[澐], 외조[李儀鴻] 이름이 보이고, 본관이 고령高靈으로 되어 있다. 그런데 《청구》의 《고령신씨보》에는 신경준의 가계가 보이지 않으며, 《만성》의 《고령신씨보》에는 가계가 보이는데, 신말주申末舟의 11대손으로 직계 7대조

와 외조 가운데 벼슬아치가 없다.

407 임일원任一源(1723~?) 전라도 보성寶城 사람으로 유학을 거쳐 영조 30년 32세로 증광시에 병과로 급제하여 벼슬이 사헌부 장령(정4품)에 이르렀다. 《방목》에는 벼슬이 없이 아버지[鏡롯] 이름만 보이고, 본관이 장흥長興으로 되어 있다. 《청구》와 《만성》의 《장흥임씨보》를 보면 임일원은 명종 대 부사를 지낸 임백영任百英의 후손으로만 되어 있어 중간 계보가 끊어져 있다. 이는 약 150여 년 동안 벼슬아치가 없었다는 뜻이다.

408 오상현吳尙顯(1714~?) 함경도 안변安邊 사람으로 지릉참봉智陵參奉(종9품)을 거쳐 영조 31년(1755) 42세로 함경도 별시에 장원급제했다. 《방목》에는 벼슬이 없이 아버지[命來] 이름이 보이고, 본관이 해주海州로 되어 있다. 그런데 《청구》와 《만성》의 《해주오씨보》에는 오상현의 가계가 보이지 않는다.

409 장달성張達星(1719~?) 함경도 무산茂山 사람으로 사마시와 참봉(종9품)을 거쳐 영조 31년 37세로 함경도 별시에 을과로 급제하여 벼슬이 찰방(종6품)에 이르렀다. 《방목》에는 벼슬이 없이 아버지[濟漢] 이름이 보이고, 본관이 송화松禾로 되어 있다. 그런데 《청구》와 《만성》에는 《송화장씨보》 자체가 없다. 2000년 현재 송화장씨 인구는 1가구 3명으로 알려지고 있으며, 장달성이 유일한 문과급제자이자 실질적인 시조이다. 송화장씨는 후대에 다른 성관으로 통합된 것으로 보인다.

410 이관李寬(1713~?) 함경도 안변安邊 사람으로 유학을 거쳐 영조 31년 43세로 함경도 별시에 병과로 급제했다. 《방목》에는 벼슬이 없이 아버지[漢英] 이름만 보이고, 본관이 평창平昌으로 되어 있다. 그런

데《청구》와《만성》의《평창이씨보》에는 이관의 가계가 보이지 않
는다.

411 **김수함**金守咸(1717~?) 함경도 안변安邊 사람으로 유학을 거쳐
영조 31년 39세로 함경도 별시에 병과로 급제하여 벼슬이 찰방(종6
품)에 이르렀다.《방목》에는 벼슬이 없이 아버지〔汝鎌〕이름만 보이
고, 본관이 동래東萊로 되어 있다.《청구》의《동래김씨보》를 보면 아
버지는 벼슬이 없고 김수함이 최초의 벼슬아치로 기록되어 있다.
2000년 현재 동래김씨 인구는 298가구 897명의 희성으로, 그가 유일
한 문과급제자이다.《세종실록》〈지리지〉를 보면 김씨는 동래의 속
성續姓으로 향리를 하고 있다고 되어 있어 그는 향리의 후손으로 보
인다.

412 **오태장**吳泰章(1712~?) 함경도 회령會寧 사람으로 유학을 거쳐
영조 31년 44세로 함경도 별시에 병과로 급제하여 벼슬이 승정원 주
서(정7품)와 우관郵官에 이르렀다.[267]《방목》에는 벼슬이 없이 아버
지〔挺說〕이름만 보이고, 본관이 해주海州로 되어 있다. 그런데《청
구》와《만성》의《해주오씨보》에는 오태장의 가계가 보이지 않는다.

413 **박형**朴珩(1728~?) 함경도 종성鍾城 사람으로 유학을 거쳐 영조
31년 28세로 함경도 별시에 병과로 급제했다.《방목》에는 벼슬이 없
이 아버지〔遠光〕이름만 보이고, 본관이 함양咸陽으로 되어 있다. 그런
데《청구》와《만성》의《함양박씨보》에는 박형의 가계가 보이지 않
는다.

414 **우정봉**禹禎鳳(1719~?) 충청도 충주忠州 사람으로 진사를 거쳐

영조 31년 37세로 정시에 병과로 급제했다. 《방목》에는 벼슬이 없이 아버지[聖樑] 이름만 보이고, 본관이 단양丹陽으로 되어 있다. 그런데 《청구》와 《만성》의 《단양우씨보》에는 우정봉의 가계가 보이지 않는다.

415 **구지국**具持國(1725~?) 경기도 죽산竹山 사람으로 유학을 거쳐 영조 31년 31세로 정시에 병과로 급제했다. 《방목》에는 벼슬이 없이 아버지[喜泰] 이름이 보이고, 본관이 능성綾城으로 되어 있다. 그런데 《청구》와 《만성》의 《능성구씨보》에는 구지국의 가계가 보이지 않는다.

416 **유환덕**柳煥德(1729~?) 유학을 거쳐 영조 31년 27세로 정시에 병과로 급제하여 벼슬이 사헌부 지평(정5품)에 이르렀다. 《방목》에는 벼슬이 없이 아버지[俊模] 이름만 보이고, 본관이 문화文化로 되어 있다. 그런데 《청구》와 《만성》의 《문화유씨보》에는 유환덕의 가계가 보이지 않는다.

417 **임제원**任濟遠(1718~?) 전라도 해남海南 사람으로 진사를 거쳐 영조 31년 38세로 정시에 을과로 급제하여 벼슬이 만경현령(종5품)에 이르렀다가 영조 41년에 파직되었다. 《방목》에는 벼슬이 없이 아버지[大遇] 이름만 보이고, 본관이 장흥長興으로 되어 있다. 그런데 《청구》와 《만성》의 《장흥임씨보》에는 임제원의 가계가 보이지 않는다.

418 **김성유**金聖猷(1717~?) 평안도 삼화三和 사람으로 유학을 거쳐 영조 32년(1756) 40세로 정시에 장원급제하여 벼슬이 겸춘추兼春秋에 이르렀다. 《방목》에는 벼슬이 없이 아버지[麗興] 이름만 보이고, 본관이 영광靈光으로 되어 있다. 그런데 《청구》와 《만성》의 《영광김씨보》에는 김성유의 가계가 보이지 않는다. 《세종실록》〈지리지〉, 《동

국여지승람》,《여지도서》 어디에도 삼화에는 영광김씨가 없다.

419 손만일孫萬逸(1717~?) 황해도 장연長淵 사람으로 진사를 거쳐 영조 32년 40세로 정시에 병과로 급제했다.《방목》에는 벼슬이 없이 아버지[繡] 이름만 보이고, 본관이 밀양密陽으로 되어 있다. 그런데 《청구》와《만성》의《밀양손씨보》에는 손만일의 가계가 보이지 않는다.

420 김이상金履常(1718~?) 경상도 상주尙州 사람으로 유학을 거쳐 영조 32년 39세로 정시에 병과로 급제했다.《방목》에는 벼슬이 없이 아버지[國采] 이름만 보이고, 본관이 의성義城으로 되어 있다. 그런데 《청구》와《만성》의《의성김씨보》에는 김이상의 가계가 보이지 않는다.

421 김처공金處恭(1725~?) 평안도 개천价川 사람으로 진사를 거쳐 영조 32년 32세로 정시에 병과로 급제했다.《방목》에는 벼슬이 없이 아버지[德兼] 이름만 보이고, 본관이 양주楊州로 되어 있다. 그런데 《청구》에는《양주김씨보》가 없고,《만성》에는《양주김씨보》가 있지만 김처공의 가계는 보이지 않는다. 2000년 현재 양주김씨 인구는 1,109가구 3,510명의 희성으로 조선시대 문과급제자 8명을 배출했는데, 그 가운데 5명은 개천에서 나왔다. 그런데《세종실록》〈지리지〉,《동국여지승람》,《여지도서》 어디에도 개천에는 양주김씨가 없다.

422 윤석주尹錫周(1711~?) 충청도 천안天安 사람으로 유학을 거쳐 영조 32년 46세로 정시에 병과로 급제하여 벼슬이 사헌부 장령(정4품)에 이르렀다.《방목》에는 벼슬이 없이 아버지[處謐] 이름만 보이고, 본관이 파평坡平으로 되어 있다.《청구》와《만성》의《파평윤씨보》를 보면 윤석주의 직계 6대조와 외조 가운데 벼슬아치가 없다.

423 황박黃樸(1716~?) 충청도 신창新昌 사람으로 유학을 거쳐 영조 32년 41세로 정시에 병과로 급제하여 벼슬이 승정원 주서(정7품)에 이르렀다. 《방목》에는 벼슬이 없이 아버지[潤河] 이름만 보이고, 본 관이 창원昌原으로 되어 있다. 그런데 《청구》와 《만성》의 《창원황씨 보》에는 황박의 가계가 보이지 않는다.

424 김용한金龍翰(1712~?) 평안도 순안順安 사람으로 유학을 거쳐 영조 32년 45세로 정시에 병과로 급제하여 벼슬이 성균관 직강(정5 품)과 정랑(정5품)에 이르렀다. 《방목》에는 벼슬이 없이 아버지[振潛] 이름만 보이고, 본관이 고양高陽으로 되어 있다. 그런데 《청구》와 《만성》에는 《고양김씨보》 자체가 없다. 김씨는 고양의 토성土姓이지 만, 2000년 현재 고양김씨 인구는 163가구 517명의 희성으로, 김용한 이 유일한 문과급제자이다.

425 김중옥金重玉(1735~?) 평안도 정주定州 사람으로 영조 32년 22 세로 정시에 병과로 급제했다. 《방목》에는 벼슬이 없이 아버지[德華, 생부 德晗] 이름만 보이고, 본관이 안동安東으로 되어 있다. 그런데 《청구》와 《만성》의 《안동김씨보》에는 김중옥의 가계가 보이지 않 는다. 《세종실록》〈지리지〉, 《동국여지승람》, 《여지도서》 어디에도 정주에 안동김씨가 보이지 않는다.

426 장취오張聚五(1687~?) 진사를 거쳐 영조 32년 70세로 60세 이상 의 기로耆老들을 위한 기로정시에 을과로 급제하여 벼슬이 판결사(정 3품 당상관)에 이르렀다. 《방목》에는 벼슬과 아버지[時瑞] 이름만 보 이고, 본관이 결성結城으로 되어 있다. 그런데 《만성》의 《결성장씨 보》에는 장취오의 가계가 보이지 않으며, 《청구》의 《결성장씨보》를 보면 아버지와 장취오 등 두 사람의 이름만 보인다. 장씨는 결성의

토성土姓으로 2000년 현재 결성장씨 인구는 6,708가구 2만 1,068명의 희성이다. 조선시대 문과급제자 5명을 배출했는데, 그가 처음이다.

427 김학수金學洙(1690~?) 평안도 안주安州 사람으로 유학을 거쳐 영조 32년 67세로 식년시에 병과로 급제했다. 《방목》에는 벼슬이 없이 아버지[重奎], 할아버지[繼章], 증조[海善], 외조[朴廷煥] 이름이 보이고, 본관이 진주晉州로 되어 있다. 그런데 《청구》와 《만성》의 《진주김씨보》에는 김학수의 이름이 보이지 않는다. 2000년 현재 진주김씨 인구는 6,096가구 1만 9,795명의 희성으로, 조선시대에 문과급제자 10명을 배출했는데, 대부분 평안도 출신이다. 《세종실록》〈지리지〉, 《동국여지승람》, 《여지도서》에는 안주에 진주김씨가 보이지 않는다.

428 이유철李有喆(1717~?) 유학을 거쳐 영조 32년 40세로 식년시에 병과로 급제하여 벼슬이 사간원 대사간(정3품 당상관)에 이르렀다. 《방목》에는 벼슬이 없이 아버지[瑞], 할아버지[尙彦], 증조[東濟], 외조[安爀] 이름이 보이고, 본관이 완산完山으로 되어 있다. 《전주이씨과거급제자총람》을 보면 이유철은 세종의 아들 광평대군의 후손으로, 직계 4대조 안에 벼슬아치가 없다.

429 차봉원車鳳轅(1717~?) 평안도 영변寧邊 사람으로 유학을 거쳐 영조 32년 40세로 식년시에 병과로 급제하여 벼슬이 경연 춘추관 기사관記事官(6~9품)에 이르렀다. 《방목》에는 벼슬이 없이 아버지[正規], 할아버지[興輪], 증조[得民], 외조[金世滿] 이름이 보이고, 본관이 연안延安으로 되어 있다. 《청구》의 《연안차씨보》를 보면 차봉원은 가계가 끊어진 형태로 독립되어 기록되어 있어 조상 가운데 벼슬아치가 없다. 한편, 《만성》의 《연안차씨보》에는 그의 가계가 보이지

않는다. 하지만 평안도의 연안차씨는 영조 대 이후 문과급제자 12명
을 배출하여 이 지방의 신흥 명문으로 등장했다. 그런데《세종실록》
〈지리지〉,《동국여지승람》,《여지도서》에는 영변에 연안차씨가 보
이지 않는다.

　　430 함사겸咸士謙(1730~?) 평안도 희천熙川 사람으로 유학을 거쳐
영조 32년 27세로 식년시에 병과로 급제했다.《방목》에는 벼슬이 없
이 아버지[龜瑞], 할아버지[尙健], 증조[鳴益], 외조[金壽錫] 이름이 보
이고, 본관이 강릉江陵으로 되어 있다. 그런데《청구》와《만성》의
《강릉함씨보》에는 함사겸의 가계가 보이지 않는다.《세종실록》〈지
리지〉,《동국여지승람》,《여지도서》에는 희천에 강릉함씨가 없다.
강릉함씨는 조선시대 문과급제자 3명을 배출했는데, 중종 대 첫 급제
자가 나오고 두 번째가 함사겸이고 세 번째는 고종 대 급제했다.

　　431 이제형李齊衡(1716~?) 충청도 임천林川 사람으로 유학을 거쳐
영조 32년 41세로 식년시에 병과로 급제하여 벼슬이 정랑(정5품)과
판관(종5품)에 이르렀다.《방목》에는 벼슬이 없이 아버지[幟], 할아버
지[興完], 증조[亨茂], 외조[梁國珍] 이름이 보이고, 본관이 완산完山으
로 되어 있다.《전주이씨과거급제자총람》을 보면 이제형은 태종의
후궁 소생 온령군溫寧君의 12세손으로, 직계 4대조 가운데 벼슬아치
가 없다.

　　432 이시일李時逸(1731~?) 경주慶州 사람으로 유학을 거쳐 영조 32
년 26세로 식년시에 병과로 급제했다.《방목》에는 벼슬이 없이 아버
지[基培], 할아버지[孝謙], 증조[楫], 외조[徐行進] 이름이 보이고, 본관
이 광주廣州로 되어 있다. 그런데《청구》와《만성》의《광주이씨보》
에는 이시일의 가계가 보이지 않는다.

433 강정하康正夏(1731~?) 평안도 영변寧邊 사람으로 유학을 거쳐 영조 32년 26세로 식년시에 병과로 급제하여 벼슬이 성균관 직강(정5품)에 이르렀다. 《방목》에는 벼슬이 없이 아버지〔顯來〕, 할아버지〔時漸〕, 증조〔錫洪〕, 외조〔金萬冑〕 이름이 보이고, 본관이 신천信川으로 되어 있다. 그런데 《청구》와 《만성》의 《신천강씨보》에는 강정하의 가계가 보이지 않는다. 《세종실록》〈지리지〉, 《동국여지승람》, 《여지도서》에는 영변에 신천강씨가 없다.

434 김태일金台一(1733~?) 평안도 개천价川 사람으로 유학을 거쳐 영조 32년 24세로 식년시에 병과로 급제했다. 《방목》에는 벼슬이 없이 아버지〔興來〕, 할아버지〔應漢〕, 증조〔湯成〕, 외조〔朴尙謙〕 이름이 보이고, 본관이 밀양密陽으로 되어 있다. 《청구》의 《밀양김씨보》에는 단 두 사람만 기록되어 있는데, 김태일은 가계가 끊어진 형태로 외따로 기록되어 있어 조상의 가계를 알 수 없다. 2000년 현재 밀양김씨 인구는 3,009가구 9,951명의 희성으로, 조선시대에 문과급제자 4명을 배출했는데, 그가 첫 급제자이며, 4명 가운데 3명이 개천 출신이다. 김씨는 밀양의 토성土姓에도 있고 속성續姓에도 있으므로, 속성이었다면 향리의 후손이다. 그런데 《세종실록》〈지리지〉, 《동국여지승람》, 《여지도서》에는 개천에 밀양김씨가 보이지 않는다.

435 김용갑金龍甲(1706~?) 전라도 무장茂長 사람으로 유학을 거쳐 영조 32년 51세로 식년시에 병과로 급제하여 벼슬이 호조정랑(정5품)에 이르렀다. 《방목》에는 벼슬이 없이 아버지〔土成〕, 할아버지〔萬솼〕, 증조〔忠曄〕, 외조〔柳旿〕 이름이 보이고 본관이 광주光州(光山)로 되어 있다. 그런데 《청구》와 《만성》의 《광산김씨보》에는 김용갑의 가계가 보이지 않는다.

436 방우곤方禹坤(1724~?) 평안도 정주定州 사람으로 유학을 거쳐 영조 32년 33세로 식년시에 병과로 급제했다.《방목》에는 벼슬이 없이 아버지[震燮], 할아버지[重澤], 증조[式], 외조[鄭時允] 이름이 보이고, 본관이 온양溫陽으로 되어 있다.《청구》의《온양방씨보》에는 방우곤의 이름이 가계가 끊어진 형태로 단독으로 기록되어 있다. 한편,《만성》의《온양방씨보》에는 가계가 보이지 않는다. 온양방씨는 조선시대 문과급제자 9명을 배출했는데, 그 가운데 정주의 온양방씨는 영조 대 이후 6명이 나와 이 지방에서 이름을 떨쳤다. 그런데《세종실록》〈지리지〉,《동국여지승람》에는 정주에 온양방씨가 보이지 않다가《여지도서》에 처음으로 온양방씨가 보인다. 온양방씨는 조선후기에 잡과급제자 95명을 배출했다.

437 조석룡趙錫龍(1721~?) 경상도 상주尚州 사람으로 유학을 거쳐 영조 32년 36세로 식년시에 병과로 급제했다.《방목》에는 벼슬이 없이 아버지[麟經], 할아버지[瀋], 증조[大胤], 외조[鄭揆陽] 이름이 보이고, 본관이 풍양豊壤으로 되어 있다.《청구》의《풍양조씨보》를 보면 조석룡의 직계 5대조 가운데 벼슬아치가 없으며,《만성》의《풍양조씨보》에는 가계가 보이지 않는다.

438 백인환白仁煥(1722~?) 평안도 정주定州 사람으로 유학을 거쳐 영조 32년 35세로 식년시에 병과로 급제하여 벼슬이 정조 대 사헌부장령(정4품)에 이르렀다.《방목》에는 벼슬이 없이 아버지[運西], 할아버지[元偶], 증조[尚淸], 외조[承善弘] 이름이 보이고, 본관이 수원水原으로 되어 있다. 앞에 소개한 백의환白義煥의 아우이다. 정주에는 본래 황주백씨黃州白氏만 있었으나《여지도서》에는 황주백씨가 없어지고 수원백씨가 등장한다. 황주백씨가 수원백씨로 본관을 바꾸었는지

도 모른다.

439 이상운李尙運(1734~?) 평안도 정주定州 사람으로 유학을 거쳐 영조 32년 23세로 식년시에 병과로 급제하여 벼슬이 성균관 사예(정4품)에 이르렀다. 《방목》에는 벼슬이 없이 아버지[時彬], 할아버지[允植], 증조[克昌], 외조[方壽堅] 이름이 보이고, 본관이 인천仁川으로 되어 있다. 그런데 《청구》와 《만성》의 《인천이씨보》에는 이상운의 가계가 보이지 않는다. 《세종실록》〈지리지〉, 《동국여지승람》에는 정주에 회령이씨會寧李氏만 보이다가 《여지도서》에는 회령이씨가 사라지고 전주이씨全州李氏가 보이며, 인천이씨는 없다. 그의 신원을 알 수 없다.

440 김홍제金弘濟(1680~?) 전라도 무안務安 사람으로 유학을 거쳐 영조 32년 77세로 식년시에 병과로 급제하여 벼슬이 동지중추부사(종2품)에 이르렀다. 《방목》에는 벼슬이 없이 아버지[塤], 할아버지[友善], 증조[殷慶], 외조[李敬堯] 이름이 보이고, 본관이 도강道康(康津)으로 되어 있다. 《청구》의 《강진김씨보》에는 김홍제의 이름이 조상의 가계가 끊어진 형태로 기록되어 있어 가계를 알 수 없으며, 《만성》의 《도강김씨보》에는 가계가 보이지 않는다.

441 김응문金應文(1688~?) 전라도 정읍井邑 사람으로 유학을 거쳐 영조 32년 69세로 식년시에 병과로 급제했다. 《방목》에는 벼슬이 없이 아버지[元鼎], 할아버지[慶壽], 증조[機], 외조[姜伯周] 이름이 보이고, 본관이 서흥瑞興으로 되어 있다. 그런데 《청구》와 《만성》의 《서흥김씨보》에는 김응문의 가계가 보이지 않는다.

442 남용현南龍見(1704~?) 경상도 안동安東 사람으로 유학을 거쳐 영조 32년 53세로 식년시에 병과로 급제하여 벼슬이 병조 낭관(5~6

품)에 이르렀다. 《방목》에는 벼슬이 없이 아버지[宇壁], 할아버지[金 好], 증조[天老], 외조[宋之馨] 이름이 보이고, 본관이 영양英陽으로 되 어 있다. 그런데 《청구》의 《영양남씨보》를 보면 남용현의 가계가 《방목》과 전혀 다르며, 《만성》의 《영양남씨보》의 가계는 《방목》과 같은데, 이를 따르면 직계 3대조와 외조 가운데 벼슬아치가 없다.

443 이복경李復慶(1721~?) 충청도 대흥大興 사람으로 유학을 거쳐 영조 32년 36세로 식년시에 병과로 급제하여 벼슬이 병조좌랑(정6품) 과 사간원 정언(정6품)에 이르렀다. 《방목》에는 벼슬이 없이 아버지 [齊七], 할아버지[日齡], 증조[震華], 외조[成偉] 이름이 보이고, 본관이 완산完山으로 되어 있다. 《전주이씨과거급제자총람》을 보면 이복경 은 세종의 후궁 소생 담양군의 11세손으로, 직계 4대조와 외조 가운 데 벼슬아치가 없다.

444 이장오李章五(1726~?) 개성開城 사람으로 유학을 거쳐 영조 32 년 31세로 식년시에 병과로 급제했다. 《방목》에는 벼슬이 없이 아버 지[夏都], 할아버지[台東], 증조[沈], 외조[路聖周] 이름이 보이고, 본관 이 연안延安으로 되어 있다. 그런데 《청구》와 《만성》의 《연안이씨 보》에는 이장오의 가계가 보이지 않는다.

445 유만건柳萬健(1677~?) 유학을 거쳐 영조 32년 60세로 식년시에 병과로 급제하여 벼슬이 군수(종4품)에 이르렀다. 《방목》에는 벼슬이 없이 아버지[復三], 할아버지[興門], 증조[應辰], 외조[尹珩] 이름이 보 이고, 본관이 진주晉州로 되어 있다. 《청구》와 《만성》의 《진주유씨 보》를 보면 유만건의 직계 7대조와 외조 가운데 벼슬아치가 없다.

446 김재성金在誠(일명 在正, 1720~?) 청주淸州 사람으로 유학을 거쳐 영조 32년 37세로 식년시에 병과로 급제하여 벼슬이 정랑(정5품)과

도사(종5품)에 이르렀다. 《방목》에는 벼슬이 없이 아버지[燁], 할아버지[夏柱], 증조[泌], 외조[蔡穗] 이름이 보이고, 본관이 안동安東으로 되어 있다. 《청구》와 《만성》의 《안동김씨보》를 보면 김재성의 직계 6대조와 외조 가운데 벼슬아치가 없다.

447 조석목趙錫穆(1726~?) 경상도 상주尙州 사람으로 유학을 거쳐 영조 32년 식년시에 병과로 급제하여 벼슬이 승지(정3품 당상관)에 이르렀다. 《방목》에는 벼슬이 없이 아버지[履經], 할아버지[瀅], 증조[大胤], 외조[李基仁] 이름이 보이고, 본관이 풍양豊壤으로 되어 있다. 《청구》와 《만성》의 《풍양조씨보》를 보면 조석목의 직계 5대조와 외조 가운데 벼슬아치가 없다.

448 주남길朱南吉(1724~?) 함흥咸興 사람으로 유학을 거쳐 영조 32년 33세로 식년시에 병과로 급제하여 벼슬이 성균관 학유(종9품)에 이르렀다. 《방목》에는 벼슬이 없이 아버지[遠舜], 할아버지[煥正], 증조[乘], 외조[韓萬濟] 이름이 보이고, 본관이 전주全州로 되어 있다. 그런데 《청구》의 《전주주씨보》에는 주남길의 가계가 보이지 않으며, 《만성》의 《전주주씨보》에는 가계가 보이는데, 직계 3대조와 외조 가운데 벼슬아치가 없다. 하지만 함흥의 전주주씨는 영조 대 이후 문과급제자 14명을 배출하여 이 지방의 명문으로 등장했다.

449 장수용張受容(1728~?) 유학을 거쳐 영조 32년 29세로 식년시에 병과로 급제했다. 《방목》에는 벼슬이 없이 아버지[興玉], 할아버지[夢奎], 증조[友載], 외조[蔡慶徵] 이름이 보이고, 본관이 인동仁同으로 되어 있다. 《청구》의 《인동장씨보》를 보면 장수용의 직계 8대조와 외조 가운데 벼슬아치가 없으며, 《만성》의 《인동장씨보》에는 가계가 보이지 않는다.

450 맹유룡孟儒龍(1717~?) 충청도 청양靑陽 사람으로 유학을 거쳐 영조 32년 40세로 식년시에 병과로 급제했다.《방목》에는 벼슬이 없이 아버지[養浩], 할아버지[之梁], 증조[世英], 외조[卜之高] 이름이 보이고, 본관이 신창新昌으로 되어 있다. 그런데《청구》와《만성》의《신창맹씨보》에는 맹유룡의 가계가 보이지 않는다.

451 김낙수金樂洙(1721~?) 통덕랑(정5품)을 거쳐 영조 32년 36세로 식년시에 병과로 급제하여 벼슬이 사헌부 집의(종3품)에 이르렀으며 정조 8년에는 통정대부(정3품 당상관)로 승차되었는데, 김낙수의 집안이 한미寒微한 것으로 알려졌다.268)《방목》에는 벼슬이 없이 아버지[錫佐], 증조[時獻], 처부[李徵瑞] 이름이 보이고, 본관이 선산善山으로 되어 있다. 그런데《청구》와《만성》의《선산김씨보》에는 그의 가계가 보이지 않는다.

452 성대중成大中(1732~1812) 경기도 포천抱川 사람이며 서얼로269) 생원과 통덕랑(정5품)을 거쳐 영조 32년 25세로 식년시에 병과로 급제하여 벼슬이 정조 대 부사(종3품)에 이르렀다. 정조의 명을 받아《존주록尊周錄》편찬에 참여했으며, 문집으로《청성집靑城集》이 있고 실학자로 이름이 높다.《방목》에는 벼슬이 없이 아버지[孝基] 이름이 보이고, 본관이 창녕昌寧으로 되어 있다.《청구》의《창녕성씨보》에는 성대중의 가계가 보여, 서얼이지만 저명한 학자이자 관료였으므로《족보》에 오른 것으로 보인다.

453 권정침權正忱(1710~1767) 진사를 거쳐 영조 33년(1757) 48세로 정시에 병과로 급제하여 벼슬이 사도세자의 시강원 설서(정7품)에 이

---

268)《영조실록》권95, 영조 36년 4월 18일 임진.
269)《영조실록》권105, 영조 41년 6월 18일 임술.

르렀다. 세자가 죽은 뒤에 고향에 은거하여 학문으로 일생을 마쳤으며 문집으로 《평암집平庵集》이 전한다. 《방목》에는 벼슬이 없이 아버지[盞] 이름만 보이고, 본관이 안동安東으로 되어 있다. 《청구》와 《만성》의 《안동권씨보》를 보면 권정침은 명신 권벌權橃의 후손으로, 직계 4대조와 외조 가운데 벼슬아치가 없다.

454 송악재宋岳載(1738~?) 경기도 수원水原 사람으로 생원을 거쳐 영조 33년 20세로 정시에 병과로 급제했다. 《방목》에는 벼슬이 없이 아버지[翼道] 이름이 보이고, 본관이 여산礪山으로 되어 있다. 그런데 《청구》와 《만성》의 《여산송씨보》에는 송악재의 가계가 보이지 않는다.

455 문봉집文鳳集(1721~?) 평안도 안주安州 사람으로 유학을 거쳐 영조 35년(1759) 39세로 식년시에 갑과로 급제했다. 《방목》에는 벼슬이 없이 아버지[碩奎], 할아버지[昌道], 증조[時郁], 외조[魏貞殷] 이름이 보이고, 본관이 인천仁川으로 되어 있다. 그런데 《만성》에는 《인천문씨보》 자체가 없으며, 《청구》의 《인천문씨보》에는 오직 문봉집 한 사람만 기록되어 있다. 현재 인천문씨 인구는 파악되지 않고 있으며, 조선시대 문과급제자는 그가 유일하다. 그런데 《세종실록》〈지리지〉, 《동국여지승람》, 《여지도서》에는 안주에 인천문씨가 없다. 《세종실록》〈지리지〉에는 인천에 문씨門氏가 있는데 이들이 뒤에 문씨文氏로 본관을 바꾼 듯하다.

456 채희범蔡希範(1704~?) 진사와 주부(종6품)를 거쳐 영조 35년 56세로 식년시에 을과로 급제했다. 《방목》에는 벼슬이 없이 아버지[九夏], 할아버지[廷鳳], 증조[渫], 외조[鄭洙德] 이름이 보이고, 본관이 인천仁川으로 되어 있다. 그런데 《청구》와 《만성》의 《인천채씨보》에

는 채희범의 가계가 보이지 않는다.

457 이취복李就復(1720~?) 황해도 평산平山 사람으로 유학을 거쳐 영조 35년 40세로 식년시에 을과로 급제했다. 《방목》에는 벼슬이 없이 아버지[有三], 할아버지[仁崇], 증조[德生], 외조[金佐英] 이름이 보이고, 본관이 나주羅州로 되어 있다. 그런데 《청구》의 《나주이씨보》에는 오직 이취복 한 사람만 기록되어 있고, 《만성》에는 《나주이씨보》 자체가 없다. 2000년 현재 나주이씨 인구는 1,988가구 6,281명의 희성으로, 조선시대에 문과급제자 2명을 배출했는데, 그가 첫 급제자이다.

458 김문탁金文鐸(1718~?) 전라도 태인泰仁 사람으로 유학을 거쳐 영조 35년 42세로 식년시에 병과로 급제하여 벼슬이 승문원 정자(정9품)를 거쳐 사간원 정언(정6품)에 이르렀다. 《방목》에는 벼슬이 없이 아버지[宅相], 할아버지[成五], 증조[瑞凝], 외조[金商雨] 이름이 보이고, 본관이 순천順天으로 되어 있다. 《만성》의 《순천김씨보》를 보면 김문탁의 직계 4대조와 외조 가운데 벼슬아치가 없다.

459 강한姜翰(1721~?) 경상도 용궁龍宮 사람으로 통덕랑(정5품)을 거쳐 영조 35년 39세로 식년시에 병과로 급제하여 벼슬이 참의(정3품 당상관)에 이르렀다. 《방목》에는 벼슬이 없이 아버지[文潤], 할아버지[渭耆], 증조[淑], 외조[張世規] 이름이 보이고, 본관이 진주晉州로 되어 있다. 《청구》와 《만성》의 《진주강씨보》를 보면 강한의 직계 3대조와 외조 가운데 벼슬아치가 없다.

460 이중권李中權(1737~?) 충청도 공주公州 사람으로 유학을 거쳐 영조 35년 23세로 식년시에 병과로 급제하여 벼슬이 예조정랑(정5품)에 이르렀다. 《방목》에는 벼슬이 없이 아버지[挺堲], 할아버지[文命],

증조[彦章], 외조[黃啓澄] 이름이 보이고, 본관이 함평咸平으로 되어 있다. 그런데 《청구》와 《만성》의 《함평이씨보》에는 이중권의 가계가 보이지 않는다.

461 이방영李邦榮(1728~1803) 경기도 진위振威 사람으로 유학을 거쳐 영조 35년 32세로 식년시에 병과로 급제하여 벼슬이 승지(정3품 당상관)에 이르렀다. 《방목》에는 벼슬이 없이 아버지[發馨], 할아버지[道天], 증조[宇量], 외조[兪萬重] 이름이 보이고, 본관이 완산完山으로 되어 있다. 《전주이씨과거급제자총람》을 보면 이방영은 정종의 후궁 소생 의성군宜城君의 12세손으로, 직계 5대조와 외조 가운데 벼슬아치가 없다.

462 박민첨朴民瞻(1724~?) 유학을 거쳐 영조 35년 36세로 식년시에 병과로 급제했다. 《방목》에는 벼슬이 없이 아버지[行健], 할아버지[栗], 증조[太素], 외조[金命鼎] 이름이 보이고, 본관이 강릉江陵으로 되어 있다. 그런데 《청구》의 《강릉박씨보》에는 박민첨의 가계가 보이지 않으며, 《만성》에는 《강릉박씨보》 자체가 없다. 2000년 현재 강릉박씨 인구는 4,721가구 1만 4,703명의 희성으로, 조선시대 문과급제자 6명을 배출했는데, 그가 마지막이다.

463 이광배李光培(1715~?) 경상도 영주榮州 사람으로 유학을 거쳐 영조 35년 45세로 식년시에 병과로 급제하여 벼슬이 율포권관栗浦權管(종9품)에 이르렀다. 《방목》에는 벼슬이 없이 아버지[周翊], 할아버지[逑意], 증조[崇彦], 외조[安璔] 이름이 보이고, 본관이 광주廣州로 되어 있다. 그런데 《청구》와 《만성》의 《광주이씨보》에는 이광배의 가계가 보이지 않는다.

464 김필원金必源(1722~?) 경상도 안동安東 사람으로 생원을 거쳐

영조 35년 39세로 식년시에 병과로 급제하여 벼슬이 승정원 주서(정7
품)와 예문관 한림(7~9품)에 이르렀는데, 영조 40년 김필원이 주서에
임명되자 사간원은 그가 어리석고 무식하다는 이유로 청선淸選인 주
서에 오르는 것이 부당하다고 주장했으나 임금이 따르지 않았다.270)
《방목》에는 벼슬이 없이 아버지[瑞庭], 할아버지[守緘], 증조[文壽], 외
조[李霖] 이름이 보이고, 본관이 풍산豊山으로 되어 있다. 《청구》와
《만성》의 《풍산김씨보》를 보면 그의 직계 3대조와 외조 가운데 벼
슬아치가 없다.

465 윤경룡尹慶龍(1715~?) 생원을 거쳐 영조 35년 45세로 식년시에
병과로 급제하여 벼슬이 사헌부 장령(정4품)에 이르렀다. 《방목》에
는 벼슬이 없이 아버지[鈒], 할아버지[鼎履], 증조[徹], 외조[洪偲] 이
름이 보이고, 본관이 파평坡平으로 되어 있다. 《청구》와 《만성》의
《파평윤씨보》를 보면 윤경룡의 직계 5대조와 외조 가운데 벼슬아치
가 없다.

466 김종구金宗九(1732~?) 경상도 의성義城 사람으로 유학을 거쳐
영조 35년 28세로 식년시에 병과로 급제하여 벼슬이 성균관 전적(정6
품)에 이르렀다. 《방목》에는 벼슬이 없이 아버지[參應], 할아버지[履
達], 증조[夢佐], 외조[丁斗天] 이름이 보이고, 본관이 안동安東으로 되
어 있다. 《청구》의 《안동김씨보》를 보면 김종구의 직계 4대조 가운
데 벼슬아치가 없으며, 《만성》의 《안동김씨보》에는 가계가 보이지
않는다.

467 이명룡李命龍(1708~?) 유학을 거쳐 영조 35년 52세로 식년시에

---

270) 《영조실록》 권103, 영조 40년 4월 2일 계미.

병과로 급제했다. 《방목》에는 벼슬이 없이 아버지〔運泰〕, 할아버지〔淰〕, 증조〔必新〕, 외조〔尹尙勳〕 이름이 보이고, 본관이 함평咸平으로 되어 있다. 그런데 《청구》와 《만성》의 《함평이씨보》에는 이명룡의 가계가 보이지 않는다.

468 **정필충**鄭必忠(1731~?) 경상도 용궁龍宮 사람으로 유학을 거쳐 영조 35년 29세로 식년시에 병과로 급제했다. 《방목》에는 벼슬이 없이 아버지〔重岱〕, 할아버지〔珣〕, 증조〔斗宗〕, 외조〔安汝正〕 이름이 보이고, 본관이 동래東萊로 되어 있다. 그런데 《만성》의 《동래정씨보》에는 정필충의 가계가 보이지 않으며, 《청구》의 《동래정씨보》에는 아버지까지의 가계는 보이나 그의 이름은 보이지 않는다.

469 **조덕량**趙德亮(1727~?) 평안도 용천龍川 사람으로 유학을 거쳐 영조 35년 33세로 식년시에 병과로 급제했다. 《방목》에는 벼슬이 없이 아버지〔明奎〕, 할아버지〔汝珌〕, 증조〔挺元〕, 외조〔崔擎壁〕 이름이 보이고, 본관이 임천林川으로 되어 있다. 그런데 《청구》와 《만성》의 《임천조씨보》에는 조덕량의 가계가 보이지 않는다.

470 **목선항**睦善恒(1711~?) 경기도 수원水原 사람으로 유학을 거쳐 영조 35년 49세로 식년시에 병과로 급제하여 벼슬이 좌랑(정6품)에 이르렀다. 《방목》에는 벼슬이 없이 아버지〔相垕〕, 할아버지〔泗憲〕, 증조〔和至〕, 외조〔柳以益〕 이름이 보이고, 본관이 사천泗川으로 되어 있다. 《청구》의 《사천목씨보》를 보면 목선항의 직계 4대조 가운데 벼슬아치가 없고, 《만성》의 《사천목씨보》에는 가계가 보이지 않는다.

471 **강문상**康文祥(1733~?) 평안도 운산雲山 사람으로 유학을 거쳐 영조 35년 27세로 식년시에 병과로 급제했다. 《방목》에는 벼슬이 없이 아버지〔壽長〕, 할아버지〔萬秋〕, 증조〔進學〕, 외조〔柳春茂〕 이름이 보

이고, 본관이 신천信川으로 되어 있다. 그런데 《청구》와 《만성》의
《신천강씨보》에는 강문상의 가계가 보이지 않는다.

472 **신택화**申宅和(1728~?) 경상도 의성義城 사람으로 유학을 거쳐
영조 35년 32세로 식년시에 병과로 급제하여 벼슬이 도사(종5품)에
이르렀다. 《방목》에는 벼슬이 없이 아버지[光楚], 할아버지[景休], 증
조[杖], 외조[朴東嶼] 이름이 보이고, 본관이 평산平山으로 되어 있다.
《청구》의 《평산신씨보》를 보면 신택화의 직계 5대조 가운데 벼슬아
치가 없고, 《만성》의 《평산신씨보》에는 가계가 보이지 않는다.

473 **이성곤**李性坤(1725~?) 평안도 영변寧邊 사람으로 유학을 거쳐
영조 35년 35세로 식년시에 병과로 급제했다. 《방목》에는 벼슬이 없
이 아버지[元興], 할아버지[弼夏], 증조[俊伯], 외조[金時輝] 이름이 보
이고, 본관이 거창居昌으로 되어 있다. 《청구》의 《거창이씨보》에는
오직 이성곤 한 사람만 기록되어 있어 그가 시조임을 알 수 있으며,
《만성》에는 《거창이씨보》 자체가 없다. 2000년 현재 거창이씨 인구
는 578가구 1,855명의 희성으로, 조선시대 문과급제자 2명을 배출했
는데, 그가 첫 급제자이다. 《세종실록》〈지리지〉, 《동국여지승람》,
《여지도서》에는 영변에 거창이씨가 없으며, 거창에도 이씨가 없다.
그가 문과에 급제한 뒤에 본관을 거창으로 정한 것으로 보인다.

474 **오덕일**吳德一(1717~?) 평안도 성천成川 사람으로 유학을 거쳐
영조 35년 43세로 식년시에 병과로 급제하여 벼슬이 성균관 전적(정6
품)에 이르렀다. 《방목》에는 벼슬이 없이 아버지[以札], 할아버지[英
極], 증조[崇道], 외조[朱聖蕙] 이름이 보이고, 본관이 해주海州로 되어
있다. 그런데 《청구》와 《만성》의 《해주오씨보》에는 오덕일의 가계
가 보이지 않는다. 《여지도서》에는 성천에 해주오씨가 없고, 연일오

씨延日吳氏가 보인다. 혹시 연일오씨가 명문인 해주오씨로 본관을 바꾼 것인지도 모른다.

475 **이종영**李宗榮(1723~1781) 경기도 진위振威 사람으로 유학을 거쳐 영조 35년 37세로 식년시에 병과로 급제하여 벼슬이 사헌부 집의(종3품)에 이르렀는데, 영조 40년 이종영이 주서로 임명되자 사간원은 "주서는 청선淸選의 직職임에도 이종영은 사람과 문벌이 미천하다"는 것을 이유로 체차를 요구했으나 임금이 따르지 않았다.271) 《방목》에는 벼슬이 없을 아버지[發馨], 할아버지[道天], 증조[宇量], 외조[兪萬重] 이름이 보이고, 본관이 완산完山으로 되어 있다. 《전주이씨과거급제자총람》을 보면 이종영은 정종의 후궁 소생 선성군宣城君의 12세손으로, 직계 5대조 가운데 벼슬아치가 없다. 그의 문벌이 미천하다는 사간원의 주장이 그래서 나온 것이다.

476 **정이옥**鄭履玉(1735~?) 경기도 용인龍仁 사람으로 통덕랑(정5품)을 거쳐 영조 35년 25세로 식년시에 병과로 급제하여 벼슬이 정조 대 사헌부 장령(정4품)과 통례원 통례(정3품 당하관)에 이르고, 정조 19년에는 회갑을 맞이하여 가선대부(종2품)의 품계를 받았다. 《방목》에는 벼슬이 없이 아버지[觀由], 할아버지[世夔], 증조[以周], 외조[尹德敎] 이름이 보이고, 본관이 경주慶州로 되어 있다. 그런데 《청구》의 《경주정씨보》에는 할아버지까지의 가계만 보이고 아버지와 정이옥의 가계는 보이지 않으며, 《만성》의 《경주정씨보》에는 그의 가계가 보이지 않는다.

477 **유훤**柳楦(1731~?) 평안도 영변寧邊 사람으로 유학을 거쳐 영조

---

271) 《영조실록》 권103, 영조 40년 4월 2일 계미.

35년 29세로 식년시에 병과로 급제했다.《방목》에는 벼슬이 없이 아버지[漢福], 할아버지[春發], 증조[濟], 외조[玄德恒] 이름이 보이고, 본관이 진주晉州로 되어 있다. 그런데 《청구》와 《만성》의 《진주유씨보》에는 유훤의 가계가 보이지 않는다.《세종실록》〈지리지〉,《동국여지승람》,《여지도서》에는 영변에 진주유씨가 없다. 그의 신원을 알 수 없다.

478 차승진車升鎭(1728~?) 평안도 선천宣川 사람으로 유학을 거쳐 영조 35년 32세로 식년시에 병과로 급제했다.《방목》에는 벼슬이 없이 아버지[致遠], 할아버지[萬衡], 증조[殷轔], 외조[金益輝] 이름이 보이고, 본관이 연안延安으로 되어 있다. 그런데 《만성》의 《연안차씨보》에는 차승진의 가계가 보이지 않으며, 《청구》의 《연안차씨보》에는 그의 이름이 가계가 끊어진 형태로 외따로 기록되어 있다.《여지도서》에는 선천에 해남차씨海南車氏가 있을 뿐 연안차씨는 없다. 해남차씨가 뒤에 연안차씨로 본관을 바꾼 것인지도 모른다.

479 이규덕李奎德(1714~?) 경기도 여천呂川(驪州) 사람으로 유학을 거쳐 영조 35년 46세로 식년시에 병과로 급제했다.《방목》에는 벼슬이 없이 아버지[觀輔], 할아버지[穩], 증조[星翼], 외조[鄭世豪] 이름이 보이고, 본관이 성주星州로 되어 있다. 그런데 《청구》와 《만성》의 《성주이씨보》에는 이규덕의 가계가 보이지 않는다.

480 송술손宋述孫(1705~?) 통덕랑(정5품)을 거쳐 영조 35년 55세로 식년시에 병과로 급제하여 사헌부 지평(정5품)에 이르렀다.《방목》에는 벼슬이 없이 아버지[秀賢], 할아버지[最; 지평], 증조[有佺; 군수], 외조[楊逸漢] 이름이 보이고, 본관이 진천鎭川으로 되어 있다. 그런데 《만성》의 《진천송씨보》에는 송술손의 가계가 보이지 않으며, 《청

구》의 《진천송씨보》에는 《방목》과 다른 가계가 보인다. 다시 말해 아버지는 같으나 할아버지는 호붓, 증조는 유상有相으로 되어 있는데 모두 벼슬아치가 아니다. 《족보》의 기록을 믿는다면 그의 집안은 한미한데 어느 쪽이 진실인지 알 수 없다.

481 최경악崔景岳(1727~?) 전라도 순창淳昌 사람으로 유학을 거쳐 영조 35년 33세로 식년시에 병과로 급제하여 벼슬이 사헌부 장령(정4품)에 이르렀다. 《방목》에는 벼슬이 없이 아버지[錫珍], 할아버지[鳳成], 증조[埴], 외조[李天奎] 이름이 보이고, 본관이 전주全州로 되어 있다. 그런데 《청구》와 《만성》의 《전주최씨보》에는 최경악의 가계가 보이지 않는다.

482 신광한申光翰(1714~?) 평안도 숙천肅川 사람으로 통덕랑(정5품)을 거쳐 영조 35년 46세로 식년시에 병과로 급제했다. 《방목》에는 벼슬이 없이 아버지[大初], 할아버지[萬器], 증조[奉天], 외조[洪海瓊] 이름이 보이고, 본관이 평산平山으로 되어 있다. 그런데 《청구》와 《만성》의 《평산신씨보》에는 신광한의 가계가 보이지 않는다. 《세종실록》〈지리지〉와 《동국여지승람》에는 숙천에 공주신씨公州申氏만 있는데, 《여지도서》에는 공주신씨와 평산신씨가 함께 보인다. 아마 공주신씨의 일부가 평산신씨로 본관을 바꾼 듯하다.

483 김상권金尙權(1728~?) 평안도 정주定州 사람으로 통덕랑(정5품)을 거쳐 영조 35년 32세로 식년시에 병과로 급제했다. 《방목》에는 벼슬이 없이 아버지[直萬], 할아버지[瑞河], 증조[謹之], 외조[金斗煥] 이름이 보이고, 본관이 연안延安으로 되어 있다. 그런데 《청구》와 《만성》의 《연안김씨보》에는 김상권의 가계가 보이지 않는다. 하지만 정주의 연안김씨는 영조 대 이후 문과급제자 43명을 배출하여 이

지방의 최고 명문으로 등장했다.《세종실록》〈지리지〉와《동국여지
승람》에는 정주에 신천김씨信川金氏만 보이다가《여지도서》에는 신
천김씨가 사라지고 연안김씨만 보인다. 아마도 신천김씨가 본관을
명문인 연안김씨로 바꾼 듯하다.

484 차대수車大修(1714~?) 평안도 선천宣川 사람으로 유학을 거쳐
영조 35년 46세로 식년시에 병과로 급제했다.《방목》에는 벼슬이 없
이 아버지[命濟], 할아버지[載亮], 증조[星運], 외조[李宜厚] 이름이 보
이고, 본관이 연안延安으로 되어 있다. 그런데《만성》의《연안차씨
보》에는 차대수의 가계가 보이지 않으며,《청구》의《연안차씨보》에
는 이름이 보이나 가계가 끊어진 형태로 단독으로 기록되어 있어 실
제로《족보》에는 오르지 못한 것을 알 수 있다. 하지만 평안도의 연
안차씨는 영조 대 이후 문과급제자 13명을 배출하여 북방 지역에서
는 명문으로 떠올랐다.《여지도서》에는 선천에 연안차씨가 없고 해
남차씨海南車氏만 보인다. 해남차씨가 명성이 높은 연안차씨로 본관
을 바꾼 듯하다.

485 복태진卜台鎭(1729~?) 충청도 청양靑陽 사람으로 유학을 거쳐
영조 35년 31세로 식년시에 병과로 급제하여 정조 대 부호군(종4품)
에 이르렀다.《방목》에는 벼슬이 없이 아버지[日省], 할아버지[尙輔],
증조[廷稷], 외조[林渚] 이름이 보이고, 본관이 면천沔川으로 되어 있
다. 그런데《청구》의《면천복씨보》를 보면 복태진의 아버지, 할아버
지, 증조의 이름이 그 선대의 가계와 끊어진 형태로 따로 기록되어
있으며 벼슬아치가 없다. 따라서 그는 원래《족보》에 오르지 못한 인
물인데, 후대에 방목의 기록을《족보》에 집어넣은 것으로 보인다. 하
지만 면천복씨는 조선시대 문과급제자 7명을 배출했다.

486 정기환鄭基煥(1732~?) 충청도 청주淸州 사람으로 통덕랑(정5품)을 거쳐 영조 35년 28세로 식년시에 병과로 급제하여 벼슬이 영조 41년 강화도 공도회公都會의 참고관參考官(3품 이하)에 이르렀는데, 상관을 능멸한 죄로 삭탈관직되었다. 《방목》에는 벼슬이 없이 아버지 〔翊柱〕, 할아버지〔時淸〕, 증조〔元鎰〕, 외조〔金九洪〕 이름이 보이고, 본관이 하동河東으로 되어 있다. 그런데 《만성》의 《하동정씨보》에는 정기환의 가계가 보이지 않으며, 《청구》의 《하동정씨보》를 보면 직계 4대조 가운데 벼슬아치가 없다.

487 이만영李萬榮(1718~?) 경상도 지례知禮 사람으로 유학을 거쳐 영조 35년 42세로 춘당대별시에 장원급제하여 벼슬이 도사(종5품)에 이르렀다. 《방목》에는 벼슬이 없이 아버지〔廷立〕, 할아버지〔千命〕, 증조〔時楨〕, 외조〔盧薛〕 이름이 보이고, 본관이 광주廣州로 되어 있다. 《청구》의 《광주이씨보》를 보면 이만영의 직계 7대조 안에 벼슬아치가 없다.

488 유광천柳匡天(1732~?) 전라도 광주光州 사람으로 유학을 거쳐 영조 35년 28세로 춘당대별시에 병과로 급제하여 벼슬이 정조 대 사간원 헌납(정5품)에 이르렀다. 《방목》에는 벼슬이 없이 아버지〔輝韶〕, 할아버지〔之采〕, 증조〔益瑞〕, 외조〔李淑馦〕 이름이 보이고, 본관이 서산瑞山으로 되어 있다. 그런데 《청구》와 《만성》의 《서산유씨보》에는 유광천의 가계가 보이지 않는다.

489 심집沈鏶(1724~?) 유학을 거쳐 영조 35년 36세로 춘당대별시에 병과로 급제하여 벼슬이 사간원 정언(정6품)에 이르렀다. 《방목》에는 벼슬이 없이 아버지〔鳳賢〕, 할아버지〔沃〕, 증조〔之海〕, 외조〔李匡福〕 이름이 보이고, 본관이 청송靑松으로 되어 있다. 《청구》의 《청송심씨

보》를 보면 심집의 직계 5대조 가운데 벼슬아치가 없고, 《만성》의
《청송심씨보》에는 가계가 보이지 않는다.

490 **신익**申熤(1728~?) 유학을 거쳐 영조 35년 32세로 알성시에 장
원급제하여 벼슬이 사헌부 장령(정4품)에 이르렀다. 《방목》에는 벼슬
이 없이 아버지[爾翰] 이름만 보이고, 본관이 평산平山으로 되어 있다.
그런데 《청구》와 《만성》의 《평산신씨보》에는 신익의 가계가 보이
지 않는다.

491 **한진교**韓震敎(개명 民敎. 1718~?) 경기도 양지陽智 사람으로 유학
을 거쳐 영조 35년 42세로 알성시에 병과로 급제했다. 《방목》에는
벼슬이 없이 아버지[始大] 이름만 보이고, 본관이 청주淸州로 되어 있
다. 그런데 《청구》와 《만성》의 《청주한씨보》에는 한진교의 가계가
보이지 않는다.

492 **구광태**具光泰(1713~?) 부사과(종6품)를 거쳐 영조 35년 47세로
정시에 병과로 급제하여 벼슬이 성균관 전적(정6품)을 거쳐 제주판관
(종5품)에 이르렀다. 《방목》에는 벼슬이 없이 아버지[萬理] 이름만 보
이고, 본관이 능성綾城으로 되어 있다. 그런데 《청구》와 《만성》의
《능성구씨보》에는 구광태의 가계가 보이지 않는다.

493 **임지호**林之浩(1731~?) 전라도 광주光州 사람으로 유학을 거쳐
영조 35년 29세로 정시에 병과로 급제했다. 《방목》에는 벼슬이 없이
아버지[象甲] 이름만 보이고, 본관이 나주羅州로 되어 있다. 그런데
《청구》와 《만성》의 《나주임씨보》에는 임지호의 가계가 보이지 않
는다.

494 **김택수**金宅洙(1714~?) 경기도 양지陽智 사람으로 유학을 거쳐
영조 35년 46세로 정시에 병과로 급제했다. 《방목》에는 벼슬이 없이

아버지〔惠齡〕이름만 보이고, 본관이 의성義城으로 되어 있다. 그런데 《청구》와 《만성》의 《의성김씨보》에는 김택수의 가계가 보이지 않는다.

495 권회權恢(1723~?) 충청도 홍주洪州 사람으로 유학을 거쳐 영조 35년 37세로 정시에 병과로 급제하여 벼슬이 사헌부 사간(종3품)에 이르고, 정조 대 부총관副摠官(종2품)에 이르렀다. 《방목》에는 벼슬이 없이 아버지〔膺〕이름만 보이고, 본관이 안동安東으로 되어 있다. 그런데 《청구》와 《만성》의 《안동권씨보》에는 권회의 가계가 보이지 않는다.

496 이신회李身晦(1725~?) 전라도 전주全州 사람으로 유학을 거쳐 영조 35년 35세로 정시에 병과로 급제하여 벼슬이 사간원 사간(종3품)과 승지(정3품 당상관), 형조참판(종2품)에 이르렀다. 《방목》에는 벼슬이 없이 아버지〔聖木益〕이름만 보이고, 본관이 전의全義로 되어 있다. 그런데 《청구》의 《전의이씨보》에는 이신회의 가계가 보이지 않으며, 《만성》의 《전의이씨보》에는 아버지까지의 가계는 보이나 그의 이름은 보이지 않는다. 아버지까지의 가계를 보면 직계 6대조 가운데 벼슬아치가 없다.

497 황택인黃宅仁(1733~?) 경기도 파주 사람으로 유학을 거쳐 영조 35년 27세로 정시에 병과로 급제하여 벼슬이 사헌부 지평(정5품)에 이르렀다. 《방목》에는 벼슬이 없이 아버지〔景說〕이름만 보이고, 본관이 장수長水로 되어 있다. 그런데 《청구》와 《만성》의 《장수황씨보》에는 황택인의 가계가 보이지 않는다.

498 이광현李光鉉(1732~?) 유학을 거쳐 영조 37년(1761) 30세로 정시에 을과로 급제하여 벼슬이 정조 대 승정원 가주서(정7품)를 거쳐

사헌부 지평(정5품)에 이르렀는데, 사도세자를 구명하려고 노력한 인물로 알려져 있다. 《방목》에는 벼슬이 없이 아버지[瑞徵, 생부 瑞復] 이름만 보이고, 본관이 광주廣州로 되어 있다. 그런데 《청구》와 《만성》의 《광주이씨보》에는 이광현의 가계가 보이지 않는다.

499 김서구金敍九(1725~?) 경기도 파주 사람으로 유학을 거쳐 영조 37년 37세로 정시에 병과로 급제하여 벼슬이 예문관 한림(7~9품)을 거쳐 사헌부 지평(정5품)에 이르렀다. 《방목》에는 벼슬이 없이 아버지[休] 이름만 보이고, 본관이 풍산豊山으로 되어 있다. 《청구》와 《만성》의 《풍산김씨보》를 보면 김서구의 직계 4대조와 외조 가운데 벼슬아치가 없다.

500 김익휴金翊休(1724~1802) 유학을 거쳐 영조 37년 38세로 정시에 병과로 급제하여 벼슬이 형조판서(정2품)에 이르렀다. 《방목》에는 벼슬이 없이 아버지[大演, 생부 昌演], 할아버지[繼曾], 증조[文道], 외조[李喜錫], 처부[趙重普] 이름이 보이고, 본관이 청풍淸風으로 되어 있다. 《만성》의 《청풍김씨보》를 보면 김익휴의 직계 3대조와 외조 가운데 벼슬아치가 없다.

501 정택鄭擇(1701~?) 충청도 공주 사람으로 생원을 거쳐 영조 37년 61세로 정시에 병과로 급제하여 벼슬이 사헌부 장령(정4품)에 이르렀다. 《방목》에는 벼슬이 없이 아버지[五緯] 이름만 보이고, 본관이 광주光州로 되어 있다. 그런데 《청구》의 《광주정씨보》에는 정택의 가계가 보이지 않으며, 《만성》의 《광주정씨보》를 보면 직계 3대조와 외조 가운데 벼슬아치가 없다.

502 이약채李若采(1727~?) 경상도 대구 사람으로 진사를 거쳐 영조 37년 35세로 정시에 병과로 급제하여 벼슬이 사헌부 지평(정5품)에

이르렀다.《방목》에는 벼슬이 없이 아버지[仁恒] 이름만 보이고, 본
관이 인천仁川으로 되어 있다.《청구》의《인천이씨보》를 보면 이약
채의 직계 6대조 가운데 벼슬아치가 없고, 4대조가 시골의 훈도訓導
(종9품)를 지냈을 뿐이다. 한편,《만성》의《인천이씨보》에는 가계가
보이지 않는다. 인천이씨는 조선시대 문과급제자 11명을 배출했는데
그가 마지막이다.

503 이영봉李榮鳳(1711~?) 경기도 양주楊州 사람으로 진사를 거쳐
영조 37년 51세로 정시에 병과로 급제했다.《방목》에는 벼슬이 없이
아버지[重元, 생부 重夏] 이름만 보이고, 본관이 완산完山으로 되어 있
다.《전주이씨과거급제자총람》을 보면 이영봉은 파미분류자로 되어
있어《족보》에 오르지 못한 인물이다.

504 김선金煊(1716~?) 전라도 영광靈光 사람으로 진사를 거쳐 영조
37년 46세로 정시에 병과로 급제하여 벼슬이 사간원 헌납(정5품)과
승지(정3품 당상관)에 이르렀다.《방목》에는 벼슬이 없이 아버지[相立]
이름만 보이고, 본관이 연안延安으로 되어 있다.《청구》와《만성》의
《연안김씨보》를 보면 김선의 직계 3대조와 외조 가운데 벼슬아치가
없다.

505 홍구서洪龜瑞(1726~?) 경상도 의흥義興 사람으로 유학을 거쳐
영조 37년 36세로 정시에 병과로 급제하여 벼슬이 좌랑(정6품)에 이
르렀다.《방목》에는 벼슬이 없이 아버지[宇泰] 이름만 보이고, 본관
이 남양南陽으로 되어 있다. 그런데《청구》의《부계홍씨보缶溪洪氏
譜》에 홍구서의 가계가 보여 본관이 남양이 아니라 부계(缶林)임을
알 수 있다. 하지만 직계 5대조 가운데 벼슬아치가 없으며,《만성》의
《부계홍씨보》에는 가계가 보이지 않는다.

506 **남윤휘**南允熙(1712~?) 충청도 임천林川 사람으로 유학을 거쳐 영조 37년 50세로 정시에 병과로 급제했다. 《방목》에는 벼슬이 없이 아버지[鏶] 이름만 보이고, 본관이 의령宜寧으로 되어 있다. 그런데 《만성》의 《의령남씨보》에는 남윤휘의 가계가 보이지 않으며, 《청구》의 《의령남씨보》에는 가계가 보이는데, 직계 5대조 가운데 벼슬 아치가 없다.

507 **이형원**李亨元(1739~?) 서울 사람으로 유학을 거쳐 영조 37년 23세로 정시에 병과로 급제하여 벼슬이 예문관 한림(7~9품)과 사간원 헌납(정5품)에 이르렀다. 《실록》을 보면 이형원은 통청通淸된 인물로 되어 있어272) 서출임을 알 수 있다. 《방목》에는 벼슬이 없이 아버지 [邦賢], 할아버지[載恒] 이름이 보이고, 본관이 완산完山으로 되어 있다. 《전주이씨과거급제자총람》을 보면 그는 중종의 아들인 덕흥대원 군의 9세손이다.

508 **최경유**崔慶裕(1726~?) 평안도 영변寧邊 사람으로 유학을 거쳐 영조 37년 36세로 정시에 병과로 급제했다. 《방목》에는 벼슬이 없이 아버지[時嶧] 이름만 보이고, 본관이 전주全州로 되어 있다. 그런데 《청구》와 《만성》의 《전주최씨보》에는 최경유의 가계가 보이지 않 는다. 《세종실록》〈지리지〉, 《동국여지승람》, 《여지도서》에는 영변 에 전주최씨는 없고 경주최씨慶州崔氏만 보인다. 그가 본관을 바꾼 듯 하다.

509 **김치항**金致恒(1728~?) 평안도 태천泰川 사람으로 유학을 거쳐 영조 37년 34세로 정시에 병과로 급제했다. 《방목》에는 벼슬이 없이

---

272) 《영조실록》 권118, 영조 48년 3월 20일 을묘.

아버지[南彦] 이름만 보이고, 본관이 경주慶州로 되어 있다. 그런데
《청구》와 《만성》의 《경주김씨보》에는 김치항의 가계가 보이지 않
는다. 《세종실록》〈지리지〉와 《동국여지승람》에는 태천에 풍천김씨
豊川金氏, 상주김씨尙州金氏, 평주김씨平州金氏만 보이다가 《여지도서》
에는 풍천김씨와 평주김씨가 사라지고 경주김씨와 적성김씨積城金氏
가 새롭게 보인다. 혹시 사라진 김씨들이 연안김씨로 본관을 바꾼 것
인지도 모른다.

510 윤봉징尹鳳徵(1705~?) 경기도 양근楊根 사람으로 유학을 거쳐
영조 37년 57세로 정시에 병과로 급제했다. 《방목》에는 벼슬이 없이
아버지[道逸] 이름만 보이고, 본관이 파평坡平으로 되어 있다. 그런데
《청구》와 《만성》의 《파평윤씨보》에는 윤봉징의 가계가 보이지 않
는다.

511 권이강權以綱(1730~?) 진사를 거쳐 영조 38년(1762) 33세로 알
성시에 장원급제하여 벼슬이 정조 대 사간원 대사간(정3품 당상관)과
부총관에 이르렀다. 《방목》에는 벼슬이 없이 아버지[濡], 외조[洪洵],
처부[洪吉輔] 이름이 보이고, 본관이 안동安東으로 되어 있다. 《청구》
의 《안동권씨보》를 보면 권이강의 직계 4대조 가운데 벼슬아치가 없
고, 《만성》에는 가계가 보이지 않는다.

512 유익지柳翼之(1733~?) 유학을 거쳐 영조 38년 30세로 식년시에
갑과로 급제하여 벼슬이 병조좌랑(정6품)과 사헌부 장령(정4품)에 이
르렀다. 《방목》에는 벼슬이 없이 아버지[大昇], 할아버지[以漸], 증조
[瀓], 외조[李貞翊] 이름이 보이고, 본관이 전주全州로 되어 있다. 《청
구》와 《만성》의 《전주유씨보》를 보면 유익지는 영의정 유영경柳永
慶의 6대손으로 직계 5대조와 외조 가운데 벼슬아치가 없다.

513 허식許湜(1735~?) 유학을 거쳐 영조 38년 28세로 식년시에 갑과로 급제하여 벼슬이 정조 대 정의현감(종6품)에 이르렀다. 《방목》에는 벼슬이 없이 아버지[鏵], 할아버지[堯], 증조[涉], 외조[鄭泰敏] 이름이 보이고, 본관이 김해金海로 되어 있다. 그런데 《청구》와 《만성》의 《김해허씨보》에는 허식의 가계가 보이지 않는다.

514 이언오李彦五(1740~?) 통덕랑(정5품)을 거쳐 영조 38년 23세로 식년시에 을과로 급제했다. 《방목》에는 벼슬이 없이 아버지[鳳禎], 할아버지[謖], 증조[東茂], 외조[閔魯重] 이름이 보이고, 본관이 여흥驪興(驪州)으로 되어 있다. 그런데 《청구》와 《만성》의 《여주이씨보》를 보면 아버지까지의 가계는 보이나 이언오의 이름은 보이지 않는다.

515 성안즙成彦楫(732~?) 유학을 거쳐 영조 38년 31세로 식년시에 을과로 급제하여 벼슬이 사헌부 장령(정4품)에 이르렀다. 《방목》에는 벼슬이 없이 아버지[濼], 할아버지[喜寅], 증조[世璧], 외조[緯三] 이름이 보이고, 본관이 창녕昌寧으로 되어 있다. 그런데 《청구》의 《창녕성씨보》에는 성안즙의 가계가 보이지 않으며, 《만성》의 《창녕성씨보》에는 가계가 보이는데 직계 3대조와 외조 가운데 벼슬아치가 없다.

516 허유許鍒(1709~?) 경상도 상주尙州 사람으로 유학을 거쳐 영조 38년 54세로 식년시에 을과로 급제하여 오랫동안 지방의 교수(종6품)로 있다가 88세 되던 정조 20년에 정조의 특명으로 사헌부 지평(정5품)에 임명되었다.[273] 《방목》에는 벼슬이 없이 아버지[塤], 할아버지[燧], 증조[芘], 외조[文以達] 이름이 보이고, 본관이 양천陽川으로 되어

---

273) 《정조실록》 권45, 정조 20년 7월 19일 임술.

있다. 그런데 《청구》와 《만성》의 《양천허씨보》에는 허유의 가계가
보이지 않는다.

517 **김한종**金漢宗(1723~?) 유학을 거쳐 영조 38년 60세로 식년시에
을과로 급제했다. 《방목》에는 벼슬이 없이 아버지[鳳鳴, 생부 必亨], 할
아버지[鼎直], 증조[武逸], 외조[朴禮崇] 이름이 보이고, 본관이 전주全
州로 되어 있다. 그런데 《만성》에는 《전주김씨보》 자체가 없고, 《청
구》의 《전주김씨보》에는 김한종의 가계가 보이지 않는다. 전주김씨
는 조선시대 문과급제자 21명을 배출했는데, 그 가운데 14명이 평안
도 출신이다. 그도 평안도 출신으로 보인다.

518 **송동윤**宋東胤(1729~?) 유학을 거쳐 영조 38년 34세로 식년시에
을과로 급제하여 벼슬이 좌랑(정6품)에 이르렀다. 《방목》에는 벼슬이
없이 아버지[亨泰], 할아버지[殷徵], 증조[齊翼], 외조[金學昌] 이름이
보이고, 본관이 양주楊州로 되어 있다. 《청구》와 《만성》의 《양주송
씨보》를 보면 송동윤의 직계 5대조와 외조 가운데 벼슬아치가 없다.
송씨는 양주의 토성이며 2000년 현재 양주송씨 인구는 360가구
1,091명의 희성으로, 그가 유일한 문과급제자이다.

519 **정몽필**鄭夢弼(1725~?) 전라도 광주光州 사람으로 영조 38년 38
세로 식년시에 병과로 급제했다. 《방목》에는 벼슬이 없이 아버지[岱
重], 할아버지[吾道], 증조[碩賢], 외조[申楫] 이름이 보이고, 본관이 하
동河東으로 되어 있다. 그런데 《만성》의 《하동정씨보》에는 정몽필의
가계가 보이지 않으며, 《청구》의 《하동정씨보》에는 아버지까지의
가계는 보이나 그의 이름은 보이지 않는다. 직계 3대조 가운데 벼슬
아치가 없다.

520 **양종대**梁宗大(1700~?) 유학을 거쳐 영조 38년 63세로 식년시에

병과로 급제하여 벼슬이 공조정랑(정5품)에 이르렀다. 《방목》에는 벼슬이 없이 아버지[後賢], 할아버지[世敏], 증조[秀楠], 외조[韓禹平] 이름이 보이고, 본관이 남양南陽으로 되어 있다. 그런데 《청구》에는 《남양양씨보》자체가 없으며, 《만성》의 《남양양씨보》에는 양종대의 가계가 보이지 않는다. 2000년 현재 남양양씨 인구는 2,173가구 7,280명의 희성으로, 그가 조선시대 유일한 문과급제자로 시조나 다름없다. 《세종실록》〈지리지〉에는 남양에 양씨가 없어 그가 벼슬아치가 된 뒤에 이곳을 본관으로 정한 듯하다.

521 **최옥**崔鈺(1728~?) 유학을 거쳐 영조 38년 35세로 식년시에 병과로 급제했다. 《방목》에는 벼슬이 없이 아버지[孝基], 할아버지[光震], 증조[柱宇], 외조[李震億] 이름이 보이고, 본관이 전주全州로 되어 있다. 그런데 《청구》와 《만성》의 《전주최씨보》에는 최옥의 가계가 보이지 않는다.

522 **김관**金鑅(1720~?) 충청도 공주公州 사람으로 유학을 거쳐 영조 38년 43세로 식년시에 병과로 급제했다. 《방목》에는 벼슬이 없이 아버지[履重], 할아버지[灝], 증조[翊商], 외조[宋來徵] 이름이 보이고, 본관이 김해金海로 되어 있다. 그런데 《청구》와 《만성》의 《김해김씨보》에는 김관의 가계가 보이지 않는다.

523 **김성언**金星彦(1715~?) 유학을 거쳐 영조 38년 48세로 식년시에 병과로 급제했다. 《방목》에는 벼슬이 없이 아버지[麗光], 할아버지[自兼], 증조[茂省], 외조[尹就莘] 이름이 보이고, 본관이 경주慶州로 되어 있다. 그런데 《청구》와 《만성》의 《경주김씨보》에는 김성언의 가계가 보이지 않는다.

524 **한익진**韓益珍(1711~?) 유학을 거쳐 영조 38년 52세로 식년시에

병과로 급제했다.《방목》에는 벼슬이 없이 아버지[時恒], 할아버지[誠
夏], 증조[瀚], 외조[尹碩宗] 이름이 보이고, 본관이 청주淸州로 되어 있
다. 그런데《청구》와《만성》의《청주한씨보》에는 한익진의 가계가
보이지 않는다.

　　525 이덕재李德載(1701~?) 유학을 거쳐 영조 38년 62세로 식년시에
병과로 급제했다.《방목》에는 벼슬이 없이 아버지[昌訥], 할아버지[好
慶], 증조[承吉], 외조[朴仁模] 이름이 보이고, 본관이 강릉江陵으로 되
어 있다. 그런데《만성》에는《강릉이씨보》자체가 없으며,《청구》
의《강릉이씨보》에는 오직 이덕재 한 사람만 기록되어 있다.《세종
실록》〈지리지〉를 보면 이씨는 강릉의 속성續姓 가운데 하나로서 향
리를 하고 있었으므로 그의 집안도 향리일 가능성이 크다. 2000년 현
재 강릉이씨 인구는 1,335가구 4,166명의 희성으로 문과급제자는 그
가 유일하다.

　　526 장욱張旭(1705~?) 유학을 거쳐 영조 38년 58세로 식년시에 병
과로 급제했다.《방목》에는 벼슬이 없이 아버지[斗杓], 할아버지[承
漢], 증조[甫新], 외조[金時鑰] 이름이 보이고 본관이 풍양豊壤(豊德의 오
기로 보임)으로 되어 있다. 그런데《청구》와《만성》에는《풍덕장씨
보》자체가 없어 신원을 알 수 없다. 2000년 현재 인구는 250가구
810명의 희성으로, 장욱이 유일한 문과급제자이다.

　　527 백종혁白宗赫(1729~?) 유학을 거쳐 영조 38년 35세로 식년시에
병과로 급제했다.《방목》에는 벼슬이 없이 아버지[日煥], 할아버지[鴻
章], 증조[絢偶], 외조[金振洪] 이름이 보이고, 본관이 수원水原으로 되
어 있다. 그런데《청구》와《만성》의《수원백씨보》에는 백종혁의 가
계가 보이지 않는다. 수원백씨는 조선 후기에 문과급제자 63명을 배

출했는데, 대부분이 정주定州를 비롯한 평안도 출신이다.

528 박지경朴趾慶(1716~?) 유학을 거쳐 영조 38년 47세로 식년시에 병과로 급제하여 벼슬이 사헌부 지평(정5품)에 이르렀다. 《방목》에는 벼슬이 없이 아버지[成采], 할아버지[東秀], 증조[世重], 외조[李湜] 이름이 보이고, 본관이 함양咸陽(速含)으로 되어 있다. 《청구》의 《속함박씨보》를 보면 박지경의 직계 5대조 가운데 벼슬아치가 없고, 《만성》의 《함양박씨보》를 보면 아버지 이름만 같고 할아버지 이상의 가계는 《방목》과 다르다. 《청구》의 기록이 사실에 맞는 듯하다.

529 원수량元修良(1726~?) 평안도 구성龜城 사람으로 유학을 거쳐 영조 38년 37세로 식년시에 병과로 급제했다. 《방목》에는 벼슬이 없이 아버지[萬瑞], 할아버지[克和], 증조[仲健], 외조[洪得平] 이름이 보이고, 본관이 원주原州로 되어 있다. 그런데 《청구》와 《만성》의 《원주원씨보》에는 원수량의 가계가 보이지 않는다.

530 김헌구金憲球(1726~?) 유학을 거쳐 영조 38년 37세로 식년시에 병과로 급제했다. 《방목》에는 벼슬이 없이 아버지[之彦], 할아버지[尹衡], 증조[華挺], 외조[李頊] 이름이 보이고, 본관이 도강道康(康津)으로 되어 있다. 그런데 《만성》의 《도강김씨보》에는 김헌구의 가계가 보이지 않으며, 《청구》의 《도강김씨보》에는 그의 이름이 가계가 끊어진 형태로 기록되어 있다. 가계를 알 수 없는 인물이다.

531 이경수李景洙(1726~?) 유학을 거쳐 영조 38년 37세로 식년시에 병과로 급제했다. 《방목》에는 벼슬이 없이 아버지[斗華], 할아버지[長弘], 증조[千伯], 외조[朴承柱] 이름이 보이고, 본관이 안동安東으로 되어 있다. 그런데 《만성》에는 《안동이씨보》 자체가 없고, 《청구》의 《안동이씨보》에는 오직 이경수 한 사람만 기록되어 있어 그가 유일

급제자인 동시에 시조이다. 2000년 현재 안동이씨 인구는 1,195가구 3,880명으로 희성에 속한다.

532 김중혁金重赫(1742~?) 유학을 거쳐 영조 38년 21세로 식년시에 병과로 급제했다. 《방목》에는 벼슬이 없이 아버지[宏集], 할아버지[昌厚], 증조[克忠], 외조[盧命壽] 이름이 보이고, 본관이 순천順天으로 되어 있다. 그런데 《청구》와 《만성》의 《순천김씨보》에는 김중혁의 가계가 보이지 않는다.

533 안이권安以權(1739~?) 유학을 거쳐 영조 38년 24세로 식년시에 병과로 급제하여 성균관 학유(종9품)에 이르렀다. 《방목》에는 벼슬이 없이 아버지[正賢], 할아버지[煦], 증조[性之], 외조[李秀檝] 이름이 보이고, 본관이 순흥順興으로 되어 있다. 그런데 《만성》의 《순흥안씨보》에는 안이권의 가계가 보이지 않으며, 《청구》의 《순흥안씨보》에는 가계가 보이는데, 직계 5대조 가운데 벼슬아치가 없다.

534 신섬申暹(1729~?) 유학을 거쳐 영조 38년 34세로 식년시에 병과로 급제하여 벼슬이 정조 대 법성첨사法聖僉使(종3품)에 이르렀다. 《방목》에는 벼슬이 없이 아버지[維], 할아버지[命衡], 증조[光井], 외조[李之馥] 이름이 보이고, 본관이 평산平山으로 되어 있다. 그런데 《청구》의 《평산신씨보》에는 신섬의 가계가 보이지 않으며, 《만성》의 《평산신씨보》에는 가계가 보이는데, 직계 3대조와 외조 가운데 벼슬아치가 없다.

535 임옥任玉(1730~?) 경상도 경주慶州 사람으로 유학을 거쳐 영조 38년 33세로 식년시에 병과로 급제하여 벼슬이 현감(종6품)에 이르렀다. 《방목》에는 벼슬이 없이 아버지[芳世], 할아버지[仁重], 증조[勳], 외조[李世廷] 이름이 보이고, 본관이 풍천豊川으로 되어 있다. 그런데

《청구》와 《만성》의 《풍천임씨보》에는 임옥의 가계가 보이지 않는다. 정조 22년 임금은 그가 통청通淸되지 않은 인물로서 정조 3년 이후로 낙직落職되어 오랫동안 산직散職에 있는 것은 잘못이라며 병조 좌랑에 임명할 것을 명했다.274) 이로 보아 그는 서출임을 알 수 있으며, 《족보》에 오르지 못한 이유도 여기에 있는 듯하다.

536 정진鄭珒(1719~?) 유학을 거쳐 영조 38년 44세로 식년시에 병과로 급제했다. 《방목》에는 벼슬이 없이 아버지[東旭], 할아버지[有三], 증조[舜卿], 외조[李克發] 이름이 보이고, 본관이 나주羅州로 되어 있다. 그런데 《청구》와 《만성》의 《나주정씨보》에는 정진의 가계가 보이지 않는다.

537 이익상李翼相(1732~?) 개성 사람으로 유학을 거쳐 영조 38년 31세로 식년시에 병과로 급제하여 벼슬이 사헌부 대사헌(종2품)에 이르렀다. 《방목》에는 벼슬이 없이 아버지[鳳陽], 할아버지[百春], 증조[瑞奎], 외조[張昌復] 이름이 보이고, 본관이 평산平山으로 되어 있다. 그런데 《만성》의 《평산이씨보》에는 가계가 보이지 않으며, 《청구》의 《평산이씨보》에는 오직 이익상 한 사람만 기록되어 있다. 2000년 현재 평산이씨 인구는 1,047가구 3,394명으로, 조선시대에 문과급제자 4명을 배출했는데 모두 영조 대 이후 나왔다.

538 이태우李泰宇(1714~?) 유학을 거쳐 영조 38년 50세로 식년시에 병과로 급제했다. 《방목》에는 벼슬이 없이 아버지[恒春], 할아버지[亨甲], 증조[奉世], 외조[金是沃] 이름이 보이고, 본관이 성주星州로 되어 있다. 그런데 《청구》와 《만성》의 《성주이씨보》에는 이태우의 가계

---

274) 《정조실록》 권48, 정조 22년 6월 21일 계축.

가 보이지 않는다.

539 정상언鄭尙彦(1709~?) 유학을 거쳐 영조 38년 54세로 식년시에 병과로 급제했다. 《방목》에는 벼슬이 없이 아버지[德興], 할아버지[命逸], 증조[忠男], 외조[石香秀] 이름이 보이고, 본관이 광주光州로 되어 있다. 그런데 《청구》와 《만성》의 《광주정씨보》에는 정상언의 가계가 보이지 않는다.

540 승정술承正述(1737~?) 유학을 거쳐 영조 38년 26세로 식년시에 병과로 급제했다. 《방목》에는 벼슬이 없이 아버지[處朝], 할아버지[善弘], 증조[爾寵], 외조[姜益濟] 이름이 보이고, 본관이 연일延日275)로 되어 있다. 그런데 《만성》에는 《연일승씨보》 자체가 없고, 《청구》의 《연일승씨보》에는 승정술의 가계가 보이지 않는다. 2000년 현재 연일승씨 인구는 568가구 1,828명의 희성으로, 문과급제자 6명을 배출했는데, 그 가운데 5명이 평안도 정주 출신으로 밝혀져 있어 그도 정주 출신으로 보인다.

541 박사문朴師文(1708~?) 유학을 거쳐 영조 38년 55세로 식년시에 병과로 급제했다. 《방목》에는 벼슬이 없이 아버지[命輝], 할아버지[宗信], 증조[義立], 외조[尹萬雄] 이름이 보이고, 본관이 창원昌原으로 되어 있다. 그런데 《만성》에는 《창원박씨보》 자체가 없으며, 《청구》의 《창원박씨보》에는 박사문의 가계가 보이지 않는다. 2000년 현재 창원박씨 인구는 1,897가구 6,121명의 희성으로, 조선시대 문과급제자 2명을 배출했는데, 첫 번째는 성종 대이고 그가 두 번째이다.

542 강언보姜彦輔(1703~?) 유학을 거쳐 영조 38년 60세로 식년시에

---

275) 《방목》에는 승정술의 본관이 연안延安으로 되어 있는데, 이는 연일延日의 오기로 보인다.

병과로 급제하여 벼슬이 성균관 사예(정4품)에 이르렀다.《방목》에는 벼슬이 없이 아버지[遇濱], 할아버지[仲明], 증조[土逸], 외조[朴文表] 이름이 보이고, 본관이 진주晉州로 되어 있다. 그런데《청구》와《만성》의《진주강씨보》에는 강언보의 가계가 보이지 않는다.

　543 **민윤수**閔潤洙(1721~?) 전라도 해남海南 사람으로 영조 38년 42세로 정시에 을과로 급제했다.《방목》에는 벼슬이 없이 아버지[孝曾], 할아버지[以達], 증조[汶哲], 외조[林碩柱] 이름이 보이고, 본관이 여흥驪興으로 되어 있다. 그런데《청구》와《만성》의《여흥민씨보》에는 민윤수의 가계가 보이지 않는다.

　544 **이심휴**李心休(1733~?) 진사를 거쳐 영조 38년 30세로 정시에 병과로 급제했다.《방목》에는 벼슬이 없이 아버지[浹], 할아버지[義鎭], 증조[志龜], 외조[李奎] 이름이 보이고, 본관이 여흥驪興(驪州)으로 되어 있다.《청구》와《만성》의《여주이씨보》를 보면 아버지 이름은 《방목》과 같으나 그 이상의 가계는 다른데, 직계 3대조 가운데 벼슬 아치가 없다. 신원이 미상한 인물이다.

　545 **신흔**申昕(1730~?) 통덕랑(정5품)을 거쳐 영조 38년 33세로 정시에 병과로 급제하여 벼슬이 사헌부 장령(정4품)에 이르렀다.《방목》에는 벼슬이 없이 아버지[重夏], 할아버지[潤], 증조[益命], 외조[李泰登] 이름이 보이고, 본관이 평산平山으로 되어 있다. 그런데《청구》와《만성》의《평산신씨보》에는 신흔의 가계가 보이지 않는다.

　546 **신응삼**辛應三(1709~?) 진사를 거쳐 영조 38년 54세로 정시에 병과로 급제하여 벼슬이 사헌부 장령(정4품)과 사간원 헌납(정5품)에 이르렀다.《방목》에는 벼슬이 없이 아버지[義方], 할아버지[延], 증조[彦慶], 외조[鄭震尚] 이름이 보이고, 본관이 영월寧越로 되어 있다. 그런

데 《청구》의 《영월신씨보》에는 신응삼의 가계가 보이지 않으며, 《만성》의 《영월신씨보》에는 가계가 보이는데, 직계 3대조와 외조 가운데 벼슬아치가 없다.

547 김인섭金寅燮(1724~?) 진사를 거쳐 영조 39년(1763) 40세로 증 광시에 을과로 급제하여 벼슬이 사헌부 장령(정4품)과 참의(정3품 당 상관)에 이르렀다. 《방목》에는 벼슬이 없이 아버지[偉宅; 瑞寶의 오기], 할아버지[道泰], 증조[願學], 외조[朴夢羽] 이름이 보이고, 본관이 경주 慶州로 되어 있다. 《청구》와 《만성》의 《경주김씨보》를 보면 김인섭 의 직계 3대조와 외조 가운데 벼슬아치가 없다.

548 김창록金昌祿(1727~?) 진사를 거쳐 영조 39년 37세로 증광시에 병과로 급제했다. 《방목》에는 벼슬이 없이 아버지[星欽], 할아버지[應 澧], 증조[衡立], 외조[安斗亨] 이름이 보이고, 본관이 경주慶州로 되어 있다. 그런데 《청구》와 《만성》의 《경주김씨보》에는 김창록의 가계 가 보이지 않는다.

549 정수덕鄭粹德(1711~?) 진사를 거쳐 영조 39년 53세로 증광시에 병과로 급제했다. 《방목》에는 벼슬이 없이 아버지[益東], 할아버지 [澳], 증조[智民], 외조[鄭東說] 이름이 보이고, 본관이 하동河東으로 되 어 있다. 그런데 《청구》와 《만성》의 《하동정씨보》에는 정수덕의 가 계가 보이지 않는다.

550 이현정李顯靖(1721~?) 경상도 안동 사람으로 생원을 거쳐 영조 39년 43세로 증광시에 병과로 급제하여 벼슬이 홍문관 교리(정5품)에 이르렀다. 《방목》에는 벼슬이 없이 아버지[再和], 할아버지[碩輔], 증 조[孝濟], 외조[金師國], 처부[金眉錫] 이름이 보이고, 본관이 한산韓山 으로 되어 있다. 《청구》와 《만성》의 《한산이씨보》를 보면 이현정의

직계 3대조와 외조 가운데 벼슬아치가 없다.

551 **조정상**趙貞相(1726~?) 유학을 거쳐 영조 39년 38세로 증광시에
병과로 급제하여 벼슬이 사헌부 장령(정4품)에 이르렀다. 《방목》에는
벼슬이 없이 아버지[來漢], 할아버지[錫悌], 증조[瑄], 외조[尹以周] 이
름이 보이고, 본관이 한양漢陽으로 되어 있다. 《청구》의 《한양조씨
보》를 보면 조정상의 직계 4대조와 외조 가운데 벼슬아치가 없으며,
《만성》의 《한양조씨보》를 보면 직계 7대조 가운데 벼슬아치가 없다.

552 **권병**權炳(1723~?) 유학을 거쳐 영조 39년 41세로 증광시에 병
과로 급제했다. 《방목》에는 벼슬이 없이 아버지[世楷], 할아버지[泰
衡], 증조[柱廈], 외조[柳得時] 이름이 보이고, 본관이 안동安東으로 되
어 있다. 그런데 《청구》와 《만성》의 《안동권씨보》에는 권병의 가계
가 보이지 않는다.

553 **여구주**呂龜周(1723~?) 유학을 거쳐 영조 39년 41세로 증광시에
병과로 급제하여 벼슬이 사헌부 지평(정5품)에 이르렀는데, 《실록》을
보면 서출이라고 한다.[276] 《방목》에는 벼슬이 없이 아버지[必翁], 할
아버지[鎭齊], 증조[爾龍], 외조[朴定三] 이름이 보이고, 본관이 함양咸
陽으로 되어 있다. 그런데 《청구》의 《함양여씨보》에는 여구주의 가
계가 보이지 않는다. 서출이기 때문에 《족보》에 오르지 못한 것으로
보인다.

554 **이득화**李得華(1735~?) 유학을 거쳐 영조 39년 29세로 증광시에
병과로 급제하여 벼슬이 사간원 정언(정6품)과 사헌부 지평(정5품)에
이르렀다. 《방목》에는 벼슬이 없이 아버지[宜新], 할아버지[夢相], 증

---

276) 《영조실록》 권119, 영조 48년 8월 15일 정축.

조[震明], 외조[柳埜] 이름이 보이고, 본관이 고성固城으로 되어 있다. 《청구》와 《만성》의 《고성이씨보》를 보면 이득화의 직계 3대조와 외조 가운데 벼슬아치가 없다.

555 심연한沈連漢(1731~?) 강원도 춘천春川 사람으로 유학을 거쳐 영조 39년 33세로 증광시에 병과로 급제하여 벼슬이 승문원 정자(정9품)에 이르렀다. 《방목》에는 벼슬이 없이 아버지[海普], 할아버지[一興], 증조[世弼], 외조[黃最] 이름이 보이고, 본관이 청송靑松으로 되어 있다. 《청구》와 《만성》의 《청송심씨보》를 보면 심연한의 직계 4대조와 외조 가운데 벼슬아치가 없다.

556 주만리朱萬离(1733~?) 유학을 거쳐 영조 39년 31세로 증광시에 병과로 급제하여 벼슬이 공조참의(정3품 당상관)에 이르렀다. 《방목》에는 벼슬이 없이 아버지[炯雲], 할아버지[益老], 증조[輝井], 외조[蘇信泰] 이름이 보이고, 본관이 능성綾城으로 되어 있다. 《청구》의 《능성주씨보》에는 선대 가계가 끊어진 형태로 단독으로 기록되어 있고, 《만성》의 《능성주씨보》에는 직계 3대조 가운데 벼슬아치가 없으며 그 윗대의 가계는 끊어져 있다. 가계를 알 수 없는 인물이다. 능성주씨는 송나라에서 귀화한 신안주씨新安朱氏의 후손으로, 2000년 현재 인구는 977가구 3,300명의 희성으로, 숙종 대 이후 문과급제자 3명이 배출되었다.

557 김양근金養根(1734~?) 유학을 거쳐 영조 39년 32세로 증광시에 병과로 급제하여 벼슬이 승지(정3품 당상관)와 참의(정3품 당상관)에 이르렀다. 《방목》에는 벼슬이 없이 아버지[宇淳], 할아버지[應泰], 증조[玄錫], 외조[權輯] 이름이 보이고, 본관이 안동安東으로 되어 있다. 《청구》와 《만성》의 《안동김씨보》를 보면 김양근의 직계 5대조와 외

조 가운데 벼슬아치가 없다.

558 김장행金章行(1737~?) 유학을 거쳐 영조 40년(1764) 28세로 충량시忠良試에 을과로 급제했다. 《방목》에는 벼슬이 없이 아버지[趾謙] 이름만 보이고, 본관이 안동安東으로 되어 있다. 그런데 《청구》와 《만성》의 《안동김씨보》에는 김장행의 가계가 보이지 않는다.

559 유택하柳宅夏(1714~?) 장사랑을 거쳐 영조 40년 51세로 강화도 별시에 장원급제했다. 《방목》에는 벼슬이 없이 아버지[必復], 할아버지[湄], 증조[光裕], 외조[金鼎錫], 처부[姜瑩] 이름이 보이고, 본관이 진주晉州로 되어 있다. 그런데 《청구》와 《만성》의 《진주유씨보》에는 유택하의 가계가 보이지 않는다.

560 민응세閔膺世(1717~?) 진사를 거쳐 영조 40년 48세로 강화도 별시에 을과로 급제하여 벼슬이 병조좌랑(정6품)에 이르렀다. 《방목》에는 벼슬이 없이 아버지[師德] 이름만 보이고, 본관이 여흥驪興으로 되어 있다. 《청구》와 《만성》의 《여흥민씨보》를 보면 민응세는 우의정 몽룡夢龍의 후손이지만 직계 5대조와 외조 가운데 벼슬아치가 없다.

561 김광서金光瑞(1716~?) 유학을 거쳐 영조 40년 49세로 강화도 별시에 병과로 급제했다. 《방목》에는 벼슬이 없이 아버지[德基] 이름이 보이고, 본관이 안동安東이다. 그런데 《청구》와 《만성》의 《안동김씨보》에는 김광서의 가계가 보이지 않는다.

562 정지원丁志元(1738~?) 유학을 거쳐 영조 41년(1765) 28세로 식년시에 을과로 급제하여 벼슬이 사간원 헌납(정5품)에 이르렀다. 《방목》에는 벼슬이 없이 아버지[述愼], 할아버지[顯壽], 증조[時相], 외조[姜碩喜] 이름이 보이고, 본관이 압해押海(羅州)로 되어 있다. 《청구》와 《만성》의 《압해정씨보》를 보면 정지원의 직계 3대조와 외조 가

운데 벼슬아치가 없다.

563 이희복李熙福(1739~?) 사마司馬와 통덕랑(정5품)을 거쳐 영조 41
년 27세로 식년시에 을과로 급제했다. 《방목》에는 벼슬이 없이 아버
지[重彬], 할아버지[泰昌], 증조[時郁], 외조[尹國賓] 이름이 보이고, 본
관이 광주光州로 되어 있다. 그런데 《청구》와 《만성》의 《광주이씨
보》에는 이희복의 가계가 보이지 않는다.

564 변성운邊聖運(1717~?) 제주 사람으로 영조 41년 49세로 식년시
에 을과로 급제했다. 《방목》에는 벼슬이 없이 아버지[是翰], 할아버
지[希蘆], 증조[興溟], 외조[高齊嶺] 이름이 보이고, 본관이 원주原州로
되어 있다. 그런데 《청구》와 《만성》의 《원주변씨보》에는 변성운의
가계가 보이지 않는다.

565 홍윤오洪允五(1725~?) 전라도 임실任實 사람으로 영조 41년 41
세로 식년시에 병과로 급제했다. 《방목》에는 벼슬이 없이 아버지[濟
賢], 할아버지[益疇], 증조[啓元], 외조[李如棕] 이름이 보이고, 본관이
남양南陽으로 되어 있다. 그런데 《청구》와 《만성》의 《남양홍씨보》
에는 홍윤오의 가계가 보이지 않는다.

566 김동직金東稷(1722~?) 통덕랑(정5품)을 거쳐 영조 41년 44세로
식년시에 병과로 급제하여 벼슬이 정조 대 사헌부 장령(정4품)에 이
르렀다. 《방목》에는 벼슬이 없이 아버지[遜, 생부 守天], 할아버지[壽
星], 증조[?魯], 외조[鄭湜] 이름이 보이고, 본관이 부안扶安으로 되어
있다. 《청구》와 《만성》의 《부안김씨보》를 보면 김동직의 직계 3대
조와 외조 가운데 벼슬아치가 없다.

567 손석모孫錫謨(1720~?) 경상도 거창居昌 사람으로 통덕랑(정5품)
을 거쳐 영조 41년 46세로 식년시에 병과로 급제하여 벼슬이 예조좌

랑(정6품)에 이르렀다. 《방목》에는 벼슬이 없이 아버지[胤杓], 할아버지[慶來], 증조[之千], 외조[朴廷益] 이름이 보이고, 본관이 밀양密陽으로 되어 있다. 《청구》와 《만성》의 《밀양손씨보》를 보면 손석모의 직계 5대조와 외조 가운데 벼슬아치가 없다.

568 **신인명**愼認明(1723~?) 경상도 안음安陰 사람으로 통덕랑(정5품)을 거쳐 영조 41년 43세로 식년시에 병과로 급제하여 벼슬이 예문관 검열(정9품)을 거쳐 사간원 정언(정6품)에 이르렀다. 《방목》에는 벼슬이 없이 아버지[守彛], 할아버지[椁], 증조[景旿], 외조[趙漢鳴] 이름이 보이고, 본관이 거창居昌으로 되어 있다. 《청구》와 《만성》의 《거창신씨보》를 보면 신인명의 직계 3대조와 외조 가운데 벼슬아치가 없다.

569 **박진우**朴鎭宇(1721~?) 경기도 수원 사람으로 통덕랑(정5품)을 거쳐 영조 41년 45세로 식년시에 병과로 급제했다. 《방목》에는 벼슬이 없이 아버지[致中], 할아버지[縡], 증조[重敷], 외조[鄭益章] 이름이 보이고, 본관이 함양咸陽(速含)으로 되어 있다. 그런데 《청구》와 《만성》의 《함양박씨보》에는 박진우의 가계가 보이지 않는다.

570 **백광택**白光澤(1738~?) 평안도 정주定州 사람으로 통덕랑(정5품)을 거쳐 영조 41년 28세로 식년시에 병과로 급제했다. 《방목》에는 벼슬이 없이 아버지[天綵], 할아버지[采恒], 증조[信圭], 외조[許賛] 이름이 보이고, 본관이 수원水原으로 되어 있다. 그런데 《청구》와 《만성》의 《수원백씨보》에는 백광택의 가계가 보이지 않는다. 정주의 수원백씨에 대해서는 앞에서 이미 설명했다.

571 **이송심**李松心(1738~?) 평안도 순안順安 사람으로 통덕랑(정5품)을 거쳐 영조 41년 28세로 식년시에 병과로 급제했다. 《방목》에는

벼슬이 없이 아버지[星岳], 할아버지[淵起], 증조[春亨], 외조[車萬里] 이름이 보이고, 본관이 장수長水로 되어 있다. 그런데 《만성》에는 《장수이씨보》 자체가 없고, 《청구》의 《장수이씨보》에는 이송심의 가계가 보이지 않는다. 이씨는 장수의 토성이고, 2000년 현재 장수이 씨 인구는 4,560가구 1만 4,324명의 희성으로, 조선시대 문과급제자 5명을 배출했다.

572 노성탁魯聖鐸(1723~?) 전라도 무장茂長 사람으로 통덕랑(정5품) 을 거쳐 영조 41년 43세로 식년시에 병과로 급제했다. 《방목》에는 벼슬이 없이 아버지[震雄], 할아버지[后晳], 증조[時榮], 외조[金履義] 이름이 보이고, 본관이 함풍咸豊(咸平)으로 되어 있다. 그런데 《청구》 와 《만성》에는 《함풍노씨보》 자체가 없다. 2000년 현재 함풍노씨 인 구는 7,777가구 2만 5,408명으로 조선시대에 문과급제자 3명을 배출 했다.

573 조명업曺命業(1722~?) 경기도 파주 사람으로 통덕랑(정5품)을 거쳐 영조 41년 44세로 식년시에 병과로 급제하여 벼슬이 정조 대 사헌부 장령(정4품)에 이르렀다. 《방목》에는 벼슬이 없이 아버지[夏 濟], 할아버지[德周], 증조[瑋], 외조[安瑞吉] 이름이 보이고, 본관이 창 녕昌寧으로 되어 있다. 《청구》의 《창녕조씨보》를 보면 조명업의 직 계 5대조 가운데 벼슬아치가 없으며, 《만성》의 《창녕조씨보》를 보 면 4대조와 5대조가 각각 직장直長과 사직司直으로 되어 있다.

574 정중록鄭重祿(1740~?) 전라도 고창高敞 사람으로 통덕랑(정5품) 을 거쳐 영조 41년 26세로 식년시에 병과로 급제했다. 《방목》에는 벼슬이 없이 아버지[宅臣], 할아버지[萬俊], 증조[文奎], 외조[吳道恒] 이름이 보이고, 본관이 진주晉州로 되어 있다. 그런데 《청구》와 《만

성》의 《진주정씨보》에는 정중록의 가계가 보이지 않는다.

575 **전백령**全百齡(1705~?) 강원도 금성金城 사람으로 통덕랑(정5품)을 거쳐 영조 41년 61세로 식년시에 병과로 급제했다. 《방목》에는 벼슬이 없이 아버지[爾源, 생부 爾晚], 할아버지[性容], 증조[彦宗], 외조[咸榮得] 이름이 보이고, 본관이 정선旌善으로 되어 있다. 그런데 《청구》와 《만성》의 《정선전씨보》에는 전백령의 가계가 보이지 않는다.

576 **김복원**金復元(1729~?) 청주淸州 사람으로 통덕랑(정5품)을 거쳐 영조 41년 37세로 식년시에 병과로 급제했다. 《방목》에는 벼슬이 없이 아버지[德鉉], 할아버지[載文], 증조[光粹], 외조[李涵], 처부[許珏] 이름이 보이고, 본관이 안동安東으로 되어 있다. 그런데 《청구》와 《만성》의 《안동김씨보》에는 김복원의 가계가 보이지 않는다.

577 **최명린**崔命麟(1744~?) 경기도 금천衿川 사람으로 유학을 거쳐 영조 41년 22세로 식년시에 병과로 급제했다. 《방목》에는 벼슬이 없이 아버지[翼運], 할아버지[基華], 증조[崙], 외조[李宇采] 이름이 보이고, 본관이 해주海州로 되어 있다. 그런데 《청구》와 《만성》의 《해주최씨보》에는 최명린의 가계가 보이지 않는다.

578 **홍이조**洪履祚(1736~?) 평안도 정주定州 사람으로 영조 41년 30세로 식년시에 병과로 급제했다. 《방목》에는 벼슬이 없이 아버지[啓澤], 할아버지[潤世], 증조[聖績], 외조[金處滉] 이름이 보이고, 본관이 남양南陽으로 되어 있다. 그런데 《청구》와 《만성》의 《남양홍씨보》에는 홍이조의 가계가 보이지 않는다. 정주의 남양홍씨에 대해서는 앞에서 이미 설명했다.

579 **정현도**鄭顯道(1743~?) 평안도 철산鐵山 사람으로 유학을 거쳐 영조 41년 23세로 식년시에 병과로 급제했다. 《방목》에는 벼슬이 없

이 아버지[處夏], 할아버지[斗山], 증조[遇興], 외조[李萬馨] 이름이 보이고, 본관이 하동河東으로 되어 있다. 그런데 《청구》와 《만성》의 《하동정씨보》에는 정현도의 가계가 보이지 않는다. 《세종실록》〈지리지〉와 《동국여지승람》에는 철산에 하동정씨가 보이지 않다가 《여지도서》에는 하동정씨가 보인다. 영조 대 이후 철산에서만 문과급제자 10명을 배출했다.

580 최희연崔禧延(1735~?) 전라도 부안扶安 사람으로 유학을 거쳐 영조 41년 31세로 식년시에 병과로 급제했다. 《방목》에는 벼슬이 없이 아버지[嵋], 할아버지[震說], 증조[厚載], 외조[金運] 이름이 보이고, 본관이 전주全州로 되어 있다. 그런데 《청구》와 《만성》의 《전주최씨보》에는 최희연의 가계가 보이지 않는다.

581 양봉화梁鳳華(1714~?) 평안도 정주定州 사람으로 유학을 거쳐 영조 41년 52세로 식년시에 병과로 급제했다. 《방목》에는 벼슬이 없이 아버지[碩泓], 할아버지[達河], 증조[應淸], 외조[朴汝楫] 이름이 보이고, 본관이 남원南原으로 되어 있다. 그런데 《청구》와 《만성》의 《남원양씨보》에는 양봉화의 가계가 보이지 않는다. 《세종실록》〈지리지〉와 《동국여지승람》에는 정주에 남원양씨가 보이지 않다가 《여지도서》에 처음으로 남원양씨가 보인다.

582 오수민吳壽民(1719~?) 전라도 장성長城 사람으로 유학을 거쳐 영조 41년 47세로 식년시에 병과로 급제했다. 《방목》에는 벼슬이 없이 아버지[泰遜], 할아버지[再輝], 증조[洺], 외조[柳尙重] 이름이 보이고, 본관이 낙안樂安으로 되어 있다. 그런데 《만성》에는 《낙안오씨보》 자체가 없으며, 《청구》의 《낙안오씨보》에는 세조 대 문과에 급제한 오백안吳伯顏 한 사람만 기록되어 있을 뿐 오수민의 이름은 보

이지 않는다. 2000년 현재 낙안오씨 인구는 2,787가구 9,135명으로 조선시대 문과급제자 3명을 배출했다.

583 안중권安中權(1734~?) 평안도 안주安州 사람으로 유학을 거쳐 영조 41년 32세로 식년시에 병과로 급제했다. 《방목》에는 벼슬이 없이 아버지[正模], 할아버지[晢], 증조[擇之], 외조[吉禹揆] 이름이 보이고, 본관이 순흥順興으로 되어 있다. 그런데 《청구》와 《만성》의 《순흥안씨보》에는 안중권의 가계가 보이지 않는다. 안주의 순흥안씨는 영조 대 이후 문과급제자 24명을 배출하여 이 지방의 명문이 되었다. 《세종실록》〈지리지〉와 《동국여지승람》에는 안주에 순흥안씨가 보이지 않다가 《여지도서》에 처음으로 순흥안씨가 보인다.

584 변성우邊聖遇(1721~?) 제주 사람으로 유학을 거쳐 영조 41년 45세로 식년시에 병과로 급제했다. 《방목》에는 벼슬이 없이 아버지[是翼], 할아버지[希蘆], 증조[興溟], 외조[金振白] 이름이 보이고, 본관이 원주原州로 되어 있다. 그런데 《청구》와 《만성》의 《원주변씨보》에는 변성우의 가계가 보이지 않는다.

585 김형중金衡重(1694~?) 제주 사람으로 유학을 거쳐 영조 41년 72세로 식년시에 병과로 급제하여 벼슬이 성균관 전적(정6품)에 이르렀다. 《방목》에는 벼슬이 없이 아버지[鼎實], 할아버지[汝琦], 증조[斗南], 외조[安汝老] 이름이 보이고, 본관이 나주羅州로 되어 있다. 그런데 《청구》와 《만성》의 《나주김씨보》에는 김형중의 가계가 보이지 않는다.

586 이석복李錫馥(1731~?) 평안도 창성昌城 사람으로 유학을 거쳐 영조 41년 35세로 식년시에 병과로 급제했다. 《방목》에는 벼슬이 없이 아버지[愼朝], 할아버지[禮南], 증조[蘭], 외조[安廷道] 이름이 보이

고, 본관이 청송靑松으로 되어 있다. 그런데 《만성》에는 《청송이씨
보》 자체가 없으며, 《청구》의 《청송이씨보》에는 오직 이석복 한 사
람만 기록되어 있다. 2000년 현재 청송이씨 인구는 247가구 814명의
희성으로, 조선시대 문과급제자 2명을 배출했는데, 그가 첫 급제자이
다. 《세종실록》 〈지리지〉, 《동국여지승람》, 《여지도서》 어디에도 창
성에 청송이씨가 없어 새로 만든 성관으로 보인다.

587 최대규崔大奎(1736~?) 평안도 구성龜城 사람으로 유학을 거쳐
영조 41년 30세로 식년시에 병과로 급제했다. 《방목》에는 벼슬이 없
이 아버지〔碩泰〕, 할아버지〔振興〕, 증조〔重遠〕, 외조〔金益著〕 이름이 보
이고, 본관이 문경聞慶으로 되어 있다. 그런데 《청구》와 《만성》에는
《문경최씨보》 자체가 없다. 2000년 현재 문경최씨 인구는 230가구
689명의 희성으로, 최대규가 유일한 문과급제자이자 시조가 되었다.
《세종실록》 〈지리지〉, 《동국여지승람》에는 구성에 문경최씨가 보이
지 않다가 《여지도서》에 처음으로 등장한다.

588 김약구金若龜(1702~?) 경상도 순흥順興 사람으로 유학을 거쳐
영조 41년 74세로 식년시에 병과로 급제했다. 《방목》에는 벼슬이 없
이 아버지〔華重〕, 할아버지〔英震〕, 증조〔以道〕, 외조〔李耆賢〕 이름이 보
이고, 본관이 김해金海로 되어 있다. 그런데 《청구》와 《만성》의 《김
해김씨보》에는 김약구의 가계가 보이지 않는다.

589 김경행金景行(1720~?) 경기도 남양南陽 사람으로 유학을 거쳐
영조 41년 46세로 식년시에 병과로 급제했다. 《방목》에는 벼슬이 없
이 아버지〔重夏〕, 할아버지〔瑜〕, 증조〔宗福〕, 외조〔蘇后說〕 이름이 보이
고, 본관이 안동安東으로 되어 있다. 그런데 《청구》와 《만성》의 《안
동김씨보》에는 김경행의 가계가 보이지 않는다.

590 **오준근**吳濬根(1730~?) 참봉(종9품)을 거쳐 영조 42년(1766) 37세로 정시에 병과로 급제하여 벼슬이 사간원 정언(정6품)에 이르렀는데, 영조 48년《실록》을 보면 오준근이 서류庶流로서 정언에 임명되었다고 한다.277)《방목》에는 벼슬이 없이 아버지[洵], 할아버지[一明], 증조[運昌], 외조[崔尙徵], 처부[李樸] 이름이 보이고, 본관이 보성寶城으로 되어 있다.《청구》와《만성》의《보성오씨보》에는 그의 가계가 보이는데, 아버지는 문과급제자이다.

591 **우정규**禹禎圭(1717~?) 경상도 함양咸陽 사람으로 생원을 거쳐 영조 42년 50세로 정시에 병과로 급제하여 벼슬이 예문관 검열(정9품)을 거쳐 통례원 우통례(정3품 당하관)에 이르렀으며, 정조 12년에는《경제야언經濟野言》이라는 책을 저술하여 임금에게 바치기도 했다. 우정규가 검열에 천거되자 예문관 관원들은 그가 "비미卑微하고 하찮은 인물"로서 한림翰林에 천거된 것은 부당하다고 반대하고 나섰다.278)《방목》에는 벼슬이 없이 아버지[敍疇] 이름이 보이고, 본관이 단양丹陽으로 되어 있다. 그런데《청구》와《만성》의《단양우씨보》에는 그의 가계가 보이지 않는다. 신분이 비미하다는 것은 서얼임을 가리키는 듯하다.

592 **김치구**金致九(1728~?) 유학을 거쳐 영조 42년 39세로 정시에 병과로 급제하여 벼슬이 부사(종3품)에 이르렀다.《방목》에는 벼슬이 없이 아버지[秉魯], 할아버지[楷], 증조[濟; 演의 오자로 보임], 외조[沈垣] 이름이 보이고, 본관이 청풍淸風으로 되어 있다.《청구》와《만성》의《청풍김씨보》를 보면 김치구의 직계 6대조와 외조 가운데 벼

---

277)《영조실록》권119, 영조 48년 8월 15일 정축.
278)《영조실록》권108, 영조 43년 2월 13일 정미.

슬아치가 없다.

593 백봉주白鳳周(1739~?) 평안도 태천泰川 사람으로 유학을 거쳐 영조 42년 28세로 정시에 병과로 급제하여 벼슬이 성균관 직강(정5품)에 이르렀다가 정조 2년에 낙직落職되었는데, 정조 22년에 임금의 특명으로 통청通淸이 허락되었다.[279] 《방목》에는 벼슬이 없이 아버지[秀起] 이름만 보이고, 본관이 없지만 수원水原으로 보인다. 그런데 《청구》와 《만성》의 《수원백씨보》에는 백봉주의 가계가 보이지 않는다. 태천의 수원백씨는 영조 대 이후 문과급제자 14명을 배출하여 명문으로 등장했다. 그런데 《여지도서》에만 태천에 수원백씨가 보이고 그 이전에는 태천에 수원백씨가 보이지 않는다.

594 이기임李基任(1713~?) 유학을 거쳐 영조 42년 54세로 정시에 병과로 급제하여 벼슬이 병조좌랑(정6품)에 이르렀다. 《방목》에는 벼슬이 없이 아버지[備] 이름만 보이고, 본관이 완산完山으로 되어 있다. 《전주이씨과거급제자총람》을 보면 이기임은 정종의 후궁 소생인 덕천군德泉君의 13세손으로, 직계 5대조와 외조 가운데 벼슬아치가 없다.

595 유한신柳翰申(1732~?) 경기도 이천利川 사람으로 진사를 거쳐 영조 42년 35세로 정시에 병과로 급제하여 벼슬이 사간원 정언(정6품)에 이르렀다. 정조 즉위년 반역죄로 복주되었는데, 영조 49년 사간원 정언에 천망되자 사헌부에서는 그가 "미천微賤하고 무식하며 내력이 없다"는 이유로 반대했으나[280] 그대로 직책을 유지했다. 한편, 아버지 문유文猷는 "시골 산골의 어리석은 백성"이라는 이유로 아들이

---

279) 《정조실록》 권48, 정조 22년 6월 21일 계축.
280) 《영조실록》 권121, 영조 49년 8월 19일 을사.

복주될 때 죄를 감면받았다. 《방목》에는 벼슬이 없이 아버지[文猶] 이름이 보이고, 본관이 문화文化로 되어 있다. 《청구》와 《만성》의 《문화유씨보》를 보면 아버지는 벼슬이 없고 할아버지 이상은 대부분 무과 출신이다.

596 **김중섭**金重燮(1726~?) 충청도 보령 사람으로 진사를 거쳐 영조 42년 41세로 정시에 병과로 급제하여 벼슬이 사간원 정언(정6품)에 이르렀다. 《방목》에는 벼슬이 없이 아버지[夢虎] 이름만 보이고, 본관이 원주原州로 되어 있다. 그런데 《청구》의 《원주김씨보》에는 김중섭의 가계가 보이지 않으며, 《만성》의 《원주김씨보》에는 가계가 보이나 직계 5대조와 외조 가운데 벼슬아치가 없다.

597 **이제만**李濟萬(1738~?) 충청도 은진 사람으로 유학을 거쳐 영조 42년 29세로 정시에 병과로 급제하여 벼슬이 정조 대 참의(정3품 당상관)와 승지(정3품 당상관)에 이르렀는데, 영조 43년 이제만이 예문관 한림(7~9품)에 천거되자 예문관에서는 "인망人望에 맞지 않는다"는 이유로 반대상소를 올리기도 했다.281) 《방목》에는 벼슬이 없이 아버지[泰白] 이름만 보이고, 본관이 전의全義로 되어 있다. 그런데 《만성》의 《전의이씨보》에는 그의 가계가 보이지 않으며, 《청구》의 《전의이씨보》에는 가계가 보이나 직계 5대조 가운데 벼슬아치가 없다.

598 **윤창혁**尹昌爀(1726~?) 유학을 거쳐 영조 42년 41세로 정시에 병과로 급제했는데, 영조 43년 예문관 한림(7~9품)에 천거되자 예문관에서는 윤창혁이 "인망人望에 맞지 않는다"는 이유로 반대상소를 올렸다.282) 《방목》에는 벼슬이 없이 아버지[履采] 이름만 보이고, 본관

---

281) 《영조실록》 권108, 영조 43년 2월 13일 정미.
282) 《영조실록》 권108, 영조 43년 2월 13일 정미.

이 남원南原으로 되어 있다. 그런데 《청구》와 《만성》의 《남원윤씨
보》에는 그의 가계가 보이지 않는다. 예문관이 한림 천거를 반대한
이유가 그의 신분에 있었음을 알 수 있다.

599 송덕정宋德鼎(1733~?) 전라도 부안 사람으로 유학을 거쳐 영조
42년 34세로 정시에 병과로 급제했다. 《방목》에는 벼슬이 없이 아버
지[仁傑] 이름이 보이고, 본관이 여산礪山으로 되어 있다. 그런데 《청
구》와 《만성》의 《여산송씨보》에는 송덕정의 가계가 보이지 않는다.

600 유악주兪岳柱(1737~?) 유학을 거쳐 영조 43년(1767) 31세로 알
성시에 을과로 급제하여 벼슬이 사간원 정언(정6품)과 사헌부 장령
(정4품)을 거쳐 첨지(정3품 당상관)에 이르렀다. 《방목》에는 벼슬이 없
이 아버지[漢郁] 이름만 보이고, 본관이 기계杞溪로 되어 있다. 《청
구》와 《만성》의 《기계유씨보》를 보면 유악주의 직계 4대조와 외조
가운데 벼슬아치가 없다.

601 안석윤安錫胤(1720~?) 진사와 위솔衛率을 거쳐 영조 43년 48세
로 알성시에 병과로 급제하여 벼슬이 시강원 설서(정7품)에 이르렀
다. 《방목》에는 벼슬이 없이 아버지[重衡], 할아버지[璠], 증조[後宣],
외조[金翼龍] 이름이 보이고, 본관이 순흥順興으로 되어 있다. 그런데
《청구》의 《순흥안씨보》에는 안석윤의 가계가 보이지 않으며, 《만
성》의 《순흥안씨보》에는 가계가 보이는데 직계 5대조와 외조 가운
데 벼슬아치가 없다.

602 이양보李陽普(1729~?) 유학을 거쳐 영조 43년 39세로 알성시에
병과로 급제했다. 《방목》에는 벼슬이 없이 아버지[挺采], 할아버지[世
瑃], 증조[志遇] 이름이 보이고, 본관이 벽진碧珍으로 되어 있다. 그런
데 《청구》와 《만성》의 《벽진이씨보》에는 이양보의 가계가 보이지

않는다.

603 민정열閔鼎烈(1742~?) 통덕랑(정5품)을 거쳐 영조 44년(1768) 27세로 식년시에 을과로 급제했는데, 4년 뒤에 관직을 삭탈당했다.《방목》에는 벼슬이 없이 아버지[百祿] 이름만 보이고, 본관이 여흥驪興으로 되어 있다. 그런데《청구》와《만성》의《여흥민씨보》에는 민정열의 이름이 보이지 않는다. 다만 직계 3대조는 모두 무과 출신이다.

604 서의수徐懿修(1741~?) 평안도 정주定州 사람으로 영조 44년 28세로 식년시에 을과로 급제했다.《방목》에는 벼슬이 없이 아버지[允彬] 이름만 보이고, 본관이 이천利川으로 되어 있다. 그런데《청구》와《만성》의《이천서씨보》에는 서의수의 가계가 보이지 않는다.《세종실록》〈지리지〉,《동국여지승람》,《여지도서》어디에도 정주에 이천서씨가 없다.

605 이사렴李師濂(1730~?) 경기도 교하交河 사람으로 생원을 거쳐 영조 44년 39세로 식년시에 병과로 급제하여 벼슬이 승지(정3품 당상관)와 병조참의(정3품 당상관)에 이르렀다.《방목》에는 벼슬이 없이 아버지[綸] 이름만 보이고, 본관이 완산完山으로 되어 있다.《전주이씨과거급제자총람》을 보면 이사렴은 정종의 후궁 소생인 선성군宣城君의 11세손으로, 직계 3대조와 외조 가운데 벼슬아치가 없다.

606 전좌천全佐天(1741~?) 평안도 구성龜城 사람으로 유학을 거쳐 영조 44년 28세로 식년시에 병과로 급제했다.《방목》에는 벼슬이 없이 아버지[翼初] 이름만 보이고, 본관이 정선旌善으로 되어 있다. 그런데《청구》와《만성》의《정선전씨보》에는 전좌천의 가계가 보이지 않는다.《세종실록》〈지리지〉,《동국여지승람》,《여지도서》어디에도 구성에 정선전씨가 없다.

607 구창서具昌瑞(1733~?) 평안도 개천价川 사람으로 유학을 거쳐 영조 44년 36세로 식년시에 병과로 급제했다. 《방목》에는 벼슬이 없이 아버지[東俊] 이름만 보이고, 본관이 능성綾城으로 되어 있다. 그런데 《청구》와 《만성》의 《능성구씨보》에는 구창서의 가계가 보이지 않는다. 《세종실록》〈지리지〉, 《동국여지승람》, 《여지도서》 어디에도 개천에 능성구씨가 없다.

608 허채許菜(1735~?) 평안도 구성龜城 사람으로 유학을 거쳐 영조 44년 34세로 식년시에 병과로 급제했다. 《방목》에는 벼슬이 없이 아버지[聰] 이름만 보이고, 본관이 양천陽川으로 되어 있다. 그런데 《청구》와 《만성》의 《양천허씨보》에는 허채의 가계가 보이지 않는다.

609 김규상金奎祥(1741~?) 유학을 거쳐 영조 44년 28세로 식년시에 병과로 급제했다. 《방목》에는 벼슬이 없이 아버지[先慶] 이름만 보이고, 본관이 경주慶州로 되어 있다. 그런데 《청구》와 《만성》의 《경주김씨보》에는 김규상의 가계가 보이지 않는다.

610 송문즙宋文楫(1739~?) 전라도 담양潭陽 사람으로 유학을 거쳐 영조 44년 30세로 식년시에 병과로 급제하여 벼슬이 도사(종5품)에 이르렀다. 《방목》에는 벼슬이 없이 아버지[義老] 이름이 보이고, 본관이 신평新平으로 되어 있다. 그런데 《청구》와 《만성》의 《신평송씨보》에는 송문즙의 가계가 보이지 않는다.

611 여홍간呂弘幹(1728~?) 유학을 거쳐 영조 44년 41세로 식년시에 병과로 급제하여 양사兩司(사간원과 사헌부)에 벼슬했다. 《방목》에는 벼슬이 없이 아버지[緯周] 이름만 보이고, 본관이 성주星州로 되어 있다. 《청구》와 《만성》의 《성주여씨보》를 보면 여홍간의 직계 5대조와 외조 가운데 벼슬아치가 없다.

612 **한석대**韓錫大(1718~?) 함흥咸興 사람으로 태조비 신의왕후의 아
버지인 한경韓卿의 후손인데, 사마시와 봉사(종8품)를 거쳐 영조 44년
51세로 식년시에 병과로 급제하여 벼슬이 승문원을 거쳐 병조정랑
(정5품)에 이르렀다. 《방목》에는 벼슬이 없이 아버지[圭, 생부 增] 이름
만 보이고 본관이 청주淸州로 되어 있다. 그런데 《청구》와 《만성》의
《청주한씨보》에는 한석대의 가계가 보이지 않는다. 함흥의 청주한씨
는 숙종 대 이후 문과급제자 13명을 배출했는데 모두 《족보》에 오르
지 못했다.

613 **김홍철**金泓哲(1737~?) 평안도 의주義州 사람으로 참봉(종9품)을
거쳐 영조 44년 32세로 식년시에 병과로 급제했다. 《방목》에는 벼슬
이 없이 아버지[衡輔] 이름만 보이고, 본관이 전주全州로 되어 있다.
그런데 《만성》에는 《전주김씨보》 자체가 없고, 《청구》의 《전주김씨
보》에는 김홍철의 가계가 보이지 않는다. 전주김씨는 선조 대 이후
부터 문과급제자 21명을 배출했는데, 그 가운데 평안도 출신이 12명,
함경도 출신이 3명이다. 《여지도서》에는 의주에 평산, 김해, 연안김
씨만 보이고 전주김씨가 보이지 않는다.

614 **권한위**權漢緯(1743~1806?) 강릉 오죽헌 주인의 후손으로 통덕
랑(정5품)을 거쳐 영조 44년 26세로 식년시에 병과로 급제하여 벼슬
이 정조와 순조 연간에 사헌부 장령(정4품)과 집의(종3품)에 이르렀
다. 《방목》에는 벼슬이 없이 아버지[啓學] 이름만 보이고, 본관이 안
동安東으로 되어 있다. 그런데 《청구》와 《만성》의 《안동권씨보》에
는 권한위의 가계가 보이지 않는다.

615 **안임권**安任權(1751?~?) 평안도 안주安州 사람으로 통덕랑(정5품)
을 거쳐 영조 44년 18세로 식년시에 병과로 급제하여 벼슬이 판관(종

5품)에 이르렀다. 《방목》에는 벼슬이 없이 아버지〔正煥〕 이름만 보이고, 본관이 순흥順興으로 되어 있다. 《청구》의 《순흥안씨보》에는 안임권의 이름이 보이는데, 아버지 이름이 정위正緯로 되어 있어 《방목》과 다르다. 한편, 《만성》의 《순흥안씨보》에는 아버지와 그의 이름이 보이지 않는다. 신원이 불확실한 인물이다. 하지만 안주의 순흥안씨는 영조 대 이후 문과급제자 26명을 배출하여 이 지역의 명문으로 등장했다. 안주의 순흥안씨에 대해서는 앞에서 이미 설명했다.

616 이석제李奭濟(1729~?) 생원을 거쳐 영조 44년 40세로 식년시에 병과로 급제하여 벼슬이 정조 대 사간원 정언(정6품)에 이르렀다. 《방목》에는 벼슬이 없이 아버지〔宇鼎〕 이름만 보이고, 본관이 전의全義로 되어 있다. 그런데 《청구》의 《전의이씨보》에는 이석제의 가계가 보이지 않으며, 《만성》의 《전의이씨보》에는 할아버지〔駿翼, 무직〕, 증조〔命全, 무직〕 이름이 보이고 그 윗대의 가계는 끊어져 있다. 요컨대 직계 3대조 가운데 벼슬아치가 없을 뿐 아니라 가계 자체가 분명치 않은 인물이다.

617 정유鄭濡(1725~?) 진사를 거쳐 영조 44년 44세로 식년시에 병과로 급제했다. 《방목》에는 벼슬이 없이 아버지〔齊文〕 이름만 보이고, 본관이 진주晉州로 되어 있다. 그런데 《청구》와 《만성》의 《진주정씨보》에는 정유의 가계가 보이지 않는다.

618 최현필崔顯珌(1725~?) 유학을 거쳐 영조 44년 44세로 식년시에 병과로 급제했다. 《방목》에는 벼슬이 없이 아버지〔復煥〕 이름만 보이고, 본관이 강릉江陵으로 되어 있다. 그런데 《청구》와 《만성》의 《강릉최씨보》에는 최현필의 가계가 보이지 않는다.

619 송경환宋景煥(1720~?) 유학을 거쳐 영조 44년 식년시에 병과로

급제하여 벼슬이 승정원 주서(정7품)를 거쳐 사간원 정언(정6품)에 이르렀다. 《방목》에는 벼슬이 없이 아버지[桂夏, 생부 桂相] 이름만 보이고, 본관이 진천鎭川으로 되어 있다. 그런데 《만성》의 《진천송씨보》에는 송경환의 가계가 보이지 않으며, 《청구》의 《진천송씨보》에는 가계가 보이나 직계 5대조 가운데 벼슬아치가 없다.

620 **김봉현**金鳳顯(1732~?) 평안도 정주定州 사람으로 유학을 거쳐 영조 44년 37세로 식년시에 병과로 급제하여 벼슬이 정조 대 사관史官(예문관 한림; 7~9품)에 이르렀다. 《방목》에는 벼슬이 없이 아버지[處萬] 이름만 보이고, 본관이 연안延安으로 되어 있다. 그런데 《청구》와 《만성》의 《연안김씨보》에는 김봉현의 가계가 보이지 않는다. 하지만 정주의 연안김씨는 영조 대 이후 문과급제자 43명을 배출하여 이 지방의 최고 명문으로 등장했다. 《세종실록》〈지리지〉와 《동국여지승람》에는 정주에 연안김씨가 보이지 않다가 《여지도서》에 처음으로 연안김씨가 등장한다.

621 **강성봉**姜聖鳳(1708~?) 유학을 거쳐 영조 44년 61세로 식년시에 병과로 급제했다. 《방목》에는 벼슬이 없이 아버지[遇陽] 이름만 보이고, 본관이 진주晋州로 되어 있다. 그런데 《청구》와 《만성》의 《진주강씨보》에는 강성봉의 가계가 보이지 않는다.

622 **조언혁**趙彦爀(1725~?) 유학을 거쳐 영조 44년 44세로 식년시에 병과로 급제했다. 《방목》에는 벼슬이 없이 아버지[聖一, 相一?] 이름만 보이고, 본관이 밀양密陽으로 되어 있다. 그런데 《청구》의 《밀양조씨보》에는 조언혁의 가계가 보이지 않으며, 《만성》에는 《밀양조씨보》 자체가 없다. 2000년 현재 밀양조씨 인구는 794가구 2,666명의 희성으로, 조선시대에 문과급제자 2명을 배출했는데, 그가 처음이다.

623 구수온具修溫(1734~?) 황해도 해주海州 사람으로 영조 44년 35세로 식년시에 병과로 급제하여 벼슬이 정조 대 사헌부 장령(정4품)을 거쳐 승지(정3품 당상관)에 이르렀는데, 영조 49년 구수온이 대간에 천망되자 사헌부에서는 그가 미천微賤하고 무식하다는 이유로 반대했다.[283] 또 정조 대 승지에 임명되자 승정원에서는 그가 비천卑賤한 사람으로 청선淸選에 합당한 인물이 아니라고 상소하기도 했으나[284] 벼슬에 영향을 주지 못했다.《방목》에는 벼슬이 없이 아버지[悼五] 이름만 보이고, 본관이 능성綾城으로 되어 있다. 그런데 《청구》의 《능성구씨보》에는 그의 가계가 보이지 않으며,《만성》의 《능성구씨보》에는 가계가 보이는데 직계 8대조 가운데 벼슬아치가 없다. 신분이 비천하다는 말이 그래서 나온 것이다.

624 홍민해洪敏海(1739~?) 평안도 정주定州 사람으로 유학을 거쳐 영조 44년 30세로 식년시에 병과로 급제했다.《방목》에는 벼슬이 없이 아버지[命一] 이름만 보이고, 본관이 남양南陽으로 되어 있다. 그런데 《청구》와 《만성》의 《남양홍씨보》에는 홍민해의 가계가 보이지 않는다.《세종실록》〈지리지〉와 《동국여지승람》에는 정주에 남양홍씨가 보이지 않다가 《여지도서》에 처음으로 남양홍씨가 등장하여, 영조 대 이후 문과급제자 11명을 배출했다.

625 권영權俁(1741~?) 유학을 거쳐 영조 44년 28세로 식년시에 병과로 급제하여 벼슬이 좌랑(정6품)과 사헌부 지평(정5품)에 이르렀다. 《방목》에는 벼슬이 없이 아버지[厚彦] 이름만 보이고, 본관이 안동安東으로 되어 있다.《청구》와 《만성》의 《안동권씨보》를 보면 권영의

---

283)《영조실록》권121, 영조 49년 8월 19일 을사.
284)《정조실록》권30, 정조 14년 4월 27일 정축; 권34, 정조 16년 2월 11일 경술.

직계 5대조와 외조 가운데 벼슬아치가 없다.

626 **현재묵**玄在黙(1735~?) 평안도 개천价川 사람으로 유학을 거쳐 영조 44년 34세로 식년시에 병과로 급제하여 벼슬이 성균관 전적(정6품)과 평안도 도사(종5품)에 이르렀다. 《방목》에는 벼슬이 없이 아버지[鳳謙] 이름만 보이고, 본관이 없는데 현재 성주星州로 알려져 있다. 그런데 《청구》에는 《성주현씨보》 자체가 없고, 《순천현씨보順天玄氏譜》에 현재묵의 가계가 독립된 형태로 보이는데, 아버지 이름이 봉점鳳漸(문과급제)으로 되어 있어서 《방목》과 다르다. 한편, 《만성》에는 어느 현씨보에도 가계가 보이지 않는다. 《여지도서》에는 개천에 성주현씨가 없고 연주현씨延州玄氏(영변현씨)가 보여 현재묵도 연주현씨일 가능성이 크다. 2000년 현재 연주현씨 인구는 1만 8,686가구 5만 9,096명으로, 조선시대 문과급제자 8명을 배출했는데, 현재묵이 처음이며, 8명 가운데 평안도 출신이 6명이다.

627 **정겸제**鄭兼濟(1718~?) 유학을 거쳐 영조 44년 51세로 식년시에 병과로 급제했다. 《방목》에는 벼슬이 없이 아버지[龜海, 생부 龜壽] 이름만 보이고, 본관이 진주晉州로 되어 있다. 그런데 《청구》와 《만성》의 《진주정씨보》에는 정겸제의 가계가 보이지 않는다.

628 **김인서**金麟瑞(1740~?) 유학을 거쳐 영조 44년 29세로 식년시에 병과로 급제했다. 《방목》에는 벼슬이 없이 아버지[蓋萬] 이름만 보이고, 본관이 연안延安이다. 그런데 《청구》와 《만성》의 《연안김씨보》에는 김인서의 가계가 보이지 않는다.

629 **김구첨**金具瞻(1737~?) 전라도 나주 사람으로 유학을 거쳐 영조 44년 32세로 식년시에 병과로 급제했다. 《방목》에는 벼슬이 없이 아버지[德貞] 이름만 보이고, 본관이 김해金海로 되어 있다. 그런데 《청

구》와 《만성》의 《김해김씨보》에는 김구첨의 가계가 보이지 않는다.

630 이정규李鼎揆(1735~?) 유학을 거쳐 영조 44년 34세로 식년시에 병과로 급제하여 벼슬이 홍문관 교리(정5품)를 거쳐 정조 대 사헌부 대사헌(종2품)과 승지(정3품 당상관)에 이르렀다. 《방목》에는 벼슬이 없이 아버지[憲一], 할아버지[實中], 증조[德祚], 외조[任華世], 처부[李宗遠] 이름이 보이고, 본관이 여강驪江(驪州)으로 되어 있다. 《청구》와 《만성》의 《여주이씨보》를 보면 이정규의 직계 5대조와 외조 가운데 벼슬아치가 없다.

631 계덕신桂德新(1709~?) 평안도 선천宣川 사람으로 유학을 거쳐 영조 44년 60세로 식년시에 병과로 급제하여 벼슬이 좌랑(정6품)에 이르렀다. 《방목》에는 벼슬이 없이 아버지[元芳] 이름만 보이고, 본 관이 수안遂安으로 되어 있다. 그런데 《만성》에는 《수안계씨보》 자 체가 없으며, 《청구》의 《수안계씨보》에는 계덕신의 이름이 가계가 끊어진 형태로 기록되어 있어 계보를 알 수 없다. 수안계씨는 고려 말 명나라에서 귀화한 계석손의 후손으로, 2000년 현재 인구는 1,951 가구 6,242명의 희성이다. 조선시대 문과급제자 3명을 배출했으며 모 두 선천 출신인데, 그가 처음이다. 선천의 수안계씨는 《여지도서》에 만 보이고, 그 이전에는 보이지 않는다.

632 방종거方宗擧(1743~?) 평안도 순천順川 사람으로 유학을 거쳐 영조 44년 26세로 식년시에 병과로 급제했다. 《방목》에는 벼슬이 없 이 아버지[萬澄] 이름만 보이고, 본관이 없으나 온양溫陽으로 보인다. 그런데 《청구》와 《만성》의 《온양방씨보》에는 방종거의 가계가 보 이지 않는다. 하지만 평안도의 온양방씨는 조선시대 문과급제자 9명 을 배출했는데, 영조 대 이후 정주에서만 6명이 나왔다.

633 김이권金履權(1735~?) 평안도 가산嘉山 사람으로 유학을 거쳐 영조 44년 34세로 식년시에 병과로 급제했다.《방목》에는 벼슬이 없이 아버지[渥] 이름만 보이고, 본관이 진주晋州로 되어 있다. 그런데《청구》와《만성》의《진주김씨보》에는 김이권의 가계가 보이지 않는다. 조선시대 문과급제자는 모두 10명인데 평안도 지역에서 7명이 배출되었다.《세종실록》〈지리지〉,《동국여지승람》,《여지도서》어디에도 가산에 진주김씨가 없고, 풍주김씨豊州金氏와 안동김씨安東金氏만 보인다.

634 박태주朴泰周(1713~?) 유학을 거쳐 영조 44년 56세로 식년시에 병과로 급제했다.《방목》에는 벼슬이 없이 아버지[在旭] 이름만 보이고, 본관이 밀양密陽으로 되어 있다. 그런데《청구》와《만성》의《밀양박씨보》에는 박태주의 가계가 보이지 않는다.

635 방태곤方泰坤(1726~?) 평안도 정주定州 사람으로 유학을 거쳐 영조 44년 43세로 식년시에 병과로 급제했다.《방목》에는 벼슬이 없이 아버지[琛] 이름만 보이고, 본관이 온양溫陽으로 되어 있다. 그런데《청구》와《만성》의《온양방씨보》에는 방태곤의 가계가 보이지 않는다. 온양방씨는 조선시대 문과급제자 9명을 배출했는데, 그 가운데 정주에서 6명이 배출되었으며, 조선 후기에는 역과譯科 49명, 의과醫科 36명, 음양과陰陽科 3명, 율과律科 4명, 주학籌學 3명의 급제자를 배출하여 중인가문으로 불렸다.

636 조두겸趙斗謙(1716~?) 평안도 개천价川 사람으로 영조 44년 53세로 식년시에 병과로 급제하여 벼슬이 사헌부 감찰(정6품)에 이르렀다.《방목》에는 벼슬이 없이 아버지[廣厚] 이름만 보이고, 본관이 배천白川으로 되어 있다.《청구》의《배천조씨보》를 보면 직계 4대조와

외조 가운데 벼슬아치가 없고, 그 위로 4대에 걸친 조상들도 모두 참봉(종9품)에 지나지 않는다. 《세종실록》〈지리지〉, 《동국여지승람》, 《여지도서》 어디에도 개천에 배천조씨가 보이지 않는다.

637 홍신유洪愼猷(1722~?) 생원을 거쳐 영조 44년 47세로 정시에 병과로 급제했다. 《방목》에는 벼슬이 없이 아버지[聖龜] 이름이 보이고, 본관이 남양南陽으로 되어 있다. 그런데 《청구》와 《만성》의 《남양홍씨보》에는 홍신유의 가계가 보이지 않는다.

638 김동연金東淵(1724~?) 충청도 목천木川 사람으로 유학을 거쳐 영조 44년 49세로 정시에 병과로 급제하여 벼슬이 정조 대 사간원 헌납(정4품)과 승지(정3품 당상관)에 이르렀다. 《방목》에는 벼슬이 없이 아버지[汝錫] 이름만 보이고, 본관이 언양彦陽으로 되어 있다. 《청구》와 《만성》의 《언양김씨보》를 보면 김동연의 직계 3대조와 외조 가운데 벼슬아치가 없다.

639 홍계원洪啓遠(1695~?) 영令(종5품)을 거쳐 영조 45년(1769) 75세로 70세 이상의 기로耆老들을 대상으로 한 정시에 을과로 급제하여 80세가 되자 지중추부사(정2품)의 산관직을 받았다. 《방목》에는 벼슬이 없이 아버지[禹九] 이름만 보이고, 본관이 남양南陽으로 되어 있다. 《청구》와 《만성》의 《남양홍씨보》를 보면 홍계원의 직계 3대조와 외조 가운데 벼슬아치가 없다.

640 신경申絅(1690~?) 조봉대부(종4품)를 거쳐 영조 45년 80세의 나이로 기로정시에 을과로 급제하여 벼슬이 통정대부(정3품 당상관)의 산관직에 이르렀다. 《방목》에는 벼슬이 없이 아버지[命衡] 이름만 보이고, 본관이 평산平山으로 되어 있다. 그런데 《청구》와 《만성》의 《평산신씨보》에는 신경의 가계가 보이지 않는다. 조봉대부의 품계도

70세 이상이 되자 노인직老人職으로 받은 것으로 보인다.

　641 **최해령**崔海寧(1748~?) 강원도 원주原州 사람으로 유학을 거쳐 영조 45년 22세로 정시에 장원급제하여 벼슬이 정랑(정5품)에 이르렀다. 《방목》에는 벼슬이 없이 아버지[鎭垕] 이름이 보이고, 본관이 강릉江陵으로 되어 있다. 《청구》와 《만성》의 《강릉최씨보》에 최해령의 가계가 보이는데, 직계 5대조와 외조 가운데 벼슬아치가 없다.

　642 **정석상**鄭錫祥(1736~?) 충청도 충주忠州 사람으로 진사를 거쳐 영조 45년 34세로 정시에 병과로 급제했다. 《방목》에는 벼슬이 없이 아버지[載復] 이름만 보이고, 본관이 봉화奉化로 되어 있다. 그런데 《청구》와 《만성》의 《봉화정씨보》에는 정석상의 가계가 보이지 않는다.

　643 **백사민**白師敏(1733~?) 경기도 안산安山 사람으로 진사를 거쳐 영조 45년 37세로 정시에 병과로 급제했다. 《방목》에는 벼슬이 없이 아버지[尙瑬] 이름만 보이고, 본관이 수원水原으로 되어 있다. 그런데 《청구》와 《만성》의 《수원백씨보》에는 백사민의 가계가 보이지 않는다.

　644 **최석규**崔錫圭(1733~?) 유학을 거쳐 영조 45년 37세로 정시에 병과로 급제하여 벼슬이 정조 대 금교찰방(종6품)에 이르렀다. 《방목》에는 벼슬이 없이 아버지[翼濟] 이름만 보이고, 본관이 화순和順으로 되어 있다. 그런데 《청구》와 《만성》의 《화순최씨보》에는 최석규의 가계가 보이지 않는다.

　645 **윤재양**尹在陽(1746~?) 충청도 대흥大興 사람으로 영조 45년 24세로 정시에 병과로 급제하여 벼슬이 사헌부 지평(정5품)에 이르렀다. 《방목》에는 벼슬이 없이 아버지[得煥] 이름만 보이고, 본관이 파

평파平坡으로 되어 있다. 그런데 《청구》와 《만성》의 《파평윤씨보》에
는 윤재양의 가계가 보이지 않는다.

646 이정운李鼎運(1743~?) 충청도 신창新昌 사람으로 유학을 거쳐
영조 45년 27세로 정시에 병과로 급제하여 벼슬이 형조판서(정2품)에
이르렀다. 《방목》에는 벼슬과 아버지[徵大], 할아버지[春挺], 증조[濟
相], 외조[李發馨] 이름이 보이고, 본관이 연안延安으로 되어 있다. 《청
구》와 《만성》의 《연안이씨보》를 보면 이정운의 직계 4대조와 외조
가운데 벼슬아치가 없다. 아버지가 동지중추부사(종2품)로 되어 있으
나 이는 실직이 아니라 노인직으로 보인다.

647 김용金鎔(1740~?) 유학을 거쳐 영조 46년(1770) 31세로 정시에
병과로 급제하여 벼슬이 사간원 정언(정6품)에 이르렀다. 《방목》에는
벼슬이 없이 아버지[仁重] 이름만 보이고, 본관이 김해金海로 되어 있
다. 그런데 《청구》와 《만성》의 《김해김씨보》에는 김용의 가계가 보
이지 않는다.

648 박사기朴思機(1734~?) 충청도 청주淸州 사람으로 유학을 거쳐
영조 47년(1771) 38세로 정시에 병과로 급제하여 벼슬이 군수(종4품)
에 이르렀다. 《방목》에는 벼슬이 없이 아버지[泰齡, 생부 世虎] 이름만
보이고, 본관이 밀양密陽으로 되어 있다. 《청구》의 《밀양박씨보》에
박사기의 가계가 보이는데, 직계 5대조 가운데 실직 벼슬아치가 없으
며, 《만성》의 《밀양박씨보》에는 가계가 보이지 않는다.

649 김경金璟(1741~?) 유학을 거쳐 영조 47년 31세로 정시에 병과
로 급제했다. 《방목》에는 벼슬이 없이 아버지[光胤], 할아버지[椎良],
증조[翼八], 외조[閔道基], 처부[洪以謹] 이름이 보이고, 본관이 광산光
山으로 되어 있다. 그런데 《청구》와 《만성》의 《광산김씨보》에는 김

경의 가계가 보이지 않는다.

650 권탁權憬(1706~?) 전라도 광주光州 사람으로 영조 47년 66세로 정시에 병과로 급제하여 벼슬이 군수(종4품)에 이르렀다. 《방목》에는 벼슬이 없이 아버지[仁, 생부 俔] 이름만 보이고, 본관이 예천禮泉으로 되어 있다. 그런데 《청구》와 《만성》의 《예천권씨보》에는 권탁의 가계가 보이지 않는다. 2000년 현재 예천권씨 인구는 1,512가구 4,876명의 희성으로, 조선시대 문과급제자 10명을 배출했다.

651 서휘徐彙(1737~?) 전라도 진안鎭安 사람으로 유학을 거쳐 영조 47년 35세로 정시에 병과로 급제하여 벼슬이 경양찰방(종6품)에 이르렀는데, 신분이 본래 전주의 이속吏屬 출신이었다고 한다.[285] 《방목》에는 벼슬이 없이 아버지[漢瞻] 이름만 보이고, 본관이 이천利川으로 되어 있다. 그런데 《청구》와 《만성》의 《이천서씨보》에는 서휘의 가계가 보이지 않는다.

652 이언일李彦一(1729~?) 생원을 거쳐 영조 47년 43세로 식년시에 을과로 급제하여 벼슬이 사간원 정언(정6품)에 이르렀다. 《방목》에는 벼슬이 없이 아버지[鳳楨], 할아버지[禶], 증조[東茂], 외조[閔魯重] 이름이 보이고, 본관이 여흥驪興(驪州)으로 되어 있다. 《청구》와 《만성》의 《여주이씨보》를 보면 이언일의 직계 3대조와 외조 가운데 벼슬아치가 없다.

653 최치백崔致白(1734~?) 경기도 양주楊州 사람으로 생원(진사)을 거쳐 영조 47년 38세로 식년시에 병과로 급제하여 벼슬이 정랑(정5품)에 이르렀다. 《방목》에는 벼슬이 없이 아버지[叔恒], 할아버지[勛],

---

285) 《영조실록》 권122, 영조 50년 6월 9일 신묘.

증조〔孝瞻〕, 외조〔黃暹〕 이름이 보이고, 본관이 수원水原으로 되어 있다. 《청구》와 《만성》의 《수원최씨보》를 보면 최치백의 직계 4대조와 외조 가운데 벼슬아치가 없다.

654 박서량朴瑞良(1723~?) 생원을 거쳐 영조 47년 49세로 식년시에 병과로 급제하여 벼슬이 승지(정3품 당상관)에 이르렀는데, 영조 48년 박서량이 승지에 임명되자 사헌부는 그가 "지처地處가 한미하다"는 이유로 체차를 요청했으나 임금이 따르지 않았다.286) 《방목》에는 벼슬이 없이 아버지〔慶祚〕, 할아버지〔允成〕, 증조〔尙仁〕, 외조〔柳元昌〕 이름이 보이고, 본관이 함양咸陽(速含)으로 되어 있다. 그런데 《청구》와 《만성》의 《함양박씨보》에는 그의 가계가 보이지 않는다. 지처가 한미하다는 사헌부의 지적이 그래서 나온 것을 알 수 있다.

655 유한인兪漢人(1748~?) 충청도 청양靑陽 사람으로 유학을 거쳐 영조 47년 24세로 식년시에 병과로 급제하여 벼슬이 사헌부 장령(정4품)에 이르렀다. 《방목》에는 벼슬이 없이 아버지〔彦翻〕, 할아버지〔著重〕, 증조〔命麟〕, 외조〔申光機〕 이름이 보이고, 본관이 기계杞溪로 되어 있다. 《청구》와 《만성》의 《기계유씨보》를 유한인의 직계 3대조와 외조 가운데 벼슬아치가 없다.

656 김응린金應麟(1729~?) 평안도 안주安州 사람으로 유학을 거쳐 영조 47년 43세로 식년시에 병과로 급제하여 벼슬이 안주찰방(종6품)에 이르렀는데, 정조 3년 이후로 청직淸職에 오르지 못하고 있다가 정조 22년 임금의 특명으로 후릉령厚陵令(종5품)에 이르렀다.287) 《방목》에는 벼슬이 없이 아버지〔聖億〕, 할아버지〔禹勳〕, 증조〔益章〕, 외조

---

286) 《영조실록》 권118, 영조 48년 5월 14일 무신.
287) 《정조실록》 권48, 정조 22년 6월 21일 계축.

[金昌赫] 이름이 보이고, 본관이 수원水原으로 되어 있다. 그런데《청구》와《만성》의《수원김씨보》에는 김응린의 가계가 보이지 않는다. 수원김씨는 조선시대에 모두 문과급제자 8명을 배출했는데, 한 사람만이 세종 대 급제하고 나머지는 모두 영조 대 이후에 급제했으며, 안주에서만 6명이 배출되었다. 안주의 수원김씨는《세종실록》〈지리지〉에 입진성入鎭姓으로 되어 있는데, 그 뒤 계속 안주에서 살아왔다.

657 신수채辛受采(1687~?) 평안도 정주定州 사람으로 70세에 생원시에 급제하고 정릉참봉(종9품)을 거쳐 영조 47년 85세로 식년시에 병과로 급제했는데, 영조는 이를 기특하게 여겨 승지(정3품 당상관), 호조참판(종2품), 지중추부사(정2품)에 임명했다.《실록》을 보면 신수채는 "관서지방의 향족鄕族"이라고 한다.288)《방목》에는 벼슬과 아버지 [必馨], 할아버지[志遠], 증조[繼聖], 외조[朴廷毅] 이름이 보이고, 본관이 영산靈山으로 되어 있다. 그런데《청구》와《만성》의《영산신씨보》에는 그의 가계가 보이지 않는다. 정주의 영산신씨는《여지도서》에 처음으로 보이므로 이 지역의 토착인은 아니다.

658 박사혁朴師赫(1743~?) 송도松都(開城) 사람으로 생원을 거쳐 영조 47년 29세로 식년시에 병과로 급제하여 벼슬이 성균관 전적(정6품)에 이르렀는데,《실록》을 보면 박사혁은 내시內侍의 동기同氣(형제)로서 역적 정후겸鄭厚謙의 집에 드나들었다는 죄로 정조 3년 유배당했다.289)《방목》에는 벼슬이 없이 아버지[景奭], 할아버지[枝興], 증조[英健], 외조[金三祥] 이름이 보이고, 본관이 고성固城으로 되어 있다. 그런데《만성》에는《고성박씨보》자체가 없고,《청구》의《고성

---

288)《영조실록》권118, 영조 48년 6월 14일 무인.
289)《정조실록》권7, 정조 3년 1월 29일 갑인.

박씨보》에는 그의 가계가 보이지 않는다. 동기가 내시라는 점에서도
신분이 미천함을 알 수 있다. 2000년 현재 고성박씨 인구는 1,242가
구 3,911명의 희성으로, 조선시대 문과급제자 3명을 배출했는데, 현
종 대 1명, 영조 대 1명, 정조 대 1명이 나왔다.

659 **김광우**金光遇(1732~?) 전라도 태인泰仁 사람으로 생원을 거쳐
영조 47년 40세로 식년시에 병과로 급제하여 벼슬이 사헌부 지평(정5
품)에 이르렀다. 《방목》에는 벼슬이 없이 아버지[肄], 할아버지[愼采],
증조[復初], 외조[鄭益相] 이름이 보이고, 본관이 도강道康(康津)으로
되어 있다. 그런데 《청구》와 《만성》의 《도강김씨보》에는 김광우의
가계가 보이지 않는다.

660 **이주연**李柱延(1729~?) 유학을 거쳐 영조 47년 43세로 식년시에
병과로 급제하여 벼슬이 정조 대 사헌부 장령(정4품)에 이르렀다.
《방목》에는 벼슬이 없이 아버지[之曄], 할아버지[萬夏], 증조[渲], 외
조[黃履三] 이름이 보이고, 본관이 연안延安으로 되어 있다. 《청구》와
《만성》의 《연안이씨보》를 보면 이주연의 직계 3대조와 외조 가운데
벼슬아치가 없다.

661 **김상현**金尙顯(1737~?) 평안도 정주定州 사람으로 유학을 거쳐
영조 47년 35세로 식년시에 병과로 급제했다. 《방목》에는 벼슬이 없
이 아버지[澤萬], 할아버지[益暹], 증조[麗之], 외조[洪旣濟] 이름이 보이
고, 본관이 연안延安으로 되어 있다. 그런데 《청구》와 《만성》의 《연
안김씨보》에는 김상현의 가계가 보이지 않는다. 하지만 정주의 연안
김씨는 영조 대 이후 문과급제자 43명을 배출하여 이 지방의 최고명
문으로 등장했다. 《세종실록》〈지리지〉와 《동국여지승람》에는 정주
에 신주김씨信州金氏만 보이다가 《여지도서》에는 신주김씨가 사라지

고 연안김씨가 등장한다. 혹시 신주김씨가 본관을 연안김씨로 바꾸었는지도 모른다.

662 노천우盧天祐(1712~?) 경상도 상주尙州 사람으로 유학을 거쳐 영조 47년 60세로 식년시에 병과로 급제했다. 《방목》에는 벼슬이 없이 아버지[淑], 할아버지[宇碩], 증조[世弼], 외조[李攄] 이름이 보이고, 본관이 광산光山(光州)으로 되어 있다. 그런데 《청구》와 《만성》의 《광주노씨보》에는 노천우의 가계가 보이지 않는다.

663 정도복鄭道復(1729~?) 강원도 삼척三陟 사람으로 유학을 거쳐 영조 47년 43세로 식년시에 병과로 급제했다. 《방목》에는 벼슬이 없이 아버지[翼龍], 할아버지[嵩柱], 증조[周卿], 외조[金義璜] 이름이 보이고, 본관이 연일延日로 되어 있다. 그런데 《청구》와 《만성》의 《연일정씨보》에는 정도복의 가계가 보이지 않는다.

664 김관흠金觀欽(1731~?) 전라도 함평咸平 사람으로 유학을 거쳐 영조 47년 41세로 식년시에 병과로 급제했다. 《방목》에는 벼슬이 없이 아버지[得吉], 할아버지[重泰], 증조[昌老], 외조[薛世儉] 이름이 보이고, 본관이 상산商山으로 되어 있다. 그런데 《청구》와 《만성》의 《상산김씨보》에는 김관흠의 가계가 보이지 않는다.

665 박성현朴聖鉉(1742~?) 송경松京(開城) 사람으로 유학을 거쳐 영조 47년 30세로 식년시에 병과로 급제하여 청직으로 나가지 못하고 있다가, 정조 22년 임금의 특명으로 청직에 나아가 벼슬이 좌랑(정6품)과 예문관 사관(한림; 7~9품), 겸춘추兼春秋에 이르렀다.290) 《방목》에는 벼슬이 없이 아버지[載厚], 할아버지[泰儉], 증조[禧], 외조[兪日

---

290) 《정조실록》 권48, 정조 22년 6월 21일 계축.

三] 이름이 보이고, 본관이 무안務安으로 되어 있다. 그런데 《청구》와 《만성》의 《무안박씨보》에는 박성현의 가계가 보이지 않는다. 처음에 청직이 금지된 것으로 보아 서출庶出임을 알 수 있다.

666 **변득한**邊得翰(1737~?) 평안도 안주安州 사람으로 유학을 거쳐 영조 47년 35세로 식년시에 병과로 급제했다. 《방목》에는 벼슬이 없이 아버지[錫耉], 할아버지[海俊], 증조[西元], 외조[劉漢郁] 이름이 보이고, 본관이 원주原州로 되어 있다. 그런데 《청구》와 《만성》의 《원주변씨보》에는 변득한의 가계가 보이지 않는다. 《세종실록》〈지리지〉, 《동국여지승람》, 《여지도서》 어디에도 안주에 원주변씨가 없다.

667 **이적철**李迪喆(1740~?) 평안도 개천价川 사람으로 유학을 거쳐 영조 47년 32세로 식년시에 병과로 급제했다. 《방목》에는 벼슬이 없이 아버지[斗瑞], 할아버지[道瞻], 증조[慶昌], 외조[李萬詡] 이름이 보이고, 본관이 광주廣州로 되어 있다. 그런데 《청구》와 《만성》의 《광주이씨보》에는 이적철의 가계가 보이지 않는다. 《세종실록》〈지리지〉, 《동국여지승람》에는 개천에 해양이씨海陽李氏만 보이다가 《여지도서》에는 해양이씨가 사라지고 광주이씨가 등장한다. 혹시 해양이씨가 본관을 광주이씨로 바꾸었는지도 모른다.

668 **조장한**趙章漢(1743~?) 통덕랑(정5품)을 거쳐 영조 47년 29세로 식년시에 병과로 급제하여 벼슬이 사헌부 장령(정4품)에 이르렀다. 《방목》에는 벼슬이 없이 아버지[世述, 생부 世達], 할아버지[德麟], 증조[重珍], 외조[金兌亨] 이름이 보이고, 본관이 한양漢陽으로 되어 있다. 그런데 《청구》와 《만성》의 《한양조씨보》에는 조장한의 가계가 보이지 않는다.

669 **김상민**金尙敏(1739~?) 경상도 예천醴泉 사람으로 유학을 거쳐

영조 47년 33세로 식년시에 병과로 급제했다. 《방목》에는 벼슬이 없이 아버지〔聖龜〕, 할아버지〔台重〕, 증조〔英兒〕, 외조〔尹命殷〕 이름이 보이고, 본관이 김해金海로 되어 있다. 그런데 《청구》와 《만성》의 《김해김씨보》에는 김상민의 가계가 보이지 않는다.

670 홍사묵洪思黙(1725~?) 진사를 거쳐 영조 47년 47세로 식년시에 병과로 급제했다. 《방목》에는 벼슬이 없이 아버지〔杙〕, 할아버지〔震鍾〕, 증조〔錫範〕, 외조〔李肇元〕 이름이 보이고, 본관이 남양南陽으로 되어 있다. 그런데 《청구》와 《만성》의 《남양홍씨보》에는 홍사묵의 가계가 보이지 않는다.

671 최우관崔宇觀(1721~?) 충청도 공주公州 사람으로 진사를 거쳐 영조 47년 51세로 식년시에 병과로 급제했다. 《방목》에는 벼슬이 없이 아버지〔益采〕, 할아버지〔溍〕, 증조〔得一〕, 외조〔金九崟〕 이름이 보이고, 본관이 전주全州로 되어 있다. 그런데 《청구》와 《만성》의 《전주최씨보》에는 최우관의 가계가 보이지 않는다.

672 강제흥姜齊興(1719~?) 황해도 은률殷栗 사람으로 유학을 거쳐 영조 47년 53세로 식년시에 병과로 급제했다. 《방목》에는 벼슬이 없이 아버지〔世周〕, 할아버지〔益壽〕, 증조〔得立〕, 외조〔金斗輝〕 이름이 보이고, 본관이 진주晉州로 되어 있다. 그런데 《청구》와 《만성》의 《진주강씨보》에는 강제흥의 가계가 보이지 않는다.

673 조희유曺喜有(1742~1814) 전라도 동복同福 사람으로 유학을 거쳐 영조 47년 30세로 식년시에 병과로 급제하여 성균관 전적(정6품)과 예조정랑(정5품)을 거쳐 서산군수(종4품)와 사간원 사간(종3품)에 이르렀는데, 문집으로 《경은집耕隱集》을 남겼다. 《방목》에는 벼슬이 없이 아버지〔後振〕, 할아버지〔碩標〕, 증조〔挺會〕, 외조〔李相會〕 이름이

보이고, 본관이 창녕昌寧으로 되어 있다. 그런데 《청구》와 《만성》의
《창녕조씨보》에는 조희유의 가계가 보이지 않는다.

　674 한석봉韓錫鳳(1735~?) 충청도 해미海美 사람으로 유학을 거쳐
영조 47년 37세로 식년시에 병과로 급제했다. 《방목》에는 벼슬이 없
이 아버지[德邵], 할아버지[宗周], 증조[世相], 외조[睦尙行] 이름이 보
이고, 본관이 청주淸州로 되어 있다. 《청구》의 《청주한씨보》를 보면
한석봉은 광해군 대 좌의정이었던 한효순韓孝純의 7대손이지만 직계
5대조 가운데 벼슬아치가 없다.

　675 신박연申博淵(1739~?) 충청도 청주淸州 사람으로 유학을 거쳐
영조 47년 33세로 식년시에 병과로 급제하여 벼슬이 정자(정9품)에
이르렀다. 《방목》에는 벼슬이 없이 아버지[潚], 할아버지[鵬濟], 증조
[浣], 외조[韓孟傳] 이름이 보이고, 본관이 고령高靈으로 되어 있다. 그
런데 《만성》의 《고령신씨보》에는 신박연의 가계가 보이지 않으며,
《청구》의 《고령신씨보》를 보면 직계 5대조와 외조 가운데 벼슬아치
가 없다.

　676 박성집朴聖集(1729~?) 충청도 대흥大興 사람으로 유학을 거쳐
영조 47년 43세로 식년시에 병과로 급제했다. 《방목》에는 벼슬이 없
이 아버지[岬], 할아버지[尙信], 증조[光], 외조[李斗源] 이름이 보이고,
본관이 울산蔚山으로 되어 있다. 그런데 《청구》와 《만성》의 《울산박
씨보》에는 박성집의 가계가 보이지 않는다.

　677 한홍세韓弘世(1736~?) 경기도 금천衿川 사람으로 유학을 거쳐
영조 47년 36세로 식년시에 병과로 급제했다. 《방목》에는 벼슬이 없
이 아버지[後元], 할아버지[聖緝], 증조[瑀], 외조[黃處漸] 이름이 보이
고, 본관이 청주淸州로 되어 있다. 그런데 《청구》와 《만성》의 《청주

한씨보》에는 한홍세의 가계가 보이지 않는다.

678 최대항崔大恒(1732~?) 평안도 구성龜城 사람으로 유학을 거쳐 영조 47년 40세로 식년시에 병과로 급제했다. 《방목》에는 벼슬이 없이 아버지[錫咸], 할아버지[台三], 증조[克昌], 외조[朴世弼] 이름이 보이고, 본관이 고부古阜로 되어 있다. 그런데 《청구》와 《만성》에는 《고부최씨보》 자체가 없다. 2000년 현재 고부최씨 인구는 272가구 909명의 희성으로, 조선시대 문과급제자는 최대항이 유일하다. 지금 고부최씨는 봉상시정(정3품 당하관)을 지냈다고 하는 최척崔陟을 시조로 삼고 있는데, 최척은 어느 시대 인물인지 확인이 어렵다. 구성의 고부최씨는 《여지도서》에 처음으로 보인다.

679 정형신鄭衡臣(1725~?) 경상도 상주尙州 사람으로 유학을 거쳐 영조 47년 47세로 식년시에 병과로 급제했다. 《방목》에는 벼슬이 없이 아버지[錫輔], 할아버지[道由], 증조[橋], 외조[裵點] 이름이 보이고, 본관이 진주晉州로 되어 있다. 그런데 《청구》의 《진주정씨보》를 보면 아버지까지의 가계는 보이나 3대조 가운데 벼슬아치가 없을 뿐 아니라 정형신의 이름은 보이지 않는다. 한편, 《만성》의 《진주정씨보》에는 가계가 보이지 않는다.

680 최봉해崔鳳諧(1746~?) 평안도 정주定州 사람으로 유학을 거쳐 영조 47년 26세로 식년시에 병과로 급제했다. 《방목》에는 벼슬이 없이 아버지[擎天], 할아버지[峻錫], 증조[雲齊], 외조[金成輝] 이름이 보이고, 본관이 해주海州로 되어 있다. 그런데 《청구》와 《만성》의 《해주최씨보》에는 최봉해의 가계가 보이지 않는다. 《세종실록》〈지리지〉, 《동국여지승람》, 《여지도서》에는 정주에 해주최씨가 보이지 않으며 춘주최씨春州崔氏와 화순최씨和順崔氏만 보인다. 혹시 춘주최씨

와 화순최씨가 본관을 해주최씨로 바꾸었는지도 모른다.

681 김봉욱金鳳郁(1728~?) 평안도 개천价川 사람으로 유학을 거쳐 영조 47년 34세로 식년시에 병과로 급제했다.《방목》에는 벼슬이 없이 아버지[益三], 할아버지[乃鳴], 증조[義賢], 외조[韓尙文] 이름이 보이고, 본관이 밀양密陽으로 되어 있다. 그런데《만성》에는《밀양김씨보》자체가 없으며,《청구》의《밀양김씨보》에는 김봉욱의 가계가 보이지 않는다. 2000년 현재 밀양김씨 인구는 3,009가구 9,951명의 희성으로, 조선시대 문과급제자 4명을 배출했는데, 모두가 영조 32년 이후에 배출되었으며, 이 가운데 3명이 평안도 개천 출신이다. 하지만《여지도서》에는 밀양김씨가 보이지 않고 유주김씨儒州金氏만 보인다. 혹시 유주김씨가 본관을 밀양김씨로 바꾸었는지도 모른다.

682 한형일韓珩一(1746~?) 평안도 영변寧邊 사람으로 유학을 거쳐 영조 47년 26세로 식년시에 병과로 급제했다.《방목》에는 벼슬이 없이 아버지[國樞], 할아버지[命周], 증조[德垕], 외조[徐敬恒] 이름이 보이고, 본관이 청주淸州로 되어 있다. 그런데《청구》와《만성》의《청주한씨보》에는 한형일의 가계가 보이지 않는다.《세종실록》〈지리지〉,《동국여지승람》,《여지도서》에는 영변에 청주한씨가 보이지 않는다.

683 김광현金光鉉(1722~?) 유학을 거쳐 영조 47년 50세로 식년시에 병과로 급제하여 벼슬이 사헌부 장령(정4품)에 이르렀다.《방목》에는 벼슬이 없이 아버지[鼎禧], 할아버지[弼炯], 증조[期萬], 외조[卓處謙] 이름이 보이고, 본관이 연안延安으로 되어 있다. 그런데《청구》와《만성》의《연안김씨보》에는 김광현의 가계가 보이지 않는다.

684 신보겸辛普謙(1737~?) 평안도 정주定州 사람으로 유학을 거쳐

영조 47년 35세로 식년시에 병과로 급제하여 벼슬이 정조 대 현감(종
6품)에 이르렀는데, 향안鄕案을 만들어 백성들의 재물을 거둔 일로 정
조 14년 파면되었다.291) 《방목》에는 벼슬이 없이 아버지[應和], 할아
버지[世禎], 증조[命五], 외조[李元命] 이름이 보이고, 본관이 영산靈山
으로 되어 있다. 그런데 《청구》와 《만성》의 《영산신씨보》에는 신보
겸의 가계가 보이지 않는다. 향안을 만든 것으로 보아 정주의 향족으
로 보인다. 정주의 영산신씨는 《여지도서》에 처음으로 보이므로 그
는 이곳 토착인은 아닌 듯하다.

685 임제원林濟遠(1737~?) 충청도 이산尼山 사람으로 진사를 거쳐
영조 47년 35세로 식년시에 병과로 급제하여 벼슬이 관찰사(종2품)에
이르렀다. 《방목》에는 벼슬이 없이 아버지[道憲], 할아버지[夒], 증조
[治], 외조[權岡] 이름이 보이고, 본관이 나주羅州로 되어 있다. 《청구》
와 《만성》의 《나주임씨보》를 보면 임제원의 직계 5대조와 외조 가
운데 벼슬아치가 없다.

686 송상은宋相殷(1732~?) 전라도 남평南平 사람으로 진사를 거쳐
영조 47년 40세로 식년시에 병과로 급제했다. 《방목》에는 벼슬이 없
이 아버지[濟普], 할아버지[瑚錫], 증조[得奎], 외조[文喜復] 이름이 보
이고, 본관이 신평新平으로 되어 있다. 그런데 《청구》와 《만성》의
《신평송씨보》에는 송상은의 가계가 보이지 않는다. 2000년 현재 신
평송씨 인구는 3,478가구 1만 1,185명의 희성으로, 조선시대 문과급
제자 6명을 배출했다.

687 정택동鄭宅東(1737~?) 경상도 선산善山 사람으로 유학을 거쳐

---

291) 《정조실록》 권30, 정조 14년 4월 15일 을축.

영조 47년 35세로 식년시에 병과로 급제하여 벼슬이 사헌부 지평(정4
품)에 이르렀다. 《방목》에는 벼슬이 없이 아버지[泓], 할아버지[彦復],
증조[文瑞], 외조[金禹] 이름이 보이고, 본관이 동래東萊로 되어 있다.
《청구》와 《만성》의 《동래정씨보》를 보면 정택동의 직계 5대조와 외
조 가운데 실직 벼슬아치가 없다.

  688 송중현宋重鉉(1737~?) 전라도 동복同福 사람으로 유학을 거쳐
영조 47년 35세로 식년시에 병과로 급제하여 정조 대 벼슬이 정의현
감(종6품)에 이르렀다. 《방목》에는 벼슬이 없이 아버지[奎泰], 할아버
지[時翔], 증조[錫基], 외조[金大釪] 이름이 보이고, 본관이 홍주洪州로
되어 있다. 그런데 《청구》에는 《홍주송씨보》 자체가 없고, 《만성》
의 《홍주송씨보》를 보면 송중현의 직계 7대조 가운데 벼슬아치가 없
다. 송씨는 홍주의 토성土姓으로, 2000년 현재 홍주송씨 인구는 2,347
가구 7,718명의 희성이다. 조선시대 문과급제자 4명을 배출했는데,
그 가운데 2명은 명종 대 급제하고, 나머지 2명은 영조와 정조 대 각
각 1명씩 급제하였다.

  689 서욱수徐郁修(1738~?) 유학을 거쳐 영조 47년 34세로 식년시에
병과로 급제하여 벼슬이 정조 대 사간원 대사간(정3품 당상관)에 이르
렀다. 《방목》에는 벼슬이 없이 아버지[命華], 할아버지[宗大], 증조[文
濟], 외조[李望之] 이름이 보이고, 본관이 대구大丘로 되어 있다. 《청
구》와 《만성》의 《대구서씨보》를 보면 서욱수의 직계 3대조와 외조
가운데 벼슬아치가 없다.

  690 안경점安景漸(1722~?) 경상도 밀양 사람으로 유학을 거쳐 영조
47년 50세로 식년시에 병과로 급제하여 벼슬이 좌랑(정6품)에 이르렀
다. 《방목》에는 벼슬이 없이 아버지[信亨], 할아버지[欽], 증조[時泰],

외조〔兪必明〕 이름이 보이고, 본관이 광주廣州로 되어 있다. 그런데 《만성》의 《광주안씨보》에는 안경점의 가계가 보이지 않으며, 《청구》의 《광주안씨보》에는 가계가 보이는데, 직계 3대조와 외조 가운데 벼슬아치가 없다.

691 박대량朴大良(1737~?) 평안도 정주定州 사람으로 유학을 거쳐 영조 47년 35세로 식년시에 병과로 급제했다. 《방목》에는 벼슬이 없이 아버지〔聖集〕, 할아버지〔泰素〕, 증조〔璠〕, 외조〔吉應瑞〕 이름이 보이고, 본관이 밀양密陽으로 되어 있다. 그런데 《청구》와 《만성》의 《밀양박씨보》에는 박대량의 가계가 보이지 않는다. 《세종실록》〈지리지〉, 《동국여지승람》에는 정주에 밀양박씨가 없다가 《여지도서》에 처음으로 밀양박씨가 등장한다.

692 오언계吳彦啓(1731~?) 경기도 죽산竹山 사람으로 유학을 거쳐 영조 47년 41세로 정시에 병과로 급제하여 벼슬이 사헌부 지평(정5품)에 이르렀다. 《방목》에는 벼슬이 없이 아버지〔命經〕 이름만 보이고, 본관이 해주海州로 되어 있다. 《청구》와 《만성》의 《해주오씨보》를 보면 오언계의 직계 5대조와 외조 가운데 벼슬아치가 없다.

693 유명균柳明均 유학을 거쳐 영조 48년(1772) 정시에 병과로 급제했다. 《방목》에는 벼슬이 없이 아버지〔煥經〕 이름만 보이고, 본관이 문화文化로 되어 있다. 그런데 《청구》와 《만성》의 《문화유씨보》에는 유명균의 가계가 보이지 않는다.

694 이덕부李德溥(1728~?) 함흥咸興 사람으로 현감(종6품)을 거쳐 영조 49년(1773) 46세로 증광시에 갑과로 급제하여 승지(정3품 당상관)에 이르렀다. 《방목》에는 벼슬이 없이 아버지〔遂錫〕, 할아버지〔遇泰〕, 증조〔鳴唐〕, 외조〔韓萬齡〕 이름이 보이고, 본관이 전주全州로 되어 있다.

《전주이씨과거급제자총람》을 보면 이덕부는 목조穆祖의 아들 안천대
군安川大君의 14세손으로, 직계 9대조 가운데 5대조가 판관(종5품)을
지낸 것이 벼슬의 전부다.

695 이성운李成運(1727~?) 진사를 거쳐 영조 49년 47세로 증광시에
갑과로 급제했는데, 정조 대 반역죄로 파직되었다.《방목》에는 벼슬
이 없이 아버지〔埰〕, 할아버지〔昌朝〕, 증조〔楠〕, 외조〔趙鎭〕, 처부〔朴春
新〕 이름이 보이고, 본관이 함평咸平으로 되어 있다. 그런데 《청구》와
《만성》의 《함평이씨보》에는 이성운의 가계가 보이지 않는다.

696 이익해李益海(1730~?) 경상도 선산善山 사람으로 생원을 거쳐
영조 49년 44세로 증광시에 병과로 급제했다.《방목》에는 벼슬이 없
이 아버지〔廣源, 생부 廣淵〕, 할아버지〔增華〕, 증조〔東野〕, 외조〔尹明性〕,
처부〔成德天〕 이름이 보이고, 본관이 덕수德水로 되어 있다. 그런데
《청구》와 《만성》의 《덕수이씨보》에는 아버지까지의 가계는 보이나
이익해의 이름은 보이지 않는다.

697 박동준朴東俊(1727~?) 충청도 충주忠州 사람으로 통덕랑(정5품)
을 거쳐 영조 49년 47세로 증광시에 병과로 급제하여 벼슬이 정조
대 찰방(종6품)에 이르렀는데,《방목》에는 벼슬이 없이 아버지〔仁源〕,
할아버지〔必夏〕, 증조〔聖耉〕, 외조〔洪載規〕 이름이 보이고, 본관이 밀양
密陽으로 되어 있다. 그런데 《청구》와 《만성》의 《밀양박씨보》에는
박동준의 가계가 보이지 않는다.

698 이우진李羽晋(1741~?) 진사를 거쳐 영조 49년 33세로 증광시에
병과로 급제하여 벼슬이 사간원 대사간(정3품 당상관)에 이르렀다.
《방목》에는 벼슬이 없이 아버지〔命錫〕, 할아버지〔昌文〕, 증조〔邢稷〕, 외
조〔趙明世〕 이름이 보이고, 본관이 전주全州로 되어 있다.《전주이씨과

거급제자총람》을 보면 이우진은 성종의 후궁 소생 무산군茂山君의 10
세손으로, 직계 4대조와 외조 가운데 벼슬아치가 없다.

699 강침姜忱(1732~?) 유학을 거쳐 영조 49년 42세로 증광시에 병과
로 급제하여 벼슬이 홍문관 교리(정5품)에 이르렀다.《방목》에는 벼슬
이 없이 아버지[守愚], 할아버지[逵], 증조[世鳳], 외조[朴命益] 이름이
보이고, 본관이 진주晉州로 되어 있다.《청구》와《만성》의《진주강씨
보》를 보면 강침의 직계 3대조와 외조 가운데 벼슬아치가 없다.

700 정덕수鄭德洙(1714~?) 유학을 거쳐 영조 49년 60세로 증광시에
병과로 급제했다.《방목》에는 벼슬이 없이 아버지[允迪], 할아버지[碩
後], 증조[瓛], 외조[李錫積] 이름이 보이고, 본관이 진주晉州로 되어 있
다. 그런데《청구》와《만성》의《진주정씨보》에는 정덕수의 가계가
보이지 않는다.

701 이운빈李運彬(1730~?) 진사를 거쳐 영조 49년 44세로 증광시에
병과로 급제하여 벼슬이 정조 대 사간원 사간(종3품)과 제주목사(정3
품 당상관)에 이르렀다.《방목》에는 벼슬이 없이 아버지[恒祚], 할아버
지[壽大], 증조[康], 외조[曹世孟] 이름이 보이고, 본관이 여주驪州로 되
어 있다.《청구》와《만성》의《여주이씨보》를 보면 이운빈의 직계 5
대조와 외조 가운데 벼슬아치가 없다.

702 최식崔湜(1736~?) 진사를 거쳐 영조 49년 38세로 증광시에 병
과로 급제했는데, 정조 즉위년 역당 정후겸에 연루되어 유배당했다.
당시 사헌부는 최식을 가리켜 미천微賤하고 흉얼凶孼한 무리라고 지
목했다.292)《방목》에는 벼슬이 없이 아버지[晩成], 할아버지[斗燦], 증

---

292)《정조실록》권1, 정조 즉위년 7월 11일 경진.

조[莘立], 외조[金海善] 이름이 보이고, 본관이 전주全州로 되어 있다. 그런데 《청구》와 《만성》의 《전주최씨보》에는 그의 가계가 보이지 않는다.

703 남필석南必錫(1738~?) 경상도 상주尙州 사람으로 유학을 거쳐 영조 49년 36세로 증광시에 병과로 급제하여 벼슬이 승문원 상박사 上博士(정7품)에 이르렀다. 《방목》에는 벼슬이 없이 아버지[鼎九], 할아버지[圖翻], 증조[至], 외조[洪水源] 이름이 보이고, 본관이 의령宜寧으로 되어 있다. 《청구》와 《만성》의 《의령남씨보》를 보면 남필석의 직계 4대조와 외조 가운데 벼슬아치가 없다.

704 임장원任長源(1734~?) 유학을 거쳐 영조 49년 40세로 증광시에 병과로 급제하여 벼슬이 사간원 헌납(정5품), 승지(정3품 당상관), 부사(종3품)에 이르렀다. 《방목》에는 벼슬이 없이 아버지[鏡泰], 할아버지[子堂], 증조[大年], 외조[尹東郊] 이름이 보이고, 본관이 장흥長興으로 되어 있다. 《청구》와 《만성》의 《장흥임씨보》를 보면 아버지 윗대의 가계가 끊어져 있고, 명종 대 인물인 임백영任百英의 후손이라고만 되어 있다. 임백영 이후 2백 년 동안 벼슬아치가 없었음을 알 수 있다.

705 이주현李周顯(1743~?) 유학을 거쳐 영조 49년 31세로 증광시에 병과로 급제하여 벼슬이 순조 대 강진현감(종6품)에 이르렀다. 《방목》에는 벼슬이 없이 아버지[星運], 할아버지[三元], 증조[廷薁], 외조[韓世增] 이름이 보이고 본관이 없다. 그런데 《전주이씨과거급제자총람》을 보면 이주현이 파미분류자로 되어 있다. 신원을 알 수 없는 인물이다.

706 노정량盧廷良(1726~?) 유학을 거쳐 영조 49년 48세로 증광시에 병과로 급제하여 벼슬이 사헌부 지평(정5품)에 이르렀다. 《방목》에는

벼슬이 없이 아버지[儻], 할아버지[世龜], 증조[潜], 외조[金榮壽] 이름
이 보이고, 본관이 풍천豊川으로 되어 있다.《청구》와《만성》의《풍
천노씨보》를 보면 노정량의 직계 5대조와 외조 가운데 벼슬아치가
없다.

707 **임봉호**林鳳護(1738~?) 유학을 거쳐 영조 49년 36세로 증광시에
병과로 급제했다.《방목》에는 벼슬이 없이 아버지[采蕃], 할아버지[庭
屹], 증조[弼英], 외조[金斗璣] 이름이 보이고, 본관이 나주羅州로 되어
있다. 그런데《청구》와《만성》의《나주임씨보》에는 임봉호의 가계
가 보이지 않는다.

708 **홍달연**洪達淵(1752~?) 황해도 안악安岳 사람으로 영조 49년 22
세로 증광시에 병과로 급제하여 벼슬이 정자(정9품)에 이르렀다.《방
목》에는 벼슬이 없이 아버지[宜黙], 할아버지[櫟], 증조[震聖], 외조[趙
守曾] 이름이 보이고, 본관이 남양南陽으로 되어 있다.《청구》와《만
성》의《남양홍씨보》를 보면 홍달연의 직계 4대조와 외조 가운데 벼
슬아치가 없다.

709 **조양진**趙壤鎭(1729~?) 유학을 거쳐 영조 49년 45세로 증광시에
병과로 급제하여 벼슬이 사헌부 지평(정5품)과 병조좌랑(정6품)에 이
르렀다.《방목》에는 벼슬이 없이 아버지[載熙], 할아버지[師徵], 증조
[譖], 외조[李堚] 이름이 보이고, 본관이 풍양豊壤으로 되어 있다.《청
구》와《만성》의《풍양조씨보》를 보면 조양진의 직계 4대조와 외조
가운데 벼슬아치가 없다.

710 **오언교**吳彦敎(1730~?) 진사를 거쳐 영조 49년 44세로 증광시에
병과로 급제하여 벼슬이 사간원 정언(정6품)에 이르렀다.《방목》에는
벼슬이 없이 아버지[命濟], 할아버지[遂勳], 증조[道弼], 외조[李輔望]

이름이 보이고, 본관이 해주海州로 되어 있다. 《청구》와 《만성》의 《해주오씨보》를 보면 오언교의 직계 5대조와 외조 가운데 벼슬아치가 없다.

711 석종극石宗克(1724~?) 평안도 순안順安 사람으로 유학을 거쳐 영조 49년 50세로 증광시에 병과로 급제하여 벼슬이 봉상시 첨정(종4품)에 이르렀다. 《방목》에는 벼슬이 없이 아버지[邦玉], 할아버지[振聲], 증조[天綱], 외조[崔基三] 이름이 보이고, 본관이 원주原州로 되어 있다. 그런데 《청구》와 《만성》에는 《원주석씨보》 자체가 없다. 석씨는 원주의 토성土姓인데, 2000년 현재 원주석씨 인구는 81가구 310명의 극희성으로, 조선시대 석종극이 유일한 문과급제자이다.

712 김성갑金星甲(1744~?) 전라도 남원南原 사람으로 유학을 거쳐 영조 49년 32세로 증광시에 병과로 급제하여 벼슬이 사헌부 장령(정4품)에 이르렀다. 《방목》에는 벼슬이 없이 아버지[樂大], 할아버지[彦邦], 증조[哲], 외조[李泰錫] 이름이 보이고, 본관이 경주慶州로 되어 있다. 《청구》와 《만성》의 《경주김씨보》를 보면 김성갑의 직계 8대조와 외조 가운데 벼슬아치가 없다.

713 임희일任希一(1731~?) 진사를 거쳐 영조 49년 43세로 정시에 병과로 급제하여 벼슬이 혜릉별검惠陵別檢(정8품)과 사간원 정언(정6품)에 이르렀다. 《방목》에는 벼슬이 없이 아버지[建中], 할아버지[思運], 증조[震成] 이름이 보이고, 본관이 풍천豊川으로 되어 있다. 《청구》와 《만성》의 《풍천임씨보》를 보면 임희일의 직계 3대조와 외조 가운데 벼슬아치가 없다.

714 민식閔賦(1742~?) 유학을 거쳐 영조 49년 32세로 정시에 병과로 급제하여 벼슬이 정조 대 사헌부 장령(정4품)에 이르렀다. 《방목》

에는 벼슬이 없이 아버지[胄世] 이름만 보이고, 본관이 여흥驪興으로 되어 있다. 《청구》와 《만성》의 《여흥민씨보》를 보면 민식은 광해군대 대북파로 폐모론에 참여했다가 인조반정 뒤 관직이 삭탈된 우의정 민몽룡閔夢龍의 8대손으로, 직계 7대조 가운데 벼슬아치가 없다.

715 **홍상신**洪相臣(1734~?) 진사를 거쳐 영조 49년 40세로 정시에 병과로 급제하여 벼슬이 사간원 정언(정6품)과 사헌부 장령(정4품)에 이르렀다. 《방목》에는 벼슬이 없이 아버지[有海] 이름만 보이고 본관이 남양南陽으로 되어 있다. 그런데 《청구》와 《만성》의 《남양홍씨보》를 보면 홍상신의 이름은 보이지 않고 홍병신洪秉臣 이름이 보이는데, 혹시 이름을 바꾼 것인지 아니면 다른 사람인지 알 수 없다. 직계 4대조와 외조 가운데 벼슬아치가 없다.

716 **신완**申完 유학을 거쳐 영조 49년 정시에 병과로 급제했다. 《방목》에는 출생연도와 벼슬이 없이 아버지[熠] 이름만 보이고, 본관이 평산平山으로 되어 있다. 그런데 《청구》와 《만성》의 《평산신씨보》에는 신완의 가계가 보이지 않는다.

717 **유패흥**劉沛興(1738~?) 평안도 의주義州 사람으로 유학을 거쳐 영조 49년 36세로 정시에 병과로 급제하여 벼슬이 승정원 주서(정7품)에 이르렀는데, 문과에 급제한 뒤 시골로 내려갈 때 임금이 말과 식량을 주어 보냈다.293) 《방목》에는 벼슬이 없이 아버지[千載] 이름만 보이고, 본관이 의주로 되어 있으나 이는 거주지를 본관으로 잘못 적은 것이다. 그런데 《청구》의 《전주유씨보》에 유패흥의 이름이 단독으로 기록되어 있어 본관이 전주全州임을 알 수 있다. 2000년 현재

---

293) 《영조실록》 권121, 영조 49년 10월 19일 갑진.

전주유씨 인구는 1가구 1명으로 되어 있는데, 아마도 전주유씨가 뒤에 다른 본관으로 통합된 듯하다. 그는 전주유씨의 유일한 문과급제자이다. 《여지도서》에는 의주에 전주유씨가 없다.

718 정징최鄭徵㝡(1729~?) 평안도 영유永柔 사람으로 유학을 거쳐 영조 49년 45세로 정시에 병과로 급제하여 벼슬이 승정원 주서(정7품)에 이르렀는데, 문과에 급제하여 고향으로 내려갈 때 임금이 말과 식량을 주어 보냈다.294) 《방목》에는 벼슬이 없이 아버지[後周] 이름만 보이고, 본관이 진주晉州로 되어 있다. 그런데 《청구》와 《만성》의 《진주정씨보》에는 정징최의 가계가 보이지 않는다. 영유의 진주정씨는 《여지도서》에 처음으로 보인다.

719 조성섬趙星暹(1723~?) 유학을 거쳐 영조 49년 51세로 정시에 병과로 급제하여 벼슬이 사간원 정언(정6품)과 사헌부 장령(정4품)에 이르렀다. 《방목》에는 벼슬이 없이 아버지[榮繭] 이름만 보이고, 본관이 양주楊州로 되어 있다. 《청구》와 《만성》의 《양주조씨보》를 보면 조성섬의 직계 3대조와 외조 가운데 벼슬아치가 없다.

720 신응호申應祜(1730~?) 유학을 거쳐 영조 49년 44세로 정시에 병과로 급제하여 벼슬이 사헌부 지평(정5품)에 이르렀다. 《방목》에는 벼슬이 없이 아버지[倪天] 이름만 보이고, 본관이 평산平山으로 되어 있다. 그런데 《청구》와 《만성》의 《평산신씨보》에는 신응호의 가계가 보이지 않는다.

721 김진구金振久(1744~?) 생원을 거쳐 영조 50년(1774) 31세로 식년시에 장원급제하여 벼슬이 병조좌랑(정6품)에 이르렀다. 《방목》에

---

294) 《영조실록》 권121, 영조 49년 10월 19일 갑진.

는 벼슬이 없이 아버지[寅鍵], 할아버지[聃壽], 증조[宇燮], 외조[康處福] 이름이 보이고, 본관이 선산善山으로 되어 있다. 《청구》와 《만성》의 《선산김씨보》를 보면 김진구의 직계 6대조와 외조 가운데 벼슬아치가 없다.

722 조언철趙彦哲(1734~?) 평안도 정주定州 사람으로 통덕랑(정5품)을 거쳐 영조 50년 41세로 식년시에 을과로 급제하여 벼슬이 성균관 직강(정5품)에 이르렀다. 《방목》에는 벼슬이 없이 아버지[恒來], 할아버지[壽逈], 증조[廷蔡], 외조[李尚警] 이름이 보이고, 본관이 배천白川이다. 그런데 《만성》의 《배천조씨보》에는 조언철의 가계가 보이지 않으며, 《청구》의 《배천조씨보》를 보면 그는 개국공신 조반趙胖의 12대손으로, 직계 11대조 가운데 아버지가 참봉(종9품), 6대조가 첨정(종4품)으로 되어 있을 뿐 나머지는 벼슬아치가 없다. 아버지가 비록 참봉이라고 하지만 3백 년 동안 벼슬아치가 없는 셈이다. 하지만 정주의 배천조씨는 영조 대 이후 문과급제자 26명을 배출하여 명문으로 등장했다.

723 홍석洪潵(736~1805) 경상도 군위軍威 사람으로 생원을 거쳐 영조 50년 39세로 식년시에 을과로 급제하여 벼슬이 성균관 전적(정6품)을 거쳐 정조 대 사헌부 장령(정4품)에 이르고, 《규장정운奎章全韻》편찬에도 참여했다. 《방목》에는 벼슬이 없이 아버지[有圭], 할아버지[處寬], 증조[晐], 외조[金基天] 이름이 보이고, 본관이 남양南陽으로 되어 있다. 그런데 《청구》와 《만성》의 《남양홍씨보》에는 홍석의 가계가 보이지 않는다.

724 김문서金文瑞(1735~?) 평안도 정주定州 사람으로 유학을 거쳐 영조 50년 40세로 식년시에 병과로 급제하여 벼슬이 성균관 전적(정6

품)에 이르렀다.《방목》에는 벼슬이 없이 아버지[仁萬], 할아버지[挺河], 증조[得之], 외조[李廷憲] 이름이 보이고, 본관이 연안延安으로 되어 있다. 그런데《청구》와《만성》의《연안김씨보》에는 김문서의 가계가 보이지 않는다. 정주의 연안김씨는 영조 대 이후 문과급제자 43명을 배출하여 이 지방의 최고 명문으로 등장했다. 정주의 연안김씨에 대해서는 앞에서 이미 설명했다.

725 정인鄭汇(1741~?) 충청도 부여扶餘 사람으로 참봉(종9품)을 거쳐 영조 50년 34년에 식년시에 병과로 급제하여 벼슬이 사헌부 지평(정5품)에 이르렀다.《방목》에는 벼슬이 없이 아버지[彦運], 할아버지[昌瑞], 증조[震周], 외조[洪重亮] 이름이 보이고, 본관이 동래東萊로 되어 있다.《청구》와《만성》의《동래정씨보》를 보면 정인의 직계 3대조와 외조 가운데 벼슬아치가 없다.

726 김양순金養純(1739~?) 평안도 정주定州 사람으로 참봉(종9품)을 거쳐 영조 50년 36세로 식년시에 병과로 급제하여 벼슬이 성균관 전적(정6품)에 이르렀다가 정조 3년 산관散官으로 낙직되었는데, 정조 22년 청직淸職에 임명하라는 임금의 특명으로 좌랑(정6품)에 임명되었다.[295]《방목》에는 벼슬이 없이 아버지[光運], 할아버지[允章], 증조[碩寶], 외조[林啓] 이름이 보이고, 본관이 연안延安으로 되어 있다. 그런데《청구》와《만성》의《연안김씨보》에는 김양순의 가계가 보이지 않는다. 정주의 연안김씨에 대해서는 앞에서 이미 설명했다.

727 이건李瑾(1733~?) 평안도 용천龍川 사람으로 통덕랑(정5품)을 거쳐 영조 50년 42세로 식년시에 병과로 급제했다.《방목》에는 벼슬

---

295)《정조실록》권48, 정조 22년 6월 21일 계축.

이 없이 아버지[漢衡], 할아버지[熙泰], 증조[志和], 외조[崔禹徵] 이름
이 보이고, 본관이 경주慶州로 되어 있다. 그런데《청구》와《만성》의
《경주이씨보》에는 이건의 가계가 보이지 않는다. 용천의 경주이씨는
《여지도서》에 처음으로 보인다.

728 신사직愼師稷(1746~?) 경기도 수원 사람으로 통덕랑(정5품)을
거쳐 영조 50년 29세로 식년시에 병과로 급제하여 벼슬이 사간원 정
언(정6품)에 이르렀다.《방목》에는 벼슬이 없이 아버지[爾復], 할아버
지[由孝], 증조[慶基], 외조[洪禹民] 이름이 보이고, 본관이 거창居昌으
로 되어 있다. 그런데《청구》와《만성》의《거창신씨보》에는 신사직
의 가계가 보이지 않는다.

729 허유許鍒(1749~?) 개성 사람으로 유학을 거쳐 영조 50년 26세
로 식년시에 병과로 급제하여 벼슬이 교수(종6품)에 이르렀다가 침체
되어 있었는데, 정조 20년 임금의 특명으로 사헌부 지평(정6품)에 임
명되었다.《방목》에는 벼슬이 없이 아버지[增], 할아버지[輝], 증조
[楫], 외조[李泰昌] 이름이 보이고, 본관이 하양河陽으로 되어 있다. 그
런데《청구》와《만성》의《하양허씨보》에는 허유의 가계가 보이지
않는다.

730 이경유李敬裕(1747~?) 경기도 안성 사람으로 유학을 거쳐 영조
50년 28세로 식년시에 병과로 급제하여 벼슬이 사헌부 지평(정5품)에
이르렀다.《방목》에는 벼슬이 없이 아버지[光世], 할아버지[敏政], 증
조[以文], 외조[李見龍] 이름이 보이고, 본관이 예안禮安으로 되어 있
다. 그런데《만성》의《예안이씨보》에는 이경유의 가계가 보이지 않
으며,《청구》의《예안이씨보》에는 가계가 보이나 아버지 이름이 전
혀 달라 신원을 알 수 없다.

731 윤정운尹正運(1727~?) 유학을 거쳐 영조 50년 48세로 식년시에 병과로 급제했다. 《방목》에는 벼슬이 없이 아버지[德咸], 할아버지[珒], 증조[衡商], 외조[權濈] 이름이 보이고, 본관이 파평坡平으로 되어 있다. 그런데 《청구》와 《만성》의 《파평윤씨보》에는 윤정운의 가계가 보이지 않는다.

732 승윤承綸(1736~?) 평안도 정주定州 사람으로 유학을 거쳐 영조 50년 39세로 식년시에 병과로 급제했다. 《방목》에는 벼슬이 없이 아버지[益周, 생부 益珍], 할아버지[敬弼], 증조[永順], 외조[李必樺] 이름이 보이고, 본관이 연안延安으로 되어 있는데, 《여지도서》에는 승씨의 본관이 연일延日로 되어 있어 연안은 오기로 보인다. 2000년 현재 연일승씨 인구는 568가구 1,828명의 희성으로, 영조 대 이후 문과급제자 6명을 배출했으며 그 가운데 5명이 정주 출신으로 확인되고 있다.

733 김현석金玄奭(1711~?) 경상도 영천榮川 사람으로 유학을 거쳐 영조 50년 64세로 식년시에 병과로 급제하여 벼슬이 참판(종2품)에 이르렀다. 《방목》에는 벼슬이 없이 아버지[兌建], 할아버지[老星], 증조[相周], 외조[金汝鑴] 이름이 보이고, 본관이 청도淸道로 되어 있다. 《청구》와 《만성》의 《청도김씨보》를 보면 김현석의 직계 6대조와 외조 가운데 벼슬아치가 없다.

734 김전金纏(1737~?) 평안도 태천泰川 사람으로 유학을 거쳐 영조 50년 38세로 식년시에 병과로 급제했다. 《방목》에는 벼슬이 없이 아버지[克澄], 할아버지[賢達], 증조[聖健], 외조[朴啓春] 이름이 보이고, 본관이 진주晉州로 되어 있다. 그런데 《청구》와 《만성》의 《진주김씨보》에는 김전의 가계가 보이지 않는다. 진주김씨는 조선시대에 문과급제자 10명을 배출했는데, 그 가운데 7명이 평안도 출신이다. 그런

데 《여지도서》에는 태천에 진주김씨가 없고, 경주, 홍주, 적성, 상주,
당악의 김씨만 보인다.

735 홍일원洪一源(1728~?) 평안도 정주定州 사람으로 유학을 거쳐
영조 50년 47세로 식년시에 병과로 급제했다. 《방목》에는 벼슬이 없
이 아버지[禹敬], 할아버지[世漢], 증조[之立], 외조[朴殷周] 이름이 보
이고, 본관이 남양南陽으로 되어 있다. 그런데 《청구》와 《만성》의
《남양홍씨보》에는 홍일원의 가계가 보이지 않는다. 하지만 정주의
남양홍씨는 영조 대 이후 문과급제자 11명을 배출했다.

736 권중헌權中憲(1746~?) 경기도 가평加平 사람으로 유학을 거쳐
영조 50년 29세로 식년시에 병과로 급제하여 벼슬이 예조좌랑(정6품)
을 거쳐 사헌부 장령(정4품)에 이르렀다. 《방목》에는 벼슬이 없이 아
버지[顯應], 할아버지[純性], 증조[恒萬], 외조[尹采章] 이름이 보이고,
본관이 안동安東으로 되어 있다. 《청구》와 《만성》의 《안동권씨보》
를 보면 권중헌의 직계 4대조와 외조 가운데 벼슬아치가 없다.

737 나학소羅學素(1719~?) 유학을 거쳐 영조 50년 56세로 식년시에
병과로 급제했다. 《방목》에는 벼슬이 없이 아버지[漢璣], 할아버지[文
純], 증조[尙友], 외조[崔俊華] 이름이 보이고, 본관이 나주羅州로 되어
있다. 그런데 《만성》의 《나주나씨보》에는 나학소의 가계가 보이지
않으며, 《청구》의 《나주나씨보》에는 이름이 보이는데, 조상의 가계
가 《방목》과 전혀 다르고 직계 9대조 가운데 벼슬아치가 없다.

738 김치호金致浩(1744~?) 유학을 거쳐 영조 50년 31세로 식년시에
병과로 급제했다. 《방목》에는 벼슬이 없이 아버지[成煥], 할아버지[萬
雄], 증조[鎰福], 외조[白以西] 이름이 보이고, 본관이 의성義城으로 되
어 있다. 그런데 《청구》와 《만성》의 《의성김씨보》에는 김치호의 가

계가 보이지 않는다.

739 문약연文躍淵(1742~?) 유학을 거쳐 영조 50년 33세로 식년시에 병과로 급제하여 벼슬이 봉상시 주부(종6품)를 거쳐 정조 대 사헌부 장령(정4품)과 사간원 정언(정6품)에 이르렀다.《방목》에는 벼슬이 없이 아버지[以章], 할아버지[獻國], 증조[三古], 외조[羅應泰] 이름이 보이고, 본관이 남평南平으로 되어 있다. 그런데 《청구》와 《만성》의 《남평문씨보》에는 문약연의 가계가 보이지 않는다.

740 손처인孫處仁(1752~?) 유학을 거쳐 영조 50년 23세로 식년시에 병과로 급제했다.《방목》에는 벼슬이 없이 아버지[翼大], 할아버지[繼曾], 증조[遇祚], 외조[曹汝河] 이름이 보이고, 본관 안동安東(一直)으로 되어 있다. 그런데 《청구》의 《일직손씨보》에는 손처인의 가계가 보이지 않으며, 《만성》에는 《일직손씨보》 자체가 없다. 2000년 현재 안동손씨 인구는 7,714가구 2만 4,187명의 희성으로, 조선시대 문과 급제자 6명을 배출했다.

741 이석원李錫源(1742~?) 유학을 거쳐 영조 50년 33세로 식년시에 병과로 급제했다.《방목》에는 벼슬이 없이 아버지[福秋], 할아버지[成萬], 증조[義善], 외조[金興萬] 이름이 보이고, 본관이 전주全州로 되어 있다. 《전주이씨과거급제자총람》을 보면 이석원은 파미분류자로 되어 있다. 다시 말해 신원을 알 수 없는 인물이다.

742 송용억宋龍億(1726~?) 유학을 거쳐 영조 50년 49세로 식년시에 병과로 급제했다.《방목》에는 벼슬이 없이 아버지[商繼], 할아버지[萬永], 증조[元], 외조[金汝彬] 이름이 보이고, 본관이 나주羅州로 되어 있다. 그런데 《만성》에는 《나주송씨보》 자체가 없으며, 《청구》의 《나주송씨보》에는 아버지와 송용억만이 기록되어 있는데, 아버지는 벼

슬이 없다. 2000년 현재 나주송씨 인구는 1,247가구 4,014명의 희성
으로, 조선시대 문과급제자는 그가 유일하다.

　　743 조문권曺文權(1741~?) 유학을 거쳐 영조 50년 34세로 식년시에
병과로 급제하여 벼슬이 정자(정9품)에 이르렀다. 《방목》에는 벼슬이
없이 아버지[澐], 할아버지[世虎], 증조[逾], 외조[李暄] 이름이 보이고,
본관이 창녕昌寧으로 되어 있다. 《청구》와 《만성》의 《창녕조씨보》
를 보면 조문권의 직계 5대조와 외조 가운데 벼슬아치가 없다.

　　744 하범석河範錫(1704~?) 유학을 거쳐 영조 50년 71세로 식년시에
병과로 급제했는데, 임금은 하범석의 나이가 70을 넘은 것을 고려하
여 벼슬자리를 주라고 명했다. 《방목》에는 벼슬이 없이 아버지[必昌],
할아버지[呈道], 증조[衛國], 외조[高必升] 이름이 보이고, 본관이 진주
晋州로 되어 있다. 그런데 《청구》와 《만성》의 《진주하씨보》에는 그
의 가계가 보이지 않는다.

　　745 한상조韓相肇(1735~?) 유학을 거쳐 영조 50년 40세로 식년시에
병과로 급제했다. 《방목》에는 벼슬이 없이 아버지[政裕], 할아버지
[璿], 증조[義燁], 외조[金重世] 이름이 보이고, 본관이 청주淸州로 되어
있다. 그런데 《청구》와 《만성》의 《청주한씨보》에는 한상조의 가계
가 보이지 않는다.

　　746 주종훈朱宗壎(1748~?) 유학을 거쳐 영조 50년 27세로 식년시에
병과로 급제했다. 《방목》에는 벼슬이 없이 아버지[炯大], 할아버지[南
采], 증조[汝悔], 외조[車仁輕] 이름이 보이고, 본관이 전주全州로 되어
있다. 그런데 《청구》와 《만성》의 《전주주씨보》에는 주종훈의 가계
가 보이지 않는다. 2000년 현재 전주주씨 인구는 251가구 861명의 희
성으로, 조선시대 문과급제자 22명을 배출했는데, 그 가운데 14명이

함흥咸興 출신으로 확인되고 있어 이 지역의 명문임을 알 수 있다. 그
도 함흥 출신일 가능성이 크다.

747 이성준李星俊(1738~?) 유학을 거쳐 영조 50년 37세로 식년시에
병과로 급제하여 벼슬이 종부시 주부(종6품)에 이르렀다. 《방목》에는
벼슬이 없이 아버지[世一], 할아버지[宇全], 증조[有發], 외조[朴壽仁]
이름이 보이고, 본관이 전주全州로 되어 있다. 《전주이씨과거급제자
총람》을 보면 이성준은 세종의 아들 광평대군의 후손으로, 직계 7대
조 가운데 벼슬아치가 없다.

748 최진하崔鎭夏(1735~?) 유학을 거쳐 영조 50년 40세로 식년시에
병과로 급제하여 벼슬이 부사과(종6품)에 이르렀다. 《방목》에는 벼슬
이 없이 아버지[漫], 할아버지[聖徵], 증조[錫馨], 외조[金一熊] 이름이
보이고, 본관이 경주慶州로 되어 있다. 그런데 《청구》와 《만성》의
《경주최씨보》에는 최진하의 가계가 보이지 않는다.

749 지덕빈池德斌(1747~?) 유학을 거쳐 영조 50년 28세로 식년시에
병과로 급제하여 벼슬이 성균관 전적(정6품)에 이르렀다. 《방목》에는
벼슬이 없이 아버지[翊龍], 할아버지[萬游], 증조[日光], 외조[韓相朝]
이름이 보이고, 본관이 충주忠州로 되어 있다. 《청구》와 《만성》의
《충주지씨보》를 보면 지덕빈의 직계 6대조와 외조 가운데 벼슬아치
가 없다. 충주지씨는 고려 초에 송나라에서 귀화한 성씨로, 조선시대
에 문과급제자 10명을 배출했는데, 1명은 세조 대이고, 나머지 9명은
광해군 이후에 나왔다. 음양과陰陽科 14명, 율과律科 5명, 역과譯科 1명
의 급제자를 배출하여 중인가문의 하나를 이루기도 했다.

750 박흥렴朴興濂(1737~?) 유학을 거쳐 영조 50년 38세로 식년시에
병과로 급제했다. 《방목》에는 벼슬이 없이 아버지[儀淑], 할아버지[永

國], 증조[伉], 외조[金鎭垕] 이름이 보이고, 본관이 밀양密陽으로 되어 있다. 그런데 《청구》와 《만성》의 《밀양박씨보》에는 박흥렴의 가계가 보이지 않는다.

751 유현장俞鉉章(1747~?) 유학을 거쳐 영조 50년 28세로 식년시에 병과로 급제하여 벼슬이 사헌부 장령(정4품)에 이르렀다. 《방목》에는 벼슬이 없이 아버지[壕], 할아버지[德文], 증조[樸], 외조[尹就文] 이름이 보이고, 본관이 창녕昌寧으로 되어 있는데 이는 오기로 보인다. 왜냐하면 《청구》에는 《천녕유씨보川寧俞氏譜》에 유현장의 가계가 보이는데 직계 5대조 가운데 벼슬아치가 없고, 《만성》에는 《창원유씨보昌原俞氏譜》에 가계가 보이는데 역시 직계 5대조와 외조 가운데 벼슬아치가 없다. 어느 본관이 맞는지 알 수 없으나 8대조까지의 가계는 서로 같다. 2000년 현재 천녕유씨 인구는 188가구 658명의 희성으로, 조선시대 문과급제자는 그를 포함하여 2명에 지나지 않는데, 그가 첫 급제자이다. 한편, 창원유씨 인구는 514가구 1,679명의 희성으로, 조선시대 문과급제자 17명을 배출했다. 본관은 본래 천녕이었다가 후세에 족세族勢가 큰 창원유씨로 바꾸었는지도 모른다.

752 이정박李廷璞(1754~?) 전라도 보성寶城 사람으로 유학을 거쳐 영조 50년 21세로 정시에 병과로 급제했다. 《방목》에는 벼슬이 없이 아버지[以興], 할아버지[漢封], 증조[重遠], 외조[鄭澮], 처부의 이름이 보이고, 본관이 광주廣州로 되어 있다. 그런데 《만성》의 《광주이씨보》에는 이정박의 가계가 보이지 않으며, 《청구》의 《광주이씨보》에는 가계가 보이는데 직계 4대조와 외조 가운데 벼슬아치가 없다.

753 권경權垧(1744~?) 서울 사람으로 유학을 거쳐 영조 50년 31세로 정시에 병과로 급제하여 벼슬이 병조좌랑(정6품)에 이르렀다. 《방

목》에는 벼슬이 없이 아버지〔尙元〕, 할아버지〔世輔〕, 증조〔道徵〕, 외조
〔李演〕, 처부〔南墇〕 이름이 보이고, 본관이 안동安東으로 되어 있다.
《청구》와 《만성》의 《안동권씨보》를 보면 권경의 직계 4대조와 외조
가운데 벼슬아치가 없다.

754 김박金璞(1742~?) 평안도 영변寧邊 사람으로 유학을 거쳐 영조
50년 33세로 정시에 병과로 급제했다.《방목》에는 벼슬이 없이 아버
지〔龍擧〕, 할아버지〔世寶〕, 증조〔智潤〕, 외조〔李爾燁〕, 처부〔吳德勛〕 이름
이 보이고, 본관이 김해金海로 되어 있다. 그런데 《청구》와 《만성》의
《김해김씨보》에는 김박의 가계가 보이지 않는다.《세종실록》〈지리
지〉와 《동국여지승람》에는 영변에 김포, 토산, 개성, 경주의 김씨가
보이다가 《여지도서》에는 김포김씨가 사라지고 김해김씨가 보인다.
김포김씨가 김해김씨로 본관을 바꾼 듯하다.

755 이중李重(1743~?) 충청도 충주 사람으로 유학을 거쳐 영조 50
년 32세로 정시에 병과로 급제하여 벼슬이 좌랑(정6품)과 사헌부 지
평(정5품)에 이르렀다.《방목》에는 벼슬이 없이 아버지〔秬濟〕, 할아버
지〔基裕〕, 증조〔溦〕, 외조〔朴啓文〕, 처부〔李惠齡〕 이름이 보이고, 본관이
한산韓山으로 되어 있다.《청구》와 《만성》의 《한산이씨보》를 보면
이중은 이덕형李德馨의 후손으로, 직계 3대조와 외조 가운데 벼슬아
치가 없다.

756 오붕남吳鵬南(1739~?) 함경도 회령會寧 사람으로 유학을 거쳐
영조 50년 36세로 함경도 별시에 을과로 급제하여 벼슬이 정조 대
사헌부 장령(정4품)에 이르렀다.《방목》에는 벼슬이 없이 아버지〔泰
稱〕 이름만 보이고, 본관이 해주海州로 되어 있다. 그런데 《청구》와
《만성》의 《해주오씨보》에는 오붕남의 가계가 보이지 않는다.

757 오준성吳準聖(1723~?) 함경도 안변安邊 사람으로 생원을 거쳐 영조 50년 52세로 함경도 별시에 병과로 급제했다.《방목》에는 벼슬이 없이 아버지[尙离] 이름만 보이고, 본관이 해주海州로 되어 있다. 그런데《청구》와《만성》의《해주오씨보》에는 오준성의 가계가 보이지 않는다.

758 손석주孫碩周(1745~?) 함경도 경성鏡城 사람으로 유학을 거쳐 영조 50년 30세로 함경도 별시에 병과로 급제하여 벼슬이 봉상시 판관(종5품)에 이르렀다.《방목》에는 벼슬이 없이 아버지[必達] 이름만 보이고, 본관이 밀양密陽으로 되어 있다. 그런데《청구》와《만성》의《밀양손씨보》에는 손석주의 가계가 보이지 않는다.

759 오태언吳泰彦(1732~?) 함경도 회령會寧 사람으로 유학을 거쳐 영조 50년 43세로 함경도 별시에 병과로 급제하여 벼슬이 사헌부 지평(정4품)에 이르렀다.《방목》에는 벼슬이 없이 아버지[挺鉉] 이름만 보이고, 본관이 해주海州로 되어 있다. 그런데《청구》와《만성》의《해주오씨보》에는 오태언의 가계가 보이지 않는다.

760 김재성金載聲(1743~?) 함경도 고원高原 사람으로 유학을 거쳐 영조 50년 32세로 함경도 별시에 병과로 급제했다.《방목》에는 벼슬이 없이 아버지[益悖, 생부 益愼] 이름만 보이고, 본관이 풍천豊川으로 되어 있다. 그런데《만성》에는《풍천김씨보》자체가 없으며,《청구》의《풍천김씨보》에는 김재성의 가계가 보이지 않는다. 풍천김씨는 조선시대 문과급제자 7명을 배출했는데, 모두 경종 대 이후 나왔으며, 그 가운데 5명이 평안도 영유永柔 출신으로 확인되고 있다.

761 계덕해桂德海(1708~?) 평안도 선천宣川 사람으로 직장(종7품)을 거쳐 영조 50년 67세로 평안도 별시에 장원급제하여 벼슬이 예조좌

랑(정6품)에 이르렀다.《방목》에는 벼슬이 없이 아버지[鸞瑞] 이름만
보이고, 본관이 수안遂安(天水)으로 되어 있다.《청구》의《수안계씨
보》를 보면 계덕해는 조상의 가계가 끊어진 형태로 단독으로 기록되
어 있고,《만성》의《천수계씨보》에는 가계가 보이는데 9대조 가운
데 벼슬아치가 없다. 2000년 현재 수안계씨 인구는 1,951가구 6,242
명의 희성으로, 조선시대 문과급제자 3명을 배출했는데, 모두 영조
44년 이후에 배출되었으며, 3명이 모두 평안도 선천宣川 출신이다.

762 오석령吳錫齡(1742~?) 평안도 함종咸從 사람으로 영조 50년 33
세로 평안도 별시에 을과로 급제했다.《방목》에는 벼슬이 없이 아버
지[擎瑜] 이름만 보이고, 본관이 해주海州로 되어 있다. 그런데《청
구》와《만성》의《해주오씨보》에는 오석령의 가계가 보이지 않는다.

763 김흥필金興弼(1736~?) 평안도 영유永柔 사람으로 참봉(종9품)을
거쳐 영조 50년 39세로 평안도 별시에 병과로 급제했다.《방목》에는
벼슬이 없이 아버지[得秋] 이름만 보이고, 본관이 풍천豊川으로 되어
있다. 그런데《만성》에는《풍천김씨보》자체가 없고,《청구》의《풍
천김씨보》에는 김흥필의 가계가 보이지 않는다. 풍천김씨는 조선 초
기에 강제로 이주당한 입진성入鎭姓으로, 조선시대 문과급제자 7명을
배출했는데 모두 경종 대 이후 급제했으며, 그 가운데 5명은 영유 출
신으로 확인되고 있다.

764 김일형金一衡(1742~?) 평안도 이산理山 사람으로 유학을 거쳐
영조 50년 33세로 평안도 별시에 병과로 급제했다.《방목》에는 벼슬
이 없이 아버지[聲直] 이름만 보이고, 본관이 경주慶州로 되어 있다.
그런데《청구》와《만성》의《경주김씨보》에는 김일형의 가계가 보
이지 않는다.《세종실록》〈지리지〉,《동국여지승람》에는 이산에 경

주김씨가 보이지 않다가 《여지도서》에 처음으로 경주김씨가 보인다.

765 홍기서洪箕敍(1712~?) 평양 사람으로 유학을 거쳐 영조 50년 63세로 평안도 별시에 병과로 급제했다. 《방목》에는 벼슬이 없이 아버지[演] 이름만 보이고, 본관이 남양南陽으로 되어 있다. 그런데 《청구》와 《만성》의 《남양홍씨보》에는 홍기서의 가계가 보이지 않는다. 《여지도서》에는 평양에 남양홍씨가 보이지 않는다.

766 이수대李壽岱(1724~?) 경기도 수원 사람으로 참봉(종9품)을 거쳐 영조 50년 51세로 증광별시에 을과로 급제했다. 《방목》에는 벼슬이 없이 아버지[座, 생부 瑞], 할아버지[東龝], 증조[烜], 외조[洪以度] 이름이 보이고, 본관이 여주驪州로 되어 있다. 그런데 《청구》와 《만성》의 《여주이씨보》에는 할아버지까지의 가계는 보이나 아버지와 이수대의 이름은 보이지 않는다.

767 남기만南基萬(1730~?) 경상도 영해寧海 사람으로 진사를 거쳐 영조 50년 45세로 증광별시에 을과로 급제했으나 벼슬을 얻지 못하고 있다가 정조 20년 글을 잘하는 남기만을 시골에서 불러 사간원 정언(정6품)에 임명했다. 《방목》에는 벼슬이 없이 아버지[國珪], 할아버지[弼明], 증조[仲赫], 외조[李挺一] 이름이 보이고, 본관이 영양英陽으로 되어 있다. 《청구》의 《영양남씨보》를 보면 경훈慶薰-길佶-상혁尚赫-필명弼明-국규國珪-기만基萬으로 이어지는 가계가 보이는데, 6대조 모두 벼슬아치가 아니다. 한편, 《만성》의 《영양남씨보》에 보이는 가계는 이와 달리 응원應元-흥달興達-길佶-상주尚周-노명老明-국규國珪-기만基萬으로 이어지는 가계로 되어 있고, 벼슬아치는 할아버지 노명(현감)뿐이다. 위 세 기록이 모두 달라 어느 것이 진실인지 알 수 없으나, 어느 기록을 믿든지 가계가 한미한 것은 사실이다.

768 홍성신洪聖臣(1757~?) 평양平壤 사람으로 참봉을 거쳐 영조 50
년 18세로 증광별시에 병과로 급제하여 벼슬이 선릉참봉(종9품)을 제
수했는데, 임금은 홍성신의 나이가 어린 것을 고려하여 관례冠禮를
치러 주고, 혼수를 지급하여 혼사를 도와주었다.296) 《방목》에는 벼
슬이 없이 아버지[時儆], 할아버지[昌源], 증조[必晋], 외조[金益燁] 이
름이 보이고, 본관이 남양南陽으로 되어 있다. 그런데 《청구》와 《만
성》의 《남양홍씨보》에는 홍성신의 가계가 보이지 않는다.

769 이과李果(1735~?) 경기도 고양高陽 사람으로 통덕랑(정5품)을
거쳐 영조 50년 40세로 증광별시에 병과로 급제하여 벼슬이 예조정
랑(정5품)에 이르렀다. 《방목》에는 벼슬이 없이 아버지[濟義, 생부 濟
仁], 할아버지[縮], 증조[晩達], 외조[張世光] 이름이 보이고, 본관이 우
봉牛峰으로 되어 있다. 그런데 《청구》의 《우봉이씨보》에는 이과의
가계가 보이지 않으며, 《만성》의 《우봉이씨보》에는 가계가 보이는
데 직계 3대조와 외조 가운데 벼슬아치가 없다.

770 이수하李秀夏(1749~?) 충청도 서천舒川 사람으로 생원을 거쳐
영조 50년 26세로 증광별시에 병과로 급제하여 벼슬이 사헌부 지평
(정5품)과 좌윤(종2품)에 이르렀다. 《방목》에는 벼슬이 없이 아버지
[憲], 할아버지[復運], 증조[雲根], 외조[尹天嶺] 이름이 보이고, 본관이
한산韓山으로 되어 있다. 그런데 《청구》의 《한산이씨보》에는 이수하
의 가계가 보이지 않으며, 《만성》의 《한산이씨보》에는 가계가 보이
는데 직계 4대조와 외조 가운데 벼슬아치가 없다.

771 이종렬李宗烈(1739~?) 전라도 영광靈光 사람으로 생원을 거쳐

---

296) 《영조실록》 권122, 영조 50년 4월 14일 병신.

영조 50년 36세로 증광별시에 병과로 급제하여 벼슬이 사헌부 지평 (정5품)과 장령(정4품)에 이르렀다. 《방목》에는 벼슬이 없이 아버지 〔楔〕, 할아버지〔洙大〕, 증조〔性存〕, 외조〔鄭萬河〕 이름이 보이고, 본관이 전주全州로 되어 있다. 《전주이씨과거급제자총람》을 보면 이종렬은 환조桓祖의 아들 완풍대군完豊大君의 15세손으로, 직계 13대조 가운데 벼슬아치가 없다.

772 박장설朴長卨(1729~?) 경기도 통진 사람으로 생원을 거쳐 영조 50년 46세로 증광별시에 병과로 급제하여 벼슬이 사간원 대사간(정3 품 당상관)을 거쳐 참판(종2품)에 이르렀다. 《방목》에는 벼슬이 없이 아버지〔道顯〕, 할아버지〔璪〕, 증조〔會東〕, 외조〔柳楷〕 이름이 보이고, 본관이 밀양密陽으로 되어 있다. 《청구》와 《만성》의 《밀양박씨보》를 보면 박장설의 직계 3대조와 외조 가운데 벼슬아치가 없다.

773 김약련金若鍊(1730~?) 경상도 영주榮州 사람으로 생원을 거쳐 영조 50년 45세로 증광별시에 병과로 급제하여 벼슬이 승지(정3품 당 상관)에 이르렀다. 《방목》에는 벼슬이 없이 아버지〔㙔〕, 할아버지〔元 烈〕, 증조〔東柱〕, 외조〔朴泰采〕 이름이 보이고, 본관이 예안禮安으로 되 어 있다. 그런데 《만성》의 《예안김씨보》를 보면 김약련의 직계 5대 조와 외조 가운데 벼슬아치가 없다.

774 김성준金聖準(1735~?) 강원도 춘천 사람으로 유학을 거쳐 영조 50년 40세로 증광시에 병과로 급제하여 벼슬이 사간원 정언(정6품)에 이르렀다. 《방목》에는 벼슬이 없이 아버지〔道宗, 생부 道容〕, 할아버지 〔錫老〕, 증조〔相明〕, 외조〔柳重秀〕 이름이 보이고, 본관이 청풍淸風으로 되어 있다. 그런데 《청구》의 《청풍김씨보》에는 할아버지까지의 가 계는 보이나 아버지와 김성준의 이름은 보이지 않으며, 《만성》의

《청풍김씨보》에는 가계가 모두 보이는데, 직계 5대조와 외조 가운데 벼슬아치가 없다.

775 남형운南亨雲(1729~?) 충청도 충주 사람으로 유학을 거쳐 영조 50년 46세로 증광별시에 병과로 급제했다.《방목》에는 벼슬이 없이 아버지[大有], 할아버지[重圭], 증조[鵬圖], 외조[李鉤洪] 이름이 보이고, 본관이 철성鐵城(固城)으로 되어 있다. 그런데《청구》와《만성》에는 《철성남씨보》 자체가 없다. 2000년 현재 고성남씨 인구는 3,108가구 9,982명의 희성으로, 조선시대 문과급제자 12명을 배출했다.

776 김종경金宗敬(1732~?) 경상도 의성義城 사람으로 유학을 거쳐 영조 50년 43세로 증광별시에 병과로 급제하여 벼슬이 정조 대 찰방 (종6품)과 사헌부 장령(정4품)에 이르렀다.《방목》에는 벼슬이 없이 아버지[南應], 할아버지[履模], 증조[賢佐], 외조[金胄巘] 이름이 보이고, 본관이 안동安東으로 되어 있다.《청구》와《만성》의《안동김씨보》를 보면 김종경의 직계 4대조와 외조 가운데 벼슬아치가 없다.

777 정진국鄭鎭國(1740~?) 강원도 횡성橫城 사람으로 유학을 거쳐 영조 50년 35세로 증광별시에 병과로 급제하여 벼슬이 승문원 정자 (정9품)에 이르렀다.《방목》에는 벼슬이 없이 아버지[衡重], 할아버지 [載熙], 증조[世柱], 외조[朴湛] 이름이 보이고, 본관이 초계草溪로 되어 있다.《청구》와《만성》의《초계정씨보》를 보면 정진국의 직계 4대조와 외조 가운데 벼슬아치가 없다.

778 홍낙조洪樂祖(1725~?) 평안도 강서江西 사람으로 유학을 거쳐 영조 50년 50세로 증광별시에 병과로 급제했다.《방목》에는 벼슬이 없이 아버지[致恒], 할아버지[夏績], 증조[盛源], 외조[安汝良] 이름이 보이고, 본관이 염주鹽州(延安)로 되어 있다. 그런데《만성》에는《염

주홍씨보》자체가 없으며,《청구》의《염주홍씨보》에는 홍낙조와 아
버지의 이름만 보이는데, 아버지는 벼슬이 없다. 현재 염주홍씨는 홍
낙조를 시조로 삼고 있으며, 조선시대 문과급제자 2명을 배출했는데,
그가 처음이다. 현재 인구는 파악되지 않고 있다.《여지도서》에는 강
서에 염주홍씨가 보이지 않는다.

779 **강로**姜栳(1747~?) 경상도 선산善山 사람으로 유학을 거쳐 영조
50년 28세로 증광별시에 병과로 급제하여 벼슬이 별검(정8품)에 이르
렀다.《방목》에는 벼슬이 없이 아버지[灣], 할아버지[集一], 증조[再
發], 외조[申光周] 이름이 보이고, 본관이 진주晉州로 되어 있다.《청
구》와《만성》의《진주강씨보》를 보면 강로의 직계 4대조와 외조 가
운데 벼슬아치가 없다.

780 **연동헌**延東憲(1744~?) 충청도 청안淸安 사람으로 생원을 거쳐
영조 51년(1775) 32세로 경과정시에 병과로 급제하여 벼슬이 사간원
정언(정6품)에 이르렀다.《방목》에는 벼슬이 없이 아버지[繼宗, 생부
德郡] 이름만 보이고, 본관은 곡산谷山으로 되어 있다.《청구》의《곡
산연씨보》를 보면 연동헌은 태종 대 좌명공신이던 연사종延嗣宗의 후
손이지만, 직계 9대조 가운데 벼슬아치가 없고,《만성》의《곡산연씨
보》를 보면 아버지 이름이《방목》과 달리 덕종德宗으로 되어 있는데,
직계 6대조 가운데 벼슬아치가 없다. 곡산연씨는 고려 말 귀화한 중
국인의 후손으로, 2000년 현재 인구는 7,480가구 2만 5,020명이며 조
선시대 문과급제자 4명을 배출했는데, 그가 마지막이다.

781 **허책**許策(1745~?) 충청도 연풍延豊 사람으로 유학을 거쳐 영조
51년 31세로 경과정시에 병과로 급제하여 벼슬이 현감(종6품)에 이르
렀다.《방목》에는 벼슬이 없이 아버지[鎰] 이름만 보이고, 본관이 김

해金海로 되어 있다. 그런데 《청구》와 《만성》의 《김해허씨보》에는 허책의 가계가 보이지 않는다.

782 **이방인**李邦仁(1728~1794) 충청도 공주公州 사람으로 유학을 거쳐 영조 51년 48세로 경과정시에 병과로 급제하여 벼슬이 좌랑(정6품)과 현감(종6품)에 이르렀다. 《방목》에는 벼슬이 없이 아버지[光裕] 이름만 보이고, 본관이 전주全州로 되어 있다. 《전주이씨과거급제자총람》을 보면 이방인은 양녕대군의 후손으로, 직계 5대조 가운데 벼슬아치가 없다.

783 **김낙성**金樂誠(1724~?) 유학을 거쳐 영조 51년 52세로 경과정시에 병과로 급제하여 벼슬이 사헌부 지평(정5품)에 이르렀다. 《방목》에는 벼슬이 없이 아버지[礦] 이름만 보이고, 본관이 경주慶州로 되어 있다. 《청구》와 《만성》의 《경주김씨보》를 보면 김낙성의 직계 3대조와 외조 가운데 벼슬아치가 없다.

784 **이규섭**李奎燮(개명 錫夏, 1758~?) 생원을 거쳐 영조 51년 18세로 경과정시에 병과로 급제하여 벼슬이 순조 대 교리(종5품)와 승지(정3품 당상관)에 이르렀다. 《방목》에는 벼슬이 없이 아버지[世璞] 이름만 보이고, 본관이 연안延安으로 되어 있다. 그런데 《만성》의 《연안이씨보》에는 이규섭의 가계가 보이지 않으며, 《청구》의 《연안이씨보》에는 가계가 보이는데, 직계 3대조와 외조 가운데 벼슬아치가 없다.

785 **박행순**朴行淳(1728~?) 충청도 면천沔川 사람으로 생원을 거쳐 영조 51년 48세로 경과정시에 병과로 급제하여 벼슬이 사간원 정언(정6품)에 이르렀다. 《방목》에는 벼슬이 없이 아버지[經遠] 이름만 보이고, 본관이 밀양密陽으로 되어 있다. 《청구》와 《만성》의 《밀양박씨보》를 보면 박행순의 직계 3대조와 외조 가운데 벼슬아치가 없다.

786 복태형卜台衡(1729~?) 충청도 청양靑陽 사람으로 유학을 거쳐 영조 51년 47세로 경과정시에 병과로 급제했다. 《방목》에는 벼슬이 없이 아버지[日昇] 이름만 보이고, 본관이 면천沔川으로 되어 있다. 그런데 《만성》에는 《면천복씨보》 자체가 없고, 《청구》의 《면천복씨보》에는 복태형의 가계가 보이지 않는다. 복씨는 당나라에서 귀화한 중국인의 후손으로 고려 개국공신 복지겸卜智謙을 시조로 삼고 있는데, 2000년 현재 면천복씨 인구는 2,287가구 7,471명으로 희성으로, 조선시대에 문과급제자 7명을 배출했다.

787 장한철張漢喆(1744~?) 제주 사람으로 유학을 거쳐 영조 51년 32세로 경과정시에 병과로 급제하여 벼슬이 대정현감과 흡곡현감(종6품)에 이르렀다. 《방목》에는 벼슬이 없이 아버지[次房] 이름만 보이고, 본관이 해주海州로 되어 있다. 그런데 《청구》와 《만성》에는 《해주장씨보》 자체가 없다. 2000년 현재 해주장씨 인구는 128가구 422명의 희성으로, 장한철이 조선시대 유일한 문과급제자로서 실질적인 시조이다.

788 강봉서姜鳳瑞(1746~?) 제주 사람으로 유학을 거쳐 영조 51년 30세로 경과정시에 병과로 급제하여 벼슬이 사헌부 장령(정4품)에 이르렀다. 《방목》에는 벼슬이 없이 아버지[時楊] 이름만 보이고, 본관이 진주晉州로 되어 있다. 그런데 《청구》와 《만성》의 《진주강씨보》에는 강봉서의 가계가 보이지 않는다.

789 김경회金慶會(1747~?) 제주도 정의현 사람으로 유학을 거쳐 영조 51년 29세로 경과정시에 병과로 급제했다. 《방목》에는 벼슬이 없이 아버지[錫謙] 이름만 보이고, 본관이 김해金海로 되어 있다. 그런데 《청구》와 《만성》의 《김해김씨보》에는 김경회의 가계가 보이지 않

는다.

790 송징일宋徵一(1730~?) 평안도 순천順川 사람으로 유학을 거쳐 영조 51년 46세로 경과정시에 병과로 급제했다. 《방목》에는 벼슬이 없이 아버지[仁宇] 이름만 보이고, 본관이 은진恩津으로 되어 있다. 그런데 《청구》와 《만성》의 《은진송씨보》에는 송징일의 가계가 보이지 않는다. 《여지도서》에는 순천에 은진송씨가 보이지 않는다.

791 백사곤白師坤(1730~?) 생원을 거쳐 영조 51년 46세로 경복궁 별시에 병과로 급제했다. 《방목》에는 벼슬이 없이 아버지[受章], 할아버지[時珩], 증조[大俊], 외조[車輶], 처부의 이름이 보이고, 본관이 수원水原으로 되어 있다. 그런데 《청구》와 《만성》의 《수원백씨보》에는 백사곤의 가계가 보이지 않는다. 조선시대 수원백씨 문과급제자는 모두 63명인데 그 가운데 40명 이상이 평안도 출신으로 확인되고 있다. 특히 정주 출신이 22명, 태천 출신이 14명에 이르고 있다. 그도 평안도 출신으로 보인다.

792 김홍운金洪運(1738~?) 유학을 거쳐 영조 51년 38세로 경복궁 별시에 병과로 급제했다. 《방목》에는 벼슬이 없이 아버지[光俊] 이름만 보이고, 본관이 광산光山으로 되어 있다. 그런데 《청구》와 《만성》의 《광산김씨보》에는 김홍운의 가계가 보이지 않는다.

793 차언보車彦輔(1712~?) 충청도 청양靑陽 사람으로 생원을 거쳐 영조 51년 64세로 경과정시에 병과로 급제하여 벼슬이 성균관 직강 (정5품)에 이르렀다. 《방목》에는 벼슬이 없이 아버지[亮徵], 할아버지[渭載], 증조[奐], 외조[崔極], 처부[李道楄] 이름이 보이고, 본관이 연안延安으로 되어 있다. 그런데 《만성》의 《연안차씨보》에는 차언보의 가계가 보이지 않으며, 《청구》의 《연안차씨보》에는 가계가 보이는

데, 직계 7대조 가운데 벼슬아치가 없다.

794 권지언權之彦(1720~?) 충청도 임천林川 사람으로 생원을 거쳐 영조 51년 56세로 경과정시에 병과로 급제하여 벼슬이 참판(종2품)에 이르렀다. 《방목》에는 벼슬이 없이 아버지[世撤], 할아버지[達經], 증조[瑗], 외조[李挺樹], 처부[崔泰恒] 이름이 보이고, 본관이 안동安東으로 되어 있다. 《청구》와 《만성》의 《안동권씨보》를 보면 권지언의 직계 3대조와 외조 가운데 벼슬아치가 없다.

광해군-영조 대
신분이 낮은 급제자의 신분과 벼슬 총괄

　지금까지 17세기 초에서 18세기 전반기, 다시 말해 광해군 대 (1608~1623)에서 영조 대(1724~1776)에 이르는 약 170년 동안의 문과 급제자 가운데 신분이 낮은 것으로 조사된 급제자의 신분과 벼슬에 대하여 각 왕대별로 설명했다. 이제 이를 총괄하여 신분이 낮은 급제자의 여러 유형과 인원, 그리고 그들이 받은 벼슬의 성격을 종합적으로 정리하면 다음과 같다. 우선, 이 시기 전체 급제자는 5,577명이고 신분이 낮은 급제자는 모두 1,652명이라는 사실을 염두에 두고 살펴보기로 한다.

1) 신분이 낮은 급제자의 비율

　광해군 대에서 영조 대에 이르는 기간에 신분이 낮은 급제자의 비율을 왕대별로 소개하면 다음과 같다.

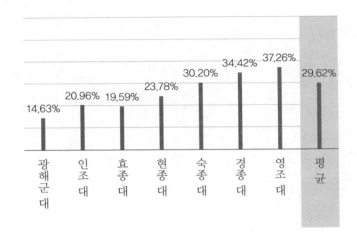

위 표를 다시 정리하면, 광해군-영조 대 신분이 낮은 급제자는 모두 1,652명으로 전체 급제자 5,577명 가운데 평균 29.62퍼센트를 차지하고 있다. 그런데 각 왕대별로 살펴보면 그 비율이 많이 다르다. 광해군 대에는 평균 급제율을 크게 밑도는 14.63퍼센트를 차지했던 수치가 인조-현종 대에는 20퍼센트 안팎을 오르내리다가 숙종 대 이후로 30퍼센트대로 올라서고, 영조 대에 이르러서는 평균 급제율을 크게 웃도는 37.26퍼센트를 기록하고 있음을 볼 수 있다.

그런데 광해군-영조 대의 급제율을 조선 전기 2백 년 동안의 급제율과 비교하면 다음과 같다. 조선 전기 문과급제자는 모두 4,527명이고, 신분이 낮은 급제자는 1,100명으로 평균은 24.29퍼센트이다.

위 표를 다시 정리하면, 15세기에는 40~50퍼센트에서 시작하여 15세기 말에는 22퍼센트대로 떨어지고, 16세기에는 20퍼센트대 이하로 더 내려가고 있음을 볼 수 있다. 그리하여 15~16세기를 총괄하면 신분이 낮은 급제자의 평균 비율이 24.29퍼센트를 차지한다. 하지만

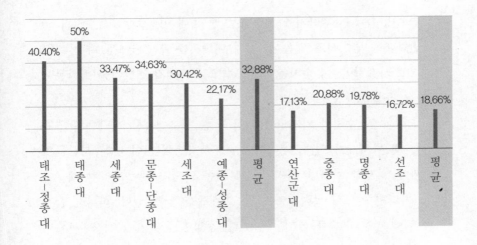

이를 태조-성종 대의 15세기와 연산군-선조 대의 16세기로 나누어
살펴보면, 15세기의 급제율은 평균 급제율을 크게 상회하는 32.88퍼
센트이고, 16세기의 급제율은 평균 급제율에 크게 밑도는 18.66퍼센
트가 된다.

　그런데 16세기의 끝자락인 선조 대에는 16.72퍼센트로 더 내려가
고 있다. 그 다음 17세기 초의 광해군 대에는 14.63퍼센트로 더 내려
가면서 최하점을 보여 주고 있다. 그러니까 16세기 말에서 17세기 초
에 이르는 선조-광해군 대가 상대적으로 신분이동이 가장 저조했다
는 것을 보여 준다. 이 시기는 바로 임진왜란을 전후한 시기에 해당
하며 율곡이 중쇠기中衰期로 스스로 진단하면서 경장更張을 애타게
바라던 시기이기도 하다. 그 뒤에는 다시금 서서히 상승 곡선을 그리
면서 18세기 초의 숙종 대 이후로는 30퍼센트대로 오르고, 드디어 18
세기 전반기를 마감하는 영조 대에는 거의 40퍼센트에 근접하고 있
음을 볼 수 있다.

하지만 18세기 후반기에 해당하는 정조 대 이후로는 그 수치가 50 퍼센트대를 넘어서고 있는데, 이에 대해서는 후속편에서 다시 설명하기로 하겠지만, 이 수치를 기준으로 17~18세기 전반기를 바라본다면 상대적으로 침체된 시기로 보인다.

그런데 위 수치만 가지고 문과를 통한 신분이동을 전적으로 평가하는 것은 문제가 있다. 왜냐하면, 위 수치는 신분이 낮은 사람들이 문과에 급제한 비율만 가지고 신분이동을 평가하는 것이기 때문이다. 여기서 반드시 고려되어야 할 것은 두 가지가 있다. 하나는 급제한 뒤에 받은 벼슬을 따지는 일이다. 문과에 급제한 뒤에 누구나 벼슬을 받은 것이 아니고, 벼슬을 받지 못한 급제자가 있고, 또 벼슬을 받았다 하더라도 어느 정도의 높고 중요한 벼슬을 받았느냐가 일정하지 않기 때문이다. 따라서 급제자가 받은 벼슬의 실상을 아울러 검토해야만 신분이동의 실체가 비로소 밝혀지게 된다.

두 번째로 고려해야 할 것은 신분이 낮은 급제자 가운데도 여러 등급이 있으므로, 어떤 등급에서 급제자가 배출되었으며 등급에 따라 벼슬에 어떤 차이가 생겼는지를 살펴야 한다는 것이다. 다음에 이 문제를 차례로 검토하게 될 것이다.

2) 매년 평균 급제자 인원과 벼슬을 받지 못한 급제자의 추이

문과급제자들이 벼슬을 받았느냐 못 받았느냐의 문제는 급제자들을 얼마나 공급했느냐와 밀접한 관련이 있다. 다시 말해 벼슬자리에 견주어 급제자가 지나치게 과잉으로 공급되면 벼슬을 얻기가 힘들어질 수밖에 없기 때문이다. 그래서 광해군 대에서 영조 대에

이르는 기간에 선발된 문과급제자의 매년 평균 인원을 알아보면 햇
수로는 169년 동안이고, 전체 급제자는 5,577명이므로 해마다 33명
을 선발한 셈이다. 하지만 그 수치를 각 왕대별로 조사해 보면 다음
과 같다.

위 표를 보면, 광해군−숙종 대에 이르
는 기간에는 매년 평균 급제자 인원이
평균치를 밑도는 30명 이내로 이어져 오
다가 경종−영조 대에 이르러는 평균치
를 크게 웃도는 40명선을 넘어서고 있는
것이 보인다. 특히 경종 대에는 그 수치
가 45명을 넘어서고 있다. 이런 수치의
변화는 경종−영조 대에 이르러 문과급

왕 대	매년 평균 급제자
광해군	30.06명
인 조	27.74명
효 종	24.50명
현 종	26.20명
숙 종	31 명
경 종	45.75명
영 조	40.98명
평 균	33 명

제자가 과잉으로 공급되었다는 사실을 말해 준다. 바로 그 사실이 영
조 대에 벼슬을 받지 못한 급제자가 크게 늘어나고 취직률이 급속하
게 떨어지는 원인이 되고 있다.

영조 대에 이르러 문과급제자가 급작스럽게 늘어난 것은 특히 평
안도를 비롯한 북방인들의 급제가 급속하게 늘어난 사실과 관련이
크다. 탕평책蕩平策을 표방한 영조가 북방인들을 비롯하여 소민층小民
層을 포용하기 위해 급제자를 많이 생산했으나 그들에게 줄 벼슬자리
가 부족한 데서 생긴 현상이다. 또 한 가지는 평안도 출신 급제자들
의 대부분이 《족보》에 오르지 못하고 있을 뿐 아니라, 본관을 바꾼
것으로 의심되고 있는 급제자들이 많다는 것도 벼슬을 받지 못한 이
유의 하나가 된 듯하다.

하지만 평안도 출신 급제자가 8도 가운데 충청도 다음으로 2위를

차지하고 있는 것은 놀라운 일인데, 그 반작용으로 벼슬을 받지 못한 급제자가 절반에 이르고 있다.

그러면 각 왕대별로 급제자의 취직률이 어떻게 변화되었는가를 살펴보면 다음과 같다. 여기서 벼슬을 알아보는 데 이용된 자료는《방목》과 《실록》, 그리고 《족보》이다. 《방목》에 벼슬이 보이지 않고 《실록》이나 《족보》에도 벼슬 이름이 보이지 않으면 벼슬을 받지 못한 것으로 여겼다.

왕 대	총 급제자	신분 낮은 급제자 (급제율)(%)	벼슬을 받은 자 /받지 못한 자	전체 급제자 대비 취직률(%)	신분 낮은 급제자 대비 취직률(%)
광해군	451명	66명(14.63)	64명/ 2명	14.19	96.96
인 조	749명	157명(20.96)	144명/ 13명	19.22	91.71
효 종	245명	48명(19.59)	42명/ 6명	17.14	87.50
현 종	391명	93명(23.78)	90명/ 3명	23.01	96.77
숙 종	1,427명	431명(30.20)	416명/ 15명	29.15	96.51
경 종	183명	63명(34.42)	56명/ 7명	30.60	88.88
영 조	2,131명	794명(37.25)	528명/266명	24.77	66.49
합 계	5,577명	1,652명(29.62)	1,340명/312명	평균 24	평균 81.11

위 표를 다시 정리해 보면, 신분이 낮은 급제자 1,652명 가운데 벼슬을 받은 급제자는 1,340명으로 전체 급제자 5,577명을 대상으로 취직률을 알아보면 24퍼센트, 신분이 낮은 급제자를 대상으로 하면 81.11퍼센트를 보이고 있다.

하지만 각 왕대별로 취직률을 알아보면 사정이 다르다. 광해군 대에는 14퍼센트대였다가 그 뒤 차츰 수치가 높아져서 숙종-경종 대에는 30퍼센트대로 올라갔는데, 영조 대에는 다시 24퍼센트대로 내려간 것을 볼 수 있다. 그러니까 전체적인 추세를 본다면 시대가 내려갈수록 취직률이 높아지고 있음을 알 수 있다.

그런데 신분이 낮은 급제자의 취직률을 신분이 낮은 급제자를 대상으로 하여 알아보면 다른 모습이 보인다. 곧 광해군 대에 96퍼센트대를 보이던 취직률이 숙종 대까지는 비슷한 추세를 보이다가 경종 대에 88퍼센트대로 떨어지고, 영조 대에 이르러는 66퍼센트대로 갑자기 수치가 더 떨어지고 있다. 이런 수치의 변화를 앞의 전체 급제자를 대상으로 한 급제율과 취직률을 연관시켜 생각해 보면 의미가 달라진다. 다시 말해, 시대가 내려갈수록 신분이 낮은 자의 급제율은 높아지고 취직률은 낮아지고 있다는 뜻이다.

영조 대에 이르러 취직률이 크게 낮아진 이유는 앞에서 살핀 것처럼 평안도 출신을 비롯한 하층민의 문과급제자 선발인원이 갑작스럽게 늘어난 데서 생긴 것이다.

3) 신분이 낮은 급제자의 유형과 벼슬

(1) 서얼 출신 급제자와 벼슬

《경국대전》에는 서얼의 문과응시가 금지되어 있는데, 그 법규는 조선 후기에도 기본적으로 바뀌지 않았다. 하지만 서얼의 문과응시를 허용하고 청요직을 허용하는 절목節目은 《경국대전》과는 관계없이 수시로 이루어지면서 서얼의 벼슬길은 갈수록 넓어졌다. 이미 조선 전기 명종 대에 서얼의 문과응시를 양첩 서자에게만 허용하는 허통許通이 이루어진 일이 있었는데, 일시적인 조치로 끝나고 말았다. 그래서 선조 대에 이르러 서얼층의 집단적인 상소운동이 일어나고,

그 다음 광해군 대에는 '칠서지옥七庶之獄'으로 불리는 저항운동이 일어나기도 했다.

광해군 다음의 인조 대에는 다시금 서얼의 허통許通이 이루어져서 양첩良妾의 서자庶子는 손자 대부터, 천첩의 얼자孽子는 증손曾孫부터 문과응시를 허용하되, 벼슬은 6조 낭관 가운데 가장 중요한 요직인 이조, 병조, 예조를 제외한 호조, 형조, 공조 등 3조三曹의 낭관(5~6품)을 허용하고, 청직淸職에 해당하는 홍문관 등에는 나가지 못하도록 했다.

인조 다음의 효종—현종 대에는 북벌운동의 필요에서 서얼로서 국가에 곡식을 바치는 자에게는 허통하는 조치를 취했는데, 납속허통은 선조 대에도 율곡栗谷이 주장한 일이 있었다. 숙종 대에는 거의 1천 명의 서얼들이 집단적으로 통청通淸을 요청하는 상소를 올리기도 하고, 남인과 서인집권층이 공통적으로 서얼허통을 주장하면서 서얼로서 유학儒學을 공부하는 자를 업유業儒로 부르고, 무학武學을 공부하는 자를 업무業武로 부르기로 하고, 이들에게 문과와 무과의 응시를 허용했다.

서얼에 대한 문무과 응시는 이렇게 명종 대와 인조 대를 거치면서 정식으로 허용되었지만, 그들에게 주는 '벼슬이 늘 문제였다. 위에서 말한 것처럼 6조 낭관 가운데 인사권을 가진 이조와 병조, 그리고 예조 낭관에는 나가지 못하게 하고, 또 청직에 해당하는 홍문관, 사헌부, 사간원, 예문관 등에는 나가지 못하도록 한 것이 서얼층의 불만을 샀던 것이다. 또, 그나마 나머지 3조(형조, 공조, 호조)의 진출도 현실적으로 쉽지 않은 것도 불만의 요인이었다. 그래서 청요직의 진출을 희망하는 통청운동通淸運動이 끊이지 않고 일어난 것이다.

영조 대에는 수백 명의 서얼들이 집단적으로 상소를 올려 청요직 허통을 요청하는 상소를 올렸는데, 영조는 이들의 상소에 호의를 보이면서 양반문벌兩班門閥이 이를 억제하는 풍조에 대하여 강한 불만을 표출하면서 단계적으로 청요직 진출을 허용하는 정책을 밀고 나갔다. 그 결과 요직과 청직으로 나가는 길이 전보다 넓게 열렸다. 특히 사헌부, 사간원, 예문관, 그리고 병조 낭관도 허용되었다. 물론, 그때마다 문벌양반 출신의 대간臺諫이 서경署經을 거부하는 사태가 한둘이 아니었지만, 영조는 이를 물리치는 경우가 많았다.

이상 서얼허통에 대한 제도적 추이를 설명했지만, 실제로 문과급제자의 실태를 살펴보면 서얼층의 문과급제와 청요직 진출은 우리가 생각하는 것보다 훨씬 활발하다는 것을 알 수 있다. 그 이유는 문과 응시자의 신분이 서얼인가 아닌가를 가려내는 일이 쉽지 않았기 때문이다. 특히 지방민의 경우는 더욱 신분조사가 어려웠다.

이제 각 왕대별로 문과급제자 가운데 서얼로 확인된 인원을 조사해 보면 모두 45명에 이르고 있는데, 그 명단과 벼슬을 함께 소개하면 다음과 같다. 다만, 이들은 자료에서 확인된 인물들일 뿐이고, 실제로 《족보》에 가계가 보이지 않거나, 《전주이씨과거급제자총람》에 파미분류자派未分類者로 되어 있거나, 《실록》에 신분이 비천卑賤하다든지 비미卑微하다고 비판받은 급제자의 상당수가 서출일 것으로 추측되므로 실제로 서출급제자는 45명보다 훨씬 많을 것으로 추측된다. (■■■■는 3품 이상)

왕 대	인 원	서얼이름	벼 슬	서얼이름	벼 슬
광해군 대	6명	정신남	현감(종6품)	유계	군수(종4품)
		양만고	감정(정3품 당하관)	박희현	첨지사(정3품 당상관)
		이재영	통정대부(정3품 당상관)	양형우	주부(종6품)
인조 대	10명	박홍호	현감(종6품)	유명증	정자(정9품)
		김굉	정랑(정5품)	우경석	교리(종5품)
		박안기	현감(종6품)	신희계	군수(종4품)
		권칙	현령(종5품)	김한조	전적(정6품)
		심일운	현감(종6품)	심일준	좌랑(정6품)
효종 대	2명	유시번	부사(종3품)	이지백	부사(종3품)
현종 대	2명	허견	정자(정9품)	박문정	직강(정5품)
숙종 대	10명	지흠	전적(정6품)	손경익	현감(종6품)
		홍계상	찰방(종6품)	허후	교리(종5품)
		어서룡	찰방(종6품)	김원호	현감(종6품)
		이현	정랑(정5품)	강필중	전적(정6품)
		신유한	첨정(정4품)	정유석	정자(정9품)
경종 대	3명	이식명	현감(종6품)	배윤명	현령(종5품)
		이봉명	도사(정5품)		
영조 대	12명	이희겸	현감(종6품)	남옥	군수(종4품)
		임옥	좌랑(정6품)	여귀주	지평(정5품)
		김응린	영(종5품)	박성현	좌랑(정6품)
		백봉주	직강(정5품)	윤밀	장령(정4품)
		양주익	참의(정3품 당상관)	성대중	부사(종3품)
		이형원	승지(정3품 당상관)	오준근	정언(정6품)
합 계	45명(3품 이상 8명)				

　　위 표를 다시 정리하면, 서얼로서 문과에 급제한 자는 모두 45명인
데, 그 가운데 벼슬이 3품 이상에 오른 급제자는 8명이며 그 가운데
당상관에 오른 인물은 4명이다. 하지만, 의정부 정승이나 6조 판서와
참판에 해당하는 2품 이상 최고위직에는 한 사람도 오르지 못한 것

을 알 수 있다.

나머지 37명은 4품 이하 직에 머물고 있는데, 요직에 해당하는 6조 낭관(5~6품)에는 5명, 청요직에 해당하는 홍문관에는 한 명도 없으며, 사헌부와 사간원에는 영조 대에만 3명이 진출하고 있다. 중앙관직으로는 청요직이 아닌 교서관의 교리(종5품)와 박사(정7품), 정자(정9품)가 가장 많고, 그 다음이 성균관의 직강(정5품)과 전적(정6품)이다. 그 나머지는 부사, 군수, 현령, 현감, 찰방, 도사 등 지방관으로 나간 인물이 16명으로 가장 많다

(2) 시조, 유일급제, 첫 급제, 신분문제로 비판받은 자

신분이 낮은 급제자 가운데는 자기 본관의 시조가 되었거나, 유일급제자이거나, 첫 급제자이거나, 신분이 낮다고 대간의 비판을 받은 인물이 많다. 이들은 인구가 극히 적은 희성稀姓으로서 조상 가운데 벼슬아치가 거의 없는 평민 출신이거나, 서출인 경우로 볼 수 있다. 그 인원을 각 왕대별로 알아보면 다음과 같다.

왕 대	시조가 된 자	유일급제자	첫 급제자	비판받은 자
광해군	1명	2명	5명	6명
인 조	4명	5명	9명	6명
효 종	–	2명	1명	1명
현 종	1명	5명	3명	11명
숙 종	10명	13명	10명	16명
경 종	1명	2명	4명	5명
영 조	12명	25명	12명	21명
합 계	29명	54명	44명	66명

위 표를 다시 정리하면, 먼저 자기 본관의 시조가 된 급제자는 모두 29명이고, 자기 본관의 유일급제자는 54명, 자기 본관의 첫 급제자는 44명, 신분이 낮다고 대간의 비판을 받은 급제자는 66명이다. 그런데 이들은 서로 겹치는 경우가 있다는 것을 유념할 필요가 있다. 자기 본관의 유일급제자나 첫 급제자 가운데서 시조가 많이 나왔으며, 이들 가운데 신분이 낮다고 비판받은 인물이 섞여 있기 때문이다.

그런데 자기 본관의 유일급제자와 첫 급제자는 서로 겹치지 않는데, 이를 합치면 99명에 이른다. 이들은 대부분 인구가 적고 벼슬아치가 나오지 못한 희성 출신이다. 그러니까 평민으로 볼 수 있다.

다음에 신분이 낮다고 대간의 비판을 받은 급제자가 66명에 이르는데, 이 부류의 급제자들은 앞에 소개한 희성 출신과는 달리 성관 자체는 명문名門인 경우도 적지 않다. 그럼에도 신분이 나쁘다고 대간의 비판을 받았다면 신분에 중대한 문제가 있는 것이다. 대체로 신분이 미천微賤하다든가 비천卑賤하다고 비판받은 부류는 서출일 가능성이 크고, 신분이 한미寒微하다, 용렬庸劣하다는 등의 비판을 받은 인물은 대대로 벼슬아치가 나오지 못한 평민 출신일 가능성이 크다. 그 밖에 지방에서 향임鄕任을 맡고 있던 향족鄕族들도 여기에 포함된다. 향족이란 사족士族도 아니고 평민도 아니면서 지방에서 세력가로 행세하고 있는 부류로서 특히 평안도 급제자 가운데 향족이 많다.

그런데 위에 소개한 유일급제자, 첫 급제자, 그리고 신분이 낮다고 대간의 비판을 받은 급제자들을 모두 합치면 164명에 이르는데, 이 수치는 신분이 낮은 급제자 1,652명의 약 10퍼센트를 차지한다.

(3) 본관을 모르고, 《족보》 자체가 없는 급제자와 벼슬

광해군-영조 대 문과급제자 가운데는 본관을 알 수 없는 급제자가 12명이고, 《방목》에 본관이 기록되어 있더라도 그 본관의 《족보》 자체가 《청구》와 《만성》에 보이지 않는 급제자들이 30명으로 이들을 합치면 42명이다. 본관을 알 수 없는 급제자들은 4대조의 이름이나 벼슬도 제대로 기록되어 있지 않아 신분이 매우 낮은 것을 짐작할 수 있다. 본관이 있는데도 그 본관의 《족보》가 《청구》와 《만성》에 수록되지 않은 것은 가세家勢가 매우 빈약하다는 것을 말해 준다. 다시 말해 인구가 극히.적고 벼슬아치도 거의 없어서 《족보》를 형성하지 못하고 있는 부류로 볼 수 있다.

그러면 위 두 부류의 급제자 42명이 받은 벼슬이 무엇인지를 각 왕대별로 조사해 보면 다음과 같다.

왕 대	신분이 낮은 자	본관이나 《족보》가 없는 자
광해군	66명	2명(3.03%)
	· 벼슬 1명―성균관 학정(정8품) · 벼슬없음 1명	
인 조	157명	7명(4.45%)
	· 벼슬 6명―부사(종3품) 1명, 판관(종5품) 2명, 도사(종5품) 1명, 성균관 전적(정6품) 1명, 성균관 학유(종9품) 1명 · 벼슬없음 1명	
효 종	48명	5명(1.04%)
	· 벼슬 4명―군수(종4품), 성균관 직강(정5품), 성균관 전적(정6품), 승문원 권지(임시직) · 벼슬없음 1명	
현 종	93명	5명(5.37%)
	· 벼슬 5명―군수(종4품), 호조정랑(정5품), 현령(종5품), 현감(종6품), 참봉(종9품)	

숙 종	431명	8명(1.85%)
	· 벼슬 5명—부사(종3품), 군수(종4품), 성균관 전적(정6품), 찰방(종6품), 현감(종6품) · 벼슬없음 3명	
경 종	63명	1명(1.58%)
	· 벼슬 1명—좌랑(정6품)	
영 조	794명	14명(1.76%)
	· 벼슬 4명—사헌부 장령(정4품), 좌랑(정6품), 찰방(종6품), 현감(종6품) · 벼슬없음 10명(평안도 5명) · 시조로 추앙받은 급제자 2명—김용한(고양김씨), 최대규(문경최씨)	
합 계	1,652명	42명(평균 2.54%)
	· 벼슬을 받은 급제자 26명(61.90%) · 벼슬을 받지 못한 급제자 16명 · 3품 이상 오른 급제자 2명, 시조로 추앙받은 급제자 2명	

　위 표를 다시 정리해 보면, 광해군─영조 대에 본관을 알 수 없거나, 《족보》 자체가 없는 급제자는 모두 42명으로 신분이 낮은 급제자 1,652명 가운데 2.54퍼센트를 차지한다. 42명 가운데 벼슬을 받지 못한 급제자가 16명, 벼슬을 받은 급제자가 26명으로 42명 가운데 61.9퍼센트를 차지한다. 그 가운데 3품 이상 고관에 오른 급제자는 2명에 지나지 않는데, 모두가 부사(종3품)에 올랐다. 의정부 정승이나 6조 판서, 참판 등의 고위직에는 나가지 못한 것을 알 수 있다. 그 나머지 24명은 군수, 현령, 현감, 찰방 등 수령직守令職이 10명으로 가장 많고, 중앙직으로는 6조 낭관(5~6품)이 3명, 사헌부 장령(정4품)이 1명, 성균관 6명, 기타 4명이다.

　《족보》 자체가 없는 급제자 가운데 자기 성관의 시조로 추앙받은 급제자는 2명이다.

(4) 《족보》에 가계가 보이지 않는 급제자와 벼슬

《청구》와 《만성》의 두 통합보統合譜에 《족보》는 보이지만, 그 《족보》에 가계가 보이지 않는 급제자는 신분이 낮은 것으로 볼 수 있다. 이들은 인구와 벼슬아치가 적은 희성稀姓인 경우도 있고, 본관은 명문名門이지만 직계의 계파가 빈약한 평민의 경우도 있으며, 향리인 경우도 있고, 서얼인 경우도 있다. 여기에 해당하는 급제자는 모두 1,048명으로 이제 각 왕대별로 《족보》에 가계가 보이지 않는 급제자의 인원을 살펴보면 다음과 같다.

왕 대	신분이 낮은 자	가계가 보이지 않는 급제자
광해군	66명	50명(75.75%)
	· 3품 이상 오른 자 5명―병조참의(정3품 당상), 원정(정3품 당하), 사헌부 집의(종3품), 부사(종3품) 2명 · 벼슬 받지 못한 자 2명, 첫 급제자 3명, 서출 2명, 서얼로 의심되는 자 2명, 신분 비판받은 자 6명	
인 조	157명	111명(70.70%)
	· 3품 이상 오른 자 12명―동지중추부사(종2품), 형조참판(종2품), 시정(정3품 당하) 2명, 승문원 판교(정3품 당하), 통례원 통례(정3품 당하), 목사(정3품 당상) 2명, 부사(종3품) 4명 · 벼슬 받지 못한 자 9명, 유일급제자 1명, 첫 급제자 5명, 서출 6명, 시조가 된 자 1명, 신분 비판받은 자 5명	
효 종	48명	36명(75%)
	· 3품 이상 오른 자 6명―첨지중추부사(정3품 당상), 목사(정3품 당상), 승문원 판교(정3품 당하), 부사(종3품) 3명 · 벼슬 받지 못한 자 3명, 서출 1명, 신분 비판받은 자 1명	
현 종	93명	58명(62.36%)
	· 3품 이상 오른 자 4명―시정(정3품 당하), 통례원 상례(종3품), 부사(종3품) 2명	

	· 벼슬 받지 못한 자 3명, 서출 1명, 첫 급제자이자 유일급제자 2명, 신분 비판받은 자 9명	
숙 종	431명	265명(61.48%)
	· 3품 이상 오른 자 16명—우윤(종2품), 첨지중추부사(정3품 당상), 형조참의(정3품 당상), 시정(정3품 당하), 교서관 판교(정3품 당하) 3명, 목사(정3품 당상) 2명, 통례원 상례(종3품) 2명, 부사(종3품) 5명	
	· 벼슬 받지 못한 자 10명, 서출 3명(의심 되는 자 2명 불포함), 향리의 후손이나 역리 5명, 향품 1명, 신분 비판받은 자 12명	
경 종	63명	39명(61.90%)
	· 3품 이상 오른 자 5명—승지(정3품 당상), 교서관 판교(정3품 당하) 2명, 통례원 통례(정3품 당하), 부사(종3품)	
	· 벼슬 받지 못한 자 5명, 서출 2명, 신분 비판받은 자 5명	
영 조	794명	482명(60.70%)
	· 3품 이상 오른 자 21명—동지중추부사(종2품), 오위장(종2품), 첨지중추부사(정3품 당상) 5명, 통정대부(정3품 당상) 2명, 승지(정3품 당상) 4명, 통례원 통례(정3품 당하) 2명, 시정(정3품 당하), 교서관 판교(정3품 당하), 사간원 사간(종3품) 3명, 부사(종3품)	
	· 벼슬 받지 못한 자 226명(평안도 59명), 서출 7명, 유일급제자이자 첫 급제자 6명, 이속이나 향족 2명, 신분 비판받은 자 14명	
합 계	1,652명	1,048명(평균 63.43%)
	· 3품 이상 오른 자 69명(6.58%) · 벼슬 받지 못한 자 258명(24.57%), 서출 22명, 시조 1명, 첫 급제자이자 유일급제자 17명(1.61%), 신분 비판받은 자 52명(4.95%)	

위 표를 다시 설명하면, 《족보》에 가계가 보이지 않는 급제자의 비율이 각 왕대에 따라 조금씩 차이가 있지만 대체로 60~70퍼센트 대를 보이고 있으며, 이를 평균하면 63.43퍼센트를 차지하고 있다. 여

기에다 앞 절에서 소개한 본관이 없거나 《족보》 자체가 없는 급제자 2.54퍼센트를 합치면 65.97퍼센트를 차지하고 있다. 다시 말해 이들이 신분이 낮은 전체 급제자의 약 3분의 2를 차지하고 있는 셈이다.

그러면 《족보》에 가계가 보이지 않는 급제자에는 어떤 부류가 있었는가? 첫째, 서출로 확인된 급제자는 22명이다. 하지만 실제의 수치는 이보다 훨씬 많을 것으로 보인다. 《족보》에 가계가 보이지 않는 급제자들 가운데는 벼슬을 받을 때 대간이 신분을 문제삼아 서경을 거부하는 일이 많은데, 이렇게 비판받은 급제자 인원은 모두 52명에 이르고 있으며 이들의 상당수는 서출로 보이기 때문이다.

둘째, 《족보》에 가계가 보이지 않는 급제자 가운데는 자기 본관에서 문과에 처음으로 급제했거나 유일하게 급제한 인물이 17명에 이른다.

셋째, 출신이 향리의 후손 또는 역리驛吏, 또는 향품(향족)으로 알려진 인물이 8명에 이른다.

다음에 《족보》에 가계가 보이지 않는 급제자 1,048명이 받은 벼슬은 어떠한가? 먼저 벼슬을 받지 못한 급제자는 모두 258명으로 24.57퍼센트를 차지하고 있다. 특히 영조 대에는 483명 가운데 226명이 벼슬을 받지 못하여 46.79퍼센트를 차지하고 있어 놀랍다. 《족보》에 가계가 보이지 않는 급제자의 거의 절반이 벼슬을 받지 못했다는 것을 말해 준다. 더욱 놀라운 것은 벼슬을 받지 못한 226명 가운데 평안도 출신이 59명으로 26.1퍼센트를 차지하고 있는데, 실제로는 이보다 더 높은 수치로 보인다. 왜냐하면, 거주지가 기록되어 있는 급제자는 영조 대 전체 문과급제자의 36퍼센트에 지나지 않기 때문이다. 만약 같은 비율로 계산한다면 평안도 출신으로 벼슬을 받지 못한 급제자의 비율은 전체 226명 가운데 50퍼센트대를 넘어설 것으로 추측된다.

그런데 위 수치를 잘못 해석하면 평안도 출신을 특별히 차별한 것처럼 보이지만, 사실은 반대이다. 왜냐하면 영조 대 평안도 출신 급제자가 8도 가운데 2위를 기록하고 있는데, 이는 지나치게 평안도 출신을 많이 급제시켰다는 것을 뜻한다. 또 영조 대에는 평안도뿐 아니라 전국적으로 매년 평균 41명의 문과급제자를 선발했는데, 이는 25명에서 32명 사이를 오르내리던 앞 시기에 비해 비약적으로 늘어난 수치로서 급제자의 공급과잉을 초래했던 것이다. 그 결과 벼슬자리가 부족하게 되고, 따라서 벼슬을 받지 못한 급제자가 갑자기 늘어난 것이다.

다음에 광해군-영조 대에 《족보》에 가계가 보이지 않는 급제자 1,048명 가운데 벼슬을 받지 못한 258명을 제외한 나머지 790명이 받은 벼슬은 어떠했는가? 먼저 이들 가운데 3품 이상 고관에 오른 급제자는 모두 69명이다. 이는 신분이 낮은 전체 급제자 1,652명의 4.17퍼센트, 《족보》에 가계가 보이지 않는 급제자 1,048명의 6.58퍼센트를 차지한다. 그 가운데 2품 이상 고위직에 오른 인물은 5명이지만, 의정부의 정승이나 판서는 한 명도 없다. 이 점은 정승이나 판서가 적지 않게 배출되었던 조선 전기와 다른 모습이다.

(5) 가계가 단절된 급제자와 벼슬

광해군-영조 대의 문과급제자 가운데 《족보》는 있으나 본인이나 아버지 윗대의 가계가 끊어진 급제자들이 있다. 이들은 본인 윗대에 벼슬아치가 없다는 것을 말해 주므로 대대로 평민으로 살아온 사람들이거나, 향리, 인구가 극히 적은 희성, 아니면 노비가 양인으로 상승한 부류로 볼 수 있다. 이들은 자기 본관에서 처음으로 문과에 급제했거나, 유일하게 급제한 경우가 많으며, 후대에 자기 성관의 시조 始祖로 추앙받고 있는 인물이 많다. 각 왕대별로 그 인원을 조사해 보면 다음과 같다.

왕 대	신분이 낮은 자	가계가 단절된 자
광해군	66명	3명(4.54%)
	· 시조 1명—김우진(의주; 진주김씨) · 첫 급제자 1명	
인 조	157명	13명(7.64%)
	· 시조 4명—윤여징(풍덕윤씨), 전호민(과천전씨), 이경룡(안악이씨), 김호익(유주김씨) · 유일급제자 4명, 첫 급제자 1명 · 3품 이상 3명—동지중추부사(종2품), 부사(종3품) 2명	
효 종	48명	3명(6.25%)
	· 첫 급제자 1명 · 3품 이상 1명—시정(정3품 당하)	
현 종	93명	11명(11.82%)
	· 시조 1명—김상환(적성김씨) · 첫 급제자 2명, 유일급제자 2명	
숙 종	431명	32명(7.42%)
	· 시조 5명—김명은(안주; 능주김씨), 김윤해(평안도; 강동김씨), 이진형(교하이씨), 이만욱(강동이씨), 서침(군위서씨) · 첫 급제자 8명(향리 1명 포함), 유일급제자 10명(향리 1명 포함) · 3품 이상 1명—동지중추부사(종2품) · 서출 1명—신유한	
경 종	63명	6명(9.52%)
	· 첫 급제자 4명	

영 조	794명	43명 (5.41%)
	· 시조 10명—김성일(남포김씨), 문봉수(평안도; 밀양문씨), 정형서(평안도; 보령정씨), 박홍수(평안도; 강진박씨), 이성곤(평안도; 거창이씨), 이경수(안동이씨), 홍낙조(평안도; 염주홍씨), 홍만원(안산홍씨), 송용억(나주송씨), 이창례(함흥; 영덕이씨) · 첫 급제자 9명(평안도 8명, 황해도 1명), 유일급제자 14명(평안도 8명 포함) · 3품 이상 오른 자 4명—동지중추부사(종2품), 대사헌(종2품), 공조참의(정3품 당상), 승지(정3품 당상) · 벼슬 못 받은 급제자 20명(평안도 출신 11명 포함)	
합 계	1,652명	111명(평균 6.71%)
	· 3품 이상 오른 급제자 9명(종2품 2명), 시조 21명, 첫 급제자 26명, 유일급제자 30명, 서출 1명, 향리 후손 2명 · 벼슬 받지 못한 급제자 20명(영조 대)	

위 표를 다시 정리하면, 광해군—영조 대의 문과급제자 가운데 《족보》에 가계가 단절된 급제자는 모두 111명으로 신분이 낮은 급제자 1,652명의 6.71퍼센트를 차지하고 있다. 그 가운데 자기 본관의 시조로 추앙된 급제자는 모두 21명이다. 그런데 자기 본관에서 유일하게 급제한 인물 30명과 처음으로 문과에 급제한 인물 26명을 합치면 56명에 이르는데, 이들 가운데 21명만이 시조로 추앙되었고, 나머지 35명은 시조로 추앙되지 못했지만 실제적으로는 이들도 시조에 버금가는 위상을 지녔다고 볼 수 있다. 아마도 가문의 권위를 높이기 위하여 시조를 고려시대나 그 앞 시대의 인물로 바꾸었을 가능성도 있다.

어쨌든 가계가 단절된 급제자 111명 가운데 56명이 자기 성관에서 유일하거나 처음으로 문과급제의 영광을 입었다는 것은 상대적으로 신분이 가장 낮은 부류에 속한다고 말할 수 있다. 그런데, 문과급제자가 이렇게 빈약한 이유는 전적으로 인구가 매우 희박한 희성이기 때문이었다. 이들 본관의 2000년 현재 인구를 알아보면 대부분 1천 명 안팎의 극소수에 지나지 않으며, 다른 본관에 통합된 본관도 적지 않다. 그러니 조선시대의 인구는 얼마나 적었을지를 짐작할 수 있다. 하지만 이렇게 인구가 희박한 것은 본래 인구가 적었던 것이 아니라, 본관을 가진 이후로 인구가 파악되기 시작한 결과라는 점을 주목할 필요가 있다. 문과급제자가 나온 이후로 비로소 본관을 갖게 된 경우가 상당히 많았을 것으로 추측되기 때문이다.

또 시조가 된 본관의 지명地名을 살펴보면 서울 이북의 북방 지역이 많고, 시조가 된 인물의 거주지를 보아도 평안도 지역 출신이 가장 많다. 출신지가 확인되는 영조 대의 경우를 보면 유일급제자와 첫 급제자, 그리고 벼슬을 받지 못한 급제자의 출신 지역이 대부분 평안도이다. 아마도 영조 대 이전 시기의 경우도 사정이 비슷했을 것으로 추측된다.

다음에 가계가 단절된 급제자가 받은 벼슬을 보면, 3품 이상 고관에 오른 급제자는 모두 9명에 이르지만, 1품직인 의정부 정승이나, 2품직인 판서나 참판은 한 사람도 없다. 대부분 4품 이하의 참상관參上官에 머물고 있으며, 현감(종6품)이나 찰방(종6품) 등 지방의 수령직이 압도적으로 많다.

한편, 벼슬을 받지 못한 급제자는 영조 대에만 보이는데, 가계가 단절된 43명 가운데 거의 절반에 해당하는 20명이 벼슬을 받지 못했다. 그런데 더욱 주목되는 것은 이들 20명의 대부분이 평안도 출신이라는 사실이다. 영조 대 평안도 출신 급제자가 급속하게 증가한 데서 생긴 현상으로 보인다.

끝으로, 가계가 단절된 급제자 가운데는 향리의 후손이 2명, 서자 출신이 1명 보인다.

(6) 내외 4대조 또는 가까운 윗대에 벼슬아치 없는 급제자와 벼슬

문과급제자의 가계가 《족보》에 체계적으로 보이지만, 내외 4대조 가운데 벼슬아치가 없거나, 직계 3대조 위에도 여러 대에 걸쳐 벼슬 아치가 보이지 않는 급제자들이 있다. 이들은 대부분 본관 자체가 명 문名門이다. 따라서 본관만 가지고 본다면 당당한 문벌양반에 속하지 만, 자신의 직계直系는 한미寒微한 경우로 볼 수 있다. 하지만 이들은 다른 부류에 견준다면 신분이 상대적으로 좋은 편이라고 할 수 있으 며, 벼슬도 상대적으로 높은 자리에 오르고 있다.

위 부류를 신분이 낮은 급제자의 범주에 넣은 것은 이들이 마치 문과응시가 불가능한 것처럼 생각해 온 통념을 반성하기 위함이다. 즉 명종 10년(1555)에 편찬된 《경국대전주해經國大典註解》에는 문과 응시자의 내외 4대조(친계 3대조와 외조) 가운데 현관顯官(동서반의 正 職)이 없을 때에는 거주지의 친척과 벼슬아치의 신분보증서인 보단 자保單子를 제출하도록 규정하고 있는데, 이 조항을 마치 문과응시를 금지한 조항으로 보는 것은 잘못된 통념이다. 보단자의 내용은 "어느 곳에 사는 아무개"라고 써서 신분을 확인해 주는 제도인데, 이는 응 시자의 신분이 양반인가 아닌가를 알아보려는 것이 아니라, 노비나 서얼 또는 각종 범죄자인가를 판단하기 위함이었다. 이 규정이 나온 배경에는 서얼응시자가 너무 많은 것에 대한 우려 때문이었음은 이 미 앞 책에서 설명한 바 있다.

보단자를 내야 하는 대상자는 앞에서 소개한 ① 본관을 모르는 자,

②《족보》자체가 없는 자, ③《족보》에 가계가 보이지 않는 자, ④《족보》에 가계가 단절된 자 등이 모두 포함되지만, 여기에《족보》에 가계가 모두 보이더라도 내외 4대조 가운데 현관이 없는 응시자도 해당되는 것이다. 이렇게 보단자규정에 해당되는 자를 필자는 모두 신분이 낮은 응시자의 범위에 넣은 것이다.

그러면, 광해군에서 영조 대에 이르는 문과급제자 5,577명과 신분이 낮은 급제자 1,652명 가운데 이 범주에 들어가는 급제자는 모두 415명인데, 이를 각 왕대별로 그 인원과 벼슬을 알아보면 다음과 같다.(고딕체는 3품 이상)

광해군 대	4명(6.06%)
	· 3품 이상 1명—이조참의(정3품 당상)
인조 대	21명(13.37%)
	· 3품 이상 1명—목사(정3품 당상)
효종 대	3명(6.25%)
	· 3품 이상 2명—목사(정3품 당상), 부사(종3품)
현종 대	16명(17.20%)
	· 3품 이상 4명—동지중추부사(종2품), 시정(정3품 당하), 통례원 상례(종3품), 부사(종3품)
숙종 대	112명(25.98%)
	· 3품 이상 19명—판윤(정2품) 2명, 지중추부사(정2품) 1명, 윤(종2품) 3명, 대사헌(종2품) 1명, 승지(정3품 당상) 3명, 참의(정3품 당상) 1명, 시정(정3품 당하) 2명, 통례(정3품 당하) 1명, 교서관 판교(정3품 당하) 1명, 부사(종3품) 4명
	· 신분 비판받은 자 5명(부윤, 부사, 병조정랑, 병조좌랑, 승문원 정자)
	· 유일급제자 2명(성균관 사예, 군수)
경종 대	15명(23.80%)
	· 3품 이상 2명—승지(정3품 당상), 참의(정3품 당상)
	· 벼슬 못 받은 자 1명

영조 대	246명(30.98%)
	· 3품 이상 67명―지중추부사(정2품) 2명, 판서(정2품) 4명,
	참판(종2품) 10명, 관찰사(종2품) 2명, 좌윤(종2품) 2명,
	대사헌(종2품) 1명, 참의(정3품 당상) 10명,
	승지(정3품 당상) 13명, 판결사(정3품 당상) 2명,
	첨지중추부사(정3품 당상) 2명, 대사간(정3품 당상) 8명,
	목사(정3품 당상) 1명, 부사(종3품) 5명,
	사간원 사간(종3품) 4명, 사헌부 집의(종3품) 1명
	· 벼슬 못 받은 자 11명
합 계	417명(25.24%)
	· 3품 이상 오른 자 96명(23.02%, 2품 29명)
	· 벼슬 받지 못한 급제자 12명(영조 대 11명)

위 표를 다시 정리하면 내외 4대조 또는 가까운 윗대에 벼슬아치
가 없는 급제자는 모두 417명으로 신분이 낮은 급제자 1,652명 가운
데 25.24퍼센트를 차지하고, 전체 급제자 5,577명 가운데 7.47퍼센트
를 차지한다. 그러나 왕대별로 살펴보면 광해군–현종 대에는 10퍼센
트 안팎을 오르내리다가 숙종–경종 대에 20퍼센트대를 넘어서고, 영
조 대에 이르러 30퍼센트대로 올라갔다. 이는 신분이 낮은 급제자의
비율이 시대가 내려가면서 높아진 현상을 반영하는 것이다.

한편, 이들 가운데 3품 이상에 오른 급제자는 모두 96명으로 23.02
퍼센트를 차지하고 있는데, 그 가운데 2품의 고위층에 오른 인물은
모두 29명이다. 하지만 1품에 해당하는 의정부 정승에는 한 사람도
오르지 못했다. 의정부 정승은 여전히 가문이 좋은 집안에서 배출되
고 있었다는 것을 말해 준다.

4) 광해군-영조 대 신분이 낮은 급제자의 총괄적 평가

지금까지 광해군에서 영조 대에 이르는 기간의 총 급제자 5,577명 가운데 신분이 낮은 급제자 1,652명의 여러 유형과 인원, 그리고 그들이 받은 벼슬의 성격을 나누어 검토해 보았다. 이제 이를 다시 총괄하여 큰 그림을 그려보면 다음과 같다.

① 신분이 낮은 급제자의 평균 급제율은 29.62퍼센트를 차지하고 있는데, 광해군 대 14.63퍼센트에서 시작하여 시대가 내려가면서 차츰 증가하여 경종 대에는 34.42퍼센트, 영조 대에는 37.26퍼센트로 2배 이상 높아졌다. 더욱이 영조 대에 급작스럽게 높아진 것은 탕평정책으로 지방의 서민층을 적극적으로 포용하고자 하는 의지가 반영된 것인데, 그 결과 매년 평균 급제자가 광해군 대 30명에서 시작하여 인조 대 27.7명, 효종 대 24.5명, 현종 대 26명, 숙종 대 31명, 경종 대 45.7명, 영조 대 41명으로 늘어나게 된 것이다.

이렇게 매년 평균급제자가 늘어나면서 신분이 낮은 급제자의 비율이 높아지는 것은 당연한 일이며, 특히 평안도를 비롯한 소외된 북방지역 주민의 급제율이 크게 높아지는 결과를 가져왔다.

② 신분이 낮은 급제자는 여러 유형이 있는데, ① 본관을 알 수 없는 급제자, ② 본관은 알 수 있으나 《족보》 자체가 《청구》와 《만성》의 통합보에 보이지 않는 급제자, ③ 《족보》는 있으나 《족보》에 가계가 보이지 않는 급제자, ④ 《족보》는 있으나 조상의 가계가 본인이나 아버지 윗대에 끊어져 있는 급제자, ⑤ 《족보》에 가계가 보여

도 내외 4대조 또는 가까운 윗대 여러 대에 걸쳐 벼슬아치가 없는 급
제자, ⑥《족보》에 가계가 보여도 신분이 서출이거나, 향리거나, 기
록이 서로 달라 신원을 알 수 없는 급제자 등이다. 이 가운데 ①, ②,
③, ④가 가장 신분이 낮은 부류인데, 특히 ④는 인구가 극히 희박하
고, 조상 가운데 벼슬아치가 없는 평민층이다. ⑤는 본관은 명문名門
이지만 직계가 한미한 부류로서, 그래도 상대적으로 신분이 좋은 편
이다.

여기서 ①과 ②를 합친 인원은 46명(2.78퍼센트)이고, ③은 1,048명
(63.43퍼센트), ④는 111명(6.71퍼센트), ⑤는 417명(25.24퍼센트)이다. 그
러니까 ③에 해당하는《족보》에 가계가 보이지 않는 급제자가 신분
이 낮은 급제자 1,652명 가운데 63.43퍼센트를 차지하여 가장 많고,
전체 급제자 5,577명 가운데는 18.79퍼센트를 차지하고 있다.

③ 신분이 낮은 급제자 1,652명 가운데 ① 서출로 확인된 급제자
는 모두 44명이고, ② 시조로 추앙받은 급제자는 29명, ③ 자기 본관
에서 처음으로 문과에 급제한 자는 44명, ④ 자기 본관에서 유일한
문과급제자는 54명, ⑤ 신분이 낮다고 대간이 서경을 거부한 급제자
는 66명이다. 하지만 대간이 서경을 거부한 급제자들의 대부분은 서
출로 보인다. 그러나 대간의 거부에도 임금은 대부분 벼슬을 그대로
내려주었다. 여기서 ②, ③, ④는 서로 밀접한 관련이 있는데, ③과
④에서 ②가 배출된 것이다. 그리고 이들은《족보》에서 보면 가계가
단절된 사람들이고, 희성 출신이고, 서민층이다.

여기서 먼저 시조로 추앙받은 급제자 29명의 성관을 소개하면 다
음과 같다.

광해군 대(1)	진주김씨晉州金氏		
인조 대 (4)	과천전씨果川田氏 유주김씨儒州金氏	안악이씨安岳李氏	덕풍윤씨德豊尹氏
현종 대 (1)	적성김씨積城金氏		
숙종 대 (10)	능주김씨綾州金氏 강동이씨江東李氏 강화고씨江華高氏 울진임씨蔚珍林氏	강동김씨江東金氏 군위서씨軍威徐氏 설성유씨雪城劉氏	교하이씨交河李氏 목천장씨木川張氏 옹진정씨甕津鄭氏
경종 대 (1)	선산백씨善山白氏		
영조 대 (12)	고양김씨高陽金氏 남포김씨藍浦金氏 보령정씨保寧鄭氏 염주홍씨鹽州洪氏	문경최씨聞慶崔氏 밀양문씨密陽文氏 강진박씨康津朴氏 거창이씨居昌李氏	안산홍씨安山洪氏 영덕이씨盈德李氏 안동이씨安東李氏 나주송씨羅州宋氏

다음에 서출로서 문과에 급제한 44명 가운데 비교적 현달한 인물을 소개하면 다음과 같다.

먼저, 정3품 당상관에 오른 인물은 4명으로 광해군 대 급제하여 첨지중추부사에 오른 박희현朴希賢과 통정대부에 오른 이재영李再榮, 영조 대 급제하여 참의에 오른 양주익梁周翊과 승지에 오른 이형원李亨元이 그들이다. 그러나 비록 당상관에는 오르지 못했어도 3품에 올라 명성을 떨친 인물들이 있다. 광해군 대 급제하여 벼슬이 감정(정3품당하관)에 오른 양만고楊萬古는 유명한 양사언楊士彥의 아들인데, 양사언이 바로 서출이다. 효종 대 급제하여 부사(종3품)에 오른 유시번柳時蕃은 문장가로 이름을 날렸으며, 역시 효종 대 급제하여 벼슬이 부사에 오르고 통정대부의 품계를 받은 이지백李知白도 문장가로 이름을 떨쳤다.

그러나 학자로 가장 큰 명성을 떨친 이는 영조 대 급제하여 벼슬이

부사에 오른 성대중成大中(1732~1812)과 숙종 대 급제하여 벼슬이 봉
상시 첨정(종4품)에 오른 신유한申維翰(1681~?)이다. 성대중은 북학파
에 속하는 학자로서 고문古文에 능하고 정조의 문체반정文體反正에도
참여하여 임금의 칭찬을 받은 인물이며, 문집으로《청성집靑城集》을
남겼다. 신유한은 숙종 45년(1719) 일본에 통신사 홍치중洪致中의 제
술관製述官으로 다녀와《해유록海遊錄》이라는 기행문을 남겨 이름을
떨쳤다.

④ 신분이 낮은 급제자 1,652명이 받은 벼슬은 어떤가? 먼저, 이들
가운데 벼슬을 받지 못한 급제자는 312명이고, 벼슬을 받은 급제자는
1,340명이므로 취직률은 전체 문과급제자 5,577명 가운데 24.02퍼센
트, 신분이 낮은 급제자 1,652명 가운데 81.11퍼센트이다. 그런데 벼
슬을 받지 못한 급제자 312명 가운데 266명은 영조 대 급제자들로서
영조 대에 갑자기 벼슬을 받지 못한 급제자들이 폭증한 것을 알 수
있다. 이는 위에서 설명한 것처럼 탕평책의 일환으로 문과급제자를
지나치게 많이 뽑은 후유증으로 나타난 것이다.

그리고 지역적으로 보면 문과급제자의 인원이 8도 가운데 2위로
부상한 평안도와 그 밖의 북방 지역 출신자들이 상대적으로 벼슬을
더 적게 받는 결과를 가져왔다. 평안도를 비롯한 북방 지역 주민들을
포용하기 위한 정책이 결과적으로는 그들을 차별하는 것처럼 된 것
이다.

⑤ 신분이 낮은 급제자들이 받은 벼슬의 품계와 직종을 보면, 3품
이상 고관에 오른 급제자는 모두 203명으로 신분이 낮은 급제자

1,652명 가운데 12.28퍼센트를 차지한다. 그 가운데 2품에 오른 급제자는 41명인데, 절반 이상이 내외 4대조에 벼슬아치가 없는 급제자에서 배출되었다. 그러니까 신분이 상대적으로 높은 부류에서 2품 벼슬아치가 집중적으로 나왔다는 것을 알 수 있다. 하지만 1품직에 해당하는 의정부 정승은 단 한 사람도 나오지 않았다. 역시 이 자리는 문벌양반이 차지하고 있었음을 말해 준다.

신분이 낮은 자가 받은 최고 벼슬은 2품직인 판서判書, 참판參判, 대사헌大司憲, 관찰사觀察使, 지중추부사知中樞府事, 판윤判尹, 윤尹 등이다. 이 점은 신분이 낮은 급제자 가운데 정승이 적지 않게 배출된 조선 전기와 다른 점이다. 3품 이상 벼슬 가운데 가장 많은 인원을 차지한 것은 부사(종3품)로서 40여 명에 이르고 있으며, 그 다음이 승지(정3품 당상관)로서 거의 30명에 이르고 있으며, 참의(정3품 당상관)가 15명으로 세 번째를 차지하고 있다.

4품에서 6품에 이르는 참상관參上官은 970명으로 그 가운데 가장 많은 벼슬은 현감(종6품)으로 160여 명을 넘어서고 있으며, 두 번째가 6조 좌랑(정6품)으로 1백 명을 넘어서고, 세 번째가 성균관 전적(정6품)으로 역시 1백 명을 넘어서고 있다. 네 번째는 찰방(종6품)이 약 1백 명에 이르고, 다섯 번째는 군수(종4품)가 90명에 육박하고 있으며, 여섯 번째는 정랑(정5품)이 80여 명에 이르고 있는데, 정랑과 좌랑을 합치면 낭관이 190명에 가까워 만만치 않은 강세를 보이고 있다. 다만, 인사권을 가진 이조吏曹 낭관은 없고, 대부분 예조禮曹, 병조兵曹, 형조刑曹 등 한직에 머무르고 있다. 역시 이조 낭관은 문벌양반이 쥐고 있다는 것을 보여 준다. 그런데 전체적으로 본다면 지방관이 거의 절반을 차지하고 있는 것을 볼 수 있다.

참상관의 중앙직으로는 사헌부의 장령(정4품), 지평(정5품), 감찰(정6품)로 나간 급제자가 180명에 가까워 가장 많고, 그 다음이 사예(정4품), 직강(정5품), 전적(정6품) 등 성균관으로 나간 급제자가 약 170명으로 두 번째이며, 사간원司諫院의 헌납(정5품)과 정언(정6품), 그리고 교서관校書館 교리(종5품)가 그 뒤를 잇고 있다. 청요직으로 불리는 홍문관이나 예문관 등에는 진출자가 매우 적은 것이 눈길을 끈다. 이 자리는 문벌양반이 차지하고 있었음을 알 수 있다.

7품에서 9품에 이르는 참외직參外職에 나간 급제자는 1백 명 가까이 되는데, 그 가운데 한직에 속하는 교서관과 성균관으로 나간 급제자가 가장 많고, 노른자로 알려진 승문원承文院에는 2명만이 나가고 있다. 역시 이 자리는 문벌양반의 초사직初仕職으로 굳어져 있음을 말해 준다.

⑥ 영조 대 이후로 《방목》에는 처음으로 급제자의 거주지가 기록되면서 지역별 급제자를 파악할 수 있다. 그런데 모든 급제자의 거주지가 기록된 것이 아니라 전체 급제자의 약 36퍼센트의 급제자만이 거주지를 기록한 것이 아쉽다. 하지만 8도의 급제자 비율을 추정하는 데는 큰 도움이 된다. 그 결과를 보면, 8도 가운데 충청도가 가장 많은 급제자를 배출하고, 그 다음이 평안도로서 142명의 급제자가 보인다. 평안도가 1~2위를 차지하고 있는 추세는 그 다음 시대에도 이어지고 있어서 평안도의 약진이 조선 후기 정치사의 중요한 변수라는 것이 인정된다.

평안도의 약진은 탕평책을 표방한 정부의 정책과도 관련이 있지만 평안도의 경제적 성장에 따른 문화발전의 결과이기도 하다. 특히 놋

그릇산업의 중심지인 정주定州 출신의 급제율이 압도적으로 높은 것은 경제발전과 문화성장의 상관관계를 말해 준다.

평안도 출신 급제자들은 높은 급제율에도 실제로 벼슬을 받는 비율은 가장 낮았고, 벼슬을 받더라도 3품 이상 고위직에는 거의 나가지 못하여 상대적으로 차별을 받은 것이 사실이다. 특히 평안도에서도 압도적으로 급제자를 많이 배출한 정주에서 순조 대에 홍경래난洪景來亂이 지방차별을 내세우며 일어난 것은 의미심장하다. 높은 급제율에 견주어 정부로부터 받은 벼슬이 상대적으로 적은 데 대한 불만이 큰 요인이었을 것이다. 홍경래의 본관이 남양南陽인데, 남양홍씨는 영조−순조 대까지 정주에서만 급제자 11명을 배출했음에도 벼슬을 받은 사람은 2명뿐으로, 각각 성균관 사예(정4품)와 전적(정6품)을 받은 것이 전부였다.

평안도 출신 문과급제자는 영조 대 이후로 고종 대에 이르기까지 계속적으로 축적되면서 수십 명의 급제자를 배출한 명문名門이 등장했다. 또, 급제자는 많지 않지만 평안도에서만 급제자가 주로 배출된 성관도 적지 않다. 그 대표적인 신흥 가문을 들어보면 다음과 같다. 다만 북방의 신흥 가문들은 《족보》에 오르지 못한 급제자들이 대부분이다. 그 이유는 직계 조상 가운데 내세울 만한 인물이 적다는 것과 성관의 진실성이 의심받는 경우가 많기 때문으로 보인다.

수원백씨水原白氏 조선시대 총 문과급제자 63명 가운데 평안도에서 43명이 배출되었으며, 특히 정주는 22명, 태천泰川은 14명을 배출했다. 그러나 영조 이전에 급제한 인물은 여기에서 빠져 있다.(아래도 같다) 그런데 《세종실록》〈지리지〉와 《동국여지승람》에는 정주에 황주백씨黃州白氏만 보이다가 《여지도서》에는 황주백씨가 사라지고 수원백씨만 보여, 황주백씨가 수원백씨로 본관을 바꾸었는지도 모른다.

배천조씨白川趙氏 총 문과급제자 68명 가운데 평안도에서 37명이 배출되었으며, 그 가운데 정주에서 26명이 배출되었다.

연안김씨延安金氏 총 문과급제자 163명 가운데, 정주에서만 43명이 배출되었으며, 평안도 전체에서 54명이 배출되었다. 그런데 《동국여지승람》에는 정주에 신주김씨信州金氏와 용강김씨龍岡金氏만 보이다가 《여지도서》에는 앞의 두 김씨가 사라지고 연안김씨만 보여, 앞의 두 김씨가 명성이 높은 연안김씨로 본관을 바꾸었는지도 모른다.

해주노씨海州盧氏 총 급제자 17명 가운데 정주에서만 15명이 배출되었다.

양주김씨楊州金氏 총 급제자 8명 가운데 평안도에서만 6명이 배출되었다.

온양방씨溫陽方氏 총 급제자 9명 가운데 정주에서만 6명, 순천順川에서 1명이 배출되었다.

연안차씨延安車氏 총 급제자 28명 가운데 평안도에서만 15명이 배출되었는데, 숙천肅川이 6명으로 가장 많다.

전주김씨全州金氏 총 급제자 21명 가운데 평안도에서 13명, 함경도에서 3명이 배출되었다.

진주김씨晉州金氏 총 급제자 10명 가운데 평안도에서 7명이 배출되었다.

수안이씨遂安李氏 총 급제자 26명 가운데 평안도에서만 11명, 황해도에서 6명이 배출되었다.

양주김씨楊州金氏(양근김씨楊根金氏) 총 급제자 8명 가운데 평안도에서

6명이 배출되었는데, 그 가운데 5명이 개천价川 출신으로 확인되고 있다.

단양이씨丹陽李氏 총 급제자 21명 가운데 11명이 평안도 출신으로 확인되고 있다.

공주김씨公州金氏 총 급제자 11명 가운데 9명이 평안도 출신으로 확인되고 있다.

순흥안씨順興安氏 총 급제자 123명 가운데 평안도에서만 40명이 배출되었으며, 그 가운데 30명이 안주安州 출신으로 확인되고 있다.

수원김씨水原金氏 총 급제자 9명 가운데 평안도 안주에서만 7명이 배출되었다.

홍주이씨洪州李氏 총 급제자 9명 가운데 평안도에서 4명이 배출되었다.

충주김씨忠州金氏 총 급제자 5명 가운데 평안도에서 4명, 함경도에서 1명이 배출되었다.

당악김씨唐岳金氏 문과급제자 4명 전원이 평안도에서 배출되었다.

광산탁씨光山卓氏 총 문과급제자 7명 가운데 평안도에서 6명이 배출되었는데, 정주에서만 5명이 급제했다.

장연노씨長淵盧氏 총 급제자 7명 가운데 평양에서만 4명이 배출된 것이 확인된다.

풍천김씨豊川金氏 총 급제자 7명 가운데 평안도 영유永柔에서만 5명이 배출된 것이 확인된다. 나머지 2명도 영유 출신으로 보인다. 그래서 풍천김씨를 영유김씨로도 보른다.

연일승씨延日承氏 총 급제자 8명 가운데 5명이 정주 출신으로 확인된다.

수안계씨遂安桂氏 총 급제자 3명이 모두 영조 대 이후 평안도 선천
宣川에서 배출되었다.

참고로, 함경도 함흥咸興에서 일어난 신흥 가문은 다음과 같다.

전주주씨全州朱氏 총 급제자 22명 가운데 14명이 함흥 출신으로 확
인된다.

장흥위씨長興魏氏 총 급제자 13명 가운데 11명이 함흥 출신으로 확
인된다.

7 지금까지 광해군-영조 대에 이르는 17세기 초~18세기 전반기
의 문과급제자의 신분을 조사하면서 얻어진 결론은 17세기 전후한
선조-광해군 대가 문과를 통한 신분이동이 가장 저조했으나, 18세기
에 들어선 숙종 대 무렵부터 문호가 넓어지고 있다는 사실이다. 아울
러 벼슬의 노른자위에 해당하는 1품직의 정승자리나 이조 낭관, 청요
직인 홍문관, 그리고 초사직의 노른자위인 승문원 등에는 신분이 낮
은 급제자들이 쉽게 나가지 못하고 있다는 사실을 발견할 수 있었다.
이를 바꿔 말하면, 엘리트코스에 해당하는 벼슬자리는 이른바 문벌
양반이 차지하고 있었다는 사실을 말해 준다.

17~18세기 전반기의 인사정책을 조선 전기와 비교하고, 나아가 18
세기 후반기의 정조 대 이후의 상황과 비교해 보면 상대적으로 신분
이동이 침체된 시기로 볼 수 있다. 그래서 17~18세기 전반기를 살았
던 개혁적인 학자들, 말하자면 실학자實學者들은 이구동성으로 문벌양
반의 독점체제를 비판하고 나섰는데, 반계 유형원柳馨遠(1622~1673),

이보李簠(1629~?), 성호 이익李瀷(1681~1763), 농암 유수원柳壽垣 (1694~1755), 이중환李重煥(1690~1752) 등은 자신의 저서에서 당시 사회의 신분구조를 양반兩班, 중인中人, 평민平民으로 나누고, 이들 상호간에 장벽이 크다는 사실을 지적하고 있다.

또 조선 말기 철종 대에 중인들이 청요직 진출을 희망하는 통청운동通淸運動을 벌이면서 주장한 글에도, 중인이라는 신분이 인조 대 이후로 생겨났다고 보고, 또 중인들이 문과에 급제하면 승문원에는 보내지 않고 주로 교서관으로 보내는 것을 비판하고 나섰다.297) 19세기의 실학자인 다산 정약용丁若鏞(1762~1836)도 《경세유표經世遺表》에서 "승문원承文院은 귀족을 우대하고, 성균관成均館은 서북인西北人을 대접하며, 교서관校書館은 서류庶流와 천족賤族을 대접하고 있다"고 비판했다.

문벌위주의 인사제도에 대해서는 영조를 비롯한 모든 임금들도 잘못된 관행으로 개탄하는 일이 많았지만, 서경권署經權을 가진 대간들의 집요한 반대와 인사권을 가진 낭관의 반대에 부딪쳐 뜻을 제대로 펴지 못했다. 하지만, 그래도 문벌의 폐단을 극복하려는 임금의 의지가 있었기에 신분이 낮은 급제자들이 3품 이상 고관에 오르기도 하고, 청요직에 진출하기도 하면서 문벌사회의 경직성에 숨통을 트는 구실을 했던 것이다. 우리가 지금까지 실증적으로 살펴본 문과급제자의 현실이 바로 그와 같은 17~18세기 전반기 사회가 보여 주는 빛과 그늘의 두 모습을 통계적으로 증명해 주고 있다.

---

297) 한영우, 《조선시대 신분사연구》(집문당, 1997).